KB199534

궁정전투의 국제화

궁정전투의 국제화 ── 국가권력을 둘러싼 엘리트들의 경쟁과 지식 네트워크

초판 1쇄 인쇄 _ 2007년 2월 10일
초판 1쇄 발행 _ 2007년 2월 20일

지은이 • 이브 드잘레이, 브라이언트 가스 | 옮긴이 • 김성현

펴낸이 • 유재건 | 주간 • 김현경 | 편집장 • 이재원 | 편집 • 주승일, 박순기 |
마케팅 • 노수준, 김하늘 | 제작 • 유재영 | 경영지원 • 인현주 | 유통지원 • 고균석

펴낸곳 • 도서출판 그린비 | 등록번호 • 제10-425호 | 주소 • 서울시 마포구 신수동 115-10 3층 |
전화 • (대표) 702-2717 | 팩스 • 703-0272 | E-mail • editor@greenbee.co.kr

책값은 뒤표지에 있습니다. 잘못 만들어진 책은 구입하신 서점에서 바꿔드립니다.
ISBN 978-89-7682-974-0 03300

THE INTERNATIONALIZATION OF PALACE WARS

궁정전투의 국제화

이브 드잘레이, 브라이언트 가스 지음
김성현 옮김

ㅎB
그린비

한국의 독자들에게

국가의 재구성을 둘러싼 라틴아메리카에서의 '궁정전투'(palace war)는 한국인들이 보기에 매우 거리가 먼 주제일 수도 있다. 물론 이 전투의 두 가지 중요한 경쟁자, 즉 대학 교수이자 정치인인 법조계 저명인사들과 칠레의 피노체트(Augusto Pinochet) 정권에서처럼 이들의 경쟁자이자 계승자로서 군사 쿠데타를 계기로 권력에 진출한 '시카고 보이스'*는 20세기 말 라틴아메리카의 전형적인 특징을 이루는 정치적·역사적 결과물이다.

그러나 국가 전문성을 상징하는 이 두 세력은 아시아의 정치 무대에서도 분명히 발견된다. 특히 인도나 필리핀처럼 정부의 최고위직을 포함해 중요한 공직을 점유한 수많은 경제학 박사들이 있다. 이와 반대로 법조계 저명인사 출신의 정치인 모델은 과거에는 그다지 확산되지 않았던 것으로 보인다. 그럼에도 불구하고, 궁정전투 모델이 아시아의 정치 전통이나 문화에 완전히 낯선 것으로 간주하는 것은 지나친 생각

---

* 시카고 보이스(Chicago Boys)는 시카고대학에서 교육받고 여기에서 습득한 신고전주의 이론을 적용하기 위해 정부에 들어간 칠레 경제학자들을 지칭하는 용어이다. 다른 나라들의 그룹도 이와 유사하게 불린다.

일 것이다.[*] 그것은 무엇보다 남아시아와 동아시아의 대부분 국가에서 법조계 저명인사들이 식민지 이행 작업의 지휘자이자 (독립 후) 새로운 국민국가의 건설자였기 때문이다.[**] 물론 필리핀을 제외하고 그들은 곧 명성을 상실했다. 특히 군부 권위주의 정권의 수립은 정도의 차이가 있지만 그들을 정치 무대에서 몰아내는 계기가 됐다. 하지만 이런 배제는 겉으로 보기만큼 철저하게 이루어진 것은 아니었다. 여러 국가에서 법률가들은 정치적인 역할을 탈환했다.

특히 최근에 그들은 시민사회의 대변자 또는 '국민의 힘'(People's Power)과 같은 저항운동의 대부로서 정치 무대에 등장하고 있다. 역설적으로, 이 새로운 저명인사들은 여러 면에서 낡은 식민지 법률 엘리트에 속해 있으면서도 정치적 현대성을 대표한다. 그들은 여전히 연고주의와 권위주의의 속성이 강한 국가기관들을 재구성하겠다는 목표로 개혁주의 전략을 권고(추구)하고, 이 국가기관들을 새로운 헤게모니의 민주적 규범에 보다 잘 적응하도록 이끈다. 이런 법률가들의 정치 전략이 가져온 결과를 명확히 설명하기에는 아직 이르지만, 그 기원에 대해 질문하는 것은 무익하지 않을 것이다. 왜냐하면 시민사회의 저명인사로 개종한 이 국가 건설자들의 매우 대조되는 역사는 아시아에서도 국가권력을 둘러싼 투쟁을 조명하는 데 기여할 것이기 때문이다.[***]

---

[*] 공자와 베버를 대립시켜 '아시아적 모델'과 '법치'(rule of law) 간의 근본적 양립 불가능성을 강조하는 이런 문화주의적 접근에 대해서는 Dezalay and Garth, 1997b : 109~141을 참고할 것.

[**] 인도는 여기에 맞는 사례를 제공한다(Dezalay and Garth, 2001 : 69~90 참조).

[***] 현재 우리가 준비 중인 『법률적 도덕의 개작 : 글로벌 헤게모니를 위한 시장에서의 법률 전략, 진정한 추종자와 이윤가들』(Revamping legal virtue : legal strategies, true believers and profiteers in the market for global hegemony. 임시제목)이라는 책의 주요한 테마들이 바로 이것에 관한 것이다.

국제적인 비교 연구에서 자주 일어나는 현상이지만, 외견상 유사한 것으로 보이는 전문성을 분류할 때 행하는 유추들은 오류로 이어질 수 있다. 즉, 아시아에서 정부의 지위들을 점유하고 있는 대부분의 경제학자들은 라틴아메리카의 유사한 인물들이 열심히 주장하는 정치적 선택과 이론적 전제들에 대해 매우 소극적이거나 심지어 반대하기도 한다. 특히 법률가들에 대해서는 비교 분석이 훨씬 더 어렵다. 왜냐하면 그들 중 다수(특히 가장 성공했거나 오랫동안 명성을 누린 사람들)가 반대자들의 견해로부터 그들을 방어할 수 있게 해줄 뿐만 아니라 상대적으로 모순적인 제도적 혹은 정치적 지위를 점유할 수 있게 해주는 이중의 게임을 매우 능숙하게 수행하기 때문이다. 예를 들어, 권위주의 정권은 마르코스(Ferdinand Edralin Marcos)나 리콴유(李光耀) 같은 유명한 법조계 대표자에 의해 수립됐다. 그들은 일종의 정치-법률적인 추동력을 위해 '합헌적인' 독재(dictature constitutionnelles)를 수립했다.

이런 장르의 혼합은 반대 진영에서도 관찰된다. 예를 들어, 자카르타 재계의 거대 법률회사 설립자·지도자들은 '레포르마시'(Reformasi : 개혁) 운동의 인적·지적인 틀을 형성하기 위한 전환점으로 기능하면서 시민사회의 도약을 앞당기는 데 기여했고, 극빈층에 대한 온갖 법률 지원 프로그램을 만들기도 했다. 이처럼 '국민의 힘'을 주장하면서 정치적인 사회운동을 후원하는 개혁적 이스태블리시먼트**** 모델은 "광범위하게 확산되어 있다". 특히 인도, 말레이시아, 필리핀, 홍콩같이 식민화에서 유증된 전문가 전통이 강하게 남아 있는 나라에서 더욱 그러하다.

**** 이스태블리시먼트(Establishment)는 미국에서 여러 분야의 권력집단을 지칭하는 말로서, 가문과 인맥을 배경으로 한 엘리트 그룹을 통칭한다. —옮긴이

이런 몇 가지 사례는, 오로지 전문성의 분류에만 몰두하는 비교 분석이 매우 특수한 국내 역사에 따라 펼쳐진 전문성의 장(場)에서 정치적 입장이 복잡하게 구성되고 재정의되는 방식을 질문하지 않음으로써 이런 복잡성을 제대로 파악할 수 없다는 것을 보여주기에 충분하다. 법률 혹은 경제 전문가들에 대해서만 관심을 기울이는 비교 분석은 단편적이거나 그릇된 해석에 도달하게 된다. 왜냐하면 그들의 명목주의적인 가정들은 전문적인 장을 특징짓고, 이 전문성들을 국내 역사의 특수성에 위치시킬 때 나타나는 다양한 균열선과 이중 게임의 전략을 지워버리거나 심지어 은폐하기 때문이다. 복잡성을 무시하고 혼동 속에 있는 이런 인위적인 비교 분석에서 벗어나 진정한 과학적인 비교 접근을 하기 위해서는 상이한 국내의 장에 있는 전문성의 역사적 특수성과 복합성을 고려한 가설들을 제시하는 것을 목표로 삼아야 한다.

외견상의 유사성만을 고려하고 매우 상이한 국내적 현실을 덮어버리는 연구의 함정을 피하기 위해서는, 우리의 라틴아메리카 궁정전투 분석과 같이 역사적인 동시에 구조적인 이중의 접근을 수행하는 것이 불가피하다. 또한 단일한 전문가들의 범주에 몰두하기보다는 정도의 차이가 있지만 지속적으로 전술적인 동맹 게임을 하는 민간 혹은 군부의 다른 사회 그룹도 고려해, 국가권력의 장에서 경쟁하는 전문가들의 총체에 이르기까지 분석의 영역을 확장시켜야 할 것이다. 이런 지식의 생산과 재생산을 둘러싼 관계들이 국제적인 학문적 분업에 관련되어 있으므로, 지배적인 국가와 피지배 국가 간의 국제적인 지식의 순환에 개입하는 헤게모니 전략을 고려하는 것이 필요하다. 또한 사회적 위계질서의 비중도 고려해야 한다. 왜냐하면 국가 지식의 국제적인 수출입 시장은 다양한 지배계급 분파의 재생산이 이루어지는 중요한 영역이기 때문이다(Dezalay and Garth, 2004 : 151~152). 간단히 말해, 이런 구조적 분석은 북반구와 남반구에서, 좀더 정확하게는 북반구의 보다 지배적인 나라 혹은 덜 지배적인 나라와 여러 면에서 피지배적인 입장에 있는 남반구의 나라들에서 국가 실무의 장과 지식을 다루는 기관들의 장을 대상으로 동시에 수행되어야 한다.*

특히 피에르 부르디외(Pierre Bourdieu)가 강조한 바와 같이 이런 구조적 분석은 국내 권력 장(場)의 '창세기'로 돌아감을 의미한다. 이런 전문성의 장의 지속적인 재구조화를 가져오는 입장과 대립의 논리를 이해하기 위해서는, 자신들이 보유한 자원과 이익에 따라서 국가제도를 건설하고 국가의 공식적인 인정으로 주어지는 정당성을 통해 이득을 얻고자 하는 경쟁적인 분파들 간의 초창기 투쟁에서부터 출발해야 한다.

이 책은 라틴아메리카 국가들이 처한 구체적 상황에서 서로 다른 국가 지식들 간의 경쟁이 어떻게 헤게모니를 위한 국제적인 투쟁과 관련을 맺게 되는지 설명하기 위해 이와 같은 구조적 분석이 적절함을 보여주고, 이 분석틀이 훨씬 더 일반적인 범위에 적용될 수 있음을 강조하고자 하는 야심을 담고 있다. 물론 그것은 라틴아메리카의 '시카고 보이스'나 법조계 저명인사의 아시아적 변형에 대해 질문하는 것은 아니다. 그러나 이런 헤게모니 전략이 아시아에서 매우 다른 결과들을 산출하면서 각 나라별로 국가권력의 장을 어떻게 (재)구조화하는 데 기여하는지 묻기 위해 이와 똑같은 문제의식을 활용하는 것은 매우 적절한 것으로 보인다. 라틴아메리카에 대해서 우리는 냉전 시기 군사정권과 관련된

---

* 특히 지역 수준에서 헤게모니를 잡기를 희망하거나, 국제 지식 시장을 지배하는 강대국이 생산한 지식의 전파를 위해 중개 역할을 수행하는 강대국들을 고려해야 할 것이다.

정치적 경쟁의 두 가지 상징적 지형, 즉 인권과 신자유주의 경제를 중요하게 다루었다. 우리는 한편으로 신자유주의 정책의 확산과 다른 한편으로는 인권운동의 출현을 관찰함으로써 국제적인 전략이 어떻게 국가권력의 국내적 장을 재형성하는 데 기여하는지 보여주고자 했다.

그러나 이런 접근 방법을 아시아에 적용하고자 할 때, 이런 대립과 균열선이 응집되는 게임이 라틴아메리카와 다를 것이라는 점은 너무나 분명하다. 예를 들어 라틴아메리카에서 '워싱턴 컨센서스'*가 매우 광범위하게 구축됐다면, 아시아에서는 새로운 통화주의적 교리들이 여전히 그것의 정치적 집행을 억제하는 강력한 저항에 부딪힌다. 그것은 아마도 공공정책의 장이 아직도 그것의 건설자였던 발전경제학을 추종하는 기술관료의 영향을 강하게 받고 있기 때문일 것이다. 마찬가지로, '국민의 힘'과 같은 형태의 시민운동은 아시아 법률의 장에서 인권운동의 모델이 되기보다는 정치적 투쟁을 재구조화하는 데 기여했다. 이것은 시민사회가 탄생하는 데 기여하고 시민사회를 대변하는 것으로 보이는 법률가들이 새롭게 정치적으로 개입하는 모델이 확산되는 이유에 대해 질문하게 한다. 시민사회 모델의 성공은 그것이 이 전문 엘리트 분파가 새로운 국민국가의 지배자로서, 권위주의 정권 하에서 상실한 정치권력을 어느 정도 탈환할 수 있게 해준다는 것과 관련이 있을 것이다.

각 나라별로 국가권력의 장이 구조화되는 과정에 관심을 기울이는 연구자들에게 아시아 국가들은 풍부한 분석 영역을 제공한다. 나라들마

---

* 워싱턴 컨센서스(Washington consensus)는 1990년 미국 정부와 워싱턴에 본부를 둔 다자간 협의체들이 어떠한 형태의 국가와 경제가 남미에 바람직할지 합의한 것을 지칭한다. 이 표현은 생겨나자마자 많은 논쟁을 불러일으켰으며, 최근에는 자유주의 경제가 보완적인 제도를 마련하지 않고서도 성공할 수 있다는 내용을 함축함으로써 비판받았다. 이로부터 우리는 현재 '포스트 워싱턴 컨센서스'를 촉진하는 그룹들을 발견할 수 있다.

다 다양한 식민화의 결과들을 경험했을 뿐만 아니라 독립을 달성한 후부터 현재까지 지속된 다양한 정치체제가 가져온 결과들에 있어서도 매우 대조적이기 때문이다. 특히, 아시아 국가들의 창세기는 상대적으로 최근의 일이어서 국가권력을 둘러싼 경쟁자들을 보다 수월하게 발견할 수 있으며, 이들 간의 게임을 보다 쉽게 추적할 수 있다. 새로운 국가 지식의 수입을 둘러싼 투쟁은 내적인 위기의 증가와 그것을 더욱 악화시킨 냉전이 산출한 국가기구의 불안정성에 의해 더욱 격화된다.

라틴아메리카에서처럼 아시아에서도 냉전은 이러한 이야기의 배경이자 그것의 추동력이었다. 냉전의 이름 하에 헤게모니 강대국의 비호를 받아 군부정권이 수립된 것은 이 궁정전투에 큰 영향을 미쳤다. 이것은 인도네시아나 타이완처럼 한국에게도 익숙한 시나리오다. 이런 관점에서, 아시아는 라틴아메리카에서 카스트로주의의 위협으로 다시 부활한 반공 봉쇄 정책을 위한 실험장으로서 사용됐다.

이런 과거는 미국으로부터 수입된 경제 지식의 성공에 주목할 때 더욱 두드러진다. 예를 들어 수하르토(Suharto) 정권의 출범과 더불어 자카르타에 수입된 '버클리 마피아'(Berkeley Maffia)는 피노체트 장군의 시카고 보이스보다 몇 년 앞서서 인도네시아에 진출했다. 여기에서 버클리 마피아 혹은 시카고 보이스라는 명칭은 포드재단 같은 거대 박애주의 재단으로부터 재정 지원을 받은 소수 경제 전문가 그룹을 지칭한다. 이들은 미국 캠퍼스에서 교육을 받은 후, 자신들에게 모국 정부에 진출하는 길을 열어준 군부에 봉사함으로써 능력을 발휘할 수 있었다. 사실, 이 새로운 지식의 현지 수입자들은 쿠데타로 권력을 장악한 지도자들에게 매우 존경을 받았다. 왜냐하면 그들은 독재정권이 보유하고 있지 못한 대안적 이데올로기를 제공했을 뿐만 아니라 국제적인 인정을 받을 수 있는 정부의 능력을 제공하기도 했기 때문이다. 자신들의 학문적인 권위가 국내적 혹은 국제적 미디어에서 광범위하게 활용된 덕분에, 이 엘리트들은 국제 금융기관과의 협상에서 중개자로 기능했을 뿐만 아니라 여론의 대변자가 됨으로써 급속한 승진의 길을 달렸다.

권력의 장에 있는 경제학 교수들의 성공의 바탕이 된 국제적이고 미디어적인 자원들은 그들이 이론적 모델로서 사용하는 패러다임의 내용과는 상대적으로 독립되어 있다. 사회적 자본의 관점에서 볼 때, 버클리 마피아는 시카고 보이스와 경제이론뿐만 아니라 경제정책에서도 겉으로는 적대적인 입장을 대표하는 것처럼 보이지만 사실 이들 사이에는 그다지 큰 차이가 없다. 버클리 마피아의 대부들은 국가가 중요한 역할을 수행하는 발전정책을 작동시키는 테크노크라트(technocrat : 기술관료)처럼 보이고, 시카고 보이스는 반대로 국가의 후퇴와 경제활동의 탈규제의 복음을 전파하는 신자유주의 이론의 사도처럼 보인다. 그러나 이 두 그룹은 포드재단 같은 거대한 박애주의 재단의 지원을 받았다. 이 사례는 결국 수출자뿐만 아니라 수입자 측면에서도 영향력을 둘러싼 투쟁에 따라 제국주의적 논리가 굴절됨을 강조해준다. 즉, 아시아에서 신자유주의 교리의 정착을 억제하는 장애물은 아마도 냉전 덕분에 지속될 수 있었던 군사정권과의 동맹을 통해, 발전주의 테크노크라트를 이롭게 하고 그들의 제도적인 지위를 강화시켜준 헤게모니 전략을 수용한 앞선 세대의 간접적인 영향에서 비롯되었을 것이다.* 상징적인 지배는 일관되고 단일한 과정이 아니며, 피지배 국가의 장에서 국제적인 전략과 동맹에 따라 상징을 개조하면서 중개자로 활동하는 주변부 엘리트의 이익

---

* 이 주제는 Dezalay and Bryant, 2006 : 308~329에서 자세히 다루었다.

을 고려할 경우 더욱 복잡해진다.

우리는 법률가들의 세계에서도 이와 유사한 사례들을 쉽게 발견할 수 있다. 그것은 미디어들이 너도나도 '국민의 힘'이라는 호칭을 부여하는 여러 시민운동에서 가장 국제적인 전문 엘리트들 ── 특히 국제적인 법률회사의 지도자들 ── 이 수행하는 매우 영향력 있는 역할을 설명해줄 열쇠 중 하나이다. 이 법률 저명인사(gentleman lawyers)들은 미디어에 대해 법률적 정당성을 대표하지만, 그들은 거버넌스(governance), 공명 선거나 반부패 운동 같은 주제들을 중심으로 시민사회를 대표하는 신세대 NGO라는 카드를 활용하기도 한다. 연고주의와 부패로 인해 약화된 국가기관에 대해 비판자의 역할을 수행하는 새로운 시민운동은 재정의 상당 부분을 공공 혹은 민간 국제 기부자에게 의지하고 있다. 법률 저명인사들이 국가기관들에 비해 시민운동을 옹호하는 만큼 그들의 영향력은 커질 수밖에 없다. 이렇게 해서 역설적으로 보일 수도 있는 다음과 같은 상황의 전복이 일어난다. "새로운 헤게모니 전략은 윤리와 시민적 덕목을 주장한다. 그들의 현지 중개자는 도덕 사업가로 개종한 국제 사업법의 중개자들이다. 끝으로 국가를 개혁하기 위해 동원되고 재발명된 시민사회의 지배자들은 대부분 과거 식민지 시대에 새로운 국민국가의 건설자였던 법률 저명인사들의 상속자들이다."

이처럼 외형상의 변화에도 불구하고 사회적 서열의 논리는 계속 재생산되며, 우리는 이와 함께 진행되는 국가의 재구성과 전문성의 개종 과정을 조금만 분석해보더라도 이 과정의 역사적 일관성과 연속성에 놀라게 된다. 물론 제국주의가 도덕을 주장한 것은 오늘날의 일만은 아니다. 유럽의 식민지 기업들은 시장을 공고히 하기 위해 국가 장치를 구축했고, 식민지 법의 선구자들이 국가의 인물로 재탄생하기 전에는 대부분 기업인이었다. 이 매판 중개인(courtiers compradores)의 상속자 가운데 몇몇이 유럽 식민회사에 봉사하면서 축적한 자본을 새로운 헤게모니 강대국의 네트워크에 통합하기 위해 재투자함으로써 '법치'의 수입자가 되고 점차 헤게모니 국가의 정치 전략에서 현지의 대변자가 될 수 있었던 것은 그다지 놀라운 일이 아니다. 근본적으로는 여전히 같은 상태에 머물러 있으면서도 지속적으로 갱신되는 이 궁정전투는 람페두사(Giuseppe Tomasi di Lampedusa)의 유명한 공식을 떠올리게 한다. 즉 그 어떤 것도 진정으로 변하지 않게 하기 위해서는 잠시 동안 변화할 줄 알아야 한다. 비록 지배의 논리가 지속적으로 변화하고 있을지라도, 지배 과정을 현실적으로 설명하기 위해 필요한 조사 작업은 결코 무익하지 않을 것이다. 또한 연구자는 가능한 한 충실하게 각국의 역사에서 유래한 행위의 복잡성과 다원성을 고려하면서 이런 과정의 사회적 논리를 밝히기 위해 장(場) 이론 같은 미세하고도 다차원적인 분석 도구를 보유해야만 할 것이다. 이 책이 한국의 독자들에게 이런 접근 방법이 쉽게 활용될 수 있고 풍부한 결과를 산출할 수 있음을 납득시키면서, 한국인에게 익숙한 권력의 장에서 벌어지는 궁정전투의 특수한 형태들을 탐구하도록 자극하는 계기가 되기를 희망한다.

이브 드잘레이

감사의 말

우리는 본 연구를 계획하고 끝맺는 데 도움을 준 모든 이들에게 감사한다. 미국변호사재단(American Bar Foundation : ABF)은 연구 계획을 실행하는 데 필요한 중요한 기관들을 소개해주었고, 연구에 활용한 주요 자원을 제공해주었다. 국립과학재단(National Science Foundation) 또한 관대하게 연구를 지원해주었다.

우리의 연구는 낯선 장소에서 수많은 인터뷰(약 400회)가 필요한 것이었다. 너무나 많은 인터뷰와 비밀 보장에 대한 요구 때문에 여기에서 이름을 모두 열거할 수는 없지만, 우리가 인권 옹호 기관의 책임자, 전문 언론인, 영향력 있는 법률가와 경제 전문가, 심지어 두 전직 대통령 등 일련의 흥미로운 인물들을 만났다는 것을 언급하는 것으로 충분할 것이다. 인터뷰는 1995년 3월과 1998년 10월 사이에 다음의 장소에서 수행됐다──뉴욕, 멕시코시티, 멕시코의 몬테레이, 상파울루, 브라질리아, 리우데자네이루, 워싱턴 D.C., 부에노스아이레스, 코르도바, 칠레의 산티아고, 애틀랜타, 캘리포니아 샌디에이고 등. 누구를 접촉할 것인지 결정하고 그들을 만나 이야기를 들려달라고 설득하는 것은 결코 간단한 일이 아니었기 때문에, 우리는 어쩔 수 없이 우리와 관점을 공유하고 있는 사람들(그들이 종사하는 기관과 이 기관을 설립·운영하는 사람들)에게 많은 빚을 지게 되었다.

아르헨티나 부에노스아이레스에서 카를로스 로센크란츠(Carlos Rosencrantz)와 카탈리나 스물로비츠(Catalina Smulovitz), 코르도바에서 마리아 이네스 베르골리오(Maria Ines Bergolio), 브라질 리우데자네이루에서 엘리아나 중케이라(Eliana Junqueira)와 리디아 세르고비아(Lydia Sergovia), 상파울루에서 아프라니우 가르시아(Afranio Garcia), 호베르투 그룽(Roberto Grun), 세르지우 미셸리(Sergio Miceli)에게 도움을 받았다. 칠레에서는 호르헤 코레아(Jorge Correa)와 에드문도 펜살리다(Edmundo Fuenzalida), 멕시코에서는 엑토르 픽스 피에라(Hector Fix Fierra)와 세르히오 로페스 아일론(Sergio Lopez Ayllon)에게 도움을 받았다. 세계은행과 그 직원들에 대해 논평해줬던 마리아 다콜리아스(Maria Dakolias)도 이 리스트에 포함되어야 할 것이다.

그리고 우리가 연구한 국가들과 밀접한 관계를 맺고 있는 몇몇 미국 학자들도 큰 도움을 줬는데, 특히 두 명의 위스콘신대학 교수의 도움이 컸다——조 톰(Joe Thome)은 칠레에서의 사법개혁과 인권 변호사에 대한 통찰을 우리와 공유했고, 데이비드 트루베크(David Trubek)는 브라질에서 중요한 만남을 주선해줬을 뿐만 아니라 우리가 발견한 것들을 어떻게 이해할 것인가에 대해 중요한 통찰을 제공해줬다. 또한 우리는 운 좋게도 현장 연구와 관련된 연구를 하고 있는 두 명의 대학원생을 만날 기회가 있었는데, 그 연구 결과를 기꺼이 우리와 공유해준 그들에게도 깊이 감사한다——리사 힐빈크(Lisa Hilbink)는 칠레 법원의 역할에 대해 연구하고 있었고, 크리스토퍼 제임스 웰라(Christopher James Wela)는 멕시코의 인권 옹호 기관에 대해 연구하고 있었다.

우리는 연구 결과를 여러 곳에 발표했고, 그러면서 청중들과의 상호작용을 통해 많은 것을 배웠다. 그 중에서도 각각의 장이나 글 전체를 읽고 유용한 논평을 해준 몇몇 사람을 언급하고 싶다. 마리아 글로리아 보넬리(Maria Gloria Bonelli), 자비에 코주(Javier Couso), 마리사 나바로(Marisa Navarro), 벤 로스 슈나이더(Ben Ross Schneider)와 아서 스틴치콤브(Arthur Stinchcombe)는 앞서 언급한 사람들과 마찬가지로 고마운 사람들이다. 한동안 이 프로젝트를 보조했던 젊은 학자 사라 밥(Sarah Babb)도 특히 우리가 연구한 여러 국가들의 경제와 경제학자들과 관련해 많은 도움을 줬다. 끝으로 초고 전체를 읽어준 두 명의 독자, 피에르 부르디외와 시카고대학출판부의 존 트리네스키(John Tryneski)에게도 감사한다. 그들은 특히 개별 국가들에 대한 장을 삭제하여 분량을 줄이고, 각 장을 비교적이고도 이론적으로 수정하도록 우정 어린 격려를 보내줬다. 그래서 이 연구가 보다 설득력 있고 읽기 쉽게 되었다.

또한 우리를 격려해준 ABF 이사회와 직원들에게 우리가 얼마나 감사하게 생각하고 있는지 언급하고 싶다. ABF의 이사 보좌관인 로즈 칼드웰(Roz Caldwell)은 이 프로젝트가 제 궤도를 유지할 수 있게 해줬고, 연구 과정에서 생겨난 서류와 문헌, 서신을 관리해줬다. 끝으로 우리는 브라이언트 가스(Bryant Garth)가 이 연구에 필요한 여러 차례의 여행을 할 수 있도록 행정 처리를 해준 ABF 차장 조안 마틴(Joan Martin)에게 감사를 보낸다.

:: 차 례

I부

국가권력 장(場) 내부의 제국주의적 · 전문적 전략

1_서론

우리가 연구한 아르헨티나, 브라질, 칠레, 멕시코 등 남미 4개국은 법치*
의 수출과 수입을 장려하고 있는 촉망받는 국제산업에 적극적으로 참여
하고 있다.[1] 아프리카, 아시아, 동유럽, 그리고 남미에서 컨설턴트, 싱크
탱크, 박애주의 재단, 국내 및 국제기관 등 이제 막 탄생하는 그룹은, 어
떤 문제이건 간에 그것을 해결하기 위한 중요한 방법 가운데 하나가 독
립적이고 상대적으로 강력한 사법 분야를 마련하는 것이라는 결론에 도
달했다. '굿 거버넌스'(Good governance)는 법의 지배와 그것을 보장
하기 위한 일련의 제도를 필요로 한다. 어떤 그룹은 독립적인 사법부와
법원에 대한 접근과 공익법(public interest law)을 장려하기 위해, 그리
고 환경을 보호하고 여성에 대한 폭력과 경찰의 직권남용을 억제하기
위해 보다 나은 법률적인 처방을 모색하고 있다. 또 어떤 그룹은 무엇보
다 안전한 거리(street)를 보장하고 금융투자의 안전성을 높이기 위해 똑
같은 제도적 이상을 요청하고 있다. 나아가 강력하고 독립적인 사법권

---

* 법치(rule of law)는 이 책에서 측정될 수 있는 어떤 조건을 지칭하는 것이 아니라 법과 법률
  기관에 대한 투자를 촉진하기 위해 활용되는 구호나 선언을 지칭하는 말로 사용한다.

에 의해 공정 선거가 보장되어야 한다고 한다. 법은 이렇게 해서 1960년대와 70년대처럼 발전 아젠다(agenda)의 중심에 놓이게 됐다.

1960년대와 70년대의 '법과 발전'(Law and Development) 운동은 이와 유사하게 법치를 확립하기 위한 일련의 제도와 실무를 수출하는 것이었다. 이 운동을 통해 몇몇 사람은 확실하게 이익을 보았다. 예를 들어 브라질에서는, '법과 발전'의 일환으로 재정 지원을 받은 프로그램을 통해 미국의 법률 기술, 인증서 및 인맥을 확보한 사람들이 한 세대가 지난 후 이런 미국에 토대를 둔 자산을 자신의 모국과 다국적인 투자가들 간의 브로커 같은 경력으로 전환할 수 있었다. 그러나 우리가 연구한 국가들에서 법의 지위를 변화시키려는 노력은 그다지 성공적이지 못했다. 법학교육과 법률 연구에서 약속된 개혁은 일어나지 않았고, 로스쿨(Law school)은 여전히 정치계·검찰·사법부·재계에서 활약하는 파트타임 교수들이 지배했다. 그 결과, 이제 법과 발전 운동의 '실패'를 누구나 인정하고 있다.[2]*

이 운동에 대한 비판은, 창안자들이 자신들의 고유한 아젠다가 변화의 목표가 되는 나라에서 국가권력과 어떻게 상호작용해야 하는지 고려하지 않은 채 그것을 낙관적으로 추진한 '순진함'을 겨냥했다. '상황 속의 법'(law in context)을 연구하는 운동이 시작된 것도 바로 이런 비판이 힘을 얻게 되었기 때문이다.[3] 그러나 법률제도가 작동하는 국가구조와 사회적 맥락이 중요하다는 인식에 기초한 이런 강한 회의주의에도 불구하고, 이전의 많은 비판들을 포함한 법과 발전 운동의 새로운 파도

---

* 결국 이런 실패는 한 법률문화에서 다른 법률문화로의 '법률 이식'에 관한 법사회학 연구에서 회의주의를 널리 확산시켰다(예를 들어, Ajani, 1995 ; Cotterrell, 1998 ; Ewald, 1995 ; Legrand, 1998 ; Nelkin, 1995 ; 1997 ; Watson, 1996 참조).

는 사회적 상황에 대해 매우 작은 관심만을 기울인다. 법치를 수출하려는 노력에 대한 강한 비판에 대해서도 그것이 단지 올바른 접근 방법을 발견하는 문제일 뿐이라고 주장하는 경향이 있다.[4] 이같이 상대적으로 낙관적인 관점은 역설적으로 소외된 사람들을 돕기 위한 법률전략에 초점을 맞추는 사람들 즉 공익법, 변호법, 혹은 보아 산토스(Boa Santos)에 의해 '해방의 기둥'(emancipatory pillar)이라고 불리는 진보적 법률 활동에 관여하는 사람들 사이에서 작용한다.[5] 올바른 법률 프로그램이 소외된 사람들의 지위를 향상시킬 것이라는 것이 그들의 믿음이다.

우리가 볼 때 이런 낙관주의는 설명이 필요하다. 사회적으로 진보적이거나 개혁적인 아젠다를 수출하기 위해 노력하는 사람들은 그들의 지위와 역할에 대한 강한 신념 때문에 구조적으로 결정되는 것을 보지 못하는 특징이 있다. 이런 시력 상실은 미국의 권력이 유럽 제국주의 권력을 대체하면서 부분적으로 자비로운 이상의 옷을 입은 반제국주의로부터 유래했다는 사실과도 관련이 있다.[6] 그 결과 새로운 법과 발전에 대한 담론들이 지나치게 낙관적이고 사회적 맥락과 국가권력의 구조에 대한 관심을 폄하하게 된다. 이런 담론은 비록 현지의 발판을 확보하는 데 성공할지라도 법률교육의 역할과 보다 일반적으로는 국가마다 법의 지위가 다르기 때문에, 예를 들어 어떠한 공익법도 현실적인 사회적 영향력이 미국과는 같지 않을 것이라는 점을 인정하지 않는 경향이 있다.

우리는 새로운 법과 발전 운동을 비난하거나 이 운동이 언제나 실패할 수밖에 없다고 주장하기보다는 기존의 비판과 이 운동의 옹호자들이 무시하는 경향이 있는 것, 즉 법이 수출되고 수입되는 특수한 국내 상황 속에서 법의 지위에 대해 새로운 관심을 일으키기를 희망한다. 과거의 법과 발전 운동(그리고 지금의 새로운 운동)의 명백한 실패는 법이 가장 효과적인 실천으로서, 서가에서 획득할 수 있는 기술의 문제가 아니라는 사실을 명확하게 해준다. 이 책에 담긴 우리의 희망은 이런 기본적인 비판과 더불어 시작된다. 또한 우리는 모든 사람들이 한 세대 전에 알고 있던 것을 상기시키는 데 만족하지 않을 것이다. 우리는 법이 어떻게 국가권력의 장에 관련되고 그것의 재생산과 시간에 걸친 변화가 어떻게 이뤄지는가에 대해 실증적인 사회 분석을 발전시키고자 한다.

이런 분석은 무엇보다 법이 권력의 장을 구성하고 생산하고 재생산하는 과정의 핵심에 있다는 것을 인식하는 것에서 시작되어야 한다. 보다 구체적으로, 법의 지위를 이해하는 열쇠는 느슨하게 혹은 밀접하게 상호 접속되어 있는 두 기관(법대와 국가)과 법의 관계이다. 법대는 지식과 지배 엘리트, 엘리트와 전문성 간의 위계질서를 재생산하는 데 핵심적인 역할을 수행한다. 이 때문에 법과 발전 운동으로 대표되는 법대를 개혁하려고 하면 법대의 기본 구조에 깊게 배어 있는 지배와 정당성, 상대적으로 취약한 권력의 틀을 손상시킨다. 따라서 법의 수출과 더불어 발생하는 것을 이해하기 위해서는 법이 구성되는 방식과 그것이 구현하는 권력 균형, 권력의 재생산에서 법의 지위를 면밀하게 연구하는 것이 필요하다.

이런 맥락에서 법의 수출과 수입의 문제는 국제적으로 중요할 뿐만 아니라 관련 국가들에게는 중요한 국내 문제로 간주된다는 것이 명백하다. 예를 들어, 브라질의 불안정한 균형은 20세기 동안 법의 내부와 외부에서 지속적으로 도전을 받아왔다. 법은 부분적으로는 법적 정당성을 확보한 상대적으로 보수적인 법대 졸업생 그룹이 브라질 사회와 사회 세력을 대표해야 한다고 주장했기 때문에 도전을 받았다. 법률 이스태블리시먼트의 아웃사이더와 새롭게 진입한 인사들은 국내 정치와 통치에 대해 크고 작은 소동을 일으키면서 그 지위에 지속적으로 도전하였다. 브라질인들은 이런 도전과 그에 대한 반응의 일환으로 외부에서 수입을 하게 되었지만, 그들은 자신들의 국내 전략에 적합할 때에만 수입을 했다. 따라서 수입의 성공은 불가피하게 국내의 궁정전투와 국가 전문성의 수출을 위한 국제 경쟁에 의존하게 된다.

따라서 한 세대 전이나 현재에도 법과 발전의 역할에 대해서는 법 내부와 외부의 세력뿐만 아니라 국내와 국외 세력의 결합까지도 검토할 필요가 있다. 어떤 경우든 법에 초점을 두면 불가피하게 국제적인 것에 대한 성찰을 불러일으키게 되는데, 그것은 법이 언제나 식민지 정치를 위한 견인차였기 때문이다. 법률가들은 상황에 따라 한 편과 다른 편을 옹호하면서 현지와 국제적인 것을 연결하는 데 이바지하는 매판가*로서 번성해왔다. 또한 우리가 연구한 (모두 식민화에서 비롯된 강한 법적 전통을 가지고 있는) 국가들은 국내적인 것과 국제적인 것 간의 역사적 관계가 장구하고도 밀접하다. 현지 엘리트의 재생산은 국제적인 수입(모국에 돌아왔을 때 높은 지위를 보장해줄 법학 박사학위를 획득하기 위해 수십 년 간 파리나 코임브라로 여행하는 것이 대표적이다)을 통해서 이루어지고 정당화되었다. 유럽의 교육은 부분적으로 식민주의에 도전하는 토대를 제공할 때조차도 식민지 관계를 강화시키는 역할을 했다.

이런 식민 관계는 계속해서 유지됐지만 유럽의 힘은 상대적으로 약화됐다. 법은 현재 미국과 유럽 간의 경쟁에 관련되어 있으며 미국이 영

---

* 매판가(comprador)는 그들의 지역에서 사업을 하려는 외국인들을 위해 브로커나 에이전트로서 활동한 현지인들을 지칭하기 위해 아시아에서 개발된 용어이다. 우리는 현지인에게 외국인을 대변하거나 외국인에게 현지인을 대변하는 지위에 있는 사람들을 가리키는 말로써 이 용어를 사용했다.

향력을 획득하는 방향으로 나아가고 있다. 게다가 미국을 포함한 강대국들은 과거처럼 특수한 접근 방법이나 결과물뿐만 아니라 내부의 투쟁과 이 투쟁을 수행하기 위해 활용되는 전략도 수출하는 경향이 있다. 그러므로 제2차 세계대전 이후 미국의 냉전 정책과 여기서 비롯된 내부의 갈등은 일반적으로 미국의 국제전략과 밀접하게 연결되었다. 이런 냉전전략은 1960년에 출판된 월트 로스토(Walt Rostow)의 『경제성장의 단계: 반공선언』[7]이라는 책의 제목이 보여주는 바와 같이 학문적일 뿐만 아니라 이념적인 차원을 포함하고 있다. 또한 MIT대학에 토대를 둔 경제이론은 공산주의에 대항한 투쟁의 한 부분으로서 작성되고 동원되었다. 지적 생산의 핵심 역할을 한 이런 접근 방법은 '진보를 위한 동맹'(Alliance for Progress), 미국국제개발처(United States Agency for International Development : USAID), 포드재단의 프로그램, 법과 발전운동, 자유주의 경제학, 인권운동 등에서도 발견할 수 있다. 이런 수출 프로그램들은 최근 남미의 변화에 깊게 관련되어 있으며, 이 책에서 우리가 관심을 기울이는 대상이다.

이러한 주제는 국내적이고 국제적인 차원, 법과 법에 도전하는 다른 유형의 전문성, 그리고 국가 역할의 변화 등을 포함하는 다소 복잡하고 다차원적인 이야기로 이어진다. 게다가 우리가 다루는 제2차 세계대전 이후의 시기는 경제발전을 강조한 '강한 국가'에서 신자유주의 경제정책에 따라 조직되는 국가로 이행하는 시기이기도 하다. 그래서 이 시기에는 권위주의 정치로부터 경쟁적이고 상대적으로 개방된 선거를 향해 이동한다. 우리의 연구는 이런 주요 변동과 더불어 법과 국가에 연결되어 있고, 또 이 둘을 연결시키기도 하는 복잡한 요인들과 관계들을 이해하기 위해 여러 방법을 모색할 것이다.

우리의 연구 전략에는 두 가지 핵심 요소가 있다. 첫째, 법은 국지적인 '궁정전투'에 매우 깊게 통합되어 있어서 보다 광범위한 질문에 들어가기 위해 활용될 수 있다는 발견에서 출발한다. 즉, 우리는 법과 법률 행위자, 그리고 법률제도를 현지의 투쟁에 접근하기 위한 지점으로써 활용한다. 먼저 예비적인 연구를 수행한 후, 법과 관련된 이야기를 해독하고 심화하기 위해 이런 발견을 활용할 수 있다. 따라서 우리는 법이 진입 지점을 제공한다는 것을 강조하지만, 그것은 단지 진입 지점일 뿐이다. 사법개혁이나 특정한 법률기관이나 조직에 대한 설명처럼 법을 이야기의 중심에 위치시키기보다는 좀더 비교정치학에 가까운 작업을 수행하기 위해서 사례로 활용하고자 한다. 법을 보다 잘 이해하기 위해서는 법의 외부를 살펴보는 것이 필요하다.

둘째, 국제전략이라는 개념은 국제적 영향력과 국가의 변화 사이의 관계를 연구하기 위한 방법을 제공한다. 국제전략은 국내 행위자들이 국내에서 자신들의 권력을 구축하기 위해 전문성(expertises: 상호 경쟁하는 다양한 유형과 기술을 강조하기 위해 복수로 표기했다), 자원, 학위, 인맥, 정당성 등과 같은 외국의 자본을 활용하는 방식을 의미한다. 국내에서 궁정전투를 벌이기 위해 사용되는 국제전략에는, 예를 들어 피노체트 정부와 그 협력자들이 자신들이 전복한 정부를 비판하기 위해 시카고 경제학을 활용한 것과 칠레의 저항운동가들이 피노체트 정권을 비판하기 위해 국제 인권법을 활용한 것 등이 있다. 따라서 외국의 전문성은 국가권력의 통제를 둘러싸고 반대자와 투쟁하기 위해 활용된다.

우리는 두 가지의 기본적인 이유 때문에 이 접근 방법을 사용하는데, 하나는 이론적인 것이고 다른 하나는 실천적인 것이다. 이론적으로는 법과 보다 일반적으로는 국가가 언제나 국가간 상호작용과 경쟁에 의해 형성되기 때문이다. 국제 경쟁은 자연스럽게 국내에서 국가권력의 장을 구성하게 된다. 국내에서 벌어지는 일에 대한 이런 국제적인 차원은 상대적으로 예외가 적음에도[8] 지역 연구와 심지어는 비교정치학에서도 무시되고 있는 실정이다.

실천적으로는 국제관계학이 국가의 변화에 대한 이슈들을 연구하려는 모든 사람들에게 진입지점이 되기 때문이다. 제2차 세계대전 이후에 발전한 지역연구와 더불어 국제관계학 자체가 냉전을 포함한 국제전략의 도구이자 산물이다.[9] 이 학문은 필연적으로 국가권력의 장에 대한 전투로 이어진다. 게다가 국제전략은 빈번하게 지식과 관련한 전략이 되기도 한다. 책과 논문의 형태를 갖춘 학문자본은 국제적으로 투자하려는 사람들이 가치를 평가하는 데 일종의 화폐처럼 사용된다.[10] 또한 학문이 국제경쟁에서 무기로 활용된다는 것도 중요하다. 왜냐하면 현실을 정의하는 서술은 정치와 정치적 정당성에 영향을 미치기 위해 활용될 수 있기 때문이다. 끝으로, 전문 지식을 가진 실무자들은 학자로서, 법률가로서 혹은 여러 유형의 컨설턴트로서 국제적인 변화에 중요한 역할을 수행한다. 따라서 국제관계와 학문은 여러 측면에서 국가를 둘러싼 전투를 겨냥하고 있다.

우리의 진입 지점은 몇 가지 위험을 안고 있다. 국제전략을 연구하는 데 있어서 '인식공동체'(epistemic community)나 '주창네트워크'(advocacy network) 같은 범주들로 맥락에서 벗어나, 단지 행위자들의 국제적인 특징만을 강조하려는 유혹이 있다. 이런 유혹은 범세계적인 공동체를 창설하기 위해 북반구에서 생산된 학문적 이상을 주어진 것으로 간주하고, 어떻게 해서 남반부의 사람들이 이것을 '선호'하게 되는가에 대해서만 질문하게 한다. 예를 들어, 어떻게 남반구 경제학자들이 경제 변동에 대한 미국식 접근법으로 개종했는가만 질문한다. 미국 엘리트들의 '선호' 구성은 무시되거나 그저 주어진 것으로 간주된다. 자신들의 세계에 대해 질문하지 않는 수출자들의 경향과도 관련된 이런 침묵은 국제전략의 세계에서는 특히 중요하다. 왜냐하면 국제전략은 전형적으로 경계와 범주가 불투명한 공간에서 작용하기 때문이다.

　이 국가에서 저 국가로 이동하면서, 가문의 배경, 학교의 명성, 그리고 다양한 국내 지위와 같은 자원을 평가하기는 어렵다. 심지어 같은 언어로 표현될 때조차 같은 것을 의미하지 않고, 같은 이름을 가진 것들이 매우 다른 사회적 지위를 점유하는 일이 빈번하다. 예를 들어 어떤 나라에서 판사나 교수는 다른 나라들의 판사와 교수와 공통점이 적을 수도 있다. 어느 기관이나 인권 기구의 지도자, 혹은 가문의 이름이나 학교에서 이룩된 관계 같은 계보와 국내 자본의 가치를 평가하기란 더욱 어렵다. 국제전략의 몇 가지 기회(그리고 위기)를 제공하는 이런 맥락들은 또한 학자들이 행위자들과 '선호'를 이해하는 것을 어렵게 만든다.

　따라서 국제전략에 대해 우리는 이 전략이 뿌리를 내리고 있는 국내 권력의 장을 강조하는 데 초점을 맞춘다. 우리는 수출자들과 수입자들의 전략이 어떻게 형성되고, 북반부와 남반구의 국내적 장에서 그들의 지위를 통해 어떻게 결정되는지 주목하지 않고서는 이 전략을 관찰할 수 없을 것이다. 그들은 북반부와 남반부의 아젠다에 따라 국가권력의 국내적 장을 재형성하고 재정의한다. 따라서 국제전략에 대한 초점은 국가의 구성과 재정의 및 이런 변화에 매우 중요한 헤게모니적 과정과 새로운 보편성을 이해할 수 있게 해준다.

　끝으로 국제전략은 상당히 계급적으로 결정되는 경향을 가지고 있다. 영어를 유창하게 구사하고 미국에서의 기회를 많이 가질 수 있을 만큼 물질적 자원을 충분히 보유한 범세계적인 가문들은 그저 평범한 가문이라고 할 수 없다. 이런 전략을 추구하는 사람들은 전형적으로 어느 정도 상속된 자원을 가지고 있고 외국에서 많은 기회를 누릴 수 있는 입장에 있다. '세계화'(globalization)와 관련된 변화를 연구하는 사람들은 세계화를 주도하는 행위자들의 이런 측면을 무시하는 경향이 있다. 누가 미국에서 고급 학위증을 얻고 누가 중요한 국제학술대회에 초청되는지, 그리고 일반적으로 누가 북반구에서 남반구를 위해 이야기하는지 (물론 그 역도 성립한다) 질문하는 것은 중요한 일이다.

간략히 말해서, 우리의 연구는 국가권력의 장이 제2차 세계대전 이후 수십 년 동안 재생산되고 변화해온 방식을 설명하는 데 기여하고자 한다. 그동안 국제전략은 중요한 요소임에도 거의 완전히 무시되었다. 법을 진입 지점으로 활용하고 국제전략을 우리의 주요한 연구 도구로 활용하면서 법과 국가의 사회적 구성 과정을 새롭게 조명할 수 있기를 희망한다.

연구 전략

우리는 장시간에 걸친 개인 인터뷰에 의존했다. 그것은 상호 연관된 전기(biography)로 특징지을 수 있는 전략에 따른 것이다. 우리는 특히 전문성의 수입과 수출에 대해 핵심 역할을 하는 브로커, 중개인(courtier), 교육받은 매판가를 탐지하려고 노력했다. 자신의 이야기를 들려주는 이 사람들과 인터뷰할 때 경계해야 할 것은 그들의 세계관이 우리의 관점이나 전략에 맞을 경우 그대로 수용해버리려고 하는 유혹이다. 우리의 연구 전략에서 첫째 단계는 성찰사회학(reflexive sociology)에 입각하여 이런 위험을 최소화하는 것이었다. 그들이 말하는 것과 그들의 전략적 지위 간의 관계를 파악하기 위해서는 이들 각각이 누구이며 어디에서 온 사람인가를 이해하는 것이 필수적이다. 그들에 대한 전기는 그들의 관점과 전략이 그들의 가능성을 어떻게 정의하는지, 그들의 경쟁자는 누구인지, 그들이 동원할 수 있는 자원은 무엇인지 알기 위한 방법을 제공해준다. 부르디외[11]와 우리가 이미 발표한 저작[12]에 따라서, 우리는 이러한 개인과 그룹이 작용하는 위계 구조와 제도를 밝히기 위해 개인의 선택과 경력상의 전략에 관한 전기적 설명을 활용했다. 전기는 또한 학자들에게는 그다지 논의되지 않지만 국제전략과 깊이 관련된 가족자본(family capital)에 대해 몇 가지 지식을 획득할 수 있게 해준다.

그리고 이 방법은 인위적인 분절화 ── 범주와 제도를 가로지르는 관계와 영향력을 이해할 수 없게 만드는 ── 를 극복하는 데 기여한다. 그래서 신제도주의와 권력의 장을 고려하지 않는 보다 국지적인 직업사회학이나 엘리트 사회학(캠프[Roderic Ai Camp]의 작업[13]과 같은 소수의 예외는 제외)의 몇 가지 한계들을 극복한다. 우리는 특정한 개인의 경력을 추적함으로써 재단의 세계와 인권 NGO의 세계가 언제나 밀접하게 연관되었다는 사실, 세계은행이 각국 정부와의 사이에서 전진과 후퇴를 하는 구체적인 네트워크와 경력을 통해 현지 상황과 작용하는 방식, 미국 방식을 본받은 상업 법률회사나 변호 기관(advocacy organizations)이 새로운 지형에 들어가는 방식 등을 명확하게 밝힐 것이다.

전기는 접속을 부분적으로 은폐하기 위해 구성된 범주들을 연결시켜준다. '직업들' 간 혹은 '제도들' 간의 분할을 당연한 것으로 간주하는 관점은 특수한 직업과 제도가 구성되고 정당화되는 방식을 무시한다. 이와 대조적으로, 경력과 전기에 대한 강조는 제도와 직업이 어떻게 만들어지며 그것이 다양한 유형의 직업적·사회적 자본으로부터 어떻게 정당성을 획득하는지 알 수 있게 해준다.

한편, 전기에 초점을 둔 개인 인터뷰의 목적은 상대적으로 자율적인 장들의 집합적인 전기(collective biography)를 보여주려는 것이다. 이런 관점에서 보면, 개인들은 서로 분산되어 존재하지 않는다. 그들은 특정한 순간에 특정한 장을 특징짓는 복잡한 투쟁과 분열을 조사하고 해석하는 길을 제공해준다. 따라서 전기를 통한 접근 방법은 누적적(cumulative)이라고 할 수 있다. 왜냐하면 각각의 인터뷰로부터 얻은 정보는 문제가 되는 장의 보다 일반적인 전기를 구성하고 검토하기 위해 사용될 수 있기 때문이다. 다른 말로, 무엇이 그룹을 국가의 장으로 이동시키는지, 전문성과 네트워크를 통해 무엇을 가져오는지, 그들이 어떻게 작용하는지, 그리고 어떻게 해서 격렬한 경쟁과 지속적인 변화로 특징지어지는 영역을 지향하게 되는지 알 수 있다.

구조와 관계에 대한 강조는 또한 개인들의 고착된 정체성(예를 들어 인권에 대한 지지 혹은 반대, 정치적으로 진보적이거나 보수적인 성향, 신자유주의나 민주주의의 지지 혹은 반대 등)을 가지고 투자될 때 발생하는 문제들을 피할 수 있다는 것을 의미하기도 한다. 특수한 맥락에서 채택된 정체성은 그 장의 구조와 특정한 시공간에 주어지는 기회와 관련되어 있다. 예를 들어, 어떤 개인은 어떤 상황에서는 정치학자로서 행위하지만 다른 상황에서는 변호사로 행위할 수 있다. 어떤 상황에서 민족주의적 가치를 대변하는 사람은 다른 상황에서는 국제적인 '법치'의 지지자가 될 수 있다. 다시 말해, 국제 경기장에서는 밀수자와 매판가, 브로커 등의 이중 전략이 증가할 수 있는데, 그것은 개인의 지위에 대한 수많은 잠재적 불확실성과 그릇된 해석이 있기 때문이다.

지엽적이고 왜곡된 설명을 피하기 위해서는 성찰의 접근 방법만으로는 충분하지 않다. 어느 한 관점에 사로잡히지 않기 위해서는 수많은 진입 지점이 필요하다. 여러 진입 지점은 또한 장의 관계적이고 집합적인 전기를 작성하기 위해 필요하기도 하다. 따라서 권력의 장을 세밀하게 탐구하기 위해서는 그 장에 들어가는 다양한 길을 발견하고 진입을 촉진시킨 이야기 이상의 것을 발견해야 한다. 장을 구조화하고 그 지향점을 규정하는 분할들을 알기 위해서는 상호 대립하는 진영들과 대화하는 법을 발견하는 것이 필수적이다.

　　우리는 부르디외가 제시한 바와 같이[11] 우리 자신이 국가권력에 연관된 법과 그 외 전문성의 모델을 공급하는 국제적인 주요 경쟁국에 소속되어 있다는 사실을 활용했다. 모국의 인물들에 대한 전기와 이와 관련된 진입 지점들은 상호 대립하고 있는 진영들을 탐구하기 위한 제1막이 된다. 예를 들어, 브라질에서는 프랑스 모델을 지향하는 (그리고 프랑스어를 사용하는) 이전 세대와 영국과 미국을 지향하는 보다 젊은 세대가 심하게 대립하고 있다. 또한 권력의 장에서는 지식이 핵심적인 무기가 되기 때문에 우리는 장 내부의 갈등과 분할에 대한 지식을 얻기 위해 첫번째 접근 지점을 활용하려고 노력했다. 그리고 그 지식은 잠재적 접촉 범위를 확장하는 데 사용될 수 있었다. 우리는 언론인에게 익숙한 전술을 따라서 축적된 지식을 다른 사람들을 만나고 보다 깊고 복잡한 사실에 접근하기 위해 활용했다.

　　우리는 북반구와 남반구, 국내적인 것과 초국가적인 것, 그리고 법과 법을 둘러싼 장들을 탐구하기 위해 300회 이상의 인터뷰를 수행했다. 우리는 초국가적인 현상과 국내 변화의 관계에 대해 몇 가지 예비적인 아이디어를 가지고 연구를 시작했으며 이 연구에서 서로 대립하는 것으로 보이는 이상주의(idealism)와 세계적 사업의 수요에 동시에 관련된 변화에까지 나아가기를 희망했다. 따라서 우리는 한편으로는 국제적인 인권운동에 초점을 맞추었고, 다른 한편으로는 다양한 외채위기의 운영과 무역에 초점을 맞추었다. 이 경기장에 있는 행위자들은 우리를 박애주의 재단, 다국적 법률회사, 세계은행, 국제통화기금(IMF)뿐만 아니라 이 이야기의 중심에 있는 대학들과 싱크탱크들을 향해 이끌었다.

초국가적 연구의 난점 가운데 하나는 연구에 필요한 적절한 행위자들의 이름을 결정하고 인터뷰를 위해 이들과 접촉하는 방법에 있다. 『마틴데일-휴벌 국제인명록』[15]을 통해 국제적인 것을 지향하는 법률가들을 발견하기는 상대적으로 수월했고, 또 NGO들에 대한 몇 가지 인명록도 이용할 수 있었다. 그리고 특정 국가와 강한 유대를 맺고 있는 학계의 전문가들도 주요 인사의 이름을 얻고 현지 상황을 정리해보는 데 필수적이었다. 이 학자들은 소중한 전문성을 보유하고 있을 뿐만 아니라 국제기구에 대한 자문, 운동 그룹의 선전, 재단과의 공동작업 등 수많은 중요한 활동에 관여하고 있기 때문이다. 우리의 관점에서 볼 때, 이 행위자들로부터 정보를 얻고 그들을 그들이 작용하는 장에서 위치를 정하는 것이 필수적이다. 앞에서 설명한 바와 같이, 우리의 서로 다른 국가 배경은 유럽대륙과 프랑스어를 지향하는 네트워크뿐만 아니라 미국과 영어를 지향하는 네트워크를 발견할 수 있게 해준다.

우리가 작성한 지도에서 그다지 뚜렷하지 않은 사람들(예를 들어 영어나 프랑스어를 말하지 못하고 국제적인 재정 지원을 누리지 못하는 현지 행위자)을 발견하기 위해서는 인터뷰와 문헌 연구를 활용했다. 우리의 초점이 국내적인 것과 초국가적인 것의 관계에 있기 때문에, 이 관계를 거부하는 사람들(그리고 어떤 국제적 접촉이나 이해관계도 없는 사람들)

을 발견하는 것도 중요했다. 그러나 우리의 노력과는 달리 어떤 사람들은 다른 사람들보다 탐지하기가 훨씬 쉬웠음을 인정한다. 우리는 이렇게 얻은 정보를 분석하려고 시도했으며, 조사한 그룹들이 우리가 설명하고자 하는 과정을 밝혀줬다고 확신한다. 그럼에도 불구하고 우리의 분석이 어쩔 수 없이 다른 그룹들보다 어떤 그룹들에 대해서 보다 강력하고 자세하게 설명했다는 점을 인정한다.

두번째 방법론적 난관은 각 국가에 대해 매우 중요한 역사적·상황적 세부 사항을 숙지하는 것이다. 우리는 다시 방문할 수 없는 상황에서 연구 대상이 된 국가들을 보다 잘 알게 되었다. 그 내용은 이전에 반드시 다뤘어야 하는 사항과 주제들이 포함되어 있었다. 상이한 경험과 네트워크를 보유한 독자라면 우리가 마땅히 탐구해야 했고 이야기의 완성에 기여하게 될 주제에 대해 즉시 알 수 있을 것이다. 이와 유사하게, 우리의 접근 방법이 역사를 다루고 있음에도 우리는 남미 전문가들이 다루는 역사적 문헌들을 활용하지 않았다. 우리는 활용 가능한 가장 복잡한 2차자료들을 발견하려고 노력했지만, 인터뷰에서 발견한 것들을 가장 잘 뒷받침해주는 것으로 보이는 역사적 설명들에 의존할 수밖에 없었다. 인터뷰에서 활용한 자료가 특히 법과 법 제도에 관련된 것일 때, 우리는 우리의 발견과 해석을 확신했다.

법의 역할이 서로 경쟁하고 있는 기관과 법을 둘러싼 전문성과의 관계 속에 위치될 때에만 이해될 수 있다는 것은 역설적이다. 법을 중심에 위치시키거나 그것을 진입 지점으로 활용하는 것은 불가피하게 경쟁자들에 대한 이해를 제한하게 된다. 이런 역설을 인식하고 있지만, 우리는 법을 국가의 변화와 법의 정당화에서 나타나는 초국가적 과정의 역할을 이해하기 위한 진입 지점으로 활용하는 것에 대해 변명하지 않는다. 이 점은 단지 우리가 접근한 여러 주제들에 대해 보다 많은 논의가 있을 수 있다는 것을 의미한다.

끝으로 편향과 한계들을 줄이려고 노력했음에도 우리의 접근 방법이 갖는 한 가지 중요한 편향을 인정하지 않을 수 없다. 우리는 국제 행위자들이 보다 가시적이었기 때문에 국제적인 것을 크게 강조했다. 이런 내재적인 편향은 이 연구의 기본 '문제의식'으로 볼 수 있는 것과 관계가 있다.

문제의식

일련의 이슈로 해석될 수 있는 우리의 기본 문제의식은 연구 전략에 바탕을 두고 있다. 우리는 접근 방법에 국제적인 것을 보다 중시하는 구조적 편향이 있음을 알기 때문에, 이 편향을 우리가 설명한 것의 핵심으로 삼으려 한다. 문제는 우리의 접근 방법을 통해서 관찰되는 것이 주로 국내 역사의 산물인지 국제적인 요인(특히 미국의 권력과 세계은행·IMF처럼 그 배후에 있는 기관)에 의해 결정되는 것인지에 관계된다. 이러한 우리의 한정은 다양한 학문분과와 관련될 수 있다. 우리의 초점은 사회학적이지만 최근 경제학자들이 도입한 '경로의존성'(path dependancy)이라는 아이디어와 많은 공통점이 있다.[16] 한 국가에서의 변화는 이미 구축된 제도들의 구조에 의존한다. 이와 똑같은 아이디어가 물론 국가 간의 차이점과 역사를 강조하는 지역 연구에서도 중요하며, 나아가 국내의 법률 시스템과 직업에 관한 미시사회학, '문화가 중요하다'[17]는 경제학자들과 정치학자들의 최근 재발견에서도 중요하게 다뤄진다. 반면에 우리의 접근 방법은 위에서 언급한 국내적 접근 방법과는 달리, '인식공동체', [18] '주창네트워크', [19] '탈국적 엘리트' (denationalized elites), [20] '초국가적 자본가계급' (transnational capitalist class) [21] 등과 같은 국제적인 차원을 강조하는 접근과 관련이 있다.

우리는 이 두 가지 부분적 접근 방법을 평가할 수 있는 방법을 발견하려고 시도했으며, 이에 따라 세계체계이론 [22] 과 관련된 접근 방법을 채택했다. 다만 우리는 미시적인 지위와 거시적인 지위 사이의 접속을 발견하려고 시도했다는 점에서 이 접근 방법과는 차이가 있다. 몇몇 사람들이 서로 다르기는 하지만 보완적인 접근법을 가지고 주장하는 것과 같이, 국내의 변화들을 설명하기 위해서는 상호 교환의 메커니즘이 중요하다. [23] 우리가 고려하는 영역(특히 법, 지식, 제도, 국가 등)은 특수한 논리를 가진 상징적인 장이다. 따라서 이야기는 세계체계이론에서 매우 명확하게 설명되고 있는 권력과 헤게모니에 관한 이야기보다 훨씬 더 복잡하다. 또한 우리는 국제전략과 관련된 왜곡, 불확실성, 범주의 불투명성으로 인해 강화되기도 하는 국내 관점의 기본적인 본질을 계속해서 받아들인다.

게다가 헤게모니 과정은 역설적인 결과들을 산출한다. 예를 들어, 미국 대외정책 이스태블리시먼트의 냉전적 목표들은 자신들에게 저항한다고 생각하는 (인권운동가들을 포함한) 사람들에 의해 결실을 맺게 됐다. 이와 유사하게는, 브라질의 페르난두 엔히크 카르도주(Fernando Henrique Cardoso)로 대표되는 1960년대 미국에 대한 주도적인 비판 세력 대다수는 이제 미국의 중요한 동지가 됐다.

이와 같은 역설적인 결과들은 우리의 핵심 가정으로 이어진다. 특정한 국가 전문성의 수출 결과는 수입자들과 수출자들의 국가의 장에서 얼마나 구조적인 유사성이 있는가에 달려 있다. 우리가 발전시킬 한 사례는 미국과 칠레에서 1970~80년대 인권운동에 성공의 토대를 제공했던 국가권력 외부의 개혁적 이스태블리시먼트 간의 교차이다. 그리고 또 한 사례는 미국의 시카고 경제학자들과 그들의 파트너인 칠레의 '시카고 보이스'가 수행한, 개혁적 이스태블리시먼트에 대한 갑작스러운 반격이다. 이 두 가지 사례는 브라질에서 선교사들의 작업이 단지 장군들에게 봉사하는 테크노크라트를 양성했을 뿐이라는 것을 뒤늦게 깨달은 초기 법과 발전 운동의 구조적인 몰지각과 대조적일 수 있다.

책의 구성

이 책의 구성은 북미와 남미에서 동시에 진행되는 미시적 수준의 변화과정을 포착하려는 우리의 노력이 반영된 결과이다. 작업상의 이유로 우리가 연구한 각 국가의 상세한 사례를 제공하지는 않았지만, 이것은 각 국가에 대한 결론을 설명하고 뒷받침하는 데 활용될 수 있을 것이다.[20] 게다가 사례 연구는 주제 중심의 장보다는 이 책의 기본 문제의식과 중심 가정들을 조명해주기 어렵다. 따라서 이 책은 북미의 목표와 수출자들, 그리고 남미 수입자들을 중심으로 구성되었다. 각 장은 북미와 남미의 유사한 전략들이 남미 수입자들의 지위에 따라 어떻게 다르게 나타나는지 직접적으로 보여줄 수 있어야 한다. 나아가 북미의 권력과 그것의 특수한 목표는, 푸코의 용어를 빌리면 그 계보학이나 고고학을 위해 이런 특수한 전략의 구성에 대한 깊이 있는 탐구를 중요하게 만든다. 국가 변화에 대한 이야기는 인권과 워싱턴 컨센서스 그리고 민주주의의 구성에 대한 이야기이며, 이것들이 남미에서 일어났거나 일어나고 있는 것들에 어떻게 복잡하게 관련되는지에 대한 이야기이기도 하다.

이 책은 총 4부로 구성되어 있다. 1부는 아르헨티나, 브라질, 칠레, 멕시코의 국가권력 구조에서 공통점과 차이점을 탐구한다. 2장부터는 인물들에 초점을 맞춰 변화들을 이해하기 위한 틀을 제공한다. 이 장에서 우리는 권력과 국가의 상이한 구조를 특징짓는 것으로 보일 수 있는 국가 인물들을 소개한다. 이들에 대한 프로필을 통해 우리는 법에서 경제로, 유럽의 지식에서 미국의 지식을 향한 운동(국가 엘리트들의 재편)이 있었음을 밝힌다. 동시에 이런 운동은 현재 상황에서 한 부분만을 반영하고 있다. 그리고 국가 간의 차이는 여전히 중요한 의미를 가지고 있다. 우리는 이 점을 3장에서 강조할 것이다. 3장은 네 가지 다른 변동 경로의 구조적인 논리에 대한 기본적인 이야기이다. 우리는 서로 다른 두 축을 따라서 연구를 수행했다. 한 축은 네 국가를 선택하여 이 국가들이 북미에서 수입된 국가 전문성을 받아들이는 방식을 비교한다. 다른 한 축은 특히 신자유주의 경제학, 사업법, 공익법 등과 같은 특수한 이슈와 전문성에 집중한다. 국가들 간, 그리고 이슈와 전문성들 간에는 큰 차이점이 존재한다.

2부는 북미에서 일어나는 새로운 보편성의 초창기 뿌리를 추적한다. 그것은 미국의 대외정책 이스태블리시먼트, 냉전, 그리고 인권운동의 구축으로부터 시작한다(4장). 다음 장에서는 워싱턴 컨센서스의 또 다른 축이 되는 시카고대학에 근거를 둔 신자유주의 경제학의 발전 계보를 추적한다. 6장과 7장은 이런 상호 연관된 국가 전문성이나 통치 기법들이 어떻게 수출되고 수입되는지, 그리고 서로 다른 구조적 환경에서 나타나는 매우 다른 결과들에 집중한다. 우리는 여기에서 매우 다른 구조적 환경에서 작용하는 미시적 수준의 과정을 증명하고 자세한 내용을 제공한다.

3부(8장과 9장)는 새로운 보편성(인권과 신자유주의 경제학)에 대한 국제적인 인정과 국내적인 생산으로 돌아간다. 이 경험은 각양각색의 내란을 경험한 남미에서 더욱 극적이지만, 분열 후 권력에서 밀려난 북미의 이스태블리시먼트들이 그들로부터 권력을 인수한 사람들이 채택한 새로운 경제적 교조주의와 인권을 중시함으로써 결국에는 자신들의 지위를 재탈환하는 과정을 똑같이 발견할 수 있다.

4부는 현재의 모습을 그려보고 이 새로운 교조주의의 내구성에 대해 몇 가지 문제점을 제기한다. 이 컨센서스는 북미에서 그것을 남미 지도자들의 관점으로 볼 때 훨씬 더 견고하게 보인다. 그러나 법을 진입 지점으로 활용하면서 보다 주의깊게 살펴보면, 특히 사업법과 법에 관련된 제도들의 핵심 사이에 중요한 차이점이 있음을 발견하게 된다. 단일한 형태의 '달러화'*로 보이는 국가 전문성은 사실상 매우 비대칭적이다. 이런 불균등성은 이것을 수용한 남미 국가들에서 새로운 국가 전문성의 정통성에 대해 문제를 제기하게 한다.

결론에서 우리는 사법개혁을 통해 '법치'를 구축하는 데 성공한 사례들이 그토록 적음에도 불구하고 이 노력이 계속되고 심지어 관성을 얻기도 하는 이유가 무엇인가라는 질문에 대답하기 위해 구조적으로 분석하려고 시도한다. 이를 통해 범세계적인 엘리트를 대표하는 수입자들의 구조적 지위는 지속적인 노력과 그것의 제한된 효과로 이어진다고 주장한다.

---

* 달러화(dollarization)는 원래 아르헨티나처럼 자국 통화를 미국 달러에 연동시키는 과정을 지칭하는 용어이다. 이 책에서 우리는 아이디어와 전문성도 그것이 미국에서 구입할 수 있는 것에 따라 가치가 결정될 수 있음을 지적하기 위해 이 용어를 사용한다.

2_국가 재편을 위한 국가 엘리트의 재구성 :
유럽 법률문화의 상속자로부터 미국에서 양성된 테크노폴로

이 책은 국가와 경제에서 권력의 장(場)과 그 변화에 초점을 맞추고 있다. 우리는 1960년대의 발전국가(developmental state) 혹은 능동국가(activist state)를 현재 전 세계의 특징인 신자유주의적 민주주의로 이끈 과정들을 분석하려고 시도할 것이다. 이 과정과 변화에 대한 대부분의 논의와는 달리 우리의 방법은 행위자들을 강조하고 있다. 예를 들어 발전국가에 봉사하는 사람들이 신자유주의적 민주주의에 봉사하는 사람들과 프로필이 같지 않다는 것은 분명하다. 게다가 남미의 국가들이 본질적으로 북반구의 강대국들에게 지배되기 때문에 국가의 재구성에 관여한 행위자들도 지배와 헤게모니 방식의 변화에 관련되어 있다. 이 책을 관통하고 있는 주요한 변동은 유럽대륙을 지향하는 법률의 강조에서 미국을 지향하는 경제학으로의 이동이다.

이런 근본적인 이동은 그러나 한 범주에서 다른 범주로의 단순한 대체라고 할 수는 없다. 비록 국가의 법률 저명인사로부터 현재 민주주의에 관련된 일군의 경제학자로의 변화로서 묘사할 수 있겠지만(우리는 이 말을 자주 사용한다), 이런 이행은 이 범주들이 보여주는 것보다 더욱 복잡하고 다양하다. 사실, 이 범주들은 그 자체로서(독립적으로) 존재하지 않는다. 각각의 범주는 특정한 유형의 국가와 권력 장(場)의 구성과 관련되어 있다. 그렇기 때문에 특정 개인에 대한 묘사는 그 개인이 이미 만들어진 범주에 맞는지 확인하려는 것이라기보다는 개인을 만들어내는 제도와 근저에 놓인 구조를 밝히기 위한 것이다.

칠레와 브라질에서는 국가의 법률 엘리트들이 우리가 고전적인 모델로 묘사하는 방식(이 책 3장)에 따라 국가의 내부와 주변부에서 매우 중요한 역할을 수행했다. 또 멕시코에서는 법률 엘리트들이 국가를 통치하는 사람들과 민간부문의 권력을 대표하는 사람들 사이에서 권력 장의 중요한 분할을 재생산했다. 아르헨티나에서는 또 다른 중요한 변이로서, 파편화되고 심지어 거의 존재하지 않는 국가에 직면한 범세계적 법률 엘리트들이 (국가기관에 직접적으로 연루되는 것을 피하면서) 불투명한 영역에만 투자하는 경향이 있다. 법률 엘리트들에 대한 이런 다양한 모습과는 달리, 미국에서 생산된 경제학을 지향하는 행위자들은 훨씬 더 동질적인 것처럼 보인다. 그들은 서로 다른 국가에서 훨씬 더 유사한 지위를 점유하고 있는 것으로 보인다.

미국과 경제학을 중심으로 구성되는 동질성이 이처럼 증가한 이유는 무엇인가? 그것은 단지 자연적인 변화의 결과로 간주될 수도 있을 것이다. 더 나은 커뮤니케이션과 국제교역은 일반적인 법보다 기술적으로 정교한 새로운 전문성의 자연적인 발전과 결합해 있다. 그러므로 단순히 보면, 국가의 성공에 필요한 것에 대해 쉽게 합의할 수 있다. 또한 증가한 동질성은 미국의 전 세계적인 헤게모니와 특수한 동의어가 될 수 있다(이것은 시카고 경제학자들의 특수한 전문성이 수출되는 것과 같다).

우리는 오늘날 동질성이 증가했다는 것을 인정하지만 이것이 정도의 문제라는 점을 강조하고자 한다. 서로 다른 국가에서 매우 유사하게 보이는 새로운 전문가들은 여전히 상이한 국내 역사와 구조에 기원을 둔 특수한 사회적 여정(trajectoiry)의 산물이다. 이 전문가들은 이런 국내 맥락에서 활동하는 행위자로서 필연적으로 다양한 사회적 여정을 따르게 될 것이다. 따라서 이 장은 두 가지 수준에서 논의를 전개한다. 우리는 '법률 저명인사'(gentleman lawyers)와 '테크노폴'(technopols)을 구분하고, 여기에 해당되는 행위자들을 서로 구분되는 방식으로 행위하게 하는 특수한 국내 구조에 위치시키려고 한다. 또한 우리는 국가 권력의 장을 구체적으로 묘사하고 이런 국내의 장에서 만들어진 행동 방식을 설명해주는 개인의 성장 과정도 묘사할 것이다.

법조계의 유력 정치가들

법조계의 유력 정치가들은 정부의 귀족적인 이상과 같은 것을 대표한다. 아직도 수많은 지지자를 거느린[1] 이 이상에 따르면, 학식 있는 법대 졸업생들은 사회의 주도적인 지위(지식인, 정치인, 경영인뿐만 아니라 특히 공적 영역과 사적 영역, 지식세계와 사업세계 간의 중개자 등)를 점유하기 위해 일반적인 법 지식과 실무적인 지혜에 의존한다. 그들이 찬양하는 이런 일반적인 지식은 오귀스트 콩트(Auguste Comte)의 시대부터 비판받았지만, 이 법조계의 정치인들은 서구의 법이 수입되거나 강요된 대부분 지역에서 다양한 지위를 누릴 수 있었다. 브라질과 칠레로 대표되는 라틴아메리카의 고전적인 방식에 따르면, 법조계 유력 정치인들의 지배가 정부와 사회의 지속적인 특징이다. 견고한 인맥을 가진 야심적인 개인들은 권력과 영향력뿐만 아니라 심지어는 개혁으로 가는 길까지도 법을 중심으로 한 경력을 통해 주어진다고 알고 있다.

라틴아메리카의 고전적인 모델은 1960년대 브라질에서 발견할 수 있다.* 조아킹 팔캉(Joaquim Falcão)에 따르면, "법학부를 졸업한 사람들의 역사적 역할을 강조하지 않고서 브라질의 정치와 경제생활, 문화를 이해하기란 불가능하다".[2] 로스쿨의 역할, 특히 상파울루 법대와 헤시피 로스쿨[3]의 역할에는 활용 가능한 문헌과 아직도 남아 있는 제도상의 잔재와 밀접하게 연결된 수많은 차원들이 있다. 첫째, 법과 법학교육은 다양한 지배 엘리트 분파를 하나로 묶어주는 데 기여했다.** 둘째, 법과 법학교육은 지배 가문들의 사회적 혹은 관계적 자본을 교환하고 변화시키고 재생산하기 위한 수단을 제공한다. 셋째, 법은 국가에 대한 통제를 정당화하는 언어와 권위를 제공한다. 브라질에서는 이런 정통성이 전통적으로 파리 등 유럽 여러 도시에서 획득된 국제적 학문자본을 통해 생산됐다.*** 그 결과, 법은 국가 간의 국제적 위계질서와 북반부와 남반구 간의 수입-수출 과정을 재생산하는 데 기여하기도 했다.[4]****

---

* 미셸리(Sergio Miceli)에 따르면, "제1공화국 이후로 법학부는 이데올로기 생산의 장에서 지배적인 기관이었으며 수많은 정치·문화적 기능을 수행했다. 지배계급을 재생산하기 위한 교육 시스템의 중심에 있는 법학부는 지주계급의 상속자들의 지적·정치적·도덕적 통합에 기여함과 동시에 그들에게 학문적 정당성을 부여하는 데 기여함으로써 훨씬 더 강한 지위를 점유했다. 법학부는 또한 유럽식 지식 생산의 수입과 전파를 위한 기구로서 작용했다(유럽은 학술지와 전문 문학지 생산의 중심지였다). 그러나 무엇보다 법학부는 미래의 입법가들과 고위 관료들, 판사들, 교사들의 양성을 담당한 기관이었다"(Miceli, 1983: 40).
** 덜레스(John W. Foster Dulles)는 상파울루 법대 재학생들의 인생과 경력에 중요한 사회 그룹에 대해 설명한다. 브라질의 초대 대통령과 네번째 민간인 대통령은 모두 상파울루 로스쿨의 비밀협회 멤버였다(Dulles, 1986: 8; Love, 1971).
*** 파리에서 높은 학위를 취득했고 기존의 법대에 대해 매우 비판적인 입장을 가지고 있는 한 교수에 따르면, 브라질의 법률은 역사적으로 '좋은 근거'(good reason)에 의해 보완됐는데, 여기에서 '좋은 근거'란 "훌륭한 변호사는 자신이 외국의 사법체계를 알고 있음을 보여줘야" 한다는 것을 의미한다. 외국의 법률체계는 '과학과 박식함의 보증서'였다. 그러나 모든 외국의 법률이 여기에 해당되는 것은 아니다. 오로지 '제1세계의 법률'만이 '좋은 근거'로 간주되고 나아가 브라질 법의 요소로 간주됐다. 물론 해외 지향적인 성향은 식민지 지배에 기원을 두고 있다. 제국주의가 지배하던 브라질에서는 1820년대 포르투갈 코임브라대학 법학과를 졸업한 학생들이 지배 엘리트가 되었다(Barman and Barman, 1976).

역설적으로 이런 법과 법학교육의 중요한 특징은 (법 체계뿐만 아니라 법학교육에서도) 법의 자율성을 위한 제도적 토대의 가치가 하락했음을 의미한다. 만약에 어떤 개인이 '단순히' 교수, 변호사, 혹은 판사로만 간주된다면 이것은 그가 가장 높은 지위와 성공에서 제외됐다는 것을 의미한다.***** 그들은 본질적으로 두번째 서열의 엘리트였다. 반대로 최상위의 엘리트는 주요 법률기관을 통제하지만 이 지위를 법의 자율성 확보에 투자하는 데 활용하지는 않았다.

엘리트들은 일생동안 연속적이고 동시적으로 여러 지위를 축적한다.****** 이 지위들은 대개 법률 영역에 자리 잡고 있지만 법률의 장 외부에 있는 지위들(정확하게는 보다 높은 지위들)이 더 중요했다.[5] 법학부 내부의 지위도 동시에 혹은 다른 때에 다른 지위를 위한 발판으로 사용된다. 사실 전통적인 법학부는 일시적으로 국가권력으로부터 배제되어 있거나 국가권력을 얻기를 희망하는 사람들을 위한 토대를 제공했다.[6]

**** 코니프(Michael Conniff)에 따르면, "정치 엘리트에 가입하기 위한 마지막 준비는 외국 생활의 경험인 것처럼 보인다. 대부분의 멤버들은 외국에서의 체류와 학업 혹은 사업을 경험했다"(Conniff, 1989: 26).

***** 한 교수에 따르면, "전임교수직은 그다지 중요하지 않다"고 한다. 모든 기준에 비춰볼 때 엘리트이지만 전통적인 법대에 대해 매우 비판적인 팔캉은 다음과 같이 이야기한다. "브라질의 법대 교수들은 다음과 같은 프로필을 가지고 있다. 학위증만 가지고 있고 학생들에게 어떠한 지원도 제공하지 못하는 사람은 학교 행정에 참여하지 못하며 학교 외부에서 자신의 직업을 수행한다. 리우데자네이루의 법대 교수 10명 가운데 9명이 이런 사람들이다."(Falcão, 1988: 407)

****** 러브(Joseph Love)에 따르면, "대부분의 상파울루 엘리트들은 도시와 농촌 간 격차를 줄이는 데 기여하는 활동을 포함하여 다양한 경력을 가지고 있다. 우리가 강조한 바와 같이, 1940년에 250명의 파울리스타[Paulista : 상파울루 시민을 지칭] 중 한 명이 대학 졸업장을 취득한 국가에서 대학 졸업생은 여러 곳에서 요청된다. 상파울루의 정치 엘리트의 역할은 따라서 정치적인 것으로만 한정되지 않았다. 그들은 모두에게 해당되는 정치인, 공무원 외에 평균잡아 세 가지 직업을 가지고 있었다. 변호사(69%) 다음으로 가장 공통적인 직업은 농장소유자(fazendeiro, 38%), 산업가(28%), 언론인(27%), 그리고 교육자(21%) 순이었다"(Love, 1980: 157).

이런 현상은 브라질에서 여전히 지속되고 있다. 우리는 또한 어떻게 법률교육이 많은 사람들에게 변호사, 판사, 전임교수보다 높은 경력을 위한 도구로 간주되는지에 대한 일상적인 사례를 발견한다. 상파울루 법학부를 졸업한 40세 가량의 브라질 변호사와 그의 동창이 만나서 나눈 대화는 이 점을 잘 보여준다. 브라질리아에서 열리는 한 정치 모임에 가던 이 변호사가 비행기에서 친구를 만났을 때, 이 친구는 놀란 투로 그리고 비꼬는 투로 말했다. "자네는 아직도 변호사를 하고 있나?"

법률적인 직업을 초월해 상승할 수 있는 사람들은 학교에서 획득될 수 없는 사회적·관계적 자본을 필요로 한다.[7]* 이 자본은 보다 특수하게는 유력한 대(大)가문들과 맺어진 관계로부터 주어진다. 가족자본과 인맥의 유용성은, 그렇다고 가족관계가 경력을 쌓기 위한 유일한 것이라든지 이런 혼합이 정태적이라는 것을 의미하지는 않는다. 현실에서 이 시스템은 절대로 엘리트 가문의 재생산을 위한 수단으로만 환원되지 않는다. 이 시스템이 현재보다 훨씬 덜 개방적이었을 때조차도 재주가 특출하거나 엘리트에 소속되고 지배계급과 관계를 맺으려는 야심을 가지고 있는 특정 인물들은 자신의 학위증과 이런 관계들을 바탕으로 엘리트 경력을 쌓는 데 성공했다. 또 다른 사람들은 특히 부유하거나 큰 인맥을 가진 가문과의 결혼을 통해서 쇠락해가는 사회적 자본을 보다 엘리트적인 경로로 전환할 수 있었다.**

---

* 레빈(Robert Levine)은 재능과 가문의 적절한 혼합을 보여주는 설명을 제시한다. "헤시피 로스쿨의 가장 뛰어난 졸업생들은 부분적으로 후견뿐만 아니라 능력에도 기초하고 있는 선별과정을 만들어낸 이 학교의 교수직을 얻기 위해 경쟁했다. 엘리트 중 4분의 1 이상이 법학부에서 강의했던가 법대에 진학하기 위한 예비학교에서 강의한 경력이 있다."(Levine, 1978 : 109) 상파울루 엘리트에 대한 러브의 데이터도 같은 사례를 제공한다. "이 그룹의 43%는 적어도 다른 멤버와 관련되어 있고", "전체 엘리트의 3분의 1 이상이 사업과 가족관계의 복합체를 형성했다"(Love, 1980 : 155).

사회적이고 제도적인 강화는 법과 법률교육을 정태적이고 보수적인 상태로 유지했다.*** 변화에 대한 이런 저항은 권력 위계질서에서 법의 지위와 관련이 있고, 특히 다른 지역 출신의 여러 사회 그룹들의 교차점에서 활동한 법률 엘리트 멤버의 다양한 분파와도 관련이 있다. 법은 엘리트들에게 평화를 유지하는 '사회적 타협'이 가능하도록 자리매김됐다.[8] 그러나 사회적 타협은 민주주의의 발전과 높은 사회적 유동성, 심지어 매우 개혁적인 전략들을 포함하지만, 법은 무엇보다 지배 엘리트가 자신들의 사회적이고 관계적인 자본을 유지하는 데 이바지했다. 결국 앞에서 언급한 바와 같이, 이런 방식은 엘리트로 하여금 법률의 자율성을 위한 잠재적인 제도적 토대에 투자하도록 이끌지 못했다.

** 또한 포퓰리스트(populist) 전략도 상대적으로 정치권력이 약한 그룹을 대변하고자 한 엘리트에 의해 특정한 시기와 장소에서 채택됐다. 예를 들어, 앤서니 리즈(Anthony Leeds)는 프란시스쿠 줄리앙(Francisco Julião)이라는 이름을 가진 브라질 좌익 변호사를 냉소적으로 묘사했다 ── 줄리앙은 농민운동 조직에서의 업적 때문에 칭송되어왔다. "그는 변호사라는 직업을 가지고 있다. 그것은 브라질에서는 매우 존경받는 직업이며, 정치계에 입문하기 위한 중요한 발판을 제공한다. 변호사는 또한 상위계급의 직업이기도 하다." 나아가 "이런 유형의 경력이 브라질에서 상대적으로 평준화되어 있다는 것은 놀라운 현상이다. 분명한 의미를 가진 어떤 지위가 경력의 초기에 채택된다. 그러나 이 의미는 단지 속이 빈 형식일 따름이다. 거기에 숨어 있는 의미는 외형적인 의미와 매우 달라질 수 있다. 이 진정한 의미, 즉 경력을 추구하는 사람의 개인적이고 종종 공식화되지 않은 목표 설정은 경력의 토대가 확고하게 구축될 때 출현한다"(Leeds, 1964 : 195). 그는 계속해서 적고 있다. "비록 이런 사람들의 대표자들이 분열할 수 있지만, 그들 모두는 보다 오래된 견고한 이익에 반대한다. 이와 동시에, 그들 모두는 의식·무의식으로 시스템의 근본 요소가 변하지 않고 유지되도록 활동하는 단호한 보수주의자들이다."(199) 물론 이 전략은 흔들릴 수 있다. "새로운 수호자들과 옛 수호자들은 모두 계급 질서 유지를 위해 농촌 프롤레타리아 민중의 분파주의를 부추기기도 했다. 그 결과 이 조직된 그룹들은 각자를 희생하면서 사회적·정치적 통제를 수행하는 지배계급을 이롭게 하는 끝없는 전투에 빠지게 된다."(202)

*** 맥도너우(Peter McDonough)는 이 점을 지적한다. "이 시스템은 그 자체를 단순히 재생산하기보다는 새롭게 갱신한다. 이들 중 많은 사람들이 조상으로부터 엄청난 이득을 받기는 하지만, 심지어 사업가조차도 그들의 지위를 자동적으로 상속받는 것은 아니다. 그들의 아버지와 비교해볼 때, 거의 모든 브라질 엘리트들이 향상 지향적이다."(McDonough, 1981 : 103) 팔캉도 교육 시스템의 약간의 개방성에 대해 주목한다(Falcão, 1988 : 410).

보수적인 브라질 엘리트에 대해 설명하는 자료들을 보면, 상대적으로 이런 엘리트들에 대해 공격적이었다. 다양한 전공의 학자들이 1960년대와 70년대에 '근대화'와 사회적 변화를 가로막는 브라질 엘리트의 재생산 방식에 대해 경고했다. 이 자료는 국가권력을 둘러싼 경쟁에 새롭게 진입한 사람들과 새로운 전문성을 옹호하기 위해서 전문성이 없는 국가 법률가들을 비판하고자 한 시도들 가운데 하나였다. 잠재적인 새 경쟁자들은 이런 국내의 궁정전투에서 우위를 차지하기 위해 부분적으로 학문적이고 전문적인 국제 동맹을 구축했다.

사실 수많은 브라질 연구는 브라질 엘리트의 또 다른 모습, 즉 엘리트들의 다양한 지역성이나 그 밖의 변이들을 보여준다. 브라질 엘리트의 다원성과 규모는 이들이 매우 경쟁적이었다는 것뿐만 아니라 경쟁에서 승리를 거두기 위해 활용 가능한 모든 자원들(특히 학문자본이나 국제자본)을 동원하고자 했음을 의미한다. 야심적인 인물들의 이런 지속적인 투자는 자연스럽게 브라질을 새로운 전문성의 수입국으로 만들었다. 이것은 정치적 혹은 경제적 환경이 변화할 때 적응을 촉진할 수 있는 엘리트 내부의 동맹과 다양한 전문성을 가능하게 했다.

역으로, 이것과 똑같은 고전적인 방식이 칠레에서도 발견되는데, 이에 대한 학문적 연구[9]는 상대적으로 적은 편이다. 칠레에서는 엘리트 간에 보다 큰 동질성이 있다. 칠레에서 고전적인 국가 귀족 재생산 패턴의 성공과 발전을 이해하기 위한 맥락은 19세기 말에 시작된 장기간의 상대적 안정에서 발견된다. 이 시기는 농촌 엘리트를 대표한 사람들이 '음악의자'*라는 '귀족게임'(aristocratic game)에서 교대로 정부에 대한 통제를 담당한 의회주의 시스템으로 특징지을 수 있다.[10]** 이런 교대는 브라질에서 엘리트 간의 타협을 통해 사회평화를 유지했던 것과 비숫하다. 칠레의 시스템은 브라질처럼 상대적으로 폐쇄되어 있었지만, 여기에는 새로운 진입자들에게 몇 가지 기회가 있었다.*** 그리고 브라질에서처럼 칠레의 엘리트 지배 시스템의 운영과 재생산은 특히 칠레대학으로 대표되는 전통적인 법학부에 집중되어 있었다. 고전적인 통제 시스템은 20세기 칠레의 지배적 정치 가문인 알레산드리(Alessandri) 가문의 경력에서 나타난다.

1920~24년과 1932~38년에 칠레 대통령을 역임했던 알레산드리 팔마(Arturo Alessandri Palma)는 칠레대학 법학부를 졸업한 많은 칠레 대통령 중 하나였다.**** 그의 조부는 1821년 이탈리아에서 칠레로 이민

---

* 음악의자(musical chair)라는 게임은 사람수보다 의자를 하나 적게 놓아두고, 음악에 맞춰 의자 주위를 돌다가 음악이 멈출 때 재빨리 의자에 앉는 게임을 말한다. 가령 5명이 있으면 4개의 의자를 놓아 4명을 뽑고, 그 뒤 한 개의 의자를 줄여 3개 의자로 3명을 뽑는다. 이렇게 한 개씩 의자를 줄여가면 결국에는 한 명 만이 남게 된다.—옮긴이

** 드레이크(Paul Drake)에 따르면, 엘리트들은 "대체로 보수당과 자유당을 통해 정치적으로 활동했다. 이 지도자들 또한 귀족적이고 토지소유자 출신이며, 그렇기 때문에 포퓰리즘과 사회주의의 징후에 대처하고 연합하기 위해 교회의 역할에 대한 19세기 논쟁을 중단한 바 있다. 이 두 정당은 특히 위협받고 있던 중부 지방의 농민들에게 크게 의존했다"(Drake, 1993 : 90). 또한 Blakemore, 1993 : 59를 참고할 것.

*** 드레이크에 따르면, 농촌 엘리트들은 "특히 최소의 이권과 낙하산등용(co-optation)을 통해 권력에 대한 새로운 도전자들을 길들였다. 대부분의 남미 국가와 비교해볼 때, 그들은 사회 통제를 위해 노골적으로 폭력을 사용하지는 않았다. 그들은 중·하층계급을 대표하는 도전자들에게 점진적이고도 수동적으로 정치권력을 넘겨줬다"(Drake, 1993 : 90).

**** 바우어(Arnold Bauer)에 따르면 "칠레의 국가 통치자 대부분이 (1843년에 설립된) 칠레대학 법학부에서 학위를 취득했고 아시엔다(hacienda)의 학교에서 지휘하는 법을 배웠다"(Bauer, 1974 : 45). 또 1850년대경의 칠레에 대해 서술하면서 다음과 같이 말했다. "전문가들 중에서 법률가들은 가장 높은 평가를 받고 있었다. …… 19세기 법률가들의 사회적 기원에 대한 연구는 없지만, 간략한 검토는 현대인들이 주장하는 바와 같이 그들 대부분이 상위계급 출신이었음을 확인해준다. 많은 법률가들이 토지소유자였거나 그 일가였다. 법학교육은 박식함과 교양의 상징이었고 의회에 선출되거나 관료제에서 좋은 지위를 확보하기 위해 일반적으로 요구된 조건이기도 했다."(1975 : 41). 1970년대를 연구한 우르수아(Raul Urzua)는 법의 위신에 대해 다음과 같이 설명했다. '법의 위신은 한편으로 직업 활동에 기인했고, 다른 한편으로 수년 동안 법이 가장 '인도주의적'인 대학 경력이었다는 사실에 기인했다. 또한 법이 공권력에 직접 연관된 활동을 위한 진입 지점으로 활용됐기 때문이기도 했다."(Urzua, 1978 : 181)

왔고, 이 가문은 산티아고에서 가옥과 시골의 상당히 넓은 농지를 소유할 만큼 부유해졌다. 또한 그의 부친은 이 가문을 칠레 정치계에 소개하게 될 명망 있고 귀족적인 이웃과 동맹을 맺었다.[11] 그는 1888년부터 산티아고에서 법학부에 다니면서 학생 정치서클에서 활동적으로 일했는데, 이 기회를 통해 훗날 정치계에서 동지가 되거나 적이 될 사람들을 사귀게 된다.

1890년대에 학교를 졸업한 후 알레산드리는 법률활동에 관한 몇몇 지위를 획득하고 칠레대학의 법학교수가 됐다. 그 후 그는 대통령이 되기까지 20년 동안 의회에서 자유당 대표직을 수행했다.[12]* 이 엘리트에 대한 매우 드문 연구를 수행한 우르수아는 알레산드리에게 완벽하게 들어맞는 변호사 출신 정치인들의 경력을 다음과 같이 설명했다.

"그들이 통치계급에 통합되는 과정은, 가족이 그들을 전통적으로 권력계급 가문의 자제들이 다니는 학교 가운데 한 곳에서 공부하도록 산티아고에 보내기로 한 순간에 시작된다. 이 과정은 그들이 법학을 공부하기로 결심하고 지배계급의 이익을 대표하는 정당 가운데 하나에서 정치 경력을 쌓기 시작함으로써 계속된다. 정당 내부의 정치생활에 대한 참여는 일반적으로 공공행정기관으로 넘어가는 법률가 경력 초기에 지속된다. 그 후 정치생활을 통해 구축된 든든한 인맥 덕분에 그들은 법률회사에 자리를 잡고, 거듭된 재판의 승리를 통해 큰 재산을 축적하며, 국회의원이나 상원이 되고 대학에서 강의하게 된다."[13]

이런 고전적인 방식은 모든 정치인들이 법대 졸업생이라는 것을 의

---

* 알레산드리는 부분적으로 '포퓰리스트 전략'(Collier and Sater, 1996 : 208)이라고 불릴 수 있는 것을 활용함으로써 1920년대에 전국적으로 권력을 장악했는데, 이 전략은 법률 저명인사의 지배의 지속과 배치되지 않았다.

미하는 것은 아니고, 법이 핵심적인 인맥과 적법한 언어를 제공한다는 것을 의미한다.

알레산드리 팔마에게는 두 명의 아들이 있었다. 큰 아들인 아르투로 알레산드리 로드리게스(Arturo Alessandri Rodríguez)는 매우 유명한 변호사가 됐고 나중에는 칠레대학 법대학장이 됐다. 가족의 노동 분업에 따라 호르헤 알레산드리 로드리게스(Jorge Alessandri Rodríguez)는 엔지니어가 됐지만 결국에는 정치에 관여했다. 그는 재계(국가의 공공부문과 관련되어 있는 엘리트들의 세계)로 방향을 전환하기에 앞서 1947~50년 재무부 장관을 역임했다. 부분적으로는 그의 누이가 시집간 유력한 마트(Matte) 가문과의 관계에 힘입어, 민간 대기업인 파펠레라(Papelera)의 회장이 됐다. 이제 파펠레라는 "막강한 마트 가문의 핵심 기업"[14]이 됐고, 그는 국가와 관련된 사업을 담당한 포멘토파브릴(SOFOFA)사의 대표가 됐다. 그는 견고한 정치적 배경을 보유하고 마트 가문을 위해 기업과 국가 간의 관계를 중개하는 역할을 수행하면서 경제활동의 중심에서 마트 가문과의 관계를 유지했다. 이런 강력한 가족 동맹은 누이의 혼인뿐만 아니라 법대학장인 형의 역할을 통해서도 공고해졌다. 칠레 내부와 주변부에서 알레산드리 가문(그리고 그 뒤의 아일윈[Aylwin] 가문과 프레이[Frei] 가문)의 압도적인 영향력은 법대, 확장된 가문, 다양한 지위를 통해 연합한 엘리트를 상징적으로 보여준다.

아르헨티나 : 국가 없이 경쟁하는 국제 엘리트

아르헨티나의 상황은 브라질과 칠레에서 나타나는 국가기관과 가문의 안정성과는 크게 다르다. 아르헨티나의 행위자들은 정치권력을 획득하기 위해서 오랫동안 국내전략뿐만 아니라 국제전략에도 의존했지만, 이런 전문적인 전략은 법률기관을 포함한 국가기관을 통해 이뤄지지 않았다. 그 결과, 국제적인 자본을 축적하는 데 성공한 사람들은 비록 그들이 한때 공공법률기관이나 국가에 투자했을지라도 결국 국가의 중심으로부터 떨어져 있거나 외부의 '회색지대'에서 활동하게 된다.

아르헨티나의 이런 제도적 취약성은 몇 가지 역사적 요인들에 관련되어 있다. 첫째는 아르헨티나의 영토가 유일한 국가 정체성을 촉진할 수 있는 하나의 식민행정으로 통일되지 못했다는 점이다. 아르헨티나는 19세기 초반에 독립한 후, 부에노스아이레스와 다른 지역 간에 심각한 갈등이 있었다.[15] 이로 인해 칠레와 브라질에서 관찰되는 엘리트 간의 다양한 사회적 타협 방식이 전혀 출현하지 못한 것이다.

둘째, 아이디어와 제도 면에서 아르헨티나, 특히 부에노스아이레스에는 항상 강력한 국제 영향력이 존재했다는 점이다. 이 영향력은 부에노스아이레스가 갖는 중개무역지로서의 지위에서 비롯됐다.[16] 또 독립 후에는 해외시장을 위해 양모와 가축을 생산한 대규모 에스탄시아(estancia)를 중심으로 경제가 조직됨에 따라서 더욱 강화됐다. 19세기 말에서 1930년대까지 계속된 아르헨티나의 긴 번영의 시대는 이런 수출무역에 토대를 두고 있었다. 그 결과, 특히 칠레와는 달리 국제적 전문성의 촉진자들이 보다 민족주의적인 사상을 공격할 필요가 없었다.

셋째, 앞의 두 가지 요인과 관련되어, 아르헨티나 정치 조직의 형태가 에스탄시아 구조에 기반하고 있다는 점이다. 이에 따라서 연고주의(clientelism)와 후견(patronage)이 주요한 특징을 이루고 있다. 연고주의는 대규모 토지소유자 출신인 지방의 카우디요(caudillos)가 그들의 군사권력과 개인적 인맥이나 가문의 인맥을 정치권력을 확보하기 위한 투쟁에 활용했음을 의미한다.[17] 그러나 다른 나라들과는 달리 이런 갈등은 그 어떤 안정된 타협으로 이어질 수 없었다.

그럼에도 다른 국가들과 마찬가지로 법과 법학부들은 연고주의와 가족관계에 기초한 이런 권력 모델의 정당화에 기여했다. 19세기와 20세기 초반에 걸친 아르헨티나 지배계급의 변화를 연구한 발모리(Diana Balmori) 등은 여러 세대에 걸쳐 점진적으로 이루어진 엘리트의 이동에 관심을 기울인다. 전통적인 가문들은 "제1세대 상인, 무역업자에서 제2세대 에스탄시에로[estanciero : 에스탄시아 대농장주], 그리고 제3세대 관료로 지위의 이동을 경험했다. …… 제2세대와 3세대는 둘 다 자유직으로 이동하는데, 대개 특수한 분야(법조계)로 이동했다".[18] 법률가로서의 활동은 다른 국가에서처럼 효과적인 법률 업무의 수행과는 거의 관계가 없었다. 엘리트 대부분이 "다른 사람들이 자신들과의 경쟁에 돌입하지 못하게 하기 위해서, 또는 이들이 그들의 목표에 개입하는 것을 막고 자신들의 경제적 이익을 국가 이익에 연결시키기 위해서"[19] 주요 공직을 보유했다.[20] 그러나 국가를 향한 엘리트의 이동은 칠레와 브라질의 상황과는 달리 국가 자율성과 제도 능력을 위한 투자로 해석되지 않는다.* 아르헨티나에서 국가의 장은 반대로 국가권력에 접근하기를 원하는 모든 사람들의 전투의 장이었다.

이런 약한 국가기관과 외국자본·아이디어의 결합은 악순환으로 이

---

* 렘머(Karen L. Remmer)는 1890년 이전 칠레와 아르헨티나의 정치적 특성에 대해 "[아르헨티나는] 상호 경쟁하는 의회그룹들 간의 평화로운 경쟁보다 폭력과 연고주의가 정부 통제의 특징이었다. 스스로를 정당이라고 부른 그룹들이 투쟁에 참여했지만, 그 활동은 사실 그들 보스의 이익으로 이해될 수 있다. 칠레와 달리 아르헨티나에서 정치그룹의 통일성과 존재 그 자체는 일반적 원칙이나 널리 퍼진 당파심에 의존하지 않았다"(Remmer, 1984 : 25)라고 했다. 이후의 연속성에 대해서는, "아르헨티나에서는 내부와 외부 간의 양극적 투쟁이 1916년 이후에 다시 자리 잡게 된 반면 칠레에서는 다극적인 경쟁 양상이 지속됐다"(211)고 하였다.

어졌다. 아르헨티나에서 파편화된 국가의 장은 격렬한 전투의 공간을 제공했고, 외국의 자본과 정통성이 이런 전투를 치르기 위해 활용됐다.[21] 이런 반복된 전투의 빈도와 강도 그리고 폭력성은 국가권력을 보유한 사람들이 무엇인가를 이룩할 수 있을 만큼 충분히 오랫동안 지형을 점유할 수 없었다는 것을 의미한다.[22] 물론 몇 가지 변화와 개혁을 위한 시도들이 있었지만 국가구조의 부재는 국가와 경제가 외국자본, 정통성과 관련되어 있는 아이디어와 제도들(특히 법률 이데올로기와 제도들)에 토대를 두고 있었다기보다는 계속해서 군사권력과 연고주의, 그리고 후견의 토대 위에서 작동하고 있었음을 의미한다.

그러나 이와 동시에 부에노스아이레스는 외국인 투자자들을 위한 매우 강력한 기관들을 개발했는데, 특히 여기에는 자신의 가문과 다른 인맥들의 교역과 사업을 촉진하기 위해 활용할 수 있는 국제적 방향의 법률회사들이 포함됐다. 국가의 외곽에서 조직된 이 기관들은 국제적이고 전문적인 전략을 추구하는 모든 사람들을 위한 토대로서 활용됐다. 이에 따라 '현대적인 아이디어'의 수입자들로 구성된 엘리트는 국가기관 내부에서 성장한 것이 아니라 국가권력의 회색지대에서 발전했다.

비록 변호사는 아니지만 아르헨티나와 남미에서 가장 유명한 경제학자 중 한 명인 라울 프레비시(Raúl Prebisch)는 이 점에서 본보기가 된다. 프레비시는 전통적인 아르헨티나 엘리트 출신이었다. 1920년대에 걸쳐 그는 (아르헨티나 엘리트와 깊이 관련되어 있는) 소시에다드 루랄(Sociedad Rural)을 위해 컨설턴트로서 종사했다.[23]* 1930년대 중반에

---

* 그는 그의 사촌인 엔리케 우리부루(Enrique Uriburu)에 의해 루랄의 통계국장으로 임명됐다 (Love, 1996a : 122). 루랄은 '주식 증식에 관련된 통계 방법'을 공부하도록 그를 오스트레일리아에 파견했다(123).

는 그의 먼 친척인 호세 우리부루(José Uriburu) 장군의 보수적인 행정부에서 자신이 1935~43년 은행장으로 근무한 중앙은행의 설립을 돕는 등 국가관료로 근무했다. 그는 또한 부에노스아이레스대학의 정치경제학과 교수(1925~48년)이기도 했다.[24] 경제학자였지만 그는 앞에서 설명한 법률 엘리트의 지위에 견줄 만한 지위를 점유했다. 그럼에도 그에게는 아르헨티나적인 중요한 특징이 발견된다. 우선 아르헨티나 엘리트들이 일찌감치 국제적인 네트워크에 삽입되고 국제적인 논쟁들을 활용한 사실이 보여주는 바와 같이, 프레비시는 전적으로 국제적인 방향으로 선회한다── 아마도 이 점이 그가 일찌감치 경제학으로 전문화한 이유일 것이다.[25] 아르헨티나 전문가 엘리트들의 해외투자는 국내에서 성공할 수 있는 기회를 제공하는 전문적 지식의 장에 투자할 수 있는 기회의 부족에서 비롯됐다.

1946년 페론(Juan Domingo Perón)이 권력을 장악하자 프레비시와 그의 협력자들은 정부뿐만 아니라 대학에서도 배제됐다.[**] 그리하여 프레비시는 산티아고로 옮겨 국제연합에서 막 창설한 라틴아메리카 경제위원회(Comisión Económica para América Latina : CEPAL)의 사무총장이 됐다.[***] 이 국제포럼이 수립된 후, 프레비시는 수입대체이론을 옹호하면서 상당한 영향력을 행사했다. 1955년 군부에 의해 페론이 축출되자 프레비시는 정부의 고문으로서 아르헨티나에 귀국했다. 그러나

[**] 파스토레(José Maria Dagnino Pastore)에 따르면, "거의 모든 사람들이 이러저러한 방식으로 사퇴를 강요받든가 해고되었다. 몇몇 사람들은 외국 중앙은행이나 다른 여러 기관에 고용됐지만, 대부분은 계속해서 민간부문에서 자신의 직업을 수행하고 있었다"(1986 : 196).
[***] 시킨크(Kathryn Sikkink)에 따르면, "(그는) 자신의 갑작스러운 해고, 자신이 중앙은행에서 구축한 경제팀의 해체, 그리고 심혈을 기울인 몇몇 정책들의 파기 등의 이유 때문에 페론 정부에 대해 비판적이었다"(1991 : 76 ; Pastore, 1989 : 196). 파스토레에 따르면, 페론 정권하에서 "대학의 보직들은 덜 알려진 인물이 점유했다"(196).

몇 년 후 다시 정부가 바뀌자 그는 아르헨티나를 떠나 CEPAL에 복귀했다. 계속해서 아르헨티나 외부에 전문성을 투자했던 그는 국제연합 무역개발회의(UN Conference on Trade and Development : UNCTAD)의 의장이 됐다. 프레비시와 그의 직업적 전문성은 30년 동안 아르헨티나의 정치에 영향을 미쳤지만 그의 경력 초창기부터 그랬던 것은 아니다. 그는 자신의 전문성을 아르헨티나 국가기관 내부에 투자하지 않았다(그럴 수 없었기 때문이다). 그는 국제기구에 투자했고 해외의 지위에서만 국가에 영향을 미치려고 했다.

프레비시의 경력은 아르헨티나 전문 엘리트들의 국제전략을 잘 보여준다. 정부의 통제 속에 있는 그들 사이에서는 사회적인 평화도, 순환하는 게임도 지속하지 못했다. 정치적 패배자들은 해외에 투자하는 것이 합리적이라고 판단했는데, 그 이유는 정부의 교체가 엘리트 전문가들 간의 교체보다는 국가기관과 거리를 유지하고 있던 국내 기관들, 심지어 대학 내 지위에서의 숙청을 가져왔기 때문이었다.

멕시코의 분할된 엘리트

멕시코의 통치 모델은 분할된 권력의 장으로 설명할 수 있다. 브라질과 칠레에서 관찰되는 상대적으로 통합된 엘리트에 의한 지배 방식이 멕시코에서는 1910년 '멕시코혁명'으로 분쇄됐다. 분할된 엘리트는 한편에는 자유주의 농민동맹을, 다른 편에는 19세기 말 포르피리안(Porfirian) 시대에 멕시코를 통치했던 지배적 지주 엘리트와 사업 엘리트를 자리 잡게 한 혁명에서 유래한다. 혁명 이후 멕시코 정부를 지배한 '혁명가 가문'은 부분적으로는 농민과 노동자 동맹을 대변하고 과거의 대토지소유 엘리트들과 형식적으로 거리를 둠으로써 권력과 권위를 유지했다.[26) 그 결과, 국가의 통치 엘리트는 형식적으로는 산업 부르주아와 분리됐다. 국가권력의 장에서 법학교육을 받은 사람들은 재계의 잠재적 동지들과 분리됐다——이것은 법, 국가, 재계라는 상이한 사회 영역의 구조화라는 점에서 볼 때 중요한 결과를 가져오지 않을 수 없었다.*

치와와 주의 테라사스-크레엘(Terrazas-Creel)같이 주도적인 대토지소유 가문과 사업가 가문은 멕시코혁명의 주요 타깃이었고 농지개혁은 그 슬로건이었다. 지배가문들은 상대적으로 짧은 기간 안에 연합하여 권력을 탈환할 수 있었지만, 자신들의 대중적 이미지를 변화시켜야만 했다.** 그들은 여전히 농지개혁과 토지재분배를 촉진하려는 노력(1930년대 카르데나스[Lázaro Cárdenas] 대통령 재임 당시 절정에 도달한 노력)에서 타깃이었다. 이런 위협에 직면한 재계의 엘리트는 혁명 기간

---

* 캠프의 말을 빌리면, 멕시코 재계 리더들은 중산층 이상을 대표하는데, 그 이유는 영향력 있는 기업가들이 사업 공동체의 자녀나 손자(녀)들이었기 때문이다. 비록 이따금씩 주도적인 기업가가 잘 알려진 정치인들에 연관되어 있다 할지라도 이런 가족관계는 예외적이고 수십 년에 걸쳐서 이뤄졌다. 세기 초반에, 많은 정치인들과 재계의 리더들은 국립대학과 국립예비학교에서 함께 공부했다. 이런 교육을 통한 접촉은 청소년기의 우정관계와 그 후의 접촉에 있어서 중요하다. 그러나 민간부문이 급속하게 성장하고 다양한 기술을 가진 경영자들을 찾게 됨에 따라서 미래의 사업기관 리더를 양성하는 사립학교가 성장했다. 그 결과 교육은 미래의 정치인들로부터 재계의 실무자들을 분리하게 된다(Camp, 1995 : 123~124). 나아가, "혁명 이후의 정부들은 1910년 이전에 발견되는 정치적 리더십과 경제적 리더십 간의 교환 수준을 결코 보여주지 않았으며 20세기의 그 어떤 시기에도 미국에서 형성된 것과 비교할 만한 교환 수준을 가지고 있지 않았다"(1989 : 100). 스미스(Peter H. Smith)는 미국과는 달리 재계 경력으로부터 정치 경력으로의 이동이 거의 없었다"고 한다(Smith, 1979 : 203). 특히 지역적인 차원과 국가가 광범위하게 경제에 개입한 후의 민간부문과 공공부문 간의 연결에 보다 주목하는 수정주의적 설명이 있다(Centeno, 1994 : 114, 129; Saragoza, 1988 : 204; Wasserman, 1993). 그러나 이 두 가지 엘리트 유형 사이의 형식적인 분할은 오늘날에도 유효하고, 이것이 법률과 변호사들의 제도적 역할에 대한 열쇠를 제공했다.

** 혁명 후에, "유명한 포르피리안 보스들과 그들의 가문은 정치적으로 완전히 불신받게 됐다. 그들은 일반적으로 고립된 공동체 같은 지방 수준의 직책을 제외하고는 공직을 맡을 수 없었다"(Wasserman, 1993 : 73). 위에서 언급한 바와 같이, 몬테레이에서는 반대로 옛 엘리트가 혁명의 성공으로 구성된 정부를 흡수할 수 있었다(Saragoza, 1988 : 123~126).

그들과 대립했던 동맹과 국가로부터 자신들의 세계와 사업을 보호하는 데 활용되는 가문의 유대를 보존하고 강화하려고 했다.*

사업에서 가문이 중요한 역할을 한다는 것은 라리사 롬니츠(Larissa Lomnitz)와 마리솔 페레스-리사우르(Marisol Perez-Lizaur)가 연구한 한 가문의 네트워크——1890년부터 현재에 이르기까지 다섯 세대에 걸쳐 150여 핵가족으로 분열된 가문——를 통해 알 수 있다.[27] 이런 경제적 상호 의존의 사업 네트워크(몇몇 준독립적인 기업은 핵심 기업을 물려받지 못한 형제나 사촌이 운영했다)는 후견 시스템에 의해 유지되었고, 가족채널과 가사를 통해 효과적으로 정보를 교환하는 여인들(centralizing women)의 지원을 받았다. 이런 가족체계는 자본에 대한 접근을 크게 촉진하고 외부의 위협에 대해 생존을 보장하며 확장된 가문의 멤버들을 보호해줬다. 이 시스템은 엄격한 시장의 기준에 따르기보다는 가문의 명성을 보존하고 국가와 동일시되는 것을 피하려는 논리에 따라 작동했다. 이런 일반적인 접근은 적어도 1960년대까지 멕시코 경제 상황에 매우 성공적으로 적응했다.**

법과 법률가들은 이런 가족 사업 분야에서 중요한 역할을 수행하지 않았다. 혁명 후에도 계속 재계에서 영향력을 행사하던 수많은 가문들은 나아가 자녀들에게 제도 교육을 강요할 필요가 없다고 판단했다.[28]

---

* 물론 가족 사업과 재산을 재구축하는 것은 국가의 묵인, 심지어는 강력한 지지 없이는 일어날 수 없었다. 예를 들어 치와와에서는 방목 사업을 재구축해야 할 경제적 이유 때문에 국가의 지원이 있었다.

** 캠프가 기술한 바와 같이, "구조적으로 민간부문은 1960년대까지 가족이 소유하고 경영하는 기업들이 지배했다"(Camp, 1989 : 62). 심지어 멕시코의 다른 지역들과 몇 가지 점에서 다른 몬테레이에서조차도 "가문들은 네트워크를 확장했고 새로운 지류들을 만들어냈다. 이 점에서 엘리트 가문 네트워크는 확장됐지만 작은 가족 서클 간의 관계와 혼인으로 형성된 밀접한 분파들에 의해 보다 조밀해졌다"(Saragoza, 1988 : 138).

이 가문들은 자녀들에게 가족 사업의 상속자가 되기 전에 다양한 직책을 경험하며 수련을 쌓게 하기를 선호했다. 이런 선택은 우리에게 가족 자본과 비교되는 전문성의 가치를 알려준다. 상대적으로 낮은 법의 지위에도 불구하고 법대를 졸업한 민간 변호사와 재계 지도자들이 물론 있었다. 재계 가문의 '가난한 사촌들' 중 많은 사람들이 번창하는 가족기업에서 봉사하기 위해 법률 자격증을 획득했다. 사실, 1912년에 설립된 멕시코시티의 에스쿠엘라 리브레(Escuela Libre) 같은 몇몇 법률학교는 변호사나 사업가로서 재계에 종사할 사람들을 교육했다.***

공공부문에서도 유사한 모델이 발견되지만, 국가에서의 상속 규칙과 민간세계의 상속 규칙이 다르기 때문에 그 이야기는 대체로 지속적인 가족관계에 대한 것이 아니다.**** 재계의 가족관계와 유사한 국가의 가족관계는 카마리야스[camarillas : 권력그룹들]로 널리 알려져 있다. 카마리야스의 기원은 가족 기업들의 논리와 나란히 멕시코혁명까지 거슬러 올라간다. 혁명가들은 대통령직을 장악했고, 전투를 통해 구축된 그들의 개인적 네트워크는 정부에 대한 그들의 접근을 형성했다. 혁명가

*** 멕시코 기업가에 대한 캠프의 연구는 법률 학위증의 역할이 시간이 지남에 따라 줄어들었고, 최근에는 엔지니어와 경영이 우위를 점유하게 됐다는 것을 보여준다. '법은 기업가들이 획득한 가장 중요한 두 가지 학위 중 하나이다. 그러나 법률은 1920년대 기업가들이 가장 선호하는 교육적 선택으로서 전성기에 도달했는데, 당시에 대학 교육을 받은 기업인 가운데 넷 중 하나는 법학 졸업증을 추구했다.'(Camp, 1989 : 67)
**** "기업 경영은 가족 업무였다. 따라서 야심 있는 젊은이들은 사업보다는 전문직이나 공공부문에서 경력을 추구하는 경향이 있었다. 민간부문이 자수성가형 기업가에게 적은 기회만 제공했고, 많은 멕시코인들이 민간 이니셔티브에 따르는 가치들을 수용하지 않았기 때문에, 공공부문과 민간부문 사이에 강한 분할이 출현했다. 둘째로, 미국의 민간부문과 비교해 볼 때, 멕시코의 민간부문은 상대적으로 저발전 상태였고 외국기업들이 많은 자원을 통제했다"(Camp, 1989 : 100). 정치가 상위계급 출신에 속하지 않은 사람들에게 더 많은 사회적 이동의 가능성을 제공한 것처럼 보이기도 한다. 스미스는 따라서 "재계 엘리트가 정치 엘리트보다 더 상위계급의 배경을 가지고 있다"고 지적한다(Smith, 1979 : 200).

카마리야스와 그 '후예들'은 1920년대부터 '혁명가문'의 칭호를 부여
받았고,[29] 이들의 자취는 현재까지도 발견된다.[30]* 그러나 개인적 충성
의무의 계속된 중요성은 새로운 통치 엘리트가 토지소유 엘리트와 사업
엘리트들에게 느낀 적대감과도 관련되었다. 이 경우에도 개인적인 네트
워크는 과거 지배계급의 공격에 대항해 일련의 보호를 제공했다.[31] 양쪽
진영의 불안정은 강력한 개인적 충성관계를 자극했다.

그러나 재계 가문들과는 달리 정치계의 카마리야스는 가족관계뿐
만 아니라 교육기관과 경력 관계들을 통해 형성됐다. 혁명 전처럼 법률
교육, 특히 멕시코국립자치대학(Universidad Nacional Autónomo de
México : UNAM)이 실시한 법률교육은 정치 경력을 위한 열쇠였다.**
그러나 과거에 토지소유 귀족과 밀접하게 관련된 포르피리안 통치 엘리
트의 근원이었던 것이 귀족에 대항한 혁명을 통해 형성된 새로운 지배
계급을 위한 근원이 됐다. 같은 기관이 두 그룹에 이바지했지만 새로운
계급은 그들의 선행자보다 법을 훨씬 덜 사용했다. 이들은 농업개혁 활
동을 방해하기 위해 독립을 요청했던 법원을 지지할 의사가 전혀 없었

---

* 브란덴버그(Frank Brandenburg, 1964 : 3~6)에 따르면 혁명 가문은 "반세기 이상 멕시코를
운영한 사람들로 구성되어 있는데, 이들은 혁명의 정책 노선을 마련했고 오늘날 효과적인
정책 결정 권력을 보유하고 있다"(Hansen, 1971 : 106에서 인용).
** 1979년에 출판된 멕시코 통치 엘리트 연구에서 스미스는 다음과 같이 주장했다. "특히 놀
라운 점은 …… 법률 직업의 지속적인 우월성이다. 예를 들어, 혁명 전 상위계층 엘리트들
가운데 44.4%가 법률 분야에서 활동한(혹은 적어도 교육을 받은) 것으로 생각된다. 혁명가
그룹에서 이 수치는 다소 낮은 37.8%로 떨어졌지만, 혁명 후의 그룹은 다시 47.1%로 상승
했다. …… 혁명 이전이나 혁명 동안 혹은 혁명 이후에도 법률 직업은 계속해서 멕시코 정
치로 들어가기 위한 직접적인 채널로서 작용했다."(Smith, 1979 : 89) 캠프의 최근 저작은
1884~1991년 처음으로 관직에 임명된 사람들의 학위에 대한 정보를 제공한다(Camp,
1995 : 101). 법학을 공부한 사람들의 비율은 몇몇 예외적인 행정부 인사들을 제외하고 제2
차 세계대전 직후 정점에 도달하면서 3분의 2를 넘어섰다. 이 비율은 최근에 줄어들어서 살
리나스 정부에서는 경제 전문가들과 변호사들이 비슷한 비율(23%)을 차지하고 있다.

고, 혁명동맹의 정책보다 법을 더 중요하게 생각한 UNAM의 인물들을 충원할 이유도 없었다.

법률교육은 "특수한 전문성보다는 사회적 기교와 인맥"을 개발하여 멕시코 정치에서 성공할 것을 부추겼다.[32] 파트타임 교수와 정치인 간의 경계선은 언제나 불투명했다. "교수들은 자주 학생들을 자신의 카마리야스에 끌어들였고 그 역도 성립했다. 많은 경우 과거의 제자들은 정치적 임명을 통해서 옛 스승에게 보답했다."[33] UNAM 법대의 수업은 적어도 1950년대까지는 1년에 150시간으로 상대적으로 적은 편이었는데, 이것은 밀접한 동맹의 형성을 촉진했다. 많은 학생들이 지방에서 올라왔고, 그들 중에는 '중산계급과 민중계급' 출신이 많았다.[34] 물론 시간이 지나면서 멕시코시티의 정치 엘리트 출신의 학생들이 오기도 했다.

가족 사업이 부분적으로 일종의 민간 고용과 복지기관을 통해 공생한 것과 마찬가지로, 정치 카마리야스는 서로간의 개인적 신뢰만을 토대로 통치할 수는 없었다. 이 시스템의 응집성을 보장하는 데 기여한 몇 가지 봉합점은 현재 부패로 간주되는 것들이었다.[35] 정치계급의 멤버들은 상호간에 재정을 지원했는데, 이 현상은 6년 단임 대통령제에 의해 더욱 강화됐다. 그러나 재계와 토지소유 가문들을 수세로 만든 혁명과 관련된 포퓰리즘의 지속도 역시 큰 중요성을 가지고 있었다.

이런 역사적 분할의 결과, 멕시코의 법은 국가와 경제의 운영에서 열세에 놓였으며, 지배 받고 분절된 지위에 놓이게 되었다. 파편화의 한 결과인 일종의 악순환이 법의 자율성과 변호사들의 지위 확립을 시도하는 노력과 그 성공을 가로막았다. 법은 따라서 브라질이나 칠레에서보다 훨씬 더 열세에 놓였다. 이유는 다르지만 멕시코에서 법의 지위는 아르헨티나에서의 지위와 더욱 유사했다.

민주주의로 치장한 시카고 보이스

법조계 출신의 유력 정치인들은 민주주의의 미덕으로 개종한 신세대 경제 전문가들과 대조될 수 있다. 우리가 이 신세대를 논할 때는 법률 저명인사들을 논의할 때 활용한 것과 같은 설명 방식을 사용하지 않을 것이다. 법률 저명인사들을 논할 때는 그들의 역할을 낳은 구조와 제도에 집중한 것과 달리, 신세대 경제학자들에 대해서는 이 책의 주제가 되는 변화의 산물인 사람들의 스냅사진을 제공할 것이다. 이들은 우리가 이어지는 장들에서 설명하는 권력에 올라선 사람들이다.

이 세대는 그들의 기술적 전문성과 정치적 개입의 결합을 강조하는 용어인 '테크노폴'(technopols)로 불리고 찬양되어왔다.[36] 테크노폴이라는 용어는 경제를 향한 정향을 강조하며, 이들에 대해 연구한 저자들은 이들과 미국과의 관계를 또한 강조하고 있다. 우리는 미국에서 이 특수한 그룹의 미덕을 칭찬하고 선전하는 수많은 저서들과 박사학위 논문들을 발견할 수 있었다. 그러나 우리는 자기를 선전하는 특정한 저서들을 액면 그대로 받아들이기보다는 거기에 대해 질문을 제기하고자 한다. 또한 서로 다른 국가들의 구조적 유사성을 강조하지만 자주 무시되는 몇 가지 차이점에 대해서도 주의를 기울일 것이다.

앞서 언급한 바와 같이, 테크노폴은 네 나라에서 국가의 유력 법률가 그룹보다 많은 유사성을 가지고 있다. 같은 언어를 말하고 같은 교육 경험을 가지고 있으며 서로 잘 알고 있을 뿐만 아니라 거의 같은 시각으로 국가와 경제문제에 접근하는 경제 전문가를 발견하기는 쉬운 일이다. 호르헤 도밍게스(Jorge Dominguez)는 자신의 책에서 테크노폴을 다음과 같이 묘사했다. "보편적인 전문 기준에 따라 이해되고 적용되며 발전한 국제적 아이디어가 그들 자신의 일부가 됐다."[37] 나아가 그들의 경력은 국제 금융기관에서 활동한 유사한 근무 경험이나 미국에서 초청 교수 혹은 종신교수 등으로 활동한 경험과 겹쳐 보인다. 이 사람들은 (과거에) 국제 변호사들이 유럽에 연결됐던 것보다 훨씬 더 밀접하게 미국에 연결되어 있다. 그러나 이렇게 증가한 동질성이 국가 변동을 설명하기 위한 열쇠인 중요한 차이점과 부분적인 한계를 감출 수는 없다.

살리나스(Carlos Salinas de Gortari) 정권 때 대통령 재무보좌관을 지낸 페드로 아스페(Pedro Aspe)는 멕시코의 급격한 경제 변동을 이끈 사람으로 간주된다.[38] 아스페는 경제적·사회적 위기의 시기였던 1960년대에 진출한 세대에 속한다.* 앞 세대 경제 전문가들과는 대조적으로 아스페가 관여한 그룹은 ("미국 박사학위를 전문가적 정통성의 '보편적인' 척도로 활용하면서") 미국에 투자했다.[39]** 법률가이자 사업가인 아버지를 두었고 미초아칸 주의 대표적인 토지소유 가문의 후예이기도 한 아스페는 멕시코시티의 상류계급으로서 성장했다. 그는 멕시코시티 최고의 명문 사립학교인 멕시코기술자치대학(Instituto Tecnológico Autónomo de México : ITAM)에서 수학했고, 미국으로 건너간 후 1978년에 MIT대학에서 경제학 박사학위를 취득했다. 캠프에 따르면, 아스페는 보스턴에서 살리나스를 만났는데, 당시 살리나스는 하버드대학에서

---

* 이 그룹은 하이메 세라(Jaime Serra : 1979년 예일대학 박사), 에르미니오 블랑코(Herminio Blanco : 1978년 시카고대학 박사), 에르네스토 세디요(Ernesto Zedillo : 1978년 예일대학 박사) 등도 포함하고 있는데, 이들은 멕시코에서뿐만 아니라 국제적으로도 매우 유명해졌다. 세디요는 1994년에 살리나스에 이어 대통령이 됐다. 블랑코는 북미자유무역협정(NAFTA) 당시 살리나스의 협상 대표단장이었고 세디요 정권 때에는 재무부 장관이었다. 세라는 살리나스 정권에서 통상부 장관이었고 훗날 세디요 정권에서 재무부 장관이 되었다.
** 골럽(Stephanie Golub)에 따르면 과거의 국가 경제 전문가 세대는 UNAM이나 남미의 다른 지역, 혹은 유럽에서 교육받았다(Golub, 1997 : 103).

유학 중이었다.[40] 아스페는 1980년에 멕시코로 돌아와 ITAM에서 교편을 잡기 시작했으며, 곧 제도혁명당(PRI)에 가입했다. 그는 또한 ITAM의 경제학부 학장이 됐는데, 여기에서 그는 1982년까지 교육을 담당했다. 그는 가문의 배경을 가진 사람들에게 규칙과도 같았던 정부의 외곽에 머무르기보다는 멕시코 엘리트를 정의한 전통 장벽을 넘어서기 위해 살리나스와 맺은 관계들과 자신의 경제적 전문성에 대한 신뢰를 활용했다. 그 결과 1980년대 초 우르타도(Miguel de la Madrid Hurtado) 행정부에 참여함으로써 공직을 시작했고, 1988년 살리나스 정권 때 재무보좌관으로 임명됐다.

아스페의 유학 경험은 그에게 신용장과 국제적으로 인정받은 전문성뿐만 아니라 이 전문성을 강화시킨 국제적인 접촉 네트워크를 제공했다. MIT대학 재학 시절의 교수들은 신용을 보증하는 한 지점이 됐고, 그와 함께 보스턴에서 유학했던 아르헨티나의 도밍고 카바요(Domingo Cavallo)와 칠레의 알레한드로 폭슬레이(Alejandro Foxley) 등은 또 다른 보증수표가 됐다.* 당연한 결과로, 아스페는 IMF를 비롯한 기관들과 멕시코 외채에 대한 재협상을 도우면서 전혀 부담을 느끼지 않았으며, 멕시코 시장을 개방하고 인플레이션을 억제하며 민영화를 이뤄낸 '일류 경제 전문가'로 인정받을 수 있었다. 워싱턴 D.C.에서 이뤄진 협정 사례들을 소개하면서, 아스페는 우월한 기술적 지식의 '고지'(高地)에서 멕

---

* 예르긴(Daniel Yergin)과 스타니슬로우(Joseph Stanislaw)는 이 미래의 경제 전문가들이 현재 미국 재무보좌관이자 과거에 세계은행의 핵심 경제 전문가였던 로렌스 서머스(Lawrence Summers)와 제프리 삭스(Jeffrey Sachs)와도 친구가 됐는데, 당시에 두 사람은 모두 학생이었다고 설명한다. 그들은 또한 MIT대학의 루디거 돈부시(Rudiger Dornbusch)와 당시 MIT에 재직했고 현재는 IMF의 운영부장인 스탠리 피셔(Stanley Fischer)와도 밀접한 관계를 맺었다(Yergin and Stanislaw, 1998 : 237).

시코 반대자들을 가르쳤다.[41] 그의 반대자들은 올바른 경제가 필요로 하는 것을 이해하지 못하는 사람들로 간주됐다.

아스페의 경제 전문성과 미국과의 밀접한 관계, 그리고 워싱턴 컨센서스의 적극적인 수용은 그를 테크노폴 그룹의 훌륭한 대표자로 만들어주었다.

반대 모델들

법조계 출신의 유력 정치인으로부터 테크노폴이라 불리는 경제 전문가로의 이동은 이미 강조된 바와 같은 몇 가지 일반적인 모습을 가지고 있다. 그 중 가장 기본적인 것은 법조계 출신 정치인의 전문성이 법이었던 반면에 테크노폴의 주도적인 전문성은 경제학이 됐다는 것이다. 그러나 전문성이라는 측면에서 이야기하는 것은 차이점을 과소평가할 수 있다. 테크노폴은 그들의 경력을 촉진하고 모국의 내부와 외부에 있는 다른 사람들과 유대를 맺기 위해 국제적인 국가 전문성에 막대한 투자를 했다. 예를 들어 경제 전문가로서 정당성과 신뢰성을 갖추기 위해 미국에서 학위를 받고 국제적 신뢰성을 가진 학술지(영어로, 특히 미국에서 출판된 학술지)들에 기고하며 많은 경우 미국 대학에서 강의해야 했다.[42] 간단히 말해, 경제학에서나 다른 전문성에서, 테크노폴은 미국에서 만들어진 국제 전문성의 시장에 깊이 밀착되어 있다. 이 시장은 상대적으로 개방되어 있고, 매우 경쟁적이며, 매우 국제적이다. 이 시장은 또한 위계적이기도 하다. 즉, 북반구의 중심에서 벗어나 있는 주변부에서의 경제 접근 방법은 테크노폴이 이를 중요한 것으로 받아들이기 전에 북반구에서의 인증을 필요로 한다.

그러나 국가 엘리트 세대 간에는 또한 연속성이 있다. 우선, 대부분의 테크노폴은 상호간에 매우 잘 연결되어 있고 상대적으로 엘리트적인 가문의 배경을 가지고 있다. 다른 점은 그들이 가족자본에 상대적으로 덜 의존하고 있으며, 전문성의 습득과 동시에 형성되어 이후의 경력으로 쌓여가는 국제적 네트워크와 자신들의 전문성에 보다 의지하고 있다는 점이다. 그래도 여전히 누가 미국에서 높은 학위증을 획득하고 초국가적인 네트워크에 참여할 것인가를 결정하는 데 사회적 자본은 매우 중요하다. 그것은 교실에서의 수업이 아닌 해외여행을 통해서 가장 잘 획득될 수 있는 영어구사능력을 얻게 해주고, 적절한 학문적 기회들을 탐지해내기 위한 자원과 외국 유학을 위한 다른 자금원을 얻을 수 있게 해준다. 테크노폴에 관련된 보다 능력주의적이고 개방된 과정들은 몇몇 엘리트의 후예들을 격하시키고, 신참자들에게 가능성을 열어준다. 그 결과는 그러나 엘리트를 제거하는 것은 아니다. 엘리트는 가족자본을 통해 직접적으로 재생산되기보다는 통계적으로 재생산될 따름이다.

　　테크노폴로 찬양되는 경제 전문가들은 우리가 연구한 국가들의 변동에 있어서 핵심 행위자들이었다. 그러나 그들이 무대 위의 유일한 행위자는 아니라는 것을 기억하는 것이 중요하다. 옛 엘리트의 핵심 토대(법과 법 기관들)는 여전히 남아 있고, 앞으로 보게 될 것처럼 그다지 변하지 않았다. 예를 들어, 사법개혁에 초점을 맞추어 보면 극적인 변화를 계속해서 이야기하기 어렵다. 북반구와 남반구의 경제 전문가들 간의 상대적으로 멋진 게임은 보다 오래되고 보다 국내적으로 뿌리를 내리고 있는 법률기관들에 그대로 복제되지 않는다. 이것은 완전히 다른 모습을 가지게 된다.

　　이어지는 장들은 권력의 장에서 구조와 역사에서 비롯된 이런 대립을 강조하게 될 것이다. 우리는 국제적인 세력, 특히 미국 세력의 채널들과 변화의 전문성을 통해 이런 대립을 추적한다──시카고 보이스, 신자유주의, 국제 인권 등. 이 채널들은 은밀한 것으로 다뤄질 수 있지만, 일반적으로 옛 엘리트의 잠재적인 요새로서, 새로운 엘리트의 핵심 전문성으로서 기여한다. 우리는 제도들의 다양성 속에서 이 역할을 관찰할 수 있다. 예를 들어, 우리는 남미에서 확산되고 있는 상업 법률회사를 강조하고 보다 덜 발달한 공익법의 세계도 탐구할 것이다. 그러나 우리는 보다 자세한 연구를 필요로 하는 다른 장소에서 진행된 매우 유사한 과정을 추적할 수 있었다──무엇보다 경제와 국가의 재구성이라는 임무를 가지고 전 세계적으로 인기를 얻고 있는 컨설턴트 회사와 투자은행.

3_궁정전투의 국제화

이 장에서 우리는 이 책의 전반적인 요약보다는 각 부분을 연결하는 방법과 우리의 주장을 뒷받침하는 자료가 되는 특별한 에피소드와 삽화를 통합하는 공통의 실마리를 제공하고자 한다. 이번 장부터는 각 국가별 모형뿐만 아니라 반대되는 모형도 설명해줄 수 있는 특수한 사례들을 제시할 것이다. 예를 들어 인권에 대한 부분에서는 남미의 가장 유명한 인권운동 기관인 칠레교회(Vicariate)의 역할을 강조하고, 왜 다른 지역에서는 다소 상이한 접근(반대되는 사례들)이 발견되는지 탐구한다. 이 사례들은 국내의 궁정전투에 의해 형성되고 사용된 이식 방법을 추적할 수 있게 해준다. 그러나 인권과 다른 주제에 대해서는 각각의 잠재적인 이식이나 전문성이 어떻게 각국 국내 상황과 상호작용하는지 긴 사례를 제시하지는 않았다. 우리는 버거운 정밀 검토 대신 보다 일반적인 과정을 드러내주는 지름길을 마련하려고 했다. 그러나 이런 지름길은 그것이 네 국가의 비교 연구와 전문성의 다양성, 그리고 잠재적 이식 등을 포함하는 큰 그림들을 보지 못하게 할 수도 있다는 점에서 위험하다.

따라서 이 장에서는 우리의 접근 방법과 우리가 발견한 것들의 연속성과 정합성을 보여주는 일반적인 경향들을 모아볼 것이다. 이 책은 통시적이고 비교 접근의 상호작용을 필요로 하는 복잡한 역사의 순간들을 다룬다. 그리고 연구 결과를 일반화하려고 하겠지만, 정태적인 비교 연구를 수행하지는 않았다. 우리의 설명에서 핵심이 되는 이 복잡한 과정의 관계들, 보다 특수하게는 북반구와 남반부의 관계에 대해 강조하는 것이 필수적이다. 이 장에서 수행되는 비교들은 따라서 두 가지 기본적인 축을 중심으로 맞물려 있다. 한 축은 국가에 대한 것이고, 다른 축은 이슈나 기술에 관한 것이다.

국가 내부와 외부의 국제적인 학문 전략

우리의 근본 가정은 지배적인 미국 전문성의 수입-수출이 국내의 아젠다와 역사에 의해 형성된다는 것이다. 이 역사는 국가권력의 장 내부에 있는 수입자들의 지위를 결정한다. 이런 역사를 강조하기 때문에, 우리의 첫번째 설명은 국내 발전의 경로의존성에 집중한다. 경제학자들이 개발한 이 개념은 과거에 마련된 (발전의) 경로가 잠재적인 미래의 가능성과 적합성을 결정함을 의미한다. 경로의존성 외에도 우리는 수입자들과 수출자들의 지위를 변화시키는 (새로운 국가, 군사 쿠데타, 그리고 새로운 탈권위주의적 정부 등을 포함하는) 충격의 중요성도 강조한다.

첫째로는 브라질과 칠레를 한편으로 하고, 아르헨티나와 멕시코를 다른 한편으로 하는 두 개의 상반된 커플에 관한 것이다. 각 커플의 내부에는 공통된 성향들이 존재하지만, 첫번째 커플 내부의 변이들은 두번째 커플 내부의 변이들보다 훨씬 적다. 비교 분석의 핵심 변수는 국가구조이다. 국가구조라는 것은 강한 국가, 민주국가, 혹은 권위주의 국가 등과 같이 묘사되는 것을 의미하지 않는다. 우리는 이런 식의 분류보다는 정치사회학의 전통[1]과 권력 엘리트 내부에서 일어난 지배의 분업과 위계질서를 연결하는 개념들을 통해 이런 비교를 수행하고자 한다.*

한 가지 중요한 차이점은 각국의 규모와 특수한 역사에 관련된 엘리트 내부의 동질성 정도에 있다. 아르헨티나와 멕시코 엘리트는 브라질과 칠레 엘리트들보다 훨씬 덜 동질적이고, 브라질 엘리트는 칠레 엘리트보다 훨씬 더 다각화되어 있다. 또 앞에서 설명한 바와 같이, 멕시코 엘리트는 단일한 분할로 특징지어지는 반면에 아르헨티나 엘리트는 훨씬 더 파편화되어 있다. 이 네 국가 간의 또 다른 중요한 차이점은 국가가 보유한 능력의 생산과 재생산을 가능하게 하는 회로들, 도구들, 제도들에 있다. 국가를 둘러싼 전투들이 국가에 대한 지식과 국가 운영에 관한 상징적인 용어로 수행되기 때문에 이 요소들은 매우 중요하다. 이 차이점은 매우 명확하다. 2부에서 보게 될 것과 같이, 포드재단 같은 국제기구들은 주어진 매 순간마다 단일한 아젠다를 가지고 있지만, 그것을 특수한 현지 상황에 맞추어 조정하기도 한다──이렇게 함으로써 그들은 상이한 결과들을 생산하는 데 기여한다.

제2차 세계대전 후의 상이한 국가권력 양상은 현지에서 서로 다른 결과를 초래한 서로 다른 국제전략을 가져왔다. 그것은 국제자본이 서로 다른 경로를 따라서 국가의 정당성으로 전환됐기 때문이다. 일반적

---

* 우리는 여기에서 '권력 엘리트'(power elite)라는 말을 국가권력의 장 내부와 외부에서 활동하는 사람들을 가리키기 위해 사용한다. 우리에게 '엘리트'라는 마크는 선험적으로 정의된 그룹에 적용된다는 것을 의미하지는 않는다. 이런 선험적 정의에 따르면 우리 연구에서 '민중'(grassroot) 운동을 배제할 수도 있다. 우리는 국가 행위자들이 민중운동 외부의 능력주의 기관을 통해 충원되는지 아니면 가족자본으로부터 충원되는지를 포함해 엘리트들이 어떻게 생산되고 그들의 통치를 어떻게 정당화하며 통치의 전문성과 제도들을 어떻게 형성하는가를 보여주기 위해 국가권력의 장을 연구한다. 우리가 연구한 나라들에서 중요한 점은 국가권력의 장에서 가장 높은 지위에 올라가기 위한 경쟁이 상대적으로 개방되어 있다는 것이다. 가장 동질적인 엘리트들은 새로운 진입자들에 대해 가장 폐쇄적이다.

으로 국제전략은 소외된 엘리트(혹은 야심 있는 엘리트)들이 반격할 기회를 제공한다. 이 그룹은 사실상 국내의 공공영역에 재투자할 수 있는 자본을 축적하기 위해 국제적인 관계들, 전문성, 인증서 등을 활용할 수 있다. 이때 국제자본은 입장권을 제공한다. 국가와 외국자본 사이에 교환의 균형에 의존하여(또한 갈등과 변화에 따르기도 하여) 국제전략은 궁극적으로 국가의 변화를 낳는 새로운 기회들을 만들어낸다. 이 책과 이 장의 제목은 바로 이런 과정을 의미하는 것이다. 국제화된 궁전전투는 또한 전통적인 국가 엘리트 헤게모니에 대한 도전이기도 하다.

군사적이고 반동적인 뉴딜

브라질과 칠레는 남미의 고전적 모형이 변화한 모습들을 보여준다. 이 나라들은 (언제나 취약하고 위협받는) 상대적으로 작은 그룹의 헤게모니로 특징지어진다. 이 그룹들은 국가 자산과 민간부문과 학계를 운영했다. 그들이 통제하는 기관들의 광범위한 결합이 이 엘리트들을 이스태블리시먼트로 특징짓게 해주며, 법은 이 이스태블리시먼트들이 오랫동안 권력을 유지하도록 해준 엘리트 그룹 간의 타협을 정당화하고 지속시키는 데 핵심적인 역할을 수행했다. 이 이스태블리시먼트는 미국 동부 이스태블리시먼트, 즉 아이비리그 대학들과 밀접하게 연결된 프로테스탄트 엘리트가 담당한 것과 매우 유사한 역할을 담당했다. 그러나 그들은 민간영역과 국가 중심부보다는 주변부에서 특히 강한 권력을 보유하고 있는 아르헨티나 엘리트와도 많은 유사점을 가지고 있었다.

국가의 법률 저명인사들의 역할과 정당성은 권력에서 배제된 그룹들에게 도전받았다. 이 중 하나는 1930년대의 대공황 시기에 일어났다.

특히 국제적으로 정통한 경제학——(국제적으로 투자한 라울 프레비시가 이끈) 칠레 산티아고의 CEPAL 같은 기관을 중심으로 한——은 국가와 국가를 둘러싼 기관들을 통제했던 법률가들의 종합적 지식에 대한 명성을 얻었다. 1930~40년대의 이런 투자는 강한 국가와 수입대체산업 정책, 주요 산업과 기업들의 국유화, 즉 '발전국가'*와 동일시될 수 있는 정책들을 촉진했다. 법률 엘리트는 도전을 흡수하고 자신의 지배적인 지위를 유지할 수 있었지만, 이런 도전은 냉전과 '지적인 냉전'으로 불릴 수 있는 것과 밀접하게 관련된 새로운 대립의 무대를 마련했다.

브라질과 칠레에서 상대적으로 작은 법률가-정치인 그룹에 도전한 사람들은 학문적 투자를 통해 점차 자신들의 신뢰성을 구축했다. 특정한 시기에, 특히 위기의 순간에 이 도전자들은 국가권력의 장에서 그들의 지위를 구축하기 위해 이런 투자를 활용할 기회를 발견했다. 장기적인 투자가 점차 가치를 획득하고 새로운 세대가 성숙해짐에 따라서, 법률 엘리트들이 도전자들을 막는 것이 훨씬 더 어려워졌다. 공동의 목표를 제공한 이 엘리트에 대항하여 세력 다툼이 증가한 것은 자연스러운 결과였다. 상대적으로 배제된 그룹 출신의 개인들은 유럽 지향적인 법률가 출신 정치인들의 헤게모니에 도전하기 위해서 (예를 들어 경제학이나 사회학에 토대를 둔) 새로운 국가 지식이나 정부를 위한 전문성과 미국과의 동맹을 발전시킬 수 있었다. 야심적인 엘리트들은 이렇게 해서 공동의 타깃과 참조점을 마련할 수 있었다.

또한 제2차 세계대전 이후 남미의 교육개혁에는 미국의 상당한 투

---

* 발전국가(Developmental State)는 원래 발전의 촉진에 대한 정부의 역할과 일본을 가리키는 말이었다가 이후 경제발전에서의 리더십을 정당화하는 다른 정부에 대해서도 적용됐다. 경제 운영을 위한 정당한 전략을 보여주는 데 이 용어가 적합한지는 상당한 논란거리이다.

자가 있었다.[2] 정부기관과 주요 박애주의 재단이 동시에 지원한 이 개혁은 근대화와 경제발전이라는 이름 하에 경제학뿐만 아니라 인류학, 정치학, 사회학 등 다른 학문들의 질을 향상시키는 데 집중했다. 전문화된 학문분과들을 발전시키는 것과 학문 연구 및 출판, 박사학위와 해외유학이 강조됐다. 일반론적인 변호사들에 대한 잠재적인 도전자들(특히 전통 서클을 통해 신분상승을 하는 가족적·사회적 자본이 부족한 그룹 출신)은 이 새로운 기회로부터 이득을 볼 수 있었다. 미국의 관점에 볼 때, 특히 카스트로가 권좌에 올라선 후 이 프로그램은 좌파의 발흥을 억제하면서 경제발전을 이끌 수 있는 아이디어와 테크놀로지를 도입하여 동지를 만들고 공산주의와 투쟁하려는 것이었다.

법률 분야의 몇몇 개인들은 그들의 지배적인 지위에 대한 이런 도전을 물리치려고 시도했으며 법이 발전을 위해 현대적이고 유익한 도구가 될 수 있다는 것을 입증해 보이기 위해 정부기관 및 재단들과 파트너십을 형성했다. 그 결과물인 브라질과 칠레의 '법과 발전' 프로그램들은 그러나 경제학과 사회과학의 경쟁자들이 이룩한 것과 같은 학문적인 성공을 주장할 수 없었다. 법은 더욱더 불신받고 시대착오적인 것이 됐다. 또한 국가의 프로그램도 법학교육에 어떠한 현실적인 충격도 가져올 수 없었다. 그러나 부수적인 효과들이 있기는 했다. 브라질에서는 기업법을 강조하여 상대적으로 열세에 처한 법률 엘리트(외국 사업가를 위해 봉사하는 매판 법률가)의 권력을 강화시켰는데(이는 12장에서 다룬다), 이들은 다른 곳의 법률 엘리트가 쇠퇴함으로써 이득을 볼 수 있었다.

냉전 상황에서 이 나라들의 국제전략은 주요한 국가 위기를 초래하는 데 영향을 끼쳤다. 브라질의 군부는 1969년에 좌파로 지목된 인사들에 대해 강경한 입장을 취하면서 수많은 엘리트 후예들을 국가권력에서 배제했고, 이는 반대자들을 폭력 진압하는 데 이르렀다. 칠레에서는 아옌데(Salvador Allende)와 관련된 분열 후, 1973년에 권력을 장악한 피노체트 독재정권은 과거 정권에 있었던 수많은 사람들을 추방하고 살해했다. 이런 군사 쿠데타들은 냉전의 이름으로 이뤄졌으며 옛 엘리트들의 사유재산권을 강력히 옹호했지만, 권력을 장악한 새 그룹은 법의 이름으로 국가를 통치했던 과두제를 그다지 존중하지 않았다. 이들의 도전은 옛 엘리트들을 효과적으로 붕괴시켰다. 새로운 권력자들은 즉시 좌익 이데올로기를 수용했던 옛 엘리트 출신의 개혁주의자들을 박해했고, 그들이 수립한 정부에는 법률 이스태블리시먼트를 위한 자리를 마련하지 않았다. 칠레의 군부는 법과 법률가들을 상대적으로 열세에 몰아넣도록 아젠다를 제공한 시카고 보이스와 동맹을 구축했다. 이런 상황은 브라질이 훨씬 복잡하다. 브라질에서는 군부정권과 그 승계자를 위해 주도적 역할을 수행한 경제 전문가들——특히 델핑 네투(Antônio Delfim Netto)——이 출현했다.

브라질과 칠레에서 핵심적인 법률기관의 지위, 특히 법원과 법대의 지위는 이와 같은 지속적인 도전 때문에 상당히 약해졌다. 이 두 기관은 한편으로 옛 가문과의 접촉을 통해서, 다른 한편으로는 유럽의 법률 권위에 대한 접속을 통해 명예와 정당성을 획득하고 있었다. 법관과 법대 교수(그들 가운데 상당수가 판사였다)의 위신은 그들이 갈수록 시대착오적이고 경제발전을 촉진하기 위한 전문성이 부족하다고 간주됨에 따라 쇠퇴했다. 법대 교수들은 진정한 학자나 체계적인 연구자라기보다는 딜레탕트(dilettantes)로 보였고, 법원은 중요한 통치문제들에 관여하지 않았다. 이렇게 해서 국가기관에서 법의 지위는 '법과 발전' 운동가들의 노력에도 불구하고 쇠퇴했다. 브라질과 칠레에서 군사 쿠데타들은 법원과 법대로부터 저항을 거의 받지 않았다. 1970년대와 80년대에 이 엘리트에 대한 도전자들의 성공은 법원과 법학부가 쿠데타 이후 상대적으로 작은 역할을 수행했다는 점에서 분명했다.

법률 엘리트는 각 나라마다 다소 다른 방식으로 재편성됐다. 브라질에서는 엘리트가 상대적으로 분화됐기 때문에, 법률 엘리트는 특히 브라질변호사협회(Ordens de Los Abogados do Brasil : OAB)와 같은 기존의 기관들을 활용하면서 도전자들을 물리칠 수 있었다. 반대로 칠레에서의 전투는 국내에서 매우 활성화되고 다른 곳에서도 모델이 된 인권 NGO를 포함한 새로운 기관들을 필요로 했다.

매판 법률가들 : 기회주의적인 정치인들

멕시코와 아르헨티나의 경우에는 출발점부터 매우 달랐다. 앞 장에서 살펴본 바와 같이, 식민지 상황에서 출현한 법률 엘리트들(국제적인 학자, 정치인, 그리고 토지 귀족의 상속자)은 1930년경에 정부권력과 정당성의 근원으로서 상당 부분 제거됐다. 멕시코의 포르피리안 엘리트(브라질과 칠레에서 관찰되는 것과 유사한 엘리트)는 20세기 초반 멕시코 엘리트의 지속적인 분열을 낳은 멕시코혁명에서 패배했다. 전통적인 엘리트는 사라지지 않았고 국가 외곽에 머무르며 가문의 토지 관리와 기업의 경영에 몰두했다. 혁명에서 나타난(그리고 현재까지 다소간 지속되고 있는) 정치적 타협은 옛 엘리트들이 번성할 수 있도록 해줬지만, 정부는 그들을 배제했다. 멕시코 부르주아 가운데 토지 귀족과 그 후예들은 국가 통치에 직접 참여하지 않았다. 국가 엘리트는 반대로 멕시코혁명에서 승리한 사람들과 멕시코의 오랜 지배정당인 PRI에서 토대를 구축한 사람들 가운데 법률교육을 받은 그룹을 포함했다. 멕시코의 새로운 통치 엘리트는 혁명 전 국가 엘리트를 생산했던 똑같은 교육기관의 산물이지만, 브라질과 칠레의 유력 법률가들과 같은 방식으로 민간권력에 연결되지는 않았다.

따라서 멕시코에서는 법원과 심지어 법학부도 PRI와 이 정당이 제공하는 인센티브 구조에 밀접하게 연결됐다. 법학 교수들은 크게는 정치권력과 PRI와의 연결을 통해서 영예와 권력을 획득했고, 이런 상황은 사법부의 멤버들도 마찬가지였다. 따라서 브라질과 칠레의 상황과 비교해볼 때, 법관과 법대 교수직은 국가의 통치와 정당성에서 훨씬 더 수세적인 역할을 수행했다. 상호간에 국가의 안정성과 정당성을 강화시켜준 가문과 법원, 그리고 법대 간의 완벽하게 봉합된 관계 대신에, 멕시코의 법원과 법은 혁명으로부터 자신에게로 권한의 위임을 주장한 PRI가 지배하는 국가에 훨씬 덜 통합되어 있었다.

아르헨티나의 역사는 훨씬 더 약한 사법부와 법대의 지위를 보여주지만, 이런 약체성의 근원은 매우 달랐다. 20세기 동안 20차례 이상의 군사 쿠데타를 포함한 빈번한 위기는 법률기관을 포함해 모든 국가기관의 형성에 대한 학문적이고 전문적인 투자의 팽창을 억제했다. 특정한 정권에 투자하고자 했던 전문 그룹은 (포퓰리스트적이건 군사적이건 간에) 정권이 바뀔 때마다 국가의 외곽으로 내던져졌다. 정권의 교체가 있을 때마다 새 정권은 국가를 운영한 사람들뿐만 아니라 사법부와 심지어 법대의 인물까지도 완전히 바꾸어 놓았다. 국가기관들은 계속 반복되는 숙청에 때문에 힘이 없었으며 이것은 이 기관들에 대한 전문적인 투자도 약했음을 의미한다. 따라서 전문가들은 매우 불안정한 아르헨티나에 투자하는 위험을 짊어지기보다는 외국 등의 다른 곳에 투자하는 경향이 있었다. 법률가들과 법대 교수들은 따라서 그들의 가문이나 전문성을 통해서 국가에 특수하게 연결될 수 없었다. 그들은 브라질과 칠레, 심지어 멕시코 국가 엘리트에게서 발견되는 것과 유사한 그 어떤 지배적인 지위도 점유하지 못했다. 법에 관련된 기관들(법대와 법원)은 국가권력을 위한 폭력투쟁에서 극단적으로 약하고 수세적이었다.

따라서 멕시코와 아르헨티나의 이야기는 브라질과 칠레에서 발견된 전선을 보여주지 않는다. 멕시코와 아르헨티나는 분열되고 파편화되어 있었고, 외국자본의 축적 방식은 결국 달라질 수밖에 없었다. 특히 우리는 브라질과 칠레의 상황과는 달리 서로 무시하는 평행의 국제전략을 발견할 수 있다. 그들은 현실적으로 파괴할 수 있는 공동의 적을 가지고 있지 않았다.

게다가, 국제전략에 대한 엘리트의 투자가 현지 국가기관에 대한 엘리트의 연결 강도와 반비례관계의 경향이 있다는 것은 거의 자명하다. 다른 말로, 상대적으로 존경받지만 국가에서 약한 지위를 가지고 있던 엘리트는 국가에 견고하게 연결되어 있던 상대자들보다 훨씬 더 국제적으로 될 것이다. 따라서 아르헨티나와 멕시코에서 국제전략은 국가권력으로부터 배제된 후 상대적으로 번창하고 명성을 누린 엘리트에 의해 수행됐다. 브라질과 칠레에서는 반대로, 상대적으로 존경받는 엘리트들이 정도의 차이는 있지만 국제전략을 보다 덜 필요로 할 만큼 국가기관에 잘 연결되어 있었다.

남미를 향한 미국의 프로그램들은 이 차이점을 고려했다. 브라질과 특히 칠레에서는, 교육과 지식에 대한 미국의 괄목할 만한 투자가 보여주는 바와 같이 해외로부터의 공급이 매우 강조됐다.[3] 법과 발전에 대한 적극적인 외국인 투자는 그러나 멕시코 민간 엘리트나 아르헨티나 전문 엘리트들이 법률 지식을 포함해 미국 아이디어와 기술들에 익숙해지도록 하기 위해서 필수적인 것은 아니었다. 예를 들어 포드재단은 아르헨티나에 투자했을 때, 새로운 것을 만들기보다는 디텔라재단(Fundación di Tella)을 승계하는 것으로 만족했다. 그곳에는 이미 수많은 미국화된 엘리트가 있었다.

멕시코는 명확하게 구분되는 공공부문과 민간부문에 의해 특징지어지는데, 이 부문들은 분리된 가족적 배경, 법률학교들, 그리고 잠재적인 경력의 길을 가진 매우 다른 두 개의 법률 세계로 해석된다. 이처럼 근본적으로 분할된 각 측의 전략은 따라서 매우 달랐다. 공공부문 내에서 국제적인 투자는 1980년대 말까지 국가에서 그 어떤 영향력도 획득하지 못했다. 그 후에는 오로지 인권에 기초한 학문적 전략이 국가권력으로 이동하기 위한 전략이 됐다.

반대로, 민간 부르주아와 혁명 이전의 전통적 멕시코 엘리트 출신 그룹을 위한 국제적 법률전략은 국가에 별로 진출하지 않고 외국인 사업을 위해 봉사한 소수 외국 법률 집단을 형성했다. 이 민간 변호사 그룹은 공공 분야의 법률가들과 매우 다른 법률 세계에 있었고 외국과의 관계에 있어서도 기술적인 법률 전문성에 큰 투자를 하지 않았다.

국제전략은 멕시코에서 두 법률부문 간의 분할에 도전했지만, 이 분할은 계속해서 유지되고 있다. 멕시코에서 국가 통치의 상대적인 신참자로서 경제 전문가들은 처음에는 개인적인 관계들에 크게 의존한 국가 엘리트에 의해 지배받았고, 국가 내부의 법률가에 대해 신분과 자율성을 구축할 필요가 있었다. 그들은 상대적으로 일찍 기술적 지식에 투자했는데 이 지식은 미국 경제학의 명성이 국제적으로 확립된 후에 그들을 미국으로 이끌었다. 그들은 국가기관 내부에 발판을 획득하기 위해서 이 전문성을 활용했지만 대부분 정치권력의 가장 중요한 근원으로 부터 단절된 '테크노크라트'로서 봉사하는 경향이 있었다. 특히 1970년 대의 경제위기와 1980년대의 부채위기와 더불어 점차 중시된 이 테크노 크라트적인 국가 지식은 기존의 정치 엘리트 자녀들을 정통한 경제학에 투자하도록 이끌었다. 그들의 국제전략은 민간부문 출신이고 사립학교 에서 양성된 경제 전문가들과 결합할 수 있게 해줬다. 해외유학과 공통 된 전문성을 통해 연결된 양측의 (페드로 아스페 등의) 경제 전문가들은 살리나스 행정부와 세디요 행정부에서 '테크노폴'이 됐다.

테크노폴의 권좌 등극과 더불어 국제 인권 공동체의 압력을 비롯한 외국으로부터 증가한 압력은 살리나스 정부가 인권 전문성을 발전시키 는 국제전략에 투자한 사람들에게 의지하도록 만들었다. 이 활동은 경 제 전문가들의 활동과 더불어 PRI의 전통적인 연고주의를 동요시켰다. 북미자유무역협정(NAFTA), 선거개혁, 그리고 반부패 및 반마약 캠페인 은 새로운 유형의 국제 법률 정당성에 대한 투자를 한층 더 가속화시켰 다. 인권운동에 투자한 사람들은 국가인권위원회(CNDH)와 법무부 장 관실을 통해 PRI 내부에서 매우 두드러진 정치 경력을 쌓았다. NAFTA 협상이나 정부의 보다 미국 지향적이고 기술적인 부서에서의 업무를 통 해 경제 전문성에 투자한 법률가들에게도 상황은 마찬가지였다.

다른 한편, 해외사업으로 옛 엘리트 가문과 오랫동안 관계를 맺어 오던 민간 법률회사들은 1980년대 초반의 부채위기를 둘러싼 협상에서 획득한 외국의 노하우와 상당한 전문성을 통해 이득을 취했다. 나아가 이들은 공명선거와 같은 인권운동 이슈에 관여하기 위해 이런 기술적 정당성을 활용하기도 했다. 그 결과 이들은 정부와 국가권력에 훨씬 더 밀접하게 이동했다. 따라서 멕시코 상황에서 국제전략은 처음에는 경제학을 통해, 그 후에는 법을 통해 옛 민간 엘리트들이 국가로 복귀하는 것을 도왔다. 보다 일반적으로, 국제적인 법률 투자는 이제 경제법과 인권 등 미국에서 주조된 전문성을 중심으로 수렴된 두 엘리트 간에 다리를 놓아주는 데 기여했다.

아르헨티나는 멕시코와 유사한 과정을 겪지만 더욱 복잡하다. 국제 전략들이 극복하려고 한 단순한 분할도 없었고 보다 중요하게는 전문적인 투자를 정착시키기 위해 활용하거나 인수해야 할 어떤 현실적인 국가도 없었다. 외국자본은 아르헨티나에 이미 오래전부터 접근할 수 있었고 활용될 수 있었다. 또한 아르헨티나의 법률가들과 다른 전문가들은 상대적으로 일찍 미국에 접근했다. 예를 들어, 멕시코와는 대조적으로 라울 프레비시로 대표되는 아르헨티나 엘리트는 오래전부터 국제기관들에 막대한 투자를 했다. 이와 관련된 이유 때문에 아르헨티나 엘리트 전문가들은 또한 국가의 외곽에 있던 복합적인 기관에 투자해왔다.

아르헨티나에서 발견되는 두 가지 주요 복합물(상업 법률회사와 민간 싱크탱크)은 둘 다 명백하게 미국 지향적이었지만, 이런 정향은 브라질과 칠레에서 발견되는 것과 유사한 공격적인 수출정책을 필요로 하지는 않았다. 이 기관들은 국내에서 만들어졌고 그 후에 외국과의 접촉과 투자에 의해 강화됐다. 아르헨티나에서 상업 법률회사는 매판 역할의 제도화를 반영한다. 상업 법률회사 분야의 안정은 외국자본과 아르헨티나 사업공동체, 그리고 아르헨티나 국가 —— 한 정권에서 다른 정권으로 극적으로 바뀔 때조차도 —— 를 연결하는 능력에서 비롯됐다. 기업들의 가족구조는 기업들이 부를 축적하고 시간이 지나면서 스스로를 재생산할 수 있게 해줬다. 국제적인 유력 법률가들은 일반적으로 아르헨티나 국가의 외곽에 있었다. 미국 전문성의 가치가 상승하면서 이 법률가들은 점차 자녀들을 미국에 보내 학위를 받고 전문성을 획득하며 인맥을 구축하게 했는데, 이 모든 것들은 이 특권화된 전문 분야를 유지하는 데 사용될 수 있었다.

아르헨티나 법률회사의 가족구조는 상당히 성공적이었지만, 언제나 얼마간은 취약했다──진입을 위한 제한된 선택들은 때때로 직업상의 갈등을 초래했고 가문 간의 반목으로 몇몇 기업들이 분열할 수 있었다. 게다가 법률가들은 가족 기업을 통해서 국가에 들어갔는데, 정권이 바뀜에 따라서 이 가족 기업들은 새 정권의 보복 정책으로 고통을 겪기도 했다. 그럼에도 불구하고 이 가족 기업들은 국가기관에 대한 혹은 법원이나 법학부에 대한 직접적인 투자를 회피하려고 하면서, 자신들을 유지하는 데 기여한 국제전략들을 중시함으로써 크게 번창했다.

이처럼 아르헨티나의 강력한 상업 법률회사들은 가상 경쟁자들의 위협을 그다지 느끼지 않았다. 브라질과 칠레에 있는 법의 헤게모니가 결여된 상황에서 법은 야심적인 엘리트들의 특수한 목표가 아니었다. 또한 아르헨티나의 법률 엘리트는 이미 외국과의 관계와 전문성에 그들의 정당성을 의존하고 있었기 때문에, 잠재적 경쟁자들은 국제투자가 국내의 어느 지점에서 결실을 맺을 수 있는지 결정하는 데 있어서 상업 법률가들과 한 배를 타고 있었다. 또한 법대의 약한 자율성의 문제는 대학이나 국가에 투자하는 것을 곤란하게 만들었기 때문에, 이것은 일반적으로 대학에까지 확장됐다. 그 결과, 민간 싱크탱크들이 이런 유형의 국제적인 투자의 또 다른 지배적인 제도 형태가 됐다. 이것도 역시 전형적인 아르헨티나 방식이었지만 동시에 명확한 현지의 산물이기도 했다. 19세기 말에 디텔라(di Tella) 가문이 국가와 유사한 기관들을 통해 정당성에 투자함으로써 미국의 록펠러 가문과 매우 유사하게 활동했기 때문에 이미 수렴의 토대가 존재했다. 결국 보다 새로운 사회과학(특히 경제학과 사회학)의 결과는 사업 법률 분야의 결과와 매우 유사했다. 이 싱크탱크들은 이렇게 해서 국제적 전문성과 자본이라는 축과 다양한 형태의 국가기관 사이의 개방된 커뮤니케이션 채널을 유지할 수 있었다. 싱크탱크들과 법률회사들은 모두 국가의 외곽에 존재하고 있었지만, 특정한 순간에 정권을 장악한 사람이 누구든 이들에게 접근함으로써 브로커 역할을 담당할 수 있었다.

　그럼에도 불구하고 과거의 모든 자취를 파괴한 새 정부들에게 계속해서 숙청되어 취약해진 법률의 지위는, 새로운 국가 전문성의 노선에 따라 개혁을 시도할 강력한 국가가 없었음을 의미한다. 아르헨티나에는 안정된 국가기관이 부재한 상태였으므로 정치권력을 제외하고는 그 어떤 것도 정복할 것이 없었다. 국가권력의 장으로 가는 유일한 길은 정치 활동을 하거나 아르헨티나식 카마리야스를 위한 후견자가 되는 것이었다. 가문의 인맥은 개인적인 위험을 줄여줬지만, 권력이 바뀔 때에는 정치 전략에 대한 심각한 대가를 지불해야 했다. 따라서 아르헨티나 상황에서는 새로운 권력의 기술이 과거의 기술처럼 오로지 정치적 도구로서만 활용됐다. 동원된 수사들은 국제적으로 수용되는 최신 기술이 될 수 있었지만 그것의 진정한 목표는 반대자들을 쓰러뜨리는 것이었다. 미국과는 달리, 아르헨티나에서는 과학적인 신뢰성을 파괴하지 않고서는 정치적인 옹호와 과학적인 신뢰성을 결합하는 것이 불가능했다. 그 결과는 아르헨티나는 거듭 분열되었고, 새로운 전문성이 그 어떤 지속적인 제도 변화를 이끌지도 못했다는 것이다.

　멕시코와는 달리 아르헨티나에서는 군부와 새로운 민주정권 간에 명확한 분할선이 있었지만, 변화들은 국가에 대한 자원 투자가 축적됨으로써 발생했다기보다는 포클랜드(말비나스) 전쟁(1982)이 군부를 불신하게 만들고 정권에서 물러나게 만들었기 때문에 발생했다. 당시에 페론주의자들은 상대적으로 약했고, 그 결과 과거의 전문가들과 새로운 전문가들의 전통 정당인 급진당이 권력을 차지하게 됐다. 급진당원들은 외채위기를 처리하기 위한 도구를 발견하지 못했고 이후 권력에서 배제됐는데, 이것이 카를로스 메넴(Carlos Menem)을 중심으로 재결집한 페론주의자들이 선거에서 승리할 수 있게 해줬고 결국에는 국가에 대한 투자를 시작하게 만들었다. 페론주의자들은 국제적인 규범에 따라 존중되는 것들을 받아들임으로써 경제적 교조주의로 개종했고 주도적인 경제 싱크탱크들을 정부에 통합했다. 그들은 또한 법률 시스템의 자율성 부족을 이용하면서, 형식적일지라도 합법성의 외피를 제공한 전문적인 법률 교조주의에 관심을 기울였다. 이런 분위기에서 경제 전문가들은 국가 내부에 있는 그들의 지위를 정당화하고자 노력하면서, 국가와 법치에 투자를 시작했다.

이와 동시에 법률회사를 포함한 국가 외부의 전문 행위자들은 상대적으로 안정되어 있었고, 그 덕분에 사립 사업 법률학교, 대안적 분쟁 해결(ADR), 그리고 법원개혁의 시작 등 법률기관에 보다 많이 투자할 수 있었다. 이런 다양한 활동은 국가와 법의 내부와 외부를 잠재적으로 보완하는 다양한 투자의 한 부분이었다. 그럼에도 불구하고 아르헨티나에서 국제전략은 국가의 외부에서 번창한 기관들, 즉 싱크탱크와 가족적인 법률회사에서 대성공을 거뒀다.

아르헨티나와 멕시코와는 달리, 1980년대와 90년대 브라질과 칠레의 국제 법률전략은 분쇄됐던 사회평화를 재건하고 변화한 국가에서 법과 법률가들의 역할을 재정의하려는 노력으로 이해될 수 있다. 그러나 우리가 나중에 보게 될 것과 같이, 이제 미국 전문성을 지향하게 된 법과 국가에 대한 재투자는 매우 비대칭적인 방식으로 수행됐다. 경제학이 법보다 더 많이 촉진됐고 사업법이 공익법보다 빨리 발전했다.

이 절의 첫번째 핵심은 국제전략이 네 국가에서 매우 다른 제도적 배경에서 수행됐다는 것이었다. 브라질과 칠레에서 국제 법률전략은 통치에 있어서 핵심적인 지위로 법률의 복귀(그리고 자신들의 자격증명서를 바꿀 수 있었던 전통적인 엘리트 가문의 복귀)를 촉진했다. 아르헨티나와 멕시코에서는 반대로 국제전략이 이런 도전과 응전의 모델에 맞지 않았다. 이런 전략들은 몇몇 전통적인 엘리트의 후예들로 하여금 공공 엘리트와 민간 엘리트의 경계를 가로지를 수 있게 해주고 PRI와 가까운 몇몇 개인들이 PRI의 통치 기술을 혁신할 수 있게 해준 복잡한 국내 구조에서 수행됐다. 아르헨티나에서 국제전략은 정부 특히 경제 분야를 바꾸기 시작했지만, 이 전략은 무엇보다 법률회사와 싱크탱크를 설립하고 변화시켰다. 끝으로 우리가 연구한 시기에 아르헨티나의 정치구조가 보여준 바와 같이, 국제 전문시장에 보다 깊게 관련된 나라의 국가권력의 장이 오히려 국제 전문성에 대한 국내 투자로 인해 발생한 변화를 가장 적게 겪었다는 점은 역설적이다.

비대칭적인 달러화

앞부분과 마찬가지로 우리는 계속해서 통시적으로 접근할 것이다. 그러나 국가들 대신에 법과 경제학, 발전주의, 그리고 신자유주의 등에 관심을 기울이면서 전문성과 이슈들로 설명의 축을 이동한다. 전문성과 이슈들은 똑같은 도전의 두 측면이다.[1] 전문가들은 자신들의 고유한 언어와 전문성을 활용하면서 새로운 문제들을 성공적으로 정의할 때 시장을 만들어낼 수 있다. 부르디외에 따르면, 이 새로운 지식의 생산자들은 자신들이 국가 지식 시장에 전달하는 이데올로기를 생산하는 데 믿음(croyance)을 만들어낼 필요가 있다.[5] 우리는 각국의 초기 역사를 되돌아보았던 앞부분과는 반대로 여기에서는 결과들(남미에서 새로운 교조주의와 보편성에 대한 투자의 결과들)에 초점을 맞추면서 보다 최근의 사실들을 관찰하고자 한다.

그러나 이와 같은 관찰에도 일반적인 접근 방법은 여전히 똑같다. 다시 한번 경로의존과 법원·법대에서 발견되는 옛 지식과 북미로부터 수입된 새로운 지식이 강조되기 때문이다. 이 두 가지 유형의 지식은 모두 사회적 생산 과정에 연결되어 있고, 이 과정들이 어떻게 새로운 이슈들을 다루기 위해 변화되는가에 대한 관심을 필요로 한다. 따라서 북미의 전문성이 남미에 정착하는 정도(degree)는 새로운 이슈가 되는 것들에 의해 결정되고 전체 과정은 쿠데타, 군부의 쇠퇴, 베트남전쟁을 둘러싼 냉전세력의 분열, 1980년대 초반의 외채위기 같은 경제위기를 포함하는 충격들과 '새로운 대처 방법'에 의해 촉진된다.

끝으로 우리가 새로운 헤게모니적 보편성의 고고학이라는 용어를 사용하지만, 설명의 열쇠는 북미와 남미 간 동맹의 재형성에 초점을 맞춤으로써 주어진다. 이와 유사하게, '강한 국가'나 '민주국가' 같은 용어들은 이런 변화들을 이해하도록 돕기에는 너무나 광범위하다. 이 변화들은 큰 범주들의 하위 차원에서만 관찰될 수 있다. 따라서 설명 방식은 역설적인 것이 된다. 우리는 이런 변화들을 새로운 국가지식, 특히 인권이나 신자유주의를 생산하는 기술과 새로운 이슈의 결과로 이해한다. 또는 최근에 매판 법률가들이 번창할 수 있게 해준 것 같이, 새로운 기회의 공간을 열어주는 특수한 구성에 초점을 맞출 수 있다.

우리의 검토 과정을 묘사하는 한 방법은 '달러화'(dollarization)라는 용어이다. 이것은 남미의 전문성의 가치를 미국에서의 구매력에 연결시키는 것이다. 테크노폴에 의해 촉진되는 전문성의 핵심은 이것이 미국의 대학과 싱크탱크에서 수용될 수 있다는 것과 연결된다. 그러나 우리의 일반적인 이야기가 법률 저명인사에서 테크노폴을 향한 이동이나 달러화라는 개념을 통해 묘사될 수 있을지라도, 이런 일반적인 운동이 모든 곳에서 같은 속도로 진행되지는 않았다는 점을 인식하는 것이 필수적이다. 특히 경제학같이 보다 새로운 학문을 비롯한 몇몇 전문 분야는 다른 분야들보다 더 국제적이다. 전문성 시장에서 현재와 같은 불균형을 악화시키는 매우 불균등한 과정은 국가 전문성의 달러화를 초래하는 세계화 현상에서 게임의 대상이 된다는 것을 반영한다.

이런 불균등한 과정과 그것을 생산하는 구조의 양상을 강조하기 위해 우리는 경제학의 사례들과 법률에서 발견되는 두 가지 사례들(상업 법률회사 활동과 공익법)에 대해 잠시 설명할 것이다. 이 사례들을 이용하면서, 우리는 국내 권력의 장과 전문가들에 대한 초점이 어떻게 특정한 순간에 국내적인 것과 초국가적인 것에 접속되는지(혹은 접속에 실패하는지) 검토할 수 있다. 따라서 테크노폴이라는 범주의 배후를 살펴봄으로써 달러화 과정에서의 중요한 차이점과 갈등을 관찰하게 된다.

경제학의 달러화

경제학에 대한 이야기는 테크노폴과 달러화의 거의 완벽한 사례를 제공해준다. 경제학은 남미뿐만 아니라 어떤 면에서는 미국에서도 법으로부터 자율성을 구축해야 했다. 미국과 남미에서 제2차 세계대전 후 제1세대 경제학자들은 법률 이스태블리시먼트(그리고 멕시코에서는 PRI)에 밀접하게 연결되어 있었다. 남미의 수많은 선구적 경제학자들은 사실 회계학을 가르치기도 했던 법대에서 교육을 받았다. 케인스 경제학과 발전경제학은 제2차 세계대전 후 특히 브라질과 칠레(그리고 미국)뿐만 아니라 멕시코의 공공 엘리트 내부에서도 유력 법률가들의 지위를 유지시켜준(그리고 현대화한) 상대적으로 강한 국가를 뒷받침했다. 국제전략은 남미에서 경제학 발달에 상대적으로 일찍 중요한 역할을 수행했는데, 그것은 외국의 정통성이 (확고한 지위 때문에 외국에 대한 투자를 상대적으로 덜 필요로 한) 지배적인 법률 엘리트의 권력에 대항하기 위해 사용될 수 있었기 때문이었다.

워싱턴 컨센서스는 남미와 북미에서 이스태블리시먼트에 속하지 않은 그룹이나 경제학자들의 지위의 구조적인 유사성 외부에서 발전했다. 첫번째 핵심 요소는 '신성하지 못한 동맹'(unholy alliance)을 위한 정당화의 토대로서 학문적인 투자였다. 시카고대학의 경제학자들(대부분 이민 1세대나 2세대였다)은 사회적 자본과 인맥이 부족했으며, 따라서 수학, 공공선택이론(public choice), 그리고 매스미디어 전략 등에 투자했다. 그들은 일찌감치 공화당의 매우 보수적인 소수 그룹과 동맹을 형성했고, 이스태블리시먼트를 구성한 은밀한 관계에 적대적이었던 사업가들과도 동맹을 형성했다. 시카고 경제학자들은 또한 동부 이스태블리시먼트와 밀접하게 연결된 하버드대학의 에세이스트에 대항해 '순수' 경제학에서 자신들의 지위를 구축하기 위해 강력한 수학적 논리들을 발전시켰다. 경제학 지형에서의 투쟁은 이른바 실천적 지식인으로서 케네디(John F. Kennedy) 행정부에 봉사한 이스태블리시먼트의 케인스 경제학에 대항한 투쟁이기도 했다. 그들은 미국 정부가 인플레이션과 경제적 침체를 초래한 이윤추구*의 산물이라고 경고했다.

시카고 경제학자들은 미국에서 신자유주의 경제학이 여전히 상대적 열세에 놓여 있던 1950년대에 국제적으로 투자했다. 시카고대학의 아놀드 하버거(Arnold Harberger)가 지휘한 이 경제학자들은 특히 '시카고 보이스'의 고향인 칠레의 산티아고 가톨릭대학 등 남미의 잠재적 파트너들에게 투자하기 위해 USAID와 박애주의 재단들을 활용했다.[6] 칠레에 대한 투자는 산티아고에 소재한 국제연합 기구인 CEPAL과 훌륭하게 육성된 국제 경제학자의 완벽한 상징인 라울 프레비시를 겨냥할 수 있었다. 미국의 투자는 케인스주의자와과 신자유주의자 간에 큰 차이가 없었지만, 주류였던 케인스 경제학이나 발전경제학은 칠레대학 이스태블리시먼트에게 수용됐다. 가톨릭대학의 젊은 경제학자들은 대거 시카고로 건너갔고, 그들은 미국의 보수주의자들이 형성했던 것과 유사한 정치동맹을 칠레에서 형성했다. 그들은 피노체트가 1973년에 정권을 장악했을 때, 이미 준비를 마친 상태였다.

그들은 수리경제학과 매스미디어(특히 「월스트리트저널」의 칠레판이라고 할 수 있는 「엘메르쿠리오」(*El Mercurio*))의 관계와 훗날 미국에서 경제 전문성의 권력을 획득한 시카고 경제학자들과의 접촉을 활용했고 영국을 포함한 다른 나라에서 개입주의 국가에 대한 신자유주의적 공격의 성전(Bible)이 된 일련의 개혁과 '충격요법'을 요청했다. 시카고대학

---

* 이윤추구(rent-seeking)란 어떤 개인, 조직, 기업 등이 거래와 부가가치 생산을 통해서 이윤을 획득하기보다는 경제 환경의 조작을 통해서 이윤을 획득하는 과정을 의미한다. 이 용어는 특히 신자유주의 경제학자들에 의해 시장에 대한 국가 개입의 부정적 효과와 비도덕성(뇌물, 부패, 권한 남용 등)을 비판하기 위해 활용되곤 한다.—옮긴이

과 가톨릭대학 간의 이러한 거의 완벽한 유사성은 수출과 수입에 대한 놀라운 이야기로 이어졌다. 이 이야기는 출현 중에 있던 워싱턴 컨센서스의 신뢰도를 구축하고, 1980년대의 외채위기와 레이건(Ronald W. Reagan) 당선 이후 구조조정의 토대를 제공했다.

브라질에서는 군부와 함께 권력을 장악한 제1세대 경제학자 델핑 네투가 국가를 지배해온 옛 이스태블리시먼트에 대항해 국가와 발전주의를 사용했다. 페드루 말랑(Pedro Malan)으로 대표되는 제2세대 이스태블리시먼트는 리우데자네이루의 가톨릭대학에 자신들의 근거를 뒀다. 이 나라들에서 경제학은 여전히 상대적으로 새로운 학문이었기 때문에, 신세대 경제학자들은 외국에 투자하고 돌아와 경제 부서들을 인수한 후 이 부서들을 탄생 중이던 세계시장에 맞추어 정렬할 수 있었다. 이 신세대는 1970년대 델핑 네투 정책의 특징이었던 상대적으로 높은 인플레이션과 강한 국가에 대항해 미국 경제학과 수학의 정통성을 사용했다. 외채위기는 그들의 지위를 더욱 굳건하게 만들어줬다.

아르헨티나 싱크탱크들의 경우, 언제나 국제적으로 잘 연결되어 있었기 때문에 이스태블리시먼트나 군부에 대항하기 위해 경제학을 필요로 하지 않았지만, 초기에 도밍고 카바요가 지휘한 경제학자들은 경제 전문성에서 국제시장으로 들어가기 위한 상대적으로 쉬운 길을 발견했다. 수학은 마르티네스 데 오스(José Martinez de Hoz)같이 개종한 변호사들에게 도전하기 위해 활용될 수 있었다.

멕시코에서는, 카를로스 살리나스로 대표되는 PRI 이스태블리시먼트 내부의 신세대가 국가 이스태블리시먼트 내부에서 권력을 획득하고 페드로 아스페로 대표되는 민간부문과 사립학교 출신의 경제학자들에게 다리를 놓아주기 위해 경제학을 활용했다.

남미의 경제 전문가들은 1980년대의 외채위기를 통해 국내에서의 지위를 향상시켰다. 그들의 훈련과 접근 방법은 다른 편에서 부채위기를 협상한 사람들과 잘 어우러질 수 있게 해줬다. 유창한 영어 실력과 기술적인 경제학, 미국 경제학 공동체와의 관계에 의지할 뿐만 아니라 이 세대가 미국의 학계에서 활동하면서 획득한 민주주의적 공감에도 의지하면서, 이들은 미국에서 찬양하는 테크노폴의 핵심 인물이 됐다. 사실 가장 유명한 남미 경제 전문가들 중 상당수가 특히 MIT대학과 하버드대학 등에서 우정관계를 맺었는데, 이 대학들에서는 시카고 보이스 이후의 세대(post-Chicago generation) 중 상당수가 교육을 받았다. 그들은 보다 민주적인 워싱턴 컨센서스를 주장한 남미의 대표가 됐다.

　　경제적 전문성 시장의 통합은 그 후에야 증가하게 된다. 국제적인 학위증이 경제적 전문성에 대한 모든 신뢰할 만한 주장을 위해서는 당연한 것으로 요구됐을 뿐만 아니라 더 많은 전문적 신뢰성을 제공하는 미국에서의 지위(초청교수, 종신교수 등)를 유지하는 것이 필요하기도 했다. 그 결과 미국 대학에서 강의하고 심지어 종신교수로 활동하는 꽤 많은 남미 경제학자들이 있으며, 세계은행이나 IMF에서 일정 기간 근무한 남미 경제학자들이 많이 발견된다. 모국에서의 좋은 지위를 확보하기 위해 미국에서 강의하고 출판하는 보다 젊은 동포들의 경력을 주시하고 모니터하는 남미의 수많은 국가 경제학자들은 이런 현상을 잘 설명해준다. 반면에 미국에서 근무하는 사람들은 귀국이 "그들의 경력을 망치게 할 것"을 우려하고 있다. 몇몇 경제학자들은 모국으로 돌아가려고 하지만 대부분의 사람들은 미국에서 경력을 쌓으려고 하며, 이것은 남미에서 북미로의 두뇌유출에 기여한다.

　　일단 시카고 경제학을 전수받은 전문가들이 북미와 남미에서 ──

그리고 워싱턴에 있는 국제 금융기관에서 ─권력을 장악하자, 양측은 거의 동시에 제도와 국가에 새로운 초점을 맞추는 쪽으로, 즉 이른바 '포스트 워싱턴 컨센서스'로 이동했다. 경제 전문가들은 (미국 경제학에 투자한 재능있는 자녀들일수록 더욱더) 국가권력과 국제 전문성 시장의 구조에 깊이 관여했다. 초국가적인 장은 이들의 권력 정복을 정당화하고 보존하는 방향으로 이동했다. 그리고 경제 전문가들은 이제 법을 1970년대와 80년대에 마련된 정책들을 정당화하고 보존하는 수단으로 간주하고 있다. 남미에서 법원의 개혁에 대한 관심 중 어떤 것들은 국가 경제 전문가와 국가의 외곽에 있는 싱크탱크의 경제 전문가로부터 비롯된다. 권력을 보유한 경제 전문가들은 시장을 확장하기 위해서는 강력한 기관과 국제적 정통성이 필요하다는 것을 점차 인식한다. 예를 들어, IMF에 대한 경제학자들의 최근 공격은 미국에서 만들어진 경제 전문성의 헤게모니를 비판하기보다는 공고화하려는 의도를 담고 있다.

사업법의 복합화

법에 대한 상황은 부분적으로는 남미 법률기관들이 훨씬 긴 역사를 가지고 있고, 이 기관들이 국가권력의 역사적인 구조에 깊이 자리 잡고 있기 때문에 달라진다. 법대와 법원의 지위는 쉽게 변하지 않는 권력의 위계와 행동 방식을 생산하는 긴 역사의 산물이다. 브라질과 칠레에서 법률교육에 그 어떤 현실적인 충격도 주지 못했던 '법과 발전' 운동의 실패는 1960년대와 70년대에 이 그릇된 결합이 수행한 방식을 보여준다. 남미에서 법, 국가, 그리고 법학교육은 이 지역에 자신의 모델과 전문성을 수출하려고 한 미국에서 발견되는 것들과 완전히 충돌하였다. 브라질에서 '법과 발전' 운동의 주된 성공은 법률교육, 법, 혹은 국가의 변화라기보다는 자신들의 모국에서 같은 지위에 있던 사람들의 관계 구축이었다. 브라질의 엘리트 법률가들은 '법과 발전'이 제공한 교육과 관계들을 국가권력으로 가는 상대적으로 전통적인 경로를 추구하기 위해 사용했다. 차이점은 그들의 국제적인 힘의 토대가 미국의 주도적인 행위자들과 맺은 우정과 미국 사업법에 대한 친숙함이었다는 것이다. 미국 사업법은 경제 전문가들이 권력에 진출함에 따라 그들의 지위를 향상시켜 줬다.

보다 일반적으로 우리는 '진보를 위한 동맹'을 이해하기 위해 이런 관점을 이용할 수 있다. 케네디 시대에 워싱턴의 실천적 지식인들은 매우 다른 권력구조를 가진 국가에 그들이 대표한 것을 수출하려고 시도했다. 그들은 반공주의적인 기술개혁 프로그램을 수행할 수 있는 남미의 파트너를 발견할 수 없었다. 그들이 동지를 만드는 데 성공했을 때조차도, 토지개혁의 촉진 같은 몇 가지 중요한 기술적인 처방들은 남미의 정치 이스태블리시먼트에게 수용되지 못했다. 다른 한편으로, 북미의 개혁주의 전문성(특히 토지개혁)에 대한 투자라는 국제전략을 추구한 사람들은 그들의 기술적 투자에 합당한 배당을 받지 못했다. 많은 사람들이 권력을 장악한 군사정권에게 공산주의자로 몰려 추방당했다. 1960∼70년대에 '진보를 위한 동맹'과 유사한 '제3의 길'(Third way)의 실패는 (경제 불황과 함께) 얼마 후 미국에서 개혁적인 이스태블리시먼트 종말의 전조였고, 나아가 이 종말에 기여하기도 했다. 커크패트릭(Jeanne Kirkpatrick)과 레이건 행정부가 반공주의적이라고 간주된 권위주의 체제에 지원을 보낸 이유 가운데 하나는 제2의 아옌데가 권력을 장악하고 냉전적인 분업을 동요시키는 것을 원하지 않았기 때문이었다.

1960년대와 70년대에 이룩된 우정관계 중 어떤 것들은 양측이 냉전과 신자유주의를 연결시킨 새로운 보수주의 그룹에 의해 권력 밖으로 밀려났을 때 일어났다. 국제 인권운동은 이런 연결의 산물이다. 그러나 이 특수한 접촉의 유산과 그것이 법의 달러화에 어떠한 의미가 있는지 알기 위해서는 법률적인 교차의 두 가지 상이한 측면을 탐구하는 것이 유용하다. 그 하나는 사업 법률회사이고 다른 하나는 공익 법률회사인데, 우리는 남미에서 가장 중요한 법적 전문성을 보유한 인권 단체인 칠레교회에서 후자의 사례를 발견할 수 있다. 이제 우리는 이 두 가지 유형의 법이 남미에 정착하는 매우 다른 방식을 이해할 수 있다.

가족 기업으로서 법률회사의 전통은 남미에서 다양하게 발견된다. 국제자본을 가지고 있고 국가와 주도적인 가문에 잘 연결되어 있는 상대적으로 소수인 법률회사들은 외국의 무역업자와 투자가에게 이중 중개인(double agent)이나 매판가로서 봉사했다. 북미와 남미 양측에서 사업 법률회사의 국제화는 따라서 사회적 자본과 법률적 자본 간에 공동기업(joint venture)의 형태를 띠고 있다. 이 공동기업은 멕시코에서처럼 현지 인맥과 미국의 노하우, 즉 미국의 법률 기술과 멕시코의 사회적 인맥들로 구성되는 특징이 있다. 사실 멕시코에서는 이런 분업이 베이커(Baker), 보츠(Botts), 미란다(Miranda), 프리에토(Prieto) 등의 이름을 가진 회사들에 의해 이뤄졌다. 그러나 인맥을 형성하는 회사들은 겉보기보다 더 구조적으로 밀접히 연결되어 있다. 예를 들어 베이커앤보츠는 남미 사업을 담당한 전직 국무차관 헨리 홀랜드(Henry Holland)가 이 새로운 법률회사를 지원하기 위해 멕시코에 있는 자신의 인맥들을 활용했다. 다른 미국-멕시코 합동 법률회사는 멕시코 사회와 혼인관계를 맺고 UNAM에서 법률 자격증을 획득함으로써 이미 상당히 '멕시코화 된 미국 파트너들을 양성했다. 다른 한편으로, 이 동맹은 1960년 대와 70년대에 미국 변호사 리스트에 오르기를 원했던 사람들이 PRI나 멕시코에서의 경력이 중단된 멕시코 엘리트의 후예들이었다는 사실에 의해 촉진됐다. 그들은 멕시코 민족주의자들이 이 법률회사들에 가했던 비판들을 견뎌낼 수 있었다.

사업 법률회사 설립에 관한 또 다른 모델은 미국 법률회사들과 미국에서 온 사람들이 많지 않은 나라에서 자주 나타난다. 이런 유형의 법률회사는 관계를 공고하게 하고 법률 기술의 교환을 촉진하기 위해 견습과 채용을 사용한 현지의 유력 사업 법률회사들 간의 비공식적 동맹 위에 설립됐다. 아르헨티나에서 이런 법률회사의 선구자들은 일찍부터 국제화되고 외국에서 학위와 인맥을 획득한 옛 가족 법률회사들이었다. 브라질에서는 이런 법률회사가 법대와 전통적인 법률 위계질서의 외곽에 있던 몇몇 사람들에 의해 시작됐다. 칠레의 법률회사는 대부분 옛 법조 가문들 외부에서 발전한 것으로 보인다. 특히 1980년대를 특징지은 경제활동과 외채위기는 이상의 모든 법률회사들이 남미 현지의 파트너를 필요로 하던 미국 법률회사들과 매우 밀접한 관계를 맺도록 했다.

사실, 외채위기를 다루기 위한 법률 기술은 당초에 멕시코 외부에서 작성됐다. 똑같은 미국 법률회사들(특히 시티코프[Citycorp]를 위한 셔먼앤스털링[Shearman and Sterling], 채무국을 위한 클리어리가트립 [Cleary Gottlieb] 등)과 똑같은 법률가들이 여러 채무국에서 이 모델이 정착할 수 있게 했다. 세미나와 교류를 통한 법률가들 간의 밀접한 접촉도 한 국가에서 다른 국가로 법률 기술의 혁신 운동을 촉진했다──특정한 기준들에 따른 재협상, 은행대출금 주식 전환, 민영화, 새로 출현하는 시장에서 자본시장의 설립 등. 북미와 남미의 법률회사들은 남미 국가와 미국의 재구성과 더불어 발생한 이런 혁신을 통해서 번창했다. 과거에는 거의 전적으로 외국 고객들에게만 봉사했던 남미의 법률회사들은 새로운 공동기업과 민영화된 기업에 봉사함으로써 더 많은 국내의 사업 고객을 유치하게 됐다.

이런 접촉들은 또한 모든 나라에서 미국 법학자격증의 가치를 상승시켰다. 가족 기업들은 국제적으로 정향된 사업 법률회사들의 공동체로 분화되면서 성장하고 다각화됐다. 이 과정은 또한 가문 간의 반목을 초래하기도 했는데, 상속자들과 다른 사람들은 가족자본과 법률자본의 상대적인 가치를 둘러싼 투쟁을 벌였다. 이와 같은 가족 기업과 자회사들의 성장과 상대적인 번영, 그리고 다양한 미국 교육의 가치는 미국 법학 학위증과 경험을 가진 법률가들의 숫자를 크게 증가시켰다.

이 새로운 복합 법률가(hybrid lawyer)들은 이제 두 가지 상한선에 도달하고 있다. 대부분의 사업 법률회사들은 모국에서 여전히 가족 기업에 머물러 있고, 과거에 비해 훨씬 개방됐지만 아웃사이더들에 대한 기회는 여전히 제한되어 있다. 따라서 이들은 여전히 2등국민에 머물러 있다. 이들이 미국 시장에 머물지 않는 한 미국에 있는 법률회사와 파트너 관계를 구축하는 것은 거의 불가능하다. 경제학에서 거의 예외 없이 발견되는 유동성이나 달러화는 사업법의 장에서는 존재하지 않는다. 이 야심적이고 재능 있는 사람들은 따라서 '베이커앤메킨지'(Baker and Mckenzie), '클리포드찬스'(Clifford Chance), 빅파이브[*] 회계법인 등 비(非) 월스트리트 법률회사들과의 동맹으로 기회를 찾고 있다.

---

[*] 빅파이브(Big Five)는 앤더슨(Andersen), 딜로이트투시(Deloitte Touche), 에른스트앤영(Ernst and Young), KPMG, 프라이스워터하우스 쿠퍼스(Pricewaterhouse Coopers)이다.

다소 불만을 품고 있지만 이렇게 성장한 재능 있는 법률가 상비군은 미래의 변화를 위한 동력을 제공할 수 있다. 그들은 번창하는 가족 법률회사의 권력구조와 미국 엘리트 법률회사의 안락한 지위에 도전할 수 있다. 그들은 전문 조직을 결성할 만큼 수적으로 많지도 않고, 아직까지도 법원에 큰 관심을 가지고 있지도 않다. 그러나 그들은 많은 나라에서 새로운 민간 법률학교(이 가운데 상당수가 경영학교와 관계를 맺고 있다)를 설립함으로써 상대적으로 약화된 전통적인 법률학교에 공격을 가하는 것을 지원했다. 따라서 이 법률가 상비군은 여러 가지 방법으로 도미노 효과를 산출할 수 있다. 그들은 장을 넓히고 경쟁을 하면서 옛 사업 엘리트들이 경쟁의 비용을 올리도록 거들 수 있다. 동시에 이 새로운 경쟁자들의 활동은 옛 사업 엘리트들이 법률의 장 내부에서 더 많은 인정과 더 많은 자율성을 필요로 하게 만들 수 있다.

요약하자면, 북미와 남미에서 사업 법률회사들의 구조적 지위는 상당히 잘 들어맞았다. 다국적 사업과 국가 사이에 있는 이 브로커들은 사업법의 전문성 시장을 확장하고 발전시키기 위해 함께 발전할 수 있었다. 이런 동맹은 특히 남미의 사회자본과 북미의 법률자본 간의 연결이라는 것이 밝혀졌다. 그 결과는 법률개혁, 지적소유권, 무역, 보험, 반독점 등과 같은 분야에서의 활동에서 발견될 수 있다. 그러나 공익법(즉 박탈당한 사람들을 위한 법률)에 대해서는 상황이 다소 다르다고 할 수 있다. 1970년대와 80년대의 구조적인 조건으로부터 괄목할 만한 성공이 있었지만, 이 시대의 유산은 법률 전문가가 사업법과 같은 방법으로 공익법을 받아들일 수 없게 했다. 우리는 무엇보다 남미와 미국에서 법과 법률 전문가의 지위상의 몇 가지 중요한 역사적 차이점들을 기억함으로써 이 두 가지 단계의 발전을 잘 이해할 수 있다.

인권과 도덕의 유출

미국에서 법률의 정통성은 부분적으로는 기업의 이익에 봉사하는 사람들의 분열적인(schizophrenic) 지위를 통해 주어진다. 19세기 이후 기업의 법률가들은 공공 서비스와 법률개혁에 대한 투자와 기업에 대한 봉사를 결합해왔다. 예를 들어 미국에서 엘리트 경력을 추구하는 사업 변호사는 박탈당한 사람들을 위한 법률 서비스의 촉진에 투자해야 한다고 기대된다. 이런 방식은 시간이 지남에 따라 강화됐고 엘리트 법률학교와 경력을 통해 구축됐다. 법대는——비록 시장이 대부분의 졸업생들을 현실적으로 기업부문에서 직업을 구하도록 이끌고 있지만——기업법에서의 업무뿐만 아니라 공익법 분야에서의 활동도 강조한다. 그리고 법률 직업은 전체적으로 박탈당한 사람들과 그들의 법적 권리들을 위해 활동하는 사람들을 인정하고 보상을 제공한다.

　미국에서 법률 직업의 지위는 남미에서 전통적으로 유지된 지위와 뚜렷하게 대비되는데, 이 점은 1970년대 뉴욕 사업 법률가들의 부에노스아이레스 여행에 대한 아르헨티나 사업 변호사들의 반응을 통해 알 수 있다. 미국 법조계의 관습에 따라서 뉴욕의 법률가들은 인권 상황을 확인하게 됐다. 그러나 아르헨티나 법률가들은 왜 사업 법률가들이 공산주의자와 테러리스트를 지지하는지 이해할 수 없었다. 남미에서 법대 졸업생들의 지위와 법의 정통성은 미국과는 달리 권력 외곽에 있는 사람들의 법적 권리에 대한 투자로부터 주어지는 것이라기보다는 전통적인 정치에 대한 투자로부터 주어졌다. 박탈당한 사람들을 돕고 대변하려는 야심적인 법대 졸업생은 법조계의 경력을 추구하지 않았다. 그 대신 그들은 무엇보다 국가에서 권력을 얻기 위해 정당에서 활동했다.

법은 국가에게 약간의 정통성을 제공했지만, 법률 경력을 위한 전략으로서 법적 권리의 강화와 발전에 전문적으로 투자하는 방식은 전혀 없었다. 이런 투자는 전문성을 인정받을 만한 활동이 아니라 정치로 간주될 수 있었다. 사업 변호사들과 법대는 이런 공익법에 투자할 이유를 전혀 알지 못했다. 한편, 미국에서는 고귀한 공익법에 관련된 경력에 관심을 가진 변호사는 사업 법률가들에게 인정받고 심지어 보상을 받을 수 있었다——즉 일자리를 제공받기도 한다. 그럼에도 불구하고, 다음의 사례가 보여주듯이 칠레와 그 밖의 나라의 구조적인 상황은 특수한 역사적 순간에 공익법을 만들어낸다.

1973년 피노체트가 정권을 장악한 후 아옌데 정권에 있던 사람들을 박해하기 시작했을 때, 아옌데 그룹에 동조한 몇몇 법률가들은 (여전히 사회적 복음을 강하게 반영한) 교회와 조우했고 몇 가지 법적 해결을 도모했다. 그들은 정치나 법조계에서 별다른 해결책을 발견할 수 없었고 이 방법은 단기간에 성공을 가져오지 못했다. 그러나 그들은 인권운동의 형성을 촉진함으로써 국제 행위자들과 연결됐다. 칠레에 큰 관심을 가지고 있던 국제사면위원회(Amnesty International, 이하 앰네스티)는 인권이 단지 권력에서 배제된 정치그룹을 위한 도구에 불과한 것이 아니라 고문과 납치를 추방하려는 보편성을 반영한다는 것을 설득시키기 위해 노력했다. 미국에서 국제법률가협회(International Commission of Jurists : ICJ)와 앰네스티에 연결된 법학계의 소수 그룹은 유럽의 원칙들과 전후에 발전한 유럽인권조약(European Convention on Human Rights) 등에 의지하면서 같은 목적을 위해 노력했다.

이 그룹들의 투자는 베트남전쟁에 대한 미국 대외정책 이스태블리시먼트의 분열로 증가했다. 미국 냉전세력의 분열은 새로운 가능성을 열어줬다. 그 결과, 민주당 비둘기파는 피노체트의 쿠데타 이후 미국에서 청문회를 열었으며, 이 쿠데타를 지원하고 뒷받침한 매파에 도전하기 위해 인권 전문성을 활용하려고 했다. 이런 냉전세력의 균열은 또한 포드재단에서도 발견되는데, 이 재단에서는 1970년 이후 젊은 이상주의자들이 CIA와 국무성의 압력이 있음에도 아옌데와 함께 작업하기로 결심했다. 쿠데타 후에 그들은 함께 작업했던 사람들을 보호하려고 노력했다. 포드재단은 즉시 인권에 투자하지는 않았지만, 이 사람들과 민주당 비둘기파는 이제 권력에서 배제된 칠레 이스태블리시먼트 개혁가들과 동맹을 형성했다. 따라서 이 동맹은 북미와 남미 간에 이뤄졌다.

　이 동맹은 우선 중립적인 사회과학에 투자했지만, 아옌데 정권에서 토지개혁 등 여러 사회적 프로그램을 작업했던 사회과학자들과 개인적·학문적으로 연결된 법률 분야와 유사한 것으로서 인권이 발전했다. 저항 세력들은 북미와 남미 양측에 완벽하게 들어맞는 담론으로서 인권의 신뢰성을 구축하기 위해 매스미디어를 활용했다. 1977년에 노벨평화상을 수상한 앰네스티는 인기를 누렸고, 지미 카터(Jimmy Carter)는 부분적으로 인권을 발판으로 대통령에 당선됐다. 1977년경 포드재단 이사회가 산티아고교회를 방문한 후, 포드재단은 인권 프로그램을 마련하려고 했고 ("이상할 만큼 법률적"으로 보였던) 칠레교회의 모델을 활용해 다른 영역으로 팽창하려고 했다. 남미에서 외채위기의 시기이자 권위주의 정권이 온건해진 시기인 레이건 행정부 동안에는 법 지향적인 인권 단체들이 북미와 남미에서 번성했다. 게다가 미국에서는 휴먼라이트워치(Human Right Watch)가 변화를 겪고 있던 국가권력의 장에 반응하면서 앰네스티의 리더십에 도전하기 위한 새로운 접근 방법을 개발했고, 주도적인 국제 인권운동 기관으로 부상했다.

칠레 모델은 특히 브라질에서 동시에 진행된 변화들과 아르헨티나의 다소 비슷한 변화들(그러나 교회가 어떠한 지원도 제공하지 않았으며, 초기에는 '5월광장의 어머니들'[Madres de la Plaza de Mayo]이 유일한 비판세력이었다)과 상호작용하면서 전 세계에 큰 영향을 불러일으켰다. 1970년대 말과 80년대에 증가한 국제 인권 담론의 정당성은 멕시코에도 영향을 미쳤다. 멕시코에는 PRI에 도전하고 이 당을 혁신하기 위해 법률적인 전문성을 이용하려던 그룹이 국제 인권 정당성을 활용했다. 포드재단의 한 직원이 언급한 바와 같이, "이 모델은 다른 모든 곳에서도 작동"했기 때문에 박애주의 재단들은 멕시코에서도 이런 국제전략을 시험해보려고 한 사람들을 지원할 수 있었다.

인권 기구들은 1980년대 내내 남미와 미국에서 공익법이 성공을 거두는 유형이었다. 인권 전문성의 국제시장은 경제 전문성의 국제시장과 매우 유사했다. 이 두 전문성은 북미, 특히 미국의 대학을 중심으로 하고 있었다. 이 둘은 매스미디어에 밀접하게 연결되었고, 점차 경쟁적으로 변해갔다. 인권운동은 민주주의로 이행하기 위한 규칙들을 만들어냈고, 인권운동을 한 법률가들은 새로운 정권에서 중요한 행위자가 됐다.

인권운동 행위자들은 칠레와 브라질뿐 아니라 다른 곳에서도 권력을 획득하자 새로운 국가에 투자하기 위해서 교회 같은 기관을 떠났다.[*]

---

* 칠레의 NGO에 대한 최근의 한 연구는 이와 유사한 결론에 도달한다. "1990년 군사독재의 종말과 함께, NGO들은 자신들이 과거에 해왔던 것과 같은 방식으로는 존재를 정당화하기 어렵게 됐다. 그들은 이제 정치적인 저항이 NGO들에 대한 지지를 정당화하기에 충분하지 못한 민주주의 속에서 활동하고 있었다. …… 이것이 충분하지는 않았지만, NGO들은 이제 국가와 경쟁해야 했다. 국가는 민주화되어 이제 국가기관은 과거에 NGO 분야에서 활동한 사람들을 위한 새로운 집이 됐다. …… 국가는 과거에 NGO들에게 자금을 지원한 기부자들의 신뢰를 획득했다. 국가는 또한 조금씩 NGO들에 대해 비판적으로 됐다. NGO에 대한 외부의 재정 지원은 갈수록 줄어들었다." (Bebbington and Bebbington, 1997 : 3)

법률제도를 통해 국가에 책임을 부여하는 운동이라는 의미의 인권운동은 더 이상 칠레에 존재하지 않게 됐다. 예를 들어, 아르헨티나의 라울 알폰신(Raúl Alfonsín : 군부독재가 끝난 후 첫번째 대통령)은 인권운동의 배경을 가지고 엘리트 정당과 국가기관으로 이동했다. 사실 우리가 연구한 모든 나라에서 인권운동에 대한 제1세대의 투자는 이행 이후에 정치활동을 위한 훌륭한 토대를 제공했다. 그 뒤에 남겨진 운동은 선배들의 경력을 모방하려고 한 신세대에 의해서 다시 채워지지 못했다. 교회와 국제적인 행위자들을 통해 법을 도덕적인 운동과 결합한 특수한 상황은 지속되지 못했다. 인권운동 NGO들을 형성한 새로운 제도구조는 해체됐고 1970년대 이전에 전문가들의 장과 국가권력의 장 사이의 관계를 구조화했던 전통과 위계질서에 자리를 내줬다.

그럼에도 불구하고, 일단 결정된 현지의 인권운동 조직은 비록 더 이상 자신들이 이전에 대표했던 것과 같지는 않았지만 남미에서 계속 존재할 수 있었다. 예를 들어, 이들 가운데 수많은 조직들은 범죄 억제나 여성에 대한 폭력 방지 같은 문제와 이슈에 초점을 맞추는 쪽으로 이동했다. 그들은 국가에 도전하는 운동가적 법률기관보다 훨씬 더 국제 발전 지원의 전초기지가 되었다. 법률 전문가들이 이 기구들에 관여하고 있지만, 이 조직들을 공익법과 같은 전문 기구로 간주하기는 어렵다.

이 방식들은 그러나 시간이 경과함에 따라서 변화할 수 있고, 계속해서 국가에 대항한 법률에 도덕적으로 투자하는 남미의 기관들에는 이미 몇 가지 예외들이 있을 수 있다. 예를 들어, 브라질에는 비바히우(Viva Rio)라는 사회운동·종교·정치·법률의 복합체가 있다. 인권운동의 외부에서 성장한 이 기구의 활동은 범죄, 기아, 그리고 리우데자네이루 경찰의 폭력에 맞추어져 있고 이 기관은 사회운동가들뿐만 아니라 엘리트 법률가들에게도 의존하고 있다. 칠레에서는 원래 사업 법률가들을 양성한 사립기관인 디에고 포르탈레스대학이 중심이 된 활동이 계속해서 인권과 공익법을 강조하고 있다. 아르헨티나에서는 국가 외부의 제도와 조직에 투자한 전문가들의 오래된 방식이 이런 활동을 위한 토대를 제공할 수 있었기 때문에 공익법의 전망이 가장 밝은 것처럼 보인다. '포데르 시우다다노'(Poder Ciudadano) 같은 기관과 과거에 포드 재단에 의해 설립됐고 아르헨티나 시민의 자유를 보호하기 위해 활동하는 '시민권리협회'(Associación por los Derechos Civiles : ADC) 등은 이런 유형의 변론 활동에 관한 사례를 제공한다.

이런 남미의 일반적인 방식과는 대조적으로, 미국에 있는 주요 국제 인권 기구들은 법조계에서 번창하고 있다. 정당이나 운동에 가담하기 위한 법률 전문성에 대한 투자를 철회하는 대신에, 인권운동 기구들은 계속해서 미국 대외정책의 최첨단에서 법률 자원과 기술을 투자하고 있다. 워싱턴의 강력한 사업 법률가들 중 몇몇은 그들의 경험과 전문성을 토대로 정부에 진출하지만, 그들의 법률적인 토대는 국가와의 공생 관계를 통해 계속해서 번창하고 있다.

두 가지 또 다른 변화들이 현재 북미와 남미 간의 구조적 비대칭에 관련되어 있다. 첫번째 것은 계속해서 인권의 장에 투자해온 남미의 법률가들이 자신들의 국제 인권에 대한 전문성과 투자를 검증하고 인정하는 외국으로 가는 경향이 있다는 점이다. 이런 법률적 도덕성과 남미에서 북미로의 (학위증을 가진 사람들에게 기회가 주어지는) 두뇌유출은 북미에 토대를 둔 국제 인권기관을 정당화하는 데 기여한다. 미국에 토대를 둔 NGO들은 자신들이 남미에서 온 행위자들을 포용한다는 것을 보여줄 수 있고, 이 행위자들에게 영향력을 부여하기 위해서 자신들의 프로그램들을 조정할 수도 있다. 이런 개방성은 국제 인권운동의 장에서 그들의 주도적인 지위를 더욱더 정당화할 수 있게 해준다.

미국에 근거를 둔 인권운동 기구들의 번영은 남미 국가로 흡수되고 재통합된 인권운동과는 대조적으로 우리의 구조적 모델에서 설명하려고 하는 것과 일치한다. 새로운 유형의 상징적 자본(여기에서는 인권운동)은 그것이 더 높게 평가되고 보증되고 교환될 수 있는, 보다 견고하게 구축되어 있고 지배적인 상징적 은행(symbolic banks)을 향해 이끌리는 경향이 있다는 것이다. 이것은 미국에서는 상징 투자가들이 여전히 강력하고 상대적으로 자율적인 세계에 (특히 미국의 국가구조가 뚜렷한 형체가 없고 빈틈이 많은 만큼) 이끌리고 있다는 것을 의미한다. 인권 이니셔티브와 행위자들은 '공익법'의 영역으로 이동한다. 이와 명백히 대조적으로, 칠레에서는 국가가 지배적인 상징 은행을 제공한다. 인권운동으로 경력을 쌓은 사람들은 이 가치를 국가권력으로 전환시킨다.

따라서 이와 같은 구조적인 이유 때문에, 현재의 상황은 미국식 법률 정당성 모델의 부분적인 이식만을 보여주고 있다. 이 부분적인 이식은 미국의 헤게모니를 강화하고 국내에서 미국식 전문 모델이 장기간 번영할 수 있게 해준다. 국제적인 활동은 고용된 총잡이들[hired gun : 재계의 이익에 봉사하는 법률가들], 개혁가, 법률적 노블레스 오블리제(noblesse obligé)에 의해 활동하는 공익 법률가의 역할을 결합하는 미국 법률 엘리트에게 중요한 차원을 보태준다.* 인권의 장(뿐만 아니라 환경과 여성에 대한 폭력방지운동)에서, 현지의 명성과 미국 조직들의 권력

---

*또 다른 사례는 자신의 직업적 정당성의 일환으로서 가난한 사람들을 위한 법률 서비스를 제공한 미국변호사협회(American Bar Association : ABA)이다. ABA 역시 현재 '법치'를 특히 동유럽과 아시아에 수출하여 제도적 이상주의의 직업적 표현을 촉진하고 있다.

은 국제적인 활동과 전문성에 크게 의지하고 있다. 그러나 다른 나라들의 국내 상황에서는 미국식 공익법보다 미국식 사업법의 이식이 더 지속적으로 성공하고 있다. 사업 법률회사 내부에는 국가기관에 대한 경제 전문가들의 투자에 견줄 만한 이동이 있다. 그러나 미국 법률의 장에서 핵심 요소인 사업과 국가에 대항해 법률을 활용하는 전문 전략의 개념은 특정한 시기(이스태블리시먼트 분파들이 자신들을 권력에서 추방한 권위주의 국가들에 대항해 연합한 시기)를 넘어서 번성할 수 없었다.

비대칭적인 거버넌스

국가의 유력한 법률가로부터 테크노폴로의 이행을 통해 나타나는 전문성의 달러화와 국가 지식의 달러화 과정은 따라서 매우 불균등하다. 엘리트 경제 전문가들은 미국을 중심으로 한 국제 전문성 시장으로부터 온 정당성에 투자함으로써 현지에서 자신들의 전문 경력을 이룩할 수 있다. 그들은 북미 대학의 최신 경제학에 의존하면서 모국의 평범한 경제 전문가에 대한 자신들의 우월성을 정당화한다. 미국 외부의 경제 전문가들이 얻는 미국에서의 순위는 국내에서 즉시 명예와 인정으로 해석된다. 또한 세계은행과 IMF 등 해외로의 두뇌유출이 있지만 중요한 관계를 유지할 만큼 충분한 귀국이 있기도 하다. 우리는 워싱턴 컨센서스에서 과시된 북미와 남미 간의 상호작용을 통해 이런 국제적인 장의 발전을 추적할 수 있다. 일반적으로 특히 남미에서 기술적인 경제학의 참신함과 법과 법률 이스태블리시먼트로부터 자율성을 발전시키려고 한 경제학의 요구가 이런 변화를 촉진하는 데 기여했다.

경제 전문가들의 지배와 동시에 일어난 사업 법률활동도 북미와 남미에서 동시에 발전하는 경향이 있었다. 수많은 남미의 법대 졸업생은 이제 외국 학위증과 사업 변호사로서의 경력을 추구하고 있다. 그러나 사회적 자본과 법률자본의 상대적인 혼합이 여전히 남미와 미국에서 서로 다르기 때문에 달러화는 덜 완벽하다. 남미에서 법률회사는 사회적 기회들을 제한하면서 여전히 가족 기업으로 남아 있다. 이제는 미국 엘리트와의 관계를 통해서도, 혹은 모국의 몇몇 가족 기업들과의 관계를 통해서도 기회가 별로 없는 사업 변호사들의 과잉생산이 있을 수 있다. 다른 기회들을 추구할 수 없다면, 그들은 미국 엘리트와 국내 가족 기업의 경쟁자에게 이바지하면서 다소 덜 유명한 초국가적 법률회사들과 빅파이브 회계법인을 지향하게 될 것이다. 사업 법률활동을 수행하는 이 기관들과 함께 전문 전략은 남미에서 상당히 강하게 유지되고 있다.

인권의 장을 형성했던 전문적이고 법률적인 성공에도 불구하고 공익법에서의 사정은 이와 다르다. 미국에서 공익법의 제도적인 번영은 19세기에 발전한 사업 변호사들의 분화 모델에 의존하고 있다. 이 성공은 또한 미국의 명문 법대와 법원의 역할과도 밀접하게 관련되어 있다. 그러나 남미에서는 공익법의 전문적인 역할이 확고하게 정착될 수 없었다. 인권운동은 북미와 남미 간에 비슷한 구조적 역사들을 만들어냈지만, 남미는 공익법을 오랫동안 지속된 토착적인 경로에 투입하기 위해 사용될 수 있는 가족 법률회사와 유사한 기관을 가지고 있지 않았다. 미국 전문성의 이런 '해방적인' 부분이 재계의 곁에 자리 잡게 될지는(그리고 공동의 노력이 남미에서 법원과 법대의 전통적인 지위에 도전을 가하게 될 것인지) 좀더 두고봐야 할 것이다.

법과 경제학에서 전문성을 정당화하기 위한 기준은 미국을 중심으로 한 국제시장을 따라서 마련된다. 미국식 전문 엘리트들을 (그들이 두뇌유출의 산물인지 국내에서 성장했는지 상관 없이) 정상에 올려놓는 새로운 위계질서가 있고 각국 내부에는 또한 두 개의 축을 가진 전문가들의 위계질서가 있다. 국제적인 엘리트와 법, 경제학 그리고 전후 교육 기회의 팽창으로부터 혜택을 입었고 점차 지방화된(provincialized) 다른 분야의 전문가 그룹이 있다. 이 각각의 위계질서는 아직까지 충돌하지 않고 있는 정당성에 대해 질문을 제기한다.

경제학, 사업법, 인권 등 이 각각의 국제적인 장은 미국과 전문성을 정당화하는 미국 메커니즘(명문 사립대학, 박애주의 재단들, 초국가적 NGO, 싱크탱크, 학술지, 미국 국가, 그리고 세계적인 미디어 등)에 의해 지배된다. 통치 규율의 형성과 이 기관들의 작동에 참가하지 못하는 사람들은 그들에게 적용되는 국제 전문성의 정당성에 질문을 제기하고, 경쟁적인 전문성(예를 들면 회계)과 심지어 경쟁적인 국가 모델(예를 들면 일본식 모델)을 촉진하는 사람들과 동맹을 구축할 수도 있을 것이다. 그들은 무엇보다 자신들을 선전하고 국내에서의 권력을 촉진하기 위해 국제시장에 "국가를 팔아치운다"고 평범한 전문가들로부터 비판받을 수 있다. 이 위계질서 중 그 어떤 것도 안정적이거나 불가피하지는 않으며 이런 국제적인 전문성의 외부에서 구축된 국가의 정통성도 보장되기 매우 어렵다.

II부

도전받는 헤게모니 : 동맹세력의 구축,
개혁주의 전략의 냉전적 기원

4_새로운 보편성의 고고학 :
인권의 냉전적 구성과 그 후의 변천

국가의 법률 저명인사들에서 자유민주주의의 새로운 보편성을 촉진하는 테크노폴 세대로의 변화는 북미와 남미에서 동시에 일어났다. 전문성의 달러화 결과, 우리가 살펴본 바와 같이 여러 국가에서 서로 다른 전문성들 사이에 변화가 나타났다. 2부에서는 보다 자세하게 북미와 남미의 궁정전투의 수출에 대해 탐구한다. 우리는 국제 인권운동과 신자유주의 경제학(워싱턴 컨센서스와 '자유민주주의'를 가져온 두 가지 규범)의 발달 과정을 추적한다. 이 장에서는 미국에 기초한 보편성들을 중심으로 한 이런 컨센서스의 생산을 소급해 고찰함으로써 인권운동의 계보를 추적할 것이다. 우리는 인권 전략을 냉전과 1950년대에 미국을 지배한 대외정책 이스태블리시먼트에 관련지어 보는 것으로부터 시작한다. 다음 장에서는 신세대 경제학자들이 준비한 이스태블리시먼트에 대한 도전으로 관점을 이동한다. 상호 경쟁하는 이 두 그룹에 대한 초점은 종종 단일한 제국주의 과정으로 특징지어지는 과정의 복잡성을 명확하게 밝혀준다. 이 책의 6장부터 논의하는 바와 같이 수출되는 것들은 오로지 미국 권력의 장에서 일어난 전투들과 갈등들에 관련지을 때에만 이해될 수 있다.

인권운동 그룹의 창시자들과 전후 박애주의 지도자들은 소수의 국제 사업 변호사 서클(유력 법률인사의 미국식 버전)에 소속되어 있었는데, 이들은 제2차 세계대전이 끝날 무렵 대외정책 이스태블리시먼트의 핵심을 구성했다. 그 이전의 인권운동의 지지자들과 미국 대외정책을 담당한 그룹 간의 유사성은 우연한 것이 아니다. 수많은 유사 기관들 간의 밀접한 관계는 그들이 같은 목표, 즉 공산주의에 대항한 투쟁으로 정의되는 국익에 입각해 적극적인 대외정책을 지향한 사실에서 시작한다. 공산주의에 대한 투쟁은 전후(戰後) 이 특수한 국제 엘리트의 리더십을 정당화했다.* 엘리트 전략은 그들이 공산주의에 대한 투쟁에서 활용한 (그리고 이것에 의해 정당화된) 사회적 지위에 전적으로 부합했다. 게다가 그들이 대표한 이데올로기적인 유사성과 연고주의 네트워크는 공산주의에 대한 투쟁의 이름으로 동원된 저명인사들의 국제적인 동맹을 위한 토대로서 기능했다. 그들은 해외의 유력 법률가들과 함께 작업했고 엘리트적인 전략의 지지를 위해 이 파트너들에게 의존했다. 초창기 인권운동은 정확하게 이 동맹으로부터 유래했다.

대(大) 법률원칙 지형에서의 반격

많은 사람들이 국제 인권운동의 시작을 1950년대 초 제네바에서 설립된 국제법률가협회(ICJ)에서 찾고 있다.[1]** 이 기구는 냉전의 초창기에 '대

---

* 냉전은 대외정책 이스태블리시먼트가 '미국 우선주의와 상호 의존적 세계주의' 간의 반목을 극복할 수 있게 해줬다(Silk and Silk, 1980 : 200). 실크가 지적한 바와 같이, "무엇보다 공산주의의 위협이 있었다. 보다 인도적인 형태의 해외 지원에 대한 반대는 이 지원이 러시아를 제외하게 될 것이라는 준비된 주장 앞에 굴복했다. 사실 여러 가지 점에서, 이것이 유일하게 작용한 주장이었다"(200).

외관계위원회'(Council of Foreign Relations)를 구성한 미국 엘리트 변호사들이 창설했다. 이 기구의 설립 동기는 레지스탕스에 연결되어 있던 프랑스 좌익변호사들이 1946년에 설립한 국제민주법률가협회(International Association of Democratic Jurists : IADJ)라는 라이벌 기구에 대항해 반격을 가하려는 열망에서 비롯됐다. 법률 원칙을 통해 IADJ는 공공연하게 매카시즘을 공격했고 로젠버그스(Harold Rosenbergs)를 옹호했다.

　미국의 취약성을 인식한 소수 정치 법률가 그룹(대외관계위원회 의장이자 CIA 부국장이었던 앨런 덜레스[Allen Dulles]와 당시 독일 고등감독관이었고 후에 '이스태블리시먼트의 의장'으로 불리게 된 존 맥클로이 [John McCloy] 등)[20]은 법의 지형에서 전투에 임하기로 결정했다. ICJ에 대한 톨레이(Howard Tolley Jr.)의 설명에 따르면, 이 창립 그룹은 IADJ 같은 친소 그룹이 "위대한 언어들(평화, 자유, 정의)을 훔쳐가는 것"을 우

** 또 다른 유명한 그룹은 1919년 설립된 '미국시민자유연합'(American Civil Liberties Union : ACLU)의 초대의장, 로저 볼드윈(Roger Baldwin)이 설립한 '인권을 위한 국제연맹'(International League for the Rights of Man)이었다. 이 기관은 1976년에 국제인권연맹(International League for Human Rights)으로 개칭했다. 볼드윈은 1902년 드레퓌스 사건에 대응하기 위해 결성된 '인권과 시민권 옹호를 위한 프랑스연맹'(Ligue Français pour la Defense de Droits de l'Homme et du Citoyen)을 모델로 삼았다. 인권을 위한 국제연맹은 제2차 세계대전 때 미국으로 온 프랑스 지도자들에게 의존했다. 엘리노어 루스벨트(Anna Eleanor Roosevelt)는 다른 저명인사들과 함께 이 조직의 이사회에 참여했다. 이 기관의 멤버십은 제한되어 있었고, 이사회 멤버들은 '옛 친구들의 네트워크'(Old Boy Network)로부터 충원됐다. 뉴욕에 자리 잡은 이 연맹은 국제연합에서 적극적으로 활동했으며, 남아프리카공화국의 인종차별정책(Apartheid)을 비판했다(Korey, 1998:99~104). 제롬 셰스타크(Jerome Shestak)의 지도 아래 있던 이 연맹은 1970년대에 소련 반체제 인사의 지도자이자 1975년에 노벨평화상을 수상한 안드레이 사하로프(Andrei Dmitrievich Sakharov)와의 관계를 밀접하게 발전시켰다. 소련은 이 연맹을 냉전기관으로 보고 1960년대 말 국제연합 자문기관의 지위를 박탈하려 했다(Korey, 1998:87). 1970년대 초 이 연맹과 프리덤하우스(Freedom House)의 제휴는 사실상 이 리그의 냉전 지향적인 성격을 보여준다. 이 연맹과 프리덤하우스는 칠레와 파라과이의 군사독재에 대해 처음에는 서로 상반된 입장을 취하다가 1970년대에는 함께 반대하는 입장을 취했다(Wiseberg and Scoble, 1977:300).

려했다.[3] 미국의 반격 목표는 CIA에서 비밀자금을 제공받는 국제기구를 설립하는 것이었는데, 톨레이의 말을 빌리면 이것은 "기본적인 법률 원칙들을 방어하기 위해 자유세계의 세력들(특히 법률가들)을 동원함으로써 공산주의 국가의 온갖 체계적 부정에 대항해 투쟁을 조직하는 것"이었다.[4] 이 저명인사들의 전략은 그들의 엘리트 이미지에서 뚜렷하게 발견된다. "미국자유변호재단(American Fund for Free Jurists : AFFJ)의 지도자들은 소수의 핵심 권력집단에 의해 선별되고 통제되는 매우 배타적인 엘리트 기구였던 대외관계위원회의 접근 방법을 선호했다."[5]

AFFJ의 지도자들은 뉴욕변호사협회에 소속되어 있었다. 또 대다수는 사업 법률가로서의 성공과 시민 단체에 대한 봉사를 통해 얻은 명성, 그리고 강력한 반공주의적 신념을 가지고 있었다. 그들은 '노블레스 오블리제' 논리에 따라 국내의 공적인 업무에 투자했고, 같은 논리에 따라 자유세계를 방어하기 위해 법률 저명인사들과 동료들을 동원했다. 그들은 자연스러운 파트너로서 외국의 유력 법률가와 법조계 출신 정치인들을 충원했다. 톨레이에 따르면, "이 위원회는 높은 지위와 공직생활에서 상당한 경험을 가진 사람들(장관, 국회의원, 고등법원 판사)만 선별했다. 이들의 엘리트 신분은 국제기구뿐만 아니라 국내 관료들에 대해서도 접근할 수 있게 해줬다".[6] 이 전략의 또 다른 이점은 "다국적 조직인 ICJ가 멤버들의 명성에 의해 신뢰를 얻게 될 것"이라는 점이었다.[7]* ICJ는 이

---

* 이런 전략에 따라 ICJ 멤버들의 숫자는 25명으로 제한됐고, 이 멤버들은 종신 임기로 임명됐다. 그들은 서로에게 소개됐고 같은 배경을 가진 다른 사람들에게 소개되기도 했다. "ICJ에 의해 충원된 오피니언 리더들은 무료 출판권을 부여받고 국제회의에 초청됐으며 다른 국가의 저명한 동료들을 만나기 위한 값비싼 기회들을 제공받았다. …… 이렇게 충원된 '유명한 이름들'은 이 위원회와 각 국가별 지부에 자신들의 지위와 명성을 제공했다──이것은 새로 가입한 사람들에게 즉시 인정받는 사회적 지위를 제공하게 됐다."(Tolley, 1994 : 66)

처럼 매우 위계적인 조직의 최상층부에 있으면서 일종의 국제고등법원을 대표했다. 이 기구는 공산주의 국가에서 추방된 변호사들의 비판에 정당성을 부여했고, 새로운 공산주의 정권들이 서구 법률의 위대한 보편적 원칙을 사용하는 것에 반대했다. 그들의 판결은 매스미디어에 이용되거나 각 국가별 지부 회원들이나 동조자들을 통해 전파됐다.

자신의 신뢰성을 높이기 위해서 ICJ는 학계와 외교계에서 잘 알려진 인물들을 충원해 사무총장직을 위임했다. 옥스퍼드대학 평의원이자 법정변호사였던 노먼 S. 마시(Norman S. Marsh), 국제접식자사와 국제연합, 그리고 헤이그 법원에서 주도적인 지위에 있던 저명한 스위스 법률가 장 플라비엥 랄리브(Jean Flavien Lalive), 뉴질랜드 대사이자 국제연합 총회 의장이기도 했던 레슬리 먼로 경(Sir Leslie Munro), 그리고 션 맥브라이드(Sean McBride) 같은 인물들이 사무총장을 담당했다.

여러 가지 면에서, 맥브라이드는 (적어도 언론이 CIA에 의한 ICJ의 비밀 재정 지원을 밝혀낸 1967년에 사임할 때까지) 이런 정당화 전략의 대표적인 본보기였다. 아일랜드 혁명가 가문의 아들로서 파리에서 태어난 그는 의원이 되기 전까지 영국 정부에 의해 수차례 투옥됐고 그 후에는 외무부 장관이 됐다. 그는 변호사이자 언론인이기도 했기 때문에 그보다 더 나은 프로필을 상상하기란 어렵다. 외무부 장관인 그는 유럽회의(Council of Europe)의 설립자 중 하나가 됐고 유럽인권조약(European Convention on Human Rights)의 서명인이기도 했다. 맥브라이드는 또한 기업가적인 에너지가 넘치기도 했다. 그는 국제연합 인권 고등관직의 설립을 주창하는 등 ICJ의 활동을 확장시켰다. 게다가 ICJ의 영국 본부인 저스티스(Justice) 외곽에서 성장한 앰네스티의 설립자 중 한 사람이었고 후에 이 기관의 지도자가 됐다.

전문 엘리트 대연합의 구축

1967년 CIA와 ICJ의 관계가 폭로된 일은 이 관계에 심각한 의문을 불러일으켰다. 그러나 1950년대와 60년대 초에는 이런 관계가 매우 당연한 것으로 간주됐다. 냉전에 대한 접근에 있어서 포드재단, CIA, 국무성, 심지어 아이비리그 대학조차도 차이가 별로 없었다. 따라서 ICJ의 인권 전략은 대외정책 이스태블리시먼트가 주도한 조화로운 노력의 작은 부분이었다.* 대외관계위원회는 일종의 민간 '그림자 내각'으로서 작동했고[8] 앨런 덜레스와 존 포스터 덜레스, 유진 블랙, 폴 호프만** 등을 포함한 소수 엘리트 전문가들이 여기에 소속되어 있었다. 이 그룹에는 또한 대공황 초기에 대학을 다닌 월트 로스토를 필두로 리처드 비셀, 맥스 밀리컨, 데이비드 벨*** 등 경제 전문가 그룹이 소속되어 있었다. 당시에 점차 중요하게 다루어진 전문성에 의해 영향력을 얻게 된 이 경제학자들은, 다른 한편 개인적인 네트워크를 통해 이스태블리시먼트에 소속되어 있기도 했다.****

---

* 이런 상황에서 법률이 냉전에 이바지했을지라도 1950~60년대의 냉전에 관한 일반적인 역사는 이 전략들을 언급할 가치도 없는 것으로 보았다(Gaddis, 1997 ; Walker, 1993). 국제법은 1950년대에는 그다지 존중받지 못했는데, 그 이유는 국제법이 냉전을 촉구한 (조지 케넌 [George Kennan], 한스 모겐소[Hans Morgenthau], 아서 슐레진저[Arthur Schlesinger], 라인홀트 니버[Reinhold Niebuhr] 같은 대학 교수이자 대외정책 실무자들이 구체화한) 현실주의의 필요성을 여러 면에서 충족시키지 못했기 때문이다. 국제법은 정치학에서 학문적 독트린으로 간주되기를 그쳤고, 법대에서는 대외정책에 비해 열세에 있었다——그리고 유럽으로부터 갓 이민 온 사람들이 다루었다. 법률가들은 공산주의에 대한 투쟁에서 중요했지만, 기술적인 법률 전문성은 그들의 노력에서 핵심적인 것이 아니었다. 오늘날 이런 상황은 변했다.
** 유진 블랙(Eugene Black)은 1949년 체이스맨해튼(Chase Manhattan) 은행을 나온 후 맥클로이에 이어 세계은행 총재가 됐다. 폴 호프만(Paul Hoffman)은 스터드베이커(Studebaker) 사장이자 시카고대학의 이사였으며, 제2차 세계대전 이후 인터내셔널리즘을 전파(특히 자유무역 촉진)하는 데 크게 기여한 '경제발전위원회'의 설립자 중 하나였다(Silk and Silk, 1980 : 246). 그는 또한 마샬플랜의 관리자였으며 1950년대 초에는 포드재단의 총재였다.

이런 대외정책 이스태블리시먼트의 핵심 인사들은 사업과 정치에
동시에 봉사하는 이중적인 경력을 추구하기 전에 노블레스 오블리제의
도덕에 따라 제2차 세계대전에 참여했다.***** 전략적인 목표들을 달성

*** 로스토는 1950년대를 대학과 재단들이 발전문제에 노력을 집중하던 시기로 기억한다.
맥스 밀리컨(Max Millikan)과 공저한 자신의 책(Rostow and Millikan, 1957)을 인용하면
서 그는 다음과 같이 말했다. "우리는 1953년 이후부터 1961년 케네디 대통령에게 전적
으로 받아들여질 때까지 보다 확대된 발전 지원이라는 아이디어를 옹호했으며, 좌절과
원한을 견디면서 완고하고 끈기 있게 버텼다."(Rostow, 1984 : 242) 리처드 비셀(Richard
Bissell)은 그로턴(Groton : 미국의 명문 사립고등학교)을 졸업한 후 예일대학(1932년 졸
업)과 런던정경대학을 거친 후 다시 예일대학으로 돌아와 박사과정을 밟고 교원이 되었
다. 그는 예일대학에서 케인스 경제학을 가르친 첫번째 인물이었고, 이곳에서 로스토와
밀리컨에게 영향을 주었다. 그 후 그는 전쟁을 돕기 위해 워싱턴으로 옮겼고, MIT를 거
쳐 마샬플랜의 고위 지원 담당자로서 봉사했다. 그는 1952년 포드재단에 가담했으며,
이곳에 머무는 동안 CIA의 '프린스턴 자문가 그룹'의 일원이 되었다(Bissell, 1996 : 75).
1954년에는 CIA에 들어가 피그만작전(1961년 쿠바혁명을 전복하기 위해 CIA 주도로 쿠바
를 침공한 사건) 등의 비밀작전을 지휘함으로써 유명해졌다. 맥스 밀리컨도 예일대학에
서 비셀의 영향으로 경제학자가 되었고, AID 설립의 촉진자로 알려졌다. 데이비드 벨
(David Bell)은 제2차 세계대전이 발발하기 직전에 하버드대학에서 경제학을 전공했고,
전쟁에 참여한 후 정부기관과 학계로 복귀했다. 그는 1957년부터 하버드대학에서 강의
를 시작했다. 이후 케네디 정부의 예산국장을 거치고 USAID에서 포드재단으로 옮긴 그
는 맥조지 번디(McGeorge Bundy)의 대리인으로 봉사했다.
**** 『경제성장의 단계 : 반공선언』의 저자이자 케네디의 자문위원이었던 로스토는 1950~61
년 MIT대학에서 교편을 잡았고 국제연구센터(Center for International Studies)의 일원
이기도 했다. 대통령 자문위원회의 멤버가 된 다른 사람들과 학부 시절부터 밀접한 관계
를 맺고 있던 그는 MIT대학에서 자신의 작업에 대해 언급하면서 1950년대의 대외정책
분업을 다음과 같이 설명했다. "우리는 초기에 두 가지 분야에 노력을 집중하기로 결정
했다 ── 공산주의 사회에 대한 연구와 경제·사회·정치발전의 문제에 대한 연구. 앞의
것은 연방정부(앞에서 언급한 바와 같이 특히 CIA)의 지원을 받게 됐고 뒤의 것은 특히 포
드나 록펠러재단 같은 민간 자금의 전적인 지원을 받았다."(Rostow, 1984 : 241)
***** 수많은 행위자들의 연합에 토대를 제공한 국제적인 법률회사를 무시해서는 안 된다. 조
지 볼(George Ball)은 1949년 파리에서 클리어리가트립 법률회사를 설립했다. "미국 정
부에서 영향력 있는 지위를 담당하기 훨씬 전에 볼은 변호사로서의 업무를 통해 유럽에
대한 그의 개인적이고 직업적인 관계를 형성하기 시작했다."(Bill, 1997 : 102) 그의 "법조
인으로서의 경력은 장 모네(Jean Monnet)와의 오랜 협력의 토대를 강화하고 유럽 통합
을 위한 투쟁에서 적극적인 역할을 수행하기 위한 기회를 제공해줬다". 계속해서 밀접한
협력 관계를 유지한 모네를 통해 볼과 클리어리가트립은 유럽 석탄철강공동체(ECSC)를
대표하고 1957년 로마조약 이후에는 유럽공동체(EC)를 대표하기 시작했다. 이런 방식
으로 볼은 미국의 자유무역과 유럽 통합이라는 국제적인 목표를 위해 여러 가지 방법으
로 유럽인들과 작업했다.

하기 위해서 그들은 국제적인 업무를 지향하고 있는 기관의 모든 네트워크를 활용할 수 있었다. 이 기관들은 그들이 직접 창설에 기여했거나(세계은행, CIA, USAID) 그들의 통제 하에 있었다(포드, 록펠러, 카네기 재단).*

최근에 프랜시스 스토너 사운더스(Frances Stoner Saunders)에 의해 밝혀진 이런 '문화적 냉전'은 "공산주의의 전염에 대항해 백신을 주사하고 미국 대외정책의 이익을 해외에 전파하는 데 기여하는 컨소시엄을 구축하기 위해 광범위하고 매우 영향력 있는 정보기관원, 정치 전략가들, 기업 이스태블리시먼트의 네트워크와 아이비리그 대학들의 동문관계에 의지"했다.[9] 문화적 봉쇄 전략은 체계적이고 고급스러운 방식을 통해서 실천에 옮겨졌다. 이 작업은 소수 대외정책 이스태블리시먼트가 통제하던 다양한 기관들(국제기구들, 민간 재단들, 그리고 CIA 같은 국가기관 등) 간에 분업화되어 있었다. 그들은 또한 신뢰성을 얻기 위해 반드시 제도적으로 자율적이거나 혹은 적어도 ICJ와 분리된 기관으로서의 모습을 유지하려고 했다.[10] 이런 분업에서 중심적인 지위를 차지하고 있었던 것은 민간 재단들이었다. 재단들은 학계와의 밀접한 관계를 보장할 수 있었다. 사실 20세기 초반부터 재단들은 자유주의 이스태블리시먼트 내부의 개혁적인 정책 변화 개념을 마련하고 그것을 촉진하기 위한 기본적인 도구가 되어왔다.[11]

---

* 이런 분업을 촉진했던 저명인사들 간의 합의는 사람들의 이동을 통해 잘 나타난다. 예를 들어 대외관계위원회의 위원장이었던 데이비드 록펠러(David Rockfeller)는 그의 친구 앨런 덜레스에게 CIA의 국장이 되려는 야심을 포기한다면 포드재단의 총재가 되라고 제안했다(Grose, 1994 : 336). 리처드 비셀은 CIA의 업무들을 지휘하기 위해 포드재단으로부터 자리를 옮겼고 딘 러스크(Dean Rusk)는 케네디의 국무보좌관이 되기 위해 록펠러재단의 지도부를 떠났다. 록펠러는 또한 1950년대와 60년대에 조지 볼 등의 수많은 유럽과 미국 지도자들과 함께 빌더버그회의(Bilderberg Conference)에서 적극적으로 활동했다.

이 전략은 처음에는 특히 유럽과 아시아같이 공산주의의 위협에 보다 많이 노출되어 있는 지역에 집중됐지만, 곧 전 세계를 대상으로 하게 됐다.** 카스트로가 권력을 장악하자 남미가 우선순위를 차지하게 됐다. 이 전략은 이제부터 케네디 대통령이 '진보를 위한 동맹'(Alliance for Progress)으로 체계화하고 공식화한 '발전'의 깃발 아래 놓였지만, 그것의 근본 목표는 여전히 봉쇄 정책이었다. 피터 스미스는 다음과 같이 지적했다. "일촉즉발의 순간이었다. 남미는 대혁명의 벼랑 위에 놓여 있었다. …… 점진적인 개혁은 과격한 혁명에 대한 해독제를 제공할 수 있었다."[12] 남미에서의 전술은 미국의 지식(특히 경제학)을 수출하면서 '미국의 동지들'을 만들어내는 것이었다. 이런 투자는 능력 있고 개혁적이며, 극도로 보수적인 우파와 혁명가로 활동하는 과격한 좌파의 정치적인 장에서 양극화를 벗어나게 할 것이라고 기대되는 새로운 발전 기술관료(technocrates)를 양성하는 것을 목표로 했다.

캠브리지 출신의 케네디 정권 '실천적 지식인'(action intellectuals)은 사회적 프로필과 직업상 성장 과정, 그리고 정치적인 선택[13]에서 대외정책 이스태블리시먼트의 지식인 분파와 연속성이 있음을 보여준다. 이들과 대외관계위원회의 전(前)세대는 수많은 개인적 접촉이 있었다. 케네디 엘리트 그룹 핵심 조직자였고 그 후 대통령 외교고문이 된 맥조지 번디는 가장 명확한 사례를 제공한다.[14] 번디는 전통적인 동부 와스

** 이런 접근 방법을 유럽 통합을 촉진하려는 노력에 관련시키는 것은 흥미롭다. "자유무역과 유럽 통합을 위한 긴 운동 기간 동안 조지 볼은 장 모네와 함께 작업하면서 다른 정치적 상황에서도 활용할 수 있는 몇 가지 전술을 발전시켰다. 우선, 그는 조심스럽게 광범위한 인맥을 구축했다. 이 네트워크의 중심에 있는 접점들은 개인적인 친구가 된 정치적으로 유사한 사람들로 이루어졌다. 둘째로, 볼은 정책 목표의 달성이 대중의 인식과 승진에 선행하는 것으로 생각했다. 모네처럼 볼은 대부분의 경우, 두드러지지 않는 정치가 가장 효과적인 정치라고 이해했다."(Bill, 1997 : 131~132)

프(WASP) 가문의 직계 후예였고, 예일대학을 졸업했으며, 대외정책 이스태블리시먼트의 가장 유명한 '현인'(wisemen) 중 하나였던 딘 애치슨(Dean Ascheson)의 사위이기도 했다.* 번디는 또한 하버드 예술과학대학에서 젊은 학장을 거쳐 대외관계위원회, 국가안보 자문위원 등을 통해 국제적인 경력을 쌓았으며 1967~79년 포드재단 이사장으로 활약했다(그는 포드재단에 있는 동안 ICJ에 대한 CIA의 재정이 중단됐을 때 ICJ를 구원했다).

문화 봉쇄의 냉전 전략에서 이런 목표와 인물의 연속성은 전술적인 정향에서 실용적인 조정을 가로막지는 않았다. 인적 자원에 대한 투자의 성공은 지속적인 사회관계에 적응하기 위해 유연성과 실용주의가 필요하다는 것을 의미했다. 실용주의는 기본 전략이 사회관계의 변화를 주도하기보다는 이 변화에 수반되어야 한다는 사실에서 비롯된 것이기도 했다. 새로운 통치 엘리트 범주의 선별은 현지 지위들(혹은 특정한 정치적 상황에 의해 주어지는 기회들)의 작동에 따라서 목표들이 수정되어야 하는 일종의 가능성의 기술이었다.**

미국 냉전 전략에 분명하게 나타난 엘리트주의와 연고주의는 국제

---

* 맥조지 번디의 아버지는 올리버 웬델 홀름스(Oliver Wendel Holms)의 보좌관으로서 견습을 쌓은 후 헨리 스팀슨(Henry Stimson)을 위해 일한 유명한 변호사였다. 그의 형인 윌리엄 번디(William Bundy)는 하버드대학 법대를 졸업했고, 맥조지 번디는 법학 학위증을 가지고 있지는 않지만 프랑크푸르트 판사로부터 고등법원 서기의 직책을 제공받을 만큼 충분히 법률에 익숙했다(Bierd, 1998 : 100).
** 포드재단의 옛 지도자들 중 한 명에 따르면, 1950년대에 장학금은 "냉전적인 상황에 의해 크게 결정됐다. …… 포드재단의 역할은 발전을 담당한 장관들이 …… 보다 효과적으로 그들의 임무를 달성할 수 있도록 (그들에게 기술적인 지원과 교육 등을 제공하면서) 정부를 지원하는 것이었다. 수많은 장학금이 국가기관에 제공됐다. 또 다른 옛 책임자에 따르면, 이 사람들의 공동체를 교육하고 함께 일하면서('같이 일할 수 있는 인적 자원들을 형성하는') 록펠러재단의 모델을 향한 변화가 점진적으로 이루어졌다".

관계뿐만 아니라 제2차 세계대전 이후 (미국과 그 밖의 곳에서) 나타난 보다 일반적인 사회구조와 태도에도 부응했다. 대외정책 이스태블리시먼트를 엘리트 간의 공모(conspiracy)로 간주하는 비판은 대부분 최근의 현상으로서, 능력주의적이라고 간주된 엘리트("the best and the brightest")의 모순으로 인해 격화된 평등주의적 도전의 흔적이다. 그러나 1940년대에서 60년대 초반까지의 환경에서는 관찰자들이 엘리트 대동맹이라는 생각을 당연한 것으로서 받아들이는 경향이 있었다.

그 어떤 경우에도 미국 국내, 미국과 유럽, 기타 지역들 간의 수렴 지점을 설명하기 위해 음모론을 도입할 필요는 없다. 미국에서 이런 수렴은 엘리트들의 예비학교에서 시작되어 월스트리트나 워싱턴 기관에 이르는 경력의 경로를 통해 주입되고 예일과 하버드대학을 통해 공고해지는 공통된 세계관과 접근 방법의 산물이었다. 이와 동시에 이런 경로는 다양성과 유연성을 어느 정도 보장할 만큼 충분히 개방되어 있었다.[15] 유럽 국가들에서 이와 유사한 과정은 소수에 불과한 국제 엘리트에게 국제관계와 실무에 대한 독점을 보장해줬다. 이 엘리트 내부에서 재생산의 핵심적 동력은 유력 인사들과 그들의 후배(국제적인 견습생으로 시작한 사람들)라는 체계와 관련되어 있었다. 가문 간의 유대관계는 후배들이 일찍부터 국제적인 저명인사들에게 봉사할 수 있게 해주고, 먼 훗날 또 다른 저명인사 세대의 국제자본을 형성하는 데 기여했다.

저명인사 모델의 신성화와 위기

1960년대에는 저명인사들의 냉전 전략 모델이 절정에 도달했을 뿐만 아니라 이 모델 혹은 접근 방법에 대해 심각한 문제가 제기되기 시작했다.

케네디 대통령은 대외관계위원회에 소속되어 있지는 않았지만, 순수한 동부 이스태블리시먼트의 산물로 둘러싸여 있었다. 그는 지적인 정부의 이미지("the best and the brightest")를 가꾸었다. 그는 또한 '현인'들이 추구해온 채찍과 당근을 동시에 사용하는 전략을 채택하기도 했다. '진보를 위한 동맹'은 그때까지 박애주의 재단에게 맡겼던 목표들을 확대하고 공식화했다. 그들은 로스토가 공산주의에 대한 해독제로서 이론화한[16] 근대화 정책에 봉사하는 전문 엘리트들의 동맹을 구축하려고 시도했다. "친구를 만들려는(글자 그대로 친구를 만든다는 의미) 미국의 고상한 노력"[17]이 결실을 맺기를 기다리면서, CIA와 그 피보호자들은 카스트로에 동조한다고 의심되는 모든 좌익운동을 소탕하기 위해 동원됐다.*

케네디 대통령 암살 후에, 이런 이중적인 전략은 근대화 정책이 활력을 잃고 한계에 도달함에 따라서 억압 쪽으로 선회했다. 1960년대 후반은 따라서 이런 헤게모니 전략에 내재한 모순들이 증가하는 시기였다. 베트남에 대한 개입은 자유주의 이스태블리시먼트의 내부에 남아 있던 합의 ── 과거에 대립하기도 하고 상호 보완적이기도 했던 제국주의 전략의 토대가 된 분업에 관한 근본적인 합의 ── 를 파괴함으로써 이런 어려움을 더욱 심화시켰다.**

이 시스템 내부에는 후배들과 그들이 대표한 세대로부터 분출된 명

---

* 1960년대 초 포드재단의 라틴아메리카 사회과학 고문이었던 칼만 실버트(Kalman Silvert)는 한 수필집에서 '진보를 위한 동맹'에 대해 다음과 같이 적었다. "미국은 인적 비용이 맑스주의 혁명의 비용과 절대로 같을 수 없는 근대화 과정에 대한 지원을 통해 민주적이고 발전된 공동체의 멤버로서 자신의 책임을 수용하고 있었다. 이 작업에서 미국의 동맹자가 되기 원한 라틴아메리카 인물들은 부족하지 않았을 것이다. 반대로 미국은 그들의 동료들이 정말로 어떤 사람인지, 그들을 어떻게 인식해야 할 것인지, 그들이 어디에 존재하는지, 그들이 스스로를 구제하기 위해 무엇을 제공해야 하는지 배워야만 했다." (Manger, 1963 : 103)
** 1968년 베트남전쟁을 둘러싼 민주당 내부의 분열은 이런 위기의 중요한 표현이었다.

확한 경쟁이 있었다. 그들은 선배들의 이중적인 게임을 잘 알고 있었고 자신들의 정체성에서 한 부분을 이루고 있는 능력주의 이데올로기의 한계를 인식하고 있었다. 이런 갈등은 특히 아이디어 지형으로 전장을 옮긴 기관들에서 발견됐는데, 그것은 이 기관들이 권력의 장과 학문의 장이 만나는 지점에 자리 잡고 있었기 때문이었다. 이 접합 장소들은 (재구조화 과정에서 목표가 된) 정치적 정당성의 생산에 있어서 매우 중요했다. 사실, 이 메커니즘에 영향을 미친 잇따른 위기들은 예외적인 것이었다. 여기에는 1967년 CIA가 ICJ에게 자금을 지원한 사실을 폭로한 것도 포함되어 있었다. 또한 1965년에서 69년까지 포퓰리스트 정치인 라이트 퍼트넘(Wright Putnam)이 주도한 박애주의 재단에 대한 의회 조사와 비판이 있었다. 이 조사는 재단들의 경제적 특혜와 그들을 둘러싼 비밀주의에 초점을 맞추었다.[18]***

동부 이스태블리시먼트에게 기본적인 정당성을 제공한 학문적 투자 정책은, 또한 사회적 동질성과 그 힘을 제공해준 은밀한 합의에 대해서도 의문을 제기하도록 했다. 아이비리그 대학들이 상대적으로 자율성을 획득하고 충원 정책을 확장하게 됨에 따라서,[19] 지배적인 교조주의와 위계질서를 그다지 수용하려고 하지 않는 신참자들에게 이스태블리시먼트의 문이 열리게 됐다.[20] 이른바 '현인'이라는 앞선 세대와는 달리, 이 신참자들은 일종의 필수적인 과정이었던 그로턴, 로렌스(Laurence), 생 폴(St. Paul), 앤도버(Andover), 엑시터(Exeter) 같은 예비학교들을 거치지 않았다. 그들은 이전 세대 정치관의 뿌리에서 전략적 선택을 부

*** 냉전의 엘리트주의적이고 당파적인 전략과 거리를 두고 있던 앰네스티 같은 기구조차 이런 모순들을 피해갈 수는 없었다. 앰네스티는 1966~67년에 심각한 위기를 경험했는데, 이것은 자신의 설립자들과 단절하게 했다.

여한 사회적 아비투스*를 일찌감치 획득할 수 있게 해줬던 공통된 배경을 가지고 있지 않았다.**

아이비리그 대학에서 월스트리트와 워싱턴 기관으로 가는 이런 경로들이 포화상태가 됨에 따라서 신세대는 새로운 직업 활동 영역에 투자해야 했다. 여러 기회들 중 하나는 평화봉사단(Peace Corps)과 1960년대 초 '진보를 위한 동맹'의 이름으로 전개된 프로그램을 포함하는 발전지원 같은 분야의 팽창과 관련되어 있었다. 또 다른 기회는 린든 존슨(Lyndon Johnson)의 '위대한 사회'(Great Society) 같은 수많은 사회통합 프로젝트들에 연결되어 있었다.[21] 법조계 내에서는 '빈곤에 대한 전쟁'(War on Poverty)이 많은 젊은 이상주의자들을 가난한 사람들을 위한 법률 서비스 프로그램에서 작업하도록 이끌었고, 법률가들은 1963년 '법률 하의 시민권변호사위원회'(Lawyers Committee on Civil Rights under Law)의 이스태블리시먼트와 함께 시민권 운동에 보다 적극적으로 관여하게 됐다. 상호 관련된 이런 프로그램에 봉사함으로써 많은 젊

---

* '아비투스'(habitus)란 부르드외 사회학의 핵심 용어 중 하나로서 사회적 여정을 통해 획득되고 체화(incarnation)된 '성향체계'(system de disposition)로 정의된다. 즉 특정 개인이나 그 개인이 소속된 사회그룹의 선호, 가치관, 판단 등을 가리키는 말이다. 부르드외는 불어에 'habitude'(아비투드 : 관습)라는 말이 있음에도 'habitus'라는 신조어를 만든 이유에 대해 그것의 창조적인 성격을 강조하고 싶었기 때문이라고 밝힌 바 있다(Bourdieu, 1980 : 134).—옮긴이

** 이 새로운 세대의 '실천적 지식인들'은 리처드 바네트(Richard Barnet)과 마커스 래스킨(Marcus Raskin) 같은 사람에게서 발견할 수 있다. 이 두 사람은 변호사였다. "국가안보이사회(National Security Council : NSC) 멤버가 되기 위해 필요한 이스태블리시먼트 자격증을 거의 갖고 있지 않았던"(Bird, 1998 : 187) 래스킨은 1961년에 데이비드 리즈만(David Riesman)의 강력한 요청 덕분에 맥조지 번디에게 고용됐다. 당시 26세였던 래스킨은 새로운 자유주의 아젠다를 촉진하던 여러 의원들을 위해 일했다. 번디의 스탭 내부에서 그는 공공연하게 냉전의 강화를 비판했고, 1962년에 사임한 후 리처드 바네트와 함께 '정책연구소'(Institute for Policy Studies)를 설립했다(219). 이 연구소는 곧 베트남전쟁에 반대하는 신좌파의 주요 지식 센터들 중 하나가 됐다(Smith, 1991 : 159).

은 전문가들은 지배받는 사회그룹들에 보다 공감할 수 있었으며, 헤게모니적 정치 전략의 한계와 모순들을 더욱더 잘 인식할 수 있었다.

그러나 이상주의에 대한 신참자들의 투자는 빈번하게 두 가지 막다른 길에 도달하게 됐다. 이 난관은 그들의 개인적인 경력에 대한 희망과, 제3세계를 근대화하는 것이든 미국 사회에서 도시 빈민굴 거주자들의 사회적 통합을 촉진하는 것이든 그들이 열심히 투자한 정치 프로젝트에서 동시에 발견됐다. 사회적인 진보가 언제나 경제발전과 동시에 일어나는 것은 아니라는 점을 인식한 그들은 종종 자신들이 케네디와 존슨과 함께 작업한 실천적 지식인들에게서 물려받은 테크노크라트적이고 능력주의적인 이데올로기의 바보가 됐다고 느끼곤 했다. 1960년대 이 신세대(상대적으로 새로운 진입자들과 그들의 몇몇 스승)의 반역은 따라서 그들이 느낀 좌절감의 산물이었다.***

박애주의의 전문화와 정치화

미국 헤게모니의 구조가 흔들리던 순간, 권력의 장에서 동부 이스태블리시먼트의 독점이 문제시됐다. 이런 동요는 인권과 박애주의 활동 영역에서 전문화와 자율성을 증가시킨 제도와 조직의 변화로 해석됐다.

전문화는 부분적으로 1960년대에 증가한 재단들을 세밀하게 조사하면서부터 출현했다. 닐센(Waldamar Nielsen)은 1960년대 말 의회의

*** 당시 베트남전쟁에 대한 반대는 캠퍼스의 과격화와 반란의 뿌리로 간주됐다. 1972년에 결성된 삼자위원회[Trilateral Commission : 미국·일본·서유럽의 거물급 정·재계 인사들의 모임]의 전략가들은 1960년대의 위기를 "과도한 민주적 항거와 평등주의를 재확인한 10년의 산물로서 설명했다. 또한 60년대의 상대적인 개방이 문제의 근원으로 간주됐다. 이런 관점에서 과도한 민주주의는 '민주주의의 통치 능력'을 위협하는 것이었다"(Sklar, 1980 : 36).

비판이 이 부문의 혁신을 강요하는 건전한 역할을 수행했다고 주장한다.[22] 이런 도전은 재단들이 공개 논쟁을 통해 자신을 개방하는 전략적 선택을 가져왔고 중요한 개혁 활동을 촉진했다. 특히 비밀스러운 행정 시스템에서 발생한 의혹들이 제기됐고, 그 결과 재단들의 세계는 재조직되고 합리화되어야 했다. 이 과정에서 재단들은 정보센터를 설립하고 재단이사회(Council on Foundation)를 다시 활성화시켰다. 이 이사회의 출판물인 『파운데이션뉴스』(The Foundation News)는 보다 전문적인 서적이 됐다. 이와 유사하게 '전문 직원' 충원의 체계화는 "기능적이고 상호적인 박애주의 공동체의 점진적인 출현"을 가져왔다.[23]

재단들에 대한 면밀한 조사가 증가한 이유 가운데 하나는 몇몇 재단이 1960년대에 보다 운동가적인 자세를 취하게 됐기 때문이다. 포드재단은 사회문제와 인종문제 분야에서 운동의 전문화를 이끌었다. 특히 1966년에 시작된 맥조지 번디의 강력한 개혁주의에 따라[24] 빈곤에 대한 투쟁, 공동체 발전의 촉진, 소수인종의 권리 옹호, 그리고 법률 서비스와 이후의 공익법 서비스를 위한 센터들의 설립에 크게 투자했다.* 이런 활동들은 대학 캠퍼스에서 두드러지게 나타나는 이상주의에 강하게 영향받은 젊은 개혁가들의 노력을 지원하고 재정을 공급하는 기능을 수행했

---

* 포드재단은 1950년대 말 이 운동의 멤버였던 신세대 사회학자에게 의지했다(O'Connor, 1996). 법률 프로그램의 재정에서 재단들의 역할에 대해 포드재단이 설립한 '공익법 이사회'(Council for Public Interest Law)는 1975년 86개의 공익법 프로그램들을 조사했는데, 이 중 70% ── 국립자원보호협의회(National Resources Defense Council : NRDC), 환경보호기금(Environment Defense Fund), '법과 사회정책센터'(Center for Law and Social Policy)를 포함 ── 가 1969년에서 74년 사이에 설립된 것으로 밝혀졌다. 1969~75년 재단들이 이 그룹들에게 제공한 6,100만 달러 가운데 포드재단이 절반을 약간 상회하는 액수를 차지했다(Council for Public Interest Law, 1976 : 85, D-15, D-16). 이 86개의 센터들은 1975년에 589명의 유급 변호사들을 고용했다(82).

다.** 국제적인 부문에서 이 재단의 전략은 외국 대학에 대한 일반적인 지원 프로그램들로부터 좌익 지식인들을 라틴아메리카의 군사정권으로부터 보호해주는 연구센터들의 설립으로 투자를 이동하는 방향 전환까지 포함하고 있었다.*** 이런 전략적인 노선의 수정은 그들을 점차 국가 테러의 희생자들을 보호하기 위해 설립된 인권운동을 적극적으로 지원하도록 이끌었다.****

** 1950년대와 60년대 초반의 포드재단 세대는 "근본적으로 경제학과 경제 전문가들이 주장하는 발전에 관심을 기울이고 있었다"고 옛 책임자 중 한 명이 말했다. 반대로 "수많은 젊은 세대 멤버들은 '평화봉사단' 내부에서의 경험을 가지고 있었고 그들 대부분이 경제 전문가가 아니었다. 어떤 사람들은 과거에 법률교육을 받았고, 또 어떤 사람은 경제학이 아닌 다른 사회과학 교육을 받았다. 게다가 이 젊은 전문가들은 사회정의에 대해 자발적으로 관심을 갖는 경향이 있었다".

*** 이런 변화와 관련된 포드재단의 한 인물은 다음과 같이 증언했다. "(포드재단은 1960년대 중반 이전에 브라질에서) 자연과학과 경제학, 그리고 농학 분야에 관심을 기울였지만 정치학, 정치사회학, 사회인류학 등에 대해서는 그다지 관심이 없었다. …… 포드재단은 발전을 일종의 과학 기술적이고 경제학적인 문제로 간주한 것처럼 보인다. …… 정치, 사회, 인류학적인 개념은 포드재단에 심각하게 결여되어 있었다. 이런 생각은 재단의 내부에서 만장일치로 받아들여지지 않았다. …… 나는 미국 내에서 이 학문분과들의 내부 논쟁 중 몇 가지를 알게 됐다. …… 이 학문들을 그대로 수출할 수는 없었다. …… 나는 아이디어의 다원주의가 중요하다는 점을 점차 이해하게 됐다." 사람들은 포드재단이 단순한 테크노크라트적 접근 방법이나 정치학의 단순한 기능주의적 접근 방법 이상의 것에 관심을 가지고 있다는 것을 깨닫기 시작했다." 연구센터들에 대한 재정 지원은 연구자들이 망명하지 않도록 해줬다. 페르난두 엔히크 카르도주는 이른바 브라질분석계획센터(Centro Brasilerio de Analise e Planejamento : CEBRAP)라고 불리는 '독립된 사회연구센터'의 '충분한 정치공간'을 구축하기 위해 포드재단의 지원을 활용했다.

**** 포드재단의 전직 간부에 따르면, 인권운동에 대한 지원은 "우리가 위기 이전에 경험한 과거로부터의 자연스러운 이행이었다. …… 우리는 우리의 투자들과 과거의 투자들을 보호하고 있었다". 또 "우리는 당시에 재단에 가담했고 그것이 없었더라면 사회과학에서 방향을 상실했을 몇몇 젊은이들을 발견하고 교육할 수 있었다. 그리고 우리가 미래의 인재 풀을 형성하고 있는 중이라는 것을 깨닫고 있었다". 3장에서 칠레의 사례를 통해 보여준 바와 같이, 독립적인 연구센터들에 대한 지원은 유사한 접근 방법을 발전시킨 인권 옹호 기관에 대한 지원으로 변화했다. 또 다른 옛 지도자는 1960년대 중반의 첫번째 수혜자들이 대부분 엘리트 대학 교수들이었다고 주장한다. "우리는 생명에 위협을 받거나 적어도 그들의 존재 수단에 있어서 위협을 받는 사람들이 그들의 고국을 떠나거나 이와 유사한 다른 것을 할 수 있도록 도왔다. 어떤 의미에서 이것은 인권 옹호 운동과 동일시될 수 있거나 이 운동에서 상당히 영향을 받은 활동이었다. 우리는 이런 활동을 브라질에서 확대하기 시작했고, 1973년 이후에는 칠레에서 인권 옹호 그룹들을 직접적으로 지원했다."

'미국의 동지를 만들어내는' 대외정책 이스태블리시먼트의 전략에 포함되어 있던 이 새로운 경향은 포드재단이 1950년대와는 다르게 활동하게 만들었다. 특히 남미에서 포드재단은 1970년대 팍스아메리카나의 또 다른 축이었던 CIA에 대해 반대자, 심지어는 해독제로 보이기 시작했다.* 포드재단을 CIA의 전략으로부터 멀어지게 한 이런 이니셔티브는 역설적으로 이스태블리시먼트의 냉전적 합의의 완벽한 산물인 맥조지 번디의 권위에 의해 옹호됐다.** 그의 사회적·학문적 자본과 정치의 결합이 포드재단을 반공 정권과 동일시된 권위주의 정권에 대한 지원으로부터 이탈할 수 있게 해줬다.

이 시기 기관들 간의 보다 엄격하고 갈등적인 분업은 이런 정책의 운영을 보다 미묘하게 만들었다. 한 사례로 1969년 포드재단 브라질 지부가 카르도주가 있는 연구센터에 자금 지원을 요청했을 때, 브라질의 USAID의 장은 포드재단 한 간부에게 이 재정 지원 요청은 "그의 경력을 위해 바람직하지 않고", "그는 (이 계획을) 포기해야 한다"고 경고했다. 당시 이 계획에 관련된 포드재단 관계자에 따르면, 한 CIA 간부가 재단 간부를 방문해 카르도주가 '좌익' 임을 보여주려고 했다. 그럼에도 포드재단은 카르도주에 대한 지원을 관철시켰다. 포드재단 간부 한 명

---

* 제임스 가드너(James Gardner)의 '법과 발전'에 대한 비판은 포드재단 내부의 변화의 한 부분이었다(Gardner, 1980). 가드너 자신도 지나치게 보수적이라고 간주되는 사업법에 대한 투자를 포기하고 국내뿐만 아니라 해외에서도 법률교육에서 공익법과 인권 등 보다 활발한 전략들을 위해 이동한 이 움직임에 가담했다.

** 당시 포드재단의 한 관찰자에 따르면, 번디와 (경제학자이자 케네디 정권에서 USAID의 이사였던) 데이비드 벨은 "특히 개발도상국에서 대학과 교육기관, 그리고 연구기관 등 핵심 기관들의 설립에 크게 투자했던 모델로부터 지도자들의 양성에 큰 관심을 기울이고 매우 특수한 사회문제들을 중심으로 보다 정확하게 목표를 설정한 투자 정책으로 이행했다. 물론, 이 두 가지 목표는 상호 분리될 수 없었다. 우리가 특수한 문제를 강조했을 때는 사회과학 분야에서건 다른 분야에서건 함께 일할 수 있는 인적 자원을 고려해야만 했다".

이 언급한 바와 같이, 포드재단이 "사회주의를 향한 법률적이고 민주주의적인 이행에 대한 아엔데의 공약을 중요하게 받아들였던" 칠레에서는 "미국 대외정책의 명백한 균열이 있었다. 그리고 이것은 미국 대사관과 포드재단 간에 (이 사건을 축소하기 위한) 긴밀한 협력이 이루어지지 않았음을 의미했다". 칠레에서 쿠데타가 일어난 후, 포드재단이 과거에 맺어진 '신뢰관계'에 기대를 건 것은 당연했다.*** 이런 신뢰관계는 쿠데타에 이어서 (비록 "포드재단 배후의 사람들 중 어떤 사람들은 앰네스티에 대해 그들이 알고 있던 것을 통해 …… 여전히 이 기관이 공산주의 전위 조직이라고 믿고 있었지만") 인권 옹호 그룹들에 대한 재정 지원을 가져왔다.**** 이 점에 있어서 이스태블리시먼트 멤버들은 실용적이고 은밀한 방법으로 내부 갈등을 통제하는 데 성공해왔지만 이제는 더 이상 그렇지 못했다. 왜냐하면 자율성을 요구하는 기관들을 중심으로 한 박애주의 운동의 전문화가 그때까지 정치적 컨센서스(즉 동부 이스태블리시먼트의 권력)의 토대가 됐던 사회적 유착의 네트워크가 약화되는 것과 같은 속도로 발전했기 때문이다. 이 과정의 국제적 의미는 그것이 다른 나라들의 국내 상황에서도 발생했고, 전후 정치사회적 질서의 재구성이 시작됨을 알리는 것이었기 때문에 더욱 확대됐다.*****

*** "하루아침에 우리는 대학의 자유가 침해받는 것에 대해 노심초사해야 했다. 우리가 지원한 작업이 계속될 수 있는 환경에 대해 고민했으며, 곧 우리가 지원한 연구자들의 건강과 안전에 대해 우려했다."
**** 쿠데타 이후에 제기된 문제들 중 하나는 포드재단이 "새 정부의 인플레이션 억제 정책을 지원하는가, 인권 옹호 기관이 되어야 하는가였다. …… 결국 맥조지 번디는 단호하게 두번째 옵션을 선택했다". 동부 이스태블리시먼트 네트워크로부터 배제되어 있던 신세대 시카고 경제학자들이 포드재단의 지원을 받을 만큼 충분히 강력했거나 인정받지는 못했다는 것에 주목하는 것은 흥미롭다.
***** 이 변화는 또한 포드주의 조절모델이 약해진 신호를 보이게 됨에 따라, 번영의 30년 끝에 일어난 경제적인 변화이기도 했다.

국제사면위원회 : 시민적 미덕의 엘리트에서 대중 전문기관으로

냉전 상황이 IADJ와 ICJ라는 두 개의 라이벌 조직의 발전을 자극한 주요 원인이었기 때문에, 다음 세대가 이런 관계와 엘리트주의로부터 거리를 두려고 한 것은 놀라운 일이 아니다. 1961년 영국에서는 국제사면위원회[이하 앰네스티]의 설립자들이 운동원들에게서만 재정을 충당하고, '중립성에 대한 강박적 의지'로 특징지어지는 대중 조직을 건설하려고 했다.* 그들은 개인적인 관계들을 통해 은밀하게 활동하기보다는 매스미디어의 관심을 끌기 위해 자신들의 운동과 활동들에 체계적인 노력을 기울였다.[25)]

특히 런던의 법정 변호사인 피터 베넨슨(Peter Benenson)은 「옵서버」(*Observer*)와 「르몽드」(*Le Monde*)에 첫번째 국제운동을 발표하면서 '세 가지 네트워크'의 개념을 제안했다. 공정성을 강조한 이 개념은 앰네스티 산하 그룹들에게 세 가지 유형의 정치범(공산주의자, 서방의 정치

---

* 옛 책임자 중 한 명은 다음과 같이 이야기했다. "앰네스티는 재단들로부터도 정부로부터도 지원을 받지 않았다. 이 조직의 모든 재정은 보통 사람들로부터 충당됐고 …… 중요한 기부자들로부터의 혜택도 없었다." 이 문제에 대한 앰네스티의 태도에 대해 옛 책임자는 다음과 같이 말했다. "대학 교수들과 변호사들뿐만 아니라 …… 정치계의 가장 자유적인 진영의 사람들, 공화주의자들과 보수주의자들도 있었다. 그들은 매우 개방적이었고 …… 그 어떤 공동체에도 소속될 수 있었으며 서로에게 소개됐다. …… 우리는 단순히 '앰네스티는 그룹을 결성하고 모든 사람들(교수, 가정주부, 지방 언론인 등)에게 환영받는다'고 말하면서 전국 투어를 한 조직자를 보유하고 있었다. …… 우리들은 관심을 가지고 있고 그들이 신문에서 읽은 잔혹성에 대해 반응할 방법을 찾고 있었으며 앰네스티를 통해 정치적인 노선을 취하지 않고서도 반응할 수 있는 방법을 모색하던 사람들을 모았다. …… 그리고 앰네스티의 힘은 …… 우리가 가능한 한 좌파와 우파를 공존하게 만들고 그들을 함께 일하도록 만드는 것이었다. …… 각 그룹은 균형을 맞추기 위해서 좌익 국가와 우익 국가로부터 모은 사례들을 가지고 있었다. 우리는 한때 조안 바에즈(Joan Baez)와 윌리엄 버클리(William Buckley)를 함께 이사회에 참여시켰고 그것을 언론에 과시했다. 조안 바에즈와 윌리엄 버클리가 합의를 이루도록 만든 것은 멋지지 않은가?"

범, 제3세계의 정치범)을 동시에 채택하도록 요구했다. 보다 정치적인 조직들과의 의도적인 경계 설정은 앰네스티가 자신의 목표와 임무를 매우 엄격하게 규정하도록 이끌었다.** 앰네스티는 자유로운 의사 표현 때문에 처벌받은 양심수에 우선순위를 부여했고 폭력을 저질렀거나 고무한 사람들을 배제했다. 앰네스티의 설립자들은 또한 그들의 운동을 위해서 여론을 동원하려고 했고 처음에는 「옵서버」의 편집장이자 베넨슨의 오랜 친구이기도 했던 데이비드 애스터(David Astor)에게 의지할 수 있었다. 이런 초창기의 동맹 위에 설립된 앰네스티는 보다 광범위한 매스미디어와 신뢰관계를 구축하기 위해 분주하게 작업했다.***

이런 혁신은 중요하지만 인권운동의 제1세대와 제2세대 간에 전적으로 단절이 이루어진 것은 아니었다. 한 가지 분명한 차이점은 ICJ의

** 이처럼 엄격한 정책은 앰네스티가 팽창하고 번영하면서 오랫동안 논쟁이 됐다. 한 회원에 따르면 "앰네스티의 임무에 대해 온갖 유형의 논의가 있었다. 왜냐하면 사람들이 앰네스티가 하고 있는 일은 인권 분야의 일이고 만약에 앰네스티가 움직이지 않는다면 …… 그것은 인권침해가 아니라고 말하기 시작했기 때문이다. …… 정부들뿐만 아니라 다양한 그룹 등 모든 사람들이 자신들이 고민하는 이러저러한 문제들에 앰네스티를 개입시키려고 했다. (나는) 변화들 중의 하나는 앰네스티가 무엇이 자신의 임무이고 무엇이 아닌지를 정의하는 데 엄청난 시간을 할애한 것이라고 말하고 싶다. …… 무엇이 앰네스티의 임무인가? …… 이것은 폭력 같은 매우 어려운 문제를 제기했다. 넬슨 만델라(Nelson Mandela)의 체포에 대해 반응하기를 원한 사람들이 많이 있었다. 그러나 그는 폭력선동 혐의로 체포됐다. 앰네스티는 그를 양심수로 간주할 수 있었을까?"(Desmond, 1983도 참고).

*** 앰네스티는 언론인들에게 신뢰를 얻기 위해 많은 노력을 기울여야 했다. 우리가 앞에서 인용한 정보원은 다음과 같이 말했다. "앰네스티는 대체로 언론의 주요한 관심이 아니었지만 우리는 중요한 지위를 획득하려고 노력할 수 있었다. …… 우리는 모든 (언론의) 편집위원회에 보여지기 위해 캠페인을 벌였고 …… 우리의 신뢰도를 증명해야만 했다. 우리는 그들에게 우리의 고유한 목표들을 부여하지 못하고 있었다. 그러나 나는 사실 이 언론인들 …… 특히 선험적인 이데올로기를 가지고 있지 않은 사람들이 우리의 작업 방식 때문에 우리를 신뢰할 수 있다는 확신을 갖게 됐다고 생각한다. 우리는 매우 겸손했고 신중했다. 나는 우리가 자극적인 이야기들 후에 움직이지는 않았다고 말하고 싶다. 그리고 이런 태도가 …… 처음에 우리를 알리는 것을 그리고 언론에서 명성을 이룩하는 것을 더욱 어렵게 만들었다. 일단 이런 명성이 얻어지자 사람들은 …… 마침내 편집인들은 다음과 같이 말할 수 있었다. '좋아, 우리가 이용할 수 있는 것은 앰네스티야. 그들이라면 믿을 수 있어.'"

저명인사들이 법률 규범 지형에서의 전투를 중시한 반면에, 앰네스티의 대중 캠페인과 선전은 보다 구체적인 목표들을 가지고 있었다는 점이다. 그러나 저명인사들은 앰네스티가 '여론 법정'을 동원하기 위해 필요로 했던 중요한 요소들을 가지고 있었다. 특히 그들은 앰네스티가 임무를 전개할 때 다양한 문제들에 대한 미디어의 관심과 신뢰를 좌우했다. 내부의 민주주의에 대한 염려에도 불구하고, 이 대중 조직은 이중적인 구조에 의존했다.* 대중 운동원의 곁에는 임무를 수행하는 동안 잠재적인 미디어 청중들을 증가시키기 위해 그 권위를 빌려준 유명한 이름들이 발견된다. 연속성은 또한 앰네스티와 ICJ 간의 인적 관계에서도 매우 분명하게 나타난다. 앰네스티의 설립자 중 상당수가 ICJ의 영국 본부였던 저스티스(Justice)의 지도자들이었는데, ICJ는 이 새 조직을 공개적으로 지원했다.** 게다가 션 맥브라이드는 후에 앰네스티의 의장이 됐다. 비록 인권의 이름으로 매우 개방된 파트너십을 형성하려 한 창시자들의 노력에 입각해 상당한 혁신이 이루어졌지만, 그것은 근본적인 차이라기보다는 정도의 차이에 불과했다.

1973년 이후 앰네스티는 칠레의 피노체트 정권에 반대하는 저항운동과 다른 권위주의 국가에 반대하는 투쟁을 벌였는데, 이 투자는 이 기구를 정당화하고 회원을 늘리는 데 기여했다. 1960년대에는 900명의 정치범이 한 명의 상근 직원과 다른 한 명의 비상근 직원으로 구성된 앰네스티의 캠페인 대상이었다. 이때 예산은 10,000파운드에 불과했다. 그

---

* '더러운 전쟁' 후 1976년 처음으로 아르헨티나를 방문한 앰네스티가 드리난 신부(Farther Robert Drinan), 에브버리 경(Lord Eric Avebury), 파트리샤 피니(Patricia Feeney) 등으로 구성됐다는 점은 중요하다(Guest, 1990 : 80~86).
** 검사 존스 경(Sir Elwyn Jones), 대법관 가디너 경(Lord Anne Barbeau Gardiner)은 후에 유력한 법률가 경력을 밟은 앰네스티의 설립 멤버였다.

러나 1976년에 이르면 직원이 40명 가량으로 늘어났다. 앰네스티는 1977년 노벨상 수상으로 더 큰 신뢰도를 획득했으며, 이것은 코레이(David Korey)에 따르면 그 해 3월 출판된 아르헨티나 보고서에 크게 기인한 것이었다.[26] 1981년에 앰네스티는 25만 명의 회원과 200만 파운드의 예산을 가지고 수많은 업무를 처리했으며, '세계 최정상에서' 접촉하는 150명의 직원이 4,000명의 정치범을 석방하기 위해 캠페인을 전개했다.[27]***

앰네스티의 남미에 대한 투자는 인권의 장 내부에서 강한 국내적 분업을 낳기 시작했다.**** 특히 레이건 행정부가 대외정책 이스태블리시먼트를 권력 밖으로 몰아내는 데 성공했을 때 발생한 이런 투자의 몇 가지 결과들은 8장에서 검토될 것이다. 앰네스티는 1980년대 후반에 출현해 현재까지 지속되고 있는 법률가들에게 새롭고 보다 기술적인 대외정책 역할을 위한 길을 마련했다.

*** 1976년 이후의 변화에 대해 알고 있는 한 인물은 다음과 같이 말한다. "1976년에 내가 일을 시작했을 때, 사무국에 도합 40여 명의 직원이 있었다. 연구 부서에서 근무하고 있던 사람들 대부분은 '제가 할 일이 있나요?'라고 물으면서 대낮에 문을 두드린 사람들이었다. 1983년이 되면 200명으로 늘어났고 그들은 점점 더 전문화되고 있었다. 우리는 갈수록 많아졌지만 이전보다 훨씬 더 조심해야만 했다."

**** 이런 성장은 특히 새로운 미국 멤버들의 유입으로 가능했다. 1974년에서 76년까지 미국의 직원들은 3,000명에서 5만 명으로 늘어났다(Wiseberg and Scoble, 1977 : 20). 1985년에서 89년까지 가입자는 세 배로 늘어나 40만 명이 됐다. 1991년에 창립 30주년을 맞이한 앰네스티는 백만 명의 멤버(이들 중 절반은 미국 회원들)와 1,100만 파운드의 예산(미국 앰네스티의 예산은 2,300만 달러였다), 그리고 260명의 직원을 보유했다. 이 전문가팀은 인권 분야에서 중요한 국제 전문성의 원천으로 인정된다. 따라서 이 팀은 또한 인권 분야에서 능력을 획득하기 위한 가장 좋은 수단의 하나로 간주되기도 한다. 앰네스티의 각각의 직책에 대해서는 500명 가량의 후보들이 몰려든다(Wade, 1995 : Page, 1992).

5_아웃사이더로서의 '시카고 보이스':
반혁명의 구성과 수출

시카고 경제학파의 성공을 촉진한 권력 전략을 밝히기 위해서 우리는 확장된 경쟁 가운데 몇 가지 에피소드를 선택했다. 이 경쟁 과정은 열세에 놓여 있던 작은 지식인 그룹에게 자신들(그리고 그들의 아이디어)을 국가권력의 장과 경제학의 장에서 중심에 위치할 수 있게 해줬다. 과학적인 엄격성뿐만 아니라 이데올로기적 투쟁과 대중적인 관계이기도 했던 이 전략은 다양한 구성요소들을 포함하고 있었다. 보다 정확히 말해서 인정을 받기 위해 똑같은 전략이 서로 다른 순간에 동원됐고 다양한 영역에서 추구됐다. 예를 들어 밀턴 프리드먼(Milton Friedman)은 학문의 세계에 투자한 후에 공공영역으로 전투를 옮겼고, 보수 세력과 동맹을 결성했으며, 금융 언론과 텔레비전 네트워크가 제공해준 여론 법정으로부터 큰 이득을 취했다.*

순수경제학을 둘러싼 투쟁들은 매스미디어의 법정과 권력의 장에서 일어났다. 서로 다른 이 두 장소는 사실상 매우 밀접하게 연결되어 있

---

* 프리드먼은 매스미디어의 활용에 있어서 기존의 전략을 따르고 있었다. 그는 사실 케인스 (John Maynard Keynes)와 하이에크(Friedrich August von Hayek) 등 자신의 선구자와 새뮤얼슨(Paul Anthony Samuelson) 같은 경쟁자의 사례를 본받았다.

었다. 이런 학문적 논쟁의 매스미디어를 향한 이동은, 학계의 세미나에서 발견되고 종종 격렬하기도 했던 똑같은 논쟁들을 대중적인 공간으로 확장하는 데 기여했을 뿐이었다. 경제이론들의 습득은 (교육 과정에 관한 연구들이 보여주는 바와 같이) 또한 경제학 교육에서 우위를 점하기 위한 경쟁에서의 학습이기도 하다.[1] 순수경제학에 대한 투자는 이렇게 해서 생산자들이 점유하고 있는 지위의 유사성에 의해 격화되곤 하는 경쟁 논리에 상응하게 된다.

　　시카고학파가 새로운 시장 이데올로기의 상징이 된 사실은 이민자들과 이민자 자녀들 간의 격렬한 경쟁 과정과 밀접하게 관련되어 있다. 경제학 모델의 생산자와 콜스위원회(Cowles Commission)라는 경제연구소 소속 계량경제학자 간의 격렬한 대립은 시카고대학을 전후 노벨경제학상 수상자들을 위한 교육 기반으로 만들었다.[**] 경쟁의 영향력은 최고 스타들의 생산에만 한정되지 않았다. 그것은 상대적으로 새로운 이 지식의 장(그리고 그 결과 국가권력의 장)의 재구조화에서 결정적인 역할을 수행하는 데 기여하기도 했다. 그것은 특히 수학이 대학의 서열과 과학적 정당성을 결정하기 위한 원칙을 제공하는 경쟁 과정을 촉진했다. 대학의 서열과 과학적 정당성은 매우 밀접하게 관련되어 있다.

　　수학적 능력은 상대적으로 열세에 있거나 이민 온 학자들의 지적

[**] 당시의 한 관찰자에 따르면, 두 파벌은 "공공연하게 서로를 헐뜯었다. …… 경제학과는 정말로 끝도 없이 악의에 찬 싸움으로 인해 전쟁터와 같았다". 프리드먼과 그의 동료인 새비지(Leonard Savage)는 냉혹하고 그칠 줄 모르는 공격으로 세미나에서 경쟁자들에게 도전하기를 주저하지 않았다. 그들은 공격의 역할을 나누었다—— 한 명은 경제이론의 영역에 개입했고 다른 한 명은 통계 영역에 개입했다. 프리드먼은 수사인 대결의 달인이었기 때문에, 박사과정 학생들은 그의 파괴적이고 탁월한 비판에 '질려버릴' 정도였다. 이 관찰자에 따르면 당시에 소위 '쿠프만의 규칙'(Koopman's Rule)이 마련됐는데, 이 규칙은 세미나 발표가 시작되고 처음 30분 동안 세미나를 중단시키는 것을 예방하려는 것이었다. 이 규칙은 시카고 갱들의 전쟁 같은 분위기에 동부의 세련됨을 어느 정도 이식하려는 시도였다.

자본의 필수적인 부분이었다. 그들은 가문으로부터 주어진 자원이나 사회적 관계에 의존할 수 없었다. 따라서 지적 경쟁에서 그들이 전면에 내세운 것은 바로 수학적인 기술이었다. 학문적인 혁신으로 가는 길의 수학적인 엄격성은 케인스학파에 대한 승리의 범위를 설명할 수 있게 해준다.* 수학에 대한 투자는 새로운 학문의 장에서 정당성을 획득하는 데 매우 유용한 상징적 가치 부여 전략이다.[2]

이 전략은 또한 미국과 다른 나라에서 국가 전문성의 장을 지배했던(따라서 간접적으로 경제적 지식의 장을 지배했던) '법률 저명인사' 의 수사적인 능력을 격하시키려는 노력에 있어서도 유용했다.** 수학의 요청은 이 신세대 이론가들이 경제학의 '에세이스트' 들을 엄격성과 수학적인 정교화가 부족한 사람들로 격하시킬 수 있게 해줬다.***

이런 정치 전략은 소수 혁신 그룹이 그들의 학문적 정당성이라는 면에서 큰 승리를 거둘 수 없었다면 — 이 장의 전체에서 유효하게 되는 새로운 활동 영역을 정복하는 것을 포함해 — 성공할 수 없었을 것이다. 사실 수학적 모델화의 성공은 부분적으로는 경제학의 장을 생산하는 방

---

* 예를 들어 경제학 교육에 나타난 변화를 분석하면서, 바버(William Barber)는 수리경제학이 점차 중요성을 획득한 것이 케인스 이론과 통화주의 간의 경쟁보다 경제학 장(場)의 재구성에서 더 중요한 역할을 수행했다고 주장한다. "시간이 경과함에 따라 수리경제학(그리고 그것이 요구하는 정교한 수학적 방법의 구사)은 대학원의 학습 과정을 변화시키는 데에 케인스주의보다 더욱 놀랍고 지속적인 역할을 수행하게 됐다." (Barber, 1997 : 19) 새뮤얼슨도 똑같은 지적을 한다. "수학은 현대 경제학의 혁명을 일으켰다." (Samuelson, 1995 : 66)

** 발전정책과 냉전 정책에 관여한 경제학자들의 세대가 있었는데, 그들 가운데 몇몇은 전후 법률 저명인사 세대(CIA의 은밀한 작전 프로그램에 관여한 리처드 비셀, MIT대학 교수를 재임했고 후에 케네디 행정부에 참여한 월트 로스토, 그리고 CIA 출신으로 MIT로 옮긴 맥스 밀리컨 등)에 매우 가까웠다. 그들은 동부 이스태블리시먼트의 일부였거나 그들과 동격을 갖춘 사람들이었고 따라서 수학에 투자해 경력을 쌓지 않았다. 그들은 국제적인 국가 지식인으로서 이스태블리시먼트의 냉전 전략에 전적으로 참여했다.

*** "전쟁 전의 경제학자들은 '많은' 혹은 '몇몇' 또는 '어떤' 등과 같은 말을 하고 계산을 회피했다." (Lewis, 1995 : 7)

식에 시장 논리를 도입함과 더불어 이루어졌기 때문에 가능했던 것으로 보인다. 그것은 재능과 동기로 무장한 새로운 생산자들의 충원을 촉진했고, 이 신참자들이 경제학 장(場)의 위계에 자신들의 학문적 엄격성의 기준을 부여할 수 있게 해줬다. 그것은 끝으로 통계경제학이라는 새로운 전문성을 보유한 자들에게 새로운 시장을 열어줬다. 대학의 전문가들과 그들의 학생들은 국가기관에 자문을 제공하고 이 기관들에 가담하기 위해서 그들의 정통 전문성을 활용할 수 있었다.

이와 관련해, 경제학자 교육의 엄청난 증가(특히 아이비리그 대학에서 수학 기법의 승리)와 더불어 케인스주의 독트린의 공식적인 인정이 1960년대에 이루어졌다는 사실은 주목할 만하다.[****] 예를 들어서 새뮤얼슨, 토빈(Jones Tobin), 솔로를 포함한 케인스학파의 주도적인 인물들은 케네디의 '실천적 지식인'과 경제자문위원회의 반열에 오르도록 초청됐을 때, 그들의 과학적인 야심(그리고 그들의 경제학)을 케인스 혁

[****] 경제학자 교육의 증가는 1950년대에 매년 200명에서 1960년대 말에 800명 이상으로 박사학위 취득자의 수가 늘어나는 것에서 명확하게 드러난다(Barber, 1997 : 21). 케네디에 의해 경제자문회 의장으로 임명된 월터 헬러(Walter Heller)는 케인스주의 독트린의 공식적인 인정에 대해 "경제학자들이 실질적으로 참여하기 시작한 것은 1960년대 초의 뉴프론티어(New Frontier)와 위대한 사회(Great Society)의 시작과 더불어서였다"(Malabre, 1994 : 49)고 주장한다. 수학적인 방법은 모든 주요 '학파들'을 대표한 일군의 경제학자들이 연구방법론 학습의 중요성에 동의한 1960년대 후반부터 지배적인 것이 됐다. "연구에 필요한 도구들(수학, 통계, 수리경제, 컴퓨터 프로그래밍 등)을 보다 강조해야 할 필요가 있다." 나아가 박사학위 논문은 "일반적으로 과거와 같이 분량이 많은 논술에서 학위 후보자의 기술적인 정교화를 보여주는 보다 짧은 '에세이'로 변했다"(Barber, 1997 : 23). 한편, 아이비리그 대학에서 수학적 방법의 높아진 위상에 대해 하버드대학이 수학에 매우 적게 투자했음에도 오랫동안 경제학의 장을 지배해왔다는 지적은 흥미롭다. "통계와 경제학에 있어서, 하버드는 시대에 뒤떨어져 있었다. 교수들은 …… 수학적 통계이론에 기반한 방법론을 매우 의심스러워했다."(Tobin, 1995 : 123) 솔로(Robert Solow)는 "하버드대학은 내가 재학하던 시절 통계를 매우 그릇되게 가르쳤다"(Solow, 1995 : 191)고 말한다. 이와 유사하게, "콜스위원회의 영입은 예일대학이 경제학의 선두로 부상하게 된 중요한 요인이었다"(Tobin, 1995 : 126).

명과 신고전주의 방법 간의 종합으로서 정의했다.[*] 모델들의 구성과 지표들을 강조하는 이런 수렴은 새로운 정보 시장과 경제 운영이 요구한 지식의 유형에 정확하게 부합했다. 경제 계획과 평가를 담당한 국가기관들(또는 이런 국가기관들과 완벽한 공생관계 속에서 작동하는 랜드연구소[Rand Insitute]나 브루킹스연구소[Brookings Insitute]와 같은 자문 조직들)은 경제의 미세조정[**]에 상응하는 경제적인 계산을 적용할 수 있고, 나아가 맥나마라(Robert McNamara)와 국방부에 있는 그의 '영악한 아이들'로 상징되는 효율적이고 합리적인 새로운 경영 이데올로기를 적용할 수 있는 전문가들을 충원했다.[***] 이런 계량 능력에 대한 가치 부여는 능력주의 전략의 한 부분이었다. 그것은 사실상 사회적 자본보다는 학문적인 능력을 보유하고 있는, 수학에 뛰어난 젊은 세대에게 경력의 기회를 제공했다.[****] 이런 새로운 형태의 경력 경로 증가는 동부 이스태블리시먼트에 속하지 않은 학생들에게 명문 대학들을 개방한 것과 동시에 일어났다.

이처럼 학문의 영역에서 증가한 기회들은 대외관계위원회 저명인

---

[*] "존 케네디의 뉴프론티어와 함께 대중에게 갑자기 알려졌고 케인스 경제학과 수학, 통계학의 종합을 이룩한 사람들 ─ 특히 새뮤얼슨, 솔로, 모디글리아니(Franco Modigliani) ─ 은 경제학이 덜 현학적인 이론과 보다 평범한 경험적 조사를 필요로 한다는 견해를 가지고 있었다."(Warsh, 1994b)

[**] 미세조정(fine tuning)이란 경제활동의 급격한 변동에 대처하거나 경기안정이나 성장 등 특정한 목표를 위해 정부가 정책 수단을 활용하는 것을 말한다. ─ 옮긴이

[***] 처음 브루킹스연구소에 재정을 지급했을 때, 포드재단 지도부는 "정부활동을 위한 민간부문의 정보 단위"를 설립하려 했다고 한다(Smith, 1991 : 132; Silk and Silk, 1980). 한편, 효과적이고 합리적인 경영에 대해 스미스(James Smith)는 "1971년에 운영 및 예산부가 정책의 기획과 평가에 관여했던 36개 기관의 부분 리스트를 작성했다"(Smith, 1991 : 150)고 한다. 맥나마라와 그의 '영악한 아이들'의 계량적 접근에 대한 강박관념을 보여주기 위해, 스미스는 자신의 동료들을 비판한 랜드연구소 전문가의 말을 인용한다. "(그들은) 오로지 수학 모델로 세상을 설명하려고 했다. …… 여러 해결 방안들은 그것이 계량 불가능하다면 거부됐고, 여러 가지 질문도 측정될 수 없다면 빈번하게 무시되곤 했다."(137~138)

사들이 시행한 온건한 개혁주의 전략의 부수적인 결과였다. 미국 경제학의 헤게모니적 권력은 또한 미국 대학들이 비엔나학파의 엘리트들을 흡수할 수 있게 해준 중유럽의 해체로부터 큰 이득을 본 결과였다.*****
이 이민자들은 수학적 언어를 중시하였고, 이것은 그들의 통합을 촉진했다. 또한 경제학을 향한 이민 지식인들의 유입은 현재에도 계속되고 있다. 수리경제학은 언어적이고 문화적인 능력의 중요성을 최소화해주었으므로 미국에 있는 외국 학생들을 통합하는 데 매력적인 길이 됐다.

이런 동화의 과정은 따라서 (훗날 노벨경제학상이 신성화하는) 북아메리카 경제학의 보편적인 주장에 양분을 제공했다. 경제학은 곧 미국의 학문이 되었다. 동시에 그것은 아메리칸드림의 산물이자 진열장이기도 하다. 아메리칸드림은 경쟁적인 시장(경제학의 장에서의 위계질서를 포함한)을 사회적 위계질서와 연대를 위한 거의 배타적인 토대로서 중시

**** 우리가 제시하는 표본이 범위가 작고 편견이 개입될 수도 있지만, 노벨상 수상자들의 학문적·사회적 배경을 비교해보는 것은 의미가 있을 것이다. 가문의 사회적 지위와 수학에 대한 친밀도에는 일종의 반비례 관계가 있었던 것으로 보인다. 상대적으로 부유한 사회적 배경을 지닌 토빈과 모디글리아니는 법학공부를 계획했었다(모디글리아니는 공부를 시작했다)고 말했다. 그들이 경력에 필요한 수학적 방법을 획득하는 데 관심을 가진 것은 경제학의 장에서 지위를 구축한 후였다. 망명자로서 미국에 도착한 후, 모디글리아니는 역시 망명자였던 마르샥(Jacob Marschak)에게서 다음과 같은 조언을 받았다. "(그는) 내가 어디서든 경제학자로서 자리 잡기 위해서는 수학을 공부해야 한다고 설득했다. 나는 수학 훈련을 받아본 적도 없었고, 사실 수학에 반감도 가지고 있었다."(Modigliani, 1995 : 143; Tobin, 1995 : 115, 121) 반대로 오스트로-헝가리 이민 가문의 아들인 프리드먼은 '기하학을 사랑한' 가난한 학생이었다. 그는 수학에서 경력을 쌓기를 희망한 후, 자신의 교수 중 두 명의 권유에 따라 경제학으로 방향을 바꾸었다(Friedman, 1995 : 83). 이와 유사하게, 역시 이민자이고 대공황으로 타격을 입은 상인의 아들이었던 애로(Kenneth Joseph Arrow)도 통계학이나 보험 통계에 활용되는 응용수학 경력을 기대했다.
***** 미국은 슘페터(Joseph Alois Schumpeter), 하벌러(Gottfried von Haberler), 레온티에프(Wassily Leontief), 쿠프먼스(Tjalling Charles Koopmans), 쿠즈네츠(Simon Smith Kuznets), 마르샥 등의 오스트리아 경제학파를 송두리째 획득했다(Samuelson, 1995 : 115, 121). 이 과정은 루카스(Robert E. Lucas), 모디글리아니, 그릴리치(Zvi Griliches) 등 나치 정권을 피해 망명한 사람들과 30년 후 안드레이 슐라이퍼(Andrei Schleifer) 같은 공산주의로부터의 탈출자들과 더불어 지속됐다.

하는 모델을 확산시키는 훌륭한 도구로 만들어주었다.*

　이와 같은 수학의 성공은 이 새로운 학문의 성장을 촉진하게 했던 격렬한 경쟁과 분리될 수 없는 것이다. 수학은 공동의 언어를 제공했을 뿐만 아니라 경쟁의 무기와 공간을 제공하기도 했다.** 또한 수리경제학과 경쟁적인 시장의 개념은 각 모델의 우수함을 '객관적'으로 측정하고 동시에 그 생산자들의 가치를 결정하는 도구를 제공하기도 했다.*** 이렇게 미디어에게 후원받고, 주요 대학들 간의 끝없는 경쟁으로 지원받으며, 스타 시스템을 꾸준히 노골적으로 발전시킨 학문분과는 거의 없다. 각 대학 경제학과는 시장의 주가가 가장 높은 생산자들을 유치하기 위해 경쟁하는데, 그것은 이런 경쟁의 결과가 대학들의 서열을 결정하기 때문이다.

　이런 경쟁 정신은 경제학 교육의 초기에서부터 길러진다.[3] 박사학위에서부터 존 베이츠 클라크 메달[John Bates Clark Medal : 2년마다 한 번씩 40세 미만의 뛰어난 경제학자에게 수여하는 상]과 노벨상 후보자와 선정자의 리스트에 오르기까지, 경제학자로서의 경력은 일련의 큰 경기의 연속이다. 각 경기자는 지속적으로 수정되는 학문 시장에서 자신들의 서열과 가치를 정확하게 측정할 수 있다.****

---

　* 물론 시카고는 1960년대 이후 남미의 시카고 보이스와 연합한 이런 수출 전략의 선구자였다. 그러나 이 현상은 보다 일반적이다. 바버에 따르면, 현재 미국의 경제학 대학원생 중 절반 이상이 외국 출신이다(Barber, 1997 : 26).
　** 이것은 경제학자들이 자주 인용하는 격언과 일치한다. "어떤 모델을 죽이기 위해서는 모델을 취해야 한다."
　*** 한 신중한 경제학자는 "경제학자들을 그들이 활용하는 수학적인 도구에 의해 시대구분을 하는 것"이 가능하다고 말한다. 수학은 세대간 경쟁이 벌어지는 중요한 장소들 가운데 하나이다. 나이든 경제학자들은 그들이 새로 출현한 경제학자들의 논문을 읽는 데 많은 어려움이 있다는 것을 공공연하게 인정한다.

금융가에게 봉사하는 수학자들

금융시장에 관한 과학의 출현과 그 인정은 상대적으로 열세에 있던 소수 지식 생산자들이 (내부의 분할과 외부와의 동맹이라는 특징을 가진 과정에서) 실천의 공간을 다시 정의하는 데 어떻게 기여했는지 잘 보여준다. 이 혁신자들의 큰 행운은 그들에게 주어진 이중적인 기회로부터 왔다. 컴퓨터의 발달은 당시까지 널리 확산되지 않았던 수학적 전문성의 가치를 높일 수 있게 해줬고, 그들은 이론가들에게 무시됐지만 계량적인 요소들을 풍부하게 담고 있던 주제(금융시장)에 그들의 기술을 적용할 수 있었다.

　게다가 1973~74년의 금융위기와 그 후에 일어난 금융시장의 국제화, 그리고 기관투자가들의 영향 하에서 진행된 금융시장 관리 방식의 재구조화는 새로운 기술의 침투를 허용할 만큼 충분히 실무자들의 세계를 동요시켰다. 실무자들은 실용적인 노하우의 소규모 생산과 재생산 방식에 의문을 가지고 있었기 때문에, 금융시장을 다루기 위한 이 기술에 대해 소극적일 수밖에 없었다.[4] 이 '혁명'의 역사를 다룬 베른슈타인(Peter Bernstein)에 따르면 새로운 아이디어에 대한 경제학 교수들의 경멸은 실무자들의 무관심에 견줄 만했다.[5] 새로운 아이디어가 금융 관리 방식과 순수경제학 주제들의 위계에 도전한 것과 같은 시기에, 계량경제학 분야의 성장은 두 영역 사이의 접근을 가져왔다 ── 이것은 레이

**** 따라서 케인스주의자들과 신고전파 이론의 옹호자들 간에 벌어진 전투가 종종 '소금물' (salt-water) 대학과 '담수' (fresh-water) 대학 간의 전투로 묘사되는 것은 중요하다. 그것은 최종 분석에서 이론적인 친밀도가 (미국에서 또한 사회적 등급 결정의 핵심 척도인) 제도적인 소속보다 덜 중요한 것과 같다.

건 시대의 특징이었으며 1980년대 외채위기 이후 남미 국가의 특징이었던 경제 '금융화'의 핵심이었다. 케인스학파 세대가 그들의 지식을 국가 기관에 봉사하는 데 활용했다면, 새로운 경제학자들은 금융시장에서 컨설턴트가 되거나 심지어 스스로 금융시장의 행위자가 되기를 주저하지 않았다.[6]*

이와 같은 학문적이면서 금전적이기도 한 성공은 놀라운 일이지만, 이들의 초창기는 사실 매우 어려웠다는 점을 기억하는 것이 중요하다. 인정을 받기 전에 이 선구자들은 (심지어 그들을 받아들인 시카고대학에서도) 오랫동안 '변종'(freaks)으로 간주됐다. 콜스가 고용한 젊은 학자들은 전통적인 경제 전문가의 프로필을 가지고 있지 않았다. 그들은 수학자, 물리학자, 엔지니어, 심지어 '컴퓨터 얼간이'(computer nerds)였거나 혹은 반대로 금융 경영에 관심을 가진 MBA 보유자들이었다.** 콜스의 끈기와 금융적·사회적 자본은 이 계획이 전문가 집단 내부에서 신속하게 인정을 받을 수 있게 해줬다.*** 마코위츠의 논문에 대한 프리드먼의 거부는 건전하지 못한 행위를 정당화하기 위해 수학과 컴퓨터를 사용하는 것처럼 보였던 이 소수 연구자들에 대해 널리 퍼져 있던 경멸

---

* 이것은 수리경제학의 초창기와도 유사하다. 콜스(Alfred Cowles)는 그의 아버지가 가문의 주식을 관리하는 것을 도우면서 금융 예측을 위한 통계 기법에 관심을 가지게 됐다. 통계 방법은 처음에는 콜로라도에서 결핵 요양 중이던 이 「시카고트리뷴」(Chicago Tribune) 창시자들의 후예에게는 일종의 지적인 취미였다.
** 마코위츠(Harry M. Markowitz)의 제자 중 한 명이었고 1990년에 그와 공동으로 노벨상을 수상한 샤프(William F. Sharpe)는 물리학에서 금융업으로 이동했고 그 후 스스로를 '컴퓨터 얼간이'로 정의했다(Bernstein, 1992 : 78).
*** 콜스는 부친의 오랜 친구였던 어빙 피셔(Irving Fisher)에게 계량경제학회와 그의 신문에 자금을 대도록 권고했다(Bernstein, 1992 : 32). 그는 유럽에서 가장 유명한 계량경제학자들——예를 들어, 틴베르헨(Jan Tinbergen), 프리슈(Ragnar Anton Kittil Frisch)——을 로키산맥의 여름 세미나에 참석하도록 초청했다. 또한 가문의 인맥은 그가 콜로라도에서 충원한 작은 팀을 시카고대학에 접근할 수 있게 해줬다(Warsh, 1993 : 66).

감을 재확인한 것이었다.****

이와 같은 신랄한 비판은 또한 정치적 대립과 겹쳐지기도 한 영역을 확보하기 위한 전략의 한 부분이기도 했다. 프리드먼이 위스콘신대학에서 거절당하고 1947년에 시카고대학에 도착했을 때,[7] 콜스위원회는 이미 지난 7년 동안 시카고대학에 자리잡고 있었다. 콜스위원회에는 마르샥, 쿠프먼스, 애로, 클라인(Lawrence Robert Klein), 그리고 사이먼(Herbert Alexander Simon) 등과 같은 뛰어난 학생들이 있었다.***** 이들과 프리드먼 사이의 갈등은 그들의 경력이 사회적·직업적 유사성을 가지고 있었기 때문에 더욱 격렬했다. 이들 모두는 경제학에서 상대적으로 소외된 영역에서 경쟁했으며, 학문적인 경쟁은 또한 이데올로기적 차이에 의해 영향을 받기도 했다.****** 이런 갈등은 시카고대학의 명성뿐만 아니라 다양한 학문적 경쟁자들의 명성을 구축한 지적인 용광로의 형성에 기여했다.*******

**** 미래의 노벨상 수상자 마코위츠가 작성한 논문은 그것이 "수학도 경제학도 아니며 심지어 경영도 아니라는 판단에 근거해 프리드먼에게 거부당했다"(Bernstein, 1992 : 60).

***** 너무 일찍 사망한 마르샥을 제외한 이들 모두는 노벨경제학상을 수상하게 된다.

****** 정치적 망명자들이나 (프리드먼처럼) 상대적으로 가난한 이민 가문의 자녀들은(Sobel, 1980 : 148) 언어적이고 학문적인 바벨탑과도 같았던 경제학과에서 다수를 차지하고 있었다. 젊은 연구자들 중 대다수는 물리학이나 (순수통계나 보험계리에 응용된) 수학을 전공했던 사람들이었다. 마르샥은 심지어 법학을 전공한 학생이기도 했다. 응용통계학은 이들에게 일종의 공통언어로 기여했다. 한편, 문제의 학문적인 도전은 당시에 발라(Léon Walras)의 영향을 받은 계량경제학과 프리드먼이 극찬한 수리경제학을 포함했다. 이런 도전을 길러낸 이데올로기적인 차이는 새뮤얼슨의 제자로서 케인스에 대한 논문을 썼고 후에 잠시 공산당에 가입했던 클라인 같은 사람을 통해 분명하게 드러난다. 그러나 다른 연구자들은 콜스와 보다 가까운 입장을 가지고 있었다. 쿠프먼스는 틴베르헨의 계획으로 개종한 노르웨이 물리학자였다. 따라서 콜스 그룹 멤버들 간에는 서로 다른 점이 있었지만, 이 그룹은 여전히 1946년 하이에크가 설립한 몽펠르랭(Mont Pelerin) 멤버였던 나이트(Frank Knight), 프리드먼, 그리고 그의 사위인 아론 디렉터(Aaron Director)가 옹호한 극단적 자유주의에 반대하고 있었다.

******* 프리드먼은 새뮤얼슨의 바로 뒤를 이어 1951년 영예로운 존 베이츠 클라크 메달을 수상했다. 하이에크는 1974년에 노벨상을 수상했고, 프리드먼은 1976년에 수상했다.

이들 간의 갈등은 너무나 격렬했기 때문에 곧 분열이 일어나게 되었다. 또한 명문대학들이 콜스위원회의 성공을 본받기 위해 기울인 노력에 따라 경제학의 장이 확장됨으로써 이런 대립이 심화되기도 했다. 콜스위원회의 높아가는 명성(그리고 예일대학을 졸업한 콜스의 인맥)은 그가 동부의 학문 권력 중심지에 접근할 수 있게 해줬다. 그때까지 경제학의 장에 그다지 투자하지 않았던 예일대학은 (당시 경제학계의 주도적인 기관이었던) 하버드대학·MIT대학과 경쟁하기 위해 1953년 콜스위원회를 받아들였다. 그리고 이 위원회의 새로운 위원장이 된 제임스 토빈은 케네디 재임 기간 전성기를 구가한 지식 엘리트의 완벽한 대표자였다. 그는 자유주의적 지식인이자 뉴딜정책을 강력하게 지지했던 한 은행가 가문 출신의 인물이었다. 그는 하버드대학에서 교육을 받았고, 일찌감치 케인스학파에 소속됐으며, 그후 예일대학 교수를 거쳐 대통령 경제자문이사회에 임명되기 전에 존 베이츠 클라크 메달을 수상했다. 간단히 말해서 그는 노벨경제학상 수상으로 최고의 영예를 누리기까지 왕도를 걸었다.

학계뿐만 아니라 재계에서도 그들의 지식 전파를 확장하면서, 이 영광의 계보는 새로운 사람들의 충원을 통해 지속적으로 축적된 학문적 작업의 명성을 높이는 데 기여했다.[*] 이 젊은 학자들은 그들의 전임자들이 시작한 프로젝트를 더욱 밀고나가기 위해 사용할 수 있는 중요한 학문적 무기들을 보유하고 있었다. 신세대 경제학자들의 대다수는 발달된 수학 기법과 특히 훨씬 더 강력해진 프로그램과 기계에 몰두하면서 컴

---

[*] 그들 중에는 유진 파마(Eugene Fama), 제임스 로리(James Lorie), 로렌스 피셔(Lawrence Fischer) 등이 있었다(Bernstein, 1992 : 126, 129).

퓨터에 대한 열정을 가지고 있었다. 특히 학계와 밀접한 관계를 맺고 있던 실무자들이 지휘한 「인터내셔널인베스터」(*International Investor*)와 「파이낸셜애널리스트저널」(*Financial Analysts Journal*) 같은 전문적인 신문들의 창간과 더불어 이 학자들의 잠재적인 청중들이 증가했다.** 이 간행물들은 기관투자가들의 활동——전통적인 소규모 활동에 의해서는 더 이상 거래량과 이윤상의 필요성을 충족시킬 수 없게 된——에 의해 급속하게 성장하던 시장에 대처하기 위해 그들의 노하우를 합리화하려고 한 소수의 혁신적 실무자들의 저변을 겨냥하고 있었다.[8]*** 수렴적이기도 하고 상호 보완적이기도 했던 이런 변화들은 1960년대 말의 이론 발달에 유리한 상황을 만들었다. 과거 이런 새로운 아이디어를 무시했거나 모르고 있던 실무자들과 학자들은 이제 그것을 채택할 준비가 되어 있었다.

1970년대 동안 실무자들은 대학과 월스트리트 간의 경로를 증가시키고 이 관계를 가속화할 추동력을 제공했다. 웰스파고(Wells Fargo)은행은 학식 있는 실무자들의 작은 팀과 전위적인 경영자들을 한데 모아 그들에게 주식 운영에 현대적인 이론을 적용할 수 있도록 충분한 예산

** 1969년부터 81년까지 「파이낸셜애널리스트저널」의 편집장이었던 트레이너(Jeck Treynor)가 한 예이다. 하버드 비즈니스스쿨의 졸업생이었으며 아서 리틀(Arthur D. Little)의 재정 자문이었던 그는 MIT에서 모디글리아니와 작업하기 위해, 그 뒤에는 리틀의 또 다른 동료 피셔 블랙(Fisher Black)과 작업하기 위해 휴가를 얻었다(Bernstein, 1992 : 184~196).

*** 시장에서 기관투자가들이 점유한 비율은 1950년 15%에서 1980년 40%로, 그리고 현재는 50% 이상으로 증가했다. 같은 시기 동안 시장의 가치는 20배 증가했다. 베른슈타인이 주장하듯이, 엄청난 자본의 흐름은 전문가들의 전통적인 투자관리 방식을 동요시켰다. "파트너들이 1950년대에 나에게 가르쳐줬던 확실하고 진솔한 주식 운영 방법은 해가 지남에 따라 엄청나게 증가한 기관들의 업무 관리에는 맞지 않았다."(Bernstein, 1992 : 10) 그는 아버지로부터 첫 사업 고객과 노하우를 물려받았고 1974년 『포트폴리오매니지먼트』(*Journal of Portfolio Management*)를 창간하여 이런 경영혁명의 전파에 기여했기 때문에, 이 현상에 대해 잘 알고 있었다.

을 제공하여 이니셔티브를 전개했다. 그리고 이론가들을 자문가나 대중적인 선전가로 만들면서,[9] 새로운 기술을 적용하는 데 대한 장려금을 지원했다. 심지어 어떤 대학인들은 학문의 옷을 사업가의 옷으로 갈아입도록 자극을 받기도 했다. 몇몇 경영자들이 자신들의 업무가 "학문으로 변해간다"고 불평한 것은[10] 바로 수많은 이론가들이 월스트리트의 신기루에 굴복하여 기업가가 됐기 때문이다.* 이윤은 도박에 걸려 있는 천문학적인 액수와 같이 증가됐다.** 기회는 1973년 시카고 옵션거래소의 개장과 더불어 증가했고, 그 후 국제화와 세계 금융시장의 재구조화를 경험하면서 더욱 확장됐다.[11]*** 이 학자 출신 기업가들은 1960년대에 전위적인 기업가들(예를 들어, 이 장의 후반부에서 다루게 될 시티은행)에 의해 시작됐고, 보수적인 반혁명의 촉진자들에 의해 가속화된 경제학계와 재계 간의 보다 일반적인 접근을 한층 더 진행시켰다.****

---

* 1984년 MIT대학을 떠나서 골드만삭스(Goldman Sachs)에 영입된 피셔 블랙이 그 예이다. 다만 이런 공생 과정은 그 다음 세대에 더욱 두드러진다. 선구자들이 금융시장을 "풍부한 데이터의 샘이자 지적인 퍼즐"로 생각했다면(Bernstein, 1992 : 12), 그 후의 세대는 학문이 "흥미로워야" 할 뿐만 아니라 "유용해야" 한다고 믿었다(265). 각각 하버드대학과 스탠퍼드대학의 교수였고 1997년에 노벨상을 수상한 로버트 머튼(Robert Merton)과 마이런 숄스(Myron Scholes)는 (후에 파산 직전의 상황에 놓이게 된) 자산운영회사 롱텀캐피탈(Long Term Capital)의 설립자이자 협력자였다. 이런 이중성은 계속 유지됐다. 1992년 노벨상 수상자인 샤프는 다음과 같이 말한다. "경력 내내 나는 한 발은 학문의 세계에, 다른 한 발은 사업의 세계에 두려고 노력했다."(Sharpe, 1995 : 224) 베른슈타인은 심지어 이론의 혁신을 가져온 사람들로 묘사되는 이 후배 세대가 기업가로서의 활동을 보다 중시했다고 주장한다. 드브뢰(Gerard Debreu)의 제자이자 버클리대학 교수였던 로젠버그(Barr Rosenberg)는 자문과 주식 운영을 위한 기업을 설립했다. 바라(BARRA)사는 경영 프로그램을 판매함으로써 상당히 번창했다. 버클리대학의 또 다른 동료, 클랜드(Hayne Leland)와 로젠버그는 로르(LOR)라는 이름의 회사를 설립했는데, 이 회사는 그들이 개념화한 금융 보험 기법을 현실에 적용·확산시켰다(Bernstein, 1992 : 274, 282).
** 웰스파고은행의 신탁 자산은 1970년에 20억 달러, 1980년 140억 달러, 그리고 1990년에는 800억 달러에 도달했다.
*** 시카고 옵션거래소의 개장과 함께 일일 거래량은 1974년의 2만 건에서 1987년에는 70만 건으로 증가했다.

이데올로기적 반혁명을 위한 매스미디어 전략들

시카고 경제학 공동체의 놀라운 지적 생명력은 콜스위원회를 예일대학에게 빼앗긴 후에 큰 어려움을 겪게 됐다. 그러나 이로 인해 프리드먼은 이제 자신의 이념과 학생들을 중심으로 시카고 경제학과를 재조직하기 위한 백지수표를 얻게 됐다. 수리경제학자들의 배제와 연방정부 관료들에 대한 접근의 부족은 시카고 경제학과를 '순수경제학'을 지향하도록 이끌었다──연방준비은행의 통화정책에 대한 프리드먼의 비판은 관료들이 그를 더욱더 수용할 수 없게 만들었다. 이와 같이 권력의 장소들로부터 소외된 입장은 보다 일반적으로 당시에 시카고대학을 지배하던 정신을 통해 확인됐다. 시카고대학 교수들은 자신들을 '그들에 대항하는 우리'라는 식으로 동부의 지배 엘리트들을 간주하는 경향이 있었다. 1960년대에는 이런 소외감을 더욱 강화시켰는데, 그것은 이 시기의 놀라운 경제성장이 아이비리그 대학들의 신뢰도를 높여줬기 때문이었다. 케네디는 가장 유명한 케인스학파의 문하생들, 특히 토빈과 새뮤얼슨 같은 인물들을 자신의 자문팀에 가담시켰다. 그리고 이들은 워싱턴에서 자신들의 가장 뛰어난 제자들을 채용했는데, 이 제자들은 여기에서 자신들의 경제정책 작성 경험을 늘려나갈 수 있었다.

순수경제학의 선구자들은 과학적 재능을 인정받았음에도 이스태블

**** 1959년에 설립된 전미경영경제학자협회(National Association of Business Economists)의 성장은 더디게 진행됐다. 1960년대 초반 250명이었던 회원 수는 1966년 1,000명으로 증가했다. 최고 대기업에는 경제학자들이 드물었고 그다지 중요하지 않은 지위를 차지하고 있었다. 1960년대가 되어서야 월스트리트의 몇몇 주식 중개 회사들이 경제학자들에게 투자하기 시작했고, 경제 분석 부서들은 1970년대까지 잘 알려지지 않았다(Malabre, 1994: 52~53).

리시먼트들에게 배제되었기 때문에, 적대감을 느낀 그들은 보수적인 반혁명* 촉진자들과 자연스럽게 동맹하게 되었다. 이 보수세력은 1970년대에 약진하기 시작했고, 「뉴욕타임스」와 포드재단 같은 이스태블리시먼트 기관들이 "재계에 반대하게" 됐다고 느끼는 수많은 사업가들을 포함하고 있었다.[12] 각각의 그룹은 복지국가에 대한 반감과 특히 학문의 장에 대한 투자를 통해 국가권력의 장을 지배했던 동부 이스태블리시먼트에 대한 노골적인 반감을 공유하고 있었다.** 후버연구소(Hoover Institute), 미국기업연구소(AEI), 헤리티지재단(Heritage Foundation), 카토연구소(Cato Institute) 등에서 수행된 학문적 반격 전략은, 열세에 있던 이 이론가들의 아이디어가 결국 대중적인 인정을 획득할 수 있는 기회들을 제공했다.*** 그러나 [선거에서의 패배로] 그들을 다시 한번 열세에 놓이게 한 이 정치적 동맹은 그들을 이데올로기적 전투에 돌입하도록 이끌었고, 특히 그들의 이론을 미디어를 통해 대중화하는 작업에 몰두하게 만들었다.

새로운 이론인 '공공선택이론'(Public Choice)의 창시자이자 1986년 노벨경제학상 수상자인 시카고학파의 제임스 뷰캐넌(James McGill Buchanan)은 이스태블리시먼트에 반대하는 아웃사이더로서의 입장이 정치적인 선택의 분석에 신고전파 경제이론을 적용하게 된 원인이었다

---

* 케인스주의 혁명에 비교되는 보수주의자들의 약진을 '보수적인 반혁명'이라 부른다.—옮긴이

** 버클리는 이들을 "막대한 문화적·금융적 자원을 마음대로 주무를 수 있는 미국의 지적 금권정치가"라고 불렀다(Smith, 1991:170). 미국기업연구소(American Enterprise Institute : AEI)의 촉진자였던 바루디(William Baroody)는 자신의 전략을 (기본적인 자료들을 공급한) 대학에서부터 (이 자료들을 세련되게 가공해서 활용하고 후에 미디어용으로 판매한) 워싱턴의 정부기관과 연구소에까지 널리 펴져 있던 "수직적으로 통합된 자유주의 아이디어 산업"과 단절하기 위해 일종의 "보수적인 브루킹스연구소"를 설립하는 것으로 정의했다(178).

고 설명했다.**** 그의 목표는 권력의 보유자들이 오로지 그들 자신의 이익이나 그들이 대표하는 사람들의 이익만을 따르고 있다는 것을 보여주는 것이었다. 이 이론은 신자유주의 패러다임의 제국주의를 새로운 목표로 확장시켰을 뿐만 아니라 무엇보다 시장경제를 선호하는 시카고 이론가들의 가정을 정당화하는 데 기여했다. 시장은 정부의 개입이 불가피하게 낳게 되는 '이윤추구'를 피하게 해주는 방법으로 정당화될 수 있었다. 이렇게 해서 "공공선택이론은 학문적인 추상화를 제공하는 것과 더불어 독점, 개입, 그리고 국가 규제에 대항한 전술적인 주장들을 길러내고 강화시키기 위한 도구가 됐다".[15] 반동적인 싱크탱크들은 이 이론을 도구적으로 활용한 주요 행위자였다.

'순수이론'에 대한 관심은 따라서 포퓰리스트적 우파의 반이스태블리시먼트 전략과 완벽하게 동시에 일어났는데, 그 이유 중 하나는 각 측

*** 지적인 반격 전략은 다음과 같이 요약할 수 있다. "아이디어가 기존의 이스태블리시먼트를 전복하고 그들만의 이스태블리시먼트를 형성하기 위한 유일한 무기라는 것을 인식한 보수주의자들은 수많은 연구기관을 설립하고 강화시켰다."(Smith, 1991 : 182) 한편, 밀턴 프리드먼은 배리 골드워터(Barry Morris Goldwater)의 자문위원이 되었고, 그 후에는 리처드 닉슨(Richard M. Nixon)의 자문을 담당했다. 그는 또한 (시카고대학 교수였던) 하벌러와 함께 AEI 이사회에 참여했다(Smith, 1991 : 175). 프리드먼은 또한 스티글러 · 애로와 더불어 후버연구소에 관여했다(그는 1977년에 가담했다). 후버연구소의 새 원장인 캠벨(Glenn Campbell)은 "'무분별한 관용'과 '모든 것을 허용'하는 대학을 지배한 자유주의에 대해 규범적인 대안"을 모색하고 있었다(196~197). 프리드먼은 1956년에 AEI 이사회에 가담했고(Friedman and Friedman, 1998 : 343), 당시 이 연구소의 소장이었던 바루디는 프리드먼을 골드워터에게 소개해줬다(Baroody, 1998: 368). 또한 닉슨 대통령의 자문들이 자신들을 '적대적인 연방 관료들'과 브루킹스와 랜드연구소 같은 '자유주의 싱크탱크 네트워크에 의해 포위된 것'으로 생각했다는 사실은 이런 제도적인 전략을 설명해준다. 그들은 이 싱크탱크들의 전문성을 활용할 수밖에 없었는데, 그 이유는 당시 여기에 견줄 만한 권위를 가진 다른 연구소들이 없었기 때문이었다. 그들은 이런 이스태블리시먼트의 요새들을 일종의 '망명 중에 있는 좌익정부'로 간주했다(Smith, 1991, 196~197).
**** 뷰캐넌은 자서전에서 수차례에 걸쳐 자신이 (스승이었던 프랭크 나이트처럼) 동부 이스태블리시먼트에게 배척된 상대적으로 가난한 '촌뜨기'였다고 언급한다(Buchanan, 1995 : 171~173). 그는 '월스트리트의 금권정치'에 대해 경고하면서 테네시에서 당선된 공화당 주지사의 손자였다(Warsh, 1993 : 94).

이 권력의 장에서 매우 유사한 지위를 점유하고 있었기 때문이었다. 뷰캐넌의 제자 중 한 명은 이런 관계를 다음과 같이 인정했다. "우리 모두는 순수 사상가들에 의해 학문 세계에서 배제됐던 이단자였다. …… 우리는 대신에 정책 서클에서 길을 만들어야 했다. 이것이 그토록 많은 뷰캐넌의 학생들이 레이건 행정부에 포진하게 된 이유였다."[14] 이것은 또한 그들이 헤리티지재단이나 카토연구소 같은 정책 싱크탱크를 주도하게 된 이유이기도 했다.

이런 이데올로기적 반격에서 '아웃사이더'들은 능숙한 마케팅과 미디어 선전을 통해 가까스로 지지를 확보할 수 있었다. 마케팅과 선전은 단순하고 이해하기 쉬우며 전파되기 쉬운 메시지('사운드 바이츠'(sound bites))를 생산하는 것이었다.* 헤리티지재단 관리자에 따르면, 1973년에 설립된 이 재단은 대중적인 소비를 위해 대학의 아이디어를 '마케팅'하고 '포장하는' 일을 담당했다. 재단의 보수적인 정책 기획자들은 미디어에서 이데올로기적인 논쟁을 조직하기 위해 언론을 활용했다.** 미디어를 통한 논쟁들은 그들이 동부 이스태블리시먼트 권위의 중요한 토대였던 학문적인 객관성과 중립성의 이미지에 의문을 제기할 수 있게 해줬다. 게다가 번성하던 언론의 무대는, 학문적인 생산 지형에서 열세에 있었음에도 그들의 적수들과 동등한 지위에 설 수 있게 해줬다.***

미디어를 활용한 전략은 나아가 학문의 세계에서 예기치 않은 결과를 낳게 됐다. 이 전략은 몇몇 지식 생산자들이 "명예를 향해 보다 느리

---

* 헤리티지재단 이사였던 퓰너(Edwin J. Feulner)는 "그가 '서류가방 테스트'(brief-case test : 분석과 제안은 간결해야 한다는 것)라고 부른 방법으로 작성된 많은 보고서들이 회의장으로 가는 리무진에서 읽고 소화할 수 있는 것들이었다고 평가했다"(Smith, 1991 : 201).
** 제임스 토빈은 밀턴 프리드먼과의 전례 없는 공개 논쟁을 언급했다(Tobin, 1995 : 130).

게 진행되는 학문적인 여정을 앞질러 갈 수 있게" 해줬는데, 이것은 그들이 (역시 풍부한 재정을 공급받은) 보수주의적인 네트워크가 제공한 미디어적 가시성의 토대에서 자신을 형성할 수 있었기 때문이다.[15] 이런 전략은 그들의 경쟁자들에게(그리고 대학에 대해서도) 학문적 사상을 전파하는 새로운 시장에서 실격될 수도 있다는 위협 하에 이 새로운 환경에 적응하도록 강요했다. 보수주의 정책 입안자들이 내세운 시장 이데올로기는 이렇게 해서 자기완성적인(self-fulfilling) 예언으로 작동할 수 있게 됐다. 스미스가 강조하였듯,[16] 신자유주의 이론의 촉진자들은 무엇보다 마케팅과 미디어 영향력에 관심을 기울인 이데올로기 판매자로 행위하면서, 시장의 논리가 학계에 침투하도록 만드는 데 기여했다.****

1966년 초 프리드먼은 『뉴스위크』의 여론란과 「월스트리트저널」의 사설란에 에세이를 기고했다.***** 1980년대에 그는 보다 일반적인 대

*** 언론을 통해 이런 보수주의 정책을 옹호한 한 인물은, "영향력에 대한 인식 자체가 영향력이고, 일반 대중에게는 전문성에 대한 요구가 학문에 더 깊이 뿌리를 두고 있는지 아니면 매스미디어를 다루는 기술에 뿌리를 두고 있는지"(Smith, 1991 : 202) 알기 어렵다고 말했다. 한편, 시카고학파가 프리드먼이 회상한 바와 같이 훗날 노벨상을 수상한 열두 명의 미국학자 중 아홉 명이 이 학파에서 배출되었다고 자랑할 수 있었지만, 시카고대학은 오랜 기간 하버드대학의 가난한 사촌으로 머물러 있었다. 1950년대에 모디글리아니가 회고한 바와 같이, "당시 하버드대학은 미국에서 제일가는 경제학과를 보유하고 있었다. 가장 좋은 학교는 하버드대학이었고 한참 아래에 컬럼비아대학과 시카고대학이 있었다". 이런 명성은 다른 한편 인종차별주의와 외국인 혐오증이라는 그릇된 거만함으로 해석됐다. 바로 이 점이 새뮤얼슨과 모디글리아니 같은 탁월한 젊은 학자들이 다른 대학에서 경력을 쌓도록 만들었다(Modigliani, 1995 : 146~147).
**** 이런 '지적인 순결함의 상실'을 비판하기 전에, 이스태블리시먼트의 모든 네트워크를 활용할 수 있는 최고의 사회적 자본을 소유한 지식인들이 자신들의 경력을 위해 국가기관을 통해 우회한 제도적 실천으로 말미암아 이런 미디어 전략으로 대체됐다는 점을 주목할 필요가 있다. 게다가 박애주의와 인권운동에 대해 살펴본 바와 같이, 재단들은 학문의 생산자들을 서로 경쟁하게 만듦으로써 이런 전문성의 시장이 출현하는 데 기여했다.
***** 프리드먼은 특히 새뮤얼슨 같은 비통화주의 경제학자들과 『뉴스위크』의 칼럼니스트 자리를 공유하고 있었다. 새뮤얼슨은 케네디 행정부에서 명망 있는 역할을 수행한 후 1966년부터 81년까지 정기적으로 『뉴스위크』에 기고했다. 또 다른 시카고대학의 스타 게리 베커(Gary Becker)는 『비즈니스위크』에 기고했다. 이와 유사한 많은 사례들이 있다.

중들을 겨냥해 '선택의 자유'(Free To Choose)라는 일련의 텔레비전 시리즈를 시작했다.[17] 이같이 아이디어를 세속화하는 시장에서는 정책들이 과학보다 우선순위를 차지했다.* 그것의 의도는 대중들을 납득시키는 것이었으며 이렇게 해서 과도하게 단순화된 통화주의 이론이 소개될 수 있었다. 「월스트리트저널」의 기자로서 활약했던 말라브르(Alfred L. Malabre)는 이런 기획을 '사기'(deceit)라고 부르기를 주저하지 않았고, 또한 이 과정을 통화주의 정책의 궁극적인 승리에서 중요한 요인으로 간주했다.** '뛰어난 장사꾼들'(super sale people)은 이렇게 해서 그들의 독트린을 경제의 질병을 치료하기 위한 기적의 만병통치약으로 판매하면서 자신들의 정치적이고 직업적인 야심을 충족시키기 위해 이와 같은 허위의 환상을 확산시켰다.

또한 미국의 경제 상황도 이런 정치적 반격에 유리했다. 베트남전쟁에 대한 지출로 인해 악화된 인플레이션과 예산적자로의 회귀는 케인

---

* "프리드먼과 그의 학파는 (잘 알려진 바와 같이) 자신들의 입장을 보다 널리 확산시키고 통화 공급에 관한 보다 명쾌한 언론의 설명을 활용하는 것이 통화주의 독트린을 경제를 좌우하는 중요한 지위에 올려놓게 할 것이라고 확신했다. 통화주의의 가설들은 단순하고 모두가 이해하기 쉽게 작성됐다. …… 이 점이 워싱턴이 그들의 경제적 처방을 받아들일 수 있는 기회를 증가시켰다. 이와 같이 광범위한 인정을 획득하기 위해 그들은 종종 자신들의 아이디어를 과도하게 단순화했다."(Malabre, 1994 : 142)
** 말라브르는 「월스트리트저널」의 기자로 근무했고, 그의 동료 린지 클라크(Lindsey Clark: 프리드먼의 옛 제자)는 이 신문의 편집부장으로서 중요한 역할을 수행했다(Malabre, 1994 : 152). 말라브르는 1991년에 골드만삭스의 경제 연구 책임자인 조르다노(Ugo M. Giordano)가 출판한 논문을 인용하면서 통화주의에 대한 그의 비판을 지지했다(163). "매우 간단하게 소개된 통화주의 이론은 새로운 아이디어에 굶주려 있던 개종자들을 수월하고도 신속하게 확보할 수 있게 해줬다." 20년 동안 케인스주의적 정책을 담당했던 "교조적인 케인스주의자들은 …… 스태그플레이션이라는 어려운 질병을 설명하지도 치료하지도 못했다. …… (통화주의)이론가들은 통화공급이 경제활동의 변화에 미치는 결정적인 역할을 학생, 언론인, 경제실무자, 정치인, 정책결정자들에게 능숙하게 설명했다". 그러나 볼커(Paul Volcker)의 주도 하에 연방준비은행이 결국 통화주의로 전환하고 이론을 실행에 옮겼을 때, 그 결과는 끔찍했다. 이 모델의 예언들은 완전히 빗나갔고, 그로 인해 통화주의 모델의 유용성에 대한 의구심이 증가했다.

스주의적 조절의 한계를 강조할 수 있게 해줬다. 1969년 『타임매거진』 표지에 실린 프리드먼의 초상화(그리고 1970년 『뉴욕타임스 매거진』의 표지)[18]는 (케인스 독트린을 결코 받아들이지 않았던 금융계와의 강력한 동맹***으로 이룩된) 학문의 세속화 전략이 성공했음을 입증했다.[19]

시티은행은 다른 영역뿐만 아니라 금융계에서도 이런 지식의 활용을 촉진하는 역할을 수행했다. 이 은행의 총재였던 월터 리스턴(Walter Wriston)은 프리드먼과 스티글러 같은 저명한 교수들과 기업인들로 구성된 작은 서클에서 두드러진 역할을 수행했으며, 벡텔(Bechtel)사에서 정기적으로 만났다. 벡텔은 1974년 포드(Gerald R. Ford) 대통령이 재무보좌관으로 임명할 때까지 시카고대학 비즈니스스쿨의 교수였던 조지 슐츠(George Schultz)가 지휘하고 있었다. 이 작은 그룹은 "1981년 레이거노믹스를 도입하게 되는 경제 브레인의 중핵"을 형성했다.[20]

언론은 시카고 경제학자들과 시티은행 사이의 이런 동맹의 중심에도 포진하고 있었다. 이 은행이 발행한 경제 전문지는 특히 시카고대학 경제학과와 공생관계를 맺고 있는 약 50명의 경제 언론인 팀과 통화주의를 위한 막대한 자원을 동원했다. 이 은행의 경제부장이자 편집부장으로 근무한 레이프 올센(Leif Olsen)은 과거 「월스트리트저널」에서 근무했는데, 여기에서 그는 클라크(John Bates Clark) 밑에서 견습했다.[21]

혁신을 둘러싼 에피소드와 그 후 래퍼곡선(Laffer curve)의 성공적인 마케팅은 이런 미디어 전략을 통해 지식이 신성화된 사례를 제공해 준다. 1974년에 시카고대학의 젊은 경제학자 아서 래퍼(Arthur Laffer)

*** 특히 세인트루이스에 있는 연방준비지역은행(Federal Reserve Regional Bank)을 중심으로 한 동맹.

가 발명한 래퍼곡선은 미디어 자원이 이론적 정당화에 기여하는 과정에서 명성을 획득했다. 언론의 정당화는 이렇게 해서 지식 경쟁을 위한 게임의 규칙에서 한 부분이 됐다.* 내부의 사정에 관여한 말라브르가 관찰한 바와 같이, "『월스트리트저널』의 사설란이라는 발판이 없었다면, 래퍼의 가설이 워싱턴이나 많은 재계 지도자들 사이에서 그처럼 광범위한 지지를 얻었겠는지 의심스럽다".[22] 통화주의의 대주교들은 래퍼의 가설을 전적으로 지지했는데, 왜냐하면 이 가설이 연방지출 삭감을 정당화해줬기 때문이다.** 이 이야기의 결말은 아이러니하면서도 중요한 사실을 드러낸다. 그를 깊이 숭배한 언론들은 래퍼를 "세금 감축의 덕목을 토대로 삼은 새로운 경제 종교의 높은 성직자"로 칭송했고,[23] 그에게 1982년부터 90년까지의 장기 팽창 사이클을 만들어낸 사람이라는 신뢰를 부여했다. 경제학계의 동료들에게 전적으로 인정받지는 못했던 래퍼는 미디어상의 인기가 제공한 컨설팅 수수료를 누리면서 교주가 됐다.

끝으로 앞에서 언급한 바와 같이, 시카고 경제학은 국제적인 전략의 잠재적인 가치를 무시하지 않았다. 특히 하버거는 1950년대와 60년대 미국 정부와 포드재단의 재정 지원으로 많은 칠레 경제학자들을 길러낸 '칠레 프로젝트'를 지원했다. 발데스(Juan Gabriel Valdés)에 따르면 시카고대학은 미국의 가장 뛰어난 학생들——전형적으로 캠브리지 프로그램들 중의 하나를 선택한——을 확보하지 못하고 있었고, 따라서

---

* 확실하지는 않지만 래퍼의 발명은 1974년 "워싱턴의 한 레스토랑 칵테일 파티"에서 정책 결정자들이 세율을 인하하게 하기 위한 '멋진 선전 장치'로서 고안됐다고 한다. 래퍼의 모델은 "국회의원이 30분 안에 소화한 후 수개월 동안 이야기할 수 있는 그런 것"이었다 (Malabre, 1994 : 183).
** 대처(Margaret Thatcher)의 측근이었던 기업경제 전문가 브루너(José Joaquím Brunner)는 래퍼곡선을 "미디어와 소수 옹호그룹 간의 상호작용으로 출현한 아주 터무니없는 개념"이라고 주장했다 (Malabre, 1994 : 195).

우수한 학생들을 유치하는 국제전략을 세웠다.[24] 시카고대학은 특히 칠레와 칠레 학생들에게 투자했고, 시카고 학파는 피노체트 정부에서 상당한 영향력으로 보상받았다. 게다가 데이비드 와시(David Warsh)가 지적한 바와 같이, 시카고의 처방에 따라 움직인 칠레의 "총체적인 경제변동"은 포르투갈과 스페인 그리고 사실상 미국과 영국에서도 유사한 운동을 촉진하면서 "세계를 놀라게 했다".[25] 칠레 사례는 신자유주의 경제학을 지지한 주장들과 미디어 운동에 의해 "20세기 후반의 첫번째 시장혁명"[26]으로 인식됐다.[27]

열세에 놓인 세계화의 관료들

설립된 지 50년이 지난 후, 브레턴우즈(Bretton Woods) 기관들은 심각한 비판의 대상이 되고 있다. 국제통화기금(IMF)과 세계은행의 전문가들은 국제적인 권위를 누리고 있는 것처럼 보이지만, 그들은 권력의 신참자들에 대해 계속해서 상당히 모호한 태도를 취하고 있는 것처럼 보인다. 워싱턴이라는 공간에서 그들은 역설적인 지위를 점유하고 있다. 그들은 핵심적인 결정들이 내려지는 장소에 가까이 있지만 이런 근접성은 그들이 거의 통제할 수 없는 권력게임에서 그들의 자율성이 부족하다는 점을 강조할 뿐이다.

이와 같은 지배자 내부의 피지배자(dominated-dominant) 상황은 이 기관들이 설립된 이후부터 거의 변하지 않았다. 학문의 장에 대한 그들의 투자에도 불구하고 이 전문가들은 (IMF와 세계은행 전문가들의 실무적인 지식의 가치를 높게 평가하지 않는) 강단 경제학의 주변부에 머물러 있다. 대학의 학문 엘리트들은 그들을 워싱턴 컨센서스 마케팅이라는 수지맞는 사업의 대표자로 간주한다.* 세계은행과 IMF의 동문과 협력자들의 수많은 네트워크는 또한 이 국제 관료들을 둘러싼 중요한 관계자본(relational capital)의 구축에 기여한다.** 그러나 이 국제적인 네트워크는 이 두 기관의 상대적으로 약한 지위를 강화시키기만 할 뿐인데, 그것은 미국의 국내 권력의 장이 중요하게는 두 개의 장소, 즉 월스트리트와 워싱턴 간의 대립으로 구조화되기 때문이다. 이 두 장소들 중 그 어떤 것도 국제 금융기관들의 자율성을 촉진하려고 하지 않았다.

심지어 브레턴우즈 기관들이 설립되기 전에도, 금융가들과 뉴딜정책의 담당자들은 전후 경제질서를 조직하기 위한 기관들에 대해 반대했다.[28] 이런 불일치는 이 기관들을 상대적으로 소외된 역할에 머물게 만들었다. 세계은행과 IMF는 높은 급료와 상대적으로 편안한 근무를 제공함으로써 직원들에게 이런 열세에 대해 보상해줬다. 세계은행은 케네디 대통령에 의해 범세계적인 개혁 프로젝트가 전개되면서 비로소 발전을 촉진하려는 자신의 임무를 실천하기 시작했고, 맥나마라가 세계은행 총재에 취임함과 더불어 보다 야심적인 역할에 초점을 맞추기 시작했다.[29]

---

* 코필드(Catherine Caufield)에 따르면 세계은행은 "컨설팅 사업의 금광"이다(Caufield, 1996 : 188). 매년 세계은행은 8천 명 가량의 컨설턴트와 계약을 체결하고 10억 달러 정도를 지불한다. 훌륭한 자문가는 물론 그를 고용한 사람들의 기대를 충족시켜줄 수 있는 사람이다.
** 포드재단·록펠러재단의 지원으로 1956년 설립된 경제발전연구소(Economic Development Institute)는 매년 3천여 명의 경제발전 전문가들을 훈련시킨다(Pechman, 1989 : 235). 1956년 14명이 참여한 이 연구소는 1980년경에는 천 명 이상이 참여할 정도로 성장했다(Kapur, Lewis, and Webb, 1997 : 218). 계속해서 성장해 세계의 거의 모든 경제권력의 장소에 포진하고 있는 이 연구소 출신의 '마피아'들은 정보와 영향력의 핵심적인 원천을 구성하고 있다. 이 연구소는 또한 세계은행의 중요한 인재풀이기도 하다(218). 세계 각국의 중앙은행과 재무부에 자리 잡은 이 강력한 동문 네트워크를 조사해보는 것도 흥미로울 것이다. 워싱턴에서 이루어지는 접촉은 그들이 중요한 국제 금융 협상에서 중재자로 활동할 수 있게 해준다. 급속한 승진에 기초한 유동적인 직업 시스템은 이런 국제 실무의 영역에서 매우 잘 작동하고 있다.

어려웠던 초창기 이후, IMF는 브레턴우즈의 통화질서를 종식시킨 금융 위기들과 관련해 자신을 혁신하려고 했다. 외채위기와 더불어 IMF는 (고전적으로 '머니 닥터'들이 처방한 것과 똑같은 방법을 적용하면서) 자신을 금융시장의 보호자로 소개할 수 있었다.[30] 그 후 1980년대의 세계은행은 정부의 정책들을 새로운 경제질서에 따라 어떻게 변화시킬 것인가에 초점을 맞추는 기관으로 변모하려고 시도했다.[31]

이런 금융기관들의 연속적인 개종은 미국 내의 정치 상황에서 그들이 얼마나 상대적으로 자율성이 부족했는지를 두드러지게 보여준다. 그리고 모방(mimicry)은 이 기관들의 초창기 갈등을 증가시켰다. 이 기관들은 시장에 기여하고 시장을 촉진하기 위해 설립됐지만, 발전에 대한 장애물을 근절해야 한다고 주장하는 개혁주의적인 뉴딜정책 철학을 부분적이나마 받아들이기도 했다. 갈등은 발전에 대한 공약이 강조됐을 때 매우 분명해졌다. 왜냐하면 이 기관들의 설립에 기여했던 금융기관들에 대해 공격하는 입장으로 몰아갔기 때문이었다. 브레턴우즈 기관들의 험난한 개종은 특히 우파를 비롯하여 여러 가지 비판을 잠재우기에 충분하지 않았다. 자유시장의 열렬한 추종자들이 시장에 대한 국가 관료들의 책임을 불신했기 때문이었다.

이 기관들은 발전할수록 더욱더 그들의 임무에 대해 의문을 제기하는 비판의 대상이 됐다. 세계은행과 IMF의 전문가들을 복잡한 전투의 한복판에 위치시킬 만큼 금융적이고 정치적인 게임의 강도가 높았지만, 이 전문가들은 결과들에 대한 통제를 주장할 수 있는 권력이 부족했다. 그 결과 이 전문가들은 다양한 비판을 쏟아붓는 언론의 거만함과 크게 대조적으로 수세적인 자세를 계속해서 유지했다. 보다 세밀하게 관찰해 보면, 이 '새로운 세계의 지배자들'은 무엇보다 그들의 신분과 특권에 관심을 가진 관료로서 묘사될 수 있다.[*] 세계은행의 내부 사정에 밝은 수많은 논평가들은 이 은행의 경력에서 상호 연대하거나 대립하는 다양한 파벌들과 연고관계가 중요함을 강조하곤 한다. 사실 이 기관들의 일상 업무에서 발견되는 연고주의적 행동 방식은 그들이 지원하는 국제 전문성 시장의 특징이기도 하다. 연고주의는 경제적 합리성의 수입과 수출을 구조화하는 데 계속 중요한 역할을 수행하고 있다. 워싱턴의 전문가들은 제3세계 관료들의 경제적 이윤을 제한하기 위해 제도개혁을 주장하지만 자신들의 상황에 엄격한 구조조정의 처방을 적용하는 것에는 반대한다. 최근 세계은행의 역사는 여러 차례(특히 1987년과 97년)에 걸친 심도 깊은 개편들로 특징지어진다. 그러나 세계은행의 강력한 방어는 이 은행에 이미 존재하고 있는 봉건성을 강화할 따름이었다.[32]

지배자 내부의 피지배자

자신들이 구축한 인맥과 학문자본에도 불구하고, 세계은행과 IMF는 초창기부터 지속된 이데올로기적·정치적 갈등에 여전히 큰 영향을 받고 있다. 이 기관들이 지배적인 경제권력 내부에서 열세에 놓여 있다는 이야기들은 1960년대의 케인스주의적 합의(Keynesian consensus)가 어떻게 해서 1980년대의 워싱턴 컨센서스로 대체됐는가를 보다 쉽게 알 수 있게 해준다. 이 두 합의는 창설 이후부터 브레턴우즈 기관들이 연루되어 구조화된 권력투쟁에서 불안정한 타협을 반영한다.

---

[*] 코필드는 1등칸 비행기표에 대한 비용을 제한하려는 계획에 대해 일반적으로 성토했음을 상기시킨다(Caufield, 1996 : 188).

헬레이너(Eric Helleiner)에 따르면, 초창기에 두 진영은 서로 대립하고 있었다. 한편은 "민간 은행가와 중앙은행가의 금융권력을 점진적으로 대체한 케인스주의적 국가 관료[33]와 산업가 그리고 노동계 지도자의 동맹으로 특징지어진다".[34] 그들은 개입주의적 국가를 선호했고 국제 자본의 운동에 대한 통제를 그들의 국내 정책 운영에 있어서 활동 반경을 넓히기 위해 필수적인 것으로 생각했다.[35]** 다른 한편에는 교환의 통제로 인해 "뉴욕의 국제 금융 중심으로서의 지위가 약화될 것을 우려한" 금융가들이 있었다. 그들에 따르면, "투기적인 흐름을 통제하겠다는 미국의 그 어떤 약속도 1930년대의 수지맞는 사업(유럽으로부터 이탈한 자본을 받아들이는 것)을 없애게 될 것"이었다.[36]

이런 금융가들의 이익과 더불어 정당한 국가 기능에 대한 정의가 전투의 대상이 됐다. 케인스와 화이트(Harry D. White)는 복지국가의 특징인 시장 개입을 유지하기를 원했다. 반대로, "몇몇 은행가들은 이런 '비건전한' 정책들을 추구하는 국가들에게 영향을 미치는 건강한 원칙으로서 투기적인 흐름을 찬양했다".[37] 국내 정치에 기원을 둔 이런 이유들과 함께, 유럽 혹은 미국의 금융 공동체도 국제기구를 불신했다. 그들은 국가기관처럼 행동하는 국제기구보다는 비공식적인 협력 채널을 보다 편하게 느꼈다.

이런 첫번째 대립의 결과는 일종의 모호한 타협으로 나타났다. 국가들은 자본 이동에 대해 통제할 권한을 갖게 됐지만, 반대로 금융 공동체의 대표자들은 새로운 국제질서를 마련하는 임무를 담당한 국제기구

** 모겐소는 이 합의의 목적 가운데 하나는 "구두쇠 같은 대출자들을 국제 금융의 사원에서 몰아내려는 것"이라고 주장했다(Helleiner, 1994 : 4).

들을 통제할 수 있게 됐다. 그러나 이렇게 마련된 타협은 즉시 위기에 직면했다. 냉전의 시작은 대외정책 이스태블리시먼트들이 정책의 우선순위를 조정하게 만들었다. 국가 개입의 강화가 공산주의 위협에 대처하기 위해 필수적인 것으로 간주됐고, 재건과 발전이 금융계의 교조주의에 대해 우선순위를 차지하게 됐다. 이와 동시에, 유럽으로부터 자본 이동이 가속화되면서 통화교환 자유화가 이상주의적인 것이 되었으며, 마셜플랜은 IMF의 유럽 통화 안정에 대한 역할을 줄였다.

이런 정치 상황에서 브레턴우즈 기관들이 자율성을 보장하기 위한 전략을 동원할 여지가 별로 없었다. 그럼에도 두 기관의 경제 전문가들은 매우 다른 여정에서 자율성을 획득하기 위한 노력을 기울인다.

워싱턴 기관들의 찬란한 망명

화이트와 가까웠던 미국 재무부 출신 경제 전문가 베른슈타인은 IMF를 설립하기 위해서, 브레턴우즈 모임을 위한 예비 협상에서 만들어진 작은 전문가 네트워크에 의지했다.[38] 정치세계에도 익숙한 이들 국가경제학자들은 케인스나 화이트처럼 중요한 '정치 동물'(political animals)이었다.[39] 전후의 주요 통화 논쟁과 거리를 두고 있던 그들은 IMF 창설에 헌신했고 학문적인 능력을 통해서 이 기관을 통제했다. IMF의 여러 부서가 모두 연구부의 멤버들에 의해 지휘됐다는 사실이 IMF에 대한 그들의 힘을 보여준다. 게다가 그들은 IMF의 실무이사회와 스탭 간에 순환하는 중요한 역할들을 분리했다. 끝으로 IMF가 이 새로운 국제 금융관계와 관련된 내부 출판 시리즈(『IMF 스태프페이퍼』)를 만든 것도 바로 이런 지식 공동체와 관계를 구축하기 위해서였다.[40]

이런 학문적인 전략에 관한 이야기들은 (비록 이 전략을 수행하는 사람들에 의해 아름답게 장식됐을 수도 있지만) 세계은행 경제 전문가들의 고착된 모습과는 매우 대조적이다. 세계은행 경제 전문가들은 이 은행을 통제한 금융가들이 정의한 규칙에 순응하지 않고서는 성공적인 경력을 쌓을 수 없었다. 이런 피지배적인 지위는 이 경제 전문가들이 세계은행 직원의 약 4분의 1을 구성하고 있었다는 점을 고려하면 놀라운 것이다. 이런 열세는 나아가 연구 부서의 부재뿐만 아니라 이 경제 전문가들이 자신들의 직업적 정체성들을 밝혀야 할 필요성을 느끼고 있다는 점에서도 강조된다. 이런 직업적 정체성의 상실은 세계은행의 학문적 정당성을 구제하기 위해 IMF로부터 온 사람들에게 충격을 안겨줬다.*

훗날 이 두 기관에 대한 주요 논평자 혹은 역사가가 된 IMF 출신자들이 강조한 바와 같이, 금융가들과 뉴딜정책의 관료들은 이런 대조에 대해 일종의 얄타비밀협정을 떠올리게 한다. 맥나마라와 코너블(Barber Conable)을 제외하고, 세계은행 지도자들은 대외정책 이스태블리시먼트와 가까운 금융 공동체 출신이었다.[1] 그들의 주요 기능은 이 기관이 자신들의 수지맞는 시장에 침입하지 않기를 원한 월스트리트를 안심시키는 것이었다. 따라서 세계은행이 활동한 초기 10년 동안의 발전정책은 금융가들의 통제 하에 있는 기술자들에게 맡겨졌다.[2]

이 같은 경제적 지식의 폄하는 조지 우즈(George Woods)가 세계

---

* 어빙 프리드먼(Irving Friedman)은 다음과 같이 회상한다. "사람들은 나에게 세계은행에는 경제 전문가가 단 한 명도 없는데, 그 이유는 (전문 인력의 4분의 1에 해당하는 150명의 경제학 박사 중) 매우 소수만이 경제 전문가로 간주되기를 원했기 때문이었다. 그들은 이 은행에서 경제 전문가가 되는 것은 곧 경력의 종말이라고 말했다."(Friedman, 1995 : 100). 세계은행은 부분적으로 국제연합에서 라울 프레비시가 이끄는 경제 전문가들의 명성이 높아가는 데 대한 반응으로 경제적인 신뢰성을 구축해야 할 필요성을 느꼈다.

은행 총재로 임명된 1960년대까지 지속됐다. 우즈는 경제학자들의 지위를 뒷받침하기 위해 IMF에서 영입한 어빙 프리드먼에게 백지수표를 줬다.[43] 경제학자들에 대한 이런 뒤늦은 인정은 미국 내에서 케인스주의가 승리함과 동시에 일어났다. 이런 '궁정혁명'은 또한 국내 논리와 국제 논리에 대한 반응이기도 했다. 케네디는 발전의 10년 운동을 전개하는 중이었고, 우즈는 드디어 세계은행에게 중요한 지위를 부여하려고 했다. 불행하게도 당시에 마련되어 있던 금융적인 기준에 따르면, 세계의 가난한 국가들 중 대다수가 이미 그들에게 양허될 수 있는 부채의 상한선에 도달한 상태였다. 이에 따라 프리드먼과 세계은행 연구국의 경제 전문가들은 국민경제성장에 대한 투자의 기대효과를 고려해 허용할 수 있는 부채의 상한선을 상향 조정하는 새로운 도구(Economic rate of return : ERR)를 발명하는 작업을 담당했다.[44]

발전의 선교사에서 머니 닥터로

발전 과정에서 나타나는 두 기관의 차이는 1970년대 초반 브레턴우즈 통화체제의 종식과 더불어 커졌다가, 외채위기에 직면한 '신흥' 경제의 통화문제에 대한 처방으로 '구조적인 접근'을 제시하면서 수렴되기 시작했다.[45] 특히 1960년대에 유로달러(Eurodollars)의 역외시장이 출현하면서 시티콥(Citycorp)이 주도하는 은행들이 (금융 당국과의 유착과 심지어는 지지를 통해) 국가에 구속되지 않을 수 있었다. 잉글랜드은행(Bank of England)은 노동당 정부의 억제에도 불구하고 런던이 금융센터로서의 지위를 재구축할 수 있는 가능성을 발견했다. 그리고 미국 재계(그리고 미국 연방 당국)는 유럽 시장을 미국의 지불 불균형 상황에서 비롯된 몇 가지 문제를 해결하기 위한 수단으로 간주했다.

초기의 브레턴우즈 협정을 가로막았던 갈등도 그 중요성을 다소 상실했다. 대신에, 새로운 상황은 통화불안과 금융위기가 증가함에 따라 새로운 형태의 갈등을 만들어냈다. IMF는 (적어도 어느 정도는) 이런 불안정으로부터 이득을 보았다. 투기자본 운동의 증가를 보다 잘 통제할 수 있도록 이 기관의 개입 수단이 강화됐다. 그러나 이와 동시에, 시장에서는 국제 금융규제를 위한 경쟁이 증가했다. 중앙은행장들은 발클럽(Club of Bale)의 정기모임 전통을 부활시켰다.[46] 그들은 또한 (파리클럽이나 런던클럽을 통해) 표면에 드러난 어려운 문제들을 은밀하고 실용적으로 처리하기 위해 보조적인 규제 역할을 담당했다.

오일달러의 유입은 브레턴우즈 금융기관들을 소외시키면서 이 과정을 가속화시켰다. 고트프리트 하벌러, 조지 슐츠, 밀턴 프리드먼, 폴 볼커 등 신자유주의 경제학자들의 자문을 얻은 닉슨(Richard Nixon) 대통령은 몇 가지 잠재적인 규제를 제거했는데, 그것은 미국이 미국 행위자들이 지배하는 민간시장으로부터 이득을 얻었기 때문이었다. 한 연방정부 보고서는 "OPEC 기금이 민간시장을 통해 재순환된다면 미국 금융시장의 크기와 깊이가 아랍 투자의 가장 큰 몫을 획득할 수 있도록 보장하기 때문에 미국은 이득을 얻게 될 것"이라는 점을 강조했다.[47] 헬레이너는 이 상황에서 브레턴우즈에 의해 촉진된 국가 규율의 틀을 대체하는 시장 권력이 출현했다는 사실에 주목한다.

끔찍한 예언들과는 반대로 국제 통화 시스템은 각각의 새로운 변화와 더불어 진화한 내부 규범과 규제 덕분에, 자신을 위협한 위기들로부터 생존할 수 있음을 입증했다. 게다가 국제 은행 공동체(파리클럽, 발클럽, 런던클럽)가 은밀하고 실용적으로 통제하는 '세계' 시장의 구축과 탈규제를 향한 연쇄 반응의 길에 장애가 될 만한 것은 아무것도 없었다. 브레턴우즈 기관들은 이런 해결책에 (특정 기관에 따른 개종 속도로) 연합하는 것 외에 선택의 여지가 없었다.

IMF는 창시자들의 학문적인 투자 덕분에 이런 변화들의 전위에 서기를 주장할 수 있었다. IMF는 지불균형과 통화정책 문제에 대해 상당한 데이터와 지식을 축적했다. 또한 각국 중앙은행 및 재무부와 접촉하기 위한 네트워크들을 발전시켰다. IMF의 경제 전문가들은 선구자들의 고립과 자존심을 고려하여 일찍이 학계와의 관계를 증가시킨 상태였다. 새로운 경향에 대한 IMF의 접근은 신참자들이 시티은행의 콘스탄초(Gesualdo Constanzo)와 프리드먼 같은 사람들처럼 자신의 전문성을 현금화하기로 결심했거나 현역에서 은퇴한 선구자들을 대체함에 따라서 가속화됐다. 신참자들은 그들을 고용한 미국 학계의 이미지를 갖추고 있었다. 그들은 수학적이고 통계적인 능력과 고전파 경제학의 접근 방법으로 사회적 자본(social capital)의 부족을 만회했다. 변화의 충격들은 1980년대 통화위기와 함께 일어난 IMF의 르네상스에서 강하게 느껴졌다.[48] 조직 외부의 경제학 연구를 둘러싼 경쟁의 증가와 맞물린 IMF의 작업량 증가도 IMF를 대학의 경제학자들에게 보다 더 개방하도록 이끌었고 그들 중 많은 사람들이 워싱턴과 IMF에서 시간을 보내게 됐다. 대학 교수들은 또한 『IMF스태프페이퍼』에 실린 논문의 4분의 1 가량을 기고했고, IMF의 직원들은 외부 학술지에 자신들이 쓴 논문의 4분의 3을 기고했다. 이렇게 해서 IMF는 대학의 경제학과에 대한 자신의 특수성 일부를 상실했다. 경제학의 개척자들이 다소 유감스럽게 생각한[49] 이런 변화는 IMF가 워싱턴 컨센서스라는 새로운 경제정책을 향해 재빨리 이동할 수 있게 해줬다.

반대로, 세계은행은 1970년대를 통해 자신의 특수성을 강조했다. 맥나마라의 개성과 정치적 자본은 케네디 행정부에서 처음으로 추진한 개혁적 발전 전략——비록 이 전략은 갈수록 워싱턴과 대학들에게 비판받게 됐지만——을 추종할 수 있게 해줬다. 당시 세계은행에 근무한 한 경제학자가 언급한 바와 같이, 맥나마라는 특히 '대외정책 엘리트' 와의 접촉에 의지한 '외부 인사 영입' 이라는 운영 방식을 추구했다.

맥나마라의 '빈곤에 대항한 성전' 은 선교사적인 노력과 통계에 대한 열정이 혼합된 이른바 "다리가 달린 IBM 기계"[50]*의 활동이었다. 1960년대의 세계은행은 '공공기관을 통한 발전' 에 초점을 맞춘 금융 자문가들과 엔지니어들에게 지배됐다. 그들은 투입-산출에 입각한 발전 모델과 계획에 집중했다. 맥나마라의 지휘 하에 세계은행의 연간 차관 총액은 10억 달러에서 120억 달러로 증가했고, 직원 수는 세배로 늘어났으며, 매우 선별적인 충원 방식('젊은 전문가들')이 마련됐다. 세계은행의 놀라운 성장은 그러나 모순을 동반했다. '성장 속의 분배' 라는 새로운 요구에 부응하기 위해서[51] 세계은행은 사회적인 비용과 환경 비용에 그다지 관심을 기울이지 않으면서 광범위한 신용 활동에 몰두했다. 게다가 투자의 증가가 곧바로 '경제적인 도약' 으로 이어질 것이라는 테크노크라트들의 믿음은 (만기에 도달한 차관을 지불하기 위한 새로운 차관 때문에) 계속해서 높아지는 부채의 상한선을 정당화하는 데 기여했다. 이상주의와 테크노크라트적 합리성은 '성장이 부채를 해결할 것' 이라는 낙관적인 생각을 뒷받침하는 데 힘을 모았다.

---

* "다리가 달린 IBM 기계"(IBM machine with legs)란 배리 골드워터가 맥나마라에게 붙여준 별명이다.

이 과정은 주요 민간 은행들이 오일달러를 재순환시키기 위해 이런 차관의 열풍에 가담함으로써 더욱 확대되고 가속화됐다. 월스트리트는 케네디가 시작했고 맥나마라가 합리화한 발전이라는 종교적 기치를 올렸다. 월스트리트는 (전문적이고 금융적인) 시장의 문제로 만들면서 자신의 논리를 관철했다. 시티은행은 이 새로운 시장의 창출을 위해 IMF의 베테랑이자 '국가위기분석'(country risk analysis) 방법의 발명자이기도한 프리드먼을 이용했고, 세계은행의 경제 전문가들은 여러 가지 분석을 수행하기 위해 통계들을 축적했다. 새로운 경제발전의 시장에 대한 금융 공동체의 몰두와 더불어 고전적인 붐과 폭발을 위한 모든 요소들이 갖추어지게 됐다. 이런 방식의 문제점에 대한 자각은 계속해서 신용을 제공했던 금융계의 붐이 사라지면서 더욱 충격적으로 찾아왔다. '경제기적'의 10년이 지나간 후, 남미는 엄청난 경제적·사회적 충격의 시기로 접어들었다.

이런 손실은 비록 상징적이었을 뿐이지만 세계은행에게는 매우 심각한 것이었다. 손실을 계기로 세계은행은 발전 이데올로기에서 구조조정으로 급속하게 전환했다. 세계은행에 대한 비판자들은 남미 국가들의 파산 직전 상태에서 발전정책이 실패했다는 뚜렷한 증거들을 발견했고, 세계은행의 고유한 역할이 문제로 지적됐다. 세계은행은 1970년대에 맥나마라의 임기 동안 발전촉진정책을 추구했지만, (보수적인 반혁명의 추종자들을 따라서 세계은행의 역할에 도전한 사람들,[52] 발전 지원을 미국의 헤게모니적 술수라고 비판한 사람들,[53] 그리고 세계은행이 환경문제를 소홀히 다루었다고 비판한 사람들[54]로 분할됐던) 학계는 점차 공격의 수위를 높였다. 레이건 대통령은 아메리카은행(Bank of America) 총재인 클라우센(A. W. Tom Clausen)을 세계은행 총재로 임명했으며, 클라우센은

수석경제연구원 홀리스 체너리(Hollis Chenery)를 경질하고 공공선택
이론의 학문적 옹호자였던 앤 크루거(Anne Krueger)를 임명했는데, 이
런 과정은 세계은행의 수학적 모델화와 신자유주의적 교의를 향한 경제
학적 개종을 공식화한 것이다.[55]*

　　외채위기의 처리는 이런 개종의 과정을 가속화시켰다. 1987년 세계
은행의 개편에 따라 매우 교조적인 신세대 거시경제학자들(약 800명)[56]
이 세계은행에 영입됐다. 이와 같은 조직 개편으로 우선순위의 변화가
확인됐다.** 대형 프로젝트에 대한 재정 공급 정책은 과도한 외채문제뿐
만 아니라 이 계획들의 사회적·환경적 비용에 대한 NGO들의 시끄러운
비판으로 인해 막다른 길에 봉착했다. 그럼에도 세계은행은 과도한 외
채를 짊어진 국가들이 민간부채 가운데 일부를 세계은행의 장기차관으
로 전환하도록 유도하는 데 필요한 신용 제공을 중지할 수 없었다. 구조
조정 차관의 괄목할 만한 증가는 세계은행이 이런 모순으로부터 탈출할
수 있게 해줬을 뿐만 아니라 세계은행을 월스트리트에 반드시 필요한
존재로 만들어주었다.[57] 막대한 액수와 빨리 가동할 수 있다는 이중의

---

* 1970년에 세계은행 수석경제연구원이 된 체너리는 특히 빈곤문제에 관심을 가진 발전주의
자로 간주된다. 엔지니어 교육을 받은 후 1950년 하버드대학 경제학 박사학위를 받은 그는
세계은행에 들어오기 전에 USAID에서 경력을 쌓기 시작했다. 그는 "세계은행의 소수 경제
학자 그룹을 세계에서 가장 주도적인 경제발전연구센터"로 변화시켰다(Bruno, 1995). 이와
대조적으로 미네소타대학 출신 경제학자 앤 크루거는 이윤추구의 문제가 해외 원조 정책을
실패로 이끈다고 강조하여 명성을 날린 자유무역 예찬론자였다. 그녀가 제안한 해결책은
공기업 민영화와 정부 규제 구조의 심도 깊은 조정이었다(Krueger et al., 1989: 26~27).
** (구조조정 결과) "홀로코스트[해고]로부터의 생존자" 가운데 한 명에 따르면, 세계은행은
"특히 발전경제학자들을 겨냥한 학살" 차원에서 이 은행의 "서열의 한 층위를 제거하는" 것
으로 만족했다. 주요 희생자는 금융분석가, 거시경제학자, 그리고 엔지니어들이었다. 이 작
전의 지휘를 담당한 부총재 어니스트 스턴(Ernest Stern)은 국내 정책에 대한 고려가 "보다
높은 수준에서" 논의되기를 원했다. "특수한 프로젝트의 틀에서 사고하기보다는 국내의 균
형 분석으로 전문화된 거시경제학자들이 주도하는 구조조정의 문제를 중시하는 변화가 일
어났다." 스턴은 세계은행 내부의 "경쟁을 과격하게 없애버렸다."

장점을 가진 이 차관들은 IMF의 개입을 대체했다. 이 차관을 제공받은 나라들은 IMF의 유사한 정책과 구조조정(윌리엄슨[John Williamson]이 '워싱턴 컨센서스'라고 부른 조정들)을 수행해야 했다. 이 컨센서스는 현지의 파트너들이 이 기구들을 거쳐간 사람들(네트워크의 한 부분)이었기 때문에 상대적으로 쉽게 수출됐다. 그들은 정보 제공자로서의 역할과 자문가로서의 역할을 수행할 수 있었다. 그들은 또한 IMF를 모국의 정치 무대에서 자신들의 권력투쟁을 위해 수행한 인기 없는 전략의 책임자로 만들었다.[58]

그리고 워싱턴의 전문가들은 이 새로운 국제적인 분업이 그때까지 권력의 장에서 열세에 있던 사람들의 가치를 높였다는 점을 고려했다. 그들이 촉진한 새 정책들은 학문 장(場)의 지배이론에 순응하는 것이었다. 수리경제학의 제국주의는 (이제 명백하게 신고전학파 내부의 이론으로 자리 잡은) 성장이론을 적용하기 위한 분야로 축소된 새로운 발전이론에서 명확하게 나타났다. 워싱턴 기관들의 연구 예산은 이렇게 해서 학문적 합의의 생산과 미국학계의 우월성을 반영한 국제 전문성 시장의 재정 공급에 관여했다.[59]

워싱턴 컨센서스를 향한 전환은 IMF와 세계은행이 월스트리트에 대해 새로운 지위를 획득할 수 있게 해줬다. 월스트리트의 이익을 고려하여 외채위기 관리를 지원함으로써, IMF와 세계은행은 브레턴우즈 이후 중요한 핸디캡이 됐던 금융계의 적대감을 다소 극복할 수 있었다. IMF와 세계은행은 점차 수세에 몰리는 중이었고 게다가 오일달러 유입 이후에 그들의 임무는 명백히 중복되는 것처럼 보였다. 민간 은행에서 풍부하게 제공된 제3세계에 대한 차관은 공공 자원에 대한 수요를 줄여주었다. 신자유주의 이데올로기의 점진적인 성공도 여전히 국가의 개입과 동일시된 브레턴우즈 기관에 대한 적대감을 강화시켰다.

역설적으로, 미국 정치인들과 금융가들은 (특히 다른 시각을 가진 유럽의 동맹국들에게) 여전히 채무자들에 대한 비용을 증가시킴으로써 외채위기를 해결하는 전략을 강요하기 위해 인기가 없었던 세계은행과 IMF의 공적자금을 활용했다. 시티은행을 포함한 미국의 주요 은행들에게는 시간을 버는 것이 중요했다. 그들은 장부에서 차관을 변제하기 위해 지불 가능성의 위협을 감수해야 했다. 또한 어떻게 해서든 외채위기가 일시적인 유동성 문제로 발생하는 그다지 중요하지 않은 사건일 따름이라고 가장해야만 했다. 법조계는 (허구적으로) 지불되어야 할 액수를 상환하고 새로운 지불 스케줄을 작성하기 위해, 채권단의 모든 멤버들이 새로운 차관에 집단적으로 동의할 것을 요구했다. 위험 부담이 따르고 비싼 대가를 치러야 하는 이 전략에 대해서는 많은 반대가 있었고, 그것의 명백한 수혜자는 오로지 (특히 이 방안에 사활을 건 시티은행을 비롯한) 은행들뿐이었다. 볼커의 지원을 얻은 리스턴은 이 작전에 참여한 수백 개의 유럽 및 아시아 은행들에게 이런 원칙을 강요하기 위해 워싱턴 기관들의 상징적 권위(무엇보다 이 기관들이 각국 재무부 장관과 중앙은행장과 맺고 있는 영향력 네트워크)를 동원했다. 월스트리트의 행위자들은 또한 연방준비은행이나 국무성을 통해 공식적으로 개입해야 하는 것을 피할 수 있었다.[60]

이런 금융구제 작전은 IMF와 세계은행이 신자유주의 이데올로기와 모든 면에서 일치하는 구조개혁(금융거래의 자유화, 민영화, 국가개혁 등)을 채택하도록 주장할 수 있게 해줬다. IMF와 세계은행의 이미지는 새로 부상하는 국가들의 시장개방에 몰두한 워싱턴과 월스트리트에서 상당히 개선됐다. 남미 외채위기의 운영은 민간 협상의 유연성과 국가기관들의 은밀한 개입, 그리고 중재자로서 IMF의 역할(IMF는 오랫동안 이 역할을 탐냈다)이 결합된 비공식적이고 보조적인 메커니즘에 의한 국제 금융 조절 수단의 재구성을 확인했다. 그러나 이런 중재자 역할은 특히 금융적·정치적 자원들이 중재자를 오케스트라의 강력한 지휘자보다는 그들의 대변자, 심지어 일종의 마름에 지나지 않는 것으로 만들 경우 위기에 직면하지 않을 수 없다. 심각한 위기가 일어날 경우, 중재자로서의 두드러진 역할은 또한 그들을 편리한 희생양으로 만들 수도 있다.

금융 세계화의 후배들

워싱턴 컨센서스를 낳은 사회적 과정에 대한 우리의 분석은 그것을 완성하고 풍부하게 한 다른 지형에 대해서도 수행될 수 있다. 이런 보완적인 발전 가운데 하나는 시티은행의 국제화로서, 이 은행의 지도자들은 1970년대 금융시장의 붐으로부터 1980년대의 외채위기로, 나아가 '구조조정' 프로그램이라는 헤게모니적 소명을 띤 새로운 무기의 발명에 이르는 일련의 극적인 사건들에 대한 주요 비판자였다. 시티은행의 국제적인 팽창은 공격적인 기업 활동, 기술 혁신에 대한 취향, 좋은 매너보다는 학문적인 능력을 통해 인정받은 젊은 세대의 충원을 통해 일어났다. 이런 선택은 전통적인 은행 업무와 완벽하게 단절하는 것이었다. 당시, 은행들은 와스프(WASP)의 근거지였는데, 여기에서는 가문의 추천과 골프 실력이 학위증이나 어려운 업무를 수행하는 능력보다 더 중요한 것으로 간주됐다.[61] 츠바이크(Phillip Zweig)가 밝힌 바와 같이, 시티은행의 전통은 록펠러 가문의 '가난한 사촌'이라는 이 은행의 지위에서 유래한 것이었다. 시티은행의 보다 능력주의적인 충원과 해외 팽창 전락은 20세기 초에 시작됐다. 시어도어 루스벨트(Theodore Roosevelt)와 가까웠던 금융 언론인 프랭크 밴더립(Frank Vanderlip)은 남미에서 처음으로 사업을 시작했고, 와스프 엘리트 전통과 단절하기 시작했다.[62] 이런 대담한 전략은 재정적인 대성공을 가져다줬다. 소득의 40% 가량을 생산하는 100개의 외국지사 덕분에 시티은행은 1930년대의 금융위기 동안 자신의 몫을 유지할 수 있었다. 그러나 이 은행이 진정한 세계 제1의 금융기관이 된 것은 바로 월터 리스턴이 지휘할 때였다. 시티은행은 유로달러 시장을 선구적으로 개척한 후, 1970년대 제3세계에서 오일달러 환류의 리더가 됐다. 이 점이 1980년대의 외채위기 동안 이 은행이 리더십을 행사할 수 있게 해줬다.

그의 선임자이자 스승이기도 했던 조지 무어(George Moore)처럼, 리스턴은 사회적 자본보다는 학문적 자본을 더 많이 보유한 가문 출신이었다.* 상대적으로 평범한 배경에 걸맞게, 리스턴은 지능지수를 숭배하고 '두뇌의 자본화'를 선호했다.[63] 이런 경향은 그가 자신의 경력을 쌓기로 선택한 해외사업부에서 더욱 분명하게 나타났다. 국제 교역을 증가시키는 것에 도박을 건 그는 해외사업부를 시티은행의 돌격대로 만들었다. 해외 신용의 증가는 세계적인 규모로 제2의 마샬플랜과도 같은 역할을 수행할 수 있었다.

급속한 해외 팽창 정책은 또한 1930년대 금융위기 이후 정부가 마련한 은행업 규제를 우회하는 수단이기도 했다. 국내에서는 금융 산업에서 집중의 방지라는 명목으로 실질적인 팽창을 금지했기 때문에, 시

---

* 리스턴의 아버지는 목사의 아들로서 감리교 학교의 교장이었다. 그는 또한 대외관계이사회의 위원장이었으며 이 임무를 수행하면서 아이젠하워(Dwight D. Eisenhower) 재임 동안 국무성의 개편을 담당했다.

티은행의 기술자들은 "세계적이고 기술에 토대를 둔 금융 서비스 회사"가 되려는 야심을 구현하기 위해 외국에서의 활동을 선택했다.[64] 새로운 유형의 충원 방식과 경영 방식은 이런 국제전략을 위한 방법이었다. 이렇게 해서 전통적인 위계질서는 책임의 분산으로 대체됐다. 또한 상호교체가 가능한 경영자들 간의 유동성과 경쟁이 같은 세계에 소속된 고객들과 은행 간부들 간의 밀접한 개인관계에 의존했던 전통적인 은행문화를 대체했다.* 젊음, 혁신, 다각화, 그리고 상업적인 공격성이 체계적으로 고무되어 보상을 받았다. 시티은행은 기술적이고 금융적인 혁신에 있어서 일종의 싱크탱크처럼 변화했다.[65] 우수하고 젊은 하버드 출신의 미국 흑인 변호사 피터 에클스(Peter Eccles)가 고안한 통화 스왑** 같은 발명들은 리스턴의 야심을 좌절시킨 국내 규제의 허점들을 활용하면서 이에 맞설 수 있게 해줬다.

리스턴은 자신의 계획을 실현하기 위해 전후에 설립된 국제기구들의 재능 있고 야심 있는 후배들에게 그들이 시티은행과 함께 보다 나은 경력을 쌓을 수 있음을 보여주면서 충원해나갔다. 그는 해외사업부장으로 젊은 경제학박사 콘스탄초를 선택했다. 알라바마 광부의 아들이었던 콘스탄초는 전쟁 기간 국제적인 전문성을 획득했다. 그는 마샬플랜의 시작과 더불어 경력을 쌓기 시작한 후 IMF에서 남미 책임자로 근무했다. 또한 그는 이 기관들에서 축적한 지식과 인맥이라는 자본을 바탕으

---

* 이것은 또한 가문의 인맥과 뇌물이 중요하게 작용하는 은행 업무를 합리화하려고 했던 남미 국가에서도 마찬가지였다(Zweig, 1995 : 423, 435).
** 통화 스왑(currency swaps)이란 미래의 특정일 또는 특정 기간 동안 금융자산을 상대방의 금융자산과 교환하는 거래를 말한다. 이 방법은 주로 외환위기 관리를 위한 것으로서, 국가 간 통화스왑 협정이 맺어졌을 경우, 외환위기를 겪는 국가가 자국 통화를 상대국에 맡기고 이 국가의 통화를 단기차입할 수 있다. 스왑을 요청하는 국가는 일정한 수수료를 부담한다.—옮긴이

로 시티은행에 영입됐다. "리스턴은 달러에 의한 신용이 오랫동안 IMF가 수행한 것과 같은 정교한 지불균형 분석을 요구한다는 것을 깨닫고, 콘스탄초 같은 공무원들을 고용함으로써 이런 인식을 행동으로 옮긴 역사상 첫번째 상업은행가였다."[66] 세계은행과 IMF에서 근무하면서 '조건부 원조'(conditionality) 개념을 발명한 것으로 알려진 어빙 프리드먼 역시 시티은행이 IMF로부터 수입된 전문성인 국가위기분석 능력을 발전시키기 위해 고용됐다.[67]

시티은행은 개인들이 경력을 쌓기 위한 유일한 길로서, 위험을 감수하도록 이끈 능력주의 충원과 국제 전문성의 토대 위에서 팽창을 시도한 다국적 기업의 대표적인 사례이다. 이 은행은 놀라운 성공을 거뒀다. 1970년대 말 시티은행은 이윤의 80%를 해외에서 달성했다. 그러나 몰락 또한 두드러져서 1980년대 외채위기 때 이 은행은 겨우 파산을 모면할 수 있었다.[68] 반면, 우리가 살펴본 바와 같이 외채위기는 채권자들의 지위와 이익을 상당히 강화시킨 일련의 사건들을 초래했다.

6_다원주의와 개혁의 전파

앞 장에서 설명한 북미에서의 활동들과 전투들은 남미의 변화에 결정적인 영향을 미쳤다. 그러나 결정적인 영향을 미쳤다는 것은 북미가 남미에서 일어난 사건들을 만들 수 있었다는 것을 의미하지는 않는다. 이런 수출-수입의 기획에서 남미 수입자들이 북반부와는 다른 현지의 구조에 천착해 있었기 때문에 부분적으로 차이점들이 있다. 이 차이점들은 또한 수출을 위해 생산된 것이 시간이 지나면서 북미의 궁정전투에 따라 변화했기 때문에 발생한 것이기도 했다. 예를 들어 CIA의 전략과 정확하게 일치하는 냉전 전략으로 시작된 것이 이 전략에 대한 도전으로 변화했고, 이와 똑같은 전략은 후에 미국 지향적인 경제 전문가들에 의해 새로운 민주정권을 향한 이동의 토대로 변화했다. 게다가 전문성과 지식이라는 상징세계의 논리가 제국주의적이고 헤게모니적인 바람에 따라서만 작동하지는 않았기 때문에 다양한 변이가 일어났다.

이 장과 다음 장은 북미에서의 궁전전투가 어떻게 남미 국가들을 변화시키는지 조명한다. 우리는 이 장에서 브라질에 초점을 맞추었는데, 왜냐하면 다음 장에서 제시할 칠레와 아르헨티나의 사례는 브라질과 거의 반대되는 사례라고 볼 수 있기 때문이다. 명백히 다른 국가권력

구조가 매우 상이한 결과들을 가져오게 된다. 게다가 이 결과들은 4장에서 살펴본 바와 같이, 미국 아젠다 자체의 모순적인 성격과도 관련이 있다. 현실정치에 뿌리내린 보다 실천적인 냉전적 접근이 있었던 반면에, 발전을 촉진하려는 일련의 정책들에 대한 지지로 해석되는 이상주의와 개혁주의의 강한 영향력도 존재했다. 보수적인 엘리트들과 개혁주의적인 도전자들 사이에는 이런 접근 방법상의 잠재적인 모순이 있었다. 보다 정확하게 이 잠재적인 모순들이 수입자들과 수출자들 간에 다양한 입장을 산출할 수 있는 정책들을 가능하게 했다. 보다 다양한 현지에서의 요구는 북미의 상대자들을 발견할 수 있었고 북미는 남미에 대해 자신의 생산물을 강요할 필요가 없었다.

또한 브라질 국내의 다양성은 정치적 환경이 바뀔 때마다 중요한 변동을 촉진시켰다. 새로운 기회구조(structure of opportunity)로부터 이득을 취하기 위해 다양한 입장들(예를 들어, 미국에 대한 태도와 전문성)이 경쟁 중인 엘리트들 사이에서 있을 수 있었다. 우리는 특히 1964년에 정권을 장악한 군사정부가 1960년대 후반에 좌파에 대해 강경노선을 취하게 되었을 때 이런 현상을 발견할 수 있다. 베트남전쟁을 둘러싼 북미에서의 균열은 또한 냉전을 향한 다양한 접근을 만들어내어 브라질의 상황 변화로부터 이득을 취할 수 있게 해주었다. 돌이켜보면, 훗날 민주적인 가치와 자유주의 경제에 동의하는 그룹들의 입장간에 구조적인 유사성들을 발견할 수 있지만, 당시에는 브라질에서 친미적인 국가와 경제를 만드는 결정적인 경로를 예상할 수 없었다. 사실, 1960년대 중반에는 발전과 근대화에 대해 실망이 자라나고 있었다. 북미의 투자는 반공적인 경제 도약과 민주화를 만들었다기보다는 갈등의 격화와 준(準)전시 상태를 만들어냈다. 그러나 밝혀진 바와 같이, 이 갈등은 새로운 국가 엘리트들이 출현(반미 급진주의자들을 미국의 영향을 받은 개혁적인 테크노폴로 전환시키는 과정)하는 길을 마련했다. 양측의 지위에 있어서 다원성과 복잡성이 우리가 살펴보게 될 이런 예상하지 못했던 결과를 낳게 된 것이다.

브라질에서 경제의 전문화와 국제화

브라질에서 제국주의는 1960년경에 이미 국가구조에 깊게 자리 잡고 있던 현지 요구의 산물이었다. 브라질에는 권력 다툼을 벌인 다양한 파벌들과 여러 지역 간의 차이 때문에 오랫동안 엘리트들이 옹호한 다양한 개혁주의 입장들이 있었다. 특히, 콩트적 이상(Comtian ideals)에 기초하여 개혁을 시행했던 남부의 전통은 19세기로 거슬러 올라간다. 브라질의 국토 규모와 다양한 인구는 상대적으로 전통적인 법질서에 도전한 콩트주의자들(Comtians)을 포함해 상호 경쟁하는 수많은 개혁 그룹이 국가를 중심으로 발견될 수 있다는 것을 의미한다. 이 경쟁하는 그룹들 내부에 있는 개인들은 국내에서의 투쟁에 활용할 수 있는 북미의 생산물을 발견하고자 했다. 우리는 브라질 사회의 다양한 부문에서 이런 북미의 지원에 대한 수요를 추적할 수 있다.

예를 들어, 경제학의 수입은 국제관계와 콩트의 전통에 매우 강하게 의존하고 있던 군사부문과 외교부문에서 시작됐다. 포드재단 같은 국제 행위자는 브라질의 다른 프로그램들과 부문들에 영향을 미치지 않으면서 이런 수요에 반응할 수 있었다. 이와 유사하게, 법조계 내부에서는 법률 기술의 개선을 위한 국제적 투자에 대한 수요가 있었고, 이 수요도 특정한 부문에서 현지의 개혁 분파를 연결하는 것으로 나타날 수 있었다. 이 장에서 우리는 경제학과 법률, 그리고 보다 일반적으로는 사회과학에서 일어난 이런 과정들을 탐구한다.

브라질에서 미국에 토대를 둔 경제학의 발전은 제2차 세계대전 이후에 생겨난 국제적인 기회들에 밀접하게 연결되어 있다.[1]* 이 역사는 외국의 노하우에 접근하기 위해 미국에서의 체류 경험을 활용한 호베르투 캄푸스(Roberto Campos) 등 브라질 외교계의 소수 인물들로부터 시작된다.[2]** 이런 외교적인 발판은 외교관들이 수입된 전문성을 국내에서 촉진할 수 있는 브라질의 영향력 있는 포럼(그들의 명문 교육기관인 히우브랑쿠연구소[Instituto Rio Branco])에 접근할 수 있도록 했기 때문에, 그들이 권력을 획득할 수 있었다. 브라질 엘리트 가운데 한 분파는 그들의 경력을 미국에 대한 투자를 통해서 구축했다.

국내에서 지위를 획득하기 위해 국제관계를 활용하는 또 다른 방법은 전시에 맺어진 다양한 동맹들을 활용하는 것이었다. 연합군에 가담해 이탈리아에서 싸웠던 브라질 파병군 출신들은 전후에 브라질의 유명 인사가 되어 미국과 매우 밀접한 관계를 맺게 되었다. 심지어 이들 중 상당수가 미국에서 군사훈련을 받기도 했다.*** 1964년에 합법적으로 선출된 정부를 전복시킨 군부 쿠데타의 주역 카스텔루 브랑쿠는 이 참전

---

* "제2차 세계대전 이후에 경제학은 온전한 학문으로 자리를 잡았다. 처음으로 남미 국가들에서 경제학자들이 발전을 돕기 위해 국가 내부에서 역할을 수행하기 시작했다. …… 처음에 이 새로운 경제학자들 대부분이 외국에서 교육을 받았다."(Sikkink, 1991 : 52)
** 호베르투 캄푸스는 외교부에서 그다지 각광받지 못했던 부문(즉 무역)에서 근무한 후 조지 워싱턴대학에서 경제학을 공부했다. 그는 훗날 브라질 경제학의 핵심 인물 가운데 하나가 됐으며 사관학교의 전임강사가 되기도 했다(Campos, 1994 : 47~53).
*** 쿠데타 이후에 통치했던 카스텔루 브랑쿠(Castelo Branco)와 1974년에 '온건주의자들'을 권력으로 복귀시킨 에르네스투 제이젤(Ernesto Geisel)이 이에 해당된다(Skidmore, 1988 : 21, 160~161). 이 그룹은 미국 경제학뿐만 아니라 냉전과 남미 좌익의 위험성에 대한 미국의 분석들을 받아들였다(Dreifuss, 1964 : 78).

용사 그룹에 소속되어 있었다. 그들은 경제학을 비롯한 새로운 국제 지식을 가르치고 학습하는 또 다른 중심 기관을 만들기 위해 노력하면서 캄푸스 같은 인물들의 후원을 받는 '사관학교'(War College)를 설립하고 통제했다.[*]

미국과 관계를 맺는 또 다른 방법은 세계은행에 관련된 '경제발전을 위한 브라질-미국공동위원회'(Joint Brazil-U.S. Commission for Economic Development)를 통해 전문성을 교환하는 것이었다. 이 기구는 1950년대 초에 호베르투 캄푸스와 조제 루이스 불룅이스 페드레이라(José Luis Bulhões Pedreira)를 비롯한 중요 행위자들이 설립했다. 공동위원회는 전후 브라질 경제정책 방향을 정하는 데 핵심 역할을 수행했다.[3] 특히, 국가경제발전은행(Banco Nacional de Desenvolvimento Econômico : BNDE)과 몇몇 거대 공기업들(예를 들어 페트로브라스[Petrobras], 엘렉트로브라스[Electrobras])로 대표되는 브라질의 1950년대 발전주의 정책들은 이 공동위원회 내부에서 성장했다.[4] 경제학을 중심으로 모인 많은 변호사들도 이 네트워크 출신이었다.[**]

브라질 경제학과 경제정책은 또한 국제연합에 의해 설립됐고 칠레 산티아고에 본부를 둔 유명한 라틴아메리카 경제위원회(CEPAL)와도 관계를 맺고 있었다. CEPAL은 특히 라울 프레비시와 저명한 브라질 경제학자 셀수 푸르타두(Celso Furtado)의 구조주의 경제학과 협력했다.[5][***]

---

[*] 사관학교는 1955년에서 64년까지 발전문제에 초점을 맞추었고 좌익과 연대했던 반 자율적인 국가기관인 브라질고등연구소(Instituto Superior de Estudos Brasileiros)에 대해 대안적인 시각을 촉진하려고 노력했다(Burns, 1993 : 400).

[**] 이 공동체에서 오랫동안 활동한 한 멤버에 따르면, 캄푸스는 페드레이라의 절친한 친구였고 두 사람은 모두 상티아구 단타스(San Thiago Dantas)와 가까웠다. 이 네트워크는 "법률을 통한 경제정책을 결정하기 위한 모태가 됐다". 이와 마찬가지로, 법률가들과 경제학자들은 BNDE 내부에서 긴밀하게 협력했다.

당시 CEPAL의 경제적 접근 방법은 1950년대와 60년대에 브라질에서 인기를 얻었다. 그러나 특정한 시기에 CEPAL의 이상이 지배적이었는가 사관학교와 히우브랑쿠연구소에 관련된 보다 교조적인 경제 전문가들의 이상이 지배적이었는가보다 더욱 중요한 것은, 전후에 어떤 접근 방법이 지배해야 될 것인가에 대한 논쟁 자체가 경제학이 경제발전에 대한 논쟁의 언어로서 승리를 거두고 있는 중이었음을 명확하게 해준다. 경제적 접근 방법에 대한 논쟁들은 경제학이 학문으로서의 정당성과 자율성을 구축하는 것을 도와주었다.**** 게다가 국제적인 관계에 의존하고 있는 경제학자들은 중요한 논쟁 중에 있더라도 경제학의 장(그리고 그들의 역할)의 구축을 위해 공동으로 작업했다.

이 새로운 학문분과의 구성자들은 새로운 교육을 촉진하고 학생들을 양성할 수 있는 학문기관을 설립하려고 노력했다. 법률에서의 상황과는 달리, 이 새로운 학문은 사실상 새로운 기관들을 가지고 출발할 수 있었다. 여기에 해당되는 두 가지 중요한 사례는 1945년 상파울루에 설립된 국립경제학대학(Facoldade Nacional de Ciências Econômicas:

*** 1960년대 초반에 정부에서 중요한 역할을 수행한 셀수 푸르타두 외에, 1970년대 말에 산타아고에서 돌아온 안토니우 바루스 지 카스트루(Antonio Barros de Castro)를 지적할 수 있다.

**** 시킨크(Kathryn Sikkink)가 지적한 바와 같이, 이 국제적인 경제학자들 간의 논쟁은 매우 겸손한 방식이었다. 시킨크는 다음과 같이 설명한다. "브라질에서 에우제니우 구딩(Eugênio Gudin), 셀수 푸르타두, 호베르투 시몬셍(Roberto Simonsen) 등이 펼친 발전에 대한 논쟁은 아르헨티나에서의 논쟁과 매우 다른 성격을 가지고 있었다. 논쟁이 가장 치열했을 때조차도 아르헨티나에서는 상상하기 어려운 친분관계가 있었다. 브라질에서의 논쟁은 반대하는 것을 동의하는 엘리트들 간의 논쟁이었다. 그것은 특정한 게임의 규칙을 따르고 같은 서클 내부에서 진행됐다. 구딩은 심지어 경제계획에 대해 비판한 후에 푸르타두가 그의 유명한 경제학 저널인 『브라질경제학보』(Revista Brasileira de Economica)에 프레비시의 1948년 선언의 번역본을 출판하는 것에 동의하기도 했다. 제툴리우바르가스재단(Fundação Getulio Vargas : FGV)은 서로 대립하는 관점을 가진 두 개의 경제 학술지를 운영했다."(Sikkink, 1991 : 66~67)

FNCE)과 이듬해 리우데자네이루의 제툴리우바르가스재단(FGV)에 설립된 경제학센터였다.[6] FNCE는 1938년에 상파울루에서 설립된 경제학부 내에서 성장했다. 전후 경제학자들의 이 새로운 근거지는 매우 다른 무언가를 의도하고 있었다. 경제학 창시자 중 또 다른 인물인 에우제니우 구딩에 따르면,[7] 하버드대학의 경제학자들은 그에게 비즈니스스쿨과 경제학부는 분리되어야 한다고 이야기했다.* 즉, 전자는 실용적인 것을 가르치고 후자는 이론을 가르친다는 것이다. 구딩은 이런 주장을 받아들여 FNCE의 초점을 완전히 바꾸어놓았다. 그는 하버드대학을 본받아 FNCE를 경제학부와 비즈니스스쿨로 분할했다.

국제적인 재단들은 브라질 경제학자들의 초기 성공담에서 한 부분을 차지하고 있다. 포드재단과 록펠러재단은 브라질과 그 외의 지역에서 경제학자들을 양성하는 것을 자신들의 임무라고 여겼고, 이에 따라 대학원 교육과 새로운 교육기관에서 수행될 전임제 교육을 강조했다.** 1950년대에 이 재단들이 제공한 자금은 적어도 몇몇 브라질 사람들이 미국에서 매년 경제학 석사과정을 수료할 수 있게 해줬다.[8]*** 경제학 교육의 변화와 점차 증가한 해외유학의 중요성은 또한 복잡한 이론(즉, 외국에서 훈련받은 개념)으로 무장한 전문적인 경제학 엘리트와 평범한

---

* 에우제니우 구딩은 브레턴우즈 회의가 열리고 있던 시기에 하버드대학을 방문했다.
** 남미에 관여한 포드재단의 한 관계자에 따르면 "보다 잘 훈련된 경제 전문가들이 발전 과정에서 유용한 역할을 수행했는데" 그것은 부분적으로는 이 전문가들이 해외 원조를 보다 잘 활용할 수 있었기 때문이었다. 포드재단의 접근 방법은 또한 "열성이 있고" "전임제"로 근무하는 경제학 교수들을 유리하게 만들기도 했다. 특히 쿠바혁명 후 미국에서 훈련받은 경제 전문가들은 공산주의에 대한 해독제를 제공하고 남미의 경제를 근대화하기 위해 유용할 것으로 생각됐다(Valdés, 1995).
*** 사실 포드재단이 1961년 리우데자네이루에 지부를 마련하자 경제학과가 포드재단 자금의 유일하고도 가장 큰 수혜자가 됐다(Miceli, 1993 : 309).

실무 경제 전문가들이나 회계원들 간의 구별을 보다 뚜렷하게 만들었다.[9] 경제적 직업은 이렇게 해서 처음부터 두 개의 바퀴를 가지게 됐다.

이처럼 다양한 국내적 투자와 외국인 투자를 통한 경제학의 발달은 또한 여러 가지 면에서 전통적인 법률 엘리트에 대항하는 방향으로 진행됐다. 경제학은 학계와 국가에서 보다 중심적인 지위를 보장받기 위해 국제적인 자본을 활용하면서, 전통적인 법률 전문성의 지배에 대항하여 자율성을 확보하기 위해 투쟁해야 했다. 그러나 사실상 새롭게 출현한 경제학 전문성은 오랜 기간 법률적인 전문성에 밀접하게 연결되어 있었다. 제2차 세계대전 직후에 상파울루에서 학교를 졸업한 한 원로 경제학자의 말에 따르면, "경제학자가 되는 사람이 드물었던" 시절에는 "법률가들이 경제적인 전문성의 보유자였다".**** 경제 전문가들은 (공학 출신자들과 함께) 전적으로 변호사로서 훈련받았다.***** 1930년대 후반 상파울루 경제학교의 커리큘럼은 이 점을 분명하게 보여준다. 수년 동안 상파울루 경제학부에서는 경제학 수업보다 법률 수업이 더 많았다.[10] 경제학은 1947년이 되어서야 '독립된 분야'가 됐으며, 한 저명한 경제 전문가의 말에 의하면 "1957~58년 이후에야 (경제학과 법학 간에) 명확한 구분"이 출현했다.****** 경제학은 법학으로부터 자율성을 확보하지 않고서는 스스로를 구성할 수 없었다.

**** 오늘날 경제학자는 어떻게 간주되고 있는가에 대해 한 포드재단의 전직 지도자가 주장한 바와 같이, "1968년 브라질에는 이른바 미국 경제학 박사라고 부를 만한 사람이 아무도 없었다".

***** 브라질에서 최초로 인정받는 경제학 저작인 구딩의 『화폐경제의 원리』(*Princípios de economia monetária*)는 1943년까지 출판되지 않았다. 한 원로 경제학자에 따르면, 이 주제에 대한 다른 접근 방법들이 법학부에서 나왔다.

****** 이런 변화를 경험했던 한 경제학자에 따르면 그 무렵 "수많은 경제학자들이 명성을 획득했고, 논문을 썼으며, 상이한 관점에서 경제문제들을 공개적으로 논의했다"고 한다.

1963년 경제기획원 장관이었던 CEPAL의 셀수 푸르타두[11]와 1964년에서 67년까지 경제부 장관이었던 옥타비우 고베아 지 불룡이스 (Octávio Gouvêa de Bulhões)를 포함해 초기의 수많은 주도적 경제학자들은 법률가로 교육받았다. 유명한 변호사이자 지식인, 그리고 정치인이기도 했던 상티아구 단타스는 발전주의 아이디어와 관련을 맺고 있었는데, 그는 군사 반란을 앞당긴 '민중주의적 전환' 이전인 1963년에 경제부 장관이었다. 주도적인 경제 전문가들이 정부에서 경제학의 증가를 "대격변이 아니라 지극히 당연한 발전"으로 설명하려고 하는 것은 이해할 만하다. 법률가들은 국제적인 분야에서 경제발전에 대한 초점이 정당화한 경제 전문가의 지위에 익숙해졌다.* 법학에서의 다양한 입장들(특히 경제학에 가까운 입장들을 포함해)은 경제 전문가들이 큰 마찰 없이 점진적으로 자율성을 향해 이동할 수 있게 해줬다.

1964년 군부 쿠데타는 법률 엘리트에 대해 상대적으로 부드럽게 대응할 수 있던 국제 지향적인 경제 전문 엘리트들의 꾸준한 상승에 일침을 가했다. 보다 정확히 말해서, 1968년 군사정권의 강경화는 새로운 행위자들을 위한 공간을 열어주면서 수많은 국가 엘리트들의 숙청으로 이어졌다. 새 정부에서 부상한 주요 경제학자는 델핑 네투였는데 그는 '델핑 보이스'(Delfim Boys)와 함께 외채위기가 발생할 때까지 1970년대 내내 경제를 관리했다.** 이 인물들은 일찍이 새로운 경제학에 투자한 사람들이었고 군부를 통제하던 상대적으로 능력주의적인 그룹들과 잘

---

* 1950년대와 60년대에 국제연합에서 근무한 한 인물은 국제연합에 근무한 남미와 다른 지역 출신 '법률가'들이 오랫동안 '경제 전문가'가 됐다고 주장했다.
** 1967년에서 74년까지 재무부 장관을 지냈고 1979년에서 85년까지 경제기획부 장관을 지낸 델핑 네투는 상파울루대학의 상대적으로 새롭고 비주류였던 경제학 프로그램 출신이었다. 그는 1946년에 이 학교를 졸업했다.

어울렸지만 옛 엘리트들과의 관계와 우리가 이미 살펴본 국제적인 접촉은 부족했다. 그들은 어떤 점에서도 '시카고 보이스'가 아니었다. 상파울루의 주요 사업 그룹과 동맹을 구축한 그들은 냉전문제에 대한 국제적 감수성과 강력한 경제민족주의의 군부적 결합에 잘 들어맞았다. 그러나 이 경제 전문가들의 자율성과 자격증은 상당히 제한되어 있었다. 그들은 브라질 엘리트에 대한 군부의 입장에서 단절을 반영했다.

그러나 이 새로운 그룹의 권력을 향한 이동은 즉시 국가 엘리트와 후예들의 반대 운동을 낳았다. 특히 옛 엘리트 대표자들은 미국의 냉전 정책에 조응하여 쿠데타로 권력을 장악한 사람들에 대항하기 위한 투자의 기회를 미국에서 발견했다. 그들은 어떻게 냉전에 가장 잘 대처하고 현재 권력을 쥐고 있는 사람들의 미국 주도적인 전문성에 대한 접근 부족에 대처할 것인가를 미국 내부의 분할로부터 발견할 수 있었다. 따라서 우리는 경제학 내부에서 델핑 보이스의 정책과 군부에 대한 불신을 위해 미국의 국제적 전문성과 정치에 막대하게 투자한 경제 전문가들의 즉각적인 반격을 발견할 수 있다.

당연히 신세대는 현재 델핑 네투의 시대를 경제이론이 상대적으로 덜 정교하고 상파울루의 재계 엘리트로부터 경제학이 현실적으로 독자적이지 못했던 '정치적인' 시대로 회고한다.*** 따라서 더 범세계적이고 자유주의적인(보다 미국 지향적인) 엘리트가 경제적·정치적 상층부를

*** 한 신세대 경제학자는 "우리는 보다 기술적이었고" 그다지 상파울루의 민간부문을 지향하지는 않았다"고 말했다. 또 다른 경제학자는 델핑 네투가 "정치인이 됐고" 너무 "다원주의적"이었다고 주장한다. 이제 권력을 장악한 히우가톨릭대학의 경제학자들은 석유파동으로 인해 초래된 새로운 외채위기를 처리하는 델핑 네투의 방식에 대해 비판자가 됐다. 이와 관련하여, 그와 가까웠던 한 인물이 델핑 네투가 수출을 장려하기 위해서 기업들의 성장과 합병을 촉진하면서, 재계와 국가 간에 밀접한 관계를 맺는 일본 모델을 추종했다고 지적한 점은 흥미롭다.

지배하게 됐고, 당연히 수학적인 능숙함에 대한 요구가 진입과 지위에 중요한 장애물이 되었다.

1970년대 경제학의 변화에 있어서 중요한 사건 가운데 하나는 FGV 경제 전문가들 사이에 분열이 일어난 일이다. 특히 카를루스 랑고니(Carlos Langoni)가 시카고에서 FGV로 복귀한 1979년에 군부정권과 FGV의 몇몇 경제학자들 간의 유대관계에 대해 다소 비판적이었던 FGV의 한 경제학자 그룹이 히우가톨릭대학으로 옮겼다. 이 그룹은 보다 많은 박사과정 학생들을 받아들이려는 FGV의 계획에 대해서도 반대했는데, 그 이유는 자신들의 자격증과 해외에서의 학위증을 염두에 두면서 학생들이 어쩔 수 없이 이등급으로 간주되는 국내 학위를 획득하기보다는 해외에서 박사학위를 획득해야 한다고 느꼈기 때문이었다.[*] 따라서 이 논쟁은 어느 정도까지 경제학의 장을 발전시키기 위한 내부의 논쟁이었다.

경제학의 또 다른 변화는 1970년대 말에 분명히 나타났다. 경제학자 그룹이 FGV로부터 이탈한 동기는 부분적으로 변화한 정치 분위기 때문이었다. 1970년대 말, 히우가톨릭대학의 페드루 말랑과 디오니지우 카르네이루(Dionisio Carneiro)는 정부와 거리를 두기 위해 경제학자들의 그룹(리우데자네이루 경제연구소)을 조직했다. 그들은 인권에 대해 상대적으로 보다 엄격한 태도를 취하고 조직되어 있는 브라질변호사협회(OAB)와 유사한 입장으로 이동하려고 노력했다. 초기의 계획에 관여한 한 인물에 따르면, 그 목적은 경제학자들이 "시민사회와 접촉하도록" 하

---

[*] 한 경제학자는 이것을 '그로쇼 맑시즘'(Groucho Marxism)으로 표현했는데, 이 말은 자신을 멤버로 끌어들이려는 그 어떤 클럽에도 가담하기를 원치 않는다는 것을 지칭한다.

기 위한 것이었다. 1970년대 말과 80년대 초에 상대적으로 중요했던 경제연구소는 경제학에서 민주주의 이슈들이 토론될 수 있었던 몇몇 장소들 중 하나였다.

정부에 가장 가까웠던 많은 경제학자들보다는 옛 엘리트들과 밀접한 관계를 맺고 있던 이 신세대 경제학자들은, 이 무렵 전통적인 브라질 사회의 여러 부문과 함께 미국과 여타 지역의 저명인사들에게서 지지를 상실한 군부정권으로부터 거리를 두려는 의지를 공유하고 있었다. 그 결과, 그들은 델핌 네투의 발전주의 경제학자들을 수학적 정교화의 부족과 군부권력과의 유착을 이유로 비판할 수 있었다.

브라질의 재무부 장관이 된 페드루 말랑은 군부와 결합한 경제학자들에 대항하여 권력에 올라선 테크노폴(technopol)이라는 사례를 제공해준다. 중산계급 출신인 그는 브라질 엘리트를 육성하기 위해 설립된 사립학교를 다녔다.[12] 군부에 적대적이었던 그는 리우데자네이루의 학생운동가였고, 그 후 버클리대학 경제학과에서 대학원을 다녔는데, 여기에서 그는 앨버트 피시로(Albert Fishlow)와 함께 작업했다. 1973년에 학위를 받은 그는 히우가톨릭대학에서 강의하기 위해 귀국했다. 말랑이 카르네이루와 함께 리우데자네이루 경제연구소를 설립한 것과 같은 시기에, 히우가톨릭대학의 경제학자들은 미국식 경제학과를 설립하기 위해 포드재단으로부터 자금을 받았다.[13]

말랑은 히우가톨릭대학으로부터 1980년대 국제연합, 1980년대 말 실무국장으로 근무했던 세계은행 등 일련의 국제적인 자리로 이동했다.[14] 또한 워싱턴에서 그는 미주은행(Inter-American Bank)의 브라질 대표로 근무하기도 했다. 1991년 여름에는 그의 친구이자 당시 재무부 장관이던 마르실리우 마르케스 모레이라(Marcílio Marques Moreira)가 그를 브라질 채무협상단 대표로 임명했다.[15] 이 자리에서 그는 인플레이션을 통제하고 민영화와 경제자유화 정책을 실시한다고 약속하여 IMF 차관 협상을 도왔다. 그 후 그는 1995년 페르난두 엔히크 카르도주가 대통령에 당선될 때까지 중앙은행 총재직을 맡았으며 카르도주는 그를 재무부 장관으로 임명했다.

말랑을 포함하여 히우가톨릭대학 그룹은 최고의 경제학과를 만들기 위해서 포드재단으로부터 중요한 지원을 획득했다. 그들은 수학을 강조했고, 석사학위 이상의 과정을 설립하려고 했으며 가장 뛰어난 학생들을 미국에 유학 보냈다. 또한 로스쿨과 달리 모든 교수들이 (적어도 석사과정에서는) 모두 전임제 교수들이었다. 한 경제학자가 진술한 바와 같이, 히우가톨릭대학은 매우 학문적이었다. 만약에 누군가가 임시로 정부에 참여하기 위해 떠난다면, 그들은 공석을 인정받기보다는 다른 사람들로 대체됐다. 교수들은 전임제 교수 또는 학자로서 근무하도록 요구받았다(물론 시간제의 상담 일은 금지하지 않았다). 전임제 교수가 교육하는 고도로 기술적인 미국 지향적 경제학에 대하여 의식적으로 투자하였기 때문에 히우가톨릭대학은 주도적인 경제학자들의 기관이 될 수 있었다.[16] 북미의 주요 경제학과들과의 학문적 연대 위에 결성된 그들의 자율성과 명성은 경제학의 장을 변화시켰고, 국가에서는 이 경제 전문가들에게 권력을 부여했다. 그들은 이전의 발전경제학 세대들과 오랫동안 국가를 지배했던 전통적 법률가들을 모두 폄하할 수 있었다.

델핑 네투의 경제학자들이 특히 1980년대 초·중반의 외채위기 이후 물러나자, 가톨릭대학의 경제학자들이 (그리고 다른 직책에 있던 몇몇 다른 경제학자들이) 새로운 기술적 노하우를 대표하게 됐다. 그들은 인플레이션에 대항하여 공격 전선에 나섰고, 탈규제와 민영화를 요구했으며, 해외투자에 대한 개방을 강조했다. 이 새로운 경제학의 지배자들은 국가 통치의 핵심 행위자가 됐다. 그들은 미국 지향적인 순수경제학자로부터 새로운 민주국가에 봉사하는 테크노폴로 이동했다.

히우가톨릭대학의 경제학자들은 이제 좌파정당인 노동당을 포함해 모든 주요 정당들에게 자문을 제공한다. 이 대학의 한 경제학자가 진술한 것처럼, 현재 가톨릭대학은 '모든 형태의 정부'로부터 상당히 존중받는 경제학자들을 보유하고 있다. 가톨릭대학의 엘리트 경제학자들과 그들의 동맹자들은 델핌 네투의 '보다 정치적'이었던 경제학과, 1964년에 물러난 CEPAL의 보다 구조주의적인(즉 보다 덜 수학적인) 방법의 상속자들에 대항하여 학문적인 동시에 정치적인 경쟁에서 승리할 수 있었다.* 이 승리는 부분적으로 사회적인 승리이기도 했다. 새 그룹은 델핌 네투와 연합한 경제학자들보다 범세계적인 엘리트들의 상속자들을 대표하는 것처럼 보였다. 그들은 또한 과거의 법률 이스태블리시먼트와의 관계 속에서 보다 개방적이고 경쟁적인 전문성이 생산되는 방식을 반영했다. 따라서 가톨릭대학의 경제학자들은 한동안 그들의 사회적 자본과 북미 경제학에 대한 투자를 브라질의 궁정전투를 위한 강력한 지위로 전환시킬 수 있었다. 따라서 상승하는 그룹에 속한 전문 경제학자들은 관료제도와 민간 산업체 또는 회계회사에서 상대적으로 낮은 지위에 있는 평범한 경제학자들과는 거의 공통점이 없는 엘리트를 대표했다.

---

* 델핌 네투는 국회의원이 됐고, 의회에서 생산성에 대한 투자의 실패와 "고도의 수학화" 그리고 복잡한 금융 도구들에 대해 격렬하게 비판했다. 그의 측근에 따르면, 그는 "금융이 경제를 지배하는 현재의 상황"을 비판했고 "성장이 문제를 해결하는 방법"이라고 믿고 있었다. 한편 셀수 푸르타두는 계속해서 국가 계획의 보다 중요한 역할을 주장했다(Marques and Costa, 1995: 4). 푸르타두 또한 카르도주와 개인적인 관계를 가지고 있었는데, 카르도주는 그와 매우 다른 경제학을 선택했다.

다음에서 설명할 것처럼, 히우가톨릭대학의 경제학자들은 정부에 가까웠지만 정부 외곽에 있는 중요한 자문 그룹에서도 활동했다. 이 컨설팅 그룹들은, 과거의 종합 법률가들에게 도전할 수 있었던 고도로 권력화되고 긴밀하게 연결된 그룹에게 높은 프로필을 얻을 수 있는 장소를 제공한다.* 이 그룹은 엘리트 국가 경제학자들의 새로운 영역과도 잘 어울린다. 그들은 경제학의 전문화가 경제학의 상품화에 전혀 위배되지 않는다는 것을 강조한다.

끝으로 중요한 결과들을 간략하게 언급해야 할 것이다. 학생운동가에서 버클리대학 학생으로, 히우가톨릭대학, 세계은행을 거쳐 재무부 장관의 지위로 이동한 페드루 말랑의 경력이 강조해주는 바와 같이, 현재 미국과 IMF와 세계은행의 경제적 접근 방법과 브라질의 경제적 접근 방법 간에는 상대적으로 밀접한 수렴이 있다.** 히우가톨릭대학 경제학자들의 직업적·정치적 성공은 가장 정교하고 지적인 것으로 간주되는 경제학적 접근 방법과 동시에 진행됐다.

사회과학의 자율성 구축

포드재단은 경제 전문가의 발전을 위한 초기의 지원을 제공하면서 다른 재단들과 조우했다. 이런 지원은 쿠바혁명과 케네디의 '진보를 위한 동

---

* 한 정보 제공자는 브라질의 몇몇 대기업과 은행의 장들이 어떻게 해서 법률가들을 권력 브로커로 사용하려고 했을 뿐만 아니라 그들이 여행을 하거나 휴가 중일 때 법률 자문가들에게 회사의 경영을 위임하기까지 했는가에 대해 자세히 설명했다.
** 1980년대 초반의 외채위기 동안 "델핑 네투와 그의 테크노크라트들이 브라질 민족주의자들에게 언제나 부정적인 이미지였던 IMF에 구제를 요청하려 하지 않았다"는 점도 흥미롭다. "선거가 끝난 직후 델핑 네투와 그의 팀은 IMF와 공식 협상에 들어갔다."(Skidmore, 1988 : 232) 1950년대 후반에 브라질은 IMF의 정책을 거부했었다.

맹'에 대한 반응으로 포드재단이 1961년 리우데자네이루에 지국을 설립한 후 계속됐다. 포드재단 인물들은 또한 경제학과 인접 학문의 중요성을 강조하기 시작했다. 초점은 '빈곤과 박탈의 문제들'과 같은 발전의 장애에 맞춰졌다.[17] 포드재단은 증가된 경쟁을 통해 학문적인 열광을 촉진하는 전략을 수립하기 시작했다.*** 이 전략은 종합 법률가들의 지위에 대한 도전을 의식적으로 강화시켰는데, 그 이유는 새 학문들이 법률가들이 점유하고 있는 지형을 장악하기 위해 형성됐기 때문이다.**** 사회과학은 경제학자들이 주도한 공격에 새로운 차원을 추가했다.*****

정치학에 대한 포드재단의 첫 보조금은 전위적이고 미국 지향적인 벨루오리존치(Belo Horizonte)대학 정치학과에 제공됐는데, 이 학과의 핵심 인물은 공교롭게도 정부에 의해 정적으로 간주되던 볼리바르 라모니에르(Bolivar Lamounier)였다.****** 이런 투자는 부분적으로 우리가

*** 한 중요한 행위자는 따르면, "몇몇 이론적 정향들은 이데올로기적인 의미를 가지고 있었고, …… 바로 그 때문에 나는 지적인 다원성을 입증하는 것이 중요하다고 생각했고, 점차 이에 확신을 가지게 됐다. 그리고 의식적으로 우리의 지원이 한 가지 관점이나 편협한 경향이 아니기를 원했다. …… 나는 무엇인가 현실적이고 동요를 일으키는 것을 발견하기를 원했다"고 한다. 우리는 런던, 파리, 스톡홀름에 설립된 상호 경쟁적인 국제 무역중재센터에서 이와 유사한 것을 발견할 수 있었다(Dezalay and Garth, 1996b).

**** 법률 저명인사들을 공격하는 데 관여했던 미셀리는 다음과 같이 진술하면서 관점을 제공한다(Miceli, 1993 : 276). "법률교육 같은 전통적인 분야에서 혁신적인 이니셔티브를 자극하려 한 포드재단의 노력을 보여주는 사례는 헤아릴 수 없이 많다. 그러나 포드재단은 자문가들이 여기에 관련된 직업 범주에 속한 유명인사들에 대한 확고한 저항으로 간주한 것들에 직면해 거의 언제나 포기하고 말았다. [이에 비해] 사회과학자들은 미국 대학의 학구적 교육 가능성에 보다 잘 적응하는 것처럼 보였다." 포드재단의 한 멤버는 포드재단이 "법대 내부로 침투하지 못하고 그 주위를 돌고 있었다"고 진술했다.

***** 미셀리가 주장한 바와 같이, "포드재단은 브라질에서 사회과학을 위한 시장의 형성에 결정적으로 기여했다. 이것은 지난 20년 동안 현지의 학문 생산 시스템이 작동했던 새로운 구조적 조건들에 적절히 들어맞는 제도를 마련하기 위해 대안에 대한 재정 지원이 시행됐기 때문에 가능했다"(292).

****** 정치학이 발전에 적절하다는 생각에 대한 뉴욕의 몇몇 반대에도 불구하고(여기에서는 경제학자들이 이 부문을 통제하고 있었다) 보조금은 물론 지불됐다.

다음에서 설명할 브라질분석계획센터(CEBRAP)를 통해 유지되고 증가했다. 1970~80년대 동안 포드재단은 이렇게 해서 수많은 사회과학 연구와 사회과학자들에게 기금을 제공했다. 또한 (이미 전문 기관을 보유하고 있던 경제학을 제외한) 사회과학 공동체를 위한 전문 기관이었던 '국립 박사 이후 사회과학프로그램 연구'(Associação Nacional de Pós-Graduação e Pesquisa em Ciências Sociais : ANPOCS)에도 기금을 제공했다.* 일반적으로 사회과학에서는 경제학과는 달리 노력의 한 부분으로(전적이지는 않지만) 해외로 특히 미국으로의 유학을 지원하였다.** 포드 기금은 망명을 해야 했던 개인들의 연구도 지원했다.

브라질의 한 유력 정치학자에 따르면, 1970~80년대의 정치학에 대한 포드재단의 투자는 놀라운 변화를 이끌어내는 데 기여했다. 미국에서 훈련받은 신세대 정치학자들은 "더욱 엄격하고" 방법론적으로 보다 발전됐으며 보다 미국 지향적으로 되기 위한 운동을 주도했다.*** 맑스주의는 새로운 학자들이 (한 신세대 학자의 말에 따르면) "진이 빠지고" "낡은" 벨기에와 프랑스식 접근 방법을 포기함에 따라 뒷전으로 밀려났다. 미국에 기초한 지식과 도구들은 브라질의 논쟁들과 민주주의와 자유주의 국가를 향한 이행에서 점차 중요한 요소가 됐다.****

경제학과 마찬가지로 정치학에서도 궁극적인 승리를 위한 열쇠는

---

* 미셸리는 ANPOCS를 "박사과정 이후의 프로그램과 연구센터, 학문분과, 사상과 과학적인 활동의 전통, 그리고 각 실무자들과 지도자들 간 세력 균형의 표현"으로서 설명한다(275).
** 포드재단의 중요한 한 인물이 진술한 바와 같이, 이 프로그램은 "브라질 젊은이들에게 미국의 여러 대학들과 가끔씩은 유럽의 대학에도 유학갈 수 있도록 장학금을 지불하는 것"이었다. 그리고 "유학을 간 뛰어난 브라질 학생들은 적어도 24명 이상이었다. 그들은 박사학위나 그와 동등한 자격증을 획득한 후 브라질에 돌아왔다".
*** 물론 정교한 테크닉의 발전과 함께, 하이문두 포루(Raimundo Foro)와 빅토르 누네스 레알(Victor Nunes Leal) 같은 법률가 겸 정치학자들에게는 전문적이고 학문적인 영역이 축소됐다. 이것은 법률가 겸 경제학자들을 점차 사라지게 한 전문화 현상과 같은 현상이었다.

1960년대 말 군부의 강경화였다. 군부국가 내부의 이런 변화는 다시 한 번 외국 전문성에 의존함으로써 개혁적인 국가 엘리트가 되려고 경쟁하고 있던 사람들의 지위를 변화시켰다. 그들은 자신들의 투자를 이동하여, 미국에서 얻은 것들을 반격을 위해 사용하기 시작했다.

이런 상황에 대한 가장 두드러진 사례는 1969년 CEBRAP에 대한 포드재단의 보조였다. 이 보조는 적어도 두 가지 이유 때문에 중요했다. 우선 그것은 사회과학 기금의 확대와 잠재적인 상호 의심을 극복하기 위한 열쇠가 됐다. 과거에는 몇 가지 두드러진 예외들을 제외하고는 사회과학 공동체들이 포드 기금을 받는 데 다소 소극적이었다.***** 포드

**** 정치학의 변화는 브라질에 대한 깊은 신념이 이동한 것을 포함했다. 새로운 생각은 국가가 브라질의 문제들에 대해 해결책을 제시하기보다는 후견의 장소로서 간주되어야 한다는 것이었다(Tavares de Almeida, 1992). 타바레스(Maria Hermínia Tavares de Almeida)는 (부패가 없는) 능동적인 국가 역할을 수행할 수 있는 시민사회와 민주주의의 동시적 발견에 주목한다. 이렇게 해서 정치학 독트린은 경제의 운영에 있어서 국가 역할의 축소를 지지하게 됐다. 또한 미셀리는 미국 모델에 토대를 둔 지식에 대해 "미국에서 교육받은 사람들은 그들의 연구 주제 자체가 덜 논쟁적이기 때문에 억압적인 조치에 의한 피해를 덜 입을 수 있었다. 반대로 유럽에서 교육받은 그룹은 정치적으로 매우 민감한 아이디어들을 다루는 경향이 있었다"고 지적했다(Miceli, 1993 : 294). 가장 유명한 정치학자 중에는 UCLA에서 공부했고 오랫동안 카르도주와 미국에 가까웠던 라모니에르, 스탠퍼드에서 공부한 산투스(Wanderley Guilherme dos Santos) — 스키드모어(Thomas Skidmore)가 그의 정치 자유화 과정을 분석하기도 했다(Skidmore, 1988 : 165) — 같은 사람들이 있었다. 한편, 인류학 역시 중요한 지원을 받은 사회과학 분과였다. 막대한 재정 지원이 히우국립박물관에 주어졌고, 이 지원으로 이 기관은 브라질 최고의 인류학 교육기관으로서 명성을 쌓을 수 있었으며, 정부로부터 박해를 받던 대학 교수들의 피난처가 될 수 있었다. 브라질 인류학자들은 도시 빈곤문제에 대한 연구와 토착민들과의 관계 구축 및 연구에서 중요한 지위를 차지하게 됐다. 정치학의 장에서처럼, 포드재단은 몇몇 핵심적인 학과들을 결정하고 높은 수준의 교육과 연구를 장려했다. 이 영역에서도 포드재단은 투자의 효과를 높이기 위해 엘리트 연구들에 의식적으로 투자했다.

***** 이런 사건들에 관여했던 한 포드재단 인물에 따르면, 사회과학 전문가들은 매우 "의심이 많았다". 또 다른 사람은 CEBRAP 멤버들의 사고 방식을 다음과 같이 설명했다. "나는 그들이 브라질을 떠나는 것에 대해 주저했다고 생각한다. …… 그들은 조국의 현실에 매우 참여적이었다. …… 그들은 비록 비밀경찰에게 억압받고 고통을 겪었지만 이와 같은 독립적인 연구센터를 설립할 만한 여지가 있었다고 생각했다. 나는 그들이 또한 포드재단의 지원이 활동 공간을 다소 넓혀줄 것임을 알고 있었다고 생각한다."

6_다원주의와 개혁의 전파 **191**

재단은 미국과 냉전 정책에 너무나 밀접하게 관련되어 있는 것으로 간주됐다. 다른 편에서, 포드재단의 임원들은 브라질 사회과학 공동체의 정치에 대해 다소 우려하고 있었다. 둘째, CEBRAP에 대한 보조는 브라질의 민주주의를 향한 이행을 뒷받침하는 이념을 촉진하는 데 핵심적인 역할을 한 것을 지지하고 보강했다. 의심할 나위 없이 CEBRAP는 브라질 대통령 카르도주[1995~2002년 재임]의 정치 경력을 위한 포럼이 되기도 했다.

이런 지원을 둘러싼 배경은 흥미롭다. 1969년에 수많은 저명 사회과학자들이 군부 강경파에 의해 대학에서 떠나도록 강요받았다.[18] 카르도주를 포함한 일군의 주도적 좌파 학자들은 브라질에 남아 있기 위해서 포드재단에 접근하기로 결정했다. 뉴욕의 포드재단 본부에는 이들에 대한 지원을 반대하는 견해가 있었고 브라질 현지의 미국 기관들도 포드재단이 좌익과 연합하는 것을 억제하려고 시도했지만, CEBRAP는 결국 포드재단에게서 자금을 받았고 유사한 다른 연구기관들을 위한 무대를 마련했다.

이 동맹은 학자들을 과거에는 가치가 없다고 간주했던 기회들과 동맹들을 향해 돌아서게 만든 입장 때문에 가능했던 것만은 아니다.* 브라질 학자들에게는 그들이 상대했던 젊은 미국인에게서 발견할 수 있었던 열정, 이상주의, 동정심이 중요했다.** 이 현대적인 선교사들은 선동적

---

* 한 포드재단 관계자는 "필요가 의심을 몰아낸다"고 언급했다.
** 국제무역 중재를 촉진하는 '전도사'들의 역할에 대해서는 Dezalay and Garth, 1996b를 참고할 것. 오늘날 자신의 과거의 행위에 대해 스스로 비판하고 있는 한 전직 포드재단 간부는 이 전도사들을 재능 있고 인맥을 보유한 사람들을 발견하고 개종시키려고 노력한 과거의 예수교회에 비유한다. 개종의 목표는 "그들 내부에 미국적인 것을 생산하기 위한 것"이었다.

이고, 다소 맑스주의적인 종속이론가로 간주된 학자들을 기꺼이 지원하려고 했고, 심지어 뉴욕의 지원을 얻기 위해 위험조차 감수하려고 했다. 정확하게 같은 시기에 냉전에 대한 미국 지배 엘리트 내부의 균열을 비판하면서 그들은 정치개혁에 초점을 맞추어야 할 필요성에 대해 보다 공감하는 새로운 발전 방법을 주장했다. 그들은 이제 CIA와 미국 정부의 강경론자에 기꺼이 대항하려고 했다.

이런 뒤늦은 자각 덕분에, 포드재단 지원금은 사람들뿐만 아니라 새로 출현한 아이디어 면에서도 유례없는 성공을 거뒀다. 사회과학 분야가 브라질에서 완전히 바뀌었다고 말해도 과언이 아닐 정도였다.*** 사회과학은 보다 경쟁적이고 보다 자율적이며 보다 미국 지향적인 것이 됐다. 사회과학자들은 이제 해외투자에 대해 개방된 민주정권에서, 그리고 국가의 재구성 과정에서 새로운 경제학자들과 팀을 이루며 중요한 행위자가 됐다.

이처럼 복잡한 수입과 수출의 조정은 브라질 군부정권의 묵인이 어느 정도 없었다면, 혹은 정권의 일부 분파의 묵인이 없었더라면 가능할 수 없었을 것이다.**** 사실, 군사정권은 몇 가지 점에서 국제적인 수입

*** 패킨햄(Robert Packenham)은 이런 변화에 대해 인정과 갈채를 보냈다. "다른 남미 국가뿐만 아니라 제3세계의 그 어떤 곳에서도 브라질만큼 사회과학이 질적으로나 양적으로 발전한 두드러진 예가 없다. 게다가 양적인 변화는 여러 유형의 질적인 변화들을 가져왔다. 오늘날 브라질에서 정치 연구는 20년 전이나 10년 전과 비교해 보다 풍부하고 다양하고 체계적이며 정치영역으로부터의 보다 큰 자율성과 학문적 순수성을 존중하고 있다." (Packenham, 1992 : 224~227) 그러나 브라질에서 우리가 만난 사람들과 달리 포드재단의 역할에 대해서는 언급하지 않는다.

**** 이런 이니셔티브들은 미국 측의 특정한 동의를 얻어야 했는데, 이것은 냉전의 합의가 파괴됨으로써 보다 수월해졌다. 물론 사회과학 연구자에 대한 재정 지원을 가로막으려는 투박한 노력들이 있었다. 한 포드재단 관계자에 따르면 "언젠가 한 브라질 관료가 미국 대사에게 브라질 정부는 농업 지원에 대한 포드재단의 노력에 감사하지만 '사회학과 사회주의'에 대한 지원은 바람직하지 않게 생각한다"고 말했다고 한다.

자들과 수출자들의 전략이 작동하는 것을 도와줬다. 앞에서 언급한 바와 같이, 군사정권 내부의 많은 사람들은 교육에 대해 강한 신념을 가지고 있었고 이 신념 때문에 중산계급으로부터 어느 정도 지지를 획득했다. 군사정권 기간 학부생 모집은 1964년 14만 2천 명에서 1976년에는 백만 명으로 늘어났는데,[19] 이것은 사립학교의 증가에 기인한 바가 컸다. 다른 교육의 중요성에 대한 강조에도 불구하고, 법학부에서의 모집은 이에 상응해 증가했다——전체 학생과 비교해 법대생이 1962년 24%(1933년에는 33%)에서 1980년 10%로 감소했지만 법대생 모집 인원은 다섯 배 늘어난 14만 명이었다.[20] 게다가, 법률교육이 상대적으로 엄격성이 부족하다는 점은 법대가 신분 상승을 꿈꾸는 새로운 학생들을 수용하기 위해서 상대적으로 낮은 등록금을 거둠으로써 팽창할 수 있도록 해줬다.

그러므로 군부 내에서는, 적어도 비법률적인 연구와 브라질 국내에서의 학습 및 해외유학에 대한 재정적인 지원이 어느 정도 있었다.* 그 이유가 어찌 됐건 브라질인들에게 해외유학은 군사 쿠데타 이전과 비교해볼 때 유행하게 됐다. 보다 정치적으로 정향된 지식인들과 학생운동 지도자들 분파의 이민이 브라질 국내의 사회적 평화를 (적어도 단기간만이라도) 촉진하는 데 기여했다는 사실도 의심할 나위가 없다. 그러나 보다 일반적으로는 사회과학의 발전 과정들도 경제학에서처럼 미국에 대

---

* "박해와 권력 남용 그리고 경찰의 폭력에도 브라질 정부의 다른 부문들은 포드재단의 재정 지원을 받는 강좌들을 인정하고 이 수업에 등록한 학생들을 인정하고 있었다."(Miceli, 1993 : 294) 이와 마찬가지로, "권위주의적이고 억압적인 상황에서 브라질 사회과학자들의 지적이고 제도적인 창조성은 부분적으로나마 수많은 '수용소 군도'를 유지하고 있었던 브라질 군부정권 자신에 의해 고무됐다"(293). 한 정치학자에 따르면, 군은 심지어 "대사상가들을 존경하고 있었다".

해 우호적인 강력한 그룹을 생산했고, 정치와 경제에 대한 미국식 접근 방법을 낳게 됐다.

법률교육 개혁 : 보다 덜 성공한 시도

브라질에서 로스쿨과 법률가의 역할을 개혁하려는 노력은 경제학자들을 위한 포드재단의 지원이 잘 진행된 이후에, 그리고 사회과학에 대한 지원에 앞서서 일어났다. '법과 발전' 프로그램은 1950년대 초부터 경제적인 문제들에 대해 작업해온 사람들을 비롯해 브라질의 특정 법률가 그룹(보다 정확하게는 법대 출신자들)과 미국에서 온 법률 선교사 그룹을 결합시켰다.[**]

미국국제개발처(USAID)에서 근무하고 포드재단 사무국과 공동으로 작업하기 위해 리우데자네이루에 도착한 법률 선교사들은 미국의 엘리트 자격증과 관련된 능력주의를 대표했다. 그러나 해외에 갈 기회와 수단이 부족했기 때문에 그들은 미국에서 전통적인 엘리트의 길을 추구할 수 없었다.[***] 그들은 믿음을 가지고 있는 이상주의자들이었으며 발전이라는 새로운 종교를 촉진하려고 노력했다.[****] 그들은 군부에 대해

[**] 엘리트 경제학자들과 법률가들의 협력은 브라질-미국공동위원회에서 발전됐고 그 후에 출현한 수많은 핵심 기관들에서 계속 유지됐다. 예를 들어 BNDE 최초의 법률고문은 조제 루이스 불룡이스 페드레이라였다.

[***] 한 관계자는 다음과 같이 이야기했다. "AID 프로그램은 아주 매력적이었고 매우 좋은 사람들을 보유하고 있었다. …… 모두 법률서기였고, 최고 등급으로 졸업했으며, 법원에서 훌륭한 경험을 쌓은 사람들이었다. 그들 대부분은 월스트리트에서 경험을 쌓았다. 이것은 이 신참자들 대부분이 월스트리트 기업 출신이었다는 것을 이해하기 위해 중요하다."

[****] 한 참가자의 회고에 따르면, 그들은 "비현실적이었고 이상주의적이었으며 실제로 가능한 것보다 더 큰 영향을 미칠 수 있을 것"이라고 생각했다.

상당히 적대적이었음에도 1969년 군부 강경론자들이 정권을 장악하기 전에는 발전주의를 촉진한 브라질 경제학자 및 군부의 장교들과 몇 가지 공통적인 토대를 가지고 있었다.

발전주의 법률가들이 전파한 법률교육에 대한 몇 가지 비판을 토대로 포드재단과 USAID는 법률교육의 개혁을 위한 발판을 획득하려고 시도했다. 법률가들이 발전국가에서 통치에 필요한 새로운 기술들을 습득하지 못한다면 경제학자들이 그들을 대체해야 한다는 주장이 이미 있었다. 새로운 법률교육 계획은 1966년 법률교육연구개발센터(Centro de Estudos e Pesquisas no Ensino do Direito : CEPED)의 설립과 더불어 시작되어 1967년에 히우가톨릭대학으로 확장됐으며, 1973년 CEPED가 문을 닫은 후에도 한 동안 히우가톨릭대학에서 계속 살아 있었다.

여기에 관한 이야기는 포드재단 임원이었던 제임스 가드너의 『법률제국주의』[21]에 잘 기록되어 있다.* 이 책에서 가드너는 브라질의 법률개혁 노력은 실패했다('법과 발전' 운동의 일반적인 실패의 사례)고 설명하고 있다. 개혁가들이 경제법에 대한 연구와 강의들을 촉진했지만, 그들은 기술적 문제들을 해결하기 위한 능력과 지적인 엄격성을 모두 갖춘 미국식 교수법을 사용하는 전임제 교수들의 범주를 형성하는 데 실패했다. 가드너에 따르면, 이와 같은 실패는 브라질에서 미국식 법률교육 모

---

* 당시 포드재단의 또 다른 간부는 브라질 프로그램을 (당시 미국에서의 모호성과 일치하는) 다음과 같은 말로 설명했다. 포드재단은 인권에 관심이 있는 것으로 간주됐고 브라질이 민주정부를 향해 이동하는 방법을 모색하고 있었다. 포드재단의 인물들은 법률가들이 이런 견해를 공유하기를 희망했지만 브라질 프로그램은 "자신들의 주머니를 채운" 일군의 기술자들을 양성하고 있었다. 좋게 말하면 이 프로그램은 "적절하지 못했고", 나쁘게 말하면 국가의 시녀에 불과했다". 미국에서 포드재단은 1960년대 말에 공익법에 대한 재정 지원으로 이동했다. 사실 가드너의 저작은 법률교육의 전반적인 개혁 프로그램으로부터 지배받는 사람들을 옹호하기 위한 운동으로 관심을 전환시킨 포드재단 내부의 정책 변화에 관한 것으로 간주될 수 있다.

델(미국에서는 매우 성공적이었지만 보편적으로 선호되지 않는 모델)을 촉진하려고 한 시도의 결과였다.

그러나 이 이야기는 여러 가지 점에서 더욱 복잡하다. 우선 앞으로 좀더 상세하게 설명하겠지만, 법률개혁 운동을 위한 진정한 브라질적 토대가 없었다는 가드너의 일반적 주장[22]은 너무 지나치다. 산발적이고 전체적으로 비효율적인 개혁에 대한 수사들이 난무했다는 가드너의 비판[23]은 정확할 수도 있지만, 그것이 국내적인 토대의 결핍을 보여주지는 않는다. 게다가 우리는 수사적이고 딜레탕트적인 전략이 CEPED가 설립되기 전과 후의 브라질 법률 엘리트의 활동에 완벽하게 잘 들어맞았고, CEPED에 투자한 엘리트 멤버들에게도 매우 성공적이었다고 말할 수 있을 것이다.

CEPED는 이미 발전을 위해 법률과 경제학을 결합하려고 시도했던 사람들 간의 매우 밀접한 관계를 통해 설립됐다. 한 미국 측 참가자에 따르면, 이들 중 많은 사람들이 '바샤렐리스무'(bacharelismo: 법대 졸업자들의 지배)와 딜레탕트 법률가들에 대한 비판을 그들과 매우 유사한 토대에서 성장한 강력한 브라질 국가기관 비판으로 전환시켰다.** CEPED에 관련된 첫번째 브라질 인물들 중 한 명은 정치학을 공부한 변호사이자 외교관이었던 모레이라였고, 워싱턴에서는 유명한 변호사인

** 이 프로그램에 소속된 한 운동가에 따르면, "이 사람들은 국가에 대해 혐오감을 가진 사람들이었다. …… 페드레이라는 브라질 국가기관에 대해 가장 격렬한 비판자 중 한 명이었으므로 매우 중요하다. …… 바샤렐리스무에 대한 비판은 두 가지 생각에 기반하고 있었는데 …… 그것은 엘리트들의 매우 피상적이고 딜레탕트적인 사고와 제대로 기능하지 못하는 비대한 국가(hypertropic state)라는 생각이었다. 국가는 이 모든 사람들을 흡수한 후 매우 강력한 실체가 됐다. …… 그리고 나는 그것이 발전을 위한 강력한 힘이었고, 그래서 과도하게 성장한 것이라고 생각한다". 몇몇 비판자들이 1950년대 국가 건설에 기여했지만 델핑 네투의 시대에 국가가 작동하게 됐을 때는 참여하지 않았다는 점은 흥미롭다.

상티아구 단타스가 수많은 브라질 개혁 방안을 제시했다. CEPED 프로그램의 조정자인 알베르투 베난시우 필료(Alberto Venâncio Filho)는 학생으로서 단타스와 관계를 맺었고, 1957~61년 캐나다 기업 히우라이트(Rio Light)에서 근무했는데, 이 기업은 가장 뛰어난 브라질 변호사들을 고용하여 경제문제팀을 구성한 것으로 알려졌다.* CEPED의 장은 히우라이트의 법률고문으로 활동한 바 있고, 1950년대에 브라질의 기업법 제정에 참여했던 라이트의 또 다른 법률고문 역시 CEPED의 주요 인물이었다. CEPED의 기원에 대한 이야기를 보다 자세히 살펴보면, 베난시우는 BNDE의 첫번째 고문이었고 CEPED의 정향을 주도한 핵심 인물이었던 페드레이라와 같은 법률회사에서 근무했다.** 비록 법률개혁 자체가 미국 측 지지자들의 눈에는 실패한 것으로 보이겠지만, 이와 같은 개인들의 역할은 법률개혁의 실험이 경제권력에 연결된 일군의 법률가 집단들이 중요한 국내적 뿌리를 가지고 있었음을 보여주었다.*** 브라질에서 그 누구도 법률교육 개혁을 적극적으로 수행하려고 하지 않은 결과, 한 수준에서는 구조적인 결함이 생기게 됐다. 그러나 다른 수준에

---

* CEPED는 과나바라대학에 연결되어 있었는데, 이 대학의 부총장은 히우라이트의 법률가이자 교수였던 카이우 타시투(Caio Tacito)였다 (Gardner, 1980 : 66). 타시투는 CEPED의 원장이기도 했다(317). 또 다른 핵심 인물, 알프레두 라미 필료(Alfredo Lamy Filho)도 히우라이트와 다른 대기업들의 변호사로 근무한 교수였다. 그는 1950년대 브라질 기업법전 편찬자 중 한 명이었다. CEPED는 또한 리우데자네이루의 FGV와도 관계를 맺고 있었는데, 이 재단의 총재는 1945년에서 91년까지 "계속해서 법과 발전에 관련된 문제들에 관심을 가지고 있었다".

** 1967년에 학장이 된 젊은 변호사 조르지 고베이아 비에이라(Jorge Gouveia Vieira)는 아버지의 법률회사에서 근무했고 유학을 다녀왔으며 파트타임제 교수를 거쳐 29세에 전임제 학장이 되기 전까지 CEPED에서 연구했다. 그 후의 경력은 경제법에 대한 그의 지식을 토대로 진행됐다. 조아킹 팔캉는 CEPED를 떠나 1970년대 동안 히우가톨릭대학의 학장으로 재직했다.

*** 우리가 인터뷰한 주요 참가자들의 대다수는 CEPED를 거친 후 법률교육을 개혁하려는 생각을 버렸다고 말했다.

서 미국이 제공한 것을 기꺼이 사고자 하는 사람들을 발견했다. 새로운 경제 변호사 그룹은 브라질에서 경력을 구축하기 위해 자신들의 미국 경제 전문성을 적극적으로 활용했다.

한 미국 측 참가자는 모든 브라질 참가자들이 "전임제 교수 방안에 대해 의미가 없다고 생각했다"고 말했다. 따라서 법대의 교육 방법이 크게 변하지 않았다는 것은 그다지 놀랄 일이 아니다. 미국의 개혁자들이 "그것을 법률교육에 있어서 개혁주의적인 실험으로 생각한" 반면에 브라질 사람들은 그것을 대기업에 적용할 수 있는 사업법을 가르치기 위한 새로운 기법으로 생각했다. 이렇게 해서 CEPED에 영입된 사람들은 특히 리우데자네이루의 법률회사를 비롯해 여러 법률회사를 거친 젊고 야심적인 법률가들이었다. 한 미국 관리가 당시에 진술한 바와 같이 CEPED는 "리우데자네이루의 젊은 사업 법률가들 중 가장 뛰어나고 영리한 사람들을 위한 석사과정"이었다. 사실 CEPED가 문을 닫게 된 이유 중 하나는 이 프로그램이 임무를 완수했기 때문이었다. "CEPED는 그들이 가르칠 것을 모두에게 가르쳤다."

당연히 이 프로그램 출신의 젊은 엘리트들은 브라질 법의 변화에서 매우 중요한 경력과 지위로 이동하기 위해 CEPED와 관련된 네트워크와 그들의 고유한 교육을 활용했다. 리우데자네이루에 있는 경제 법률회사의 주요 행위자 인명사전은 CEPED의 동문 리스트와 매우 유사하게 보인다. 그럼에도 리우데자네이루에서의 법대개혁이 실패했으며 다른 곳에서도 성공하지 못했다는 것은 부인할 수 없는 사실이다.**** 그

**** 한 참가자에 따르면, 상파울루 법대와 가진 몇 차례 토론은 미국 교육 현황을 시찰한 여행을 제외하고는 아무런 소득이 없었다.

러나 이와 같은 CEPED 프로그램 제도화의 실패는 이 기관의 졸업자들을 환상적인 지위에 올려놓았다. 그들은 자신들의 특수한 지식 덕분에 훨씬 더 이득을 볼 수 있었고, 그 결과 경제권력의 재구조화에 있어서 법률 진영의 중요한 행위자가 될 수 있었다.

CEPED의 동창들은 리우데자네이루의 주요 법률회사들에서 높은 지위를 점유하게 됐다. 동시에 상파울루에서는 조제 피녜이루 네투(José Pinheiro Neto)가 전통적인 법률 엘리트와 군부로부터 독립한 사업 법률회사를 설립할 수 있었다. 피녜이루 네투와 CEPED의 사례는 브라질에서 국제적인 커넥션과 전문성들이 어떻게 친미적인 국가와 경제를 향해 이동하도록 촉진한 기관들을 구성하고 유지하는 데 사용될 수 있었는가를 보여준다. 국가 엘리트와 그 후예들은 1960년대 군부에 의해 자신들의 권력을 위협받았지만, 그룹을 다시 결성하고 군부 내부의 분열과 미국 내부의 분열로부터 이익을 취했으며 미국의 전문성과 그들이 점령하고 전환시킬 수 있었던 기존의 브라질 기관들과의 접촉을 혼합함으로써 권력 탈환 작업을 진행할 수 있었다. 군부에 대한 그들의 반격은 포드재단과 인권 옹호 운동으로 대표되는 국제적인 자원을 활용하면서 브라질 국내의 기관들에 토대를 두고 전개됐다.

이런 도전을 시작한 주요 기관 중 하나는 우리가 앞으로 설명하게 될 브라질변호사협회(OAB)였다. 그들은 군부에 대항해 인권을 주장하는 데 강력한 역할을 수행했고, 민주적 통치로 이행하기 위한 헌법 마련에 있어서도 중요한 역할을 수행했다. 이들이 신경제학, 신사회과학, 그리고 인권운동으로 대표되는 새로운 개방과 협상들로부터 이익을 취할 수 있었을 뿐만 아니라 브라질의 기관들에서 권력을 획득할 수 있었던 능력은, 아르헨티나나 칠레에서와는 달리 브라질에서 내전을 피할 수 있게 해준 중요한 요소였다. 법에 대한 도전(그리고 법을 만든 국가 엘리트에 대한 도전)은 여기에서 다시 한번 법 자체에 포함된다. 브라질 상황에서 법률 내부의 다양성은 특정 그룹들이 지배적으로 될 외국 전문성들에 상대적으로 일찍 투자할 수 있게 해줬고, 따라서 그들 자신의 지위도 유지할 수 있게 해줬다.

7_상징적 제국주의의 역설 :
근대성의 폭발적인 실험실, 라틴아메리카

아르헨티나와 칠레는 미국의 다원주의와 개혁주의 전략을 받아들이지만, 브라질에서 일어난 것과는 반대되는 사례들을 제공한다. 브라질에서 해외투자는 부분적으로 국내의 다원주의와 외국의 투자에 대한 강력한 수요 때문에 상대적으로 성공을 거뒀다. 하지만 엘리트들이 훨씬 더 동질적이었던 칠레의 조건은 이런 유형의 수요를 만들어내지 않았다. 그러나 제프리 퍼이어(Jeffrey Puryear)가 보여준 바와 같이 미국은 1950~60년대에 칠레에 상대적으로 많은 것을 투자했다.* 브라질이 현지 수요의 사례를 제공한다면, 사실 칠레는 미국 전문성이 줄어드는 사례로 보일 수도 있다. 이 장에서 우리는 미국 전문성의 수입 결과 너무나 불안정해서 폭발한 실험이 되고 마는 칠레에 대해 설명할 것이다.

이런 파열은 아르헨티나에서도 발견되지만 아르헨티나에서의 파열은 또 다른 사례를 제시해주는 경로로 진행됐다. 아르헨티나에 대한 다양한 미국의 수출품은 그것들이 마치 아르헨티나 국내에서 발달해온 것

---

* 제프리 퍼이어에 따르면 칠레는 남미 총 인구의 4%만을 차지하고 있을 뿐이었지만, 1960년대 동안 미국의 남미 원조에서 11~20%를 수령했다(Puryear, 1994 : II).

처럼 보이기 때문에 두드러지지 않는다. 아르헨티나에서 포드재단은 디 텔라재단과 완벽하게 조화를 이루었고, 싱크탱크들은 미국 재단들이 그들에게 투자하기 전부터 이미 존재하고 있었다. 남미에서 가장 폭력적인 '더러운 전쟁'〔Guerra Sucia : 1976~83년 사이에 군부정권이 자행한 국가폭력〕을 경험한 아르헨티나에서 개혁 전략의 실패는 칠레보다 훨씬 더 극적이었다.

그러나 아르헨티나와 칠레는 모두 명백하게 새로운 유형의 근대성의 실험장이었다. 칠레는 시카고학파의 통화주의와 국제 인권운동의 주도적 생산자가 됐고, 아르헨티나는 국가 주변부의 상호 경쟁적인 재단들과 싱크탱크들이 두드러진다. 이 장에서 우리는 북미에서 만들어진 개혁 전략이 라틴아메리카에서 역설적인 결과들을 생산하는 과정부터 설명하기로 한다.

칠레 : 수입된 경쟁의 격화에서 내전으로

칠레에서는 가문을 배경으로 한 국가 엘리트가 1960년대까지 외국에서 온 근대성을 지지하는 사람들을 점진적으로 통합할 수 있었다. 이런 통합 능력의 핵심은 라이벌 정당들과 수입 방식에 관한 설명에서 찾을 수 있다. 예를 들어 유럽에서처럼 라틴아메리카에서도 형제·자매나 사촌들이 의식적이건 아니건 공산당에서부터 기독민주당에 이르기까지 다양한 정당들로 나뉘는 것은 그다지 이상한 일이 아니다. 예를 들어 칠레에서 사회주의자였던 살바도르 아옌데는 오랫동안 기독민주주의자인 에두아르도 프레이(Eduardo Frei)를 비롯한 자신의 주요 정적들과 매우 친밀한 관계들을 유지해왔다. 가족관계와 친구관계는 다양한 정치적 근대성의 경향을 둘러싸고 존재한 갈등을 완화할 수 있게 해줬고, 그로 인해 경쟁은 그다지 격렬하지 않았다.

전문성의 수입속도는 이런 상태를 점진적으로 변화시켰다. 한 정보 제공자가 언급한 바와 같이, 칠레의 정치 엘리트들은 정기적으로 유럽을 여행했고 최신 저작들을 구입하여 자신들의 에스탄시아에 돌아와 산티아고에 최신 용어들을 유포했다. 우리는 (외국 지식의 현지) 적응을 촉진하는 이런 느린 과정을 남미의 경제학 발달사에서 발견할 수 있다. 처음에 이런 발전은 매우 능숙하게 통제됐고, 새로운 경제학자들은 큰 무리 없이 전통적인 법률 엘리트들에 통합됐다.

칠레 사회당의 리더로서 피노체트 정권 말기에 귀국이 허락되었고, 마지막 망명자로 유명세를 타기도 했던 카를로스 알타미라노(Carlos Altamirano)의 경력은 이런 장기간에 걸친 적응 과정을 잘 보여준다. 그는 칠레발 폭발(대개혁)의 핵심 인물이지만 망명하기 전에는 전통적인 엘리트의 길을 좇아가고 있었다. 그는 1940년대에 칠레대학 법학부에 다니면서 당시 유행하던 몇 가지 새로운 사조를 받아들였다. 그는 칠레 경제학의 창시자 중 한 명인 아니벨 핀토(Aníbel Pinto)를 비롯해 당시에 함께 법학부에서 공부하던 경제학자들과 관계를 맺었다. 그는 또한 파트리시오 아일윈(Patricio Aylwin)이 참여한 진보적 가톨릭 그룹이나 팔랑헤주의 그룹* 같은 학생운동에 적극적으로 참여했다. 아일윈처럼

---

* 팔랑헤(Falange Española)는 1933년 10월 스페인의 독재자 아들인 프리모 데 리베라(José Antonio Primo de Rivera)가 주축이 되어 결성한 그룹으로 자본주의와 맑스주의를 모두 반대하고 이탈리아 파시즘과 유사한 권위주의적 독재국가의 수립을 주장하였다. 이들의 운동은 당시 정치에 불만을 느낀 일부 청년들에게 지지를 얻었지만, 프리모 데 리베라는 스페인 내전 초기에 체포되어 처형됐다. 이 그룹은 1937년 4월 다른 우익정당들과 프랑코(Francisco Franco)를 지도자로 하는 스페인 유일의 정당이 됐고, 1967년에는 '국민운동'으로 발전적 해체를 하였다. 1976년 민주화 이후 이 정당은 크게 약화됐다. ―옮긴이

알타미라노도 그의 동료가 지적한 바와 같이 "과거의 세기에 살고 있는" 자유주의자들과 보수주의자들보다 진보적인 해결책을 모색하고 있었다. 이 야심적인 젊은 상속자들은 개혁이 필요하다고 생각했고, 자신들이야말로 미래에 이 개혁을 주도할 인물이라고 생각했다.

학위증을 획득한 후 알타미라노는 미국 회사에서 변호사로서 근무하기 시작하여 이후 칠레대학에서 법학과 정치학 교수가 됐으며, 활발하게 정치활동을 펼치면서 사회당에 가입했다. 당시 1940년대 말에는 사회주의자들이 기독민주주의자들과 크게 다르지 않았는데, 왜냐하면 "활기를 되찾은" 사회당은 여러 가지 면에서 팔랑헤주의적이었으며 실천적인 가톨릭 사상에 의지하고 있었기 때문이다. 알타미라노는 1950년대 초에 법률 분야 활동은 마쳤지만 법학과 정치학 강의는 계속하면서 정부를 위해 일했다. 그는 1964년에 상원에 당선됐고 1972년에 재선됐다.[**] '급진적 사회주의자'라는 꼬리표를 달고 있던 그는 무엇보다 구체제의 산물이었다. 그의 정치활동은 그에게 잠재된 급진 이념들을 부각시켰지만, 그의 삶의 여정은 권력과 정당성을 확보하기 위해 경쟁한 다른 정치인들의 자취와 크게 다르지 않았다.

칠레 법률 엘리트의 잠재적 경쟁자들인 경제학과 경제학자들의 '발전'은 제2차 세계대전 이후의 산물이었다.[***] 브라질과 마찬가지로 새로운 경제학은 외국의 영향력, 특히 산티아고에 자리 잡은 국제연합 기관인 라틴아메리카 경제위원회(CEPAL)의 영향력에 의지하면서 발전했다. 칠레 경제학을 발전시킨 핵심 인물인 아니벨 핀토는 CEPAL과 프레비시

[**] 알타미라노는 1973년 쿠데타가 일어나자 칠레를 떠나 한 동안 동베를린에 머물렀다.

[***] '발전국가'를 통한 칠레 경제의 발전은 특히 조지프 러브에 의해 체계적으로 연구됐다 (Love, 1996a ; 1996b).

와 밀접한 관계를 맺고 있었다.[1] 복권에 당첨된 후 런던에서 책들을 구입한 플라비안 레비네(Flavían Levine)는 중요한 케인스 수입자였을 뿐만 아니라 경제학에 있어서 보다 체계적인 연구와 교육을 주장하였다.[2] 이런 경제학의 선구자들은 칠레에서 상대적으로 수월하게 통치 엘리트 네트워크에 통합됐다.*

그러나 그들은 점차 가열된 법률에 대한 한 부분을 담당했다. 이 공격은 부분적으로는 교육 기회의 확장과 팽창된 법률 가문 내부에서 경력 상승의 기회가 줄어들 가능성에서 비롯됐다. 법률 세계의 제한된 기회들은, 법조인이 되기를 원했지만 결국 엔지니어가 된 한 인물의 일화를 통해 엿볼 수 있다. 1940년대 동안 그는 "법학을 공부하기" 원했지만 "어떠한 사회적인 인맥"도 없었기 때문에, 이것은 "정신나간 생각"으로 간주됐다. 그는 다행히 "수학에 뛰어났고" 따라서 보다 능력주의적이고 보다 경력에 대한 접근이 쉬운 엔지니어 경력을 추구할 수 있었다.

가족관계들과 인증서가 없이는 (사법부든 법률회사든 학계든) 법률 세계에 들어가기는 어려웠기 때문에, 지배적인 법률 가문에 소속되지 않은 수많은 재능 있는 개인들이 법조인으로서의 길을 추구하지 못했다. 새로운 학문과 직업의 매력은 중요한 사회자본이 부족한 사람들에게도 접근할 수 있는 기회가 있다는 것이었다. 앞서 소개한 엔지니어가 된 사람처럼 많은 사람들이 폐쇄적인 가족 네트워크의 외부에서 진로를 찾았다. 게다가 당시에 법률 세계를 통제한 사람들은 새로운 피를 수혈함으로써 중요한 변화를 도모할 필요성을 전혀 느끼지 못했다.

---

* 그들은 칠레의 '발전국가'에 대한 열렬한 지지자였다. 레비네는 처음부터 1973년까지 국영 철강회사인 아세로 델 파시피코(Acero del Pacífico)를 지휘했다.

브라질처럼 칠레에서도 USAID와 미국 재단들(특히 포드재단)이 경제학의 전문화에 깊게 관여했다. 칠레에서의 프로그램은 대규모로 진행됐다.[3] 칠레에서 포드재단의 활동 결과는 1960년대 초 약 120명에서 1970년경 700명 이상으로 증가한 경제학자들의 숫자를 보면 알 수 있다. 이런 급속한 성장은 "칠레 경제학 발전에 미친 포드재단의 놀라운 영향력"을 보여준다.[4] '칠레 프로젝트'는 또한 피노체트 정권 동안 권력을 담당하고 새로운 국제 정당성의 기준들에 맞추어 칠레 경제를 조율했던 유명한 '시카고 보이스'를 생산했다. 그러나 시카고 보이스를 생산한 투자가 성공적이었음에도 칠레 엘리트에 보다 밀접하게 연결된 주류 경제학자들이 왜 똑같은 방법으로 미국 전문성을 수입하지 않았는가는 흥미로운 부분이다.

　당시의 한 간부의 말에 따르면, 포드재단은 학문적 아이디어 시장을 촉진한다는 자신들의 접근 방법에 맞추어, "잘 훈련된 전문 경제학자들이 발전 과정에서 유익한 역할을 수행"하고 "해외 원조를 보다 잘 활용할 수 있을 것"이라는 믿음 하에 경제학을 전문화시키려고 노력했다. 포드재단은 CEPAL의 보다 구조주의적인 접근 방법에 대항하기 위해 통화주의건 자유주의 경제학이건 차등을 두지 않으려고 했다.** 발데스

** 미국 정부(그리고 시카고대학의 촉진자인 아놀드 하버거)는 당시에 구조주의와 동일시되던 '사회주의' 경제학과 전투를 벌이려고 한 것으로 보인다. USAID 프로그램의 설립자인 앨비언 패터슨(Albion Patterson)은 경제학 내부에서 "시장경제"를 위해 "균형을 회복하려고" 시도했다(Valdés, 1995 : 116). 이것은 정치적인 동기들이 이런 접근 방법에 결정적인 영향을 미쳤다는 것을 의미하지는 않는다. 시카고와 USAID 간의 접근은 포드재단을 중심으로 구성된 네트워크들의 중개자들에 의해 실현됐다. 인적 자본에 대한 연구로 훗날 노벨상을 수상한 시어도어 슐츠(Theodore Schultz)는 라틴아메리카 경제발전에 대해 2년마다 구성되는 계획 그룹을 지휘할 기회를 가졌다. 이 작업의 범주에서, 그는 패터슨의 흥미를 이끌어내고 이 프로젝트의 토대가 된 아이디어들을 발전시켰다. "인적 자본은 칠레에서의 실험을 계획한 미국 경제학자 그룹을 모은 깃발이었다."(Schultz, 1995 : 98)

(Juan Gabriel Valdés)가 설명한 바와 같이,[5] 포드재단은 칠레대학 경제학연구소에 가톨릭대학에 제공한 것(60만 달러)의 두 배에 달하는 재정(140만 달러)을 지원했다.*

그러나 칠레에서 시카고 보이스의 괄목할 만한 성공에도 불구하고, 이 나라에 대한 미국의 수많은 투자 실패를 감출 수 없다. 사실, 놀랍게도 보다 명문 대학인 칠레대학 경제학과에 대한 투자가 이 학교와 이 학교 출신자들에게 미친 영향이 매우 적었다. 브라질과 마찬가지로 이 기간 동안 뛰어난 학생들이 법학에서 경제학으로 이동하고 있었고 외국의 행위자들과 기관들은 이런 변화에서 중요한 역할을 했지만, 칠레에서 경제학 접근 방법의 다양성과 경쟁을 만들어내려는 미국의 노력은 주요 대학들에서 그다지 성공을 거두지 못했다. 훗날 법원을 개혁하려는 노력과 법률교육에 대한 투자가 칠레 법률 엘리트 내부에서 발판을 마련하지 못한 것과 마찬가지로 경제학에 대한 투자도 뿌리를 내리지 못했다. 새로 도입된 개혁적인 지식은 칠레 상황에서 배척되고 억제됐다. 그러나 투자는 지속됐고 결국에는 국가 전문성에서 훨씬 더 경쟁적인 시장을 촉진하는 데 기여했다. 이 경쟁은 1970년대 초반에 분출됐다.

가톨릭대학의 성공은 일련의 특수한 환경에 따른 결과였다. 발데스가 설명한 바와 같이, 칠레의 경제학 교육에서 "다원주의를 촉진함"으로써 사회주의적인 경향을 억제하려던 계획은 미국 정부와 포드재단의 이익, 국제적인 영향력을 구축하고 우수한 학생들을 유치하려고 한 시카고대학의 이익, 그리고 칠레대학으로 대표되는 이스태블리시먼트에 대

---

* 칠레대학 경제학연구소의 연구 프로그램은 1954년부터 61년까지 미국 경제학자인 조지프 그룬발트(Joseph Grunwald)가 지휘했다(Puryear, 1994 : 16; Valdés, 1995 : 115).

해 보다 강력한 지위를 획득하고자 한 산티아고 가톨릭대학의 이익과도 잘 들어맞았다.[**] 대략 100여 명의 칠레 경제학과 학생들이 1957년에서 70년 사이에 이 프로그램의 일환으로 시카고대학에서 교육받았다. 또 가톨릭대학 경제학과는 1965년부터 최초의 시카고대학 동문 가운데 한 명인 세르지오 데 카스트로(Sergio de Castro)에 의해 지휘됐는데, 그는 후에 피노체트의 경제 관료들에 대한 인사정책과 경제정책을 담당했다. 이렇게 해서 시카고 경제학은 가톨릭대학에서 번창하게 됐다.

우리는 다른 사회과학 분과, 특히 사회학에서도 이와 같은 변화와 광범위한 투자를 발견할 수 있다. 여기에서도 포드재단과 다른 국제 행위자들은 이 과정에 적극적으로 개입했다.[6] 앞서 지적한 바와 같이, 개입의 목적은 상호 경쟁하고 법학과도 경쟁하게 될 학문분과들을 구축하는 것이었다. 훗날 아옌데가 물러난 후 정부에 참여한 사회학자 호세 브루너는 1950년대 '직업사회학'의 발전에 대해 훌륭한 설명을 제공한다.[7] 브루너는 칠레의 사회학과 정치학이 19세기 말 이후로 콩트와 스펜서의 영향 하에 존재하고 있었지만,[8] 이 학문들을 보조적인 것으로 간주한 칠레대학 법학부와 공공행정학교 등의 대학 환경에서 자율성을 획득

[**] 발데스의 저작은 부분적으로는 학문적인 노력의 결과로 보인다. 유명한 기독민주당 정치인의 아들인 그가 프린스턴대학 박사 논문으로 계획한 이 작업은 시카고 보이스를 탄생시킨 매우 특수한 역사적·정치적 맥락을 추적하려는 것이다. 그 목표는 시카고대학의 현상이 결코 순수하게 학문적인 것이 아니라는 것을 보여줌으로써 이 신자유주의 칠레학파의 영향력을 제한하려는 것이었다. 보다 최근에 발데스는 칠레와 캐나다 간의 자유무역협정을 준비하기 위한 협상들을 지휘했다. 한편, 시카고대학과 가톨릭대학의 이익이라는 주제에 대해서 발데스는 1950년대에 "시카고는 가장 뛰어난 경제학도들을 유치하기 위해 동부의 대학교들과 격렬한 경쟁을 하고 있었다"는 점을 강조한다(Valdés, 1995 : 99). 시카고는 칠레 프로젝트를 통해 자금원과 우수한 학생들을 모두 획득했다. 1955년 이전에 가톨릭대학은 회계 교육에 치중하고 파트타임제 교육을 담당한 변호사들이 지배한 상업학교에 불과했다. 이 기간 동안, 경제학은 레비네 같은 유명한 인물들이 있던 칠레대학에서 중요성을 획득했다(117~118).

할 수 없었다고 지적한다.[9] 이런 '전문화 이전'(pre-professional) 시기는 제2차 세계대전 후에 변화하기 시작했다. 브루너에 따르면, "북미에서 온 이념·인력·자원의 활발한 흐름은 사회 연구에 활용된 조사 활동과 개념적 모델들의 혁신을 자극했다. 당시 미국의 공공 및 민간 조직들과 국제적인 조직들의 영향력이 발견된다. 특히 범아메리카연합(Pan-American Union), 미주기구(Organization of American States : OAS), 유네스코(UNESCO) 등이 발견된다".[10] 칠레대학 사회학연구소, 유네스코가 설립한 라틴아메리카 사회과학연구소(Facultad Latinoamericana de Ciencias Sociales : FLACSO), 그리고 가톨릭대학의 사회학대학 등 칠레의 핵심 연구기관들은 1950년대 말 매우 짧은 기간 동안에 설립됐다.[11] 브루너에 따르면, 이 세 기관은 매우 성공적이었고 외국과 매우 강한 관계를 구축하고 있었다.*

브루너가 보여준 바와 같이, 사회학자들은 학문적 정당성을 획득했고 그들의 분석이 사회적으로 적합함을 입증했으며 '북미 모델'에 따라 연구를 수행하고 교육을 했다.[12]** 게다가, 프레이와 기독민주주의자들이 개혁 프로그램에 기초해 1964년 권력을 획득한 후, "사회학자들의 경력은 즉시 위신을 획득했다. 실무에 있어서, 특히 농업부문과 도시 최하층민 그룹을 위해 정부가 주도한 개혁 프로그램들을 구체화시키는 임

---

* FLACSO는 라틴아메리카의 제1세대 사회과학자들을 위한 교육기관이 되고자 했는데, 유럽과 미국의 사회과학자들과 관계를 맺으면서 곧 라틴아메리카에서 가장 중요한 기관이 됐다. 초대 교수는 스페인의 호세 메디나 에차바리아(José Medina Echavarría), 스위스의 페터 하인츠(Peter Heintz)였다. 칠레대학의 프로그램은 미국식 접근 방법을 활용해 "경험적인 과학"을 촉진하기 위해 미국에서 귀국한 옛 법대 졸업생인 에두아르도 하무이(Eduardo Hamuy)에 의해 지휘됐다(Brunner, 1988 : 229; Puryear, 1994 : 14). 벨기에 예수회원인 카우벨라어트(Roger Vekemans Van Cauwelaert)는 가톨릭대학에 프로그램을 마련했다. 이 기관들은 얼마 후, "특히 포드재단과 록펠러재단, 유네스코, 미주기구 등 미국과 유럽의 몇몇 작은 조직들의 지원"을 받았다(Puryear, 1994 : 15).

무에 있어서 새로운 공공기관에 통합될 전문 인력에 대한 수요가 생기기 시작했다".[13] 개혁에 대한 외국의 투자는 칠레에서 심각한 분열을 초래한 농업개혁에서 발견된다. 이 기간, 포드재단의 보조금은 사회학 전임교수들의 숫자를 상당히 증가시키는 데 기여했다.[14] 좌파가 아옌데의 인기 상승으로 정당성을 획득함에 따라서, 사회학과들의 관심은 크게 변화했다. "사회학의 전문화에 앞서 과학의 가치 중립성이라는 생각은 이제 포기됐고, 아카데믹한(혹은 부르주아적인) 것은 참여적이고 운동적인 학문과 대립시키는 가치 개입이라는 개념으로 대체됐다."[15]*** 칠레와 이 전문성들은 정치적 폭발의 한 부분이 되기 시작했다.

이 설명에서 중요한 것은 외국의 원조와 정통성에 의지한 사회학이 법률과의 대립 속에서 자신의 자율성과 위신을 구축했고 1960년대와 아옌데 집권 기간 동안 큰 정치적 상승을 경험했다는 것이다. 한편 경제학

** 사회학적 접근 방법의 적합성을 강조하기 위해서 브루너는 법대의 개방성 부족과 갈수록 시대착오적인 성격을 언급한다. 그는 다음과 같이 주장한다. "사실 저소득층 출신이고 사회적 자본을 보유하지 못한 젊은 학생들에게 인간의 존엄성, 법률·문학·철학 등을 강조한 전통적인 대학 교육은 사회적인 신분 상승이나 학문적인 성공의 기회를 그다지 제공해주지 못했다. 이와 동시에 근대화 과정의 효과들이 확산되면서 전통 직업들의 휴머니스트적인 지식의 부족은 공공정책과 기술적이거나 관료적인 새로운 엘리트의 참여라는 관점에서 볼 때 갈수록 두드러졌다."(Brunner, 1988 : 228)

*** 관점의 변화는 사회학과에서 1967년부터 나타나기 시작했다. 그러나 "1970년부터" 종속이론과 맑스주의의 영향을 받은 사상들의 "두번째 수용"이 있었다. 카르도주는 당시 산티아고에 있었고 1964년 브라질에서 쿠데타가 발생한 후 그곳에서 3년 동안 머물렀다. 프레비시가 설립한 라틴아메리카 경제계획연구소(Instituto Latinoamericano y del Caribe de Planificación Económica y Social : ILPES) 소장이었던 스페인 사회학자 에차바리아는 당시에 CEPAL의 "사회학적 보완물"로서 그를 초빙했다(Love, 1996a : 191). 카르도주는 프레비시와 그 밖의 다른 사람들이 고안한 '중심부–주변부' 분석과 많은 공통점을 가진 종속이론을 발전시키기 위해 칠레 학자 엔소 팔레토(Enzo Faletto)와 협력했다. 러브는 브라질 쿠데타 이후에 산티아고에 정착한 망명자들이 종속이론의 발전에 미친 영향에 대해 설명한다. 베를린에서 태어난 안드레 군더 프랑크(Andre Gunder Frank)는 시카고대학에서 박사학위를 받았고 더욱 좌파적인 종속이론을 만들었는데, 그 역시 브라질을 떠난 후 산티아고에 자리 잡았다.

자들도 '발전국가' 시기와 그 이후(특히 피노체트 집권 시기)에도 계속 승리를 거두고 있었다. 각각의 학문분과 내부에서는 유럽식 개념들과 북미에서 도래한 개념들 간의 경쟁이 있었고, 북미식 접근 방법은 미국의 투자가 있기 전에 비해 훨씬 큰 권력을 획득했다.

따라서 법학은 가장 재능 있고 훌륭한 학생들의 일부를 상실해갔다. 한 포드재단 간부에 따르면, 당시 포드재단은 1970년경에 칠레가 "창조적이고 다이내믹한" 사회과학 공동체를 보유하게 된 것으로 간주했지만, 법학에서는 상황이 달랐다. 법학 내부에서 변화를 주장하는 목소리들이 있었다. 그들은 변호사들이 영향력을 잃고 있는 것을 우려했다. 포드재단의 '칠레법률계획'(Chile Law Project : 경제학자들의 '칠레 프로젝트'와 유사한 계획)은 이런 관심에 부합했다. 이 프로젝트는 1965년과 66년에 칠레대학 법학부와 에우헤니오 벨라스코(Dean Eugenio Velasco) 학장이 포드재단에 전달한 이니셔티브와 더불어 시작됐다. 이 이니셔티브는 브라질의 유사한 프로그램보다 훨씬 더 제도적인 토대를 갖추고 있었지만 제임스 가드너가 밝힌 바와 같이[16] 칠레에서도 실패하고 말았다.

미국에서 온 프로그램을 옹호하는 이들은 칠레에서 유럽식 접근 방법에 대해 미국식 접근 방법의 영향력을 증가시키기를 희망했다.* 그들은 미국의 법률 체계가 칠레에게 아무것도 제공할 것이 없다는 칠레 변호사들의 생각을 극복하고자 했다. 칠레와 미국의 옹호자들은 (발전에 대한 현대적인 시각에 뒤처지고 있는 것처럼 보인) 이른바 법률가들의 영향력이 뚜렷이 후퇴했다는 특수한 문제를 치료하고자 했다.** 칠레에서 법률가들은 '발전에 대한 장애물'로 간주됐다.[17]*** 법률 전문성의 가치는 새로운 (전문성의) 수입과 관련해 줄어들고 있었다.

1960년대 말과 70년대 초반 무렵에는 이 프로그램이 칠레의 법률교육을 바꾸는 데 성공했다거나 이 프로그램이 계속될 가치가 있다고 하는 몇 가지 주장들이 제기됐다. 이 프로그램이 끝나갈 무렵 칠레에 파견된 미국인 스튜어트 맥콜레이(Stewart Macaulay)는 이 프로그램을 다음과 같이 회상했다. "칠레 법률 프로그램은 매우 현실주의적인 것이었다. …… 그리고 그들은 법률교육과 연구를 개선하는 중이었다. 이것은 …… 개발도상국들이 법률이 미치는 영향력에 대해 올바른 정보를 필요로 하고 있으며, 이 모든 놀라운 결과들을 산출하기 위해 그들의 법을 활용할 수 있다는 〔개념의〕 사회공학(social engineering)이었다." 포드재단의 한 간부에 따르면 "지식인들의 충분한 참여가 없었다". 사회과학에서와 같은 "일종의 지적인 프로젝트가 존재하지 않았다". "수많은 개혁운동은 이데올로기적으로 보수적인 교수들에 의해 억제됐다." 그는 나아가 "법률가들은 다른 사회계급에 속해 있었고, 덜 지적이며, 〔사실상〕

---

* 1966년에 포드재단의 존 하워드(John Howard)와 스탠퍼드 법대(칠레 경제학에서 시카고 학파가 점유하고 있는 것과 유사한 역할을 법학 분야에서 수행한 기관)의 존 헨리 메리맨(John Henry Merryman)이 작성한 보고서는 의미가 있다. "칠레의 사법 시스템은 기본적으로 민법에서 나온다. 이것은 관습법 모델에 입각한 교육의 유용성을 의심한 라틴아메리카 파트너들의 회의주의로 이어졌다. 유럽의 법률전통이 칠레에서 계속해서 중요하게 작용한 상황에서, 미국의 참여는 '삼각무역'을 구축하는 데 성공했는데, 이것은 물론 유럽 측을 강화시키지 않고 미국-칠레 측을 강화하는 것이었다. …… 이 문제를 해결하기 위해 미국 측의 투입은 기본적으로 법률 규칙의 실체에 관심을 기울이지 않으면서 방법론적인 교육을 제공했다. (즉) 구체적인 판례와 연구 방법론의 습득을 지향하는 교육 방법에 보다 치중하는 것이었다."(Gardner, 1980 : 130). 이런 접근은 법률의 생산 방식보다는 법관의 생산 방식을 강조했다.

** 1967년에서 69년까지 사무장이었던 스티브 로벤슈타인(Steve Lowenstein)은 "오늘날 창조적인 발전을 이끄는 사람들은 …… 경제 전문가, 기술자, 농학자, 건축가 등이다"라고 불평했다(Gardner, 1980 : 147).

*** 칠레 법률가들의 후진성에 대한 비판자 중 가장 유명했던 사람으로는 아옌데의 주요 법률자문으로 알려진 칠레대학 법학부 교수 노베아 몬레알(Novea Monreal)이 있다. 1968년에 그는 거대한 사회 변동이 일어나고 있지만 "법률가들은 일반적으로 이런 변동에 대해 그어떤 방법으로도 기여하지 못한다"고 했다(Gardner, 1980 : 146 ; Lowenstein, 1970도 참고).

경제적인 이해관계에 더욱 밀착되어 있었다. 그들은 온갖 유형의 거래에 중개자로서 연루되어 있었다"고 덧붙였다.

요약하자면, 이 프로그램은 중요한 법률개혁의 필요성을 느끼지 못한 남미에서 파트너를 발견할 수 없는 것이었다. 칠레대학 경제학과처럼, 국제적인 투자는 견고하게 연결된 이스태블리시먼트에 어떠한 영향력도 미치지 못했고 법률의 경우는 더욱더 그러했다. 결국 이 프로그램은 아옌데 시기에 점차 부적합한 것이 됐고 곧 끝나게 됐다.* 위에서 설명한 바와 같이, 국가 경력을 추구하던 이상주의자들은 보다 국제적인 토대에서 국가를 건설하기 위해 법률을 떠나고 있었다.

칠레에서 법률과 사회학의 가교 역할을 한 핵심 인물 가운데 하나였던 에드문도 펜살리다(Edmundo Fuenzalida)에 관한 이야기도 새로운 전문성이 제기한 법률에 대한 도전을 밝히는 데 도움이 될 것이다. 그는 1954년에서 59년까지 칠레대학을 다녔고 법대를 졸업했다. 한 동기생이 말한 바와 같이, 그의 학급 학생들은 "국내 정치를 배우기 위해 (이 학교에) 들어갔다". 당시의 모든 칠레 대통령은 과거에 변호사였으며, 법대는 '미래의 정치인'을 훈련시키는 곳이었다. 당시 대학생들 사이에서는 급진당이 가장 중요한 정당이었지만, 모든 정당이 학생들에게 대표되었다. 600~700명의 학생에 대해 80명 가량의 교수가 있었고(그들 중 30%는 여성), 이 교수들 중 상당수가 그들이 받는 적은 월급을 로스쿨에 기증했다. 그들은 "명예만으로 만족했다". 학생들은 심지어 정장을 차려 입고 있었다. 간략히 말해서, 로스쿨 내부에는 전통적인 시스템이 손상

---

* 1971~72년 포드재단의 재정 지원을 통해 가톨릭대학의 루이스 베이츠(Louis Bates)가 전개한 법률 클리닉은 계속해서 유지되고 있는데, 이것은 이 프로그램 중 어떤 것들은 현지에 완전히 뿌리를 내렸음을 보여준다.

되거나 도전받지 않은 상태로 남아 있던 것으로 보인다.

그러나 학업을 마치고 그는 (법대에서 몇 미터밖에 떨어지지 않은) CEPAL과 법대의 주변부에 있던 아니벨 핀토로 대표되는 몇몇 교수들의 "잡음을 들었다". 그럼에도 그는 보수가 적은 변호사협회의 연수생에서 출발해 변호사가 됐다. 실무에서 법을 경험한 후 그는 실무에 나서기보다는 법학 연구에 집중하기로 결심했다. 전통적인 방식을 따라서 그는 법철학을 공부하기 위해 로마로 갔다. 그는 5년 후에 산티아고에 돌아왔는데, 여기에서 그가 알고 있던 한 법대 교수는 이런 '잡음들'이 전통적인 방식을 바꾸게 될 것이라고 주장했다. 이 교수는 그가 "실수를 했다"고 이야기했다 ── "미래는 사회학이지 법학이 아니다". 이 교수는 국제연합과 접촉하고 있었고, FLACSO의 설립에 대해 논의하고 있었다. 펜살리다는 이런 충고를 따랐고 1961년에 FLACSO로 옮겼다. 그는 여기에서 연구를 수행했고 교직을 제공받았다. 로스쿨을 통한 전문적인 훈련의 한계를 인식한 그는 더 많은 전문성을 확보하려고 노력했다. 이렇게 해서 그는 뉴욕의 컬럼비아대학에서 공부한 노르웨이 학자 요한 갈퉁(Johan Galtung)과 함께 일하기 시작했고, 그들은 공동으로 라틴아메리카에서 사회과학 이론과 방법론에 관한 첫번째 저작을 발표했다. 펜살리다는 1964년에 FLACSO의 교수가 됐고, 이제 그의 법률 학위증에는 사회학 박사학위증이 보태졌다.

FLACSO는 당시에 프레이와 기독민주당원들이 수행한 개혁 관련 연구에 깊이 관여했다. 펜살리다는 자신만의 연구를 수행하는 것이 필요하다고 생각하고 취리히로 가 조교수로 근무하면서 한 권의 책을 출판했다. 그는 1970년에 귀국했는데, 이 시기에는 자신의 법학 공부를 "젊은 시절의 실수"로 생각했다. 그는 칠레대학의 학문간 공동 연구소의 일원으로서 에드가르도 보에닝거(Edgardo Boeninger)와 리카르도 라고스(Ricardo Lagos)를 비롯한 여러 학자들과 관계를 맺었는데, 엔지니어 교육을 받은 보에닝거는 후에 칠레대학의 총장으로 선출됐다.

여러 가지 학문을 결합한 전문성 때문에 그가 법률교육의 개선과 학문간 공동 연구에 초점을 맞추려고 한 포드재단의 칠레 법률 프로젝트에 관여하게 된 것은 당연한 일이었다. 그는 이 프로젝트에 너무 깊게 개입하는 것은 자제했지만, 호르헤 타피아(Jorge Tapia), 안드레스 쿠네오(Andres Cuneo), 곤살로 피게로아(Gonzalo Figueroa) 등이 참여한 학문간 공동연구소와 함께 작업했다. 여기에서 펜살리다는 아옌데 정부의 아젠다에 부응하는 법률을 작성하기 위해 연구하고 있었던 것으로 보인다. 이 연구소는 포드재단으로부터 재정 지원을 받았고 칠레 법률 프로젝트가 중단된 후에도 계속 활동하다가 군사 쿠데타가 일어나자 문을 닫았다. 그의 동료였던 타피아는 1973년에 아옌데 정부의 교육부 장관이 됐고, 그로 인해 군사정권에 의해 체포되어 2년 동안 수감됐다. 쿠데타에도 불구하고 펜살리다는 스탠퍼드대학 로스쿨에 자리 잡은 '법과 발전 연구'(Studies in Law and Development : SLADE)에서 칠레에 관련된 매우 계량적인 연구들을 어느 정도 완수했다. 그 후 그는 칠레를 떠나 영국에서 발전에 관한 프로그램을 강의했고 다시 스탠퍼드 사범대학에서 강의했는데, 여기에서 그는 1989년까지 머물러 있었다. 그는 현재 칠레대학 로스쿨에서 파트타임 강사로 근무하고 있는데, 법사회학에 대한 그의 관심은 계속되고 있다.

칠레는 1970년대 초반에 아옌데의 충격적인 당선과 그 뒤를 이어 1973년에 일어난 피노체트의 쿠데타와 정권 장악 등 위기의 시대로 접어들었다. 북미로부터의 투자는 외국으로부터 온 근대주의의 힘을 억제하고 지연시킨 전통적인 법률 엘리트와 그들의 능력을 토대에서 뒤흔든 자원들(기존 세력에 도전한 사회과학과 경제 전문성)을 경쟁자로 제공함으로써 위기를 조장하였다.

이런 위기에도 불구하고 외국의 투자는 훗날 큰 중요성을 가지게 되는 싱크탱크들을 비롯한 여러 기관들의 발전에 씨앗이 됐다. 이 기관들은 훗날 마찬가지로 외국의 전문성에 의해 재조직되지만, 이번에는 권력에 있는 정권을 비판하는 방향을 취했다. 칠레에서는 국가를 재건하는 데 오랜 시간이 걸렸고, 국가에 대한 갈등의 빈 공간은 국가권력에 대한 새로운 담론들(특히 통화주의와 인권)이 발명되고 수출될 수 있게 해줬다. 특히 테크노폴로 칭송되는 사람들을 통한 이런 국가의 재구축은 과거에 존재했던 것을 향한— 새로운 형태로 새로운 북미의 상품들을 지향하는— 복귀로 이해될 수도 있을 것이다.

아르헨티나 : 포스트모던 국가의 당파적인 싱크탱크

아르헨티나는 언제나 국제 지향적인 전문 그룹을 생산했다. 그러나 이 그룹의 멤버들은 아르헨티나에 상대적으로 적은 투자를 했을 뿐이었다. 라울 프레비시로 대표되는 아르헨티나의 전문가들은 국가기관 구축을 위한 노력의 대부분을 아르헨티나가 아닌 국제적인 영역에서 수행했고, 국내에서는 대개 민간영역(국가를 둘러싼 불투명한 영역)에서 활동했다. 따라서 법률의 장 내부에서 상대적으로 적은 국가 엘리트가 발견되는 것은 그다지 놀라운 일이 아니다. 법률 엘리트의 중요한 인물들은 국가보다 민간 법률 사무실에서 발견되는데, 이곳에서는 거대한 이론이나 정치사상에 대한 관심이 매우 적었다.

칠레와 브라질처럼 아르헨티나에서도 국제화 경향은 뚜렷하게 나타났고 북미와 남미 양쪽 방향으로부터 전문성에 대한 국제적 투자가 많이 있었지만, 아르헨티나에서 이 전문성은 국가 내부로 흘러 들어가지 못했다. 그 대신에 이 투자들은 미국에서와 유사하게 박애주의 재단 등 국가 외곽의 기관들로 흘러간다. 사실 포드재단과 똑같이, 디텔라재단은 자동차 판매에서 거둔 이윤을 국가와 학계를 매개하는 기관으로 전환시킨 조직이었다. 따라서 연고주의와 후견에 의한 정치적 투쟁으로 점철된 아르헨티나에서 공공 학문기관 및 국가와는 대조적으로, 디텔라재단은 보다 능력주의적인 방식을 추구한 신참자들의 전략과 전문 엘리트 전략이 결합된 상대적으로 안정된 틀로 국제적인 아이디어를 수입할 수 있었다. 이런 메커니즘의 결과, 새 학문분과들은 법률 엘리트들에 대한 도전이라기보다는 법률회사들과 나란히 존재해온 새로운 싱크탱크들의 토대로서 아르헨티나에 수용됐다. 이처럼 아르헨티나의 경제학과 사회학의 특징은 이 학문들의 발전에 오랫동안 지속되어온 민간부문과 국제적인 전략의 영향력이라고 할 수 있다.

디텔라 가문은 수많은 싱크탱크들의 중심에 위치해 있다. 토르쿠아토 디텔라(Torcuato di Tella)는 가정용품과 이른바 폭스바겐으로 알려진 자동차 산업으로 번성한 이탈리아 이민자로서, 아르헨티나의 경제학과 사회과학(또한 예술 분야) 발전에 남긴 유산이 매우 컸다. 그의 두 아들은 각자 전문 분야에서 큰 명성을 누렸다. 토르쿠아토 2세는 1930년대에 태어난 사회학자이고, 기도 디텔라(Guido di Tella)는 경제학자로서 1970년대 초의 페론주의자였다.[*] 기도 디텔라는 1973~76년 무역부 장관이었고, 군부 지배 기간 중 대부분을 영국 옥스퍼드에서 보낸 후 메넴 정부에서 외무부 장관을 지냈다. 토르쿠아토 디텔라연구소(Instituto

Torcuato di Tella)는 디텔라재단과 포드재단의 상당한 재정 지원을 받은 민간 연구센터로서 1968년에 설립됐다.[**] 이 연구소는 시카고학파가 성공을 거두기 전에 주류였던 구조주의 경제학과 깊이 관련된 '기술자들'에게 토대를 제공했다.[***] 디텔라재단은 이처럼 국제경제학을 촉진하기 위한 싱크탱크를 만들어냈다.

이 재단은 중요한 싱크탱크인 '경제·사회발전연구소'(Instituto de Desarrollo Económico y Social : IDES)와 '아르헨티나 거시경제연구소'(Centro de Estudios Macroeconómicos de Argentina : CEMA)에 재정을 지원하기도 했다. 1962년 급진당의 싱크탱크로서 설립된 IDES는 큰 명성을 누리고 있었다. 1978년에 사립학교로 설립된 CEMA는 미국과 미국 지배적인 경제 교조주의에 매우 가깝고, 높은 전문성을 보유한 부에노스아이레스 경제학자들이 포진하고 있었다. 이 연구소의 "경제 및 금융 교수들은 실무교육 프로그램과 함께 아르헨티나에서 가장 인정받았다".[18][****] 이 두 기관은 현재 사립대학으로서 경쟁하고 있다.

---

* 기도 디텔라는 MIT대학 경제학 박사학위 소지자였다(di Tella and Rodríguez Braun, 1990 : 146).

** 옹가니아(Juan Carlos Ongania Carballo) 정권 동안 디텔라연구소는 군사정권과의 갈등에 직면했다. 이 연구소에 관여한 한 인물에 따르면, 당시 사회과학 연구에 대한 정부의 재정 지원이 중단됐고 다른 자원은 없는 상태였다. 이에 따라 디텔라재단은 포드재단으로부터 200만 달러의 기부를 얻었는데, 이 지원은 연구소가 살아남을 수 있게 해줬고 그 뒤를 이은 군부의 탄압을 견딜 수 있게 해줬다.

*** 알프레도 카니트로트(Alfredo Canitrot)는 1963년에 박사학위를 마친 후 몇 년간 국제연합에서 근무하고 디텔라연구소에 참여했다. 그는 디텔라연구소와 공동으로 수행한 연구들을 통해 유명해졌다. 그는 알폰신 정부에 참여한 1983년부터 몇 년을 제외하고 1975년부터 이 연구소에서 근무했다.

**** 로케 페르난데스(Roque Fernandez)와 카를로스 로드리게스(Carlos Rodriguez) —— 두 사람 모두 정부의 인물이었다 —— 는 아마도 가장 유명한 경제 전문가일 것이다. 두 사람은 시카고대학에서 박사학위를 받았다. 로드리게스는 CEMA에 돌아오기 전에 미국 컬럼비아대학에서 명성을 날렸던 경제학자였다.

또 다른 경제 싱크탱크인 '라틴아메리카 경제연구재단'(Fundación de Investigaciones Económicas Latinoaméricanas : FIEL)은 1964년에 증권거래소, 축산협회, 상공회의소, 산업협회를 비롯한 네 개의 재계 조직과 아르헨티나 농촌협회(Sociedad Rural Argentina)에 의해 설립됐다. 이 기관은 여전히 중요한 연구센터이며 정부에 크게 의존하면서 경제 분석과 연구를 수행했다. 이 기관은 특히 재계의 요구에 경제 분석을 접목시키려고 한 첫번째 연구기관 가운데 하나였다.[*] 현재는 160여 개의 기업들이 FIEL을 지원하고 있다.[19]

메넴 행정부에서 아르헨티나의 경제학을 변화시킨 '테크노폴'인 도밍고 카바요가 권력에 올라서기 위한 토대였던 아르헨티나·라틴아메리카 경제연구소(Instituto de Estudios Económicos sobre la Realidad Argentina y Latinoamérica : IEERAL)는 경제발전과 아르헨티나 경제학의 잠재적인 제도화에 대한 관심을 보여준다. IEERAL의 뿌리는 '진보를 위한 동맹'과 아르헨티나 경제학이 독립 학문으로서 출발하는 시기까지 거슬러 올라간다.

초기 IEERAL의 발전에 매우 중요한 영향을 미친 것 중 하나는 포드재단이었다── 포드재단은 1960년경에 코르도바의 벤하민 코르네조(Benjamin Cornejo)를 비롯한 몇몇 경제학자들이 참여하기도 한 남미 순방 때 재정을 부담했다. 법률가로서 교육을 받은 코르네조는 경제연구소의 원장이었고 코르도바 국립대학의 부총장이기도 했다. 코르네조

---

[*] 아르헨티나와 브라질의 '발전주의 시대'를 비교한 시킨크에 따르면, "아르헨티나의 경영자 협회들은 조직이라기보다는 정치운동 세력으로서 조직되고 활동했다. 이 경영자 협회들은 제도적인 구조와 조직을 가지고 있지 않았다. 아르헨티나의 산업체들은 브라질 산업체들이 이득을 본 것과 같은 기술관료적인 기관이 아니었다"(Sikkink, 1991 : 108).

는 경제학 연구에 초점을 둔 '명문 연구센터'를 설립할 기회를 발견했고, 대부분 20대이던 젊은 학자들이 주도한 연구기관을 설립했다. 카바요와 IEERAL의 역사에 대해 매우 호의적인 책을 썼고 이 그룹의 멤버이기도 했던 엔리케 에눅스(Enrique N'Haux)에 따르면, "경제학 교수들은 있었지만 연구자들은 없었다. 포드재단의 지원은 연구에 전념할 수 있는 가능성을 제시했다".[20]**

미국에서 공부한 코르도바 그룹의 첫번째 인물인 움베르토 페트레이(Humberto Petrei)는 1961년에 시카고대학에서 박사학위를 받았고 많은 사람들이 그의 뒤를 따랐다. 그들은 코르도바로 돌아와 수학과 통계를 결합한 경제 연구에 큰 노력을 기울였다.[21] 1967년이 되자 드디어 학부에서 경제학의 경력이 회계의 경력과 분리됐다.*** 카바요는 이 프로그램에 참여한 초창기 학생이었다. 우파에 동조했고 중산층 출신의 활동적인 학생이었던 카바요는 1963~67년 코르도바국립대학 경제학과에서 공부했으며 연구자로서 이 학교에 계속 남아 있었다.****

IEERAL의 설립에 있어서 또 다른 중요한 요소는 재계로부터 왔다. 1969년 코르도바 산업협회는 지도부를 바꾸어 젊은 기업인들에게 자리

** 또한 "급료 수준이 다른 동료들의 질투와 당시에 번성하던 학생운동으로부터 정치적인 비난을 받았다"는 사실에 주목해야 한다(N'Haux, 1993 : 100~101). 학생운동 지도자들은 이 연구를 제국주의적이라고 비판했지만, 경제 전문가들은 자신들의 업무를 계속했고 대학의 외부에서 명성을 획득했다.

*** 흥미롭게도 에눅스에 따르면(N'Haux, 1993 : 104~105), 이 초기의 코르도바 그룹은 자신을 후원한 민간 기업들과 관련된 실무적인 직업 활동을 거의 하지 않았다. 연구활동은 다른 대학들에서 발전된 주제들과 유사한 주제를 지향했다. 게다가 부에노스아이레스 외부에서 훗날 학문적 전문성으로서 사업체들에 기여할 수 있었던 전문적인 자율성을 구축하기가 보다 수월했을 것이다.

**** 카바요는 수년 동안 학문적인 연구를 수행했고 1970년대 초반에는 지방정부에 참여했다. 그는 우선 경제발전계획부에서 근무했고, 후에는 코르도바 지역은행에서 근무했다.

를 넘겨줬다.* 그 중 한명은 코르도바 전통 엘리트 가문 출신 건축가 하이메 로사(Jaime Roca)였고, 또 다른 사람은 건설용 세라믹 재료 공급업체를 소유한 이탈리아 이민자 페드로 아스토리(Pedro Astori)였다.** 로사와 아스토리는 모두 흥미롭게도 발전경제학과 수입대체산업에 관련되어 있었다.[22] 그들은 변호사 호세 카스트로 가라이사발(José Castro Garayzabal)과 함께 일했는데, 이 인물은 이카-르노(Ika-Renault) 자동차 공장의 대표였다.[23]*** 이들은 코르도바 지역이 지역 분권화 정책을 필요로 하고 있다는 믿음으로 연합했지만, 이 생각을 구체적인 실천으로 옮기는 데는 성공하지 못했다. 아스토리에 따르면, 그들은 부에노스아이레스의 이스태블리시먼트와 싸울 것이 하나도 없었으며, 그는 자신들의 이익을 위해 연구를 동원하는 것이 필요하다는 것을 알고 있었다. "만약 우리가 공부하지 않았다면 …… 우리의 주장은 공허한 것으로 남아 있었을 것이다." 문제는 ("수도권 대기업을 위한 기술 경제학적 지원"을 제공한)[24] FIEL이 분권화 주장에 반대할 것이라는 점 때문에 더욱 복잡해졌다.**** 아르헨티나 상황에서 싱크탱크들은 경제적인 경쟁에 활

---

* 페론은 물론 코르도바의 산업체 건설을 지원했고, 이 산업체들은 수입대체산업 정책의 일환인 보호주의 조치들에 의지하게 됐다.

** 아스토리는 이탈리아 출신이었다. 그는 세라믹 시장의 성공으로 생겨난 기회를 포착해 이 시장에서 60%의 생산을 점유했다. 그는 또한 역대 정부들과의 관계에 의지하면서 다른 사업에도 참여했다. 그는 페론주의 시대였던 1973~76년 노동자들을 위한 주거지 건설계획을 수립했고, 마르티네스 데 오스가 국내 시장개방을 계획하자 해외무역회사를 설립했으며 공공부문 관련 사업에 진출했다(N'Haux, 1993 : 121~122). 그는 프론디시(Arturo Frondizi)와 프리헤리오(Rogelio Frigerio)와 밀접한 관계를 맺고 아르헨티나 '국내의 프리헤리오'가 되기를 갈망했다(127). 그는 후에 코르도바에서 신문사를 설립하려고 했지만 실패해서 창간 2년 만인 1982년에 폐간하고 말았다(125~126).

*** 가라이사발은 "이 지역 외부의 대표자들과 그룹에서 훌륭한 커뮤니케이션 전문가였다"(N'Haux, 1993 : 93). 그는 아르헨티나의 가장 큰 외국업체 가운데 하나였던 르노자동차의 '산업관계' 매니저였다. 그는 1957년에 법대를 졸업했다(132).

용될 수 있는 잠재적인 무기였다.

코르도바의 주도적인 경제학자 중 한 명이 FIEL로 옮긴 사실에 대한 부분적인 반응으로서 아스토리 그룹은 자신들의 연구를 추종한 코르도바 경제학자들의 연구를 촉진하기 시작했다. 1970년, 아스토리는 카바요에게 접근해 "'부에노스아이레스의 중앙집권주의'에 대항해 지역 산업체들의 이익을 옹호할"[25] 경제 및 사회연구소를 조직하도록 지원해 달라고 요청했다. 그들은 상당한 관심을 불러일으킨 독립적인 연구를 수행했고, 코르도바 경제학자들의 명성을 높이는 데 성공했다.*****

이미 명성을 얻고 있던 카바요는 1973년부터 하버드대학에서 경제학을 공부하기로 결심했다. 메사추세츠 캠브리지에 머물면서 그는 하버드대학과 MIT대학 교수들, 그리고 미래에 라틴아메리카 경제학을 주도할 학자들과 관계를 구축했다. 1978년에 MIT대학에서 경제학 박사학위를 획득한 멕시코 경제학자 페드로 아스페는 자신의 논문에서 카바요의 1977년 하버드대학 논문을 여러 차례 인용했다.[26] 카바요와 아스페는 또한 캠브리지대학에서 알레한드로 폭슬레이와도 관계를 맺었는데, 그는 당시에 MIT대학 초청교수였고 현재는 칠레 기독민주당의 지도자이기도 하다.[27] 현재 미국에서 테크노폴로 찬양받고 있는 이 세 명의 경제학자들은 그들의 모국에서 경제학의 지평을 구축하는 데 앞장선 매우

**** 브라질과의 흥미로운 비교를 다룬 초기 연구 가운데 하나는 부에노스아이레스 외부에 새로운 수도를 건설할 것을 권고했다.
***** 1973년 선거에서 페론주의자들이 승리함으로써 헬바르드(José Ber Gelbard)는 경제부 장관이 되었다. 그의 동료는 카스트로의 법률사무국에서 근무했던 젊은 상원의원인 페르난도 델라 루아(Fernando de la Rúa)와 에두아르도 앙헬로스(Eduardo Angeloz)로서 이들은 매우 영향력 있는 정치인이 되었다. 이들은 코르도바 그룹이 작성한 경제정책 방안에 관심을 모으는 데 크게 기여했지만, 헬바르드를 설득하는 데는 실패했다. 그동안 코르도바의 경제 전문가 그룹은 1973년부터 지방정부 예산에 대해 연구하기 시작했다.

중요한 인물이다.[*]

　1977년 카바요가 귀국할 무렵에 아스토리는 그에게 메디테라네아 재단(Fundación Mediterranea)의 영향 하에 있는 새로운 싱크탱크 (IEERAL)의 설립을 맡아줄 것을 제안했다.^{**} 1977년 7월 이 그룹은 코르도바 재계로부터 33건의 기부를 받았는데, 각 기업은 6천 달러씩 기부했다.[28) IEERAL의 창립 발기문의 서문은 이 연구소가 부문별 산업체들의 이익보다는 국가의 일반 이익을 위해 연구한다는 취지를 강조했다. 이 취지는 포르테노스(Portenos : 부에노스아이레스의 주민들)가 그들 자신을 위해 수립한 정책에 대해 코르도바 사람들이 가지고 있던 반감으로부터 온 것이었다.[29) 연구소장인 카바요를 포함해 IEERAL의 경제학자들과 훗날 메넴 정부에 대거 참여하게 되는 수많은 경제학자들은, 그들만의 학술지에 그들의 연구 결과와 루디거 돈부시와 제프리 삭스를 비롯한 북미의 저명한 학자들의 연구를 발표하기 시작했다.^{***}

　우리는 한 일화를 통해 1970년대 중후반의 경제학계 모습이나, 적어도 학생들의 관점에서 경제학이 어떻게 보였는지 알 수 있다. 해군 장교였다가 1970년대에 재계로 옮긴 아버지를 둔 한 여학생은 좌익 페론주의에 대항해 적극적으로 학생운동에 개입했다. 그 후 그녀는 경제학자가 되기 위해 부에노스아이레스대학에 입학했는데, 이것은 "찾아보기

---

[*] 카바요의 논문 지도 교수는 마틴 펠드슈타인(Martin Feldstein)으로서, 그는 레이건 행정부의 경제자문위원회 위원장이 된다.

^{**} IEERAL 설립을 반대한 사람 가운데 하나였던 대기업가 풀비오 파가나(Fulvio Pagana)는 다음과 같이 주장했다. "우리의 결정은 재계의 역할에서 (가장 고귀한 의미로) 정치적인 차원을 인정하자는 것이었다. 이 차원은 우리들 각자가 자신들의 회사만을 위해 헌신할 경우 사라지게 될 것이었다." (N'Haux, 1993 : 138)

^{***} 훗날 메넴 정부에서 종사하게 될 핵심 인물 가운데에는 1975년 시카고대학에서 박사학위를 받은 알도 다도네(Aldo Dadone)가 포함되어 있다.

힘든 진로"였다. 만 명의 입학생 중 경제학과의 학생 수는 40명에 불과했다. 경제학은 아직까지 경력을 추구하는 길로서 발전하지 못하고 있었다. 그녀의 스승은 CEMA에 연결되어 있었고, 그녀는 "자신의 스타일"인 로케 페르난데스를 비롯한 다른 사람들을 만났다. 그들은 여전히 "모든 문제를 돈을 찍어냄으로써 해결하려고 하는" 구조주의 경제학이 지배한 고등학교에서 그녀가 배운 것과는 "매우 다른" 방법으로 경제학을 가르쳤다. 이 새 그룹은 (의심할 나위 없이 수학을 풍부하게 활용하면서) "경제학을 통해 현실 세계의 문제들을 해결할 수 있었다".****

1970년대 후반의 학생 시절을 회상하면서, 그녀는 경제학의 장을 다음과 같이 요약했다. FIEL은 "상당히 신중하고" 존경받을 만하지만 정치적인 비중은 없다. IEERAL은 유명하지만 부에노스아이레스 외부에 있다. 그리고 CEMA의 경제학자들은 "신문 등 매체에 칼럼을 쓴" 첫번째 사람들이라는 점에서 인상적이다. 이와 대조적으로, 그녀는 "여전히 케인스 대(對) 통화주의를 말하던" IDES의 경제학자들과는 아무런 접촉도 없었다.***** 정부 소속 경제학자들의 역할에 있어서 중앙은행은 "잘 훈련된 경제 전문가들" 간의 연속성을 간직한 유일한 장소였다. 아르헨

**** 그녀는 CEMA에서 석사학위를 준비했는데, 이 기관의 제2세대에 포함된다. 여기에서 그녀는 아놀드 하버거 같은 북미 경제학자들을 만났다. 그녀는 시카고대학에서 학업을 계속하여 박사학위를 받은 후, CEMA에 복귀하여 정부의 한 책임자 지위에 임명됐다.

***** IDES의 중요한 경제 전문가로 성장하고 이 기관을 통해 급진당의 영향을 받게 된 한 학생은 같은 이야기에 대해 보완적인 시각을 제공한다. 1973년 그가 부에노스아이레스대학에 재학 중일 때, 그는 "모든 것이 페론 정부에 의해 통제된다"고 생각했다. 모든 에너지들이 페론주의 좌파와 우파 간의 끝없는 대립에 의해 흡수됐다. 교육의 질은 이미 "영화처럼 되어가고 있었고" 갈수록 나빠지기만 했다. 1979년에 학위를 받기 전, 그는 CEMA에서 로케 페르난데스의 강의와 IDES에서 후안 소로일레(Juan Sourrouille)의 수업을 들으면서 경제학 접근 방법을 다각화하는 법을 배웠다. 그는 구조주의 접근 방법만큼이나 새로운 경제이론이 필요하다는 것을 이해하게 됐다.

티나에서는 브라질과 (특히) 칠레와 같은 막대한 국제적인 투자가 없었음에도 경제학이 번창하기 시작했지만,[30] 이런 성공은 국가기관이 아니라 대부분 민간기관에서 발견됐고, 이 민간기관들은 정치적·지역적으로 파편화되어 있는 경향이 있었다. 그들은 갈수록 복잡해지는 경제 전문성을 통해 지역적이고 정치적인 특별한 관점들을 대변했다.

경제학처럼 사회학도 디텔라연구소와 관련되어 있다. 이 연구소 설립자의 아들인 토르쿠아토 2세는 이탈리아 출신의 사회학 선구자 지노 제르마니(Gino Germani)를 중심으로 한 그룹에 참여했다. 이 연구소는 비전문적인 강단사회학과 분리된 사회과학의 엘리트 연구기관이 되었다. 포드재단으로부터 소액의 지원을 받은 또 다른 기관인 대중교육센터(Centro de Estudios de Población : CENEP)는 1970년대 초에 디텔라재단의 지부와도 같았다. 사회연구센터(Centro de Estudios Sociales : CES) 같은 그룹들도 디텔라연구소의 과잉 성장 아래에 있었다. 1970년대 중반에 포드재단이 설립한 CES는 1983년경에는 50여 명의 연구원을 거느리게 됨으로써 이 싱크탱크 중 가장 큰 기관이 됐다. 군사정권 동안 이 연구소들의 연구원 중 대학에서 강의한 사람은 전혀 없었다. 1976~83년의 상황을 관찰한 한 연구자에 따르면, 아르헨티나에서 여전히 소수 사회학자 그룹으로 남아 있던 제3세대는 좌익주의와 독립 싱크탱크들의 조합을 통해 형성됐다.*

다른 국가들에서처럼 (정치에 대립하는) '연구'를 옹호한 포드재단이나 인터아메리칸재단(Inter-American Foundation)의 기금 같은 국제적인 재정 지원은 이 기관들의 자립에 기여했다. 좌익 페론주의자로 출발한 사람들의 접근 방법 변화를 대가로 한 이런 상대적 자율성은 그들이 군사독재와 그 후의 시기에 생존할 수 있게 해줬다. 사회학은 아르헨티나 국내의 민간기관과 싱크탱크에서 성공을 거뒀으며, 외국 학계와 연구기관들의 영향 하에 있었다.

이 영역의 연속성은 국가를 둘러싼 불투명한 영역의 행위자들에게 강력한 공공기관이 없는 상태에서 '국가와 같은' 기능을 수행할 수 있게 해줬다. 그들은 복잡한 경제·사회적 지식에 따라 재계와 국가 간의 정당한 정보 교환과 담론을 촉진할 수 있었다. 또한 국가와 경제에서 갈수록 중요해진 국제포럼에서 아르헨티나의 이익을 위해 활동할 수 있었다 (인권문제에 대한 국제연합에서의 활동, IMF와 세계은행에서의 경제 분야 활동, 그리고 이 두 분야에서 미국과의 관계). 그러나 공공기관의 조합체로서 국가는 여전히 약하고 분열된 상태에 놓여 있었다.

이런 방식은 하인츠와 그의 동료들이 미국에서 국가의 '빈 중심' (hollow core)으로 설명한 것[51]을 떠올리게 한다. 법률가들과 싱크탱크들은 국가의 주변에서 번창했고 국가의 인물들에게 정보와 전문성을 제

---

* 이 작은 사회학자들의 그룹은 우선 예수교 사립고등학교인 살바도르학교에 모여 있었다. 이 기관은 부에노스아이레스대학에서 축출된 교수들 대부분을 받아들였다. 당시에 학생들의 숫자는 적었다(일년에 20~30명). 그들은 각자 다른 분야에 진출했지만 어떤 특징을 공유하고 있었다. 그들 중 한 명에 따르면, 모두가 "정치적인 문제에 관심을 가지고 있었다". 군부 쿠데타 이후에 그들의 진로는 유사했다. 군부의 탄압이 심해지자 그들은 모두가 "인권 옹호에 뛰어들었다". 우리가 상상할 수 있는 바와 같이, 그들은 디텔라연구소 산하기관 중 한 군데에 들어갔다. 가장 뛰어난 사람들은 이 시기 동안 외국에 유학을 갔다. 유명한 정치학자가 된 이 젊은 연구자 가운데 또 다른 사람은 1975년에 가톨릭적인 그의 교육의 연장선상에서 정치활동을 수행하면서 정치학사를 취득했다. 1976년에 군부의 테러는 더욱 노골적으로 변했고, 그는 "국제적인 접촉이 필요하다는 것을 갑자기 깨닫게 됐다". 그는 결국 "인권 옹호 그룹에 접근하기로" 결심했는데, 왜냐하면 "전통적인 의미의 정치는 작동할 수 없었기 때문" 이었다. 그는 1960년대 비폭력주의에 영향을 받은 운동에서 출발해 페레스 에스키벨(Adolfo Perez Esquivel)이 주도한 '평화와 정의 봉사단'(Servicio Paz y Justicia : SERPAJ)과 접촉했다. 그 후 그는 CES에 들어갔으며 국제 인권 옹호와 연구에 관련된 조직들의 네트워크에 관여하게 됐는데, 이 네트워크에는 '5월광장의 어머니들'이 소속되어 있었다. 여기에서 그는 현장에 가까운 이 새로운 운동원들의 참여를 보완하기 위한 정치 분석을 제공하는 데 기여했다. 그는 대부분의 '5월광장의 어머니들' 회원들이 "정치 경험을 전혀 가지고 있지 않았다" 고 강조했다.

공하기 위해 로비스트들과 만나지만, 국가 정책이나 개혁을 수행하기 위해 그들의 전문성에 의존하는 '적극적인 국가기관'의 중심은 존재하지 않는다.* 아르헨티나는 이 점에서 놀랄만큼 근대적이거나 탈근대적이다.[32] 국제 전문성의 시장에 밀착된 이데올로기를 지향하는 싱크탱크들은 최근의 미국 싱크탱크들의 상황과 유사하다. 그러나 이와 동시에 아르헨티나 국가의 장은 여전히 (국제적으로도) 정당한 것으로 인정되지 않는 행위들이 난무하는 시끄러운 전쟁터로 남아 있다. 이 점에서 국가는 시대에 뒤떨어진 것으로 설명될 수도 있다.

따라서 아르헨티나에서는 브라질과 칠레와는 대조적으로 외국에서 유래한 새로운 전문성이 다원주의의 촉진을 의미하는 국가 엘리트의 분화에 있어서 그다지 중요하게 작용하지 않았다. 아르헨티나의 담론에는 전문성이 수입되기 전에 이미 다원주의가 있었고 그것은 매우 호전적인 아르헨티나 정파들에 기초해 있었다. 예를 들어 온갖 유형의 경제학이 이곳에서 발견된다. 상호 경쟁하는 담론들은 계속된 내부 분열로 이어졌고, 1970년대에 전면적인 내전 상태로 악화됐다. 미국 전문성의 수입은 싱크탱크들과 법률회사들의 언어와 접근 방법을 변화시키는 데 기여했지만 그것은 다양한 접근 방법들과 투자들의 국가기관 내부로의 정착으로 이어지지 못함으로써 그 어떤 정치적 다원주의도 촉진하지 못했다. 이 전문성은 오히려 국가에 대한 그 어떤 전문적인 투자도 미리 배제

---

* 아르헨티나 싱크탱크에 대한 연구를 통해서 톰슨(Andres Thompson)은 역대 정권의 숙청 이후에 대학과 그 밖의 기관들에서는 "불가피하게" "전체 사회와 관련해 취약성과 정당성의 부재에 대한 인식이 늘어났다. …… 사회과학자들은 어떻게 제도적인 방법을 통해 정치에 참여할 것인지 알지 못했고(혹은 알기를 원하지 않았고) 새로운 방식으로 그들의 지식을 전달하기를 선호했다. 반면에 정치인들(그리고 군인들)은 통치를 위해 사회과학자들을 활용해야 할 필요성을 느끼지 않았다"고 설명했다(Thompson, 1994 : 8).

하는 경향이 있는 폭력적이고 당파적인 전투의 역사와 동일시된다.

또 다른 시각에서 살펴보면, 내부의 대립보다는 포클랜드(말비나스) 전쟁 때문에 몰락하게 되는 아르헨티나 군사정권에 대하여 상대적으로 도전이 약했던 것은 동원할 수 있는 안정된 제도적 구조들(교회, 법률가 협회, 정당들, 학술 단체, 법원 등)이 극도로 부족했던 점에 기인했다. 아르헨티나 전문 엘리트들의 내부에서는 국제적인 아이디어가 매우 두드러졌지만, 계속된 정치적 갈등은 그것을 견뎌내거나 거기에 반대할 수 있는 국가나 기관들에 대한 축적된 투자가 매우 적었음을 의미했다. 군부가 몰락하고 알폰신이 대통령이 된 후 아르헨티나에서는 국가를 재건하기 위한 자원들을 발견하기가 매우 어려울 수밖에 없었다.

경쟁하는 보편성 : 북미와 남미에서 신자유주의의 대칭적 구성

8_권력 외부의 개혁적 이스태블리시먼트 :
대안적 정치 전략으로서 인권에 대한 투자

남미 국가에서 정치적 갈등은 1960년대와 70년대에 분쟁과 폭력, 군사 독재를 가져왔다. 이와 같은 갈등은 북미에서도 두드러지게 나타났고, 사실상 똑같은 과정을 거쳤다. 시간이 지날수록 북미와 남미의 이런 유사성은 한층 더 심해졌다. 1973년 칠레에서 사회주의자 살바도르 아옌데에 대항한 군사 쿠데타를 지원하던 순간, 닉슨은 워터게이트 도청을 조지 맥거번(George McGovern)을 비롯한 '좌익'을 권력 외부로 몰아내기 위해 필요했던 것으로 정당화했다. 그러나 미국 내부의 정치적 갈등은 아르헨티나·칠레·브라질에서와 같은 폭력으로 이어지지는 않았다. 미국에서 극적인 변화를 가져온 핵심적인 요소는 '대외정책 이스태블리시먼트'로 대표되는 개혁적인 이스태블리시먼트에 대한 주요 경쟁자들의 권력 증가였다. 이런 경쟁자들의 권력 증가는 시카고 보이스를 권좌에 올려놓은 보수적인 반혁명에서 절정을 이루었다.

상대적으로 진보적이었던 1960년대 포드재단의 전략은 중대한 결과들을 가져옴으로써 정치적 변동을 촉발했다. 포드재단의 이니셔티브들은 정치화를 가속화시키는 운동에서 전문화 과정의 시작을 알렸다. 이 과정은 인권의 장 내부의 발전을 가속화시키지는 않았지만, 인권의 장을 변화시키는 데에 결정적인 영향을 미쳤다. 보수주의자들은 정치적 프로젝트를 위해 학계를 동원한 포드재단의 전략을 모방함으로써 권력을 차지하게 되었다. 이 전략은 자신의 고유한 정당성과 권력을 구축하기 위해 동부 이스태블리시먼트가 활용했던 온건한 개혁주의 전략을 변형시킨 것이었다.[*]

　이런 보수주의 전략은 모순적인 결과를 가져왔다. 우익운동의 발전은 소외된 사람들을 대표하는 사회운동에 보다 밀착된 방향으로 이동한 포드재단 같은 개혁적 기관들의 거의 기계적인 재배치를 가져왔다. 그러나 이런 구심력에 대항해, 새로운 우파(new right)의 접근 방법과 보다 자유주의적인 재단들의 접근 방법 사이의 유사성은 제도적인 교환을 촉진하는 데 기여했다. 이 실천 공간의 핵심에 있던 개인들의 유동성 증가는 이 장이 전문적인 장으로서 작동할 수 있게 해줬다. 역설적으로 이

---

[*] 이런 포드재단 전략의 모방은 보수주의 운동의 역사에서 드러난다. 1973년 헤리티지 설립자 중 하나였고 초대 이사장이 된 폴 웨이리치(Paul Weyrich)는 1969년에 공화당 상원의 멤버로서 '시민권 전략을 위한 모임'에 참석했다. 그는 다음과 같이 말했다. "다른 진영이 어떻게 움직이고 있는지 내 눈에 들어왔다. 그것은 내 정치 생애에서 가장 오랫동안 기다린 중요한 모임이었다." 이 모임은 다양한 좌파 그룹들이 닉슨 행정부의 주택 정책 가운데 하나를 공격하기 위해서 은밀하게 힘을 모으도록 연합하게 했다. 이 그룹에는 브루킹스연구소, '효율적인 의회를 위한 자유주의전국위원회'(Liberal National Committee for an Effective Congress), 미국시민자유연합(ACLU) 등이 포함되어 있었다. 우파로 전향해 이 모임을 떠난 웨이리치는 계속해서 다음과 같이 말했다. "더 이상 아무도 내가 참석하는 것을 원치 않았는데, 왜냐하면 나는 모임의 모든 사람들에게 '이것이 바로 당신들이 활동할 수 있는 방법'이라는 것을 이해해야만 한다. 그리고 당신들의 전략 중 그 어떤 것도 활용할 수 없다'고 반복해서 말했기 때문이다."(Lowry, 1995) 그와 소수의 동료들은 결국 조지프 쿠어스(Joseph Coors)로부터 자금을 얻는 데 성공했다. 1977년 헤리티지재단에 들어간 이 연구주임은 다음과 같이 말했다. "우리의 주요한 목표는 새로운 형태의 싱크탱크를 워싱턴에 설립하는 것이었다. …… 우리가 내린 결정 중에서 가장 중요한 것은 헤리티지를 기업처럼 경영하는 것이었다. 이것은 시장에서의 가능성을 식별하고 독특한 상품을 개발해 적극적인 마케팅에 나서는 것을 의미한다. …… 우리는 새로운 유형의 고객들(즉 캐피탈 힐[Capital Hill], 행정부, 미디어, 그 밖의 다른 보수주의 그룹) 취향에 맞추기 위해 헤리티지가 제시하는 '상품'을 재정의했다. 이렇게 해서 우리는 '백그라운더 헤리티지'(Backgrounder Heritage) 시리즈를 만들었다── 이 책은 저작물이라기보다는 5,000~10,000자 정도의 저널리스틱한 연구들이

런 변화가 이 활동들의 정치화를 증가시켰다기보다는 정치화 때문에 이런 변화가 일어났던 것이다.

생산자들이 최소한의 게임 규칙에 동의한 생산물들 간의 경쟁은 이 공간이 완전히 발전한 경쟁의 장으로서 작동하게 해줬다. 적대적인 마케팅뿐만 아니라 상호 보완성을 포함한 역동성이 이런 효과를 산출했다. 우파와 좌파의 싱크탱크들은 지속적으로 대립했는데, 각자에게 정치적 경쟁자들의 존재는 그들의 고객과 스폰서를 대상으로 자신의 존재 이유를 선전할 수 있는 최선의 기회를 제공했다.**

이와 동시에, 로비와 여론을 동원한 적대적인 마케팅이 이 기관들 내부와 나아가 권력의 장에서 이 기관들의 지위까지도 변화시켰다는 것은 명백하다. 이 새로운 전문성 시장의 '구조적 견인력' (structural pull)[1] 은 미국 외부에도 영향을 미칠 수밖에 없었다. 역설적이지만, 미국 기관

었다. 오늘날 대부분의 싱크탱크들이 이와 유사한 간행물을 출판하고 있다. …… 끝으로 우리는 가장 재능 있는 연구자들과 시장의 전문가들을 충원하기 위해 필요한 수단들을 동원하려고 노력했다." (Heritage Foundation, 1996) '법과 경제학' 과 우파 싱크탱크들에게 막대한 투자를 한 존 M. 올린재단(John M. Olin Foundation)의 전무이사인 제임스 피어리슨(James Piereson)은 "우리는 사회의 최정상에서 워싱턴 싱크탱크들과 최고의 명문 대학들에 투자했다. 그리고 그곳들의 영향력에 따라서 그 효과가 결정될 것이라고 생각했다" (People for American Way, 1996 : 8)고 말했다. 이와 마찬가지로, 우파의 또 다른 중요한 재정 지원 기관인 린드앤해리브래들리재단(Lynde and Harry Bradley Foundation)의 멤버 마이클 조이스(Michael Joyce)는 "미국에서 엘리트들의 견해는 피라미드의 최상층부에서 형성된다. …… 엘리트 기관들은 공공정책 결정에서 중요한 역할을 한다"라고 말했다(12). 우파의 또 다른 유명한 싱크탱크인 미국기업연구소(AEI)는 훨씬 이른 1943년에 설립됐다. 이곳은 "헤리티지재단의 두 배나 되는 긴 역사와 절반밖에 되지 않는 재정을 가지고 있지만 독창적인 연구와 원로학자들의 저명함을 자랑스럽게 생각한다" (Burton, 1995)고 묘사되었다. 물론 대외정책 이스태블리시먼트의 역사에 상응하는 보수주의자들의 역사가 있다.

** 『대외정책』(Foreign Policy)의 전직 편집장인 찰스 마인즈(Charles Maynes)의 성찰은 흥미롭다. 그는 최근에 『대외정책』 편집자가 수행하는 역할 가운데 하나는 누가 현재 진행 중에 있는 대외정책에 대해 학식 있는 논평을 할 수 있는가에 관심을 갖고 있는 텔레비전 프로듀서들에게 비공식적(그리고 무보수의) 자문가가 되는 것이다. 1980년대 중반에 이런 텔레비전의 스카우트는 갈수록 학식 있는 사람에 대한 관심이 줄어들고 반대로 전투적인 사람들에 대한 관심이 증가했다" 라고 적고 있다(Maynes, 1997).

이 지배적인 국제 전문성 시장은 엘리트 전문가들의 국제적인 네트워크를 구축하려는 대외정책 이스태블리시먼트의 야심을 구현할 수 있게 해준다. 그러나 그 과정에서 이 전략이 의존하는 사회적 메커니즘들은, 특히 그로턴(Groton), 스컬앤본스(Skull and Bones : 예일대 출신 상류층 클럽), 랭글리(Langley) 등에서 공고화된 동문관계를 통해 대외정책 이스태블리시먼트의 동질성을 보장하고, 헤게모니 작업의 유연한 분할을 통해 전술적인 이점들을 생산해온 채널들을 파괴했다.*

이런 연속성 내부에서의 단절 과정에 대한 성찰이 필요하다. 베버의 전형적인 설명처럼 카리스마에서 평범한 것으로 이동하는 단선적인 발전과는 전혀 다르게, 이 실천의 장의 변화들은 개인들과 그룹들이 특정한 시간과 장소에서 동원할 수 있는 사회적 자원들에 따라 변화할 수 있는 경쟁으로부터 발생하게 된다. 새로운 세대는 단지 테크노크라트적인 그룹만은 아니었다. 이 세대는 또한 (다소 새롭게 혁신된) 저명인사들에게 의지했으며, 특수한 환경에 놓인 저명인사들 또한 기술적 전문성이나 능력주의적인 인증에 의존했다.

보수적인 반혁명이 자유주의적 이스태블리시먼트가 배양한 통일성의 단면들을 급격하게 분쇄하려 했기 때문에, 이 이스태블리시먼트 내부의 다른 분파들은 권력과 권위를 획득할 수 있는 제도적 지위들을 구축하려고 했다. 커크패트릭과 다른 신보수주의자들(neoconservatives)이 참여했던, 이른바 험프리 민주당원(Humphrey Democrats)으로 알

---

* 보수주의자들 가운데 가장 유명한 사람 중 하나인 진 커크패트릭은 다음과 같이 주장한 것으로 알려져 있다. "국제관계는 더 이상 행정 엘리트의 전유물이 될 수 없다. …… 국제관계 영역은 괄목할 만하게 민주화됐다."(Spiro, 1995에서 인용) 리치(David M. Ricci)에 따르면, "정책 전문가들의 중요성 증가는 대외정책에서 두드러지게 나타나는데, 이 영역은 미디어에서 널리 보도되고 있고, 따라서 이 분야의 중요 행위자들은 유명해진다"(Ricci, 1993 : 143).

려진 사람들을 비롯해 몇몇 분파들은 국가를 정복하기 위해 미국기업연구소, 후버연구소, 헤리티지재단, 카토연구소 등 학문적 성격을 유지하고 있던 우익 조직들을 지원함으로써 새로운 우파 진영에 가담했다.[2] 다른 분파들은 그들의 지위가 여전히 강하게 남아 있던 각종 기관들(전통적인 재단, 직업단체, 대학, NGO)에 의존함으로써 보수주의자들에 대항해 반격을 가할 수 있었다.

국제 인권 분야는 새로운 우파에 대항해 결집한 사람들에게 많은 전술적인 이점을 제공했다. 그러나 이것은 인권에 대한 투자가 단지 그 정체를 밝혀야 할 기회주의에 불과했다는 것을 의미하지는 않는다. 다시 한번 우리는 인권 분야에서의 전문 운동에 대한 재투자 과정의 창세기로 돌아감으로써 이 운동을 보다 잘 이해할 수 있을 것이다. 그 후에 우리는 매우 특수한 사회정치적 상황이 인권 옹호 기관들이 구축되는 새로운 구조들의 형성에 어떻게 기여했는가에 대해 검토할 수 있을 것이다.

닉슨 대통령의 재임 기간은 동부 이스태블리시먼트 헤게모니(이미 베트남전쟁에 의해서 도전받은 헤게모니)에 최초의 갈등을 불러일으켰다. 사실 1968년 시카고 민주주의협약(Chicago Democratic Convention)으로 상징되는 세대간 분할을 비롯한 여러 분할들이 닉슨의 당선을 용이하게 했다. 대외정책의 한 분야로서 자리 잡은 인권에 대한 뚜렷한 관심 증가는 냉전시대의 호전적인 전략들이 발전과 민주주의에 대한 보다 큰 관심을 통해 완화되어야 한다고 생각한 사람들과 연결될 수 있었다. 이렇게 해서 대외정책에서 인권을 고려하기 위한 미국의회의 동의안이 마련됐는데, 이런 시도는 허버트 험프리(Hubert Humphrey)의 측근이었던 미네소타 의원 도널드 프레이저(Donald Frazer)의 후원을 받았다.* 아옌데 정권이 몰락하는 데 기여한 CIA의 역할이 폭로되자 이에 대한 반응으로 프레이저와 몇몇 의원들, 그리고 버클리대학의 프랭크 뉴먼(Frank Newman)을 비롯한 인권 분야의 선구적인 학자들이 (그들 중 한 사람의 말을 빌리면) "인권운동을 미국 대외정책의 시금석으로 사용함으로써 미국을 천사들의 편으로 만들기" 위해 노력했다. 앰네스티와 국제법률가협회(ICJ)에 크게 의존하여 그 후 지명도를 획득한 이 지휘자들은 「세계공동체에서 인권」³⁾이라는 보고서를 발표했고, 국무부에 "인권을 심각하게 침해하는" 국가들에 대한 몇 가지 원조를 중단하도록 요청하는 법안을 작성했다.⁴⁾

삼자위원회의 보좌를 받고 있던 지미 카터는 인권의 외피를 입고 인권 이데올로기를 빌려옴으로써 '진보를 위한 동맹'과 '빈곤에 대한 전쟁'(War on Poverty)의 한계에 따른 테크노크라트적 환상의 상실을 만회하면서 '국제적인 저명인사들의 동맹'이라는 원대한 구상을 다시 활성화시키려고 했다.** 현실적으로 인권이 카터의 대외정책 결정에 중요한 현실적 영향력을 미치지는 못했을지라도 이런 수사는 외교와 법률의 중요한 사안으로서 떠오르는 인권에 대한 관심을 불러일으키는 데 기여했다.

사실 학계 내부에서 크게 주목받지도 않았고 그다지 존중받지도 않았지만, 이미 국제 인권과 관련된 실정법을 마련하기 위한 몇몇 학문적 투자가 있었다. 이 분야의 법률적 토대의 마련에서 가장 중요한 문건은

---

* 프레이저 팀의 지휘자는 '과거의 외교 공무원'(ex-Foreign Service Officers)이라는 젊은 자유주의 네트워크에 소속되어 있었다(Schuettinger, 1977).
** "카터의 대외정책 및 국방정책 실무팀을 이룬 23명 가운데 극소수를 제외한 대부분은 브루킹스연구소, 『외교문제』(Foreign Affairs)와 『대외정책』 등의 학술지, 재단들, 법률 및 투자회사 등 폐쇄된 세계에 소속되어 있었다."(Schuettinger, 1977).

1948년 국제연합 총회에서 채택된 세계인권선언(Universal Declaration of Human Rights)과 루스벨트가 의장을 맡은 저명인사위원회의 작업이었다.[5] 그러나 냉전의 초창기에, 이 분야에 대한 투자는 매우 적었다.

국제 인권에 관한 미국 최초의 사례집은 1973년에 출판됐다. 저자인 루이스 존(Louis Sohn)과 토머스 부에르겐탈(Thomas Buergenthal)은 유럽에서 태어난 학자들이었으며, 따라서 다소 미국의 주류 법학계 외부에 있었다.*** 법률 작성에 참여하여 그 과정을 정당화해온 이 저자들은 유럽의 인권 발전에 크게 의존했고, 이 분야에서 법률적 구성을 정당화하는 데 이용될 수 있을 것으로 보이는 모든 요소들을 의식적으로 유럽으로부터 끌어냈다.****

두번째 사례집의 저자인 리처드 릴리치(Richard Lillich)와 프랭크 뉴먼도 마찬가지의 연구전략을 따랐다.[6] 이런 법률적 이상주의와 선전 활동은 1970년대에 신뢰성을 획득했지만 이 노력이 언제나 수월했던 것은 아니다. 이 분야의 한 선구자는 미국 국제법학회(American Society

---

*** 토머스 부에르겐탈의 초기 저작은 유럽위원회(European Commission)와 인권법원(Court of Human Rights)에 관련된 것이었다. 그는 나치 수용소 생존자였다. 법대 교수로서 그는 인권이 명백한 정치운동과 거리를 두어야만 학문분과가 될 수 있다는 것을 깨달았다. 인권이 미국에서 주목받기 시작한 순간에 학문적으로 존중받기 위해서는, 앰네스티에 붙어 있는 좌파적인 이미지로부터 벗어날 필요가 있었다. 부에르겐탈은 1979년에 미주법원(Interamerican Court)의 장이 된 후에 르네 카생(René Cassin)이 스트라스부르에 설립했고 유럽위원회와 인권법원에 관련된 기구를 모델로 삼은 기관을 코스타리카의 산호세에 설립했다. 이 아이디어는 정치적 성향과 능력에 구애받지 않고 인권 옹호에 개방된 실무자들을 양성하기 위한 것이었다. 한 내부 관계자에 따르면, 이것은 무엇보다 "과격파 들보다는 곧은 사람들을 유인하는 깃"이었다.

**** 존과 부에르겐탈의 방법은 그들의 저작 서문에 소개되고 있다. "인권에 대한 이해는 법률에서 이 분야가 형성되어온 과정에 대한 이해를 필요로 한다. 국제 법원들뿐만 아니라 국내 법원들에 의한 사법적인 판단, 외교적인 문서 교환, 정부 담화, 국제 협상, 국내의 국회와 국제기관 총회에서의 논쟁, 그리고 국제적인 선언과 협약에서 모든 적절한 자료를 찾아야 한다는 점에서 이 작업은 곤란을 겪는다." (Sohn and Buergenthal, 1973 : V)

of International Law)의 지도자들이 "인권은 진정한 법률이 아니며 단지 정치일 뿐이다"라고 주장했다고 말했다. 더구나 한 대외정책 이스태블리시먼트 지도자에 따르면, 인권에 대한 관심은 미국 국제법학회의 범위를 벗어나는 실행 불가능한 이상주의였다.*

전직 버클리대학 법대학장이자 캘리포니아 고등법원 판사였던 프랭크 뉴먼은 인권운동의 이상주의자들과 권력의 장에 속한 인물들이 핵심적으로 연결되어 있음을 보여준다. 인권법에 대한 그의 관심은 1960년대 후반 제네바에서 ICJ와의 만남을 통해 시작됐다. 그는 1970년대 초반 국제연합에서 그리스에 대한 ICJ의 사례 조사를 마쳤는데, 이 과정에서 릴리치와 공저하게 될 저작의 핵심적인 자료들을 수집했다. 뉴먼은 카터의 인권운동 캠페인에 토대가 된 1975년 입법의 건설자로 알려졌다. 국제법의 소외된 분야에 대한 이 학자들의 이상주의적인 전략들은 이렇게 해서 칠레에 대한 미국의 개입을 비판한 자유주의적 민주당원들에게 정당성을 부여하는 데 기여했다.

1970년대 중반 석유파동, 달러의 위기, 인플레이션, 그리고 제3세계 국가들의 강한 요구도 끝없는 경제 팽창으로 인해 계급 없는 사회가 달성될 것이라는 아메리칸드림을 근저에서부터 뒤흔들었다. 새뮤얼 헌팅턴(Samuel Huntington)이 냉소적으로 언급한 바와 같이, 위기 상황은 더 큰 평등에 대한(혹은 심지어 더 많은 번영에 대한) 소외된 그룹의 열망이 제한되어야 한다고 요구하는 것처럼 보여졌다. 이 관점에서는

---

* 인권의 장의 형성에 있어서 중요한 역할을 한 또 다른 인물인 오스카 샥터(Oscar Schachter)는, 그가 미국 국제법학회의 회장을 맡고 있던 1968년에 딘 애치슨이 (그가 보기에) 국제법을 법률로서 정의하려고 노력하기보다는 자신들의 이상을 선전하기 위한 수단으로 활용하려는 대학 교수들을 신랄하게 비판했다고 말했다.

평등에 대한 열망이 민주주의를 통치 불가능한 것으로 만들고 있었다. 일반적으로 '정치적 권리와 시민의 권리'로 제한된 인권을 지지하는 담론은 경직된 경제 법률들로부터 벗어나는 장점을 가진 대안적 이데올로기를 제공해줬다.[**]

신좌파(New Left)는 이런 운동들과 여기에 관련된 도덕적인 담론을 '삼자주의의 얼굴에 씌워진 도덕적인 가면'에 지나지 않는다고 해석했다.[7] 이 새로운 전술은 베트남전쟁에서의 실패와 군부독재의 만행에 개입한 흔적의 페이지를 넘겨버리는 이점을 가지고 있을 뿐만 아니라 '제3세계주의자들'의 요구에 대해서 (민주주의의 명령에 따르도록 압력을 행사함으로써) 반격을 가할 수 있게 해줬다.[***] 이런 인권 전략은 비슷한 형식과 보다 전통적인 방법으로 반체제 인사들과 소련의 유태인 처리에 초점을 맞춤으로써 공산주의 블록에 압력을 가할 수도 있었다.[8] 좌파의 관점에서 볼 때, 인권이라는 상징적인 무기는 따라서 냉전의 헤게모니적 기획을 지속시키는 것이었다.

인권은 이 전략 작성자들의 정치적인 전략에 따라 좌우되었기 때문에, 인권에 대한 좌익의 비판에는 물론 사실성이 있다. 그러나 이런 전략적 게임에서 입장의 이동은 이런 진단과는 모순된다. 레이건의 당선으로 새로운 우파와 신자유주의 경제학이 승리함으로써 인권 전략의 성격이 변화하였다. 인권 영역은 국가권력에 대한 자율성을 크게 발전시켰

[**] 이 점에서 「뉴욕타임스」의 편집장인 아서 술츠버거(Arthur Ochs Sulzberger)가 1976년 재계에 적대적인 편집위원들을 몰아내고 —— 당시 편집위원회는 램지 클라크(Ramsey Clark)와 벨라 앱저그(Bella Abzug)로 분할되어 있었다 ——, 신보수주의자 다니엘 패트릭 모이니헌(Daniel Patrick Moynihan)의 뉴욕 상원의원 출마를 지원하기로 결정한 것은 흥미롭다 (Silk and Silk, 1980 : 95).

[***] OPEC의 성공은 국제연합이 제3세계 지도자들이 요구한 '신국제경제질서'(New International Economic Order)를 받아들이도록 해줬다.

다.* 인권운동은 새롭게 권력을 장악한 보수주의자들과 이스태블리시먼트의 가장 자유주의적인 요소들과 시민권 운동(ACLU, '유색인종권리증진전국협회'[National Association for the Advancement of Colored People] 등) 출신의 좌익 멤버들 사이에서 정치투쟁 목표가 됐다.**

---

* 이 자율화 과정은 레이건이 정권을 장악하자 곧 표면화됐다. 『뉴리퍼블릭』(New Republic)을 인용한 아리예 나이어(Aryeh Neier)에 따르면, 아메리카워치(America Watch)는 레이건의 승리에 대한 반응으로 설립됐다. 그는 자신과 다른 헬싱키워치(Helsinki Watch)의 설립자들이 레이건 행정부가 자신들의 조직이 소련의 인권문제를 '정치화'한다는 구실로 이 조직의 권위와 자율성의 토대를 잠식할 것이라는 느낌을 가지고 있었다고 주장했다. 아메리카워치의 설립은 또한 미국에 우호적인 독재정권들을 미국에 적대적인 독재정권보다 유리한 방식으로 다루라는 진 커크패트릭의 권고에 대한 반응이기도 했다. "새롭게 냉전을 자극하는 공격을 가한다는 비난의 위험을 회피하면서 소련의 인권문제를 다루는 우리의 운동에 신뢰를 부여할 수 있는 수단은, 미국에 우호적인 권위주의 정권이 지배하는 국가에도 동일한 방식으로 우리의 활동을 투입하는 것이었다."(Kondracke, 1988)

** 사실 여러 면에서 이런 투쟁은 시민권 운동에 관여한 법률가들의 정치적인 후퇴를 가속화시켰다. 이 운동은 미국에서 새로운 보수주의 시대가 도래한 이후에 영향력을 상실했다. 1970년대에 인권운동에 참여한 한 법대 교수는 다음과 같이 주장했다. "나는 제1차 수정안과 또 다른 여러 조항에 입각해 여러 가지 사건들을 다루었다. 그러나 1970년대 말에 사건들은 우리에게 불리하게 진행됐고 나는 확신을 가질 수 없었다. 나는 지치기 시작했다. 그리고 어떤 사람이 나에게 [1975년 이후] 이곳의 교수자리를 제안했고, 내가 강의를 하게 됐을 때는 인권문제가 유행을 타기 시작했다. 그렇지만 인권은 내가 전혀 알 수 없는 주제였다. 솔직히 말해서, 나는 인권의 법률적인 토대가 무엇인지도 알지 못했다. 하지만 나는 당시에 인권에 투자하기 시작한 다른 모든 사람들과 같은 상황이었다. 게다가 공익을 옹호하는 시민권리에 투자했던 모든 인물들은 인권으로 전환하는 경향이 있었다." 1970년대 중반에 앰네스티에 참여한 또 다른 인물에 따르면, "당시에 반전운동처럼 시민권리 옹호운동은 심각하게 쇠퇴하고 있었고 심지어 사라질 위기에 처해 있었다. 그러나 나는 운 좋게도 반전운동에 적극적으로 참여했고, 앰네스티를 위해 일하기 시작한 사람들의 지원을 받을 수 있었다". 국제인권법률가위원회(Lawyers Committee for International Human Rights)에 대한 제롬 셰스탁(Jerome Shestack)의 논평도 마찬가지 내용을 담고 있다. "1976년 말에서 1977년 초쯤에, 나는 법률가들이 의무임에도 불구하고 시민권리 옹호운동에서 한 것처럼 인권에 투자하지 않고 있다는 느낌을 받았다. 따라서 나는 국제인권연맹 의장이었다가 막 자리를 떠난 존 캐리(John Carey)와 함께(나 자신이 당시에 연맹의 의장이었다) 법률가 등이 인권 분야에 관심을 가지게 하려고 노력했다. 당시 뉴욕에는 무료로 봉사하는 법률어소시에이츠(Law Associates, 혹은 Associates)라고 불린 그룹이 있었다. 나는 우리의 계획에 참여하도록 그들을 초청했고 국제인권연맹의 하위기관이 될 국제인권법률가위원회를 창설했다. 나는 이 기구의 의장이 되었고 캐리 보건(Carey Bogan)에게 공동의장이 되어줄 것을 부탁했다. 캐리 보건은 미국변호사협회에서 개인들의 권리에 대한 부서를 담당하고 있었다."

휴먼라이트워치의 선구자인 US 헬싱키워치위원회는 1979년 아서 골드버그(Arthur Goldberg)의 주도로 설립됐다.*** 한 신문에 따르면, 이 위원회는 미국이 헬싱키협정의 인권 조항들을 얼마나 잘 준수하고 있는지 감시해야 한다고 주장했다.[9] 그러나 이 위원회가 개입할 기회는 미국에서 시민의 권리와 반전 운동을 부활시키는 것보다는 외국의 인권 침해에서 더 많이 발견됐다. 이 위원회는 라틴아메리카에서 지배를 둘러싼 전투에 초점을 맞추었던 아메리카워치라는 새로운 지부와 함께 1982년에 휴먼라이트워치로 변화했다. 이 기구의 장은 과거에 ACLU의 유명한 지도자였던 아리예 나이어였고, 초기 이사회에는 베트남전쟁에 반대한 것으로 알려진 이스태블리시먼트 변호사들이 포함되어 있었다. 이 인물들 가운데 한 명이 지적한 바와 같이, 비록 조사 활동이 외국에서

***카터의 순회대사였던 아서 골드버그는 공화당 행정부에서 헬싱키협정을 주도한 핵심 인물로서, 그다지 알려지지 않은 인권 관련 내용을 포함하고 있던 이 협정을 독재정권들의 인권 탄압을 비판하기 위한 공개 포럼으로 만들었다. 골드버그는 평범한 집안 출신으로 노동조합 지도자를 거쳤다. 오랫동안 철강노조의 고문이었던 그는 미국노동총동맹(American Federation of Labor : AFL)과 산별노조총연맹(Congress of Industrial Organization : CIO)의 통합을 이루어낸 장본인 중 하나였다. 노련한 협상가로서 그의 기술은 노조에서 평화를 유지할 수 있게 해줬다. 그는 노동자들의 케네디에 대한 투표를 책임진 인물이었으며 케네디는 그에게 노동 보좌관, 대법원 배석판사, 그리고 국제연합 대사 등의 직책을 맡김으로써 보답했다. 그러나 그는 베트남전쟁에 반대해 사임했다. 그는 잠시 동안 폴 웨이스(Paul Weiss)의 파트너로서 월스트리트 기관에 참여했다. 그는 또한 1968년에서 69년까지 미국 유태인위원회(American Jewish Committee)의 위원장을 맡기도 했다. 코레이에 따르면, 헬싱키 협상의 자문가로서 "골드버그는 아주 유명하고 책임 있는 미국의 NGO들이 공산주의의 억압에 대해 자세한 정보를 수집하고 서방의 여론을 동원하기 위해 수행할 수 있는 역할의 중요성을 알고 있었다. …… 포드재단의 총재였던 맥조지 번디와 만났을 때, 그는 이런 NGO의 설립을 위해 작업하도록 그를 설득하는 데 성공했다"(Korey, 1998 : 238). 포드재단이 기존의 그룹들과 헬싱키협정에 입각해 새로 설립된 그룹들 간에 "연계를 구축하는" 목표에 따라 베른슈타인에게 지원한 자금은 50만 달러에 달했다. 헬싱키워치는 결국 1988년부터 "이미 인권이라는 측면에서 여론을 동원하고 협력을 이룩하는 효과적인 도구로서 작동한" 국제헬싱키연맹(International Helsinki Federation)의 설립에 참여했다(243). 헬싱키 협상 동안 의회도 이런 인권 전략의 작성에 적극적인 역할을 수행했다. 그러나 여기에서도 국무성은 처음에는 호의적이지 않았다.

수행됐을지라도 초점은 국내에 맞추어져 있었다. "당시에 우리는 워싱턴으로 정향되어 있었다."*

　이 동맹은 (해외)개입에 대한 공통된 반대를 통해 공고해졌다. 그것은 베트남전쟁을 지원한 매파에 대한 반대와, 이와 유사하지만 계속해서 노블레스 오블리제와 공익을 위해 그들이 동원되어야 한다는 뿌리 깊은 공공 소명의식의 결합으로 특징지어진다.** 주적(主敵)은 더이상 소비에트 체제가 아니었다. 이제 목표물은 냉전의 상속자이자 시카고 보이스에 의해 새로운 시장의 종교로 개종한 군사독재정권이었다. 상징적인 타깃은 1972년 민주당의 좌경화로 인해 고립된 과거의 험프리 민주당원인 진 커크패트릭이었고, 인권운동가들은 특히 아르헨티나의 장군들과 피노체트를 지원하기 위해 내세우는 그녀의 논리(이 국가들은 단지 권위주의 정권일 뿐이며 공산주의적 전체주의와 구분된다는 논리)에 도전했다.***

---

* 마찬가지 맥락에서, 베른슈타인은 코레이에게 앰네스티와는 반대로 "우리는 미국 정부에 훨씬 더 깊이 관련되어 있다. 우리의 활동은 미국 정부의 모든 활동의 한 부분이다"(Korey, 1998 : 343)라고 말했다.

** 오빌 슈엘(Orville Schell)은 1970년 캄보디아 침공에 반대하기 위해 천 명의 변호사들과 함께 워싱턴을 향한 행진을 조직했다.

*** "1972년의 민주주의 협약 이후, 커크패트릭을 비롯한 몇몇 인물들은 결정 과정에서 배제됐고, 그들은 '민주주의 다수를 위한 동맹'(Coalition for a Democratic Majority)을 결성했다. 이 기구에는 험프리, 헨리 잭슨(Henry Jackson), 노먼 포드호레츠(Norman Podhoretz)와 그의 아내 미지 덱터(Midge Decter), 마이클 노박(Michael Novak), 오스틴 래니(Austin Ranney), 다니엘 모이니헌, 벤 위텐버그(Ben Wattenberg), 커크패트릭, 그리고 맥거번의 추종자들에 대항해 당내에서 그들의 지위를 회복하려고 시도한 모든 사람들이 포함되어 있었다. 이 그룹은 신보수주의자들과 관계를 맺고 있었다."(Conaway, 1981). 커크패트릭은 또한 미국기업연구소에 접근했으며 신보수주의 경향의 출판물 중 가장 중요한 『논평』(Commentary)과 밀접한 관계를 유지했다. 모이니헌은 1950년대 초반 뉴욕 주지사였던 애버릴 해리먼(Averill Harriman)을 위해 봉사하면서 정치 경력을 시작했다. 또 다른 유명한 보수주의자인 어빙 크리스톨(Irving Kristol)이 1950년대에 런던에 본부를 둔 잡지 『인카운터』(Encounter)의 편집자 중 한 명으로서 CIA의 재정 지원을 받은 문화적 냉전의 핵심 요원이었다는 것을 강조하는 것도 흥미로울 것이다(Nielsen, 1985 : 203).

이런 전후 인권운동의 제3세대는 앰네스티와는 달리, 보다 엘리트적인 프로필을 채택하고 보다 정치 지향적인 야심들을 기꺼이 추구했다. 이 전문가들은 과거처럼 국가 저명인사들 간의 비밀 전략을 따르기보다는 개혁적인 전문가들을 권력에 머물게 한 일련의 기관들과 접근방법들을 공산주의로 칭하면서 전쟁을 벌이고 있던 새로운 보수주의 극우파의 정향과 경쟁하기 위해 인권 영역에 투자하기로 결정했다. 휴먼라이트워치로 대표되는 이 새로운 인권운동 엘리트는 보다 정치적인 정향뿐만 아니라 그들이 동원한 사회적 자본의 유형에 의해서도 자신들을 ICJ의 저명인사들과 구분했다. 이들의 이니셔티브는 주로 출판업계에서 비롯됐다. 랜덤하우스 사장인 로버트 번스타인(Robert Bernstein)은 소련과 동유럽 반체제 인사들의 표현의 자유를 보호하기 위해서, 그리고 1970년대 초의 관심 덕분에 헬싱키워치에 참여했다. 수많은 중요한 변호사들이 초기에 참여했는데, 여기에는 월스트리트의 주도적인 기업들의 파트너였고 과거부터 당시까지 뉴욕시 변호사협회의 회장이었던 오빌 슈엘과 아드리안 드 윈드가 포함됐다.**** 이 그룹과 함께 시카고·MIT·컬럼비아대학 등 주요 대학의 총장들과 라자드 프레레스(Lazard Freres)와 살로몬 브라더스(Salomon Brothers) 같은 큰 은행의 장들 그리고 E. L. 닥터로(Doctorow), 토니 모리슨(Tony Morrison), 로버트 펜 워런(Robert Penn Warren) 같은 문학계의 대표자들도 헬싱키워치와 협력했다.

문학계와 언론계에서의 이런 인권운동 정착은 단지 일회적인 관심

**** 아드리안 드 윈드(Adrian De Wind)도 환경보호에서 가장 활발한 NGO 가운데 하나인 천연자원보호위원회(NRDC)의 의장이었다. 슈엘은 1970년대 중반에 엘리트 모임인 공익법 이사회의 멤버였다.

에서 비롯된 것은 아니었다. 보다 정치적이고 보다 엘리트적이었던 새로운 상황에서 이것은 점차 매스미디어의 관심을 얻는 데 우선순위를 부여하는 경향을 강화시키게 됐다. 국가 자본으로부터 미디어 자본으로의 이동은 그 자신의 고유한 시장 논리를 강요하여,[10] 인권의 장에서 변화를 가속화하고 그것이 어떻게 조직되는지를 결정했다. 이런 이동의 배후에 있는 논리는 인권운동 내부의 역사에서 중요한 의미들이 있다.

전문화와 증가된 미디어 전략의 지배

라틴아메리카에서 독재의 증가, 1976년 지미 카터의 대통령 당선, 그리고 1977년 앰네스티의 노벨상 수상은 미디어계에서 앰네스티의 청중 숫자를 크게 증가시켰다.

대중적인 폭로 운동은 앰네스티의 성장과 번영을 촉진했다. 그러나 이런 이점의 반대편에서 언론은 또한 자신의 아젠다와 인권의 기준을 부여했다. 언론 아젠다의 한 특징은 정보가 신뢰할 수 있는 것이어야 한다는 점이었다.* 비판에 직면한 앰네스티는 점차 뛰어난 아마추어들을 정보를 수집하고 조직하는 데 초점을 맞춘 전문가 팀으로 교체하고, 정보 수집과 조직에 초점을 맞추면서 자신의 런던 지부를 점진적으로 혁신했다. 이 전문가들은 당연히 (초창기 앰네스티의 이스태블리시먼트와

---

* 언론인들은 대원칙의 선언보다는 사실을 요구한다. 당시의 한 운동원에 따르면, "사실을 정확하게 만들어야 한다. 이것은 무보수로 봉사하는 아마추어들보다는 명성 있는 전문가들에 의해서만 가능할 수 있다. …… 또한 전문가를 전면에 내세워야 한다. 그렇지 않으면 언론인들이 당신을 죽일 것이다". 이런 정보의 전문화 과정은 이 언론인들이 사실을 은폐하고 조작하는 데 매우 숙달되어 있는 정부의 대중관계 기관들로부터 정보의 폭격을 받고 있는 만큼 더욱더 필요한 것으로 간주된다.

뒤이어 성장을 우선시했던 운동원들의 아젠다에 반대하면서) 자신들의 아젠다를 부여하려고 했다.**

전문가 전략과 미디어 전략은 서로를 강화시켜줬다. 언론에게 그것은 단순한 이상에 관련된 문제가 아니었다. 한 내부 인물이 주장한 바와 같이, 정보가 대중에게 수용되기 위해서는 그 정보가 신뢰할 수 있는 것이어야 할 뿐만 아니라 "섹시"해야만 했다. NGO의 숫자가 증가함에 따라서 미디어에서 지명도의 획득이 크게는 그들의 가시성과 충원 능력 그리고 그들의 예산을 결정하기 때문에, 경쟁이 격화됐다. 개별 기업들의 기부와 재단을 통한 지원은 NGO의 명성과 밀접하게 연결되어 있다. 이런 상황에서, 이 NGO들이 충원한 전문가들은 미디어 지향적인 전략을 가장 효과적으로 추구하기 위한 방법과 목표들을 가지고 활동하는 데 관심을 기울였다.***

앰네스티가 ICJ에 대항해 자신의 정체성을 구축한 것과 똑같은 방법으로, 새로운 인권운동 기관들은 그들이 앰네스티의 대중 동원 방식의 한계 혹은 결함으로 인식했던 것과 관련해서 자신의 역할을 정의하

** 1994년부터 휴먼라이트워치가 제기한 도전에 대해 앰네스티가 이끈 변화들과 관련하여 코레이는 "이 조직의 '추종자들'과 특히 연구의 질과 정확성이 심도 깊게 변화했다. (한 운동원에 따르면) '토대가 변화'했고 그것은 '당혹스러웠다'"라고 말했다. 코레이가 인용한 자료에 따르면, 이 변화는 미국 본부의 주도로 일어났다. "휴먼라이트워치 같은 역동적이고 공격적인 조직과의 경쟁에 직면한 앰네스티 미국 사무소의 시각에서 볼 때, 앰네스티도 신속하게 보고서들을 작성하기 위해 그만큼 역동적으로 되어야 했다."(Korey, 1998 : 305)

*** 오랫동안 휴먼라이트워치에서 활동한 한 운동원은 다음과 같이 말했다. "나는 …… 휴먼라이트워치의 가장 큰 성공 중에 하나는 …… 무엇보다 인권을 위해 미디어를 동원하는 데 성공하면서 (앰네스티에 비해) 상위의 단계로 이동한 것이라고 생각한다. 그리고 우리들은 미디어들이 관심을 갖도록 인권에 대한 정보들을 소개하면서 이런 미디어 전략을 효과적으로 동원하는 데 성공한 것을 자랑스럽게 생각한다. 이것은 특히 미디어상에서 팔리는 것과 기자들 스스로가 발견할 수 없고 따라서 그들이 수용할 수밖에 없는 정보들을 기자들에게 제공할 필요성에 따라 끊임없이 재조정을 요구하는 작업이었다."

였다.* 대부분 과거에 앰네스티에서 활동했던 이 조직들의 촉진자들에게 앰네스티는 "한계에 도달한" 모델로 간주됐다.[11]** 그들은 현실적으로 일어나는 것에 대해 유연하게 반응하지 못하게 만드는 앰네스티의 형식주의와 경직성을 비판했다. 권위주의 정권들이 (중남미에서 불법 납치되어 행방불명된) 실종자(Desaparecidos)를 책임지는 비밀여단과 같은 좌파와 전투를 치르고 앰네스티의 캠페인에 대응하기 위한 새로운 전술들을 발명한 후, 앰네스티가 자신들의 전략을 수정하는 데는 수개월이 소요됐다. 이와 대조적으로 휴먼라이트워치 같은 새로운 조직들은

---

* 인권운동의 한 베테랑은 다음과 같이 이야기한다. "근본적인 차이점은 …… 휴먼라이트워치가 대중기관으로서 소개되지 않는다는 점인데, 그것은 아마도 이 조직이 매우 신속하게 자신의 전략을 바꿀 수 있기 때문일 것이다. 무슨 말이냐면, 앰네스티의 힘은 다른 한편으로 앰네스티의 약점이기도 하다는 것이다. 대중 조직으로서 앰네스티는 계속해서 팽창하고 있는 하부의 동의 없이 변화를 수행할 수 없다. …… 이런 약점을 알고 있는 휴먼라이트워치는 모든 새로운 전략의 수립에 있어서 멤버들의 협의를 거쳐야 하는 어려움에 빠지지 않기로 결정했고, 이런 결정은 인권에 관련된 행동을 할 수 있는 큰 활동의 여지를 가져다 줬다. 앰네스티가 극도의 신중함 속에서 무력분쟁이나 심지어 인권 분야에서 활동한다면 …… 반대로 휴먼라이트워치는 상황에 맞추어 행동하며 인권문제가 무력분쟁 상황에서 갈수록 중요해지고 있다는 점을 이용한다. 그리고 휴먼라이트워치는 인도주의적인 법률을 인용하기로 결정하고 체첸에서와 같은 무력분쟁 상황에 관심을 기울이며 결국 목적을 달성한다. …… 그러나 대중 조직이 아니기 때문에 휴먼라이트워치는 특히 재단들에게서 재정 지원을 받고 있다."
** 앰네스티의 내부 자료에 따르면 이 새로운 조직들이 제기한 도전은 다음과 같이 평가된다. "휴먼라이트워치가 창설되고 효과적으로 작동하기 시작하자(이것은 여러 조직들 중에서 가장 두드러진 사례이다) 과거에는 없었던 경쟁이 생겨났다. 왜냐하면 우리가 (이 시장에서) 유일한 조직이었기 때문이다. 앰네스티에서는 당신도 알다시피 사람들이 우리가 너무나 느리고 다른 조직들은 우리보다 훨씬 신속하며 보다 자극적인 영역에서 작업하기 때문에 미디어의 조명을 보다 많이 받는다는 느낌을 갖기 시작했다. 다른 한편으로, 우리는 다른 운동들과 경쟁을 겪기 시작했는데 …… 이 운동들 대부분은 앰네스티나 그린피스(Greenpeace)의 시민 활동 전략을 의식적으로 채택했다. 앰네스티는 현장에서 즉각적인 활동을 개시하는 이 조직들에 비해 갈수록 낡은 방식에 의존하고 있었다. 여기에 따른 갈등들이 앰네스티 내부에서 나타나고 있는데, 그것은 사람들이 앰네스티가 너무나 대중적으로 됐고 앰네스티의 구조가 이제는 너무나 관료화됐으며 활동에 있어서 너무나 느리다고 느끼기 때문이다. 그리고 예를 들어 '나는 스스로 새 조직을 만들겠다거나 다른 조직에 가담하겠다'고 선언하는 운동원들이 늘어나기 시작했다."

보다 쉽게 새로운 지형에 투자했고, 무역제재나 보이콧 같은 새로운 전략들과 활동 방식을 발전시키기 위해 보다 가벼운 구조를 유지하려고 했다.***

새로운 유형의 NGO들은 특공대처럼 민첩하게 활동할 수 있었지만, 여전히 박애주의적 재단들에게 의존하고 있다는 문제를 안고 있었다.**** 게다가 그들은 전문성 있는 운동가와 박애주의 재단들 간의 상징적인 관계에 자신들의 존재를 빚지고 있었다. 재단들은 자신들과 동류인 사람들의 판단에 의거해 누구에게 재정 지원을 할 것인가를 결정했는데, 이 경우 박애주의 운동에 관여한 소수 전문가들과 지식인들의 네트워크가 지원을 받을 조직을 선별하고 그들을 평가했다. 그들은 또한 인권에 관련된 세미나들에 대한 재정 지원, 대학에서의 강의, NGO에서 연수받기를 희망하는 젊은 졸업생들에 대한 인턴 장학금의 지원 등을 포함해 신세대 전문가들의 교육에도 기여했다. 이런 방법으로 초국가적 NGO의 지도자들이 훈련받을 수 있는 현지의 경로들이 빈번하게 개발됐다. 따라서 인권의 장은 무엇보다 재단들의 적극적인 지원을 통해 훨씬 더 발전할 수 있었다.

*** 휴먼라이트위치의 한 지도자는 "공격적이고 혁신적인 전략을 채택해야만 한다. …… 그리고 무역제재와 같은 새로운 압력 수단들을 발전시켜야만 한다. 〔또한〕 우리는 언제나 효율성 속에서 혁신을 추구했다. 그리고 우리가 정보 수집에 있어서 객관성과 공평성의 원칙에 따를 경우, 우리는 공정하지는 않지만 국제 공동체에 의해 공정한 것으로 인정되고 수용되는 인권의 기준들을 적용하려고 시도한다. …… 이런 범위 내에서 우리는 이 정부들에게 압력을 가하기 위한 새로운 수단들을 모색하면서 가능한 한 혁신적이고 공격적인 활동 전략을 채택한다"고 말했다.

**** 1978년에 포드재단은 헬싱키위치에 50만 달러의 재정을 최초로 지원했다(Kondracke, 1998). 1980년대에 다른 거대한 자금원은 맥아더재단(MacArthur Foundation), 레브슨재단(Revson Foundation), 카플란재단(J. M. Kaplan Foundation)과 나이어에 의해 재단의 장으로 영입된 조지 소로스(George Soros)였다.

박애주의의 정치화와 '아이디어 시장'의 구축

인권 기구들의 재구성에 있어서 박애주의 재단들의 지도자들이 수행한 핵심적인 역할은 그들이 재정을 지원한 사실만으로는 설명될 수 없다. 상이한 정치·경제·학문적인 권력의 극에 밀접하게 위치해 있는 재단들의 구조적인 지위는 그들이 불가피하게 이런 궁정전투에 개입할 수밖에 없다는 것을 의미한다. 1960년대 말부터 정치화와 전문화 과정이 이미 진행 중이었지만, 이 과정들은 1970년대에 "지식 시장에서 자유주의적 독점"에 대항한 사회적이고 이데올로기적인 반혁명의 결과로서 매우 신속하게 가속화됐다.[12]*

정치계의 신참자들과 권력의 장에서 열세에 있던 사람들은 그들이 비판한 '견고하게 구축된 이스태블리시먼트'의 네트워크와 똑같은 전술을 따랐다. 특히 헤리티지재단 같은 신세대 싱크탱크들은 경제적 합리성과 도덕질서라는 테마를 확산시키기 위해서 미디어를 활용했다. 레이건 행정부의 출범과 함께 승리한 이 새로운 도전자들의 성공은 게임의 규칙을 바꾸는 대응의 발전을 가져왔다.** 각각의 적수들은 미디어의 관심을 끌기 위해 노력하면서 정책 연구에 대한 투자를 증가시켜야만 했다. 지식 자체의 발전을 추구하기보다는 전문가들의 경쟁을 일종의 경기처럼 소개하는 역할을 담당한 언론인들을 위해 그것을 포장하는 것이

---

* 이런 '정책 연구 산업'의 발전에 대해 분석한 스미스(Tony Smith)는 이 기관 중 3분의 2 가량이 1970년대 말에 설립됐다고 주장한다(Smith, 1991).
** 헤리티지재단의 지도자들은 특히 그들의 아이디어에 대해 공격적인 상업화 전략을 권고하면서 워싱턴의 싱크탱크들이 채택하게 될 새로운 게임의 규칙을 처음 시작한 것으로 알려져 있다. 그들이 거둔 가장 큰 성공은 레이건 혁명의 토대가 된 '리더십을 위한 혁신'이었다(Heritage Foundation, 1996).

더욱 중요했다.

　다른 분야에서와 마찬가지로, 성장일로에 있던 국제 인권의 장 내부에서도 경쟁은 이 실천의 장이 발전하고 전문화될 수 있게 해줬다. 몇몇 저널리스틱한 주장처럼, 1980년대 인권의 장의 발전(그리고 칠레에 대한 레이건 행정부의 태도 변화)은 여러 가지 점에서, 특히 엘리엇 에이브럼스(Elliot Abrams) 같은 레이건 행정부의 관료들과 아리예 나이어와 마이클 포스너(Michael Posner) 같은 인권운동가들 간의 광범위한 논쟁에서 비롯된 것이었다.*** 이 경쟁자들은 주요 미디어의 주목을 끌 만한 제품을 생산하는 데 성공을 거둠으로써 이 장을 번성하게 만들었다. 「뉴욕타임스」 편집장의 말을 인용하면, "미국 대중들은 그들이 인권을 절대적인 상품(그 자체로서 추구되어야 하는 보편적인 열망)으로 간주하고 있다는 사실을 명확하게 했다".[13] 게다가 한 내부 인사가 주장한 바와 같이, 논쟁들은 인권운동으로 하여금 생산된 작업의 질을 향상시키고, 그

*** 이 논쟁들에 대해 논평하고 전사의 이미지를 활용한 『뉴리퍼블릭』의 한 논문은 다음과 같이 적고 있다. "전투원들은 지성, 확신, 행동주의, 가끔씩 야수와 같아지는 당파성, 훌륭한 언변 등에 있어서 에이브럼스와 나이어보다 더 나은 경기자를 찾아볼 수 없다." 한 내부 관계자는 다음과 같이 말했다. "아메리카워치의 전략은 …… 헬싱키워치의 감시 하에 있는 공산주의 정권과 아메리카워치의 감시하에 있는 남미의 우익 독재정권에게 동등한 기준을 적용하는 것이었다. 그리고 이와 같이 (엘살바도르 정권에 대한 지원 정책이나 니카라과 콘트라[Contra : 반혁명 게릴라 세력]에 대한 지원, 혹은 칠레의 피노체트와 아르헨티나 군사정부에 대한 지원이건) 인권이라는 면에 있어서 워싱턴 행정부에 대한 노골적인 대립 전략은 언론에게는 매우 흥미로운 것이었다. …… 왜냐하면 레이건 행정부는 인권에 대한 주장들을 부적절한 것으로서 멀리하거나 '인권을 침해하는 정권이나 개인들을 지원하는 것은 우리와 상관없다'고 선언할 수 없었기 때문이다. 레이건 행정부는 반대로 사건을 왜곡하면서 억압적인 우익 정부들이 저지른 인권유린에 대해 사과하거나 방어하려고 노력했다. 이것은 진행된 사건들의 진위를 절대적으로 확인하려고 노력함으로써 우리의 접근 방법을 완성하도록 강요했다. 이 작업을 위해서 우리는 훨씬 더 정교해져야 했고 현장과 전투 지역에 가야만 했으며, 사실에 대해 설명할 수 있는 믿을 만한 증언들을 수집하고 워싱턴의 정치 논쟁에 영향을 미칠 수 있는 방법으로 이 정보를 확산시켜야 했다. 콘트라와 엘살바도르 정부에 대한 계속된 지원을 폭로하는 것은 그 사례이다."

들이 조사한 국가들에 대한 보고에서 "균형을 갖추도록" 강요했다.* 끝으로, 인권을 중심으로 조직된 적대적인 미디어 캠페인은 대외정책 논쟁에서 법률과 법률가들에게 정당성과 중요성을 부여해줬다.**

새로운 인권 기구들을 촉진하고 이스태블리시먼트 기관들을 점차 새로운 방향으로 이끈 신세대는 자유주의 이스태블리시먼트가 발전시킨 연고주의와 엘리트적 유착의 논리와 대립하는(그리고 이 논리에 저항하기 위해 마련된) 시장의 논리들을 도입하는 데 기여했다. 스미스는 이런 정책 연구 산업에서 공존하는 상이하고 상호 보완적인(그리고 당시에는 혼동됐던) 역할들을 구분했다. 고전적인 '학자 출신 정치인' 과 나란히 학문적인 권위와 정치 세계의 자원들을 결합한 사람들과 전문가들을 포함해 각양각색의 경력들이 발견됐다. 그러나 새로운 점은 '미디어적

---

* 한 내부 관계자에 따르면, '폐쇄된' 국가들에 대한 인권운동 전략은 처음에는 '소극적' 이었지만, "그들은 결국 망명자들의 증언을 수집하고 다른 새로운 전술들을 활용하면서 틈을 비집고 침투하는 방법을 이해하게 됐다. 그리고 이것은 '긍정적인 효과' 를 거뒀다." 또한, 자코비(Tarner Jacoby)에 따르면 작업의 질에 있어서 "인권 조직 공동체는 에이브럼스와 함께 한 (일반적으로 인권유린의 정도와 누가 정확한 책임자인가에 대한) 사실적인 논쟁들이 전체적으로 유익한 효과를 거뒀고, 행정부와 비판자들 모두가 사건에 대해 검토하려는 노력을 한 단계 높이도록 해줬다. 과거에는 단지 (인권에) 위배되는 나라에 대해서만 관심을 모으고 팸플릿들을 출판한 감시 그룹은 이제는 길고 상세한 보고서들을 발표한다. …… 그들은 또한 의회에서 내려진 결정에 따라 그들의 간행물을 내는 타이밍을 맞추기 위한 작업을 하며, 그것들을 정기적으로 환기시킨다"(Jacoby, 1986 : 1082). 이「뉴욕타임스」편집인에 따르면, 수많은 경우 이런 "대중적인 논쟁은 인권을 정당화하고 빈번하게 행정부가 자신의 외교를 선전하기 위해 필요한 대중의 감수성을 자극하면서 유용한 목적에 기여하는 것처럼 보였다"(1082). 보다 신중한 인물이 에이브럼스를 대체했을 때, 운동원들은 "인권이 장기간에 걸쳐서 이런 선전의 부족으로 고생을 겪게 될 것을" 우려했다(1082).

** 에어먼(John Ehrman)은 에이브럼스가 법률의 중요성과 커크패트릭과 레이건 행정부에 대한 그 자신의 중요성을 강조하기 위한 근거로서 어떻게 인권운동을 활용했는지 훌륭한 설명을 제시한다(Ehrman, 1995 : 155~162). 에이브럼스의 패인은 행정부로 하여금 1983년 민주주의기부재단(National Endowment for Democracy)의 설립을 비롯해 보다 일반적인 민주주의에 대한 투자로 이끌 만큼 성공적이었다(163). 워싱턴에서 '법과 발전' 의 부활은 1980년대 대외정책 도구로서 법률에 대한 관심의 부활에 빚을 지고 있다(Carothers, 1991 : 1998도 참조).

교수들'과 '정책 기획자'의 수적 증가와 지위의 상승이었다.[10] 전자는 정치적인 무대를 마련하기 위해 언제나 인용이나 사운드 바이츠를 찾고 있던 미디어의 영향력 증가가 만들어낸 학문적인 결과물이었다. 후자는 이 논쟁을 구조화하고 새로운 게임의 규칙을 정의하는 데 기여한 전문화되고 다각화된 새 그룹에 의해 이루어졌다. 과거뿐만 아니라 현재에도, 이 새로운 영역에서 지식의 생산보다는 다양한 시장의 선호를 정확하게 겨냥한 전파가 보다 중요하게 다루어진다.

도덕 자본가에서 벤처 자본가로

자유주의적 이스태블리시먼트를 둘러싸고 있는 재단들은 그들이 가진 계보와 영향력을 확대하려는 노력에도 불구하고, 이런 아이디어 시장이 재구성되는 충격을 피할 수 없었다. 다양한 정책 전문가 그룹 간에 재판관 역할을 수행하는 미디어는 재단들이 신참자들과의 경쟁을 받아들이도록 강요했다. 나아가 재단들과 싱크탱크들의 세계 배후에 있던 학계 전체가 이런 시장 논리의 침투에 의해 변화했다. 싱크탱크들의 증가와 보다 일반적으로는 정책 연구 산업의 성장이 대학교수들에게 그들의 경력을 촉진하고 (자문, 이사회 멤버, 토크쇼 등을 통해) 소득을 증가시킬 수 있는 가능성을 제공했다. 이런 학문적 생산의 세속화는 학계와 정책의 모든 부문에서 발견됐다.

학술재단 세계의 변화는 아이디어 시장의 발전과 불가분의 관계를 맺고 있다. 재단들은 이 시장의 창출에 기여했고 또한 이 시장의 논리에 복종해야만 했다. 스미스는 "대학들이 모든 분야에서 새로운 연구센터들을 설립하면서 더욱 기업처럼 됐으며", 동시에 "그들의 재정 지원 방식"이 수정되었음을 관찰했다.[15] 재단들은 주요한 자본 기증이나 장기간에 걸친 연구 프로젝트의 위탁에서 보다 협소하게 정의된 프로젝트로 이동했다. 또한 재단의 지원을 받는 기관들은 더욱 다각화되고 보다 경쟁적이고 엄격한 평가에 따르게 됐다.

포드재단은 적어도 두 가지 방식으로 이런 새로운 상황에 적응했다. 앞서 언급한 바와 같이, 포드재단은 1960년대와 70년대에 새로운 정치운동(여성운동, 소수인종의 보호, 환경운동, 인권운동 등)에 관련된 신사회운동에 보다 밀착됐다. 이 운동이 지속되는 동안 포드재단은 또한 '이데올로기적 벤처 자본주의'로 특징지을 수 있는 것을 위해 재정 지원하는 역할로 수정했다. 재정적인 측면을 무시하면서 각 프로젝트들의 특수한 장점만을 고려해 지원하는 것은 더 이상 충분하지 않았다. 이제는 스스로 성공하는 법을 배워 이데올로기 시장에서 경쟁할 수 있도록 준비시키는 것이 필요했다. 이런 박애주의적 지원은 시장의 약점을 수정하려고 하기보다는 시장의 논리를 사회운동의 영역으로 확장하면서 그 논리에 따라 이루어졌다.

포드재단 지도자들의 사회적 프로필은 이 장의 변화에 대한 좋은 척도가 된다. 1966년에서 79년까지의 포드재단 총재는 국제적이고 학식 있는 부르주아 계급의 멤버였던 맥조지 번디였다. 번디는 포드재단의 예산 균형에 그다지 관심이 없던 가부장주의와 거만함이 뒤섞인 '국내 사회개혁의 챔피언'[16]이었다.* 그의 뒤를 이은 프랭클린 토머스

---

* 케네디 암살 이후에 거만함과 온정주의가 혼합된 증거로서 케네디 상원의원의 스탭들에게 지원금이 제공됐다. 이 기금은 "수령자들이 공적인 생활에서 민간의 생활로 이동하는 것을 수월하게 하기 위한 것"이었다. 그들은 "1년 이상의 휴가와 단기간에 걸친 금전문제로부터의 해방"을 보장받았다(Nielsen, 1985 : 66). 번디의 포드재단 예산 운영에 대해 닐센은 포드재단이 10년 동안 자본 중 4분의 3 정도를 탕진했다고 말했다.

(Franklin Thomas)는 포드재단을 훨씬 더 기업적인 방식으로 운영했다. 이 재단에 가까운 한 인물에 따르면, 토머스는 "기질상" 번디보다 "대담성이 훨씬 부족했다"(그리고 "뜨거운 물속에 뛰어드는 것"을 피하는 데 훨씬 더 큰 관심을 기울였다). 그는 과격하게 기구를 축소한 경영 전문가들에게 둘러싸였다.** 이런 차이점들은 경영 방식의 차이 때문만은 아니었다. 토머스는 포드재단에 완전히 다른 경력의 프로필을 가지고 왔다.

토머스는 가문보다는 자신의 재능으로 신분 상승을 이룩한 브룩클린 출신의 흑인이다. 아이비리그 농구 스타이기도 한 그는 컬럼비아대학 법대를 졸업하고 4년간 공군에서 복무했다. 그는 재단의 세계에 들어가기 전에 정부기관(미국 법무부 주택과)에서 경력을 시작했다. 그가 신분 상승을 하게 된 열쇠는 1967년에 설립되어 포드재단으로부터 부분적으로 재정 지원을 받았던 베드포드-스터이브슨트 복원회사(Bedford-Stuyvesant Restoration Corporation)를 지휘한 10년이라는 기간이었다. 이 지위를 통해 그는 뉴욕시의 수많은 엘리트들을 사귀었다.[17] 1970년에 그는 시티은행의 사장 월터 리스턴에 의해 이 은행의 이사회 멤버로 초빙됐는데, 리스턴은 그를 "만난 사람들 중에서 가장 영리한 사람"이라고 생각했다.[18] 여기에서 토머스는 시티은행의 남아프리카에 대한 전략 수립에 직접적으로 개입했다. 재단 총재직을 맡은 후에, 그는 계속해서 재계와 밀접한 관계를 유지했고——특히 그는 CBS, 알코아(Alcoa), 커민스 엔진(Cummins Engine), 얼라이드 스토어(Allied Store) 등의 이사회에 참여했다——, 포드재단의 재원을 세 배 늘린 66억 달러 가량으로 증가시켰다. 이렇게 해서 포드재단은 3억 달러 이상의 연간 예산을

** 지휘 부서에 있는 전문 스탭들은 2년이 채 안 되어 75%나 감원됐다(Nielsen, 1985 : 77).

보유하게 됐고, 이 예산은 재단으로 하여금 (총 33,600건의 지원 요청 가운데) 1,778건의 재정 지원을 가능하게 해줬다. 이 지원금은 16개 분야의 사무국에 종사하는 600명의 직원들에 의해 관리됐고 포드재단을 국제 박애주의 재단들 가운데 가장 중요한 기관으로 만들어줬다.

토머스의 재임 기간 동안 포드재단의 성장은 특히 이 재단이 제2차 세계대전 이후까지 사실상 그다지 발전하지 못했고, 1950년대까지 사실상 국제적인 활동을 시작하지 못했다는 점에서 매우 두드러졌다. 포드재단 활동의 재조직도 역시 매우 놀라운 것이었다. 1960년대에는 미국과 해외의 명문 대학들이 포드재단 재정 지원의 주요 수혜자였다. 이 시기가 지난 후, 포드재단은 연구에 대한 지원으로부터 벗어나 주창그룹(advocacy group)들에 대한 지원으로 이동했다. 학계와 싱크탱크들에 대한 보수주의자들의 투자는 포드재단을 보다 급진적인 운동에 가까워지게 만들었다.* 또한 이런 재정향은 재단들의 초기 역사와 관련된 논리에 이미 내재되어 있기도 했다. 동부 이스태블리시먼트의 제1세대가 자신들에게 정당성을 부여하고 새롭게 부를 축적한 '강도 남작들' (robber barons)과 대립되는 것으로서 그들의 권력을 정당화할 고급 교육기관들을 발전시키는 것은 중요한 문제였다. 훗날 동부 이스태블리시먼트 멤버들이 국가의 책임을 담당하게 된 후, 그들은 새로운 사회정치적 문제들을 예측하고 해결하기 위한 진단(그리고 잠재적인 해결책)을 구하기 위해서 학계에 의지했다.[19] 게다가 케네디의 실천적 지식인들에 의해 강

---

* 그러나 이런 시도는 저항에 부딪혔다. 1973년에 맥조지 번디는 특히 데이비드 팩커드(David Packard)를 비롯한 재계의 리더들이 친자본적인 이익만을 지원하는 박애주의를 요청하고 있다고 비판하는 연설을 몇 번 했다. 그는 또한 미국기업연구소의 친자본주의적 노선을 "지적으로 인위적인 양극화" 라고 비판하기도 했다(Silk and Silk, 1980 : 149).

화된 이 전략은 (학문자본을 정치적 선택을 위한 봉사에 바치면서) 명문 대학들과의 관계를 강화시키는 이점을 제공했다. 이것은 여러 가지 면에서 개발도상국에서 활용한 것과 같은 정치적인 접근 방법이었다. 해외에서의 학문 투자는 또한 그들 모국의 권력의 장에서 매우 유사한 지위를 점유하고 있는 보호받는 고객을 재생산할 수 있었다.

처음에 재단들은 학계에 포진함으로써 그들을 설립한 가문들로부터 점차 자율성을 획득했다. 잠재적인 프로젝트들의 장점을 평가하기 위해서 재단의 지도자들은 당연히 프로그램이나 연구에 이미 재정을 지원한 대학들에 의지했다. 또한 재단의 새로운 정향은 사회적 기술들과 정부의 혁신에 관심을 기울인 학계의 자유주의적 열망의 산물이기도 했다. 사회적 실험 계획에 재정을 지원하는 방법을 모색하던 학계의 인물들은 같은 사회적 출신 배경을 가진 재단 지도자들에게 호소할 수밖에 없었다. "대부분의 프로그램 관리자들은 대개 프린스턴대학의 우드로윌슨스쿨이나 하버드대학의 케네디스쿨 같은 관료 훈련기관으로부터 학위를 받은 비전문가들이었다."[20] 토머스는 이런 특징들의 축소판이었다. 포드재단에 몸담았던 17년을 회고하면서 토머스는 재단들을 '사회 연구와 발전의 무기'라고 정의했다. "우리들은 위험을 짊어지고 새로운 아이디어를 개발하며, 새로운 아이디어 즉 불평등을 제거하고 기회를 증가시키기 위해 고안된 아이디어들을 추구하는 혁신적인 인물들과 기관들을 후원해야만 하는 사회의 부분들이다."[21]

이와 같은 혁신에 대한 취향은 재정 운영에 있어서 합리성에 대한 고려를 배제하지 않았다. 이 기구들은 활동성을 향상시키고 경쟁을 더욱 고취하기 위해 박애주의 시장을 재구축하는 것을 그들의 역할이라고 인식했다. 그들은 금융경영 기법을 도입하기를 주저하지 않았다. 「도덕

자본: 재단들이 벤처 자본가들로부터 배울 수 있는 것」[22]이라는 제목을 단 한 논문은 아이디어 시장과 새로운 상품·서비스 시장 간의 접속을 매우 명확하게 밝혔다.*

정치계, 학계, 시장의 이런 상징적 관계는 역할의 혼동을 가져왔다. 따라서 어떤 사람들은 재단의 세계를 폐쇄회로라며 다음과 같이 비판하기도 했다. "오늘날 재단 프로그램들의 평가는 재단의 스탭과 지원을 받는 사람들 자신에 의해서 수행된다. …… 그리고 그들이 선발한 평가자들은 해당 프로젝트에 이익을 가지고 있는 사람들이다."[23] 똑같은 논리에 따라서, 심지어 재단의 지도자들 자신이 이와 같이 '끈끈하게 얽힌 세계'의 산물이다. 『파운데이션 뉴스』의 칼럼들은 재단 운영진들의 변동 상황을 추적한다. …… 재단 CEO들 가운데 대략 40% 정도가 현재 비영리부문 출신자들이다. 〔그리고〕 약 30% 정도가 그들 자신의 재단 내부에서 고용된다."[24] 데이비드 새뮤얼스(David Samuels)는 수전 버레스포드(Susan Berresford)를 새로운 총재로 임명한 포드재단 이사회의 최근 사례를 제시했다. 그녀는 프랭클린 토머스의 측근으로서 국제 프로그램 부문의 부총재였고, 1970년 경력을 쌓기 시작한 이래로 줄곧 포드재단의 멤버였다. 그녀는 "심지어 외부 인사를 영입하려는 형식적인 노력조차 없이" 선출됐다.

이 사례들은 「미국 재단들의 실패」라는 제목을 단 논평의 결론을 뒷

---

* 공격적인 월스트리트의 투자가 폴 튜더(Paul Tudor)가 설립하여 뉴욕의 빈곤 추방을 담당한 로빈후드재단(Robinhood Foundation)은 이사장의 말에 따르면 '자비를 위한 벤처 자본 펀드'이다. "우리는 일반 대중의 자선을 촉진할 것으로 믿어지는 것에 투자하고 있으며 따라서 신중한 투자 철학에 맞는 모든 결과들을 측정한다. …… 로빈후드는 자선으로 기부되는 달러의 투자에 대한 비용과 이윤을 측정하려고 시도한다."(Willoughbt, 1997) 최근의 한 기사는 1980년대에 부유해진 세대가 "자신들이 돈을 버는 데 활용한 것과 똑같은 영리함과 노력으로 기부하기를 희망한다"고 주장했다(Newsweek, 1997).

받침해주지만, 이 결론은 재단들의 경영 전문화를 정확하게 묘사했음에
도 불구하고 몇 가지 문제점을 드러낸다. 현실적으로 재단 운영은 상호
보완적인 권력 장소들 간에 중개자 역할을 수행할 준비가 되어 있는 복
합적인 인물이 매력을 느끼는 경력이 된다. 그것은 그들에게 학문과 돈,
정치권력 등 사회적 자원을 조합함으로써 사회적으로 열세에 놓인 지위
를 보상할 수 있게 해준다. 재단 운영은 권력과 영향력을 향한 고유한 경
로를 가진 독특한 경력이 됐다.[**]

　　포드재단 부총재였다가 은퇴한 뒤 휴먼라이트워치에서 계속 중요
한 역할을 수행하고 있는 윌리엄 카마이클(William Carmichael)의 경력

[**] 예를 들어, 소로스재단(Soros Foundation)은 포드재단보다 더 신속하고 더 기업가적으로
되기 위해 의식적으로 노력해왔다. 1995년에 발표된 보수적인 싱크탱크들에 대한 한 논문
은 1977년에 설립된 자유주의적인 카토재단이 "예산의 중요성을 고려하는 방향으로 수정
된"(뉴스들과 사설에 인용된) 척도에 있어서 "아마도 세 개의 다른 싱크탱크들을 제외하고
는 모든 면에서 승리를 거둘 수 있었다"고 주장했다(Burton, 1995). 또한 "3대 보수적인 싱
크탱크들(미국기업연구소, 헤리티지재단, 카토재단)은 이런 경쟁에 주의를 기울여야만 한다.
지난 10년 동안 국내적인 수준의 보수적 싱크탱크들은 패스트푸드 가맹점처럼 증가해왔
다"고 주장했다(Burton, 1995). 교육학 교수로서 허드슨연구소(Hudson Institute)의 존 M.
올린 특별회원, 토머스 B. 포드햄재단(Thomas B. Fordham Foundation) 이사장직을 겸임
하고 있는 체스터 핀(Chester Finn Jr.)은 『논평』지를 통해 박애주의에 관련해 빌 게이츠에게
보내는 공개서한을 발표했다(Finn, 1998). 이 서한은 특히 포드재단과 같은 전통적인 재단
들이 "1960년대와 70년대의 권위에 대한 도전"에 재정을 지원했으며, 이제는 과거의 반(反)
이스태블리시먼트 운동가들이었지만 (공적인 것과 민간적인 것 간의 경계를 흐리게 만듦으로
써) 현재는 "그 자신들이 이스태블리시먼트로 군림하는" 사람들에게 재정을 지원한다고 주
장했다. 이와 동시에, 핀은 "미국에서 민간부문이 어떻게 가장 가난한 공동체들에게 활기를
불어넣고 자립과 독립성을 촉진할 수 있을지" 모색한 당파를 초월한 기구인 '박애주의시민
운동전국위원회'(National Commission on Philanthropy and Civic Renewal: NCPCR)의 위
원이었다. NCPCR은 직원들과 웹을 통해서 시민운동전국위원회(National Commission on
Civic Renewal)에 접속되어 있는데, 이 위원회는 학계와 유대관계가 있는 초당파적인 그룹
이다. 이 위원회 위원들은 록펠러재단 이사장뿐만 아니라 전직 존 M. 올린재단의 이사장이
었고, 현재는 NCPCR에 재정을 지원하는 린드앤해리브래들리재단 이사장인 마이클 조이스
도 참여하고 있다. 조이스는 1980년 레이건을 위한 대통령 인수팀에 참여했고 "민간 재단
에서 20년 동안의 경력"이 있는 인물로 묘사된다(National Commission on Civil Renewal,
2001).

은 1960년대 말부터 현재에 이르는 경력에 대한 사례를 제공한다. 뉴딜 정책 기관에서 근무한 부모를 둔 그는 모범적인 학업 과정을 거쳤다── 예일대학 졸업 후 프린스턴대학의 우드로윌슨스쿨, 옥스퍼드대학의 로즈 특별연구원을 거쳤다. 코넬대학 경영대학원장으로서 잠시 행정을 경험한 후, 그는 옛 제자들 중 한 명에 의해 포드재단을 위해 일하도록 초청받았는데, 당시 포드재단은 경영학 교육을 사회과학으로 재정향하려고 시도하는 중이었다. 사회과학은 근대화──딜레탕티즘(dilettantism)으로 대표되고, 유럽적 전통에서 교육받은 지배적인 법률 엘리트의 학문적 엄격성 결여로 인식되었던──의 장애를 제거하기 위한 수단으로 간주됐다. 개발도상국에서의 목표는 따라서 이중적인 것이었다. 그것은 새로운 엘리트를 교육하고 다양성과 경쟁을 도입함으로써 학문 세계에 활력을 불어 넣는 것이다.

처음에 인도를 담당했고, 그 후에는 브라질을 담당한 카마이클은 번디에 의해 아프리카에 관련된 프로그램의 장으로 임명됐다. 이 프로그램은 특히 남아프리카공화국의 새로운 엘리트들에 맞춰져 있었다. 그는 또한 번디의 지원과 더불어 부분적으로는 군사독재정권으로부터 위협받는 젊은 지식인들을 보호하기 위해 개발된 인권 옹호 프로그램의 촉진자들 중 한 명이기도 했다. 처음에 이런 이니셔티브들은 운동가라고 불릴 수 있는 소수 인물을 제외하고는 재단 내부에서 그다지 용인되지 못했지만, 곧 인정을 획득했다. 정치 격변에 의한 불연속성에도 불구하고 새로운 엘리트들의 출현을 뒷받침하면서 미국의 가치를 수출하려는 목표는 계속 유지됐다. 냉전 시기에 식민지로부터 해방된 정부들을 뒷받침한 이 작업은 그 후 미국 대학 캠퍼스에서 성장한 새로운 이데올로기적 정향에 따르는 대안적인 신사회운동을 통해 새로운 정부 운영 방식에 기여하게 됐다.

연속성 안에서의 이런 개종은 그것을 발명한 사람들에 의해 다른 대륙에도 수출됐다. 이렇게 해서 카마이클이 아프리카, 특히 남아프리카공화국의 책임자가 됐을 때, 그는 새로운 엘리트들 중에서 가장 저명한 대표자들이 국제적인 정당성을 획득한 전문성에 통합될 수 있도록 포드재단의 지원을 받을 수 있게 해줬다. 포드재단은 또한 공익 법률회사 같은 기관들을 설립했다. 현재 카마이클은 30여 년간 활동한 포드재단에서 은퇴한 뒤 휴먼라이트워치에서 계속 활동하고 있다. 그의 경력은 재단들을 통해서(그리고 재단들에 의해서) 세계의 여러 지역에 수출되는 미국을 중심으로 한 인권운동과 전문성을 향해 이끄는 경로를 예시적으로 보여준다.

9_대립에서 협력으로 :

새로운 보편성의 국내적 생산과 국제적 인정

피노체트를 권력의 중심으로 이끈 1973년 칠레의 쿠데타는 새로운 국가 전문성을 정당화하는 데 각별한 중요성을 가지고 있다. 칠레는 민주적 사회주의를 통해서건, 자유주의 경제를 통해서건 북미에서 정당한 국가 전문성을 둘러싸고 경쟁하는 사람들이 막대하게 투자한 실험실이었다. 칠레에서 일어난 사건들은 따라서 미디어와 대학, 그리고 싱크탱크들 사이에 벌어진 북미의 논쟁에 직접 연결됐다. 예를 들어, 「월스트리트저널」은 칠레에서 시카고 경제학의 훈련을 받은 사람들의 성공을 미국에서(그리고 그밖의 지역에서) 시카고 경제학에 보다 큰 권위를 부여하는 이유라고 선전했다. 「뉴욕타임스」는 다시 한번 칠레를 강조하면서 인권의 지형에서 전투를 수행할 수 있었다. 칠레에서의 전투는 따라서 국제화됐을 뿐만 아니라 국제적으로 정당한 국가는 어떠해야 하는가를 정의하는 데 핵심적이기도 했다. 칠레 실험장에서 일어난 사건들 ── 북미와 남미에서 동시에 서술된 ── 은 세계의 다른 지역에 수출하기 위한 모델이 됐다. 이것은 인권과 신자유주의 경제학 모두에 해당된다.

　우리는 국내의 투쟁과 국제적인 투자가 어떻게 해서 중도좌파적인 정당 간의 동맹을 만들어내는지(그리고 칠레를 어떻게 '자유민주주의'의 국제적인 모델로 만들어내는지) 설명함으로써 이 장을 시작한다. 이것은 또한 싱크탱크들과 미국을 본받은 새로운 국가 지식에 투자하는 중요한 외국인 투자에 대한 이야기이기도 하다. 외국의 재정 지원을 받은 싱크탱크들은 사실상 1980년대 후반에 있었던 국민투표를 계기로 결집할 수 있었다. 이 투표는 "피노체트에 반대하는 캠페인"을 주도한 미국의 자문가들이 개발한 언어 속에서 치러졌다.[1] 이 캠페인의 승리는 비록 권력의 수많은 원천들을 없애지는 못했지만, 피노체트가 자리에서 제거됐음을 의미했다.

또한 브라질과 아르헨티나의 서로 유사하면서도 매우 다른 발달 과정에 대해서는 이 장에서 간략하게 검토하겠지만, 브라질에서의 군부 이야기는 보다 복잡하다. 브라질에서 주도적인 경제학자는 우리가 이미 설명한 바와 같이 시카고 보이스가 아닌 델핑 네투였고 군사정권의 경제학은 보다 민족주의적이었다. 칠레와는 대조적으로, 국제적인 투자는 심지어 군부 자체 내에서 더 많은 굴곡을 거친 국내적인 상황에 연결되어 있었다. 군부 강경파가 1960년대 후반에 권력을 잡은 직후에, 우리는 가톨릭교회와 평화정의위원회(Peace and Justice Commission)를 중심으로 브라질의 법률 저명인사들이 다시 결집하는 것을 볼 수 있다. 이 행위자들은 군사정부에 대한 소송을 위해 브라질 변호사협회(OAB)를 활용하기도 했다. 그리고 국민투표를 다루기 위해서 개입한 미국의 자문회사 대신에, 이행을 위해 새로운 헌법질서를 만들 것을 요구한 현지 저명인사들의 위원회가 발견된다.

브라질에 대해 설명한 후, 우리는 거의 전적으로 국제 경기장에서 활동한 아르헨티나의 인권운동에 대해 간략하게 설명할 것이다. 예상하는 바와 같이, 아르헨티나에서는 군부정권의 지지자들과 반대자들 모두가 국제적인 공간에서 전문적인 투자를 위한 중요한 배출구를 찾았다.

　이 장의 세 가지 사례에서 국제적인 투자가 흡수되는 상이한 시나리오와 구조들은 칠레와 아르헨티나를 국제적인 측에, 그리고 브라질을 국내적인 측에 정렬시키는 국제적인 모델과 국내적인 모델로 구분하도록 유혹한다. 그러나 이런 분석은 매우 잘못된 것이다. 브라질에서 저명인사들의 컴백은 명백하게 카터 행정부와 포드재단, 그 밖의 다른 국제적인 자본과 정당성의 원천들에 의해 뒷받침된 것이었다. 보다 중요하게는 브라질과 칠레에서의 국제적인 투자는 북미와 남미 간의 유사한 관계들을 발전시켰다. 칠레는 단순하게 국제적인 세력을 반영한 허수아비라기보다는 시카고 보이스의 성공을 가져온 것과 똑같은 칠레적인 요소(「월스트리트저널」과 유사한 「엘메르쿠리오」, 시티은행과 유사한 피라니아(Piraña), 시카고대학과 유사한 가톨릭대학 등)들이 인권운동의 배후에서 다른 방식(이 경우에는 권력 외부의 개혁주의적 이스태블리시먼트)을 통해 발견된다. 반대로 브라질에서는 특수한 국제전략에 연결된 이런 그룹들이 명확하게 형성되지 않았다.

　그러나 이것이 브라질과 아르헨티나에서 유사한 점들이 발견되지 않는다는 것을 의미하지는 않는다. 델핑 네투는 리우데자네이루의 국제적인 엘리트들에 대항한 상파울루 사업 공동체의 대변자로 보여질 수 있다. 이와 유사하게, 도밍고 카바요가 자신의 출신지인 코르도바에서 아르헨티나·라틴아메리카 경제연구소(IEERAL)을 설립한 것도 지방이 자신들의 이익을 대표하지 못한다고 생각한 자본에 대항해 가한 공격의 한 부분이었다. 이 두 가지 상황은 모두 자신들의 지역적인 지위들을 강화하기 위해 새로운 전문성에 투자하는 구조적인 이유를 제공해준다. 이와 유사하게, 브라질에서 인권에 대한 담론을 내세운 법률 저명인사들의 컴백은 칠레에서 발생한 것들과 많은 유사점들을 가지고 있다. 이들 간의 차이점은 브라질 상황(군부 강경파가 권력을 장악한 순간)에서 법률 저명인사들은 반격을 준비하기 위해 그들이 지방 기관에서 이미 점유하고 있던 지위들로 퇴각할 수 있었다는 것이다.

피노체트의 시카고 보이스 : 경제학자, 금융가, 사업 변호사들의 반혁명 동맹

피노체트의 반혁명을 위한 새로운 국가 전문성은 훗날 라틴아메리카에서 최초이자 가장 유명한 시카고 보이스로 알려진 경제학자들(가톨릭 대학의 젊은 경제학자들)에 의해 시작됐다. 이 경제학자들은 상대적으로 일찍부터 재계와 군부, 이미 강력한 국가에 도전하고 있던 보수정당과의 관계를 발전시켰다.[2] 이런 네트워크를 형성하기 위한 핵심 기관 중 하나는 산티아고에서 가장 유명한 신문이자 칠레판 「월스트리트저널」로 간주되는 「엘메르쿠리오」였다. 「엘메르쿠리오」는 미국에서 시티은행이 수행한 것과 매우 유사하게 보수주의 권력과 세력의 결집 장소였던 에드워즈그룹(Edwards Group)이 소유하고 있었다. 또 다른 중요한 기관은 1963년에 에드워즈그룹이 설립한 사회경제연구센터(Center for Social and Economic Studies)라는 싱크탱크였다. 「엘메르쿠리오」는 아엔데 정책의 가장 두드러진 적수이자, 경제자유화의 주도적인 촉진자였다.[*]

---

[*] 아르투로 폰테인(Arturo Fontaine)은 변호사로 활동한 이후 경제법 교수로서 「엘메르쿠리오」의 편집장이 됐다. 또한 그는 가톨릭대학의 경제 전문가들과 밀접한 관계를 맺고 있었다. 그의 자녀 중 두 명은 경제학자가 됐고 한 명은 시카고대학에서 수학했다. 한편 「엘메르쿠리오」는 1955년에서 58년까지 있었던 클라인삭스미션(Klein Saks Mission)에 참여한 '인플레이션에 대항해 금융적인 처방을 제시하는 의사들'의 가장 열렬한 지지자였다(Valdés, 1995 : 107).

1973년 쿠데타를 낳은 상황에 대한 수많은 설명들이 하나하나 열거하는 바와 같이, '월요클럽'(Monday Club)은 아옌데에 반대하는 계획을 세우고 동원하기 위한 견인차가 됐다. 이 모임은 「엘메르쿠리오」의 편집장과 에드워즈그룹의 지도자들, 그리고 또 다른 유명한 그룹인 칠레 권업은행(Banco Hipotecario de Chile : BHC)의 지도자들을 결집시켰다. 주도적인 금융 그룹들은 군부가 정권을 장악한 후 경제의 청사진을 만들기 위해 월요클럽을 통해 그들의 동료 경제학자들에게 의존했다. 계획 작성에 적극적이었던 열 명의 사람들 중 여덟 명은 시카고대학 석사학위를 가지고 있었다.[3]

1973년에서 75년까지 군사 쿠데타 정권은 상대적으로 점진적인 경제정책을 수행했지만, 그 뒤를 이어 급진주의자들이 부상했다.[4] 석유파동은 충격요법을 주장한 사람들의 가치를 올리면서 이런 변화를 촉진하는 데 기여했다. 또한 많은 급진적인 시카고 보이스를 고용했고 급속하게 국제주의를 지향하게 된 BHC를 비롯하여 주요 대기업들과의 관계도 중요했다. 피노체트 정부에서 급진적인 시카고 보이스가 통제한 핵심 기관들은 미구엘 카스트(Miguel Kast)가 주도한 경제기획국(Oficina Nacional de Planificación : ODEPLAN)과 중앙은행이었고,[5] 이들은 시카고대학의 유명한 교수들과 국제적인 관계를 맺고 있었다.[*]

BHC는 1975년 초에 산티아고에서 중요한 회의를 조직했는데, 이 회의에서 아놀드 하버거와 밀턴 프리드먼은 경제를 개방하고 인플레이션을 억제하기 위한 충격요법을 주장했다.[6] 급진적인 시카고 그룹의 부상을 상징적으로 보여준 것은 BHC의 크루사트와 친한 관계에 있던 세르게이 데 카스트로(Sergei de Castro)가 경제부 장관으로 임명된 것이었다. 여기에서 시카고 보이스의 신자유주의 버전이 칠레 경제의 구조

조정을 지배했고 이런 지배는 1982년의 외채위기 때까지 계속됐다.[**]

여러 가지 면에서 우리는 여전히 옛 가문들·국가·재계에 관련되어 있고, 공통된 경제 이데올로기·국가기관들·해외유학 경험(이 모든 것들은 급격한 변화를 이끈 사람들에게 동료의식〔esprit de corps〕과 공동 유대관계의 봉합점을 제공해준다)을 통해 구성된 관계들에 의존하고 있는 보다 능력주의적인 진입자들에 의한 옛 법률질서의 대체를 볼 수 있다. 현대적인 경제 담론을 통해 강화되고 중요성을 획득한 모든 기관들을 점유하고 있는 이 새로운 경기자들은 신뢰를 잃은 발전국가와 옛 가문과 법률적 과두제에 의해서만 특권을 보장받을 수 있었던 사람들을 동요시킬 수 있었다. 이 그룹은 자신의 정당성을 위해서 경제 상황의 변화와 수학에 대한 지식, 그리고 국제적인 접촉에 의존했다. 그들은 법률이 제공해온 정당성과는 큰 관련이 없었다. 국가에 대한 피노체트의 통제는 몇

---

* BHC는 공격적인 사업 인수 때문에 '피라니아'라는 별명을 가지고 있다. "1974년에 BHC의 18개 자회사 중 3분의 2가 은행업, 투자, 보험 관련 업종에 관련되어 있었고 10분의 1 정도는 무역업에 관련되어 있었다. …… BHC의 유동자산은 대부분의 전통적인 대기업과 비교해볼 때 급속한 무역 자유화에 상대적으로 수월하게 적응할 수 있게 해줬다. 보다 신속한 대외무역에 대한 개방은 다른 경제 그룹들을 희생시키면서 대기업으로 도약하기 위한 견인차가 됐다."(Silva, 1996 : 73) BHC의 두 핵심 인물인 하비아르 비알(Javiar Vial)과 변호사인 리카르도 클라로(Ricardo Claro)는 1966년 가장 뛰어난 시카고대학 졸업생 중 하나였던 마누엘 크루사트(Manuel Cruzat)를 고용하여, 칠레에서 경제학 졸업생들을 채용한 첫번째 그룹 중의 하나가 됐으며, 보다 공격적이고 금융적인 관심을 기울였다(Osorio and Cabezas, 1995 : 58). 발데스는 크루사트가 이 은행에서 근무한 모든 '나이든 사람들'을 해고하고 부동산 판매를 촉진했으며 칠레 기업들의 매각을 지휘하는 데 기여했다고 설명한다. 1970년 경에 이 은행은 칠레에서 3~4위의 경제 그룹이 됐다(Valdés, 1995 : 229). 크루사트는 쿠데타 이후 그의 사촌인 페르난도 라라인(Fernando Larrain)과 함께 크루사트-라라인그룹을 설립하고 가족 그룹에서 '기업가들의 그룹'으로 전환하는 것을 도왔다(Hastings, 1983 : 214).

** 1970년대 말에서 80년대 초까지 한 국제은행에서 근무한 변호사에 따르면, "은행들은 많은 돈을 쥐고 있었고" "신용 조건은 매일매일 완화되고 있었다". 이와 동시에 주도적인 경제 그룹들은 금융기관을 통제하고 크루사트-라라인과 비알 같은 그룹들이 새로운 업체를 획득하고 금융위기가 발생했을 때 이 기업들을 파산에 몰아 넣게 될 막대한 부채를 얻기 쉽게 해줬다. 고정됐던 환율은 갑자기 두 배가 됐고 달러 신용을 거의 불가능하게 만들었다.

가지 형식적인 법률에 대한 호소와 공화주의적인 면을 동반했지만 대부분 폭력에 의존했다. 경제적인 성공은 이 정부의 정당성에 있어서 핵심적인 것이었다.[7]

피노체트 정권은 법률과 법률기관에 그다지 투자하지 않았지만, 법률가들이 전적으로 침묵한 것은 아니었다. 우선 그들 중 많은 사람들이 피노체트 정권에게 축복을 보냈다. 사법부와 옛 법률 엘리트들은 자신들의 노하우와 가치를 주장할 수 있었던 장밋빛 시절이 되돌아오기를 기대하면서 군사 쿠데타를 환영했다. 몇몇 유명한 변호사들과 고등법원 판사들은 대부분의 사법부 지위를 점유하고 있던 사람들과 유사한 사회적 배경을 공유한 군부를 지지하기 위해 자신의 길을 벗어났다. 콘스터블(Pamela Constable)과 발렌수엘라(Arturo Valenzuela)가 인용한 한 고등법원 판사는 "사법부의 결정을 '존중하고 강화할' 것이라는 군사정부의 맹세에 '기쁨'을 표현했다".[8] 많은 변호사들과 판사들은 1978년에 또 다른 고등법원 판사가 진술한 바와 같이 "현 정부가 한 번도 법원을 모욕한 적이 없다"는 사실에 만족했다.[9] 사법부가 옛 귀족주의의 가치에 입각해 자신의 허식을 유지하는 데 큰 관심을 가지고 있음을 인식한 피노체트는 "사법부의 존엄성과 위신에 각별한 경의를 표했다".[10]

인권의 국제적 발명 : 인권의 국제적 실험장으로서 칠레교회

칠레는 국제 인권운동의 발달에 있어서 핵심적인 지위를 점유하고 있다.[11] 1973년 쿠데타 당시, 칠레의 그 어떤 영역에서도 합법성은 중요한 문제가 되지 않았다. 위에서 설명한 바와 같이 법률가들은 대부분 쿠데타를 지지했고, 법률가들이 정치로부터 거리를 둘 수 있는 자율적인 인권운동이나 담론들이 존재하지 않았다. 예를 들어, 1973년 군사 쿠데타에 대항해 돌려진 탄원서는 한 서명자에 따르면, 단지 열두 명의 서명만을 받을 수 있었는데, 서명자 중에는 법과 발전 운동에 관련된 하이메 카스티요(Jaime Castillo), 프란시스코 쿰플리도(Francisco Cumplido), 그리고 에우헤니오 벨라스코 등이 포함되어 있었다. 인권운동의 시작은 따라서 기독민주당원들이 중심이 된 야당 정치인들과 가톨릭의 진보적인 사회사상의 영향력을 간직한 교회와의 동맹으로 이루어졌다.[12] 한 관찰자가 언급한 바와 같이, "오로지 교회들만이 계속해서 보호를 제공해줄 수 있었다". 또 다른 사람에 따르면, 사법부는 그다지 "중요하지 않았다". 그들은 탄압의 시기에 '침묵한 사람들'(doormats)로서 정부에 봉사했다.

페르난도 살라스(Fernando Salas) 신부가 이끄는 몇몇 주교들은 평화위원회(Comite Pro Paz)를 구성하기 위해 일군의 변호사 및 운동가와 접촉했다. 평화위원회는 법률 분과를 설립했는데, 처음에는 살라케트(José Zalaquett)가 이 부서의 장을 담당했다. 살라케트는 곧 체포되어 6주 동안 구속됐다. 1974년 3월경에 정부는 적으로 간주되는 사람들(특히 노조원, 정당원, 학자)을 제거하기 위한 방법으로서 납치를 활용하고 있었다. 다음에 설명하는 국제 인권운동의 상대적인 성공은 칠레의 가장 폭압적인 부분인 비밀경찰이 해산된 1978년에 끝났다는 것을 의미했다.* 피노체트는 계속 정부에 머물러 있었지만 1980년대에 자행한 것과 같은 정도의 테러를 활용하지는 못했다. 칠레에서 인권운동은 일찍이

---

* 그리고 피노체트는 미국의 압력으로 제외한 레텔리에르 암살사건(아옌데 정권 시절 외무장관이었던 레텔리에르[Orlando Letelier]를 1976년에 칠레 비밀경찰이 워싱턴 D.C.에서 암살한 사건) 외에 모든 인권침해 사건에 대한 사면을 발표했다.

법대생들과 변호사들, 세계교회위원회(World Council of Churches)의 지원을 받은 교회들, 전미교회위원회(National Council of Churches), 유럽의 인권 단체들, 그리고 점증하는 국제적 압력 간의 동맹으로부터 비롯됐다. 곧 75명으로 늘어난 평화위원회의 법무 분과는 변론에 있어서 이제 비판의 대상이 됐지만, 여전히 존재하는 법률 전통에 의존했고 가능한 모든 사건에서 출정영장(habeas corpus : 구속적부 심사를 위해 피구속자를 법정에 출두시키는 영장) 탄원을 제출했으며 군사법정에서의 변론을 위해 변호사들을 제공하는 데 기여했다. 한 운동가에 따르면, 몇몇 사람들은 "초창기에 그들이 법원을 활용함으로써 오히려 그 시스템을 정당화하는 것은 아닌지" 질문했다. 그는 이어서 "그러나 우리는 다른 어떠한 포럼도 가지고 있지 못했다"고 설명했다. 법원이 한두 건의 청원을 인정했지만, 그것은 "다른 목적"에 이바지했음이 밝혀졌다.

　평화위원회는 법원의 수동적인 성격으로부터 이득을 보았다. 정치 변동으로부터 여전히 거리를 두려고 노력하면서, 법원은 어떤 사람의 납치를 주장하는 청원이 제출될 때마다 단지 정부에게 보고하기만 했다. 정부가 여기에 반응하면 청원을 제출한 측은 "사형의 위협은 없다"는 것을 알게 됐고, 그들이 정부로부터 "어떠한 답도 듣지 못하면" 그들은 "경종을 울려야" 했다. 칠레는 이미 국제적인 비판과 아옌데와 더불어 사회주의를 향한 민주적인 이행이라는 관심을 자극한 장소였기 때문에, 미디어적 흥미의 최전방에 머물러 있었다. 법률적인 조사는 인권운동가들이 「르몽드」, 『타임』, 국제연합, 앰네스티"와 "매일 이 문제에 대해 관심을 갖는" 다른 기관들을 동원하는 데 기여했다. 이런 관심은 운동가들이 활용한 전략들을 국제화하는 데 도움이 됐다.

　당시의 한 운동원이 언급한 바와 같이, "칠레는 곧 뉴스였다". 「뉴욕타임스」 기자들은 "매주" 산티아고에 갔다. 칠레는 미국 내부의 냉전을 둘러싼 논쟁과 분열에 완벽하게 활용됐기 때문에(이 책 8장 참조), 중요한 사건으로 간주됐다. 이런 국제적인 접촉을 통해서 평화위원회의 맴버들은 당시에 막 신뢰성을 획득한 앰네스티, 국제법률가위원회(ICJ), 미주기구(OAS), 그리고 국제연합 산하에 있고 그 중 몇몇은 영향력 있는 국제 인권기관들에게 호소할 수 있었다. 한 운동원에 따르면 쿠데타에 대한 저항의 초창기에 법률가들은 '헌법'이나 '피고의 권리' 등에 대해서 말했고, 몇 달이 지나자 인권에 대해 말했으며, 처음으로 국제연합의 장치들을 동원하기 위한 체계적인 시도를 했다. 칠레발 쿠데타로 촉발된 워싱턴에서의 논쟁을 겨냥한 지미 카터의 1975년 캠페인도 인권을 중요한 이슈로 만들었다.* 그러나 이것은 인권운동이 칠레에서 일찌감치 정당성을 획득했다는 것을 의미하지는 않는다. 평화위원회는 1975년 피노체트에 의해 해산됐고 생존을 위해 칠레교회 같은 가톨릭교회의 보호를 받아야만 했다. 그러나 피노체트와 그의 정부는 결국 국제 인권운동으로 성장한 것의 정당성을 인정해야만 했다.

칠레와 기타 지역에서 이런 변화의 역동성 가운데 하나는 칠레 인권운동에서 가장 유명한 인물 중 한 명인 살라케트에게서 발견된다. 그는 1967년에 법대를 졸업하고 법대 교수 겸 형사사건 담당 변호사가 됐다. 이런 활동들은 옛 법률 엘리트와 경력 면에서 일치했지만, 법조계의 진보 진영에 있는 사람들의 관점에서 볼 때 그는 잠시 동안 아옌데 정부에서 농업개혁을 담당하기도 했다. 그는 또한 가톨릭계의 진보 진영인

---

* 당시에 한 의원은 카터의 당선 이전에 준비됐고 카터의 관심을 끌게 된 인권 관련 입법이 있게된 배경에 대해서 "의회에서 우리는 특히 닉슨 행정부가 칠레의 아옌데 정권을 동요시킨 사실을 발견하고 행정부에 대해 매우 분개했기 때문"이라고 설명했다.

기독민주당과도 연결되어 있었다. 쿠데타가 일어난 직후, 그는 당시에 정치적인 색채를 띠고 있던 평화위원회에 가담했다. 평화위원회를 지지한 변호사들 가운데 오로지 두 명만이 정치 성향이 보수적이었고 아옌데에 반대했던 기독민주당원도 소수에 불과했다. 살라케트로 대표되는 대다수 인물은 그의 측근의 말에 따르면, "아옌데 정부에 동조"했고 "수감된 몇몇 동료들을 구출"하기 위한 방법으로서 평화위원회에 가담했다. 한 멤버가 주장한 바와 같이, 그들의 노력은 "좌절을 겪었던 정치위원회의 인도주의적 전선"의 한 부분을 이루었다. 또 다른 사람에 따르면, "중도 좌파였고 정치 지향적인" 변호사들이 (정치를 법률로 전환시키면서) "전문적인 도구들을 활용"하기 시작했다. 이 활동은 "특수한 가치들이 보편적인 호소력을 발휘"하게 됨에 따라 힘을 얻게 됐는데, 이것은 그들이 광범위한 국제적 지원을 획득했음을 의미했다.

살라케트가 두번째로 체포당한 후 1976년에 추방됐을 때, 그가 앰네스티에 근무하러 간 것은 그다지 놀라운 일이 아니었다. 앰네스티는 당시에는 아직까지 국제적인 주류의 반열에 올라서지 못했다. 여기에서 그는 1977년(앰네스티가 노벨평화상을 수상한 해) 미국 분과의 멤버가 됐고, 1978년에 국제실무위원회에서 봉사하기 시작했으며, 1979년에는 결국 이 위원회의 의장이 됐다. 이런 활동 덕분에 그는 비미국인으로서 맥아더상을 수상한 첫번째 인물이 됐다.[*]

인권운동의 발달과 보편화는 특히 포드재단 같은 거대 박애주의 기관들의 활동에 의해 가속화됐다. 브라질처럼 칠레에서도, 인권에 대한 포드재단의 투자는 사회과학에 대한 투자의 부산물로 비롯됐을 뿐이다.[**] 칠레에 있던 포드재단의 인물들은 몇 년 전에 브라질에서 얻은 경험에 기초해 "억압적인 정권에서 무엇을 할 수 있을지" 고민했다. 칠레교회는 적어도 처음에는 포드재단의 프로그램에 맞지 않았다. 포드재단의 산티아고 지부는 피노체트와 거리를 둘 필요가 있음을 알았지만 인권 영역에서 "무엇이 이루어져야 하는지 알지 못했다". 이렇게 해서 사회과학에 맞춰진 넓은 초점은 인권과 직접 관련된 중요한 국제 프로그램을 위한 무대를 마련했다. 포드재단이 사회과학에서 발전시키려고 했던 학문적 중립성은 법률에서 인권의 중립성과 크게 다르지 않았다. 그러나 초창기에 포드재단은 인권이 여전히 정치적인 투쟁에 지나치게 연결되어 있었으므로 인권에 대해 소극적이었다.

피노체트 정권 출범 이후 처음 몇 년이 지난 후, 칠레교회와 다른 단체들에 대한 포드재단의 질문은, 다시 한번 당시의 재단 관계자에 따르면 "이것을 어떻게 다루어야 하고 정치에 개입하지 않을 수 있을 것인

---

* 칠레 내부에서는 아옌데에 반대한 것으로 알려진 몇몇 법률가들이 인권운동의 발전에서 중요한 역할을 수행하게 됐다는 점에 주목해야 할 것이다. 이 인물들 가운데 에우헤니오 벨라스코, 곤살로 피게로아(Gonzalo Figueroa) 같은 사람은 역시 '법과 발전' 운동에 연루되어 있었다. 그리고 특히 하이메 카스티요를 포함한 다른 사람들은 기독민주당에 연결되어 있었다. 카스티요는 프레이 정부에서 법무부 장관을 지냈다. 또 다른 사례인 호세 루이스 세아(José Luis Cea)는 1960년대 말에 칠레대학의 헌법학 교수가 된 1960년대 법대 졸업생이었다(그리고 1967년 헌법 개정자들의 법률 자문가였다). 1971년에 그는 존 스튜어트 밀과 그밖의 이론가들로부터 이끌어낸 표현의 자유 이론에 대한 책을 발표했다. 당시에 「엘메르쿠리오」는 공산주의 독재의 '위험'을 강조하면서 이 책을 칭찬했다. 아옌데 정권에 가까운 다른 사람들은 그의 '부르주아적인 담론'을 비판했다. 그러나 쿠데타 이후에 이 책은 금서가 됐고 세아는 정부에 반대한 "일반적인 원칙들을 언급한" 죄목으로 잠시 동안 교직을 상실하기도 했다. 인권운동의 관심과 '법과 발전' 간의 연계는 또한 세아가 위스콘신-메디슨대학에 석사학위를 취득하러 갔을 때 맺어진 관계들에 의해 설명되기도 한다. 당시에 (가드너에 다소 반대하고 있던) 한 포드재단 간부는 칠레 법률 프로젝트와 인권문제를 꺼내든 몇몇 이스태블리시먼트 법률가들 사이에 연계가 있었을 것이라고 주장한다. 루이스 베이츠는 '법과 발전'과 인권에 보다 가까운 입장 간의 또 다른 연계를 제공해준다. 베이츠는 훗날 레텔리에르 암살사건을 담당한 검사가 됐다.

** 한 포드재단의 간부가 지적한 바와 같이, 사회과학의 경제적 생존은 군사정부에 의해 위협받았다. 법률가들은 '다양한 직업 시장'을 가지고 있었는데, 그들은 쿠데타에도 불구하고 '무역법, 상법, 형법' 등을 수행할 수 있었기 때문이다. 그러나 포드재단이 과거에 했던 법률에 대한 투자가 빈약한 결과만을 거둔 것도 사실이었다.

가?' 하는 문제였다. 즉 이 단체들에 대한 지원이 과연 "인권 활동인가 정치적인 활동인가" 하는 문제였다. 포드재단의 관계자들은 칠레교회의 인물들을 검토함으로써 이 질문에 답하려고 했다. 칠레교회에 대한 광범위한 조사("사람들은 경험적인 데이터를 끌어낼 수 있었다")는 포드재단 관계자들이 칠레를 방문했을 때 감명을 줬다. 칠레교회 사람들은 "단지 구호와 함성을 외치는 사람들"이라기보다는 "매우 법률적이었다".

당시의 포드재단 관계자에 따르면, 1970년대 후반 경에 "모델이 마련됐고" 그것은 "칠레에서 작동했다". 포드재단은 이렇게 해서 인권 분야에서 "공조할 수 있는 국제적인 네트워크"를 구축할 수 있었고 그것을 후원했다. 포드재단은 공식적인 인권 프로그램을 발전시켰으며, 이 재단의 인권 프로그램에 기여한 사람들 중 한 명인 피터 벨(Peter Bell)은 인권을 그가 1970년대 말에서 80년대 초까지 의장을 맡았던 인터아메리칸재단의 핵심 업무로 만들었다.[13]*

국가 합의의 국제적 형성 : 경기장에서 세미나실로

사회과학에 대한 중요한 투자에 이어 박애주의 재단들로부터 재정 지원을 받는 인권 활동의 제도화가 이루어졌다. 아옌데 집권 기간 동안 오로지 국가만이 흡수할 수 있었던 많은 수의 대학 졸업생들이 정치적이고 사회적인 변화로 관심을 돌리게 됨에 따라 사회학뿐만 아니라 심지어 경제학도 매우 정치화됐다. 1970년대 초, 대부분 미국에서 훈련받은 경

---

* 포드재단의 한 참가자는 아르헨티나에서는 인권운동 프로그램의 요소들이 1960년대 초부터 시작했고, "브라질에서도 1964년 쿠데타 이후에 확대되기 시작했으며" 칠레에서는 "1973년 이후에" '인권운동'이라고 불린 그룹들로 발전했다고 말한다.

제학자를 보유한 싱크탱크인 '라틴아메리카 경제연구회'(Corporación de Investigaciones Económicas para Latinoamérica : CIEPLAN)는 (아옌데 정권을 포함해) 국가에 봉사하기 위한 연구의 수행에 있어서 다른 기관들과 전혀 다르지 않았다. 여러 기관들 중에서 라틴아메리카 사회과학연구소(FLACSO)와 라틴아메리카 경제위원회(CEPAL)는 종속이론에 깊이 관여했고, 좌익을 향해 선회하여 보다 실증주의적인 이전 세대의 사회과학자들과는 맞지 않는 것으로 보이는 분석에 깊이 관여했다. 정치적 타협이 끝나게 됨에 따라서 정치가 사회과학을 이끌게 됐다. 피노체트가 권력을 장악한 후 (정치가 금지된 장소에서 생존하기 위해) 명확한 정치 아젠다로부터 거리를 두려고 하는 보다 미국 지향적인 이전의 접근 방법들이 부활했다.

해외로부터 재정 지원을 받는(그리고 외국의 비호와 이따금씩 종교적인 비호를 받는) 연구센터들은 피노체트에 반대한 지식인들의 피난처가 됐다.[14] 당시 칠레의 포드재단 관계자였던 제프리 퍼이어가 지적한 바와 같이, 대학으로부터 축출된 반체제 학자들에 대한 피난처를 제공하기 위해 포드재단으로부터 재정 지원을 받은 세 개의 프로젝트와 여섯 명의 연구자들과 더불어 이 연구센터들의 새로운 역할이 시작됐다.[15] 이 연구소들은 1988년 40개 센터와 664명의 연구원들을 거느리며 전성기를 구가했지만, "상호 대립하는 민간 연구센터들은 거의 전적으로 외국으로부터 재정을 충당했다".[16]**

** 산티소(Javier Santiso)에 따르면, 외국의 지원은 1980년대 중반이 되면 미국으로부터 매년 5,500만 달러가 유입됐고, 1984~88년에는 독일로부터 2,600만 달러가 유입됐다고 한다(Santiso, 1995 : 260). 독일 측의 지원은 사실 독일 정당들과 밀접하게 관련되어 있었고, 칠레에 있는 유사한 정당들과 관련된 기관들을 지원하는 경향이 있었다(261).

외국 재정에 의존한 이 민간 연구센터들은 인권운동과 연결되어 있었고, 그 중 몇몇은 인권의 역할에 대한 연구들을 담당했다.[17] 그러나 무엇보다도 이 연구센터들은 1960년대에 명성을 획득한 사회과학자 및 대학의 사회과학과 직접적인 접촉을 유지하고 있었다. 포드재단의 한 관계자가 언급한 바와 같이, 새로운 투자는 사회과학 교육과 연구들을 강화하려는 중요한 노력을 담당한 다양한 외국의 기부자들이 1960년대 동안 제공한 원조의 논리적인 확장이었다. 1960년대 후반에 이미 활발하게 활동한 일군의 '사회과학자 출신 정치인들'은 이 연구센터들이 칠레에 머물 수 있게 해주고 쿠데타 이후에 다시 설립될 수 있도록 주도적인 역할을 행사했다.

사회과학에 대한 투자는 사회과학 경력 인증서를 가진 정치인들을 이롭게 했다. 퍼이어가 언급한 바와 같이, "현장의 인물들을 정치인과 지식인의 이상한 혼합"으로 특징짓곤 하는 것이 여기에서 비롯됐다.[18] 예를 들어, 보에닝거가 언급한 바와 같이 포드재단은 "민주주의에 대해 깊이 공감했지만, 사람들에게 정치적인 딱지가 붙어 있었기 때문에 이들에게 재정 지원을 할 수 없었다". 그 결과 연구센터들은 정치인들을 세미나에 초청하고 출판물을 보내면서 그들에게 학문적인 틀을 부여했다.[19] 게다가 "사회과학은 일반적으로 합법적이지만 정치활동은 그렇지 못했다". 그리고 사회과학 내부에는 CIEPLAN의 알레한드로 폭슬레이가 진술한 바와 같이, "경제학 측의 비판이 가장 많이 수용될 수 있었다. 따라서 정치적인 논쟁은 결국 경제정책에 대한 논쟁이 됐다".[20] 우리가 살펴볼 것과 같이, 특히 법률가를 비롯한 전통적인 정치인들은 따라서 이런 학문적인 정향으로 이끌리거나 함께 논쟁에 참여했다.*

이런 경제학과 사회과학적인 논쟁들을 둘러싼 지식은 국제 전문성

시장에서 '업그레이드'되고 변화를 겪었다. 예를 들어, 당시 경제학에서의 논쟁은 특히 미국을 비롯한 외국에서의 교육이 중시한 수학적 담론을 구사할 수 있는 "일군의 존경받는 기술자들"[21]에 의해 수행됐다. 역시 퓨이어가 주장한 바와 같이 보다 일반적으로 "외국의 기부자들은 이데올로기보다는 과학에, 그리고 이론보다는 테크노크라트적인 문제들에 가치를 두는 경향이 있었다".[22] 호세 브루너가 주장한 바와 같이, 칠레 지식인들은 "앵글로색슨의 세가지 공식, 즉 '출판할 것인가 사멸할 것인가', '넌센스의 금지', '설명할 의무'"를 배웠다.[23] 그들은 이제 경제를 선호했고 "국제적인 경쟁에 개방됐다". 이렇게 해서 "국제적인 기준이 보다 중요한 의미를 갖게 됐고"[24] 사회과학은 보다 전문화됐으며 보다 국제적인 지식인들이 각광받게 됐다.

이런 국제적인 사회과학자들은 일련의 같은 문제를 조사한 국제 지식인 네트워크에 삽입됐다. 여기에는 외국 학자들뿐만 아니라 피노체트 정권 때 외국에 거주했던 칠레인들도 포함됐다.[25]** 이 공동체 내부에서 초점은 원론적인 이론과 이데올로기에서 실용주의와 다원주의로 이동했다.[26] FLACSO의 미구엘 가레톤(Miguel Garreton)이 관찰한 바와 같이, 싱크탱크들은 "내부와 외부에 매우 인상적인 네트워크"를 구축하면서 스스로를 "재편하고" "외부세계와의 접촉들"을 유지하게 해줬다.

이런 국제적인 지식인 엘리트들의 교환을 위한 장소 구축은 새로운

---

* 퓨이어는 따라서 새로운 "사회주의적" 지도자들이 "노동운동이나 정당 조직에 토대를 둔 옛 지도자들이 아니라" 지식인들이었다고 주장했다(Puryear, 1994 : 63). 똑같은 현상이 인권 영역에서도 일어났는데, 칠레의 인권운동 분야에서 약진한 그룹은 정치나 인권이 아니라 법조계로 분류될 수 있는 사람들이었다.

** 산티소는 이렇게 해서 그들을 금융과 그들의 활동을 통해서 "고도로 초국가화된 인식공동체"로 설명한다(Santiso, 1996 : 175). 그들은 예를 들어 사회주의의 전 세계적인 쇠퇴와 스페인의 민주화를 위한 투쟁을 매우 잘 알고 있었다.

합의의 형성과 이를 뒷받침할 수 있는 '새로운 대화자들(interlocutors)'을 발견하는 과정을 촉진했다.[27]* 이 인물들은 새로운 관계들과 리더십 구조를 형성할 수 있었다. 특히 1980년대경에 시작됐고 1980년대 초의 경제위기와 더불어 급속하게 성장한 싱크탱크들(권력에 있는 경제 전문가들에게 이바지한 우파 진영의 싱크탱크들과 반체제 지식인들의 근거지였던 보다 좌파적인 싱크탱크들을 포함)은 1980년대 후반에 이행을 가져온 타협들을 촉진하는 데 기여하면서 성장하기 시작했다.

피노체트에게 봉사했던 제1세대 시카고 보이스보다 더욱 제도의 중요성을 고려한 제2세대 시카고 보이스들은 새로운 지적 담론에 가담하기 시작했다. 1980년에 설립된 공공연구센터(Centro de Estudios Públicos: CEP)는 이 세대를 위한 새로운 포럼이 됐다.** CEP는 「엘메르쿠리오」 편집장의 아들인 아르투로 폰테인 탈라비라(Arturo Fontaine Talavira)의 지휘 하에 초점을 기본적인 경제 이슈 너머까지 확장했다. CEP는 미국으로부터 주도적인 '신자유주의' 이론가들을 끌어들였으며, 이런 방법을 통해 비판적인 지식인들도 포함한 세미나들에 활기를 불어넣었다. 이와 동시에, CEP의 인물들은 다른 민간 연구센터의 학문 활동에도 참여했다.[28] 양측의 지식인 엘리트는 이렇게 해서 고도의 국제적인 학문 논쟁을 수용하는 특수한 게임의 법칙들을 준수하기 시작했다.[29]

이 세계 내부에서 이행에 핵심적이었던 학문적인 접촉과 개인적인 접촉들이 이루어졌다.*** 미구엘 가레톤이 관찰한 바와 같이, 이 관계들은 다른 핵심 경기자들의 언어로 민주주의의 복원을 위해 보다 '타협적

---

* "그들은 우선 지적인 영역에서, 다음에는 정치적인 영역에서 추구해야만 할 이행 스타일에 대한 합의를 점진적으로 마련함으로써 신뢰관계를 재구축했다."(Puryear, 1994 : 67)
** 최초의 이상은 대학을 설립하는 것이었지만 이런 열망은 결코 실현되지 못했다.

인 담론'과 피노체트의 정치·경제적 변화에 대해 협상과 타협의 전략을 발전시키면서 과거의 "저항의 전술을 반대의 전술로" 바꾸었다. 이 그룹 출신인 보에닝거는 아이디어와 핵심적인 중개인으로서 평가받고 있다.[30] 보다 전통적인 정치인인 아일윈과 가까웠던 보에닝거는 지식인들을 결집시키고 아일윈 같은 전통적인 정치계급과의 동맹을 결성하는 데 있어서 핵심적이었다.

1980년대 초의 외채위기는 보에닝거 그룹과 권력에 있는 지식인들을 발전 중이거나 새롭게 형성되는 과정에 있던 관계들의 네트워크와 이런 학문적인 투자의 중요성을 인정하게 했다. 한편, 외채위기는 피노체트 정권에게 국제적인 정통성의 중요성을 증가시켰다. 1986년경에 보에닝거와 야권에 있던 다른 사람들의 관점은 "사회적인 동원이 곧 피노체트의 몰락으로 이어지지 않았다"는 것이었다. 경제는 침체기로 접어들었지만 경제적 재난이 군사정부를 무너뜨릴 수 있는 일종의 사회적 동원으로 이어지지는 않았다. 그래서 그들은 1980년에 피노체트가 계획한 1988년의 국민투표에 보다 큰 관심을 가졌다. 그들은 선거를 통해 권력에 복귀할 수 있는 기회로 생각했다.

이와 동시에, 그들은 인권유린에 대한 피소를 막기 위해 피노체트가 몇 건의 사면을 필요로 할 것이고 시카고 보이스의 자유화를 지속시키는 '책임 있는 경제정책'이 틀림없이 뒤따르게 될 것이라고 믿게 됐

*** 이 세계의 핵심 인물은 발전연구센터(Centro de Estudios para el Desarrollo : CED)의 보에닝거, CIEPLAN의 폭슬레이, FLACSO의 브루너, 엔리케 코레아(Enrique Correa), 앙겔 플리스피시(Angel Flisfisch), 마누엘 가레톤(Manuel A. Garretón), 노르베르트 레히너(Norbert Lechner), 사회과학교육협회(Corporación de Estudios Sociales y Educación : SUR)의 에우헤니오 티로니(Eugenio Tironi), CEP의 펠리페 라라인(Felipe Larrain)이었다(Santiso, 1995 : 269).

다. '민주주의를 위한 정당협력'(Concertación de Partidos para la Democracia)을 통해 모인 야권 정치인들은 1988년 국민투표에 반대하는 캠페인을 통해 연합했다. 사회과학자들이 주도하고 미국 자문기업의 지원을 받은 '반대를 위한 기술위원회'는 여론조사와 포커스 그룹들, 그리고 복잡한 텔레비전 광고를 강조한 칠레 최초의 '현대적인' 캠페인을 벌였다.[31] 공정선거를 위한 국제적인 압력(예를 들면, 레이건이 인권운동을 배후에서 지원하기로 한 것)에 의존하기도 한[32] 이 전략은 55%를 득표함으로써 승리했으며, 그 다음해에 대통령 선거를 할 수 있게 했다.

피노체트 정부와 그 주변의 싱크탱크들 내부에서 경제위기는 보다 정통한 기관들을 구축하는 데 관심을 가지고 있던 사람들(그리고 법률에 보다 큰 관심을 기울이는 사람들)에게 보다 큰 권력을 가져다 줬다. 제도에 대한 필요성은 부분적으로는 시카고 보이스의 유산을 보호하고, 보다 국제적인 신뢰를 구축하기 위한 것이었다.* 반대 세력들 간의 보다 정치적인 활동에 대한 관용은 물론 이런 현상의 한 부분이었다.[33] 법원 시스템에 대한 관심은 부분적으로는 외채위기 초반에 법원이 직면한 어려움 때문에 정부 내에서 부활했다.**

피노체트 측의 주요 인물 중 대표적인 사람은 카를로스 카세레스(Carlos Caceres)였는데, 그는 1982년에 중앙은행장, 1983년에는 재무부 장관이 된 경제학자였다. 또한 그는 미국에서 취득한 두 개의 학위를

---

* 경제위기는 피노체트 정부와 심지어 「엘메르쿠리오」에서도 민족주의자들의 경제학자들에 대한 시끄러운 공격을 낳았다. 오소리오(Victor Osorio)와 카베사스(Ivan Cabezas)에 따르면, "1983년 2월 초에 민족주의자들은 정권의 지휘부를 향한 새로운 공격을 퍼부었다. 당시 상황은 유리했다. 경제위기는 시카고 보이스의 위신을 실추시켰고, 피노체트는 이런 비판들을 수용하는 것처럼 보이려고 노력했다"(Osorio and Cabezas, 1995 : 139). 내무부 장관 세르히오 하르파(Sergio Jarpa)는 시카고 보이스의 '외국' 아이디어들을 공격했다(143).

포함해 북미의 중요한 인증서를 가지고 있었고, 제네바에 근거를 둔 초국가적인 모임인 '몽펠르랭'(Mont Pelerin) 협회를 통해 프리드먼, 하이에크와 우정관계를 맺고 있었다.*** 몇 년 동안 정부를 떠난 그는 1988년 내무부 장관으로 복귀했다. 언론 자료에 따르면, 그는 양측이 평화적으로 새로운 정부의 구성에 합의할 수 있게 해준 개헌 협상에서 중요한 역할을 수행했다.[34]**** 엄밀하게 말해서 그는 시카고 보이스는 아니었지만 새로운 경제질서의 제도화를 담당했다. 오소리오와 카베사스에 따르면, 피노체트는 외채위기 후 시카고 경제 전문가들의 비판에도 불구하고 미국 및 IMF와 협상하는 데 충분한 국제적 지위를 가진 인물을 확보하기 위해 카세레스와 그의 동맹자들의 위상을 높여야 할 필요가 있었다.[35]***** 카세레스는 "피노체트의 정통성을 계승하기 위해서" 1980년 헌법을 개정할 필요성을 피노체트에게 설득한 것으로 보인다.[36]

퍼이어와 산티소가 설명한 국제적 지식인(그리고 그들의 정부 내 동료들)에게 중요한 점은 그들이 같은 순간에 그들의 연구와 칠레 외부로

** 한 관찰자에 따르면, 1982~84년에 정부에 있던 그룹은 사법부를 변화시키기 위해 몇 가지 노력을 기울였는데, 그것은 판사들이 외채위기 이후에 일어난 파산을 처리할 능력이 없었기 때문이었다. 또한 여전히 종결되지 못하고 있던 대형 형사사건도 있었다. 법원의 숫자는 수많은 외채위기를 처리하기 위해서 50% 가량 증가했지만, 상황은 개선되지 않았다. 몇몇 기술자들은 1984~85년에 법무부 장관을 위한 연구를 맡았는데, 법원의 업무를 현대화해야 할 필요가 있다고 주장했다. 그러나 법원과 그들의 전통적인 동맹자들은 저항했다. 그들은 "경제 전문가들이 법원에 침투하고 있다"고 말했고 "우리를 압박하지 말라"고 경고했다. 정부는 여전히 법원과 대립하기를 원하지 않았고, 그 결과 아무 변화도 일어나지 않았다.

*** 카세레스는 페드로 이바네스(Pedro Ibanez)에 의해 1960년대에 이 협회에 가입했다 (Onsorio and Cabezas, 1995 : 153).

**** 현재 그는 에르난 부치(Hernán Büchi)가 설립한 자유진보연구소(Instituto Libertad y Desarrollo)의 회장이다.

***** "IMF 요원들이 방문한 후에 정부는 그에게 전화를 걸 수밖에 없었다. 왜냐하면 국제기구들과의 협상자로서 그만큼 능력 있고 경험 많은 사람이 없었기 때문이었다."(Osorio and Cabezas, 1995 : 143)

연장된 개인적이고 전문적인 네트워크들을 통해서 "정치를 생각"하고 "정책을 산출"하는 중이었다는 것이다.[37] 그들은 "현대적인" 통치 언어들을 제공하고 피노체트의 신자유주의 경제를 구원하고 민주적인 신자유주의 경제를 촉진하는 데 활용될 도구들을 제공했다. 비판적인 지식인들도 아일윈 정부와 그 뒤를 이은 프레이 정부에서 핵심 인물이 됐다. 피노체트에 반대한 민간 연구센터 출신의 거의 모든 주요 행위자들이 정부에 가담했고, 심지어 경제 전문가들은 이행기가 끝난 후에도 장관실들을 채운 다수 그룹으로 남아 있다.[38]*

여러 가지 면에서 지식인 정치가들은 정부에서 전통적인 법률가들과 그들의 역할을 대체했다. 사실, 이들 대부분이 전통적인 칠레 활동이라는 측면에서 "법률가처럼 보이는" 활동(지식인으로서 정치에 참여하는 것을 포함해)들에 관여한다. 우리는 또한 로스쿨보다는 연구센터에서 성장하여 학문적 정통성으로 무장한 인적 네트워크의 발전을 볼 수도 있다. 이와 유사하게, 새 그룹은 정당화를 담당할 대표자들을 생산해야 했는데, 이 대표자들은 전통적인 법률가나 법대 교수들과는 달리 보다 현대적인 사람들 즉 북미에서 양성된 사람들과 보다 유사해야 했다.

브라질 : 법률권력 장(場)의 복원과 파편화

인권에 대한 브라질의 경험은 기존의 국내 기관들이 수행했던 역할을 통해 구분된다. 칠레의 소수 진영들은 처음부터 거의 완벽하게 국제화

---

*민간 연구센터 출신으로 정부에 가담한 사람들에는 브루너, 보에닝거, 폭슬레이, 코레아, 카를로스 오미나미(Carlos Ominami) 등 여러 사람들이 있었다.

되어 대립하였다. 법률이나 법률 직업에는 피노체트 쿠데타와 군사정권의 폭력에 대해 저항할 만한 어떤 것도 제공하지 않았다. 이에 비해 보다 광범위하고 다양한 브라질 엘리트는 군부의 강경론자들과 인권운동가들 사이에서 더 많은 변화를 제공했다. 브라질의 군부는 사관학교에서 배운 교육을 통해서 이미 미국과 연결된 그룹을 보유하고 있었고 더욱 다원적이었다. 1964년의 첫번째 쿠데타는 그다지 갑작스러운 단절이 아니었으며, 사실상 브라질 엘리트 내부에서 상대적으로 광범위한 지지를 받았다. 인권운동은 칠레에서처럼 교회의 비호를 필요로 했지만, 1960년대 말에 군부의 강경파들이 권력을 장악했을 때는 동원될 수 있는 기존의 법률기관들(특히 조직된 변호인단)이 있었다.

① 평화정의위원회 : 교회를 중심으로 한 엘리트 저명인사들의 재편

군부의 강경 조치에 대한 브라질 내부의 반대는 먼저 가톨릭교회를 중심으로 일어났다.[**] 1971년 상파울루 대주교, 1973년 추기경으로 임명된 동 파울루 에바리스투 아른스(Dom Paulo Evaristo Arns)는 가톨릭 운동 공동체 내부에 있는 비판 세력을 결집하는 데 있어서 핵심적인 역할을 했다. 그는 군부정권의 폭력에 대항한 운동을 시작하며 평화정의위원회를 설립했다.[***] 그는 브라질에서의 고문에 대한 바티칸의 비난과 (1973년 국제연합의 세계인권선언 25주년과 동시에 시작된) 브라질 기독교회의 인권운동 캠페인으로부터 지지와 어느 정도의 자율성을 이끌

[**] 저항 세력들은 1950년대와 60년대 초의 교회 운동사에 의존했다(전반적인 설명에 대해서는 Mainwaring, 1986을 참고할 것).

[***] 그는 1995년 12월 10일 카르도주 정부로부터 세계인권선언을 기리기 위해 새로 마련된 인권상을 받았다. 그는 또한 토르투라 눈카마스(Tortura Nunca Más : 고문은 이제 그만) 운동의 조직자이기도 했다.

어냈다.[39]* 메인워링(Scott Mainwaring)에 따르면, 아른스는 곧 인권을 보호하기 위한 (교회 안팎의) 캠페인의 전국적인 인물이 됐다.[40]**

교회의 인권운동에는 처음부터 몇몇 법대졸업생들이 가담했다. 그 중 한 사람은 군사정권에 대항해 정치범들을 변호한 매우 적은 수의 변호사들 가운데 하나였던 조제 카를루스 지아스(José Carlos Dias)였다.*** 그는 (가톨릭 좌파와 관계를 맺고 있던) 자신의 학생운동 활동과 관계를 맺은 것으로 보이는 추기경으로부터 1970년에 평화정의위원회의 설립에 참여해 달라는 부탁을 받고 관여했다. 그는 위원회의 두번째 의장이 되어 정치범들을 옹호했을 뿐만 아니라 언론 검열 반대와 해외에 망명한 브라질인들에게 여권을 발급해주는 등의 운동을 통해서 기여했다. 이 단체에 가담할 것을 권유받은 또 다른 법대 졸업생은 전통적인 해외유학 방식을 따랐던 상파울루대학 교수 파비우 콘데르 콤파라투(Fábio Konder Comparato)였다. 보다 뒤의 유명한 활동으로 인해 중요하게 다뤄야 할 또 다른 사람은 카르도주 정부의 주요 인물이었고 현재 고등법원 판사인 조제 그레고리(José Gregori)이다. 그도 상파울루교회와 공동의 노력을 통해 인권 옹호를 촉진했다. 상대적으로 전통적인 프

---

* 델라 카바(Ralph Della Cava)는 브라질에서 교회의 활동을 브라질의 정치 상황, 국제적인 커넥션, 가톨릭교회의 압력에 연관시킨다(Della Cava, 1989).

** 메인워링은 1974~82년에 "브라질 교회는 …… 세계에서 가장 진보적인 교회가 됐다"고 주장한다(Mainwaring, 1986 : 145).

*** 그는 1963년 상파울루 가톨릭 로스쿨을 졸업한 후 전형적인 엘리트 코스들을 밟았다. 그는 1969년에 정치수들에 대한 상담부터 시작했지만, 이 활동은 그의 변호사라는 직업의 틀 안에서 신중하게 이루어졌다. 그와 가까운 인물에 따르면, "직업적인 위신을 유지하는데" 주의를 기울인 그는 수임료를 지불할 능력이 있는 가문들을 제외하고는 어떤 돈도 받지 않았다고 한다. 그는 전문성과 국가로부터의 자율성을 강조했다. 그는 세 차례에 걸쳐서 투옥되기도 했지만, 대략 700여 명의 정치수들을 변호했다. 군부의 강경파들이 보다 자유주의적인 장교들을 법원에 파견한 덕분에 법률가들이 일반적으로 군사법정에서 꽤 성공을 거둘 수 있었다는 점은 주목할 만하다(Skidmore, 1988 : 131~132).

로필을 가진 이 법대 졸업생들은 군부 강경론자들이 정권을 장악한 후 재빨리 프로필을 수정한 드문 사례였다. 상파울루의 이런 사례들은 리우데자네이루의 OAB를 중심으로 한 활동들과 연결되어 있었다.

② OAB : 엘리트 전략에서 제도적인 전략으로

군사정부에서 현재의 민주정부로 이행하는 데 OAB 같은 기관이 중심 행위자였다는 것은 의심할 여지가 없다. 그러나 이 이야기는 단순하지도, 일차원적이지도 않다. 이 과정은 상대적으로 느리게 진행됐다. OAB는 1970년대 중반까지는 중요한 역할을 담당하지 않았고, 이 기구의 역할은 법률활동과 OAB의 평범한 맴버들의 법률적 이상을 위한 압력, 그리고 변화하는 미국과 국제 인권운동의 무대에 의존한 엘리트 법대 졸업생들의 직접적인 압력이 결합한 결과였다. 이 과정에서, OAB 자체는 법률 내부와 그 주변부에서 지위를 보유하고 있던 엘리트가 지배한 시기로부터 평범한 회원들이 이 기관을 통제하고 훨씬 더 조합주의적인 목표를 부여하는 경향이 있는 시기로 이행했다.**** 그리고 OAB의 정치적 영향력은 정당들과 브라질 민주주의가 법률가 출신 정치인들이 투

**** 또한 1980년대 OAB의 정치운동은, 이 기관이 법률이 어떠해야 하는가를 논쟁한 장소로서 기여했고 '대안적 법률'과 법사회학을 촉진하기 위한 장소이기도 했다는 점에 의해 설명된다. 브라질에는 '대안적 법률'에 대한 수많은 출판물이 있고, 1980년대 OAB의 연구 분과는 '법과 사회' 학자들과 법률교육 개혁론자에 포함되는 변호사들에 의해 지휘됐다. 학생으로 가톨릭대학 법과 발전 프로그램을 이수한 엘리아나 중케이라(Eliana Junqueira)는 1985년에서 87년까지 OAB 연구 프로그램 지휘자였고 '대안적 법률'의 지도자 가운데 하나였던 마이클 프레스버거(Michael Pressburger)는 1989년에서 91년까지 지휘를 맡았다(OAB/RJ, 1995). '대안적 법률' 자체는 유럽과 미국의 수많은 자료들에 의존했고 부분적으로 국제 인권 담론을 브라질 정치 논쟁, 특히 신자유주의에 반대하는 데 활용될 수 있는 사회적 권리에 대한 논쟁에 통합하려고 노력했다. '대안적 법률'과 '법과 사회'는 이렇게 상호 밀접하게 관련되어 있다. 우리는 파리아(José Faria)의 저작처럼 이 두 가지 접근을 결합한 수많은 저작들을 발견할 수 있다 (Faria, 1989; 1994).

자할 수 있는 보다 전통적인 장소들을 복원했을 때 다시 쇠퇴했다.

OAB에 깊게 관여한 리우데자네이루의 한 유명 변호사에 따르면, 오랜 세월 동안 브라질의 변호사들은 계속해서 "자신들의 사업을 돌보기만 하면서" 군사 쿠데타에 그다지 영향을 받지 않았다. 정부가 바뀌는 동안 그들은 똑같은 활동을 계속할 수 있었다. 게다가 법률에 종사한 대부분의 사람들은 (다른 엘리트들과 미국 정부처럼) 처음에는 1964년의 군사 쿠데타를 지지했다. 보다 일반적으로는, 법률 훈련을 받은 상당수의 브라질 엘리트들은 군부에 대한 제도적인 저항을 위해 OAB를 동원하지는 않은 것으로 보인다. 평화정의위원회가 주장한 바와 같이, 당시 상황은 군부 강경파들이 부상함으로써 변화하기 시작했다.

OAB 내부에서는 간부들이 1972년 초반부터 법치를 위한 중요한 발언들을 제기했고,[41] 1974년의 OAB 미팅은 "변호사와 인간의 권리"를 강조했다.[42] 그러나 OAB의 활동이 가장 두드러진 시기는 1977~78년까지 하이문두 파오루(Raymundo Faoro) 관리 체제가 출범하면서부터였다.* 법률 훈련을 받은 정치학자이자 교과서 저술을 통해 매우 잘 알려진 법률가이기도 한 파오루는 보다 전통적인 엘리트보다는 능력주의를 선호한 남부 출신 인사였다.** 리우데자네이루의 한 엘리트 변호사에 따르면, 파오루는 "표결에 의해 선출된 특수한 유형"이었지만, 그럼에도 불구하고 OAB에게 "큰 인기를 가져다 준" 사람이었다.***

---

* 그의 후계자이자 역시 CEPED 출신인 에두아르두 세아브라 파군데스(Eduardo Seabra Fagundes)는 OAB의 한 직원을 살해한 폭탄테러의 표적이었다.

** 파오루의 경력은 당시 브라질에서 지배적이었던 모델과 일치한다. 순수 법학 분야는 장학금을 풍부하게 발견할 수 없는 분야였기 때문에, 이 영리한 변호사는 다양한 '학문분과들'과 주제들을 다루게 됐다. 파오루의 작업은 지적 경계들을 넘어서는 전통과 세대를 수립한 것으로 대표된다. 그의 유명한 저작 『권력의 보유자들』(Os Donos do Poder)은 1957년에 출판됐다.

그에게 권력을 가져다 준 변동은 파오루가 "특수하다"고 간주되는 이유가 무엇인지 보여준다. 우선 OAB의 자매기관이며 보다 엘리트적이었던 브라질법률가협회의 구조를 검토하는 것이 필요하다. 이 협회는 1930년에 설립된 OAB보다 훨씬 앞선 1843년에 설립됐다.[45] 1960년대에 이 기관은 여전히 300여 명의 회원을 보유했을 뿐이지만 "최근까지" OAB 지역위원회 회원들의 3분의 1을 통제한 것으로 알려졌다.[46] 이 협회는 중요한 법률문제들에 대한 세미나와 토론에 초점을 맞추었지만, 이 기관은 엘리트들의 클럽이었다. 당시의 한 회원에 따르면, 이 협회는 회원이 되기 위해서는 '사회적 지위'가 있어야만 하고 회원들의 찬반투표를 거쳐야 하는(이른바 'blackball system') 매우 엘리트적인 단체였다. 이런 사회적 지위를 가진 사람들은 '단지' 법률 업무만 수행하는 사람들이 아니었다. 이 협회의 딜레탕트적인 비전문가들이 역사적으로 계속해서 OAB의 의장이 됐다.

OAB의 인정받는 지도자들은 법률 업무를 수행하는 사람이라기보다는 국가의 지도자, 교수, 은퇴한 법원장과 고등법원 판사, 그리고 다른 브라질의 지배 엘리트들이었다. 협회의 멤버십은 전통적인 법률 엘리트의 다양한 활동들을 특징짓는 여러 지위들 중 하나였다. 군부 강경론자들이 권력에 올라서면서, 정당과 국가의 몇 가지 지위들이 봉쇄됐다. 다소 늦은 감이 있었지만, 이 엘리트 멤버들은 OAB를 법치로 회귀하기 위한 강력한 발판으로 활용했다. 그러나 그렇게 함으로써, 그들은 법률의 자율성에 투자하고 인정하려는 평범한 조직원들의 이니셔티브들을 수

*** 같은 정보 제공자에 따르면, 파오루는 또한 "모든 자리가 그에게 열려 있다"고 생각했지만 사실은 그렇지 않았다. 그는 그가 알고 있었듯이 전통적인 브라질 엘리트를 특징짓는 여러 가지 지위들에 도달할 수 없었다.

용하고 지원하는 데 기여하기도 했다. 법치를 복원하려는 노력은 파오루를 OAB의 권력에 올려놓았다. 군부 강경파에 대항하는 운동을 주도한 엘리트 내부의 잠재적인 지도자로서 자신들의 지위를 구축하기 위해 이런 투자를 활용하는 방법을 발견한 보다 전통적인 엘리트들은 OAB에 의존하고 OAB의 동원을 지원한 또 다른 세력이 됐다.

그로부터 얼마 지나지 않아서, 평범한 회원들은 '진정한' 변호사가 되기보다는 단순히 통치 엘리트로 진입하기 위해 OAB의 지위를 확보하려고 한 사람들을 격렬하게 성토했다. OAB의 정치는 다양한 지위의 엘리트들이 지배한 자리로부터 평회원들이 지배하는 구조로 이동하는 변화를 겪었다. 이런 새로운 지배 형태는 OAB로 하여금 국가에 관련된 문제보다는 실무 변호사들의 생계문제로 초점을 이동시켰다. 법률 엘리트들은 조합주의적 이슈를 향한 이런 이동에 대해 배우 비판적이었다.

군부에 대항한 엘리트의 행동주의는 법치를 회복하기 위한 OAB의 활동에서 두드러지는데, 국제적인 여론이 바뀌고 군부 내에서조차 여론이 크게 바뀐 순간에 일어났다.[45] 처음에 군부 쿠데타를 지원했던 미국 내의 냉전적 합의는 의회가 인권문제를 국제관계의 아젠다에 포함시킬 정도로 분열됐다. 앞서 논의한 칠레에서의 운동과 뒤에 논의할 아르헨티나에서의 운동은 보다 광범위하고 더욱 정통한 국제 인권 공동체의 형성에 기여하고 있었다. 지미 카터의 대통령 당선도 물론 이처럼 성장 중에 있던 운동들과 관계되어 있었다. 앰네스티는 1972년에 브라질에 대한 보고서를 발표하기 시작했고,[46] (미국 이스태블리시먼트의 분열로 인해 의회로부터 위임된) 미국 국무성의 브라질에 대한 보고서들은 앰네스티가 제기한 비판들에 더욱더 정당성을 부여했다.

1970~80년대에 독립적 비판자로서의 역할을 할 수 있었던 OAB

의 능력은 이 기관의 상대적인 입장을 바꾸어놓았다. 상징적인 이윤은 변호사들을 대표하는 조합주의 단체인 OAB와 정권에 항거한 변호사들에게 돌아갔다. 앞서 언급했듯이, 파오루 같은 새로운 인물들이 보다 능력주의적인 그룹이 군부의 상대자들과 협상하고 투쟁할 수 있게 해준 OAB에 가담했다. 게다가 이런 지위를 점유하고 OAB를 활용한 이스태블리시먼트의 분파들은 그들의 전략으로부터 이득을 보았다. 그들은 점차 정권에 대한 비판의 목소리를 냈고, 후에 이스태블리시먼트의 보다 보수적이거나 교조적인 분자들에게 도전하기 위한 정당한 증명서로서 이런 비판을 이용할 수 있었다.* 이런 방법을 통해, 인권에 투자한 사람들은 새로운 법치주의에 충성을 맹세한 젊은 피들을 수혈할 수 있었다.

우리가 활동을 세세하게 언급할 수는 없지만, 포드재단과 그 밖의 국제기관들은 브라질에서의 인권운동 발전에 깊이 개입하고 있었다. 다시 한번 우리는 브라질 상황에서 인권운동의 발전이 칠레의 상황보다 토착적이라는 점을 보여주기 위해 개별적인 설명보다는 비교적인 서술을 택한다. 사회과학에 대한 투자로부터 보다 정치적인 인권 공동체의 출현을 촉진하는 운동으로 향해 갔던 포드재단 정책의 변화에는 연속성이 있었다. 포드재단의 한 간부는 브라질 상황에서 사회과학에 대한 재정 지원은 비판의 목소리를 살아남을 수 있게 해준 중요성 때문에 사실상 이미 '인권운동'이었다고 주장했다.[47] 좌파 지향적인 CEBRAP 사회

---

* 브라질 법조계의 국제적인 엘리트들이 군사정권의 국제적 정당성이 파괴됨에 따라서 보다 법률운동을 지향하는 그룹으로 전환한 것으로 보이지만, 국제주의적인 입장이 승리를 거뒀는지는 분명하지 않다. 예를 들어, 카터 대통령의 연설이 브라질과 미국에서 군사독재에 반대하는 모든 사람들로부터 환영받은 것은 아니었다. 스키드모어가 지적한 바와 같이 1976년에는 카터의 성명에 대해 상당히 부정적인 반응이 있었고, 군부는 브라질 내정에 간섭하려는 미국의 노력이 적절하지 않음을 강조하면서 자신들의 정책에 대한 지지를 얻어내려고 했다 (Skidmore, 1988 : 200).

과학자들의 사례처럼, 포드재단이 평화정의위원회 같은 비판적인 조직들과 접촉하기는 사실 언제나 간단한 것만은 아니었다. 군부에 항거한 수많은 현지의 조직들은 여전히 포드재단이 미국과 너무 가깝다고 생각했다.* 그럼에도 상대적으로 다양한 브라질 엘리트 내부의 몇몇 사람들(그리고 군부가 보다 직접적으로 이스태블리시먼트를 공격한 후에는 보다 더 많은 사람들)은 자신들의 이익을 고려해 포드재단과의 동맹을 통해서 그들의 현지 지위를 강화하려고 한 점진적인 변화가 있었다.

브라질에서 포드재단의 성공은 또한 이 재단이 브라질 엘리트들의 고유한 게임에 자신의 정책을 포함시킬 줄 알았다는 점에 있다. 포드재단의 한 옛 직원이 주장한 바와 같이, 1980년경에 포드재단은 사실상 브라질에서 "상당히 현지화됐다". 이 재단에 가까운 브라질 운동가들은 "포드재단을 마치 자신들의 동지인 양 다루었다". 예를 들어, 브라질인들은 누가 브라질 포드재단의 차기 대표자가 될 것인가에 대해 많은 관심을 가지고 있었고, 그들이 포드재단의 이사들로부터 멀어지고 있다는 느낌을 가졌을 때는 격렬하게 불평하곤 했다. 준정부기관으로 간주되는 포드재단은 여러 가지 방법으로 현지 엘리트 세계의 한 부분이 됐다.

이제는 포드재단의 비판자가 된 옛 간부에 따르면, "포드재단이 누군가에게 재정을 지원하면, 그 사람의 사회적 네트워크를 확장시킬 수 있었다". 포드재단은 잠재적인 새 지도자를 포섭하기 위해 때때로 자신들의 정상적인 네트워크에서 벗어나 외부를 지향할 수 있었다. 그러나 포드재단의 토착적인 역할은 또한 엘리트 멤버들이나 잠재적인 엘리트

---

* 미국의 한 관찰자가 1970년대 중반의 브라질에 대해 지적한 바와 같이, "브라질에서는 NGO의 확산이 일어나지 않았고, 많은 NGO들은 미국으로부터 어떠한 돈도 받지 않았다".

멤버들에게 포드재단과 매우 호의적인 관계들을 구축하려는 인센티브를 제공하기도 했다. 누가 이 경쟁에서 성공하는가는 이른바 'FOFFs'(포드재단의 친구들)라고 불린 사람들의 리스트에서 명확하게 드러난다. 이 리스트에는 마리우 엔히크 시몬송(Mario Henrique Simonson), 후벵 세자르 페르난데스(Rubem Cezar Fernandez), 에드가르 바시타(Edgar Bachta), 헤이스 벨로주(Reis Velloso), 볼리바르 라모니에르, 페드루 말랑, 그리고 물론 페르난두 엔히크 카르도주 등이 포함되어 있었다. 이들은 일상적으로 포드재단의 재정 지원을 받았고, 이 재단에 자문을 제공했으며, 브라질을 방문한 재단의 인물들을 만났다. 카르도주는 아마도 미국의 재단들과 엘리트 세계에 가장 잘 통합된 브라질인이었을 것이다. 그는 다른 커넥션들보다도 테크노폴의 고상함과 영향력을 구축하는 데 핵심적인 기관인 워싱턴의 미주협의체(Inter-American Dialogue)의 설립을 돕기 위해 특히 포드재단과 협력해 작업했다.

이렇게 해서 포드재단은 강력한 현지의 토대와 접촉할 수 있는 국제투자(특히 인권운동과 독립적인 사회과학)의 제도적인 맥락과 잘 어우러짐으로써 브라질에서 미국의 동지들을 만들어내는 데 성공했다.

③저명인사위원회 : (위계적인) 법률질서와 사회질서의 복원

브라질에서 1988년 헌법 이전에 발생한 정치적 토론들은 한 변호사가 언급한 바와 같이 '변호사들의 컴백'으로 보여질 수 있는 것의 핵심적인 사례를 제공한다. 1986년에 사르네이(José Sarney) 대통령이 임명한 저명인사위원회(Comisión de Notables)는 특히 중요하다고 할 수 있다. 50명으로 구성된 이 위원회에는 29명의 변호사들이 있었다. 또 이 그룹은 사법권력의 감시자가 된 플리니우 삼파이우(Flinio Sampaio), 사업

법의 감시자 알베르투 베난시우 필료, 전직 OAB 의장 에르망 아시스 바에타(Hermann Assis Baeta)와 같이 저항인사들로 알려진 수많은 사람들도 포함하고 있었다. 이들 중 다수는 OAB나 평화정의위원회를 통해 가까스로 군부정권과 거리를 둘 수 있었던 사람들이었다.

당시 헌법을 둘러싼 논쟁들은 전통적인 법률 용어와 엘리트를 단결하게 하여, 정부에 대한 논쟁을 불러일으키는 데 공헌했다. 경력의 대부분을 법률 외부에서 축적한 한 좌익 엘리트 변호사에 따르면, 나이 들고 매우 보수적인 판사를 거느린 고등법원의 역할에 대한 논쟁에서 기술적인 법률 용어들이 토론의 용어로 활용됐다. 그럼에도 불구하고 논쟁은 해묵은 개인관계에 기반하고 있었다. 이 논쟁에 적극적으로 참여했던 한 사람에 따르면 이 논쟁은 함께 "위스키를 많이 마신 옛 친구들" 간의 논쟁이었다. 헌법을 둘러싼 논쟁들은 따라서 일반적으로 법률과 고위급 협상에 참여한 개별 변호사들, 그리고 역시 법률 용어를 주로 사용한 전통적인 브라질의 타협적 분파에게 이득이 됐다. 그러나 이런 법률 용어에서의 차이점은 그것이 (국제 인권법, 환경보호, 그리고 부분적으로 '법과 발전' 프로그램을 통해 학습된 새로운 경제법을 포함해) 미국 지향적인 법률과 법 실무를 향해 이동했다는 점이다.

현지의 이익과 국제적 이익의 조합은 고전적인 기능 분할로의 회귀를 촉진했다. 즉, 다시 한번 각 분야에서 활동하는 저명인사들과 기술자들(단지 변호사이기만 한 사람들)이 구별됐다. 이런 분할은 법질서의 복원에 기여하지만, 우리가 결론 부분에서 다루게 될 것처럼 법원개혁 같은 사안을 둘러싼 문제를 만들어내기도 했다. 특히 이런 역할 분할은 전통적인 법률 엘리트가 중요도 면에서 법원과 순수 법률 '상위에' 있다는 가정에 의존하고 있다.

아르헨티나의 인권을 둘러싼 국제화된 전투

마지막으로, 라틴아메리카에서 가장 폭력적이었던 군부정권이 1970년대 중반에 권력을 장악한 아르헨티나의 대조적인 상황을 간략하게 검토하겠다. 칠레와는 반대로 아르헨티나에서는 법률에 기반하여 장군들에게 대항할 만한 운동의 법률·제도적인 토대가 전혀 없었다. 아르헨티나에서는 우리가 설명한 바와 같이, 국가를 이루고 있는 제도적 실체들이 거의 존재하지 않았다. 이와 마찬가지로 브라질이나 칠레에서처럼 저항운동들을 보호하는 데 활용할 수 있었던 독립된 교회도 존재하지 않았다. 아르헨티나의 정치 변동에서는 최근까지 주요한 발전들이 일어난 두 영역을 고려하는 것이 적절할 것이다. 그 중 하나는 자녀들이 군부에 의해 실종됐음을 상기시킴으로써 세계의 주목을 끈 '5월광장의 어머니들'이 벌인 활동이었다. 또한 국제적인 차원의 몇몇 중요한 인권운동 조직들이 있었지만, 이 단체들은 '5월광장의 어머니들'이나 칠레의 교회, 혹은 브라질의 OAB 같은 중요성과 가시성을 획득하지 못했다.*

---

* 무엇보다 1975년 알폰신이 설립한 '인권을 위한 상설회의'(Permanent Assembly for Human Rights)가 있었고, 1979년에 에밀리오 미그노네(Emilio Mignone)가 설립한 보다 국제적이고 공격적인 법률·사회연구소(Centro de Estudios Legales y Sociales : CELS)가 있었다(Brysk, 1994 : 47; Guest, 1990 : 212; Jelin, 1995 : 106, 110~111). 게스트(Iain Guest)에 따르면 '충격들'은 워싱턴 D.C.에 있는 공익 법률회사인 법률·사회정책센터(Center for Law and Social Policy)로부터 왔다. 이 센터의 장인 레오나르드 미커(Leonard Meeker)는 USAID가 아프리카와 라틴아메리카 인권운동가들을 위해 87,500달러를 지출하도록 만드는 데 기여했다. 국제기관에서 일한 경력으로 대사관에서 대단히 높은 평가를 받은 미그노네는 부에노스아이레스에서 미커를 소개받았으며, 둘 사이의 교감은 미그노네가 CELS의 창설을 위해 4만 달러의 지원을 획득할 만큼 충분했다. CELS는 법률·사회정책센터의 정관을 채택했다(Guest, 1990 : 509). 미그노네와 그 밖의 인물들이 관여한 5월광장의 어머니들이 일반적으로 가장 잘 알려져 있다면, CELS는 국제 공동체에서 가장 유명한 법률 지향적인 기관이 됐다. 1980년경에 미그노네는 "아르헨티나에서 가장 잘 알려진 인권 변호사가 됐다"(Guest, 1990 : 213).

아르헨티나 출신 인권운동가들의 활동은 국제적인 영역에 크게 집중되어 있었다. 국제연합에서 벌인 장기적이고 보다 상위 레벨의 전투는 특히 흥미로웠다. 카터 행정부가 지원한 운동가들은 국제연합의 기관에 막대하게 투자한 군부정권에 대항해 투쟁했다. 정부의 교체와 더불어 다시 한번 해외로 쫓겨간 아르헨티나 국민에게 의존하면서, 제롬 셰스타크가 이끈 미국 대표단은 미국에서 발견되는 인권운동에 정당성을 제공하게 될 국제연합 차원의 인권운동 수단을 마련하기 위해 끈질기게 노력했다.[18] 칠레에서처럼 아르헨티나 국내와 국외에서의 이런 상호적인 인권운동에 대한 투자는 법률의 역할을 구축하고 정당화하는 데 매우 중요했다.* 그러나 예상되는 바와 같이, 아르헨티나에 대한 인권운동의 투자는 브라질이나 칠레에서 관찰되는 것과 같은 제도적인 생산으로 이어지지 못했다.

이와 유사하게, 브라질과 칠레에서 군부정권의 변동에 대한 우리의 설명이 엘리트의 재편성과 미국에서 온 새로운 전문성을 향한 재정렬 과정을 드러내 보여준다면, 아르헨티나에서 군부의 종식은 포클랜드 전쟁의 패배에서 비롯됐다. 인권침해 사례와 국제 인권운동의 중요성이 증가했다는 점이 장군들의 군사 행동을 어렵게 만드는 데 기여한 것은 사실이지만, 아르헨티나 상황에서 새로운 정부를 낳게 된 것은 바로 이런 외부적인 사건이었다.

---

* 예를 들어 1977년 3월에 출판된 앰네스티의 아르헨티나에 대한 보고서는 그 해 10월 앰네스티에게 노벨상을 안겨주는 계기가 됐다(Korey, 1998 : 179).

IV부

국제기구의 재형성과 법률의 수출

10_파편화된 거버넌스 :
국제기구와 국가 전문성의 재형성을 위한 워싱턴의 아젠다

권력이 어떻게 새로운 교조주의를 구축하는지에 대한 우리의 탐구는 이제 다시 주로 워싱턴을 중심으로 전개된 권력 게임으로 이동한다. 앞의두 장은 어떻게 인권운동이 특정한 순간에 남미와 북미에서 발전하게됐으며 그것이 어떤 상이한 방법으로 아르헨티나·브라질·칠레에서 군사정권으로부터의 이행에 기여했는지에 초점을 맞추었고, 또한 권위주의 정부에 대한 레이건 행정부의 무조건적인 지원에 초점을 맞추었다. 인권운동은 전통적인 엘리트 출신 법률가들과 법률의 지위를 복원하는데 핵심적인 역할을 수행했다. 우리가 앞의 두 장에서 다루었던 1980년대에 집중한다면 세계화의 해방적인 측면과 규제적인 측면 간의 분할을관찰하기가 상대적으로 쉬워진다.[1] 권력에서 배제된 이스태블리시먼트는 군사정권의 국가폭력에 대항하기 위해서, 또한 신자유주의 경제학을촉진한 그들의 시카고 출신 동지들에 대항한 전투를 벌이기 위해서 수많은 다른 사람들과 접촉했다.

그러나 우리는 이런 범주적 구별을 적용하기 어렵게 만드는 변화들을 발견할 수 있다. 우리는 이런 구분 대신에 (비록 불균등할지라도) 신자유주의 경제학과 인권을 모두 포함하는 새로운 권력의 교조주의가 발전하고 있는 것과 현재 매우 수월하게 이 두 가지를 결합하고 있는 법률의 장을 관찰할 수 있다. 1980년대의 분열은 대부분 극복됐다. 이 점에서 테크노폴은 새로운 교조주의를 향해 이동하는 수많은 경향들이 수렴된 결과인 것처럼 보인다. 이런 교조주의와 테크노폴 범주를 생산하고 찬양하는 전문성의 생산지인 북미에 집중하면서, 우리는 여기에 관련된 다섯 가지 변화에 초점을 맞춘다.

이런 변화들 중에서 첫번째 것은 미국 내 법률 이스태블리시먼트 내부에서 인권의 지위를 견고하게 만든 인권운동의 전문화에 관련된다. 두번째 것은 학계 내부에서 경로의존성과 제도들의 역할을 고려하는 (대부분 시카고 스타일의 신자유주의 신봉자들과 일치하는) 새로운 경제학으로의 이동에 해당된다. 즉 이제 권력에 올라선 경제 전문가들은 국가와 법률에 보다 큰 지위를 부여하고 있다. 세번째 절에서 우리는 현재 출현하고 있는 이 새로운 교조주의가 어떻게 세계은행에 영향을 미치는지 추적한다. 정치와 국가에 대한 이 새로운 관심은 또한 현재 내용의 풍부화와 강화에 기여하고 있는 새로운 정치학을 이해할 수 있게 해준다. 이 새로운 정치학은 자유민주주의적인 국가를 촉진하는 핵심 행위자인 테크노폴을 찬양하기 위해 경제 전문가들과 제휴한다. 정치학 내부의 이런 움직임은 네번째 절의 주제가 된다. 다섯번째 절에서는 남미의 새로운 지도자들이 어떻게 해서 인권운동가들과 교조적인 경제 전문가들을 결합하는 핵심 기관들 중 하나인 미주협의체를 통해 북미에 통합되는지 설명한다. 각각의 절들에서 우리는 이 분야와 다른 사건에서 동시에 발생한 여러 상이한 요소들이 어떻게 미국에 우호적인 민주정권을 생산하기 위해 함께 결집되고 법률의 복원과 법률 엘리트의 컴백에 기여하게 되는지 보여주려고 한다.

국제 인권운동의 전문화

새로운 교조주의가 구축되는 한 과정은 국가에 대한 저항으로 발전한 인권운동 세력의 국가 내부 진입과 운동의 전문성 증가를 통해서이다. 8장에서 설명했듯이 인권운동이 성숙기에 도달하고 정치활동을 위한 방패가 아니라 법률로써 책임성을 획득하게 되자, 미국 법률 엘리트에 의한 투자가 크게 증가했다. 신세대 인권운동 전문가들은 현재 가장 유명하고 국제적인 대학(컬럼비아·예일·하버드·프린스턴·버클리대학) 출신이다. 옛 세대처럼 국가 내·외부의 주도적인 변호사들은 엘리트 로스쿨 출신이다. 게다가 오랫동안 사업 실무자들과 동일하게 취급되던 행동방식들이 이제 법률 실무자들 간의 유사한 특징이 되고 있다. 재계와 국가권력의 세계에서처럼 인권이나 박애주의 세계에서도 국제적인 경력에 대한 취향이 이런 명문 엘리트를 생산 기관들에서 배양되게 한다.

　최근까지 인권이나 박애주의에 대한 이와 같은 국제적인 성향들은 부수적인 조정과 학습을 통해서만 발전될 수 있었다. 이와 대조적으로, 현재는 학계로부터 이런 분야의 경력으로 이끄는 경로들이 1970년대 말경에 이 장(field)이 획득한 학문적 존엄성의 결과로서 더욱 발달하고 전문화되어 있다. 이런 제도화는 학계 내부뿐만 아니라 미국에서 국가권력의 장을 특징짓게 한 정치 및 미디어 영역 내부에서도 발생했다.

　하버드의 전문화된 인권 프로그램은 엘리트 기관들이 어떻게 해서 이 영역에 투자하게 됐고, 그들이 어떠한 역할을 수행하기를 희망하게 됐는지 조명해준다. 적어도 하버드의 인권 투자가들은 인권의 법률적 이론 생산에서 지도자가 되고, 미래의 인권 NGO 지도자들을 위한 주도적인 훈련의 토대가 되고자 했다.

하버드 프로그램의 발전은 상대적으로 최근에 나타났다. 1980년대 초반의 유명한 교수 헨리 스타이너(Henry Steiner)는, 그의 한 측근에 따르면 10년 동안 손해배상법과 국제민법을 강의한 후 "무엇인가 할 일"을 모색하고 있었다. 하버드 로스쿨은 내부의 격렬한 정치투쟁의 시기로부터 벗어나고 있었다. 스타이너는 나이든 보수주의 옹호자들과 미국 법학 담론의 냉전적 모순점들을 비판하고, 법률 이스태블리시먼트의 보수주의에 적대적이었던 소수의 급진 법학 교수들(로베르토 웅거, 던컨 케네디, 비판법률연구운동)을 매개했다.*

인권 분야는 그의 여러 가지 목적에 정확하게 들어맞았다. 인권은 국제적이고 지적이며 정치적이었다. 게다가 미디어적 호소력을 가지고 있기도 했다. 학생들은 여론의 동원과 계속해서 「뉴욕타임스」의 1면을 장식한 인권운동이 거둔 반독재운동에서의 성공 때문에 인권의 매력에 이끌렸다. 인권운동 영역에서 우선순위들과 활동 방식의 변화들은 더욱 더 법률의 장에 있는 사람들에게 호소하게 만들었다. 예를 들어, 고문 가해자들에 대한 사면 인정과 아르헨티나 군정의 재판에 대한 논쟁에서 기술적인 법률 능력은 과거보다 더욱 중요해졌다. 이와 유사하게, 휴먼라이트워치 같은 새 그룹들은 새로운 법률 영역(특히 인도주의적인 법률)에 투자하고 적용 영역을 확장하는 데 있어서 앰네스티보다 훨씬 더 공격적이었다.**

---

* 이런 좌파의 발전이 냉전의 모순과 '법과 발전' 운동의 모순에 밀접히 연관된 것은 흥미롭다. 스타이너와 트루베크는 브라질 출신인 로베르토 웅거(Roberto Unger)에게 하버드대학에서 유학할 것을 권유했다. 던컨 케네디(Duncan Kennedy)는 로스쿨에 가기 전에 외교관계에 관여했던 것으로 알려졌으며, 법과 발전 운동과 그것이 토대를 두고 있던 자유주의적 법리론을 비판한 트루베크의 세미나에 적극적으로 참가했다. 이 학자들은 모두 (이스태블리시먼트 법률에 대한 공격인) 비판법률연구운동(Critical Legal Studies Movement)의 설립에 참여했다.

간략히 말해, 인권 관련 법률 이니셔티브를 위한 생산적인 학문 투자의 길이 열리고 있었다. 당시 하버드대학 교수는 다음과 같이 주장했다. "우리는 수십 년이나 현실에 뒤처져 있지만 그것은 정상적이다. 로스쿨들이 선구자라고 하기는 어렵다. 이것(인권운동)은 사회에서 시작됐지만 현재는 사회에 영향을 미치는데, 그것은 우리가 지적인 가치를 부여했기 때문이다." 이 새로운 프로그램을 전개하기 위해 하버드대학은 자신의 명성과 접촉 네트워크들을 활용할 수 있었다. 박애주의 재단들과 부유한 동문들이 이 프로그램에 재정 지원을 했다. 하버드 로스쿨은 또한 수많은 저명한 학자들을 연수 교수로 초청함으로써 기여하기도 했다. 이 프로그램 지휘자는 행정 업무와 교육 업무를 통해 수많은 해외 임무에 관여했다. 그는 이것을 "흥미로운 것에 대해 반응하고, 가벼운 지적 여흥을 제공하는 일종의 지적 방황"으로 묘사했다. 스타이너의 여행은 또한 정보와 접촉 네트워크에 새로운 지평을 제공해줬다. 말할 나위 없이, 하버드대학이라는 배경은 그가 잠재적인 행위자들과 접촉할 수 있게 해줬고, 매우 쉽게 네트워크들을 구축할 수 있게 해줬다.

그 결과 이 프로젝트의 영향력과 야심은 매우 커졌다. 매년 하버드대학의 국제 프로그램을 수강한 200여 명의 학생 중 15명 정도가 인권 분야로 전문화됐다. 졸업생들은 저명한 NGO뿐만 아니라 국가 행정기관과 인권을 직접 다루거나 인권과 관련된 문제들을 다루는 국제기구들에 자리를 잡았다. 이 네트워크의 범위는 후에 하버드대학이 새로운 문

** 휴먼라이트워치는 뉴욕대학 로스쿨의 시오도어 메론(Theodor Meron)과 아메리칸대학의 로버트 골드만(Robert Goldman)에게 의지하고 있었다고 한다. 휴먼라이트워치의 한 지도자는 "그들은 우리에게 '전쟁의 법률들'(laws of war)을 가르쳤다. 그들은 복잡한 지휘를 통해 우리를 인도했고, 진정한 인권문제로 간주되지 않던 것들을 수월하게 다룰 수 있게 해줬다"고 말했다.

제들을 토의할 수 있는 교류를 위한 포럼으로 작동하게 해줄 정도였다.

인권운동의 중심에서 토대를 이루며 저명한 교류의 연결체가 되는 하버드대학의 지위는 인권활동을 변화시키고자 한 설립자의 야망이 실현된 것이었다. 하버드 프로그램은 기술적으로 더욱더 소양 있는 전문가들을 육성하는 데 기여했고, 이 프로그램의 이론적 포커스는 프로그램 참가자들이 인권운동의 일반적인 정향과 거기에 활용되는 법률 원리들에 대해 비판적으로 성찰하게 하는 데 맞추어졌다. 인권운동이 전후 로스쿨에서 상대적으로 열세에 있던 국제법과 1960년대에 누렸던 명성을 상실한 시민법(civil law)의 재활성화에 기여한 다른 로스쿨들에서도 유사한 이야기들이 발견된다. 시민권 운동에 투자했던 많은 교수들, 예를 들어 예일대학의 오웬 피스(Owen Fiss)와 드류 데이즈(Drew Days), 컬럼비아대학의 잭 그린버그(Jack Greenberg)는 이렇게 해서 인권 프로그램을 형성시켰던 유명한 인물들이었다.

이 새로운 프로그램과 접근 방법은 미디어와 저명인사들의 지위에 의존하고 있는 인권운동 방식을 바꾸지 못했다. 현재 인권활동은 정책 결정자들에게 압력을 행사하기 위해 계속해서 여론을 동원하는 전술에 의존하고 있다.* 이런 압력에는 독재자들보다는 미국 국무성에서부터 다국적 기업들에 이르기까지 그들과 정치·경제적인 관계들을 맺고 있는 모든 사람들에게 보내는 암묵적이거나 명시적인 메시지가 있다. 그들은 정책 결정자이기도 하고 인권문제에 귀기울이게 할 수 있는 수단들을 보유한 사람들이기도 하다.**

국제 인권운동의 인정과 제도화는 수많은 의사결정 기관(국무성, 백악관, 세계은행, 국제연합, 그리고 현재 인권에 대한 전문성을 보유한 모든 기관) 내부에서 새로운 경력의 가능성들을 열어줬다. 한 간부에 따르면,

이 기관들은 "(인권운동 분야의) 인재 확보를 위해 필사적"이다.***

인권운동의 전문화는 학문적 투자의 증가와 관련이 있고 법률적인 경력의 구성은 인권운동가들을 위한 장에 토대를 두고 있을 뿐만 아니라 이 장의 재구성을 가속화시키기도 한다. 국가기관의 핵심에 있는 동맹자들(그리고 정보 제공자들)이 뒷받침하는 인권운동 전문가들은 관료제의 취약성이나 공공정책의 모순들을 이용하기에 매우 좋은 지위에 놓여 있다. 이런 수많은 네트워크들 덕분에, 그들은 또한 어떤 그룹의 열망과 다른 그룹들의 협상 여지를 고려해 현실적인 목표들을 정의하기에

---

* 여론의 평결로써 정부를 압박하기 위해 대중의 양심을 동원하는 고전적인 전략은 (사법부처럼) 너무나 더디고 너무나 형식적인 것처럼 보였다. 따라서 가장 설득력 있는 주장으로 효율성과 신속한 대응을 취해야 할 새로운 필요성이 제기됐다. 현장은 도덕이나 대원칙들보다는 '현실정치'(realpolitik)에 의해 지배되고 있었다. 이 새로운 전략에 따라서, 여론에 대한 호소는 무엇보다 협상을 주장하는 것이 됐다. 이 전략이 잠재적인 사법적 평결보다는 법률 절차에서 소외되어 있는 부분들 간에 협상에서 사용될 주장들을 생산해내는 데 보다 관심을 가진 미국 법률가들의 전략과 정확하게 일치하는 것은 우연이 아니다. 휴먼라이트워치의 한 변호사는 다음과 같이 진술했다. "목표는 전통적인 의미의 법률 시스템 없이 법률을 강화하고자 하는 것이다. 만약에 작동 중인 법률 시스템이 있다면, 변호사들이 두드러지게 활약하고 있는 ACLU 같은 조직에 전화를 할 수 있다. 그러나 우리가 근무하고 있는 대부분의 나라에는 …… 아주 초보적인 법률 시스템만이 있을 뿐이고, 따라서 인권운동의 핵심 과제는 법률에 토대를 둔 권리들의 확립과 법률 자격증을 요구하지 않는 과정에 의존하는 대안적 형태의 보호를 만들어내는 것이다. 즉 법률 자격증은 매우 유용하지만, 우리 직원들의 구성요소들을 살펴보면 대략 3분의 1 가량만이 변호사들이고 나머지는 언론인들이다. 그들은 지역 전문가들이다"

** 하버드 경영대학원의 한 교수는 다음과 같이 말했다. "미국 기업들이 해외에 진출할 때, 그들은 자신의 자본과 기술보다 더 많은 것을 가지고 간다. 그들은 그들의 브랜드 네임과 명성, 국제적 이미지도 가지고 가는 것이다. 이때부터 그들은 미국에 있는 운동 그룹들과 국제적인 미디어의 주목을 받게 된다. 그리고 이 그룹들은 미국 기업들이 수행하는 부당하고 그릇된 모든 행위들을 앞다투어 비판한다. …… 운동 활동은 인터넷상에서 글자 그대로 전산화되고 있다. …… 갑작스럽게 저임금 노동이나 낮은 투입비용의 이점은 부정적인 선전의 쇄도와 공적인 관계에 드는 비용, 그리고 소비자 운동의 가능성을 고려해야만 하게 됐다."(Spar, 1998 : 8)

*** 휴먼라이트워치에 있는 중요한 정보 제공자는 다음과 같이 이야기했다. "우리는 최고 명문 로스쿨과 그 밖의 최고 학교들의 최상층부 인물을 영입한다." 최근 워싱턴의 '국제환경법연구소'(Center for International Environmental Law)가 엘리트적인 지위를 강화하면서 "미국에서 법대 출신자들이 가장 많이 진출한 장소"로 선정됐다(Walton, 1999 : 803).

유리한 지위를 차지하고 있기도 하다. 그들이 마련한 활동 캠페인들은 그들 자신이 대중 동원과 고위급 협상이라는 이중적인 분야에서 활동할 수 있기 때문에 더욱더 효과적이다. 가장 유명한 NGO들은 또한 이런 전략적인 지위로부터 이득을 얻는다.* 그들은 국가권력의 장에서 전문가들의 정당성을 구축하는, 이런 대응권력 전략의 성공에 기여하기 위한 보다 나은 자리에 배치됨으로써 능력에 열정과 이상과 기술적인 기교를 결합한 젊은 졸업생들을 유혹할 수 있었다.

이제 인권운동 이야기는 미국 최고의 명문 로스쿨들에 밀접하게 연결되어 상대적으로 큰 영예를 누리고 있는 실천의 장이 구축되는 과정에 대한 것이다. 법률활동을 통해 자신들의 이상주의를 구현하기를 원하고, 국제적인 전문성을 통해 국가에 영향을 미치는 지위에 올라서기를 희망하는 로스쿨 출신자들은 인권 분야의 경력을 추구할 수 있다.** 우리는 이제 1970~80년대에 시장의 적으로서 국가와 법률의 개입을 경고하는 경향이 있었던 경제학 내부의 변천을 설명하기로 한다.

---

* 국제연합과 국무성의 동문 네트워크와 휴먼라이트워치가 국가와 맺고 있는 관계에 대해 언급하면서, 휴먼라이트워치의 한 상급 간부는 이렇게 지적했다. "그것은 우리가 정말로 신뢰할 수 있는 특정 인물들이 정부 내부에 있다는 것을 의미한다. 이 사람들은 그들이 할 수 있는 최선의 것을 알고 있거나 …… 수행하고 있는 사람들이다. 그리고 정부가 전혀 단일하지 않고 정부 내부에는 좋은 사람들과 나쁜 사람들이 있다는 것은, 어쨌든 언제나 사실이다. 그리고 사람들은 그들의 동맹자를 발견하고 적수를 물리치려고 시도한다. 그것은 우리가 정부 내부에 몇몇 강력한 동맹자들을 보유하고 있음을 의미한다. …… 우리는 정기적으로 국무성·백악관을 접촉하는데, 보다 빈번하게 접촉한 이들은 국가안보위원회(NSC) 스탭들이다. …… 즉 우리는 이런 의미에서 접근의 창구를 가지고 있고, (이렇게 해서) 우리의 작업은 알려지고 인정받게 된다. …… 그리고 우리는 그것을 혼합한다. 즉 우리는 정부로부터 일종의 거리를 유지하고 있지는 않았다. 우리는 정부로부터 엄격한 독립성을 유지하고 정부에 영향력을 행사하려고 시도한다. 우리는 그것을 로비 보고서들을 통해 수행하려고는 하지 않는다. …… 우리는 이 사람들과 대화하는 것이다."
** 휴먼라이트워치, 국제인권법률그룹(International Human Rights Law Group), 그리고 인권을 위한 미네소타 변호협회(Minnesota Advocates for Human Rights)는 최근의 한 책에서 '법대 졸업생들이 가장 많이 진출한 20대 기관'에 포함됐다(Walton, 1999).

'이윤추구 정부'의 폐기에서 '친시장적 민주국가'의 재정의로

시카고대학 경제학과의 주도적인 교수이자 '합리적 기대' 이론의 주창자이기도 했던 로버스 루카스(Robert E. Lucas, 이 이론으로 그는 1995년에 노벨경제학상을 받았다)는 1985년 봄, 경제성장을 일으키는 요인들에 대해 설명하면서, 워싱턴 컨센서스에 관련된 신자유주의적 교조주의의 경로로부터 벗어났다. 신자유주의·시카고대학과 동일시되던 완전 경쟁 시장 모델과는 달리 그는 개인과 제도의 잠재적인 긍정적 역할, 지식과 전문성의 집중을 촉진하는 조직 모델 간 상호작용의 중요성을 강조했다. 경제에 대한 정부 개입의 역할에 관한 문제에 대해 그는 정부 행위자의 행위를 이윤추구의 형태로 비판하는 데 만족했던 교조주의자들보다 개방된 것처럼 보였다.***

루카스의 해석은 오늘날 새로운 성장이론의 출발점으로 간주되고 있다. 이 새로운 경제이론의 선구자를 중심으로 수많은 신세대 스타들 ──특히 신고전주의 전통에서 온 폴 크루그먼(Paul Krugman), 폴 로머(Paul Romer), 로버트 배로(Robert Barro) 같은 인물들뿐만 아니라 그레고리 맨큐(N. Gregory Mankiw) 같은 몇몇 신케인스주의자들──이 발견된다. 이들이 제기한 테마들은 정치경제학과 발전경제학이 제기한 문제들과 매우 유사하지만, 이것은 단순한 패러독스가 아니었다. 데이비드 와시가 「보스턴글로브」(The Boston Globe) 칼럼에서 지적한 바와 같이, 이 새로운 접근 방법은 케인스주의자들과 신고전주의 경제학자들

*** 와시의 설명에 따르면, 루카스는 "인도 경제를 인도네시아나 이집트처럼 성장시키기 위해서 인도 정부가 취할 수 있는 조치늘이 있는가?"라고 질문했다(Warsh, 1994g).

간의 논쟁과 관련된 전통적인 이슈와 지위들의 전도로 이어졌다. 특히 혁신과 학습, 사회자본의 축적을 장려하고(예들 들어 로버트 퍼트넘 [Robert Putnam]에 대한 논문)[2] 사회적 불평등을 치유하는(케빈 머피 [Kevin Murphy]에 대한 논문)[3] 등 불완전 경쟁에 관련된 모든 문제들에서 정부정책의 역할이라는 면에서 그러하다. 와시에 따르면, "과거의 역할들은 이상하게 뒤집혔다. (정부가) 손을 털 것을 권고하는 사람들은 '좋은 사람들' (즉 신케인스주의자)이고 정부가 기술의 확산을 자극하는 데 있어서 적극적인 역할을 취해야 한다고 판단하는 사람들은 '나쁜 사람들' (즉 갑자기 출현한 신성장 경제학의 사도들)이다".[4]

와시의 저널리스틱한 설명은 이런 극적인 변화에 대해 설명하고 있다. 밀턴 프리드먼과 그의 동맹자들이 주도한 시카고 학파 이론가들의 승리와 함께, 두 적대적인 진영 간의 대립은 대부분 적실성을 잃어버렸다. 모두가 신고전주의 방법론을 적용하고 있었으며, 통화주의자들의 문하생들은 매우 다양한 분야에 그들의 모델들을 전파했다. 미래의 스타들을 유치하기 위한 대학의 투자는 (프리드먼과 토빈이 대립한 것과 같이 미디어의 주목을 받은 이데올로기적 논쟁만큼 강력할 수는 없었던) 두 진영 간의 양극화를 극복하는 데 기여했다.

이 점에서, '빅푸시'* 이론가 중 한 사람인 안드레이 슐라이퍼의 경력은 매우 예시적이다. 그는 하버드대학에서 수학했고, 로렌스 서머스의 제자가 된 후 시카고대학으로 이동했다. 그 후 "정부의 역할이 경제성장의 순환 과정을 일으킬 수 있다"는 것을 지지하면서 신자유주의 가

---

* 빅푸시(Big Push) 이론은 빈곤을 극복하기 위해서는 발전 초기에 충분한 규모의 개발 투자가 있어야 한다는 이론이다.—옮긴이

설들을 공격한 논문 한 편을 『정치경제학회보』(*Journal of Political Economy*)에 발표했다.[5] 아시아 국가에서 관찰되는 것과 유사한 개입주의 국가를 옹호한 후 그는 러시아 경제의 민영화에 대한 전문가 중 하나가 됐는데, 이것을 계기로 투자자들의 보호와 관련된 법률적인 주제들에 투자하게 된다. 게다가 그는 서구 정부들과 민간 이익 간의 관계에서 '착복'(나아가 부패)이라는 주제에 관심을 갖게 된다. 간략히 말해, 이런 프로필은 슐라이퍼가 어떻게 두 진영 사이를 오갔고, 제도와 정부의 정책과 관련된 테마들이 어떻게 해서 경제이론의 새로운 분야가 되는지 보여준다. 이 문제들은 또한 이론가들의 기업 활동과도 깊이 관련되어 있었다. 그들은 이론가이면서 중요한 국제 자문가이기도 하다. 사실, 슐라이퍼는 하버드대학의 국제발전연구소(Institute for International Development)에서 러시아 프로젝트를 이끌며, 1992~96년에 USAID로부터 6천만 달러 가량을 수령했다.[6]

이런 역설적인 전도는 사실 전혀 역설적인 면이 없다. 이런 개종은 경제학 장(場)의 작동 논리에 따르는 완벽한 연속성을 드러내고 있다. 와시에 따르면, 크루그먼은 그의 경로의존성 개념을 우연히 발견하게 된 과정을 다음과 같이 설명했다. "쿼티(QWERTY : 전통적인 키보드의 지속성을 기초로 그의 경로의존성을 설명하고 있다)**의 등장은 거기에 참여한 사람들에게는 지적인 혁명으로 느껴졌다. '패러다임의 이동' 같은 문구들이 일상적으로 사용됐다. …… 이것은 거의 종교와도 같은 자유시장에 대한 보수주의자들의 신념을 거부한다. 쿼티 키보드만큼이나 비

** 쿼티는 타자기의 문자 배열이 표준적인 키보드, 즉 키보드 상단의 좌측 열이 Q·W·E·R·T·Y의 순서로 된 키보드를 말한다.—옮긴이

효율적인 무엇인가가 수십 년 동안 지속될 수 있듯이, 사람들이 시장을 언제나 올바른 것으로 간주하고 의존할 수는 없다."[7]

그러나 다른 관점에서 볼 때, "경제학 장(場)의 중심에 불완전 경쟁을" 위치시키는 경제 전문가들의 이런 혁명적인 입장은 수학적 경쟁뿐만 아니라 정치적이고 미디어적인 전략들을 고취시키는 구조를 가진 학문의 장의 논리적 결과일 따름이다. 이런 학문의 장 내부에서 일어난 대논쟁들은 수학에 소질이 있고 기업적인 전략가 기질이 있는 젊은 신참자들을 유혹하는 선전 캠페인으로서 기여한다. 이 신참자들의 압력은 이론적 원리들의 경계들을 계속해서 이동시키는 모델들의 생산에 더 많은 투자를 하도록 자극한다.*

이런 교조적인 경제학의 경계와 주제들의 이동은 또한 권력의 장에서 그것을 생산하는 사람들의 지위 향상에 조응하기도 한다. 아이비리그 기관 출신의 케인스주의자들이 케네디에 의해 충원된 첫번째 실천적 지식인 그룹을 구성하기 위해 소집된 후, 시카고의 '배제된' 그룹은 동부 이스태블리시먼트의 적수들에게 봉사할 수밖에 없었다. 그들은 정치인들과 민간 이익들이 유착하는 문제점에 주목하고, 국가기관의 비호 아래 '이윤추구'가 이루어지는 것을 비판하는 모델을 만들어야 했다. 레이건 행정부가 워싱턴에서 영향력을 행사하는 수단의 통제를 느슨하게 하자, 순수경제이론의 이데올로그였던 사람들의 관심이 (그들이 동원할 수 있었던 자원들이 변화함에 따라) 바뀌게 됐다.

정부에 대한 자문가로서 활동한 초기에, 시카고 그룹은 그들이 권력

---

* 와시에 따르면 "혁신적인 인물들이 앞서거나 뒤서거나 하는 게임(leapfrogging game)에서 서로를 능가하려고 노력한다"(Warsh, 1993 : 230).

에 올라설 수 있게 해준 처방에 따라 국가 규제를 파괴하는 데 몰두했다. 그러나 특히 1980년대에 해가 거듭되면서 지나친 문제들과 스캔들이 일어남으로써 우선순위가 뒤집히게 됐다. 신자유주의 혁명을 정책으로 공고화하기 위해서는 몇 가지 규제들을 복원하는 것이 필수적인 것으로 보였다. 이렇게 해서 법률과 다른 행정제도들은 이제 시장의 효율성에 대한 장애이기는커녕 시장의 작동을 위한 필요조건으로 간주됐다.**

　법률질서의 장점을 강조한 이런 경제학자들의 개종은 또한 법률 실무의 장이 점차 사업 논리에 물들어간 사실에 의해서도 촉진됐다.*** 여기에서도 보수주의 혁명은 이미 진행 중에 있던 법률의 장 내부의 권력관계에서 위계질서의 동요를 가속화시켰다.[8) 법학계 내부의 신세대 법대 교수들은 1970~80년대에 새로운 교조적 경제학을 법률에 이식하는 데 투자함으로써 경력을 쌓았다. 시카고대학에 밀접하게 연결된 이 새로운 법학자들은 반독점법 분야에서 출발했는데, 곧 법률과 경제학을 로스쿨들에서 인기 있는 분과로 만드는 데 성공했다.**** 법률가의 경제

** 당시는 또한 규제 없는 경제성장과 동유럽에서 마피아가 성장한 시기이기도 했는데, 이점이 자본주의 시장의 작동을 위해서 최소한의 규제가 필요함을 분명하게 해줬다(Warsh, 1993 : 240).

*** 점차 상업적인 기업으로서 활동하는 법률회사들의 급속한 성장과 이윤을 언급하는 것으로 충분할 것이다(Galanter and Palay, 1991).

**** 법률과 경제학의 핵심 학자이자 기획자 가운데 한 명인 헨리 만(Henry Mann)은 1950년경 경제학에 관심을 가진 시카고대학 "로스쿨에 소속된 10~11명의 학생"에 포함되어 있었다. 그는 "우리는" 거의 아무것도 출판하지 않았음에도 자주 창시자로 간주된 "학과장의 모든 세미나에 참석했다". 시카고 로스쿨은 경제학과에서는 박사 논문을 완성하지 못한 사람은 전혀 고용하지 않았기 때문에 그를 고용했다. 시카고 로스쿨은 그 전에도 이미 학과장이었던 헨리 사이먼스(Henry Simons)를 비롯한 경제학자들을 고용했다. 학과장은 또한 밀턴 프리드먼의 처남이기도 했다. 로버트 보크(Robert Bork)는 만과 같은 시기에 시카고대학 학생이었다. 만은 다음과 같은 이야기를 들려준다. "이야기의 핵심은 학과장 개인의 관심사인 반독점이 어떻게 해서 대학의 다른 멤버들에게 관심사가 될 수 있었는지 아는 것이다."(또한 Duxbury, 1995 : 346~381 참조)

학에 대한 투자는 특히 이스태블리시먼트 기관에 반대하기 위해 설립된 존 M. 올린재단 같은 수많은 새로운 보수 재단들에 의해 촉진됐다.* 로버트 보크, 리처드 포스너, 프랭크 이스터브룩(Frank Easterbrook) 같은 시카고 대학과 관련된 주도적인 신교조주의 법률학자들은 또한 1980년대에 레이건의 지명을 받고 신속하게 사법부로 이동했다. 법학계의 학문적 기업가들은 보수주의 혁명의 유행을 타고,[9] 모든 법률 분야를 변화시켰다.

사회공학(social engineering)과 규제의 남용에 대해 경고한 이론가들이 국가와 법률의 장점을 발견했을 때, 경기자들의 상대적인 입장(그리고 전략들)은 극적으로 바뀌었다. 시카고학파의 학자들은 그들이 권력 서클에 들어가게 됨으로써, 실용적인 정치적 토대에서 만들어진 것과 순수이론의 타협에 대해 경고하는 경향이 점점 줄어들었다. 그들의 이론적인 입장들은 권력과 영향력의 네트워크에 접근할 수 있게 해줬고, 내부로부터 권력을 유지하기 위해 필요하다고 생각되는 실용주의적 조정들을 수용하는 것이 보다 쉬워졌다.** 게다가 법률은 더 이상 관료들의 이윤추구와 규제국가와 동일시되지 않았다(가스·스터링의 작업[10]과 비교해볼 것). 법률은 그들이 자신들과 동맹자들의 이익을 (법원과 그 밖

---

* 리처드 포스너(Richard Posner)의 『법률의 경제적 분석』(*Economic Analysis of Law*) 초판이 발행된 다음해인 1974년 법률과 경제학 운동이 시작된 이후에 헨리 만은 존 M. 올린재단으로 하여금 법률과 경제학에 대해 관심을 갖게 만들었다. 존 M. 올린재단은 이 장을 형성하는 데 기여한 수많은 워크숍과 세미나들에 재정을 지원했다. 다른 보수적인 재단들도 적극적이었다. 예를 들어, 만은 다음과 같이 이야기했다. "자유재단은 세미나들과 작은 학술회의들에 재정을 지원하는 데 동의했다. …… 마이애미에서의 6년과 에모리에서의 6년 동안 나는 38번의 자유재단 회의를 개최했다. 당신은 이 학술회의 중에서 33건의 회의가 책이나 법률 연구 심포지엄으로 발표된 것을 알고 있는가? 이것들 모두가 그 누구도 과거에 관심을 기울이지 않았던 새로운 법률과 경제학의 혼합이었다."

** 똑같은 일이 1960년대에 권력의 자문가가 됐던 케인스주의 경제학자들에게도 일어났다.

의 장소에서) 옹호하는 데 기여한 도구가 됐다. 법률과 경제학의 긍정적인 프로그램으로서의 발전은 법률을 통한 일련의 탈규제의 처방을 제공했다. 월스트리트와 위싱턴에서 활동한 재계와 국가의 변호사들은 (법률과 법률가들의 역할 강화에 대한 경제학자들의 관용을 더욱 촉진한) 새로운 권력의 역동성을 향해 이동할 수 있었다.

세계은행의 신경제학자들

우리가 살펴본 바와 같이, 경제 전문가들은 이제 법률을 국제적인 상품과 자본시장을 구축하기 위한 잠재적인 동맹으로 간주하면서 더욱더 법률에 투자하기 시작했다. 세계은행 내부에서, 1991년 '발전의 도전'에 초점을 맞춘 『세계발전보고서』는 국가기관들에 보다 많은 관심을 기울이기 시작했다.*** 1996년의 『세계발전보고서』에 따르면 잠재적인 이동은 훨씬 더 분명해진다. 1996년의 보고서는 시장개혁의 '공고화의 도전'과 특히 제도들의 중요성에 초점을 맞추었다. "시장경제에 대한 증가하는 확신은 장기간 이행기에 있는 경제들이 선진 시장경제들의 반열에 올라서기를 원한다면, 그들이 좋은 경제정책뿐만 아니라 이것을 지원하고 실행에 옮기기 위한 강력하고 수용 가능한 제도들을 필요로 하게 될 것이다."[11] 이런 제도적 개혁과 거버넌스에 대한 초점은 "민간부문의 발전을 위해 법률적 틀을 마련해야 할" 필요성에 대해 각별한 관심을 촉진

*** 『세계발전보고서』(*World Development Report*)는 로버트 맥나마라 재임 기간 중에 창간됐다. 이 보고서들은 치열한 경쟁을 거친 후에 작성된다. 한 내부 관계자에 따르면, "주제들은 치열한 경쟁을 통해 선정된다". 세계은행 이사회가 최종 선택을 내리고, 현재 300만 달러 가량이 보고서의 작성에 투자된다. 업무를 담당하는 사람들은 상당한 자율성을 누리며, 보고서 작성의 주도적인 지위는 "세계은행에서 승진하기 위한 티켓"이다.

했다.[12] 이런 관점에서는, 법률적인 장애물들을 제거하는 것만으로는 충분하지 않다. 워싱턴 컨센서스가 수행한 국가에 대한 공격을 넘어서, 이제는 외국인 투자자들이 국가를 중심으로 연고주의 네트워크를 동원할 수 있는 현지 자본가들과 동등한 보호를 받을 수 있게 하는 것이 필수적이라고 생각됐다. 다시 1996년 보고서를 인용하면, "정부는 법률에 의해 스스로를 규제하고, 민간 사업에 임의로 개입하는 것을 막으며, 자신이 발표한 정책 공약들을 추구하고, 거기에 대한 약속을 이행하기 위해서 민간 주체들의 신뢰를 얻어야 한다".[13] 1997년의 보고서는 같은 맥락에서 특히 국가의 역할에 초점을 맞춘다.[14] 아시아 금융위기 이후, 세계은행은 심지어 『워싱턴 컨센서스를 넘어서 : 제도의 문제』[15]라는 훨씬 더 강한 논조의 보고서를 발표했다. 라틴아메리카 및 카리브해 지역국과 공공부문 경영분과의 이 공동 작품은 특히 "좋은 거시정책만으로는 충분하지 않다. **오늘날 범세계적 금융 통합에 있어서 거시경제 안정을 위해서는 좋은 제도들이 필수적이다**"[강조는 원문]라고 주장하면서 1980년대의 '컨센서스'를 직접 공격했다. 이 책은 또한 자본시장과 법률제도들에 대한 장을 포함하고 있기도 하다.

세계은행의 경제적 메시지에 담겨 있는 이런 이동은 그러나 모호한 면이 있다. 세계은행의 한 실무자는 1980년대에 이 은행을 지배한 신자유주의 거시경제학자들이 모든 반대자들을 축출했다고 강조했다. 1987년의 대숙청을 가까스로 모면한 그는 세계은행이 "나의 은행"이기도 하고, "거시경제정책만으로는 살아남을 수 없다"고 생각했으며, 세계은행의 경제학자 내부에 몇몇 동맹자들을 확보하고 있었다고 한다. 세계은행을 중심으로 연결된 (USAID를 포함한) 발전기관 부서들이 1989년에 가속화된 "민주주의적 이니셔티브"로 이동했음에도,[16] 세계은행은 여전히 보다 순수한 형태의 워싱턴 컨센서스로 무장하고 있었다.*

　세계은행의 거시경제학자와는 다른 접근 방법으로 지지를 획득하고자 했던 그와 동료들은 맨커 올슨(Mancur Olsen), 올리버 윌리엄슨(Oliver Williamson), 더글러스 노스(Douglass North) 같은 제도주의 학자들을 초청하려고 했다. 당연히 세계은행의 수석경제학자 스탠리 피셔는 맨커 올슨이 경제학자일 수 있는지에 대해 질문했다. 당시 세계은행에 근무한 또 다른 경제 전문가는 제도에 대한 관심의 확대에 대한 대부분의 경제학자와 아프리카 전문가들의 반응을 들려줬는데, 후자는 발전문제가 "경제적인 해결책에 따라야만 하는 것은 아니다"라고 주장했다. 어떤 사람들은 "이런 차이를 메워야 할" 필요가 있다고 말한 반면에, 또 다른 어떤 사람들은 세계은행이 '정치'에 대한 잠재적인 투자를 피해야 한다고 주장했다. 그러나 노스의 노벨경제학상 수상으로 1993년에 제도주의자들에게 어느 정도 정당성이 주어졌고, "그 후에 제도주의 경제학이 비상했다".** 세계은행 내부의 소수 그룹은 "내부의 비공식적인 네트워크"를 구축하고 노스를 중심으로 스파르타적인 형태의 제도주의를 구축하려고 했다. 같은 이슈에 대한 정치학자들과 사회학자들의 작업에 대해 잘 알고 있던 그들은 경제학자들이 비경제학자들에 대해 호의적이지 않을 것이라는 점을 의식했다. 이 그룹의 힘은 제임스 울펀슨(James Wolfensohn)이 세계은행 총재에 임명되면서 증가했다. 한 내부 인사에 따르면, 울펀슨은 계량적인 경제이론을 높게 평가하지 않았고

---

* 세계은행 부총재이자 거버넌스를 향한 이동의 주도자인 세라젤딘(Ismael Serageldin)에 따르면, '굿 거버넌스'라는 아이디어를 도입함으로써 세계은행은 15년 전에 소득 재분배를 둘러싼 논쟁만큼이나 생기 있는 논쟁을 불러일으킬 수 있었다(Serageldin, 1996).
** 거버넌스를 향한 이동에 매우 호의적인 한 경제학자에 따르면, 노스는 세계은행에 와서 600~700명의 청중들에게 강의를 했으며, 많은 청중들이 "노트에 적었다".

"제도들을 중시하는 것처럼 행동했다". 게다가 울펀슨은 아래에서 설명하게 될 것처럼 외부의 압력에 대해 반응해야만 했다.

제도를 향한 세계은행의 이동을 주도한 사람 중 하나로 자주 지목되는 로버트 피치오토(Robert Picciotto)는 현재 세계은행의 활동평가국 국장이다.* 그의 배경을 짤막하게 검토함으로써 우리는 최근 세계은행에서의 몇 가지 변화들과 그것을 지배하는 경제이론들을 추적할 수 있다. 앨버트 허시먼(Albert Hirschman)의 영향을 받은 경제학자로서 1961년에 세계은행에서 경력을 시작한 피치오토는 신자유주의 거시경제학자 세계의 외부에 있던 경제 전문가 중 하나였다. 그는 1987년 말부터 89년까지 코너블의 지휘 아래 세계은행 예산 부국장으로 근무했다. 그는 1992년에는 평가·발전사무국에 참여했다. 그의 이동은 침체됐던 이 사무국이 새롭게 주목받게 됨과 동시에 이루어졌다. 그는 이를 통해 세계은행 차관의 감독과 회계상의 문제점들을 강조한 『와펜한스 보고서』(Wapenhans Report)를 작성해 지도부에 제출할 수 있었고, 울펀슨은 이 문제에 큰 관심을 기울였다. 우리가 검토하게 될 것처럼, 이 사무국은 이제 차관을 제공하고 평가하는 과거의 방식과는 매우 다른 수단들을 촉진하고 있다. 이 사무국의 새 역할에 동조하는 한 인물이 지적한 바와 같이, 피치오토는 실패한 프로젝트의 문제들은 이 프로젝트가 잘못 기획된 데 기인하기보다는 공공부문과 시민사회의 기관들에서 비롯된다는 것을 보여줬다.

---

* 이탈리아에서 출생한 로버트 피치오토는 1961년에 세계은행에 들어갔다. 그는 프린스턴대학의 우드로윌슨스쿨을 졸업했다. 그는 또한 『제도경제학을 작동하게 하는 법: 참여에서 거버넌스로』(Putting Institutional Economics to Work: From Participation to Governance, 1995)를 저술했으며 에두아르도 위스너(Eduardo Wiesner)와 함께 『평가와 발전: 제도적 차원』(Evaluation and Development: The Institutional Dimension, 1998)을 편집하기도 했다.

비교정치경제 : 교조주의의 패러독스

이러한 국가 전문성 장(場)의 개편(국가에 대한 '게임의 법칙'의 재구성으로 나타난 필연적 결과)으로부터 이득을 본 것은 시카고 학파만이 아니었다. 특히 국제관계 전문성의 시장(매우 경쟁적일 뿐만 아니라 중요한 이윤을 산출할 수 있는 시장)은 이런 변화로부터 이득을 보았다. 이런 시장의 특성에 따라서 일단 경제정책에서 정치적인 요인들의 역할이 기능한다는 것이 인정되자, 전문성을 둘러싼 잠재적 생산자들이 크게 늘어났다. 예를 들어, 상대적으로 소수였던 정치학자 그룹은 국제 금융관계들이 순수경제학으로만 설명될 수 없다는 것을 재빨리 강조했다.

이런 시장의 변화는 부분적으로 『국제안보』(*International Security*) 지로 대표되는 전통적인 '국가안보' 정치학과 『국제기구』(*International Organization*)지로 대표되는 새로운 '국제정치경제학' 간의 전투로 나타났다.** 최근 수십 년간 주류를 대표해왔던 『국제안보』는 "우리는 영향력을 가지고 있다"며 자신들의 중요성을 강조하는 반면, 『국제기구』는 "보다 엄격한 수준"의 학문 연구를 강조했다. 학문적 엄격성의 주장에 대한 『국제안보』 지지자들의 반격은 "아무도 『국제기구』를 읽지 않는다"는 것이었다. 『국제기구』와 유사한 학술지들은 보다 이론 지향적이었던 반면에, 『국제안보』는 보다 역사적이고 비교적인 접근을 선호하는 경향이 있었다. 국제 외채위기와 구조조정의 도래는 학문자본과 정치적 영향력에 대한 이런 논쟁에서 『국제기구』 그룹에게 기회를 제공했다.

** 세계은행과 IMF의 새로운 접근 방법은 라틴아메리카에 가까운 학문 서클에 아직도 매우 큰 영향력을 발휘하고 있는 '종속이론' 과도 대조를 이룬다(Packenham, 1992).

1986년 당시 하버드 행정대학 교수였던 스티븐 해거드(Stephen Haggard)는 IMF에 대해 다음과 같이 강조함으로써 "구조조정의 정치학"의 비교 분석을 완성했다. "정치적인 현실을 고려하지 않고 기획된 프로그램들은 실패하기 쉽고, 나아가 바람직하지 못한 정치적 결과들을 산출할 수도 있다."[17] 정치적인 문제들에 대한 개입의 전주곡이었던 브레턴우즈 헌장을 알고 있던 그는 현지 동맹자들(금융 및 경제정책 책임자들과 특히 IMF나 세계은행에서 훈련받은 사람들)의 중요성을 주장했다. "(IMF와 세계은행 프로그램들을 통해 구축된 초국가적인 관계들의) 네트워크는 이 기관들의 권력과 영향력의 정치적 토대가 된다. 국가 내부에 IMF에 호의적인 '안정을 가져오는 간부'(stabilizing cadre)의 존재는 프로그램의 성공을 위한 필수적인 요소들로 보여진다."[18]*

이런 주장은 우리가 채무국가에서 IMF에 가까운 사람들을 핵심적인 자리로 승진시키는 것이 갖는 중요성을 고려한다면 더욱 감탄하지 않을 수 없다. 그들은 워싱턴(그리고 뉴욕)의 파트너들과 효과적으로 협

---

* 초국가적 접속은 이런 관점에서 작업하는 학자들 사이에서 반복해서 등장하는 테마이다. 예를 들어, 스털링스(Miles Stallings)는 칼러(Miles Kahler)를 인용하면서 금융기관에 의한 개입의 상대적인 비효율성을 상기시킨다. "본 연구는 외부 기관들이 성공적인 안정화 정책의 수행과 구조조정 프로그램의 결정에 있어서 효과들을 제한해왔다고 주장한다."(Stallings, 1992 : 42) 그녀는 네트워크의 중요성은 특히 위기 상황에서 두드러진다고 주장했다. "경제위기는 국제적인 자원에 특별하게 접근할 수 있기를 요구하는 동맹에게 활동의 여지를 제공할 수 있다."(54) 현지 당국은 국제적인 권위에 의존하게 되는데, 그것은 "은행가, 수출업자, 그리고 전문가들의 동맹이 정부로 하여금 포퓰리스트적인 압력에 보다 잘 저항할 수 있게 해주고"(66) IMF와 합의한 약속들을 이행할 수 있게 해주기 때문이다. 이것은 IMF의 제재가 극히 드물게만 사용되고 있고, 따라서 그다지 신뢰할 수 없기 때문에 특히 중요하다. 이 동맹들은 또한 채무자들의 카르텔을 피할 수 있게 도와준다. "국제적인 것을 지향하는 이 정부들은 그런 운동과 협력하기를 원하지 않는다."(67) 외채위기에서 이 그룹들의 역할은 따라서 IMF의 역할만큼이나 결정적이다. 실무에서 이 두 가지(초국가적 네트워크와 IMF)는 분리될 수 없다. "국제적인 금융 및 이데올로기적 영향력은 연계와 후원의 메커니즘을 통해 결정자들에게 전달될 수 있다."(85)

상하기 위해 필요한 금융적인 전문성(그리고 신뢰성)을 가진 유일한 사람들이었다. 이렇게 해서 우리는 금융 교조주의로 개종한 사람들을 포함해 IMF와 세계은행에게 중요한 현지의 정치적 배출구들을 발견하게 된다. 이 같은 네트워크의 중요성에 대한 인식은 또한 보완적인 이슈들과 전문가들에 대한 투자로 이어졌다. 예를 들어, 현지의 정치 현장으로 이동하기에 앞서, 실수와 그릇된 정책 방향을 피하기 위해(나아가 중립성의 이미지를 유지하기 위해) 현지 정치에 대해 숙지하는 것이 바람직했다. 이런 필요성은 정치경제학과 지역 연구의 교차로에 있는 복합적인 전문성에 기회를 열어줬다. 정치학과 국제관계학, 그리고 물론 경제학 내부에 작은 인정이나 위신을 제공할 수 있었던 능력은 어느 정도 가치를 획득하기 시작했다.

외채위기의 악화와 구조조정 차관의 증가는 이렇게 해서 국제기관과 박애주의 재단이 '비교정치경제학'이라는 연구에 재정을 지원하게 했다. 이 분야의 선구자인 해거드와 카우프만(Robert Kaufman)은 이 새로운 접근 방법이 (경제적인 요소를 망각하는 경향이 있는) 민주주의 이행론의 전문가들과 (역사와 정치 갈등을 무시하는 경향이 있는) 경제학자들을 보완하는 전문성을 가져올 수 있을 것이라고 강조했다.[19]** 경제 전문가들에 대해서, 그들은 "정치적인 갈등의 통제를 위한 기존의 제도적인 조정에 의해 외부 충격의 효과가 중개될 것"이라고 주장했다.[20]*** 민주

** 비교정치경제학의 장도 칼러, 스틸링스, 조안 넬슨(Joan Nelson) 같은 인물이 참여한다.
*** 같은 맥락에서, 그들은 새로운 경제이론이 단순히 그들의 학문적 우월성 때문에 채택된 것만은 아니라는 것을 강조했다. 이런 전파는 또한 수렴 전략으로부터 온 것이기도 했다. 게다가 그들의 인정과 영향력은 현지의 역사에 의해 결정되기도 했다. "새로운 아이디어는 이미 존재하는 현지 상황에 겹쳐진 것만은 아니었다. 이와는 정반대로, 기존 요소들의 새로운 조합을 가져온 촉매나 응집인자들처럼 정치적인 장의 요소들의 재편성으로 이어졌다."(Haggard and Kaufman, 1992 : 22)

화 이행론자들에 대해서, 그들은 제3세계 국가들에서 민주주의는 언제나 시장경제와 공존하는 데 어려움을 겪고 있음을 상기시켰다. 대부분의 사례에서, 권위주의 정권은 시장을 강요했고 민주주의 정권은 국내의 증가하는 사회적 갈등과 관련된 지속적인 재정적 어려움의 위협을 받았다. 경제와 정치에서 미국의 자유주의 이상은 따라서 이런 저개발 경제에서 실현 가능한 것으로 보여졌다.[21]

그들의 분석은 해거드와 카우프만, 그리고 그들의 동지들이 마일스 칼러가 '교조주의의 패러독스'라고 부른 것에 대해 경고하도록 이끌었다. 그들에 따르면, "정부가 경제에서 자신의 역할을 줄이고 시장의 힘의 작용을 확장시키기 위해서는 국가 자신이 강해져야만 한다".[22] 칠레는 이런 주장을 정당화하는 사례로 사용됐다. "교체된 팀은 이익집단의 압력으로부터 보호받는 상대적으로 자율적인 테크노크라트적 행위자들과 주요 실무자로부터 강력한 지지를 받는 관료적인 경쟁자들이다."[23] 그들의 성공은 그러나 대가를 지불해야만 했는데, 그것은 보수적인 동맹의 기술성 강화가 민주화 과정을 지연시키기 때문이었다. "구체제 그룹의 관성은 특히 노동운동을 비롯한 과거에 배제됐던 그룹들을 통합하려는 민간정부의 노력을 억제한다."[24] 이 그룹의 또 다른 멤버인 조안 넬슨이 지적한 바와 같이, 사회적 타협의 구축은 적어도 유럽 민주주의 모델이 보여주는 바와 같이 최소한의 재분배와 노동계급을 국가 통치 메커니즘으로 상대적으로 통합함으로써 달성할 수 있다.[25]

길레르모 오도넬(Guillermo O'Donnell)의 '관료적 권위주의 모델'의 잔재인 이런 비관주의에도 불구하고,[26] 그들은 경제적 교조주의 대 민주주의라는 딜레마를 깨는 정책들을 발견하고자 했다. 그들이 제시한 해결책은 그들의 분석에 반복적으로 등장하는 두 가지 테마를 조합한 것이었다. 그 첫번째는 교조적인 경제정책의 성공을 위한 초국가적인 접속의 중요성이었고, 두번째는 시장정책을 효과적으로 추진하기 위한 강력한 국가의 필요성이었다.* 국제적인 환경에서 획득되고 이 환경에 부응하는 전문성을 중심으로 국가를 재구성하기 위해서는 국제적인 동맹의 대표자들 지위를 강화하는 것이 필요하다. 노골적인 주장을 피하면서, 그들은 IMF와 세계은행의 비호를 받는 사람들의 진출을 주장했다. 이런 전략과 국제 금융기관의 중립성이라는 이상에 따라서, 그들은 국가권력의 장에서 동맹의 작용을 밝혀줄 수 있는 분석에 투자해야 할 필요성을 인정했다.

이런 담론은 잠재적인 파트너들과 학계의 경쟁자들 모두를 향한 선전이었다. "국가 중심적인 접근 방법은 장점들에도 불구하고 두 가지 중요한 문제에 직면해야만 한다. 첫째는 국가 엘리트들의 선호를 이해하는 것이고, …… 둘째는 엘리트들이 그들의 선호를 좇아 행동할 수 있게 해주는 국가 조직의 특성에 관련된다. …… 국가에 대한 새로운 연구는 이렇게 해서 정책 엘리트들의 정책 선호의 근원에 대해 만족할 만한 토론을 제공했다."[27]

당시에 이런 권고는 대부분 연구 프로그램으로서 제안된 것으로 간주되었다. "선호가 〔기술적〕 능력에 작용하는 듯하다"[28]고 밝힌 에반스(Peter Evans)의 책 등 몇몇 저작들을 제외하고, 경제정책의 문제들을 조사한 대부분 학자들의 연구는 거시사회학적 설명에 머무르고 있었다. 그들은 특수한 공공정책을 가져오는 구체적인 관계들(이익의 동맹과 계

---

* 초국가적인 접속의 또 다른 사례는 가나와 볼리비아에서 발견되는데, "이 나라들은 해외 이민자들의 네트워크를 활용하고 정책을 세우기 위해 IMF나 세계은행에 의지할 수 있었다"(Haggard and Kaufman, 1992 : 22).

급 간의 갈등)에 대한 자세한 사항을 연구하지 않았다. 엘리트의 전략과 그들을 국제 전문성의 네트워크나 특정한 국내 이익단체들과 연결시켜 주는 접속들은 그들의 분석에서 단지 암시적인 것에 머무르고 있었다.

이처럼 취약한 연구 상태는 정책 선호에 대해 검토해야 할 필요성이 수용되지 않았음을 의미하는 것은 결코 아니다. 그보다는 이 문제에 대한 학문적 이론들이 (저널리스틱한 잡설로 간주되는) 정치에서의 개인적 관계들의 작용을 적절하게 개념화하지 못했다는 것을 의미한다. 그러나 몇 년 후, 지도자에 대한 미시사회학이 학문적인 무대에 진출했다. 이 새로운 사회학적 포커스의 타이밍은 제도적인 전략에 대한 관심의 이동과 정확하게 들어맞았고, 또한 일련의 개종과도 매우 잘 들어맞았다. 이제 시장뿐만 아니라 인권과 민주주의를 지지하는 테크노크라트들은 '테크노폴'로서 새로운 세례를 받았다.

그동안 신정치경제학자들은 세계은행과 매우 밀접한 자리들을 차지했다. 그들은 세계은행의 내부로 이동하거나 외부에 머무를 수 있다. 그러나 어디에 있건 상관없이 그들은 발전을 향한 세계은행의 접근 방법과 정책들로부터 직접 양분을 제공받고 있다. 그들은 세계은행의 운영과 계속 성장하는 새로운 교조주의의 추종자들이 주도하는 세계화에 동시에 기여하는 전문성을 제공한다.

인간의 얼굴을 한 자본주의 : 테크노크라트에서 테크노폴로

외채위기와 구조조정 정책의 증가는 국제 금융기관과 채무국가의 정부에서 시카고 보이스의 지위를 견고하게 만드는 데 기여했다. 특히 시카고대학과 MIT대학의 경제학 프로그램을 통해 만들어진 라틴아메리카 커넥션은 장관, 중앙은행 지도자, 그리고 재계 리더 등 수많은 권력의 지위들로 채워졌다.[29] 이 지식인 네트워크는 오랫동안 권력에 머무르면서 지위를 더욱 강화했고, 시간이 경과함에 따라 미묘한 변화들을 발생시켰다. 이는 칠레가 가장 좋은 사례가 되는데, 제1세대 시카고 보이스들은 경력을 바탕으로 점차 정치와 사업에 투자하는 한편 그들의 학문적 권위를 유지할 수 있도록 학문적 투자를 한 충성스러운 제자들을 영입하였다. 정치와 사업에 대한 투자는 지위의 특수성을 생산했고, 이 경제 전문가들이 새로운 국가 지식을 촉진하는 데 필수적인 다양한 (상징적·재정적) 자원들을 조합할 수 있도록 지위 간의 유동성을 낳기도 했다. 이 이론가들의 학문적 권위는 나아가 정부의 장관에서부터 주도적인 사업가에 이르기까지 확장된 사회관계의 자본과 결합됐다. 이런 일련의 관계들은 친금융적인 규제를 유도하기 위해 투자한 금융 그룹들의 노력이 결실을 거둘 수 있게 해줬다. 그런데 이와 같은 수많은 지위의 점유가 새로운 경제 전문가들의 부모와 조부모였던 전통적인 유력 법률가들의 지위와 유사성을 가지고 있다는 것은 흥미롭다. 따라서 권력에 대한 그들의 접근 방법이 궁극적으로 선배들의 이익과 수렴하는 것은 그다지 놀라운 일이 아니다.

그들의 동지들(미국에서의 교육을 통해 경제적 교조주의와 민주주의의 가치를 부여받은 신세대 리더들)을 찬양하기 위해 미주협의체의 지도자들이 발전시킨 테크노폴이라는 개념보다 국제 경제 무대에서 정치로 복귀하려는 힘을 더 잘 보여주는 것은 없다. 『테크노폴』(*Technopols*)이라는 제목을 단 새로운 엘리트를 찬양하는 에세이의 편집자 호르헤 도밍게스가 설명한 바와 같이, "대부분의 국제적인 테크노폴은 그들이 해외에서 머무는 동안 습득한 두 가지 국제적인 아이디어(시장에 대한 친화적인 이상과 민주주의에 대한 이상)의 풀(pool)을 점차 결합했다".[30] 테크노폴 개념의 한 지지자에 따르면, 이 용어는 "정치에 대해 무지"하고 "권위주의와 동맹을 결성한" 것으로 간주된 시카고 보이스에 관한 "그릇된 설명"을 극복할 수 있게 해준다. 그에 따르면, 테크노폴은 기본적으로 "그들의 직업 활동에서 정치경제학을 실행하면서" "그들의 국내 상황에서 정치활동을 전개하는 현명한 사람들"이다. 그들은 나아가 '경제학과 정치'(그리고 새로운 정치학) 간의 완벽한 접속을 보여준다.

테크노폴이 촉진한 정책들은 비록 '균형잡힌 성장' 같은 변이들을 지지하기 위해 순수경제학의 교조주의로부터 벗어났지만, 해당 국가들을 국제시장에 삽입시켰다. 사실 민주적인 정치는 엄격한 경제정책을 더욱 정당한 것으로 만들었고, 그럼으로써 정치적인 위기를 줄였다. 도밍게스는 "시장 지향적인 민주주의와 합리적인 투자자에게 확신을 가져다 줄 중도좌파 정부가 있을 때만이 시장 규범들이 지배적인 것으로 될 수 있다"고 주장한다.[31] 이것을 통해 권위주의에 대한 대중의 저항이나 포퓰리즘의 위험이 봉쇄될 수 있었다.

국제정치의 장의 지배적인 규율에 이 새로운 엘리트가 진입한 것과 함께 민주적인 정권들이 도래하여 군사독재정권이 완수하지 못했던 국가개혁을 공고하게 했다. 국제여론은 군사정부를 정당한 것으로 인정하기를 거부했다. 이렇게 해서 "칠레의 민주주의는 피노체트의 시카고 보이스들이 권위주의 상황에서 결코 달성할 수 없었던 것을 성취했다. 칠레 민주주의는 국가의 미래를 국민의 동의를 통해 시장에 맡겼다".[32] 일단 국제적인 비난에서 벗어나자 새로운 정부들은 국제시장에 대해(또한 새로운 협정들에 의해 마련된 지역시장에 대해) 통합을 가속화하고 공고화할 수 있었으며, 이것은 포퓰리즘 광기로의 회귀나 경제적 민족주의 신화로의 회귀를 더욱 어렵게 만들었다. 다시 한번 도밍게스를 인용하면, "시장에 정치적인 개방을 뿌리내리게 하기 위해서 (이 테크노폴들은) 그런 개혁들을 국내에서 관철시킬 수 있는 자유무역협정을 통한 보다 자유로운 무역을 제도화하려고 노력했다. 이 점에서 그들의 사상에서 토대가 되는 국제주의는 그들의 시장 국제주의를 통해 실행됐다".[33]

미국이 지배하는 국가 전문성의 시장과 이 새로운 그룹이 맺고 있는 밀접한 관계는 페드로 아스페, 페르난두 엔히크 카르도주, 그리고 알레한드로 폭슬레이 같은 지도자들의 경력에서 분명하게 나타난다. 그러나 테크노폴에 대한 분석이 설득력이 있다 해서 세계은행의 지배 그룹이 이런 접근 방법을 쉽게 수용했다고 말할 수는 없다. 이 분야에서 주도적인 한 정치학자가 주장한 바와 같이, 거시경제학자들과 이런 접근 방법의 유사성은 반드시 후자가 이 분석을 심각하게 받아들이도록 이끈 것이 아니었다. 1980년대 후반과 90년대 초반의 정치학자들은 여전히 "세계은행과 IMF와 어떠한 접촉도 가지고 있지 않았다". 정치학자들은 경제학자들의 시각에서 볼 때 "열세에 놓인 그룹"이었다. "우리는 그들이 우리를 읽은 것보다 그들을 더 많이 읽었다." 그리고 경제학자들은 '초국가적 접속'(transnational lingkages)이라 지칭되는 것에 대해 어떠한 각별한 관심도 가지고 있지 않았다. 실무적인 경제 전문가들은 "이미 그것을 수행하고 있는 중"이었다. 위에서 인용한 정치학자는 심지어 1989년 이후 공산주의가 몰락한 후에도 "정치학자들이 내가 수행하고 있는 것을 내가 하고 있다고 나에게 말하는 중이라는 생각"은 떨쳐버릴 수 없었다고 말했다. 위에서 언급한 바와 같이, 제도들을 촉진하려고 시도한 세계은행의 인물들은 이런 정치학자들의 작업을 알고 있었다. 그들은 또한 이것이 거시경제학자들을 설득할 수 없을 것이라는 것도 알고 있었다. 세계은행에 가까운 정치학자의 말에 따르면, 거시경제학자들에게는 여전히 정치가 국가를 "이롭게 하는 좋은 정책들을 가로막는 사악한 이익들"에 대한 문제였다.

정치학자들의 영향력의 상대적인 증가(그리고 세계은행에서 증가한 정치적 전략의 정당성)는 싱크탱크와 테크노폴의 네트워크를 통해서 뒷받침됐다. 특히 오랫동안 외국 원조와 상대적으로 국제적인 국가정책들을 촉진한 워싱턴의 해외발전위원회(Overseas Development Council: ODC)는 정치학자들의 네트워크에 가까운 경제학자인 리처드 페인버그(Richard Feinberg)와 이 분야의 적극적인 정치학자 중 하나였던 조안 넬슨의 지휘 하에 이런 연구를 촉진하기 시작했다.[50]* 당시에 ODC에 참가한 인물에 따르면, 1980년대 초 이 발전 공동체에는 "경제학이 정치로부터 분리됐다"는 강한 믿음이 존재했다. 보다 정확하게 말해서, "세계은행과 IMF는 정치가 아니라 경제학을 하고 있었다". 사실 '정치'는 그것이 개발도상국의 업무에서 '개입'을 의미했기 때문에 언급될 수 없었다. 구조조정의 경험은 경제개혁의 수행이라는 점에서 "정치가 없다면 경제학도 있을 수 없을 것"이라는 점을 분명하게 해줬다. 정치학자들

---

* ODC는 1969년에 해외 원조 정책을 촉진하려는 의도에서 설립됐다. 이 기관은 처음에 제임스 그랜트(James Grant)가 의장을 맡았는데, 그는 1980년까지 재임했다. 이에 앞서 그랜트는 USAID에서 근무했다. ODC 의장을 떠난 후 그는 유니세프로 이동했다. 1980년대에는 로버트 맥나마라가 ODC의 의장을 맡았다. ODC가 외채문제와 이 위기에서 IMF와 세계은행이 각각 수행한 역할에 관심을 가지기 시작한 것은 바로 이때부터였다. 오랫동안 ODC와 가까웠던 한 인물에 따르면, ODC는 특히 '조건부 원조'의 문제점에 대해 "실무상의 질문을 제기하면서" IMF와 세계은행의 근본적인 역할에 대해 수용할 만한 접근을 권고했다. ODC는 이렇게 해서 "적절한 학문 연구를 촉진하고 그것을 정책의 세계에 발표하면서 새로 출현하는 접근 방법들과 다자적인 기관들 사이에서 중개자 역할을 수행했다. '테크노폴'이라는 말을 만들어낸 페인버그는 ODC를 떠나 클린턴 행정부에서 라틴아메리카에 관련된 문제를 담당했다.

은 이미 "이 문제에 대해서 맹렬하게 공격하고 있는 중"이었고, ODC는 정치가 "무시될 수 없는 것"이라고 인식되도록 "이런 이행"의 아젠다를 채택했다. 세계은행과 밀접한 관계를 맺은 워싱턴의 또 다른 싱크탱크인 국제경제연구소(Institute for International Economics)에서는 '워싱턴 컨센서스'라는 말의 발명자 존 윌리엄슨이 구조조정(거시경제학자들이 그들의 영향력을 구축하기 위해 활용한 도구)을 통해 성취된 것이 무엇인지 질문함으로써 정치에 대한 보다 큰 관심을 촉진했다.[45]**

세계은행에서 이런 접근 방법을 정당화하는 데 있어서 특히 중요한 역할을 수행한 사람은 핵심적인 테크노폴이자 현재 『대외정책』의 편집장을 맡고 있는 모이세스 나임(Moisés Naím)이었다. 나임은 매우 국제적인 배경을 가지고 있다. 1952년 리비아에서 출생한 그는 1954년에 베네수엘라로 이주했다. 그 후 그는 MIT대학에서 정치학 박사학위를 취득한 뒤 베네수엘라의 대표적인 비즈니스 스쿨인 고등연구소(Istituto de Estudios Superiores)에서 몇 년 동안 교편을 잡았다. 1988년 베네수엘라의 선거 당시 그는 이 학교의 학장을 맡고 있었다. 그는 다음과 같이 말했다. "이상하게도 두 명의 유력 대통령 후보자들이 비정치인으로 구성된 내각을 구성하게 될 것이고, 베네수엘라는 심각한 동요 속에 있으므로 정책 결정을 할 수 있는 능력 있는 사람이 필요하다고 말하기 시작했다. 그리고 두 후보는 당선된다면 나를 장관으로 지명하겠다고 발표했다."[36] 이후 그는 상공부 장관이 되어, 관세인하를 촉진하고 국내의 보조금을 삭감했다. 이런 개혁을 실행한 후, 그는 워싱턴의 카네기국제평화재단(Carnegie Endowment for International Peace)으로 옮겼고, 발

** 윌리엄슨은 현재 세계은행 남아시아과의 수석경제학자이다.

전에 대한 다양한 논문들을 발표하기 시작했다. 그는 또한 세계은행의 실무국장이 됐고 울펀슨이 총재가 되자 그의 핵심 보좌관이 됐다. 그의 모습은 또한 제네바 세계경제포럼(World Economic Forum)의 특별회원이자 "몇몇 민간 기업과 비영리적 기관의 이사회 멤버이기도 한 그의 지위"에서도 볼 수 있다.[57]

『시장을 향한 라틴아메리카의 여행 : 거시경제적 충격으로부터 제도적 요법으로』[58] 같은 책과 논문에서 나임은 라틴아메리카 국가들을 재구성해야 할 필요성에 초점을 맞추었다. 예를 들어 브루킹스연구소의 캐럴 그레이엄(Carol Graham)과 공동으로 저술한 최근의 논문에서, 나임은 거시경제정책 개혁을 넘어 한 걸음 더 나아가는 것이 필수적이라고 주장한다. "공공기관의 개혁은 시간이 걸리고 (교육이나 법률 서비스 질의 향상과 같은) 결과들은 쉽게 측정할 수 없다. 그러나 이것들은 라틴아메리카의 포괄적이고 균형 잡힌 성장 경로를 확보하는 데 있어서 핵심적이다."[59] 라틴아메리카의 관점에서 주장을 전개한 나임은 따라서 정치에 대해 보다 많은 관심을 필요로 하는 제도적 개혁에 대해 투자하라는 북미로부터의 압력을 요청한 주요 행위자였다. 그는 또한 미국에서 똑같은 주장을 한 정치학자들의 작업을 활용하고 선전했다. 카네기재단도 라틴아메리카에서 "정치적인 압력이 경제개혁 과정에서 지연을 초래할 중요한 위험"을 피하기 위해 보다 실용적인 전략에 초점을 맞추려는 노력을 기울였다.[40]*

---

* 카네기재단과 세계은행 경제발전연구소는 1998년 초에 카네기경제개혁네트워크(Carnegie Economic Reform Network)의 첫번째 회의를 개최했는데, 여기에는 도밍고 카바요, 알레한드로 폭슬레이, 하이메 세라, 모이세스 나임, 콜롬비아의 기예르모 페리(Guillermo Perry) 같은 테크노폴들이 참석했다(Carnegie Endowment for International Peace, 1998).

반개혁적 동맹, 미주협의체

자유주의적 경제정책을 위해 정치개혁을 강조하는 테크노폴의 역할은 최초의 것도 유일한 것도 아니지만, 개인적 관계의 네트워크에 의해 지원받는 제국주의자의 전략이 발현된 것이다. 새로운 점은 그것을 지원하기 위해 활용된 특수한 학문적 패러다임이다. 이 선전 활동은 부분적으로 그것이 시민적 도덕성이라는 결정적인 카드와 결합한 방식 때문에 성공을 거둘 수 있었다. 많은 테크노폴들은 군사정권에 대항한 운동을 통해 민주주의자로서 신뢰를 획득했다. 사실 미주협의체는 미국의 자유주의 이스태블리시먼트에 의해 전개됐고, 레이건 행정부의 정책들과 특히 반공의 이름으로 독재자들을 지지했던 커크패트릭에 반대하기 위해 포드재단으로부터 재정 지원을 받았다. 이와 함께 이 조직의 사무총장을 맡고 있던 피터 벨이 보여주는 바와 같이, 미국에서 이 네트워크의 촉진자들이 갖고 있던 민주주의에 대한 확신은 의심할 나위가 없었다.

이 운동가들의 사업은 또한 엘리트주의적인 네트워크의 성격을 띠고 있었다. 이 조직은 지도자들과 잠재적인 지도자들에게 초점을 맞추었다. 이 조직의 멤버 중에는 네 명의 전직 혹은 미래의 국가수반들이 있었고 보다 많은 수의 전직 혹은 미래의 재무부 장관들이 있었다. 국가권력에 가까운 개인들의 조직으로서 이 기관의 작업은 실용적인 성격을 띠고 있기도 했다. 한 참가자에 따르면, 그들은 외채위기를 해결하는 데 기여하면서 민주주의를 위한 이니셔티브들을 촉진하는 것이 가능하다는 것을 보여주고 "논쟁을 조금 더 발전시키려고" 했다. 이런 목표를 달성하기 위해, 이 조직의 설립자들은 최소한의 합의를 이룩하려고 노력했다. 그들은 민주주의를 지향하는 학자들과 정치인들과 경제 테크노크라트와 은행가들 간의 차이점을 해소하려고 시도했다.

국무성, 연방준비은행, 시티은행, 시카고학파 경제학자들을 중심으로 구축된 보다 공식적인(그리고 보다 보수적인) 네트워크에 반대하면서, 이 대응권력 네트워크는 그들과 똑같은 정치적·미디어적 자원들을 활용했다. 그들은 또한 사회학적인 특징들과 정치적인 장의 대립되는 극단 사이(이른바 일반적으로 칭해지는 국가와 시민사회, 특히 국제기관들과 대항권력의 모태가 된 NGO들 간)에서 중개자로서 기여할 수 있는 경력을 갖춘 개인들을 포섭했다. 따라서 이 기획의 촉진자들이 이스태블리시먼트의 자유주의 분파(민주당)에 소속되어 있었다는 것은 우연의 일치가 아니다. 우리는 따라서 엘리트주의적이면서 민주주의적이기도 한 전략의 뚜렷한 패러독스를 설명할 수 있다. 그것은 제국주의적이기도 하고 국내적이기도 한 (미국의 동지인) 전문 엘리트를 동원하려는 계획이었다. 이 정책들은 냉전 이후 대외정책 이스태블리시먼트의 다양한 활동을 통해 추적할 수 있다. 그들은 한때는 국제법률가협회(ICJ)에 의해서, 다른 한때는 '진보를 위한 동맹'에 의해서, 그 시기를 통틀어서는 포드재단에 의해서 대표되는 상이한 전술들을 가지고 있었다.*

이 포럼과 다른 국제주의자 포럼들의 활동은 똑같은 목적(국제적인 장의 재구성)을 추구하는 개인과 조직에게 교차점과 교환의 장소를 제공했다. 전략과 전술은 바뀌었지만 국내적이고 제국주의적인 목적을 위한 국제적인 영역에 대한 초점은 계속해서 유지됐다. 예를 들어, 자유무역

---

* 미주협의체와 포드재단 간의 관계는 쉽게 알 수 있다. 미주협의체는 포드재단의 자금 덕분에 설립될 수 있었을 뿐만 아니라 이 기관의 설립에 참여한 사람들(퍼이어, 피터 벨 등) 자신이 포드재단의 멤버였던가 비호를 받는 사람들이었다. 또한 카르도주와 폭슬레이 등 미주협의체에 영입된 라틴아메리카 인물의 명단을 보면, 군사독재에 항거했던 인물들 중 포드재단의 지원금을 받는 인물들의 명단과 같다.

과 인권, 그리고 민주주의를 후원하려는 아젠다를 가지고 1994년 말에 조직된 '미주 대통령 및 수상 정상회담'은 바로 테크노폴 네트워크의 산물이었다. 클린턴 행정부 내부의 조직자는 '테크노폴'이라는 용어를 만들어내고 한때 미주협의체의 의장을 지내기도 했던 리처드 페인버그였다. 그는 국가안보 특별보좌관으로서 클린턴 행정부에 영입됐다. 이 정상회담을 계획한 사람 중 한 명에 따르면, 이 아이디어는 "아메리카 대륙 전체를 통해 고려된 엘리트 수준에서 수용할 만한 지적 환경"을 이용하려는 것이었다. 경제 협력과 민주주의에 우호적인 '생각하는 사람들'(Thinking People) 같은 비판적인 네트워크들이 있었다.

일반적으로 국제적인 네트워크들의 역할을 살펴보면, 학문적으로 국제적인 이상주의를 표방하는 방법에 따라 그들을 구분하는 것이 어렵다. 이런 이상주의적인 접근 방법은 그들을 규제를 담당하는 제도적인 극단 대 해방을 위해 싸우는 민초들의 이니셔티브로 대립시킨다.[41] 한 네트워크에 대항한 다른 네트워크를 구축하는 것은 따라서 규제에 대한 해방을 지지하는 방법이 된다. 이 국제적인 장에서 다양한(해방적이고 규제적인) 행위자들 간에 중요한 차이점들이 있는 것은 사실이다. 주도적인 NGO들의 운영자들이 투자은행의 모델에 따라서 활동할 때도 그들이 동원할 수 있는 자원들은 월스트리트의 거대 기업들의 자원들과 일치하지 않는다. 시민운동가들에게 돌아갈 수 있는 잠재적인 이윤은 국제 비즈니스 네트워크의 이윤과도 매우 다르다. 운동가들 중 어떤 사람들은 그들이 사회운동을 통해 축적한 정당성을 권력기관들에 대한 봉사로 전환할 수 있는 경력을 가지고 있다. 그러나 이데올로기적으로 정향된 냉소적인 시각도, 운동가 NGO들에 대한 맹목적인 지지도 국제적인 실무의 장에서 일어나는 권력게임과 대항권력의 복잡성을 만족스럽게 설명하지 못한다. 규제의 전문가들과 해방을 위해 싸우는 운동가들 간의 이분법은 지나치게 단순하다.

이 장의 개념화는 이런 이분법의 한계를 극복하기 위한 방법을 제공한다. 이 장에 대한 구조적인 분석은 이러저러한 초국가적 네트워크에 치우치는 전략을 포함하여 지배자의 극단과 피지배자의 극단 간에 전개되는 전략들과 상호작용들의 다양성을 탐구할 수 있게 해준다. 이런 이원적인 구성(지배자 대 피지배자)은 설명을 위해서 유용하기는 하지만 매우 조심스럽게 다루어져야 한다. 우리의 분석에서 중요하게 다루어진 활동은 '지배자 가운데 피지배자'와 '피지배자 가운데 지배자'들이 상호작용하는 변화무쌍한 공간에 위치할 수 있다는 것이다. 특히 학자들과 전문가들이 점유하고 있는 영역에서, 각 측의 자원들은 아주 미세한 차이가 있을 뿐이다. 정도의 차이는 있지만 그들 각자는 시민적이거나 민주적인 덕목과 학문적 정당성을 결합시켜야만 한다. 한 가지 신뢰할 수 있는 것은 이 능력을 지배받는 사람들을 위해 투입할 수 있는 학문적이거나 직업적인 전문가의 전략이다. 열세에 처한 그룹을 대변하면서, 이 전문가는 후에 일반 이익이나 시민적 덕목의 대안적인 개념들을 선전함으로써 정치적인 장에 진입할 수 있다.

이런 해석의 장점 가운데 하나는 사회적 투쟁의 개인적이고 집단적인 차원에 대해 경계를 만들지 않으면서 이 관계의 장의 역동성을 고려할 수 있는 방법을 제공한다는 것이다. 개인적 성장 과정의 구조적인 유사성은 이데올로기적 대립을 격화시킨다. 이것은 또한 원칙의 포기나 심지어 배반으로 치부할 수 없는 재개종과 경력의 이동을 촉진한다. 예를 들어, 카르도주가 그의 원칙을 충실하게 지켰는가 "신자유주의에 팔렸는가" 논쟁하는 대신에, 매우 빈번하게 관찰되는 이런 입장의 변화가 어떻게 거시사회적인 논리에 조응하는지 검토하는 것이 바람직할 것이다. 이론적인 면에서, 이런 변화들은 재생산에 기여하고 있는 국내적이고 국제적인 장에 삽입된 세력들 간의 관계 변화가 특수한 사회적 공간에서 나타나는 구체적인 모습을 보여준다.

　　이런 개인들의 유동성은 지정학적인 대립과 동요를 국내적인 실무의 장으로 전환시키는 개인화된 대립들의 산물인 동시에 그것을 달성하기 위한 수단이기도 하다. 미주협의체의 변화를 재검토하는 것은 이런 과정을 밝히는 데 기여한다. 미주협의체 프로젝트는 처음에 에이브러햄 로웬덜(Abraham Lawenthal)과 솔 리노비츠(Sol Linowitz)가 포드재단에 제출했을 때만 해도 제한적이고 실용적이었다——이 계획은 특히 국무성 매파들의 정책을 견제하려는 의도를 가지고 있었다. 그것은 학문 공동체와 정치 공동체(이 두 공동체는 라틴아메리카에서는 빈번하게 접속된다) 출신의 자유주의적 성향을 가진(혹은 적어도 독재에 적의를 품고 있는) 지도자들을 위한 비공식적인 모임을 조직하려는 것이었다. 그러나 라틴아메리카의 지도자들은 심지어 그들이 정치적인 야망을 가지고 있을지라도 후에 출현하게 될 테크노폴과는 여전히 매우 동떨어져 있었다. 그들 중 다수가 그들이 운동과 학문 활동을 결합할 수 있게 만들어준 포드재단으로부터 재정 지원을 받아 생존할 수 있었던 정치적 망명자들이었다. 이 개인들의 다른 네트워크에 추가된 이 네트워크는 군부독재에 대한 수용 가능한 정치적 대안의 모색에 있어서 그들의 신뢰성뿐만 아니라 국제적인 명성도 강화시켰다. 미주협의체가 설립된 지 10년이 채 안 되어 레이건의 정책과 레이건 정부의 보호를 받은 사람들에 저항한 이 네트워크는 정부 지도자들의 네트워크가 됐다. 새로운 충원 정책(남미에서는 '보다 많은 재계 지도자들'과 '보다 중도우파적인 사람들', 그리고 북미에서는 다소 동부를 벗어난 지역 사람들의 충원)은 이런 정치권력을 향한, 그리고 동시에 그것을 가속화시킨 이동을 반영했다. 증가하는 재계의 권력을 반영한 이 새로운 충원자들 덕분에, 이런 지식인들의 네트워크는 지역 엘리트들의 다양한 분파들 간의 교차점과 교환의 장소로서 작동한다는 자신의 사명을 확인할 수 있었다. 이와 동시에, 신참자들은 결국 엘리트들의 국제적인 동맹의 재생산을 위한 고전적인 전략에 통합됐다. 이와 유사하게, 미주협의체는 관련자 중 한 명에 따르면, "교육자가 아닌 엘리트에 접근하고 그들을 교육개혁에 관여하게 하기 위해서 교육부문 외부로 나아가려고 시도한다". 이런 프로젝트는 또한 기업가들 중 국제적인 분파가 통제한 비즈니스 스쿨의 설립을 통해 가속화된 경제학과 법률에서 국가 지식을 민영화하려는 운동과 동시에 발생했다. 미주협의체의 네트워크와 계획들은 이렇게 해서 국가와 새로운 민간 그룹과 조직들이 만나는 다리를 놓아주고 동맹을 구축했다.

우리가 제시한 구조적 접근 방법은 직업적이고 정치적인 성장 과정의 상이한 단계들에서 발견되는 개인들(그리고 세대들)의 지위와 대립의 지형도를 작성하기 위해 '장'의 개념을 활용하려고 한다.[12] 이런 접근 방법은 또한 상이한 유형의 자본을 축적하는 과정에 대한 이 개인들의 개입을 이해하려고 한다. 이런 경력의 경로에서 상이한 개인들은 다른 종류의 자본을 가지고 출발하며, 그럼으로써 매우 다른 축적의 기회들을 가지게 됨을 인정하는 것이 중요하다. 이런 국제적인 공간에서 활동하는 극히 소수의 개인들은(심지어 그들의 활동이 정치적인 좌파에 보다 관련되어 있는 사람들조차도) 국제 부르주아지 가문——국가 전문성의 국제적인 네트워크에 대한 접근을 상대적으로 쉽게 만들어주는——에 의해 획득되고 전파되는 문화와 국제적인 우월함을 가지고 시작한다. 이

'상속자-운동가'(héritiers-activists)들의 역할은 종종 모호하다. 그들의 국제적인 우월성은 자연스럽게 그들이 국제적인 교환에서 대변자와 중개인으로서의 역할을 수행할 수 있게 해준다. 이런 역할의 담당과 성공은 그들의 명성을 국지적으로 강화시켜주고, 그들이 국제적인 포럼에서 획득한 관계자본을 동원할 수 있게 해준다. 게다가 IMF와 세계은행 같은 기관 내부에는 이런 개인들에게 자리를 마련해주려는 인센티브들이 존재한다. 비판자들과 협력하는 전략은 비판의 범위를 제한하는 데 기여하고, 이 전략은 또한 현지의 정보에 대한 접근을 가능하게 해준다.

이와 같은 비판자들에 대한 개방 전략은 또한 세계은행과 IMF 같은 국제기관들의 다원주의에 의해 촉진되기도 한다. 국적과 전문성과 아이디어의 다양성은 사이비 조직들의 증가와 봉건성의 강화를 촉진한다. 소속 기관에서 지배받고 열세에 놓인 관료들은 국내 협상에서 그들의 지위를 강화하기 위해 미디어를 통해 여론을 동원할 수 있는 NGO 등의 다른 사람들과 비공식적인 관계를 형성하려고 한다. 접촉들은 NGO와 국제기관에 있는 행위자들의 구조적인 유사성에 의해 촉진된다. 인식공동체라는 개념은 그릇된 동질성의 이미지를 제공하지만 전문가들, 자문가들, 운동가들, 그리고 국제적인 장에서 작용하는 행정가들을 연합하는 데 기여하는 교육·경력·언어·신념 등의 유사성에 주목하고 있다.*

---

* NGO들의 세계에서 발견되는 국가 전문성의 서열이 국제기관들에서 전문성의 서열과 똑같다는 것도 사실이다. 본문에서 언급한 바와 같이, 비경제학자는 세계은행에서 참여적인 발전 개념을 촉진한 주도자들이었고, 그들은 학문적 서열에서 열세에 있는 지위 때문에 사회운동의 대변자 역할을 맡게 된 사회과학자들의 지지를 받았다. 그러나 여기에서도 엄격한 대학 서열의 논리는 이 국제적인 상속자들의 권위가 상승함으로써 흔들리는 것처럼 보이기도 한다. 국제적인 무대에서 가장 두각을 나타내는 사회과학자 가운데(특히 포드재단 같은 재단에 자문 역할을 하는 사람 중) 상속자들을 발견하기는 어렵지 않다. 이 역할을 통해서 그들은 지원받을 가치가 있는 사회운동을 선별하고 그들의 모범적인 자질들을 인정할 수 있다.

이 기관들을 중심으로(그리고 매우 빈번하게 이 기관들의 후원과 나아가 재정 지원을 통해) 가장 신랄한 비판들과 이 국제적 관료제도의 목표와 작동에 영향을 미치기 위해, 타협을 수용한 운동가들이 참여하는 공간이 구성된다. 비판 그룹들은 새로운 아이디어를 위한 실험장으로 사용되고 개혁적인 프로젝트들을 위한 진동판으로 사용되는 다양한 대립과 상호작용을 통해 서로를 추켜준다. 사실, 항구적이고 다양한 형태의 상호작용이 국제적인 장의 모태를 형성하는 데 기여하는 방식을 고려하지 않고 국제기관이나 NGO의 활동을 검토하는 것은 이제 불가능하다.

조심스러운 결론

이 장에서, 우리는 정부에 대한 새로운 담론이 매우 다양하지만 유사한 경로를 따라 출현한다는 것을 추적했다. 현재 세계은행, 경제학, 인권운동, 외무, 그리고 정치학에 견고하게 자리 잡고 있는 새롭고 상대적으로 강력한 법과 발전의 선교사들이 출현하고 있다. 그들은 이전 세대보다 뛰어난 프로필을 가지고 있고 정치·경제적인 권력의 중심부에 훨씬 더 밀착되어 있다. 우리의 설명은 일련의 삽화들에 기초해 있지만, 이 삽화들은 좋은 정부가 갖추어야 할 새로운 필수조건인 법률개혁이 주장되고 선전되는 논리를 조명하는 데 기여한다. 그러나 이것은 챔피언이 된 그룹이 이런 발전을 미리 계획한 것이었다고 주장하는 것은 아니다. 다른 장에서처럼 이 장에서도 사건에 대한 재구성은 (선택을 결정하는 구조적인 환경 안에서 활동하면서) 자신을 위한 최선의 상황을 만들어내는 개인들에 초점을 맞추었다. 요점은, 행위자들의 전략을 밝혀내는 것이라기보다는 무엇이 이들의 논리를 생산했는가를 추적함으로써 결과를 낳은 원인을 보여주는 것이었다. 우리는 법치가 어떻게 신자유주의 혁명, 인권, 그리고 라틴아메리카에서 동지를 만들어내는 미국의 전략에 관련되는지 이해함으로써만 법치를 강조하는 새로운 논리를 이해할 수 있다.

끝으로, 이 장의 도입부에서 언급한 바와 같이 현재 나타나고 있는 것은 해방적인 국제활동 대 규제적인 국제활동의 구도에서 전개되는 변이들이 아니다. 우리가 살펴본 것은 새로운 교조주의를 형성하는 이런 두 가지 면을 동시에 가진 생산물이 실행에 옮겨지는 방법에 있어서 드러나는 차이들이다. 이 차이점은 특히 다음 장에서 보게 될 것처럼 세계의 지도자들과 세계화와 세계은행의 경영자들이 지지하고 있는 것들에 초점을 맞출 때 명확하게 밝혀질 것이다.

11_하향식의 참여적 발전 : 인도주의적 시장 헤게모니의 구축과 세계화의 사회적 폭력을 막기 위한 시도

OECD의 다자간 투자협정을 중지시키기 위한 세계적인 캠페인과 WTO 시애틀 회의 때 발생한 엄청난 시위들, 그리고 2000년 4월 IMF와 세계 은행의 공동회의 때 발생한 보다 최근의 시위들은 세계화에 대항해 성장하고 있는 저항운동을 보여준다. 우리는 일찍이 세계은행에 초점을 맞추었고, 북미의 저항운동에 대한 워싱턴 기관들의 개방을 이끌어내는 데 기여한 전투에서 이런 발전의 전조를 관찰할 수 있었다. 이 전투들은 사회적으로 박탈당한 사람들에 대한 새로운 해석을 산출하는 등 세계화가 빚어낸 잠재적인 사회폭력을 억제하려는 변화에 기여하고 있다.

그 결과 나타난 거버넌스에 대한 강조는 조지와 사벨리 등의 좌파 지식인의 비판에 따르면, 세계에서 빈곤을 몰아내는 데 실패한 후 "새로운 통제의 도구, 부가적인 조건부 원조"를 만든 기관의 "최후의 도피"를 반영한다.[1] 이 전략은 이중의 이점을 가지고 있다. 첫째, 그것은 발전정책의 실패를 제3세계 정부의 부패 탓으로 돌린다. 다른 말로, 그것은 피해자를 비난하는 것이다. 둘째, 그것은 세계은행으로 하여금 정치적 개입을 사전에 배제하는 세계은행 헌장의 조항들을 우회할 수 있게 해준다. 따라서 이것은 미국 헤게모니를 촉진하기 위한 편리한 추론을 제공한다. 공산주의의 팽창에 대항한 무기 혹은 해독제로 기여한 후, 발전 지원은 '제3세계의 빈곤'으로 대표되는 '위험한 계급들'에 대한 새로운 해석을 통해 탈냉전 시대에 새로운 제국을 옹호하는 데 기여할 수 있었다. 이 새로운 선교사들은 "야만인들의 혼동과 무질서와 배회를 줄이는 데 기여하는" 개혁들을 고안할 수 있다.[2] 더 이상 권위주의 정권을 정당화할 냉전이 없기 때문에 이런 노선을 계속 주장할 수 있기 위해서는 새로운 국제질서가 민주적으로 되어야만 한다. 그러므로 정치적 자유주의와 함께 경제적 교조주의의 장점을 수용하는 '테크노폴'을 발전시키는 작업이 필요하다. '굿 거버넌스'(Good governance)의 촉진은 정치에 대한 세계은행의 금기를 파괴하지 않으면서도 안전하고 개방되고 정당한 국가를 건설하는 공식을 제공한다.

이런 세계은행 비판자들과 국제기관에 압력을 행사하는 NGO 간의 친밀함은 이 비판에 대응하는 세계은행 입장의 복잡성을 간과하게 한다. 사실, 인권운동이나 환경운동을 지지하는 '비판적인' 담론은 이 기관들의 개혁자들(NGO 출신이기도 하다)이 보다 큰 역할을 수행한다고 주장하는 사람들의 담론과 대립한다. 이런 관심의 배후를 캐고 그것을 해석하기 위해서, 그리고 거버넌스에 대한 초점의 배후에 무엇이 있는지 알기 위해서는 이 기관들의 내부와 외부(특히 NGO 네트워크 내부와 제도를 비판적으로 분석하면서도 그것과 공생관계를 맺고 있는 지식인 논평자들)에서 일어나는 권력게임의 복잡성을 이해하는 것이 필요하다.

세계은행을 활용한 환경운동

참여석 발전 전략을 향한 세계은행의 '전환'은 NGO들의 참여를 보장하는 계획들이 1980년대 6%에서 1994년 50% 정도로 증가한 사실에 나타난다.[5] 금융적·경제적 전문성으로 힘을 얻은 세계은행 경영자들은 오랫동안 이 운동의 영역에 개입하기를 주저했다. 그들은 자신들의 경력이 자신들이 좌우할 수 있는 프로젝트의 규모와 이 프로젝트들이 결실을 맺기까지 걸린 속도에 달려 있음을 알고 있었다. 이 은행의 테크노크라트적인 문화와 프로젝트들과의 괴리, 그리고 중앙집권적이고 비밀스러운 정책 결정은 현지 운동가들과의 협력에 그다지 유리하지 않았다.

그러나 1980년대는 1990년대에 가속화될 심도 깊은 재검토를 자극했다. 특히 외채위기가 대형 프로젝트에 제동을 걸었음에도, 세계은행은 악화되는 경제적 어려움들을 회피하기 위해 계속해서 보다 늘어난 신용을 제공해야 했다. 이미 설명한 바와 같이, 1980년대는 보다 약한 채무국가에게 워싱턴 컨센서스의 교의들을 따르도록 압박하는 '구조조정 차관'을 가져왔다.[1] 경제 전문가들이 세계은행을 지배했고, 세계은행의 수석경제학자인 앤 크루거는 거시경제적 처방에 크게 의존한 정책들을 강력하게 지지했다. 이와 동시에, 워싱턴의 정치 상황은 세계은행의 상황을 더욱 취약하게 만들었다. 세계은행은 비판적인 정치 세력들이 제기하는 거센 비판에 직면해야 했다. 한편에는 보수주의자들이 있었다. 그들은 정치적인 승리로 힘을 얻었고, 그들이 보기에 연고주의적이고 부패하고 이윤추구적인 정부를 뒷받침한 기관에 대해 신용 제공을 중단하겠다고 위협했다. 다른 한편에는 환경과 인권 보호를 위해 활동한 NGO들이 있었다. 그들은 박애주의 재단의 재정 지원을 받는 자유주의 동맹을 위해 결합했다. 거대 인프라 계획들이 환경을 파괴하고 토착주민 공동체를 몰락시킨다는 비판적인 분석도 매스미디어를 통해 강력한 반향을 불러일으켰다.

이렇게 해서 세계은행은 심도 깊은 개혁이 필요하다는 데에 동의한 적수들에게 지속적인 정치 공세의 타깃이 됐다. 예를 들어, 현재 사회적 으로 정향된 좌파와 자유주의적인 권리의 대표자들은 브레턴우즈 기관 들이 폐지되어야 한다는 신념을 공유하고 있다.[5]

세계은행에 대한 NGO들의 조심스러운 전략은 1980년대 초반 브 루스 리치(Bruce Rich)에 의해 마련됐다. 당시에 리치는 천연자원보호 위원회(Natural Resources Defense Council : NRDC)의 환경전문 변호 사였다. 그는 전미야생연맹(National Wildlife Federation)의 젊은 변호 사인 바바라 브램블(Barbara Bramble)과 팀을 이루었다. 이 캠페인에 참여한 수많은 운동가들을 인터뷰한 마거릿 케크(Margaret Keck)에 따 르면, "1983년의 다자간 발전은행(Multilateral Development Bank : MDB) 캠페인은 특정한 문제들에 대한 대응으로서가 아니라 은행의 정 책에 영향을 미치는 것이 제3세계 발전의 환경적인 차원을 고려하게 만 드는 가장 경제적인 방법이었기 때문에 마련됐다".[6] 초기에 참여한 주요 멤버들은 NRDC, 환경정책연구소(Environmental Policy Institute), 그 리고 전미야생연맹이었다.[7]* 그들은 1970년대에 발전시킨 것과 똑같은 전략과 로비 기술, 그리고 인맥을 활용했다.** 게다가 1989년의 펠로시

---

* "1983년에서 87년 사이에 20회 이상의 환경에 대한 청문회와 다자적 은행들의 사회적 기능 에 대한 청문회가 개최됐고, 그 후 미국 의회에서 여섯 개의 하위 위원회가 마련됐다. 관심 의 중심은 세계은행이었다."(Wade, 1997 : 656)
** 폭스(Jonathan A. Fox)와 브라운(David Brown)이 언급한 바와 같이, "입법 로비와 법률적 인 도전 그리고 시민운동의 통합으로, 1970년대의 환경개혁운동은 미국에서 MDB 운동을 처음으로 출현시키게 되는 제도적 환경 및 정치문화를 만들어냈다. 세계은행에 요청된 이 런 절차상의 개혁은 보다 많은 정보의 공개, 환경영향평가에 대한 공개 청문회와 자문의 권 리, 임시적인 청원 채널 마련 등을 포함하여 미국 내의 개혁에 반향을 불러일으켰다"(Fox and Brown, 1997 : 22).

(Nancy Pelosi)의 수정법안은 세계은행이 어떤 계획을 승인하기에 앞서 환경영향평가 보고서를 작성하고 대중의 접근을 허용할 것을 요구했다.[8]* 한 환경운동가가 이 노력들에 대해 설명한 바와 같이, NGO들은 이 법안을 '정보 폭로 체제'를 위한 '트로이 목마'로 간주했다.**

세계은행의 사업에 우호적인 NGO들

보다 많은 NGO들의 참여를 위한 그들의 캠페인은 특히 워싱턴의 세력 균형에 민감한 세계은행 지도자들의 지원을 받았다. 특히 1986년에 세계은행 총재로 임명된 바버 코너블은 의원으로서의 탁월한 기술 덕분에 이런 변화를 촉진했다.[9] 코너블은 무엇보다 빈곤문제에 초점을 맞추면서 1982년에 설립된 NGO-세계은행위원회의 보잘것없던 위상에 활력을 불어넣었다.*** 이 위원회는 중요성을 획득했고,[10] 한 운동가에 따르면 NGO들이 자신들의 대표를 파견하도록 해준 "거의 민주적인" 조직과 "새로운 구조", "아젠다"를 갖추고 있었다. 보다 중요한 것은 세계은행이 특히 워싱턴에 자리 잡은 주요 NGO들과 직접 협상하기 시작했다

---

* 1993년에 바니 프랭크(Barney Frank) 의원은 세계은행의 어니스트 스턴(Ernest Stern)에게 세계은행이 "만족스러운 정보 개방 정책과 독립적인 청원기관을 마련한다는 조건으로 '지원'을 제공하겠다"고 말했다고 한다(Wade, 1997 : 727; Udall, 1998 : 402~403).
** 1988년 이후에 MDB와 환경을 모니터하기 위한 '화요 그룹'(Tuesday Group)이 있었다. 이 모임은 환경에 관련된 워싱턴의 주요 NGO들과 '인권을 위한 변호사위원회'(Lawyers Committee for Human Rights), 휴먼라이트워치 같은 수많은 NGO들, 세계은행의 모니터링에 관련된 미국 정부의 주요 기관들의 대표자들을 포함하고 있었다. 이 그룹은 환경에 영향을 미치는 은행의 프로젝트들을 조사하도록 USAID에게 요청하는 입법 때문에 모이게 됐다.
*** 이 위원회는 처음에 "케어(CARE), 적십자, 세계종교위원회(World Council of Churches) 등과 같이 주로 북미에 기반을 두고 있고 빈곤문제에 관심을 가진 NGO들을 포함하고 있었으며, 환경 NGO는 참여하지 않았다"(Wade, 1997 : 657).

는 것이다.**** NGO-세계은행의 관계에서 중요한 발전은 직접적으로 세계은행을 타깃으로 활동을 전개하던 옥스팜(Oxfam)의 지도자 존 클라크(John Clark)가 1990년 세계은행에 영입된 시기에 일어났다.[11]

NGO에 대한 강조는 울펀슨의 지휘 하에 최근에 다시 증가됐다. 그의 '외부인사 영입' 스타일의 운영 방식은 주요 NGO들과의 직접적인 관계를 포함한다. 현재 세계은행에 근무하는 과거의 NGO 운동가에 따르면, 울펀슨은 NGO들의 아젠다와 세계은행의 프로젝트 사이에 협력을 모색하기 위해 워싱턴에 본부를 둔 NGO들과 "문을 걸어 잠그고" 만나곤 한다. 보다 노골적인 경제 전문가들은 "울펀슨이 가게(즉 세계은행)를 NGO들에게 팔아넘겼다"고 비판한다.

세계은행의 후원을 바탕으로 한 이 외부의 압력은 당시까지 상대적으로 열세에 처해 있던 개인과 전문성을 재평가하는 데 기여한다.***** 예를 들어, 새롭게 마련된 '참여적 발전 연구 그룹'(Learning Group on Participatory Development)은 상위 경영자들이 NGO들의 세계에 보다 친숙해질 수 있는 워크숍을 조직했다. 세계은행 실무그룹(World Bank Working Group)은 1996년에 NGO들과의 성공적인 협력으로부터 얻은 교훈들을 정리하기 위해 『세계은행 참여사례집』을 출판했다.[12] 그리

**** 코비(Jane Covey)에 따르면, "NGO들과의 이런 상호작용이 1990년대 초에 증가했고 세계은행과 NGO들의 대화는 이미 크게 복잡한 양상을 띠고 있었다"(Covey, 1998 : 103).
***** 예를 들어 폭스는 NGO 변호사들이 자주 사용하는 '사회적 자본' 개념이 어떻게 해서 세계은행에 수용됐는지에 대해 다음과 같이 설명했다. "세계은행 내부에서 사회적 자본 개념의 정당화는 신고전주의 경제학자들의 이데올로기적 헤게모니에 도전하려는 비경제 전문가 스탭들의 최근 노력과 함께 일어났다. 퇴임하기 전의 마이클 서니어(Michael Cernea)를 필두로 한 세계은행의 사회분석 간부들은 재임 초기의 울펀슨 총재에게 사회발전문제들을 도입해 그것을 세계은행의 이데올로기적 중심 과제 가운데 하나로 삼도록 설득하는 데 성공했다."(Fox, 1997)

고 이 책은 세계은행의 프로그램에 NGO들의 참여를 확대하기 위한 재정 지원을 권고했다. '굿 거버넌스와 참여'의 중요성을 강조한 1996년 리옹 경제정상회담 보고서에 따르면, "세계은행은 이제 NGO들과 민간 부문, 공동체 그룹들, 협력 단체 및 종교 그룹, 여성 기구들, 그리고 직접적으로 영향을 미치는 제3자들의 의사결정 참여를 촉진하기 위해 회원국 정부들과의 전통적인 협력을 넘어 전진하고 있다".[13]

이런 노력은 이중적인 의미에서 세계은행과 NGO 간의 접근을 촉진했다. 그것은 세계은행 직원들이 현지의 프로젝트를 보다 수용 가능하고 모니터할 수 있도록 현지 접촉과 권한들의 풀(pool)에 의지할 수 있게 해줌으로써 그들에게 NGO 세계의 문을 열어줬다. 이와 동시에, 이런 노력은 인맥에 의한 충원 과정을 자극했다.* 거대 국제 NGO들의 지부처럼 활동하는 현지 NGO 운동가들과의 공동 연구와 협력을 고무하면서, 세계은행은 발전에 관한 작업의 합리적인 분업을 달성했을 뿐만 아니라 미디어를 통한 비판운동의 위험을 최소화시킬 수 있었다. 이

---

* 세계정책포럼(Global Policy Forum)의 제임스 폴(James Paul)은 다음과 같이 말했다. "(세계은행의) NGO 단위는 방대한 양의 NGO에 관한 데이터베이스를 가지고 있다. 세계은행의 경제발전연구소도 NGO 대표자들을 위한 특별 훈련 프로그램을 운영하고 있다. 현재 수백만 달러가 세계은행에서 NGO로 흘러 들어간다. …… 세계은행은 또한 자문기관과 대화기관(특별 워크숍, 세계은행-NGO위원회 등)에 수많은 NGO들을 참여시킨다. …… 이 협력 과정은 세계은행이 1984년에 자신의 재정지원을 받은 일군의 비판자들이 '세계은행 NGO 실무그룹' 설립을 지원함으로써 더욱 가속화됐다. 세계환경시설이사회(Council of the Global Environment Facility)는 세계은행이 기획한 이런 대화 정책의 또 다른 심급이다. 이 위원회는 소수 NGO 대표자들로 구성되어 있다. 이 기관은 세계은행 내부의 멤버들을 '점차 교환의 토대로 이끄는' 프로그램이다. 세계은행 내부에는 심지어 NGO들을 위한 특별 금융기금을 마련하도록 권고하고 있기도 하다. …… 1996년에 세계은행은 가장 영향력 있는 비판자 가운데 하나——워싱턴에 본부를 둔 '대안적 정책을 위한 개발그룹'(Development Group for Alternative Policies : D-GAP)——에게 수많은 NGO들과 함께 세계은행의 재정 지원을 받는 10~20개 개발도상국들의 구조조정 정책을 '비판'하는 프로그램(Structural Adjustment Participatory Review Initiative : SAPR)에 참가하도록 권고했다." (Paul, 1996)

와 동시에, 세계은행은 (상대적으로 엄격한 비판들 가운데) 학술회의의 조직과 연구의 위임 등을 통해 계속해서 워싱턴에 있는 NGO 공동체와 보다 밀접한 관계를 구축했다.

수많은 NGO들은 세계은행과 거리를 유지하고 있다. 예를 들어, '50년이면 충분하다' 캠페인은 IMF와 세계은행이 벌인 브레턴우즈 협정 50주년 행사에 맞서 미디어적 반격을 가했다.[14] 그리고 1988년 이후 매년 세계은행과 IMF의 연례 미팅이 있을 때마다 NGO들은 세계은행이 가져오는 사회적 충격을 심판하는 비판 여론을 가지고 저항운동을 조직한다. 게다가 세계은행과 협력하는 데 동의한 그룹들조차도 세계은행이 "자신과 지원을 받는 나라의 권력의 본질"을 바꾸지 않고, "개방성과 책임의 외피"를 쓰기 위해 자신들을 이용한다고 인정한다. 그럼에도 불구하고 이런 대중적인 관계의 전술은 충격이 없이 진행될 수는 없다. 예를 들어, 제임스 폴에 따르면, "그것은 세계은행의 기금을 받는 NGO들과 그렇지 않은 NGO들 간에 균열을 가져온다. …… 몇몇 NGO들은 자신의 멤버들이나 구성요소들의 시각보다는 세계은행의 시각에서 세상을 바라보도록 압력을 받는다고 느낄 수도 있다. 혹은 그들은 그들의 비판을 완곡하게 하도록 설득될 수도 있는데, 그들이 최근 세계은행 지도자들을 선의에 입각해 활동하는 것으로 간주하게 됐기 때문이다".[15]

앞에서 언급한 존 클라크는 세계은행-NGO 단위의 부국장이 되기 위해서 옥스팜을 떠났다. 클라크가 최근에 발표한 책에 대한 「파이낸셜 타임스」 서평은 그의 관점 변화를 보여준다. 이 서평은 "독자들이 잠비아 경제의 몰락에 있어서 IMF와 세계은행이 케네스 카운다(Kenneth D. Kaunda)의 실정보다 더 비판받아야 한다고 결론을 내리게 만들었던 잠비아에 관한 클라크의 옛 저작"과 NGO들과 세계은행 간의 밀접한 협력의 이점들을 강조한 그의 "새로운 실용주의"를 비교했다. 클라크에 따르면, 이런 협력은 한편으로는 "그들의 활동에 보다 많은 관심을 가지게 만들고 보다 유연하게 활동할 수 있게 해주며", 다른 한편으로는 "그들의 이데올로기적인 짐을 벗어버릴 수 있게" 해준다. 클라크는 다음과 같이 말한다. "NGO들의 의지는 그들의 아이디어가 경제적인 현실에 제대로 토대를 두지도 않고 그들이 세계은행과 발전의 교의를 실행하는 다른 기관들의 프로그램에서 부정적인 교훈뿐만 아니라 긍정적인 교훈도 발견하지 않는다면 그다지 성공할 수 없을 것이다."

이런 비판적인 분석은 세계은행의 활동이 어떻게 이데올로기적인 저항 전략의 수립을 통해 반대자들을 분열시키는지 주목하면서 대중관계 작전의 전술적인 면들을 두드러지게 한다. 심지어 세계은행에 대해 가장 비타협적인 비판자도 이런 방법으로 세계은행이 활용하는 무기들을 가지고 세계은행의 지형에서 싸우도록 강요받는다. 게다가 세계은행과 협력하는 사람들과 그렇지 않은 사람들이 모두 유사한 사회적 출신 배경과 직업 경로를 가진 사람들인 경우가 빈번하기 때문에 전략들의 유사성은 이데올로기적 간극을 흐리게 하는 경향이 있다.* 게다가 이 경계들은 부분적으로는 이런 유사성 때문에 매우 불안정하고 많은 빈 틈이 있다. 클라크는 세계은행에 들어간 것 때문에 비판을 받았지만 한 NGO 운동가에 따르면, 세계은행에 영향력을 행사하려는 NGO들에게 "매우 유리한 공간을 열어줬다". 그는 NGO 운동가들과 전문가들의 권

---

* 세계은행의 지지자들과 그 반대자들이 유사한 배경을 공유하고 있는 현상은 참여적 발전이라는 "새로운 신화"에 대한 관심을 높인 한 책의 마지막 장에서 여러 가지 면에 의해 관찰되었다. 이 장의 제목은 '강한 자에게 너무 가깝고, 약한 자로부터 너무 먼' (Too Close to the Powerful, Too Far from the Powerless)이다(Hulme and Edwards, 1997 : 275).

력을 구축하기 위해 NGO들과 심지어 NGO들의 비판까지도 활용한 '안팎의 역할'(inside-outside role)로 표현될 수 있는 것을 수행했다.

위에서 설명한 비판들은 형성 중에 있는 장의 논리를 반영한다. 즉, 세계은행과 다양한 유형의 NGO들이 관여한 이런 대립의 내부와 외부에서 우리는 (그들만의 발전 개념을 부여하기 위해 이 장에서 전략적으로 경쟁하는 사람들이 관여하는) 적대적인 동시에 상호 보완적인 관계의 영역이 구성되는 것을 관찰할 수 있다.[16]

형성 중에 있는 이 장의 구조는 세계은행에 가까운 사람들이 제공한 일련의 사례들을 통해 예비적으로나마 스케치될 수 있을 것이다. 이런 사례 중 첫번째는 환경 NGO들과 세계은행 간의 해묵은 논쟁의 중심이 됐던 댐 건설 문제에 관한 것이다. 환경운동 내부에서 댐은 큰 중요성을 가지고 있는 상징이었고, 1980년대 중반에 설립된 국제하천네트워크(International River Network : IRN) 같은 그룹들은 특히 댐 문제에 초점을 맞추었다. 세계은행의 한 고위관료의 시각에서 볼 때, IRN은 "좋은 댐은 없다"고 믿고 있었다. 세계은행 지도부는 실무평가국에 50개의 큰 댐들에 대한 조사를 위임한 후 다음과 같이 결론 내렸다. "만약에 올바르게 실행됐다면, 이 댐들은 네 개 중 세 개가 세계은행의 새로운 정책에 입각해 정당화될 수 있다." NGO들은 이 보고서를 "격렬하게" 공격한 것으로 알려졌다. 세계은행의 대응은 "급진주의자들"과 몇몇 재계인사 등의 모든 비판자들을 1997년의 특별 워크숍에 초대하는 것이었다. 예를 들어, 이 참석자 중에는 IRN의 패트릭 매컬리(Patrick McCully)가 포함되어 있었다. "동등한 파트너십"으로 초청된 또 다른 인사들은 세계은행의 로버트 피치오토와 세계자연보호연맹(IUNC-World Conservation Union)의 조지 그린(George Greene) 등이었다. 도합 35명이 주로 캐나다 브리티시컬럼비아대학 교수들로 구성된 회의 주최자들의 영접과 안내를 받았다.

그들은 특히 이미 건설된 댐들과 미래의 댐 건설 프로젝트들의 평가 기준을 만들기 위해 세계댐위원회(World Dam Commission)를 설립하는 등 몇 가지 결론에 도달할 수 있었다. 이 보고서는 이 워크숍에 참석한 사람들을 포함해 비판자들로 구성된 자문 그룹뿐만 아니라 "국제적으로 인정받는 기관의 장들"로 구성된 5인 혹은 8인 위원회를 권고했다.[17] 이 위원회의 설립 목표는 조직자 중 한 사람의 말에 따르면, "세계 정책과 국내 정책의 고위 수준"으로 토론을 끌어올림으로써 "댐에 대한 일반적으로 수용되는 기준"을 마련하는 것이었다. 이런 성공은 그것이 정부와 시장의 조심스러운 균형 속에서 "시민사회에 대한 세계은행의 개방을 의미했다"는 사실에 의해 가능했다. 당연히 2000년 후반에 발표된 세계댐위원회의 보고서는 참여와 "권리에 바탕을 둔 접근"(right-based approach)이라는 목표를 찬양했다.[18]

두번째 사례 역시 워싱턴에 자리 잡고 있는 은행정보센터(Bank Information Center : BIC)와 관련된 활동에서 주어진다. 이 운동에 관련된 한 인물에 따르면, BIC는 은행들의 계획에 대한 정보를 필요로 하는 '제3세계 NGO들'의 요청에 의해 1987년에 설립됐다. 당시에는 NGO들이 "정보를 훔치는 것"이 정말로 필요했다. BIC는 이런 NGO들에 직접 응답하고 그들에게 거대 북미 그룹들을 통해 작업하지 않도록 견인차를 제공한다는 아이디어를 마련했다. BIC는 1990년대 초반에 정보들을 보다 활용하기 쉽게 만든 펠로시 수정법안의 도움을 받았다. BIC는 현재 환경·인권·여성 등의 이슈에 초점을 맞추고 있으며, 세계은행에 대해 어떻게 하면 가장 잘 접근할 수 있는지 일종의 코치 역할 담당한다.

파나마의 삼림 지역을 위협한 고속도로 건설계획을 특수한 사례로 들어 설명하면서, BIC에 가까운 한 운동가는 그들이 현지의 운동 지도자들에게 "자료 문건들의 해석"과 같은 기술들을 훈련시켰다고 지적했다. 현지 그룹은 이렇게 능력을 부여받았고, 이런 파트너십은 "세계은행이 이 지역에 참가할 필요성을 인정하게 만들었다". 시에라클럽, 그린피스, 세계 야생기금(World Wildlife Fund), 자연보호(Nature Conservancy)를 포함한 "네트워크가 형성됐다". 현지 운동 그룹도 그들의 대표자를 선발했는데, 그들은 영어를 할 줄 알고 훈련을 받기 위해 미국으로 향한 파나마 현지 변호사들이었다.*

이 장의 또 다른 시각은 정치학 교육을 받고 라틴아메리카에서의 경험이 풍부한 한 전직 NGO 운동가가 지적한 바와 같이, 세계은행 내부로부터 비롯됐다. 그녀는 세계은행 외부의 NGO 분야에 있는 그녀의 동료들은 여전히 회의적으로 여겼지만, 최근 2년 동안 세계은행에서 상당한 변화가 있었다고 말했다. 그녀의 관점에서 볼 때는 NGO들이 세계은행에서 여전히 지배적인 거시경제 전문가들과 함께 참여적인 발전을 촉진하는 것이 가능하다. 그들은 "왜 NGO들이 세계은행의 비즈니스에 바람직한지" 보여주고, 특히 그들이 발전을 "지속 가능한 것"으로 만드는 데 기여한다는 것을 보여주는 "데이터"가 될 수 있다. 그러나 이 점에서 더욱 설명하기 어려운 것은 멕시코 같은 나라들에서 권력에 있는 경제 전문가들이다. 게다가 NGO들과의 관계를 구축하는 데 핵심적인 문제는 북미와 남미의 기관들과 아젠다 간의 복잡한 관계이다. 예를 들어

---

* 이 파나마 법률가들의 그룹은 민중법률지원센터(Centro de Assistenza Legale Popular)에 소속된 사람들이었다.

"록펠러 아젠다" 같은 "세계은행을 어렵게 만드는"(북미에서 만들어진 아젠다를 추구하는 남미의 NGO들에 의해 조성되는 어려움 등) NGO 간의 "강한 갈등"이 여전히 존재한다. "현지 상황"에서 누가 말하고 있는가를 아는 것이 중요하다. 게다가 세계은행에게는 "현학적인 전문용어를 알지만 워싱턴을 떠나지 않거나" "스페인어나 포르투갈어"를 모르지만, 가난한 사람들에게 이야기할 수 있는 북미의 NGO와 대화하는 것이 보다 쉽다. 세계은행은 현지에서 선별한 그룹과 함께 작업하려고 한다. 그리고 세계은행이 그들의 권력투쟁을 "해결"하지는 못하지만 "그 분야에 대해 잘 아는 사람들"을 포섭함으로써 "균형을 이룩하려고" 시도할 수 있다. 또한 이곳에서는 상이한 여러 운동 그룹에게 협력할 수 있는 "기회들"을 제공하는 "네트워크"가 되는 것도 유용하다. 왜냐하면 네트워크들은 상이한 그룹들 간의 조화를 위한 토대가 되기 때문이다. 그러나 이것이 모든 문제를 해결하는 수단은 아니다. 예를 들어, 노동조합과 공들여 협상한 우루과이와 아르헨티나 간에 댐 건설에 대한 합의가 이루어졌을 때 교회의 대표자들과 다른 반대자들은 갑작스럽게 이의를 제기했는데, 그것은 단지 미국의 NGO들이 "댐의 건설에 압력을 행사하기를 좋아하고" 현지의 책임자들이 현지에서 협상한 타협을 우회하기 위해 세계은행 울펀슨 총재의 영향력을 활용했기 때문이었다.

　　이런 실천의 공간은 따라서 권력을 향한 전략이 (세계은행과 가까운) 제도적인 축과 (민중 혹은 운동원으로 자처하는) 대안적인 축 간에 분할되는 장의 논리에 따라서 작동한다. 그럼에도 불구하고 이 두번째 축 내부에서조차도 "발전에 대한 엘리트적 개념"에 반대하는 NGO 운동원들은 전문성의 전파/재생산의 위계적인 논리에 따라 활동하는 경향이 있다. 국제 무대에서 이런 운동을 위한 대변자 역할을 담당하는 것은 대체로 가장 국제적인 지식인들이다. 그들은 정치적이고 미디어에 민감한 박애주의를 포함한 국제 전문가 공동체와의 친화성을 통해 현지의 전략을 제시할 수 있게 해주는 현학적인 전문용어를 구사함으로써 미디어와 재단의 관심을 얻을 수 있다.* 이 수준에서 미디어와 재단들이 개입하는 것은 NGO 운동가들을 참여적인 이론가와 논평자로서 활동할 수 있게 해준다.** 또한 조직의 하부에 대해서는 그들이 참가하는 운동의 합리화 작업을 통해 교육적인 역할을 수행하기도 한다.***

IMF와 세계은행의 신자유주의적 경향을 격렬하게 비판하는 가장 급진적인 NGO 운동가들과 세계은행에 협력하고 국제 금융기관에 밀착된 사람들은 모두 그들의 국내 정치권력의 장에서 권력과 영향력을 증가시킨다는 같은 목표를 추구한다.**** 이 목표를 추진하기 위해 각자는

---

* 이 조직들이 권고하는 운동과 대표자들의 엘리트주의적인 성격 간의 이런 모호성은 이 대표자들의 전형이라 할 수 있는 인도의 스미투 코타리(Smitu Kothari)와의 인터뷰에서 부분적으로 드러난다(Kothari, 1997). 그에 따르면, "대부분의 조직들과 운동들은 강력한 토대를 가지고 있지만 수도에서 그들의 영향력은 대부분 취약하다. 전국민중운동동맹(National Alliance of People's Movements: NAPM)은 그들에게 국내의 포럼을 제공하며 그들이 델리에 보유하고 있는 지지 기반은 연구와 캠페인의 조직, 정부와 미디어에 대한 접근을 촉진한다. …… 우리는 그들이 최고위층의 정치 지도자들과 대화할 수 있게 해주고 미디어에 접근할 수 있도록 도와준다".
** "그럼에도 불구하고 이 운동 내부에 있는 나의 동료들과 친구들 대부분은 내가 저술들을 통해 여러 질문들을 제기하고, 이 운동이 전반적으로 발전하기 위해 채택해야 할 분석을 제시함으로써 그들의 활동을 정당화하는 데 기여하고 있음을 이해한다." (Kothari, 1997)
*** 코타리는 계속해서 다음과 같이 이야기한다. "이런 교육적인 역할은 국민을 위한 운동과 지지 그룹들, 특수한 이슈들과 개인을 옹호하는 그룹들의 동맹으로서 내가 창립 멤버로 참여한 '민중의 발전을 위한 운동'(Movement for People's Development)에서 핵심을 이루고 있다. 이 그룹의 후원 하에서 나는 여러 그룹과 운동의 지도자들을 위한 두 개의 교육 프로그램을 조직했는데 모두 성공적이었다. 이 프로그램들은 신자유주의 경제정책과 세계화, 그리고 지배적인 경제이론들의 문제점에 대해 토론하기 위한 것이다. 이 지도자들 가운데 상당수가 인도 전체에 걸쳐서 농민과 여성 조직을 위해 현지어로 수행되는 유사한 교육 프로그램들을 조직했다." (Kothari, 1997)
**** 워싱턴 컨센서스에 대한 가장 강력한 비판자들이 그들 스스로 거버넌스의 선전, 부패에 대한 전쟁, 투명성과 책임성이라는 이 새로운 요소들을 도입하고 있는 것도 흥미롭다.

정도의 차이는 있지만 정면으로 배치되는 자원들을 결합하려고 시도한다. 이상적인 방법은 워싱턴에서의 접촉들을 키워 나가면서 개인과 그룹을 동시에 진정한 시민의 대변자로서 소개하는 것이다. 네트워크와 같은 유연한 조직 방식의 유행은 의심할 나위 없이 그것이 '세계화'의 이름하에 화해할 수 없는 것을 화해시킬 필요가 있는 특정한 불투명성을 관철하도록 한다는 사실에서 온다.[19] 현재 전 세계에서 유행하고 있는 '정책공동체'와 '주창네트워크'에 대한 언급은 열세에 있는 지식인들 중 가장 국제적인 부분에 있는 사람들이 지배 이데올로기적인 담론에 대해 그들의 지식을 활용함으로써 국내 권력의 장에서 지위를 확보하게 해준다. 특히 북미의 대학에서 발견되는 이런 담론은 그들이 국내적인 지형에서 가장 지배받는 사회그룹들을 위한(이데올로기적으로 정당한) 대변자로 주장할 수 있게 해준다.

이런 사회적이고 정치적인 술책의 성공은 사회자본(즉, '네트워크'나 '공동체'의 다양한 구성요소들을 분리시키는 위계적인 차이점을 은폐할 수 있는 자본)을 가장 많이 부여받은 지도자들에게 상당한 자유를 위임하는 유연한 조직 방식을 필요로 한다. '대의'(大義)에 대한 공통된 언급은 조직 멤버들의 신분에 따른 지위와 권리의 차이에서 유래하는 내부의 갈등을 은폐할 수 있게 해준다. 상대적으로 비공식적인 전선은 각자가 보유한 수단에 따라서 대의에 기여할 수 있게 해줄 뿐만 아니라 지도자 중 가장 기회주의적인(동시에 가장 힘이 있는) 사람들이 자신들의 전략이나 개인적 자원에 따라서 이런 집합적 자원을 동원할 수 있게 해주는 활동의 여지를 크게 제공한다. '평등한 공동체'로서 작동하기는커녕, 이 네트워크들은 자주 그들이 끝장내기를 원하는 사회적 위계서열을 재생산하거나 심지어 증가시키고 은폐한다. 이런 정치적 조직화 방식(즉 네트워크)이 국제화의 맥락에서 선호되는 것은 그리 놀라운 일이 아니다. 이것은 이중의 게임 전략에 가치를 부여한다.

세계은행 총재인 울펀슨은 세계은행을 차관보다는 접촉 네트워크와 전문성에서 효율성을 찾고자 하는 일종의 컨설팅 회사로 재조직하고자 했다.[20]* 이런 재정향은 개발정책의 성공이나 실패의 책임을 제도에게 전가하는 새로운 분석을 인정하게 된다.** 그런데 새롭게 출현하는 시장의 올바른 작동을 보장하기 위해서는 법률조문이나 제도를 수출하는 것만으로는 충분하지 않기 때문에, 세계은행은 자신의 헌장이 발목을 잡고 있는 영역 즉 정치의 영역에 투자해야만 한다.

따라서 세계은행이 거버넌스라는 용어로 이런 재정향을 은폐하는 것으로는 충분하지 않으며, 보다 나은 방법은 정치활동의 장에 개입할 수 있게 해주는 중개자를 발견하는 것이다. 그런데 기존의 파트너는 이런 중개자가 될 수 없다. 왜냐하면 부패한 정치 지도자들이 통제하는 관료주의 정치를 대체하기(혹은 개혁하기) 위한 새로운 제도적 구조를 구축하는 것이 목표이기 때문이다. 바로 여기에서 연고주의 방식으로 작

---

* 울펀슨의 야심은 또한 세계은행이 민간에서 동원될 수 있는 자본보다 네 배나 적은 자본만을 동원할 수 있고 이 은행이 자신의 지위를 평가받아야만 하는 경쟁적인 부문에 자리 잡고 있다는 사실과 관련되어 있기도 하다. 사실, 한 관찰자는 워싱턴에서 정부와 다자적인 금융기관 내부에 고용된 수많은 개인들이 현재 '경쟁자들'(민간자본을 보유한 조직들)을 위해 작업하고 있음을 보여줬다. "이 사람들은 또한 민간자본을 가지고 수행하는 작업을 제외하고는 과거와 같은 일을 수행하고 있다." 게다가 고객은 더 이상 정부로 한정되어 있지 않다. 세계은행은 또한 USAID와 그 파트너들과도 경쟁하고 있고, 이것은 특히 잠재적인 채무자들이 추구하는 시장의 전문성을 중요하게 만든다.

** "이렇게 해서 발전경제학 이론은 다시 한번 제도가 중요하다는 것을 발견했다. 시장의 자유라는 이데올로기의 지지자들은 시장의 원활한 기능을 위해서는 경제가 소유권의 보호, 기능적인 사법 체계, 정상적으로 작동하는 부패하지 않은 관료제도를 가능하게 하는 효율적인 제도들의 복잡한 네트워크에 의존할 필요가 있다는 사실을 감추는 경향이 있다. 가난한 나라들에서 이 제도들은 매우 취약하거나 존재하지 않기도 한다. 새로운 연구들은 어떤 점에서 이런 요소들이 경제발전에 영향을 미치는지 보여줬다."(Economist, 1997)

동하는 국가 장치에 의해 배제되거나 열세에 처하게 됐다고 생각하며 새로운 정치활동의 틀을 가진 조직을 구축하려고 하는 그룹들과 동맹을 구축할 필요성이 제기되는 것이다.* NGO들은 이렇게 해서 국제기관들에게 편리한 알리바이를 제공하는(즉, 시민사회의 이름으로 국가권력의 장에 개입할 수 있게 해주는) 잠재적인 동맹자 풀(pool)을 형성한다.

그러나 이 동맹자들은 각자의 국내의 장에서 신뢰성과 전술적 유용성을 상실할 위험을 안고, 단순히 세계은행의 보호를 받는 것으로 비춰지지 않는다. NGO들이 참여하는 실천의 장은 세계은행과의 협력에 개방되어 있고, 이러한 관계에 반대하는 사람들은 성공을 위해 필요한 조건들을 위험에 빠뜨리지 않으면서 수많은 교환 기회들을 제공한다. 게다가 워싱턴에 자리 잡은 거대 NGO들과 현지 NGO 간에 존재하는 복잡한 관계들은 각자의 입장에 대해 계속해서 혼동을 일으키게 한다. 왜냐하면 많은 경우에 현지 NGO들이 국내전략에서 동원할 수 있는 것은 바로 국제적인 자원들을 결정하는 이 관계들이기 때문이다.

폭력을 억제하기 위한 엘리트 전략

우리는 예비적인 세계 시민사회(global civil society)의 형성으로서 찬양되고 있는 이 새로운 유형의 NGO들에 대한 두 가지 사례를 분석함으

---

* 이런 주장은 로카얀(Lokayan)의 창시자 가운데 한 명이 의회의 연고주의적 충원을 비판한 글("Dialogue of the People")에서 구체적으로 나타난다(Kothari, 1997). 또한 세계은행과 맥아더재단으로부터 부분적으로 재정 지원을 받아 멕시코에 대한 연구를 수행한 폭스의 글에서도 나타난다. 1996년 세계은행에 제출한 보고서에서, 그는 "멕시코에는 (세계은행과의 관계에) 연루된 대부분의 주 정부들이 전혀 민주적이지 못하고" 세계은행이 정책 결정에 대한 시민사회의 비중을 확대하기 위해서는 정부의 민주주의 부족이라는 약점을 보완하는 제도에 대해 전략을 맞추어야 할 것이라고 주장했다.

로써 이 장의 결론을 맺는다.

브라질에서 가장 잘 알려진 NGO들은 국내의 자본과 국제적 자본의 복잡한 혼합의 결과물이다. 비바히우(Viva Rio)는 브라질 인류학 연구에서 가장 중요한 센터 중 하나인 무세우(Museu)의 인류학자 루벵 세자르 페르난데스에 의해 지휘되고 있다. 페르난데스는 비(非)가톨릭 좌파 및 포드재단과 밀접한 관계를 맺고 있다. 또한 엘리자베스 수스킨드(Elizabeth Susskind)는 비바히우에서 핵심적인 역할을 수행하고 있다. 변호사인 그녀는 히우가톨릭대학에서 수학했고 위스콘신대학을 거쳤다. 비바히우는 매우 광범위한 사회문제들에 초점을 맞추고 있으며, 특히 사회평화를 이루기 위해서 활용하는 방법에 특징이 있다. 이 조직은 경찰의 태도를 감시함으로써 범죄를 통제하려고 한다. 비바히우는 한편으로는 브라질에서 가장 알려진 NGO인 브라질 사회경제분석연구소(Instituto Brasiliero de Análises Sociais e Econômicas : IBASE)의 창시자 베티뇨(Betinho)를 중심으로 한 NGO 공동체와 다른 한편으로는 리우데자네이루의 치안을 담당하는 거대 민간기업의 파트너십을 토대로 구축됐다.

비바히우의 가장 가시적인 활동은 치안문제를 둘러싸고 조직한 대시위였다. 이 시위는 1995년 12월에 일어났다.** 비바히우에는 미디어 엘리트, 재계, 그리고 조아킹 팔캉과 엘리우 사보야(Helio Saboya) 같은 수많은 법률계의 유명 지도자들이 소속되어 있다. OAB의 옛 지도자였던 사보야는 군사정권에 의해 투옥된 적이 있고, 유사한 활동 목표를 가지고 있는 히우범죄반대운동(Rio Contra o Crime)이라는 다른 조직을

** 전반적인 과정에 대해서는 Gaspar Pereira, 1995를 참고할 것.

지휘하기도 했다.* 이 두 조직은 경찰 시스템과 법원 시스템의 작동을 개선하려고 노력하고 있으며, 그들의 활동은 범죄와 부패에 대항한 보다 광범위한 프로그램 안에 자리 잡고 있다.

파리에서 박사학위를 받고 현재는 인권 공동체에서 가장 두드러진 활동을 하고 있는 국제 법률가 파울루 세르지우 피녜이루(Paulo Sérgio Pinheiro)의 경력에서 대학의 네트워크가 NGO들의 지원에서 차지하는 중요성을 확인할 수 있다. 피녜이루는 카르도주 대통령에 의해 국내 인권상 시상을 담당하는 위원회 멤버로 지명됐다. 캄피나스대학을 거쳐 상파울루대학의 정치학 연구원을 지낸 그는 평화정의위원회 내부에서 매우 적극적인 역할을 수행했을 뿐만 아니라 1987년에서 91년까지 상파울루법률협회의 인권위원회 회장이기도 했다.** 그는 비록 군사정권 때 두 차례에 걸쳐 장관직을 맡기도 했지만, 군사정권에 반대하는 인사로 알려진 사업가 세베루 고메스(Severo Gomes)와 함께 일했다.[21] 게다가 고메스 사건에 정통한 인물에 따르면, 고메스는 그 당시 매우 민족주의적이고 심지어 반미주의적이기도 한 견해들을 설파했다.*** 그러나 이런 과거가 훗날 미국의 개념으로부터 크게 영향을 받은 인권을 위해 운동하여 이 운동의 중요한 한 사람이 되는 것을 막지는 못했다.

이 두 사람은 가장 유명한 브라질 전문가 중 하나인 컬럼비아대학 교수 알프레드 스테판(Alfred Stepan)의 중개로 휴먼라이트워치와 접촉

---

* 이 조직은 비바히우가 관심을 기울이는 문제들과 매우 유사한 문제들에 관심을 가지고 있다. 이 조직은 특히 시민들이 공권력의 범죄를 비판하는 것을 돕고 있다.
** 그는 법률 관련 업무를 전혀 하지 않았지만, 그의 측근에 따르면 "인권을 옹호하기 위해 법률활동으로 돌아갔다".
*** 그는 1977년에 사임했는데, 그 이유 중 하나는 정부가 "외국인 투자자들에 대한 편의를 인정했기 때문"이었다(Skidmore, 1988 : 201).

하고 있었다.**** 이 사건에 관련된 또 다른 자료에 따르면, 고메스는 "휴먼라이트워치를 매우 좋아했다". 그는 이 거대 NGO와 매우 가까운 관계들을 맺기 시작했고, 브라질에서 휴먼라이트워치 같은 보고서들을 발표하려고 했으며, 피녜이루와 함께 이 기관의 브라질 지부로서 활동하는 협회의 창설에 관여했다. 그 후 피녜이루는 1987년에 포드재단의 지원을 받아 상파울루대학에 폭력연구센터(Núcleo de Estudos da Violência : NEV)를 설립했다. 이 센터는 2000년대 초반 현재, 경찰의 폭력을 보다 잘 통제하기 위해 연구와 개혁을 촉진하는 매우 역동적인 브라질 운동에 관여하고 있다.[22] 보다 일반적으로, 미국의 한 법률가에 따르면, 브라질은 "다른 남미 국가보다도 훨씬 더 많고 더 발전된 NGO 공동체"를 보유하고 있다.***** 이런 피녜이루의 경력은 브라질에서 매우 확산된 인권운동의 엘리트적 버전을 반영하고 있다. 그리고 법원과 거대 국제 재단과 인권운동이 어떻게 그들의 정당성을 통해 새로운 국제적인 규범에 완벽하게 들어맞는 언어들로 정치적 저항의 형태들을 구축하는 데 기여하는지 조명해주기도 한다.

비바히우와 폭력연구센터(NEV)는 보다 큰 실체를 가지고 있는 현상(그리고 문제)의 브라질적 사례만을 제공할 따름이다. 칠레에서의 폭력문제는 경찰과 검찰 활동을 특히 에드워즈그룹(Edwards Group)과 「엘메르쿠리오」같이 피노체트에 가까운 저명인사 그룹과 권좌에 있는 새로운 테크노폴 대표자 간의 동맹을 위해 수정하려고 한 개혁 프로그

**** 피녜이루가 지휘한 센터는 컬럼비아에 있는 센터의 "복제판"으로 묘사된다.
***** NGO 중 가장 오래된 것은 베티뇨(Betinho)로 알려진 에르베르트 조제 지 소자(Herbert José de Souza)가 설립한 브라질 사회경제분석연구소(IBASE)로 간주된다. 베티뇨는 1964년 전까지 가톨릭 좌파의 민중행동(Açao Popular)과 관계를 맺고 좌파 내부에서 뛰어난 사회적 자본을 누리고 있었다.

램에서 잘 드러난다. 멕시코의 경우, 경찰 폭력과 범죄에 대해 개혁운동을 추진한 것은 국가인권위원회(Comisión Nacional de los Derechos Humanos : CNDH)이다. 이 위원회는 국가구조 내부에서 거의 자율적인 기관이다. 그리고 실업률이 특히 높은 아르헨티나에서는 사회적인 폭력을 억제하려는 투자가 계속된 페론주의자들의 유산인 포퓰리즘 모델에 포함되어 있다.

우리는 이 장에서 '지배자 중의 피지배자들'의 워싱턴에서의 동맹 (환경 그룹들, 세계적 정부정책에 대한 의회의 반대연맹) 수립이 어떻게 세계은행에 대한 지위의 게임과 권력관계를 재구축하는 데 기여하는지 보여주려고 했다. 국제질서를 관장하는 기구들에 대한 그들의 공격에서 그들의 전략과 목표는 미국 권력의 장에서 그들이 점유하고 있는 지위들과 관련되어 결정된다. 이 장에서 그들은 세계화를 보다 수용 가능하고 보다 정당한 것으로 만들기 위해 세계화의 사회적 폭력을 줄일 수 있는 새로운 정치 기술을 발명하는 경쟁을 벌인다. 그럼에도 불구하고, 미국 권력의 장에 고유한 이런 투쟁에서 동원되고 만들어지는 담론들은 개인과 조직의 복잡한 네트워크에 의해 멀리 떨어져 있는 남반부 국가들에서 우리가 '피지배자 중의 지배자'라고 부를 수 있는 사람들에게 반향을 일으킨다. 정치적 헤게모니의 토대 위에 구축된 세계 시장의 주변부 국내 엘리트들이 자신들의 지위로부터 얻은 이익을 위협하는 사회적 폭력을 통제하려는 현지에서의 시도를 통해, 우리는 다양한 변이와 왜곡을 일으키는 이런 상징적 반향의 과정들을 관찰할 수 있다.

12_기회주의적인 제도의 건설자, 매판 법률가들

사업 법률회사는 법률의 장을 미국화하는 핵심 행위자이자 그것의 산물이다. 사업 법률회사들의 증가와 성장은 북미에서 남미로의 법률 이식에서 가장 성공적이었거나, 심지어 유일하게 성공한 사례로 보인다. 이런 성공은 사업가와 동일시되는 변호사들에게 적은 역할을 할당했던 라틴아메리카의 유럽식 법률전통(법률문화)을 고려한다면 더욱더 놀랍다. 남미의 법률회사들이 모국으로 다국적 기업이 진출하도록 기여한 핵심 행위자였을 뿐만 아니라 사업 변호사들이 법률 엘리트의 정당한 부분으로서 인정받게 된 것으로 보이기 때문에 이들의 성공담은 더욱 확산된다. 그들은 미국에서 진보적인 시대에 나타났던 것들이 되풀이되듯이 공적 영역에 대한 투자를 더욱 증가시키고 있는 것처럼 보인다. 당시 월스트리트의 사업 법률회사들은 '고용된 총잡이'에서 법원과 심지어 국가까지도 재구성할 수 있는 엘리트로 개종하기 위해 노력했다.

세계 각지에서 법률적인 풍경에 대한 미디어적인 토론들이 보여주는 것처럼, 사업 법률회사들의 확산에 대한 이와 같은 설명은 더욱더 사실인 것으로 간주된다. 그럼에도 불구하고, 이런 설명은 이 회사들이 서로 구분되는 지역의 역동성에 위치하는 방식을 무시하고 있기 때문에 피상적이기도 하다. 여기에서도 헤게모니의 수출은 매우 상이한 경로를 따르고 있다. 이 장의 말미에서 우리는 앞에서 크게 초점을 맞추지 않았던 멕시코의 사례들을 면밀하게 검토할 것이다. 사업 법률회사들의 역할 변화가 가장 극적인 동시에 역설적이었던 곳이 바로 멕시코였다. 국가로부터 배제됐던 민간 변호사들은 사업 법률회사를 통해 현대성과 전문성의 외피를 쓰고 국가에 들어갈 수 있었다. 멕시코혁명의 타깃이었던 옛 토지소유 귀족들의 후예들은 민주적이고 개방된 정부에서 주도적인 역할을 수행하기 위해 사업 법률회사의 경로를 추구하기 시작했다.

특수한 사례들로 넘어가기 전에, 이 과정에 관한 몇 가지 일반적인 요소들이 설명되어야 할 것이다. 사업 법률회사의 출현과 발전에 대한 이야기는 다른 전문성들과 전통적인 법률자본의 가치가 줄어들게 됨으로써 도전에 직면하고 권력으로부터 몰려난 보다 광범위한 법률 엘리트에 관한 이야기의 한 단면이다. 사업 법률회사들은 법률 엘리트의 특수한 분파를 위해 은신처를 제공하고 보다 중요하게는, 예를 들어 한편으로는 시카고 보이스와 군부를, 다른 한편으로는 현지에 어둡고 권력의 신참자들과 다소 불편한 관계에 있던 외국인 간에 대화의 채널을 제공하면서 번창할 수 있었기 때문에 이런 성공을 거둘 수 있었다. 이런 배열은 권력 구조 내부에 미묘한 업무 분할을 가져왔다. 법률회사들이나 은신 장소들은 권위주의 국가의 뒷마당에 머물렀지만 기본적인 국가 지식의 생산으로부터는 결코 멀리 떨어져 있지 않았다. 그들은 날개가 돋기를 기다렸고 상황이 돌변하자 (이번에는 사업 법률가로서 위장하고) 국가에 대해 재투자하는 전통적인 방식을 따랐다.

이런 활동은 라틴아메리카 법률가들을 수많은 모순점을 가진 복합적인 현상으로 나타나게 한다. 법률회사들은 미국의 법률회사처럼 활동하는 것처럼 보이지만, 라틴아메리카 제도의 토대는 무엇보다 가족적이다. 특히 가족적인 법률회사는 제도적인 환경에 대한 접근이 봉쇄됐을 때, 가족자본을 보존하고 축적하는 방법을 제공한다. 라틴아메리카 방식인 사업 법률회사의 깊은 가족적인 뿌리는 그들이 미국식 사업 법률회사로 발전하는 것을 매우 어렵게 만든다. 따라서 이들이 겪은 변화는 단순히 미국 법률 모델의 성공적 수출이라기보다는 유럽 토대의 시스템을 미국 토대의 시스템으로 대체한 것으로 보는 것이 보다 타당하다.

각국에서 국내 경제에 진입하려는 외국의 이익에 봉사함으로써 매판가 역할을 수행한 몇몇 법률 엘리트 멤버들이 언제나 존재했다는 사실은 이런 방식을 이해하기 위한 출발점을 제공한다. 오랫동안 물류센터로서 기능한 아르헨티나는 가장 좋은 사례를 제공해준다.

아르헨티나에서 사업 법률가들의 일반적인 역할은 1964년 처음 출판된 사회학적 분석인 호세 루이스 데 이마스(José Luis de Imaz)의 『지배하는 자들』에 잘 설명되어 있다.[1] 그가 연구한 1950년대 후반의 시기에는 대부분의 산업체 지도자들이 아르헨티나인이 아니었다. 외국의 이익이 아르헨티나 경제의 대부분을 통제했다. 그러나, "정부와 몇 가지 문제가 일어날 때, 혹은 중앙은행이나 기타 공공 금융기관 혹은 정부부처와 같은 국가기관과 함께 금융에 관련된 이익을 협상해야 할 때, 업무를 담당한 것은 바로 아르헨티나 변호사들이었다. 이들은 또한 지방 정부와 조세문제를 협상했고 혹은 커뮤니티 당국들과 지방세와 각종 세금에 관련된 모든 문제를 처리했다. 이 변호사들은 외국 기업의 이사회에 포진하고 있는 동시에 자신들의 고객을 위해 고등학교와 대학의 옛 동문들과의 관계를 정성껏 발전시켰다. 이들은 또한 장관들과 잘 알고 있는 사이이고 필요한 경우 은행 사무장들과의 관계를 처리하거나 은행장들의 이익을 자극할 줄 안다. 간략하게 말해서, 이들은 자신들이 필수불가결한 요소가 되는 방법을 알고 있다".[2]

이런 중개자 역할은 아르헨티나에서 정부에 봉사하는 데 따르는 위험 때문에 더욱 강화됐다. 앞서 언급한 바와 같이, 역대 새 정부는 사법부, 변호사협회, 심지어 로스쿨까지 과거 정권의 책임자들을 파면하거나 처벌하기까지 했다. 항구적으로 정치적 교체가 일어나는 상황에서 아르헨티나 법률 엘리트(그리고 보다 일반적으로 전문 엘리트)가 국가에 투자하기 위한 대안은 국가, 외국 기업, 국내 기업들, 그리고 군부를 연결하면서 브로커나 중개인으로 활동하는 것이었다. 가족 기업으로서 사업 법률회사에 대한 투자는 훨씬 더 현명한 선택으로 보일 수 있었다.

아르헨티나는 극단적인 사례이지만, (처음에 매판가 역할을 담당한) 사업 법률과 가족자본 간의 커넥션은 다른 나라에서도 분명하게 나타난다. 자신의 동창에게 "아직도 변호사인가?"라는 조롱 섞인 질문을 들은 40대 브라질 사업 변호사의 옛 경험담은 예시적이다. 변호사, 판사, 전임교수의 경력보다 더 상위의 경력으로 이동하기 위해 가족과 학교에서 쌓은 관계들에 의존하고 있는 정치적 이스태블리시먼트 모델은 "단지 사업 변호사"일 따름인 사람들에게 거의 가치를 부여하지 않았다. 브라질 이스태블리시먼트를 구성하고 있는 유명한 법률가들은 외국으로부터 투자하는 강력한 사업체를 위해 브로커라는 한정된 작업을 수행하는 것이 품위를 손상시킨다고 생각하지는 않았다. 그들은 다양한 활동에 그들의 학생을 충원하는 파트타임제 교수로서 그리고 국가와 경제의 모든 지위를 점유한 이스태블리시먼트 멤버로서 자신들의 기반을 활용할 수 있었고, 자신들의 고객이 최고위층으로부터 관심을 얻을 수 있게 하기 위해 인맥과 동문관계들을 활용할 수 있었다. 이런 유형의 중개는 상대적으로 은밀하게 이루어졌고 엘리트 법대 졸업생들은 그것이 정치인-고위관료로서 자신들의 역할을 위협하지 않도록 주의했다.

현재 칠레의 주도적인 법률회사들을 살펴보면, 이런 사례를 쉽게 발견할 수 있다. 필리피 법률회사는 산티아고에서는 일종의 '트레이드 마크'로 간주되는데, 필리피(Rodolfo Amando Philippi) 본인은 알레산드리 정부에서 봉사했다. 오늘날 산티아고에서 가장 유명한 변호사 가운데 한 명은 필리피의 사위로서 미국 법대를 졸업하고 칠레대학 로스쿨 교수이기도 한 하이메 이라라사발(Jaime Irarrázabal)이다. 이라라사발은 칠레와 캐나다 간의 자유무역 협상을 이끈 인물이었다. 주요 법률회사 중 또 다른 회사는 현재 리카르도 클라로(Ricardo Claro)가 지휘하는 클라로 법률회사이다. 1960년대와 70년대 초, 클라로는 아옌데 정권이 출범하기 전에 많은 기업들을 인수한 매우 공격적인 금융 재벌인 BHC를 설립하기 위해 첫번째 시카고 보이스와 관계를 맺었다. 이렇게 해서 그는 시카고 보이스의 핵심 중개자이자 칠레대학의 유명한 교수가 됐다(최근에는 칠레의 가장 유명한 포도 농장을 소유한 사람이기도 하다). 이 사업 변호사들은 이처럼 다국적 기업들을 위한 중개 변호사 역할 외에도 대학 교수, 정치인, 사업가 등 매우 다양한 역할을 수행해왔다.* 그들은 일정한 범위 내에서 "단지 변호사업만을 하는" 균형을 유지해왔다.

---

* 피노체트 정권 동안 중앙은행에 있었던 에르난 에라수리스(Hernan Errazuriz), 로베르토 게레로(Roberto Guerrero), 카를로스 올리보스(Carlos Olivos) 등이 핵심인 한 법률회사 이사회는 대부분 변호사들이 참여하는데, 이들은 지나치게 사업 지향적인 것으로 간주된다. 칠레 법률회사에 대해 한 미국인 관찰자는 칠레에서 이사가 되는 것은 "의미하는 바가 있다"고 주장했다. 특히 국제적인 회사 중 보다 가족 지향적인 회사들이 사업에 깊이 관여하는 것으로 보이는 것은 주목할 만하다. 분명한 사례로, 클라로는 자신의 법률회사에서 법률 업무보다는 그의 사업에 훨씬 많은 시간을 할애했다. 또 베이커앤맥킨지의 자회사인 크루사트 오르투사르 앤 맥케나(Cruzat, Ortuzar and MacKenna Ltda)의 루이스 맥케나(Louis MacKenna)는 한 사업체의 회장이다. 그 밖의 다른 사례가 있을 수 있다.

그들이 자본을 가문과 커넥션의 힘을 유지하는 데 투자했기 때문에 사업 법률회사를 소유하려는 진정한 이유가 사실상 가문의 멤버들과 함께 일하고자 한 것이라는 점은 그다지 놀라운 일이 아니다. 피노체트 정권 몰락 후 대통령이 된 파트리시오 아일원의 경우, 그의 법률회사에 아일원이라는 이름을 가진 변호사가 6명이나 있었다. 어떻게 해서 법률회사 한 군데에 고용됐는가에 대한 한 변호사의 증언은 이런 가문의 커넥션을 강조해준다. 1950년대 칠레대학에서 학위를 받은 매우 유명한 이 변호사는 두 가지 활동 영역에 걸쳐 있는 가문 출신이다. 그 중 하나는 보험 분야에 관련되어 있고, 또 다른 하나는 법률 분야이다. 이 두 분야는 같은 이름을 가지고 있었다. 이처럼 한편에는 가족 기업이 있고 다른 한편에는 이 기업에게 법률 서비스를 제공하는 법률회사가 있었다. 기업 측에서 온 이 법대 졸업자는 한 친구를 통해 법률회사에 소개받았는데, 이 회사는 처음에 그가 가문의 일원이 아니라는 이유 때문에 그를 채용하기를 거부했다. 이 야심만만한 변호사는 결국 고용됐고 이 법률회사를 현대화시켰지만, 가문의 지배는 다른 모습을 갖추고 보다 개방된 형태로 지속됐다. 활용 가능한 정보들에 따르면, 이런 가족의 영향력은 심지어 법학대학 내부에까지 미치는 것으로 보인다.[*]

---

[*] 1970년대에 스티븐 로벤슈타인은 법학부의 임용에 대해 다음과 같이 말했다. "법학교육이 전통적으로 상징적인 급료를 받는 명예직이었기 때문에, 로스쿨들은 확고한 인사 정책을 가지고 있지 못했고 새로운 교원을 충원하는 경우가 거의 없었다. 로스쿨 교수들이나 로스쿨 외부의 중요한 인사들은 일반적으로 자신들이 후원하는 변호사의 이름을 특수한 로스쿨의 학장이나 행정 담당자들에게 제시하곤 했다. 학장은 새로운 교수들의 임명에 개입함으로써 이런 후견을 통해 자신의 정당을 도울 수 있었고, 이 새 교수들이 다음의 학장 선거에서 자신에게 충성할 것을 기대할 수 있었다. 교수 후보자들은 선임자들의 지원에 따랐는데, 그들이 원하는 지위는 다른 후보자들에게도 개방되어 있었고 각 후보의 이력서는 위원회에 의해 검토됐다. 몇 가지 예외는 있지만 법대에 있는 후보자의 친구들이 경쟁자의 후견자들보다 강하다면 그가 선택될 수 있었다."(Lowenstein, 1970 : 116)

브라질에서는 법조계와 정치계, 재계에서 가장 높은 지위들을 점유하고 있는 사람들과 특히 불어를 쓰는 리우데자네이루의 국제주의적 서클에 소속된 사람들이 미국에 동조하지 않았고, 1960년대부터 시작된 법과 발전 운동의 범주에서 전개된 이니셔티브가 있기 전에는 미국과 거의 접촉하지 않았다. 그들은 국제적인 이해를 위해 봉사했는데, 그들의 초점은 훨씬 더 유럽에 맞춰져 있었다. 브라질에서 보다 일반적으로 발견되는 사업 법률회사들의 맥락에서 볼 때, 이런 상황은 상대적으로 다양하고 경쟁적인 엘리트들의 분파 외부에 새로운 복합물의 구성을 가져왔다. 특히 현재 브라질에서 가장 유명한 법률회사인 상파울루의 피녜이루 네투 법률회사는 전통적인 가족 법률회사와 반대되는 모델을 구축할 수 있었다.

현재 80세가 넘어서까지 남미에서 가장 큰 법률회사(이 회사는 140명 이상의 변호사들을 고용하고 있다)를 이끌고 있는 피녜이루 네투는 특권층 출신이고 여러 가지 이유 때문에 자신의 아버지로부터 영어를 배우도록 강요받았다. 상파울루의 영국인 공동체와의 관계 덕분에, 그는 제2차 세계대전 동안 런던의 BBC 방송국에서 근무하도록 초청받았다. 브라질에 돌아와 그는 의식적으로 법률활동에 있어서 보다 외국적인 모델을 채택했다. 상파울루의 영국인 공동체와의 굳건한 관계에 의지하여 그는 외국 고객을 유치했는데, 이것이 그로 하여금 브라질 모델과는 다른 유형의 법률활동을 수행할 수 있게 해줬다. 1972년경에 그는 30명 이상의 변호사를 보유했으며, 이 회사는 자회사들로의 불가피한 분할에도 불구하고 계속해서 성장했다. 특히 중요한 것은 이 법률회사가 브라질 법조계에서 너무 유명한 교수들에게는 자리를 주지 않았다는 것이다. 마찬가지 논리에서, 이 법률회사는 정치에 관여한 파트너들도 없었다.* 이런 대항모델은 리우데자네이루 엘리트의 유럽식 관점 때문에 가능했다. 국제적인 엘리트들의 상이한 언어적·지리적 토대로부터 피녜이루 네투는 여러 가지 점에서 전통적인 남미식 모델보다는 미국 모델에 가까운 법률회사를 설립할 수 있었다.

멕시코 상황은 멕시코 엘리트의 분할에서 직접적으로 유래했다. 이장 말미에서 사례 연구를 통해 자세하게 언급하듯 거대 민간 경제권력에 가까운 변호사들은 미국의 노하우와 멕시코의 노하우를 결합하는 중개자로서 은밀하게 봉사했지만, 전통적인 멕시코 엘리트라는 신분과 미국 권력에 대한 그들의 커넥션 때문에 정치의 외부에 머물렀다. 멕시코의 민족주의는 그들을 이중적으로 처벌했다.

전통적인 매판 변호사에게서 발견되는 변이들, 그리고 그들이 법률가-정치인으로 성장하는 방법에 대한 사례는 1970년대 권위주의 정권과 새로운 경제정책의 도래로 인한 정치·경제적 충격이 일어나기 전의 상황을 보여준다. 여러 국가에서 독재정권의 등장과 새로운 경제정책이 가져온 충격들은 권력의 영역에서 법률의 지위를 포함한 지위 체계에 심각한 수정을 가져왔다. 그 첫번째 결과들은 국가에 대한 직접적인 진출과 유동성이 봉쇄된 것이었다. 반대로, 이런 폐쇄는 중개자로서 기여할 수 있는 기회들을 증가시켰다. 왜냐하면, 예를 들어 칠레에서는 군부도 시카고 보이스도 칠레 외부의 재계 엘리트와 접촉이 없었기 때문이었다. 그들은 국제주의가 부족했고, 예를 들어 시카고대학의 경제학자들과 같이 상대적으로 제한된 북미 엘리트들과만 관계맺고 있었을 뿐이다. 옛 매판 엘리트가 점유해야 할 완벽한 영역이 있었는데, 그것은 그들

---

*이 회사의 한 변호사는 "좋은 교수인 동시에 좋은 변호사가 되기는 어렵다"고 강조했다.

이 군사정권을 위한 브로커로서 기능했으며 이 정권과 일정한 거리를 두고 있었기 때문이다. 여기에서 우리가 설명한 모델은 무엇보다 50년 전에 아르헨티나에서 일어난 것들과 들어맞지만, 국가로 진출하는 길의 폐쇄는 브라질과 칠레와 유사한 상황을 발전시키는 데 기여했다. 법률회사의 성장은 일련의 부수적인 사건에 의해 동력을 얻기도 했다.

경제 개방은 잠재적인 외국인 고객들의 숫자를 증가시키면서 이런 사건의 한 축이 되었다. 또 다른 사건은 브래디 채권(Brady Bonds)·민영화와 함께 진행된 외채위기와 경제개혁이었다. 이 사건들은 외국인 투자자들에게 기여하는 위치에 있던 변호사들의 붐을 일으켰다. 이 붐은 전통적으로 매판 변호사들이 대표해온 재생산 모델에 도전할 수 있는 새로운 기회들을 만들어냈다.

우리는 상대적으로 젊은 몇몇 변호사들의 외채위기 때와 이후 경험을 통해 권력의 영역에서 법률의 변화를 관찰할 수 있다. 한 관찰자에 따르면, 1981~82년 칠레의 장에서 법률 직업은 여전히 매우 전통적인 상태에 있었다. 대부분의 상급 변호사들은 소수의 가족 지향적인 기업에서 일하는 대학 교수 겸 소송 담당자였다. 그들이 다른 사람들보다 반드시 "보다 많은 기술적 지식을 가진" 사람도 아니었고 앞에서 설명한 바와 같이 가족 기업의 전통적인 특징들을 많이 보유하고 있기는 했지만, 국제적인 경험을 가진 몇몇 법률회사들이 있었다. 이 회사들의 위상은 피노체트 정권 때 외국인 투자의 증가를 통해 높아지고 있었다.

반대로, 새로운 세대의 프로필은 몇몇 직업적 경력을 통해서 볼 수 있듯이 크게 변화했다. 첫번째 사례는 미국의 법대에서 공부를 계속하기로 선택하고, 그 후 뉴욕의 법률회사에서 부채의 조정 업무를 본 어느 젊은 법대 졸업생의 사례이다. 그가 칠레에 돌아왔을 때, 그는 그의 경력을 완벽하게 알고 있고 국제적인 업무를 지향하는 소수의 핵심 법률회사들끼리 경쟁을 벌일 만큼 매우 탐나는 스카우트 대상이 됐다. 이 법률회사들은 당시로서는 매우 드문 상품(영어를 잘 구사하고 외국에서 국제적인 거래에 대한 경험이 있는 사람)이었던 그를 시급하게 필요로 했다. 이 젊은 변호사는 최상급은 아니었지만 국제적인 업무를 지향하는 회사를 선택했다. 그의 고백에 따르면, 그는 "이 회사가 가족 기업이 아니라서" 이런 선택을 했다고 한다. 그가 예외 없이 가족 기업이라고 생각한 옛 법률회사들은 인척이 아닌 몇몇 파트너를 가지고 있었지만, 여전히 가족의 영향력이 지배적이었다. 그는 "가문의 멤버들"과 경쟁하기를 원치 않았다고 말했다.

같은 시기 칠레에서 발견된 두번째 사례도 유사한 모습을 보여준다. 우리는 1970년대 말에 로스쿨 진학을 선택한 좋은 가문의 후예를 만났다. 그는 또한 보수적인 가톨릭 배경의 출신이기도 했다. 그는 따라서 "자신의 세계에 있는 사람들 중에서 그 누구도 아옌데 편에 서 있는 사람을 알지 못했다". 그럼에도 불구하고 "가능한 한 폭넓은 교육을" 받고 가톨릭대학의 "상류층" 학생들보다 "더욱 다양한" 학생 조직을 경험하기 위해서 칠레대학을 선택했다. 그는 학업을 잘 수행했고 클라로 법률회사의 지도자 리카르도 클라로의 조교가 되었다. 그는 자신의 스승이 강의한 법학에 대해 깊은 존경심을 가지고 있었는데, 이 강의는 법률과 경제이론들을 결합하고 있었다. 그는 스승의 법률회사에서 견습사원으로 일한 후 변호사로서 근무했다. 그는 또한 법대에 관여하기도 했다.

그에 따르면, 클라로 법률회사는 당시 국가 부채의 재정리에 관련된 "수많은 문서 꾸러미" 일에 시달리고 있었다. 이 회사는 시티은행을 비롯한 수많은 은행들을 대표했고, 매뉴팩처러스하노버(Manufacturers

Hanover)는 가장 크고 유일한 칠레의 채권자였다. "좋은 법률 배경과 영어 구사 능력, 경제이론에 대한 취향"을 보유한 그는 좋은 기회들을 발견했다. 그는 외채를 협상하고 재구성하는 업무를 담당한 뉴욕의 법률회사들에서의 연수를 통해 빨리 일을 배울 수 있었다. 채권자들을 위한 그의 작업에 대해 그는 이 업무 중 많은 부분들이 "첨단 과학"이 아니었다고 설명했다. 왜냐하면 대부분의 문서들이 "맨해튼 어디에선가 작성됐고" 칠레에서 "도장을 받았기" 때문이었다. 그러나 그는 이런 유형의 변호사업의 권력을 배우고 이해하기 시작했다. 그는 미국에서 공부하기로 결심했고 "문화적 충격 이상의 것"들을 발견했다. 그는 법률 사무에 대해 "우리는 여전히 석기시대에 있다"고 결론내렸다. 그는 부채와 회계 금융을 다루는 뉴욕의 법률회사에서 인턴을 마친 후 다시 클라로 법률회사로 돌아왔다.

그 무렵 그는 "변해 있었고" "미국 변호사들이 칠레에서도 모델이 될 수 있을 것"이라고 생각했다. 그러나 그는 "칠레의 폐쇄적인 법조계 클럽 환경이 그것을 허용하지 않을 것"이라고 느꼈다. 파트너십을 받아들이는 대신에, 그는 다른 몇몇 사람들과 함께 법률회사를 창업했다. 외채위기의 유산은 국제적인 법률 업무에 붐을 가져다줬다.* 상대적으로

---

*카레이(Carey) 법률회사의 한 변호사에 따르면, 이 활동은 단순히 은행을 대표하는 것으로 시작했다. 그런데 은행과 그들 간의 "소극적인" 관계가 갑자기 매우 적극적으로 변했고 새로운 변호사에 대한 수요를 가속화시켰다. 이 회사는 가족 회사였기 때문에 "구전을 통해서" 법대를 졸업한 사촌을 찾아나섰다. 이 회사는 카레이 가문 사람을 열 명까지 거느리게 됐다. 가족 출신이 아닌 몇몇 변호사들은 이 회사를 떠나 자신의 회사를 만들기도 했다. 외채위기가 계속되자 다른 나라처럼 몇몇 채권자들은 부실회사를 사들이기 시작했고 법률가들은 "이 회사들의 새 주인을 위해 자문가로 봉사했다". 그들은 "부채를 현지 통화로 전환하는 새로운 기술"을 마련했는데, 이것은 당시 외채가 명목가치의 20% 이상 상승해 거래되기 시작했기 때문이다. 그 결과 수많은 외국 기업들이 칠레에 진출해 현지 법률회사들의 봉사를 받고 중앙은행의 협조를 얻었으며 결국 칠레 경제의 개혁과 법조계의 사업 장악에 기여하게 됐다.

소규모였음에도 급속하게 성장하고 있던 법률회사 그룹들은 이제 이 업무에 초점을 맞추었고, 외국인 고객을 독점하다시피 한 "서너 개의 법률회사" 내부에서 그리고 이 회사들에 대항하여, 나아가 보다 일반적으로 "이스태블리시먼트의 유착"에 대항하여 세대간의 전투를 일으키게 된다. 이 서너 개 법률회사들(필리피, 클라로, 카레이, 그리고 최근의 카리올라[Carriolla])은 "서로간에 매우 잘 알고 있고" "신사적이며" 여전히 "클럽처럼 폐쇄적이었다".

국제적인 업무에 관련된 보다 오래된 가족 법률회사들도 비록 가족적인 정향이 여전히 남아 있기는 하지만 변화했다. 예를 들어, 이런 회사들 내부에서는 보다 미국 모델에 가까운 모델로 이동하려고 노력하는 젊은 멤버들과 전통적인 접근 방법과 결합한 사람들 간에 중요한 가족적인 갈등들이 두드러지게 나타난다. 가족에 속하지 않은 몇몇 멤버들이 파트너가 됐고, 가족 멤버건 아니건 새로운 협력자들은 전형적으로 미국에서 공부했으며, 한 핵심 멤버가 언급한 바와 같이 "갈수록 영어로 계약서를 작성하고 있다". 전통적인 가족 회사 내부와 외부에서 이 새로운 세대는 예외 없이 사회적 인정을 받고 있다. 그들이 발전시키는 사업 법률회사들은 변호사들을 새로운 경제권력을 위한 정당한 브로커로 개종시키는 핵심 장소가 되고 있다.

이런 신세대 사업 변호사들은 점차 법률회사에서 빠져 나와 국가권력의 장에 투자하고 있다. 미국에서 잘 구축되어 있고 멕시코에서 점차 두드러지게 나타나는 방식을 추구하는 그들은 자신들이 대표하는 새로운 기업질서를 정당화하는 데 기여할 법률의 정당성을 구축하려고 노력한다. 그들은 전통적인 법학부와 확장된 가족 과두제, 그리고 매우 비굴한 법원 시스템을 중심으로 조직된 신중한 이스태블리시먼트를 옹호하기보다는 법원과 법률교육에 대해 과거와는 다른 수입된 시각들을 촉진하고 있다.

사업 변호사들은 또한 국제적인 법률의 무대에 수많은 새로운 진입자를 증가시키는 데 기여한 피노체트 정권 동안에 중앙은행 내부에서 생산되기도 했다. 자신의 아버지가 변호사 겸 외교관이었고 따라서 영어를 유창하게 구사하는 한 변호사는 1977년에 "여러 가지 경력의 옵션들 중에서" 로스쿨을 선택했다. 그는 하이메 이라라사발을 포함하여 경제학의 정교함을 갖춘 몇몇 학부 교수들로부터 부분적으로 영감을 얻었다. 그는 다른 교수들은 강의 준비도 없이 "옛 강의들을 되풀이하는 매우 잘못된 교수들"이었다고 주장했다. 가족의 인맥과 영어에 대한 지식을 통해 그는 반덤핑과 같은 무역문제들을 다루는 정부의 한 부처에 자리를 보장받았다. 이 자리와 그가 차지하고 있던 다른 자리에서 그는 자신이 '테크노크라트'가 되기를 선호하고 정치권에서 일하는 데는 관심이 없다는 것을 강조했다.

그 후 그는 중앙은행에 채용됐는데, 이곳의 법률팀은 뉴욕대학 학위증을 가지고 있고 세계은행에서 일한 경험이 있는 카를로스 올리보스에 의해 지휘됐다. 올리보스는 법률을 제정하고 외채 재조정 협상을 검토하기 위해 법률적으로 재능 있는 사람을 필요로 했다. 이 젊은 변호사는 금융위기가 한창이던 1981년에 중앙은행의 법률팀에 참여했다. 이법률 부서는 당시 열 명의 법률가들을 보유하고 있었는데, 그들 대다수가 변호사 경력을 가지고 있었다. 이 부서의 장은 변호사 경력이 없던 사람으로서 새로운 경제 아젠다에 따른 새로운 작업 방식을 "요구받고 있었다". 여기에서도 "옛 스타일 대 새로운 스타일"의 대립이 있었다. 사실상 신세대는 급료가 낮은 중앙은행에 머무르지는 않을 것이라고 생각했다. 계속 남은 사람은 영어를 할 줄 모르고 보다 일반적으로 "민간부문에 갈 수 없는" 사람들이었다. 이 젊은 변호사는 사실은 미국에서 공부하기 위해 중앙은행의 장학금 가운데 하나(전 세대 경제 전문가들을 위해 마련된 장학금)를 찾는 중이었다.

이 변호사의 관점에 따르면, 그들은 "중앙은행에 권력이 있을 때" "경제부의 법률팀"이었고, 그것은 "좋은 사람들을 위해" 제대로 작동하는 중이었다. 그는 산티아고와 외국의 중요한 법률가들과 은행가들, 외국 관료들, 그리고 기타 다른 사람들과 일하면서 "그의 업무와 함께 성장하기 시작했다". 그는 자신의 기술적인 법률활동으로 "국가를 변화시키고 있다"고 느꼈다. 현재 중앙은행에 있는 변호사들은 "단지 경영을 할 뿐"이라고 그는 말했다.

이런 새로운 모델의 붐은 여전히 복합성을 반영한다. 우선, 그것은 더 많은 법률자본을 법률회사의 가족자본에 주입함으로써 주요 설립자들의 권력을 강화하는 데 기여한다. 이와 동시에, 외국 유학과 미국에서 인턴 활동을 마치고 돌아온 가족 법률회사 출신 중 많은 사람들이 미국 노선에 따라 이 회사들을 현대화하기로 결심했다. 그들은 어떤 회사의 직접적인 상속자들이 아닌 경우에는 자신의 회사를 창업하는 것으로 시작했지만, 이 회사들이 성장함과 더불어 신세대 변호사들은 그들의 아버지들이 따랐던 것과 똑같은 논리를 되풀이하는 경향이 있다. 이 경향은 정치와 로스쿨에 대한 접속 그리고 재계와의 관계를 통해 새로운 법률자본을 재투자하고 다각화하며 공고하게 만드는 것이다. 이런 재투자는 그러나 자립할 수 있는 법률회사를 만드는 것을 지향하지는 않는다. 이런 법률회사의 유일한 사례는 상파울루의 특수한 환경과 매우 다각화된 브라질 엘리트와 언어적인 토대에 의해 설명되는 피녜이루 네투 법률회사이다. 보다 전통적으로 인정받는 지위를 구축하기 위해 투자하려는 경향은 법률 전문성을 재생산하는 구조에 토대를 두고 있다.

법률 전문성을 재생산하는 전통적인 구조는 제자들의 경력을 위해서뿐만 아니라 제자들이 훗날 다른 곳에 투자할 수 있는 자본의 축적을 위해서 자신의 명성을 빌려주기도 하는 사제지간이다. 이 모델은 자신들이 스승이 될 때까지 (비유적으로 말해) 연장자들을 죽이려고 시도하는 젊은 사람들에 의해 자동으로 반복하는 과정으로 특징지어진다. 승리자들을 위한 개인적 이점들은 이 세계가 가족 모델로부터 벗어나려고 하지만 그것을 재생산하는 상호 연결된 소규모 가족 회사들의 조합에 의해 계속해서 지배된다는 것이다. 게다가 이런 작은 기업에 종사하는 사람들은 국제 비즈니스의 지역적 측면만을 다루는 미국 법률회사들이 손쉽게 활용할 수 있는 하청업 네트워크를 만드는 데 기여한다.

소규모 가족 회사들과의 관계에서 강력한 미국의 지위는 미국 회사들이 남미 사업 법률회사들의 전문성의 재생산에 있어서 수행할 수 있는 중요한 역할을 제공한다. 그들은 가장 비싼 전문성과 가장 중요한 고객들에 대한 접근을 통제한다. 미국 회사들은 그 후에 자신들의 세계적인 정당성을 구축하고 생산하면서 그들을 엘리트 세계에 통합하기 위해 상대적으로 작은 사업적 번영을 선택할 수 있다. 북미와 남미의 법률회사들 간의 접속과 관계들은 또한 미국의 법률회사들이 가장 재능 있고 남미에 잘 연결되어 있는 사람들 가운데에서 선택할 수 있게 해주는 관계들을 발전시킬 수 있게 해준다. 즉, 이 모델은 미국 법률회사들에게 홀륭하게 기여한다. 강력한 북미의 지위는 직업 교육을 남미에 투자하려는 노력이 왜 항구적으로 존재하는지 설명할 수 있게 해준다. 남미의 로스쿨들은 법조계의 채용을 위해 필수적이지만 사업 법률회사에 대한 로스쿨의 역할은 점차 북미의 법률회사와 로스쿨에 양도됐다. 남미에서 법률 전문성의 재생산을 위한 모델은 미국에서 생산된 것과 똑같은 전문성의 수준을 제공해주지 않는다. 그 대신에, 남미에서의 모델은 계속해서 법학부의 구조를 통해 접합되는 확장된 가족관계와 제자들의 노력, 그리고 다른 활동을 수행할 수 있게 해주는 파트타임 교수직으로 특징지어진다. 미국식 전문성에 토대를 두고 국제적인 사업을 지향하는 남미의 법률회사들은 성장 중에 있지만, 이것은 상대적으로 새로운 현상이고 전통적인 법률기관들(비록 많은 유사한 특징들을 공유하고 있지만)의 주변부에 머무르고 있다. 그들은 법률교육을 담당하는 중요한 공공기관들에 도전하지 않았다.

이런 공공기관들의 협소성이 빚어낸 결과 중 하나는 비즈니스 스쿨에 소속되어 있거나 경제학을 중심으로 설립된 민간 로스쿨들에 대해 투자하는 경향이다. 새로운 민간 로스쿨들과 비즈니스 스쿨들은 현재 국제적인 것을 지향하는 변호사들과 신세대 경제학자들을 결합하고 있다. 아르헨티나에서 현재 법률을 교육하는 토르쿠아토 디텔라대학, 아우스트랄대학, 그리고 유명한 사업 변호사들을 강의 프로그램에 참여시키는 CEMA의 비즈니스 스쿨은 두드러진 사례를 제공한다. 토르쿠아토 디텔라연구소의 외부에서 성장했고 1995년에 로스쿨을 마련한 토르쿠아토 디텔라대학은 홈페이지에서 "가장 유명한 북미 로스쿨에서 사용되는 모델"에 토대를 둔 아르헨티나 "법학교육에서의 근본적인 변화"를 이룩하려는 야심을 선전한다.* 이 사이트는 '법률의 경제적 분석', "게임

---

* 토르쿠아토 디텔라대학의 자문위원회는 국제사업법변호사회의 멤버인 후안 네그리(Juan Negri)와 오라치오 린치(Horacio Lynch) 같은 몇몇 법률가들이 참여하고 있다.

이론", "공공선택", 그리고 "정의의 현대적인 이론" 등과 같은 새로운 분야에 초점을 맞추고 있음을 보여준다. 경제학자와 변호사를 포함하고 있는 이 학부의 교수 24명 가운데 5명은 시카고대학 법대나 경제학과의 학위증을 가지고 있다.[3]

신자유주의 경제학자들의 핵심 양성기관인 멕시코기술자치대학 (ITAM)의 사례는 특히 흥미롭다. 이 연구소는 오로지 미국적인 법률과 경제학에 초점을 맞추는 로스쿨을 설립하기로 결심했다. ITAM 내부에서 법대생들은 경제학자들의 지배를 주장하는 경제학과 학생들에게 "멍청이들"로 간주되었다. 반대로, ITAM 외부의 보다 전통적인 법률 세계로부터의 비판은 다음과 같은 말들로 표현되었다—"경제학자들의 보조원으로서 변호사를 길러낸다", "법원에 갈 수 없는 사업변호사들", "인권에 대해 매도하지 마라", "매우 불균형한", "암파로(amparo: 유명한 헌법 문건)를 공부하지 않는". 물론 현지의 변형들이 있지만, 핵심은 단지 전통적인 로스쿨 개혁의 어려움이 경제학과 비즈니스 스쿨을 결합한 로스쿨의 증가로 나타난다는 것이다. 그러나 이런 현상은 오랫동안 지속된 두 개의 바퀴를 가진 시스템이 변형된 방식으로 복제된다.

법률 이스태블리시먼트 사이에서 현지 신용이 부족한 민간 로스쿨들은 전통적인 공립 로스쿨로부터 가장 야심적이고 부유한 많은 학생들을 유혹한다. 그러나 이런 노력에도 불구하고, 민간 로스쿨은 여전히 유럽적인 독트린의 영향을 받고 논평과 교재들을 통해서 "법을 말하는" 유명한 교수들이 지배하는 이런 이스태블리시먼트와 단절할 수 없다. 우리가 살펴본 바와 같이, 칠레에서는 몇몇 주도적인 사업 변호사들이 칠레대학의 파트타임 교수로 활동하면서 개혁의 언어들을 말하고 있지만, 그들 모두는 실제로 졸업생들에게 교육의 완성을 위해 유학하도록 장려하고 있다. 그들이 처음에 졸업한 학교가 어디든 간에, 사업 법률을 지향하는 모든 사람들에게 성공은 여전히 학업을 완수하기 위해 북미로 가는 사람들이 획득하는 외국 졸업장에 달려 있다. 따라서 새로운 사업 법률회사들이 자신들이 고용하는 사람들에게 다소 다른 정향을 요구하고 있기는 하지만, 법률 엘리트를 생산하는 전통적인 방법은 변하지 않았다. 유럽과 그 밖의 지역에서 발견되는 방식에는 법률 이스태블리시먼트의 핵심을 이루는 전통적인 로스쿨과 여전히 전통적인 법률 세계에 뿌리박고 있는 사업 법률회사 간에 간극이 있다.

외국인의 법률 영역: 멕시코의 외국인 법률회사

멕시코에는 미국에 가까운 엘리트가 있었지만, 다른 한편으로는 오래된 민족주의 전통이 존재하기도 했으며 미국의 지배로부터 거리를 두고 있었다. 이런 배경은 (혁명의 타깃이었던) 옛 민간 엘리트의 상속자들이 멕시코 민주화 과정에서 핵심 지도자가 되기 위해 미국과의 관계와 사업 법률회사의 토대를 이용하는 역설적인 상황을 낳게 된다.

멕시코에서 외국인 변호사들의 역사는 멕시코 상업 변호사들의 역사에서 중요한 구성요소이다. 그것은 무역과 투자의 증가로 인해 발생한 변동으로부터 이득을 취한 법률 선구자들의 역사이기도 하다. 현재한 유명한 변호사가 진술한 바와 같이, "주요 법률회사들"은 미국 기업들에 의해 "주도됐거나 시작됐다". 이 역사는 적어도 제2차 세계대전 이후의 시기까지 거슬러 올라가고, 다소 불평등한 관계들을 포함했다. 경력이 그 시기까지 거슬러 올라가는 멕시코 변호사 중 한 명이 지적한 바와 같이, 당시의 제도는 "멕시코인 협력자들의 이름을 법률회사 직원 리스트의 제일 마지막에 놓곤 했다". 댈러스의 법률회사인 베이커, 보츠, 미란다, 프리에토는 전쟁 동안 멕시코에 견고한 네트워크를 구축하면서 1947년에 회사를 열었다. 이 회사의 역사에 따르면, "이런 국제적인 활동은 베이커앤보츠에 가담하기 전에 멕시코 대사관에서 일했던 헨리 홀랜드와 하버드 로스쿨 석사과정을 마친 두 명의 젊은 멕시코 변호사 간의 밀접한 우정관계에 뿌리를 두고 있었다".[1] 이 회사는 1973년까지 공동기업(joint venture)으로 유지됐다. 사실 오랫동안 베이커앤보츠는 멕시코 변호사들이 귀국하기 전에 댈러스에서 일하도록 이끈 프로그램을 운영했다. 과거 미국과의 관계 외부에서 성장한 기존의 주요 회사들 가운데에는 1934년 설립된 노리에가와 에스코베도(Noriega y Escobedo), 1948년에 설립되어 훗날 베이커앤보츠에 합병된 산타마리나와 스테타 (Santamarina y Steta), 베이커앤맥켄지와 결합한 부페테 세풀베다 (Bufete Sepulveda), 현재 커티스 맬릿(Curtis Mallet)에 합병된 디에스, 가르사-모랄레스, 프리다(Diez, Garza-Morales y Prida), 하우레구이, 나바레테, 나데르, 로하스(Jáuregui, Navarrete, Nader y Rojas) 등이 있었다. 또한 1934년에 설립된 구드리치와 리켈메(Goodrich y Riquelme)는 창립 파트너로서 미국인들과 협력했다. 그러나 앞의 리스트는 1950년대의 시케이로스(Siqueiros) 법률회사와 함께 시작된 미국과 관계맺은 수많은 자회사들을 무시하고 있기 때문에 미국의 영향력을 과소평가하고 있다.

선구적인 미국 회사들과 1960년대 이후의 해외 지향적인 법률회사들은 주로 멕시코 시장에 들어가도록 허가받기 전에 많은 규제에 직면해야 했던 외국인 고객들을 대표한다. 우리는 1972년 커티스 맬릿의 선구적인 변호사였던 알렉산더 호글랜드(Alexander Hoagland)가 출판한 책을 검토해봄으로써 민족주의의 엄격한 규제 속에서 투자가 늘어난 1970년대의 법률 업무를 이해할 수 있을 것이다. 미국인 변호사인 호글랜드는 새로 개업한 커티스 맬릿에서 일하기 위해 1962년에 멕시코로 건너왔고 멕시코에서 법률활동을 하기 위한 자격증을 획득하기 위해 UNAM을 다니기로 결심했다(그는 UNAM의 내분에도 불구하고 1973년에 자격증을 획득했다).

그와 그의 멕시코 자회사는 1972년에 그가 출판한 『멕시코에서 기업의 설립』에서 설명한 것들을 수행하는 중이었고, 1980년까지도 그것을 유지하고 있었다는 것은 중요하다. 이 책은 멕시코 시장에 진출하려는 기업들이 부딪히는 상황을 기술하고 있다. 특히 두 가지 요소가 주목할 만하다. 먼저, 전국외국인투자위원회(National Foreign Investment Commission)가 마련한 법규들은 매우 복잡함에도 불구하고 어느 정도 타협의 여지를 남겨뒀다. 규제에 관한 이 법률은 1944년에 제정됐고 에체베리아(Luis Echeverría Álvarez) 행정부에서 강화됐다. 둘째, 일반적으로 새로운 외국인 투자 한도를 그 어떤 새로운 사업에 대해서도 49%를 넘지 못하게 함으로써 외국인 투자를 "멕시코화"하고, 적어도 51%의 지분을 멕시코인에게 매각하라며 멕시코 기업을 소유한 외국인들에 대한 정부의 압력이 지속됐다.[5]

멕시코화에 대한 요구의 한 가지 아이러니는 그것이 다른 조치들과 더불어 미국과 다른 외국의 기술이전을 촉진함으로써 종속을 줄일 수 있을 것으로 기대했다는 것이다.* 또 다른 아이러니는 그것이 아마도 외

---

* 한 상급 변호사에 따르면 에체베리아는 보다 엄격한 법률을 통과시켰는데, 그것은 미국 투자가들이 멕시코 규제 시스템에 "명확한 게임의 규칙"이 없기 때문에 어려움을 겪는다고 주장한 연설에 대한 분노의 표시였다.

국인들을 "토착적인" 방법으로 "길들일 수 있을 것"으로 가정하고 있었을 것이라는 점이었다. 그러나 밝혀진 바와 같이, 멕시코화는 의무적인 결합을 통해서 외국과 협력하도록 강요받은 사업체들에게 미국식 경영 방식을 도입하는 견인차가 된 것으로 보인다. 그리고 그것은 또한 정부 내외에서 외국인 변호사들의 파트너로 봉사하기 위해 특별히 멕시코적인 전문성을 중시하는 데 기여하기도 했다.

법률에 대해서, 미국인들 특히 커티스 맬릿의 호글랜드 같은 사람들은 몸소 자격증을 취득하기 위해 행동하기보다는 "지적이고 분석적인" 측면을 제공하려고 했다. 그들은 자신들의 공동기업을 설립하기 위해 멕시코 '노하우'와 미국의 '노하우'를 이런 방법으로 결합했다. 게다가 멕시코 시장에 진입하기를 희망한 모든 외국 기업들이 이 과정을 거쳐야 할 필요가 있었기 때문에 외국 지향적인 현지 변호사들은 더욱 번성했다. 이 변호사들 중 한 명에 따르면, 멕시코의 외국인 투자자들에 대한 규제는 "중요한 골칫덩이였고 법률 사업의 근원"이기도 했다.

또한 멕시코 정부는 외국인투자위원회 내부(혹은 특허청과 같은 다른 유사한 기관)의 능력 있는 파트너들을 보유하기 위해 투자하는 것도 필요했다. 이 부서들의 변호사들은 영어를 구사해야만 했다. 이런 필수조건은 충원 인원을 특권층 교육의 혜택을 받고 재계의 상속자 출신인 극히 소수의 사람들(변호사들 중 3%)로 제한했다. 규제직에 소속된 요원들의 사회적·직업적 프로필은 다국적 기업의 이익을 옹호하기 위해 사업 법률회사에 채용된 그들의 동료들과 매우 유사했다. 게다가, 이 공무원 가운데 어떤 사람들은 후에 민간부문에서 경력을 추구했다. 결국, 외국 기업들과 협상하고 그들을 통제할 수 있는 사람들의 필요성은 해외 지향적인 기관에 충원된 사람들이 농업과 같은 국내 기관들에서 종사하는 사람들과는 완전히 다른 자질을 갖추었음을 의미했다.

해외 지향적인 법률회사들은 이와 같은 사업의 대리인 역할 외에도, 고객의 이익과 자신의 이익을 위해서도 공공입법의 국수주의와 무능을 벗어날 수 있게 해줄 분쟁조정 포럼들을 정비하기 시작했다. 국제 분쟁조정 분야의 멕시코 선구자인 호세 시케이로스(José Siqueiros)는 1970년대 초 멕시코가 '뉴욕국제무역중재협약'(New York Convention on International Commercial Arbitration)을 채택하도록 하기 위한 노력에 개입했다. 그가 회장으로 있던 '멕시코무역·중재법학회'(Mexican Academy of Commercial and Arbitration Law)는 이 협약을 비준하도록 상원을 설득하는 데 성공했고, 그 후 그는 (심지어 멕시코의 비준 후에도 이 협약을 자세히 알지 못한) 법원의 민족주의적인 태도에도 불구하고 외국인에 대한 보상을 관철하기 위한 몇몇 조항의 적용을 위해 노력했다. 한 멕시코 원로 변호사에 따르면, 당연히 법원은 처음에는 "경쟁을 두려워했고" 고객들과 사업의 일부를 상실할 것을 염려해 "중재에 대해 그다지 우호적이지 않았다". 시케이로스는 그 자신이 멕시코에서 가장 유명한 중재변호사가 되기 전에 오랫동안 중재의 '전도사'였다.

1980년대에 국제 업무를 지향한 변호사 공동체는 멕시코 외채의 조정에 광범위하게 참여했다. 특히 외채위기의 중심에 있던 시티은행 등의 미국 거대 은행과 함께 미국의 대형 법률회사들(셔먼앤스터링, 설리번앤크롬웰, 화이트앤케이스, 클리어리가트립)이 개입하게 됐거나 "계속해서 개입한 것"은 당연한 일이었다. 그리고 그들은 이 작업이 "멕시코 법률과의 조화 속에서" 이루어져야 했기 때문에 멕시코 파트너를 필요로 했다. 국제 업무를 지향한 법률회사의 한 변호사에 따르면, 위기 당시에 이런 국제적인 거래를 "처리할 수 있는 멕시코 법률회사들은 한 줌"에 불과했다. 어떤 은행은 개인적인 신용보증으로 자금을 조달했고, 다른 은행들은 큰 충격 없이 손해를 견딜 수 있는 규모를 갖추고 있었는가 하면, 또 다른 은행들은 반대로 조금의 재정적 손실도 허용될 수 없는 등 은행권은 통일성을 갖추지 못했다. 은행들은 매우 "까다로워서" 자신들만을 위해 봉사할 변호사들을 원했고, 네 개에서 여섯 개 정도의 활용 가능한 멕시코 법률회사들은 이익을 둘러싸고 서로 갈등을 벌였다. 그러나 몇 달이 지난 후, 그들은 은행들을 함께 연합하도록 만들 수 있었고 이 작업(달러 부채를 짊어진 민간 및 공공기관들에 대한 "워크아웃"과 "구조조정")은 1981년경부터 87년까지 그들의 모든 시간을 잡아먹었다.

문제는 협상의 연장이었다. 사실 일반적인 견해에 따르면, "법정에 가는 것"은 아무런 의미도 없었다. 이때부터 생각할 수 있는 유일한 대안은 외환위기를 처리할 수 있는 금융 구조조정 프로그램을 마련하도록 멕시코 정부를 설득하는 것이었다. 멕시코와 기타 다른 지역에서 그 어떤 사법적 호소도 의도되지 않았고, 다양한 경쟁자들은 이 복잡한 문제를 어느 정도 만족스러운 방법으로 처리하기로 합의하는 데 성공했다. 금융 구조조정을 중심으로 조직된 활동은 의심할 나위 없이 국제적인 업무를 지향하는 실무자들을 뒷받침하는 데 기여했고, 은행과 기업들을 국제 거래에서 법률의 사용에 친숙해지게 만들었다. 이 거대 법률회사들의 변호사들은 민간 기업의 장이건, 멕시코 정부의 책임자건 그들의 파트너들이 이제부터 과거처럼 그들의 친분관계로 맺어진 신뢰에 얽매이지 않고 기술적인 능력을 보다 중시하게 된 것을 만족스럽게 생각했다. 이 과정의 결과로 재계 엘리트의 후예인 많은 멕시코 변호사들을 거느리는 강력한 상업 법률회사들이 출현하는 것이 관찰된다.

멕시코의 사회적 관계들과 미국의 법률 기술을 활용한 공동기업 회사들은 다국적 기업들로 하여금 멕시코에서 사업을 할 때 이중 플레이를 할 수 있게 해줬고, 이와 동시에 이 회사들은 멕시코 엘리트 법률 직업 내부에 새로운 법률적인 도구들을 전파하기도 했다. 우리가 아래에서 살펴보게 될 것처럼, 이 새로운 도구들은 무역거래뿐만 아니라 국가권력의 장에서 변호사들이 사용하는 하나의 전략이 될 수도 있었다. 이런 법률의 장 내부에서 외국인들의 영역은 1970년대에는 상당한 적대감을 불러일으켰다. 한 미국인 변호사는 자신의 법률회사가 "텍사스 오일맨(oilman)"이라고 불린 미국 변호사가 소유하고 있다는 점 때문에 공개적으로 비난당했다고 말했다. 우리가 만난 미국 변호사들은 멕시코 성문법이 그들을 인정하도록 규정하고 있음에도, 사실상 멕시코에서 법률활동을 하지 못하게 되는 데 대해 재판을 걸어야만 했다. 사실 변호사들의 가장 큰 자원봉사 기관인 바라멕시카나(Barra Mexicana)는 1997년 이후에야 외국인 변호사들을 받아들이기 시작했다.

계속 유지된 민족주의와 여전히 대다수를 차지하고 있는 외국인 고객들과의 업무를 지향하는 법률회사들의 밀접한 관계 때문에, 이 멕시코 변호사 그룹이 NAFTA 협상 과정에서 주도적인 역할을 수행하지 못했다는 것은 그다지 놀라운 일이 아니다(여기에 대해서는 다음 절에서 설명한다). 대외무역을 통해 번성한 이 그룹은 NAFTA 협상을 정당화하기 위해 활용할 수 있는 가장 좋은 카드가 아니었다.

몬테레이, 알파, 그리고 기업에 소속된 변호사들의 성공

사업 법률회사의 성공과 유사한 성공담이 있다. 그리고 그것은 가르사(Garza)와 사다(Sada) 가문이 연합한 지주회사(holding company)인

몬테레이 그룹에서 발견된다. 이 성공담은 멕시코시티에 있는 외국인 법률회사들이 현지와 접속하는 놀라운 방식을 보여준다. 혼인을 통해 가르사 가문과 맺어진 에르네스토 카날레스 산토스(Ernesto Canales Santos)는 멕시코시티에 있는 에스쿠엘라 리브레(Escuela Libre)라는 학교를 다니면서 재계에 들어가기 위한 법률학교 과정을 이수했다.* 학생시절, 그는 베이커앤보츠에서 근무했고 여름방학을 휴스턴에 있는 이 회사 사무실에서 미국식 법률 업무를 익히는 데 보냈다. 졸업한 후에는 포드재단 프로그램의 혜택을 입었는데, 이 프로그램은 20개 국가에서 뽑은 20명의 학생들을 학업을 계속하도록 컬럼비아대학에 보내는 것이었다. 여기에서 그는 비교법학 석사학위를 취득했다.

카날레스 산토스는 주도적인 민간기업인 산토스 엘리손도(Santos Elizondo)에서 근무하기 위해 몬테레이로 돌아갔다. 국가 엘리트의 분할이 그다지 심하지 않았던 몬테레이 환경에서 산토스 엘리손도는 당시까지 멕시코시티에서는 존재하지 않았던 방법으로 사업법과 정치를 결

---

* 카날레스 산토스의 사촌인 페르난도 카날레스 클라리온드(Fernando Canales Clariond)는 몬테레이 그룹의 또 다른 가족 기업인 IMSA(전신은 몬테레이산업)의 회장이 됐다. 그는 국민행동당(PAN)의 지도자 가운데 한 명이었고 법대를 졸업했다. 카날레스 산토스의 출신 배경에 대한 다음 이야기는 재계와 국가 간의 분업을 매우 잘 보여주고 있다. "내가 성장할 때 우리 집안은 사업가 집안이었다. 그리고 나는 크리스천 브러더스 스쿨(Christian Brothers School)에서 교육받았는데, 이 학교에는 반정부적인 태도가 지배적이었다. 나는 법학을 전공하기로 선택했다. 나의 세계를 넓히고자 하는 야망 때문에 나는 명문학교가 별로 없던 몬테레이에 남아 있기보다는 멕시코시티에 가서 사립법률학교에 입학했다. …… 내 친구들도 그들의 가문 어른들과 그들이 교육받은 학교들에 따라 이와 유사한 진로를 거쳤다. 우리 세대는 공공부문을 완전히 부패하고 더러운 것으로 간주했다."(Camp, 1989 : 74) 우리는 그의 경력에서 '법률적인 측면'을 강조했지만, 캠프처럼 그가 알파(Alfa) 그룹의 대주주였다는 것을 지적해야 할 것이다(185). 그는 47%의 공개주식을 보유하고 있었다. 또한 몬테레이의 한 변호사는 그를 법률가라기보다는 마피아 두목의 법률고문(consigliere)이라고 설명했으며, 멕시코시티의 한 변호사는 그가 변호사라기보다는 사업가라고 주장했다. 따라서 이 법률가의 가족적인 프로필과 그가 수행한 다양한 역할들은 우리가 연구한 다른 국가에서의 역할들에 대한 멕시코 버전이라 할 수 있다.

합할 수 있었다. 몇 년 후, 몬테레이 그룹 내에서 경력 쌓기를 희망한 그는 멕시코시티에 있는 한 금융회사 법률 부서의 장이 됐고, 그 후 다시 몬테레이 그룹으로 돌아와 1973년 매우 유명한 지도자였던 에우헤니오 가르사 사다(Eugenio Garza Sada)가 암살된 후 비사(Visa)와 알파(Alfa) 두 회사로 분열된 이 그룹 지주회사의 법률분과 장이 됐다. 가족 사업이었지만, 몬테레이의 사업은 지리적으로나 이데올로기적으로 미국에 매우 가까웠으며, 따라서 새로운 멕시코 투자법 하에서 생겨날 잠재적인 공동기업으로서 매력적으로 보일 수밖에 없었다.

1970년대부터 80년대 초 외채위기로 파산 직전에 이르기까지 알파 그룹의 역사는 무분별한 확장에 몰두한 사업의 혼란기로서 빈번하게 설명되곤 한다. 사실, 이 기업의 역사는 멕시코 재계의 변화와 국가와 기업 간의 관계 변화를 반영하는 중요한 요소들을 담고 있다. 캠프에 따르면, 1974년에서 80년까지 알파는 1000% 이상 성장했다.[6] (매우 짧은 기간 동안) 이 기업이 몰락한 후, 전통주의자들은 즉시 이 기업의 "결함들"을 지적했다. "이 기업은 온갖 종류의 기술 훈련을 받은 젊은 전문가들과 하버드와 컬럼비아대학 출신의 MBA 학위자들을 받아들였다. 그러나 그들은 이 포장육 회사의 현실에 대해서는 아무것도 몰랐다. 가족이 통제하는 활동에서 전문 조직으로의 이행은 이 기업을 파산으로 몰고갔다."[7] 사실, 베르나르도 가르사 사다(Bernardo Garza Sada)가 지휘한 알파 그룹은 "1974년에 수립된 비공식적인 규칙(각각의 하위 부서들은 다른 하위 부서들의 활동에 관여하지 않는다는 규칙)을 위반하면서 몬테레이 그룹의 다른 세 개의 하위 부서들을 소외시켰다".[8]

보다 주의 깊게 살펴보면, 우리는 알파가 기존의 게임 룰을 위반하지 않았다는 것과 베르나르도 가르사 사다를 그렇게 행위하도록 만든 논리도 이해할 수 있다. 앞에서 지적한 바와 같이, 몬테레이의 재계는 새로운 법률 하에서 잠재적인 공동기업을 위한 매력적인 파트너였다. 한 내부의 인물이 언급한 바와 같이, 알파의 리더십은 뒤퐁(Dupont) 같은 회사들과 함께 작업하기 위해서는 "똑같은 언어를 쓰는" 사람들이 필요하다는 것을 인정했다. 그들이 가장 많이 투자할 파트너들을 유치하기를 원한다면, "전문적인 경영이 필요했다". 알파 그룹 법률 부서의 한 핵심 인물에 따르면, 카날레스 산토스는 또한 그들이 "다른 유형의 변호사"(사업의 필요에 부합하고 사업적인 면을 갖춘 변호사)를 필요로 하고 있다는 것을 인정했다. 알파는 10년 동안 미국에서 법학 공부를 계속하기를 원하는 학생들에게 20건의 장학금을 제공했다. 이처럼 알파는 가장 국제적이고 가장 잘 접속된 젊은 변호사들을 유치했고, 그들에게 미국에서의 교육을 제공했다. 셀 수 없을 만큼 많은 합병과 공동기업에 몰두한 알파의 법률 부서는 1979~81년에 30명의 변호사에서 100명의 변호사를 거느린 부서로 성장했다.* 이 변호사들 중 다수가 멕시코 회사들이 관여한 사업에서 법률의 위상을 높이면서 미국 파트너들과 매우 밀접한 협력 속에서 작업하는 것을 배웠다. 회사의 지도자들은 여전히 전형적인 가족 멤버들이었지만 사업의 방식은 크게 바뀌었다.

국가와 협상하기 위해 멕시코시티에 변호사들을 두고 있던 알파 같은 회사들에서 법률 부서의 성장은 또한 알파의 특수한 법률적 협상을 넘어서까지 영향을 미쳤다. 몬테레이 업체들을 필두로 한 다른 사업체들은 수지맞는 협상을 위해 경쟁 상태에 있는 알파의 법률전략을 모방했다. 게다가, 알파의 법률팀(그리고 다른 회사들의 법률팀)은 또한 민간

---

* 법률가들은 현재 30여 명으로 줄어들었다.

법률부문의 토대가 됐다. 이 법률팀의 멤버들은 그들의 비즈니스 이스태블리시먼트 지위로부터 산토스 엘리손도 같은 법률회사들로 이동했다. 이 변호사들은 다소 다른 과정들을 거쳤지만, 멕시코시티에 있는 그들의 분파와 외국 회사들을 통해 양성된 변호사들과 매우 유사하게 닮아 있었다. 알파 장학금의 혜택을 누린 몬테레이의 한 변호사의 다음 진술은 시사적이다. "당신이 일본이나 프랑스에 가서 미국에서 공부하지 않은 어떤 사람하고 이야기한다면 수많은 문제들이 있을 것이다." "공통된 법률언어가 필요하다. …… 국제적인 거래는 미국에서 공부한 사람들을 필요로 한다."

이런 기업 내 법률 부서의 성장이 가져온 또 다른 효과는 국가 자체에 미친 영향이다. 법률에 대한 알파의 과도한 투자는 알파와 그 밖의 신규 사업 이스태블리시먼트가 정당한 지위를 구축할 수 있게 해줬다. 한 자료에 따르면, 알파의 변호사들은 조세 부담을 지주 그룹의 수준에서 정착시킬 수 있게 해주는 새로운 회계의 틀을 마련한 후 규제기관들의 승인을 얻어냈고, 결국에는 그것을 법률 조항에 삽입하게 만드는 데 성공했다. 일반적으로 알파 "법률팀의 힘"은 "일반 이익에 관련된 모든 문제들"에 즉시 영향을 미칠 수 있다. 알파는 뇌물 제공이나 강력한 파워 플레이를 할 필요가 없는데, 그것은 이 회사가 법률적인 "주장들"을 만들어낼 수 있고, "정부를 바보처럼 보이지 않게 할 수" 있기 때문이다. 정교한 사업 기법을 보유한 알파의 변호사들은 따라서 과거의 비공식적인 관계들을 넘어서 알파의 지위를 정당화하는 데 필요한 정부의 인프라를 구축할 수 있다.

우리는 '전국사업변호사협회'(Asociación Nacional de Abogados de Empresa : ANADE)의 역사를 통해 멕시코시티에 있는 법률회사들과 몬테레이 그룹에 얽힌 두 가지 이야기를 연결시켜 볼 수 있다. ANADE 는 1970년에 프란시스코 브레냐(Francisco Breña)에 의해 중소 그룹에 소속된 변호사들(그들 중 다수는 멕시코시티의 미국 업체들과 연합하고 있다)이 서로 만나고 공동의 관심사를 논의하는 장소로서 설립됐다. 이들은 에체베리아 외국인 투자법의 통과와 함께 중요성을 획득했고, 이후 ANADE는 새로 출현하는 민간 변호사 그룹을 포함하는 데까지 확장했다. 이 사건에 참여한 한 인물에 따르면, 이 외국인 투자법은 "변호사들에게는 멋진" 일이었고 이 협회는 현재 사실상 사업 변호사들을 위한 모임으로서 전국적으로 700여 명의 변호사들을 결집시키고 있다. ANADE 는 법률(특히 미국 법률)과 재계 변호사들의 증가하는 가치를 보여주는 또 다른 사례이다. 이 기구는 현재 그들의 고객 이익을 대표하는 법률과 변호사들의 로비를 촉진하고 있다.

NAFTA의 변호사들

국가 경제학자들과 가까운 신세대 사업 변호사들의 기원은 NAFTA 협상에서 발견된다. 1990년에서 93년까지 계속된 NAFTA 협상을 주도한 멕시코 행위자들은 살리나스 정권에서 국가 전문성을 장악한 경제 전문가들이었다.* 그들은 정부 내 최상위 지위들을 통제했고 무역정책을 개

---

* 이 경제학자들은 미국 라이스대학에서 경제이론을 강의한 에르미니오 블랑코와 예일대학에서 경제이론 분야의 박사학위를 획득한 하이메 사바도스키(Jaime Zabadosky) 같은 사람들이었다. 사실 여기에 관여한 한 인물에 따르면, 멕시코 대표단은 "모두 미국의 최고 명문 대학에서 박사학위를 획득한" 수많은 경제 전문가들을 포함하고 있었다. 또 다른 인물에 따르면, 이 멕시코 경제 전문가들은 경제적인 안건이 사법 시스템의 안건보다 앞서야 된다고 생각하고 있었지만 "투명성"의 필요성을 주장하는 견해에 대해서는 여전히 민감하게 반응했다. 또 다른 참가자에 따르면, 그들은 반덤핑 조치에 대해 매우 불만스러워했다.

발하기 위해 "숙련되지 못한" 법률가들에게 의지할 이유가 없었다. 그럼에도 무역부 장관이었던 하이메 세라는 (이미 미국-캐나다 NAFTA에 상당한 중요성을 부여하면서) 무역분쟁이 NAFTA 협상에서 중요한 문제라는 점을 인정했다. 이것은 적어도 여기에 필요한 전문성을 촉진하기 위해 법률에 대한 부분적인 개방을 가져왔다.

기예르모 아길라르 알바레스(Guillermo Aguilar Alvarez)는 1990～94년에 무역부의 국제무역 협상 부국장 자문관이었다. 그의 임명에는 많은 이유가 있었다. 우선, 아길라르는 1984～90년에 파리 국제상공회의소의 국제중재재판소 자문관과 총자문관을 역임한 경력이 있었다. 둘째, 그는 UNAM에 연결된 법률조사연구소(Instituto de Investigaciones Jurídicas: IIJ)와 강한 유대관계를 맺고 있었는데, 이곳에서 그는 연구원으로 근무한 적이 있었다. 그리고 UNAM에서 했던 무역법 연구를 통해 그는 해외 지향적인 상업 법률 변호사들(특히 시케이로스가 참여하기도 했던 법률회사의 설립자 중 하나인 호르헤 바레라-그레프〔Jorge Barrera-Gref〕)과도 관계를 맺고 있었다. 셋째, 멕시코시티의 유명한 엔지니어의 아들인 그는 재계와도 관계를 맺고 있었다. 사실 아길라르는 그와 함께 중학교를 다녔던 한 경제학자에 의해 천거됐다.

아길라르는 또한 경제학자들의 관점에서 볼 때, 다른 장점들을 가지고 있었다. 그는 매우 젊었고 대부분의 시간을 미국인 고객들을 위해 사용하는 외국 지향적인 변호사들과 그다지 공개적으로 연결되어 있지 않았다. 그는 미국의 이익을 대변하는 사람으로 보이지 않았을 것이다. 또 다른 관점에서 볼 때, 공공법률의 세계보다는 민간 법률의 세계에 보다 깊이 연결된 사람으로서 그는 멕시코 법률 시장의 개방에 반대한 전통적인 법률민족주의자들과도 동일시되지 않았을 것이다. 아길라르 같은 인물의 희소성은 멕시코의 NAFTA에 관여한 15명의 변호사들이 평균 잡아서 불과 25세에서 27세에 불과했다는 사실이 보여주고 있다. 이 UNAM 출신자들은 가장 중요한 분파를 형성했지만, 다수가 되지 못했다. 또한 에스쿠엘라 리브레, ITAM, 판아메리카나(Panamericana) 같은 주요 사립학교를 대표하는 인물들이 참여했다. IIJ에 가까운 사람들을 포함해 이 젊은 변호사 그룹은 NAFTA에 대한 관계와 그것이 낳은 새로운 법률을 통해 연합 세력을 형성했다.

미국 측 협상자들의 시각에서 볼 때, 이 멕시코 대표단은 법률가들이 협상에 관여하는 문이었던 "분쟁조정 문제에 있어서 매우 강력했다". 처음부터 분쟁조정에 대한 연구를 위해 실무 그룹이 마련됐고, 그것은 "법률가들의 그룹"이었다. 한 미국 측 협상자는 이 그룹이 NAFTA 협상 과정에서 "가장 조화로운" 몇 가지 협상들을 이루어내는 데 성공했다고 한다. 그들은 국제무역 중재에서 빌려온 기법들과 GATT와 WTO의 기법들로부터 영향을 받은 제도적인 장치들을 결합한 복잡한 시스템을 마련했다. 이 시스템은 멕시코 법원뿐만 아니라 미국과 캐나다 법원까지도 수용할 수 있게 해주어야 했다. 그들의 목표는 단지 무역분쟁 문제를 해결하는 것만이 아니라 초국가적인 민간의 무역분쟁 조정에 기여할 수 있도록 중재와 같은 대안적인 법률 모델을 촉진하는 보다 일반적인 프로그램을 전개하는 것이었다.

하나의 그룹으로서 이런 NAFTA 변호사들은 신세대 국제무역 변호사들의 핵심을 이루고 있다. 그들은 이제 강력한 외국과의 관계들과 멕시코 국가에서의 경험, 그리고 NAFTA(그리고 WTO)와 역시 NAFTA에 의해 마련된 새로운 반독점법과 새로운 분쟁조정 장치들에 의해 탄생한 새로운 무역 체제에 들어맞는 기술적인 전문성을 보유하고 있다. 경제 전문가들과 함께 작업하면서, 그들은 법률과 신경제학이 만나는 공간을 구축한다. 예를 들어, 아길라르는 경제학자인 하이메 세라와 공동으로 민간 컨설팅 회사를 설립하기로 결심했고 멕시코 정부, 국제적인 중재 공동체, 그리고 NAFTA 협상에 깊게 개입한 미국 변호사들과의 관계를 자본으로 바꾸고 있다.

선거법정과 부패에 대항한 전쟁

사업 법률가들의 국가를 향한 진출은 특히 선거개혁과 부패에 대한 전쟁(PRI를 재형성하고 NAFTA에 의해 훨씬 더 강력해진 국제적 전략을 활용함으로써 국가를 정당화하려는 노력의 양 측면)을 통해 관찰될 수 있다.

멕시코 인권위원회(Mexican Commission of Human Rights, 국가인권위원회[CNDH]와는 다른 조직)는 선거 이슈를 둘러싼 특정 이익을 가진 인권 그룹 가운데 하나로서 전적으로 재계의 리더들과 사업 변호사들로 이루어져 있다. 이 위원회는 에스쿠엘라 리브레의 유명한 교수 라몬 산체스 메달(Ramon Sanchez Medal), 커티스 맬릿 자회사의 파트너인 안토니오 프리다(Antonio Prida), 그리고 전직 베이커앤맥킨지 변호사이자 제록스의 변호사인 라파엘 에스트라다 사마노(Rafael Estrada Sámano) 등을 비롯한 사업 변호사들에 의해 1988년 설립됐다. 멕시코 인권위원회는 인권의 사업적인 측면을 강조했고, 선거법정(electoral tribunal)을 매우 조심스럽게 감시했다. 게다가 그들은 투명성과 (권위체들이 "설명하도록" 만드는) 책임성에 초점을 맞추었다.

민간으로부터 온 선거법정 내부의 한 그룹은 PRI와 전통적인 공공 엘리트 대표자들에 대한 대항권력이 됐다. 이 법정은 오늘날 대중 청문회를 수행할 만큼 절대적인 위치에 있는 법률기관이 됐다. 그리고 이 법정의 멤버들은 매우 높은 명성을 누릴 수 있었다. 여기에 참여하는 여섯 명의 시민 가운데 한 명은 멕시코에서 오랫동안 가장 큰 민간자본 은행이었던 바나멕스(Banamex)의 법률부장이었고, 또 다른 사람은 멕시코 인권위원회의 멤버였을 뿐만 아니라 민간 엘리트를 위한 가장 유명한 법학 교육기관인 에스쿠엘라 리브레의 교수이기도 했다. 세번째 민간 멤버는 금융 언론의 주요 편집장 가운데 한 명이었다. 또한 이 법정에 매우 밀접하게 관련된 연방선거연구소(Instituto Federal Electoral)의 책임자 중에도 매우 유사한 프로필들이 발견된다. 그들 중 한 명인 산티아고 크레엘(Santiago Creel)은 멕시코혁명 전에 치와와주를 지배한 가장 큰 금융 과두 가문의 상속자로서 처음에는 커티스 맬릿이 설립한 법률회사였던 노리에가와 에스코베도의 중요한 협력자였다. 그는 PRI에게 공정 선거를 치르도록 압력을 행사하기 위해 미국의 자금과 미국과의 접촉을 활용한 NGO인 '시민동맹'(Civic Alliance)을 포함해 인권운동에서 이미 두각을 나타냈다.

이후에 벌어진 크레엘의 활동은 특히 흥미롭다. 1996년 10월에 선거연구소를 떠난 후, 그는 보수 야당인 PAN의 후보자로서 선거에 출마했다. 그는 이 선거에서 승리했고, 의회의 각성에 있어서 중요한 역할을 수행했다. 그는 또한 '정부·헌법문제위원회'의 의장이 되기도 했다. 그는 또한 수많은 PRI 출신 행정관들을 공격하기 위해 탄핵 절차의 권한을 활용하기 시작했다. 크레엘은 PRI와 멕시코 정치를 개혁하려는 국제 전략의 압력을 지속시키기 위한 방편이기도 했던 PRI와의 파트너십 구축을 위해 일군의 PAN 정치인들과 협력했다. 이 선거는 PRI에게 다수의 의석을 상실하게 만들었을 뿐만 아니라 1988년 대통령 선거에서 승리를 "도둑맞은" 콰우테목 카르데나스(Cuauhtémoc Cárdenas)가 좌익 정당인 민주혁명당(PRD)의 지도자로서 1997년 멕시코시티 시장선거에서 승리할 수 있게 해주는 등 게임의 규칙을 바꾸었다.

공공부문과 민간부문을 이어주는 유사한 운동은 (멕시코뿐만 아니라 미국에서도) 마약과 부패에 대항한 매우 가시적인 캠페인에서도 발견된다. 예를 들어, 에스쿠엘라 리브레를 졸업한 후 컬럼비아대학 법학 석사학위를 획득한 라파엘 에스트라다 사마노는 처음에는 베이커앤맥킨지에 관여했고,[9] 후에는 오랫동안 제록스에서 근무하는 등 재계를 떠나 정부로 이동해 PAN, ANADE(그는 부위원장을 맡았다), 그리고 위에서 언급한 멕시코 인권위원회 등에서 활동했다.* 그는 검찰부청장 지위에 임명됐는데 이 지위는 마약밀수, 부패, 그리고 최근의 유명한 정치인 암살 등을 조사하는 것이었다. PAN의 또 다른 지휘자인 안토니오 로사노 가르시아의 정부 내 지위는 국가기관에 봉사하는 엘리트 사업 변호사들의 정당성의 증가를 보여준다. 그러나 정당성의 증가가 반드시 그들이 멕시코 정치와 법률을 둘러싼 논쟁들을 피할 수 있었다는 것을 의미하지는 않는다. 빈번하고 복잡한 마약 스캔들과 부패에 시달린 연방검찰청 내부에는 지위의 안정성이 거의 없었고, 로사노가 이 부서에서 오랫동안 머무를 수 없었다는 것은 그다지 놀라운 일이 아니다.

공적인 영역에서 모험을 벌이기로 결심한 이 사업 변호사 중 핵심 세력의 논리를 보다 잘 이해하기 위해서, 우리는 이들과 만나 수행한 인터뷰 가운데 하나를 소개한다. 다음의 인용문을 싣는 이유는 국가권력

---

* 법률가였던 그의 아버지는 PAN의 창시자 가운데 한 명이었고, 그는 독립적인 선거법정을 설립하기 위해 검찰총장인 안토니오 로사노 가르시아(Antonio Lozano Garcia)와 접촉했다.

을 요구하는 이 새로운 전문 엘리트의 태도들을 보여주려는 것뿐만 아니라 어떻게 해서 이런 정치 전략이 민간 이익의 영역에 자리잡고 있는 지위들에 의해 수행되는지 설명하기 위해서이다. 인권과 시민운동 조직을 통해 공공부문에 개입하게 된 한 사업 변호사는 이 모험에 대해 다음과 같이 설명했다.

"나는 개혁의 핵심 목표 중 하나가 소유권을 보다 잘 보호하기 위한 법률 시스템을 마련하는 것이라고 생각한다. 우리들은 멕시코에서 소유권에 관련된 정말 큰 문제를 안고 있다. 우리들이 인권, 정치적인 권리 등에서 많은 문제점을 안고 있다는 것을 말하려면 소유권을 강조할 수밖에 없다. …… 사법 장치들이 시민들의 재산을 지속적으로 보호하는 데 그다지 효과적이지 못하고 시민들의 권리침해에 대해 보상 청구를 하지 못하게 만들 때 …… 소유권은 다른 국가에서와 같은 가치를 가질 수 없게 된다. …… 전체의 등식에서 (규칙들을 적용하는 데 필요한) 비용들을 고려해야만 한다. 이때부터 이 모든 것들이 불가피하게 부패로 이어지게 되는 것이다."

나아가 그는 법원의 개혁을 완수하는 것이 필요하다고 생각하는데, 그 이유는 "행정권력이 법원의 몇몇 중요한 결정들을 …… 통제하기 때문"이다. 따라서 "사법개혁은 모든 정치 시스템 개혁의 테두리 안에서만 제대로 수행될 수 있다. …… 우리가 민주주의를 원한다면, 소유권을 보호할 수 있을 뿐만 아니라 정치적 권리와 인권도 보호할 수 있는 사법장치를 마련해야 한다. 그렇지 않다면, 민주주의는 단지 종이에 불과하게 될 것이다. 즉 나는 사람들이 그들의 권리 중 하나가 침해당했을 때 법원이 온전한 객관성과 평등, 균형에 입각해 결정을 내릴 수 있도록 독립적이고 자율적인 법원이 있어야만 한다고 주장한다". 끝으로 이와 같은 사법권의 독립과 민주주의의 필요성은 공권력의 책임에 대해 문제를 제기하는 것으로 이어지게 된다. "정부가 비판받을 수 없다면 사법 시스템은 제대로 작동하기 어렵게 된다." 이 법률가는 그의 프로그램이 매우 급진적이라는 것을 기꺼이 인정한다.

"물론 이런 정치개혁은 특정 정치 그룹들, 특히 오랫동안 그들의 권력을 누리는 데 만족하지 않고 수많은 낡은 게임의 법칙에 따라 이 권력을 매우 수지맞는 사업을 하는 데 활용한 그룹들의 이익에 영향을 미칠 것이다. 이 그룹들은 이런 정치개혁을 진심으로 받아들이려고 하지 않을 것이다. 그렇다면 왜 그런가? 그들이 권력과 이윤에 도달하기 위한 경쟁에서 새로운 규칙에 적응하는 것이 필요하기 때문이다. 그들은 권력투쟁의 진정한 시장에서 경쟁해야만 할 것이다. 따라서 나는 정치개혁으로 보이는 모든 것에 대해 방해물을 구축하고 있는 것은 바로 이 그룹들이라고 말할 수 있다. 이들은 당연히 그들의 이익을 침해하는 모든 변화에 반대하는 매우 보수적인 집단이다. 그러므로 이런 정치개혁은 일종의 권력투쟁을 의미하게 된다. …… 그것은 당신이 알다시피 이미 악명 높은 암살 등 수많은 폭력 행위들을 자극했다."

국가권력의 장에서 활동하기 위해, 이런 사업 변호사들은 새로운 사업법의 중요성과 미국에 대한 그들의 관계, 그리고 점차 선거개혁, 반부패 조치들, 인권운동 등을 사용해왔다. 그들은 이제 멕시코혁명까지 거슬러 올라가는 멕시코 엘리트 내부의 분열을 극복하면서 주요 행위자가 되고 있다.

13_법원을 둘러싼 개혁주의 전략들

새로운 교조주의에 기여한 다양한 경향들은 법원들과 사법부에 연결된 문제들을 중심으로 수렴됐다. 거버넌스를 향한 세계은행의 이동을 기획한 사람인 피에르 랜들-밀스(Pierre Landell-Mills)와 이스마엘 세라젤딘에 따르면, "객관적인 동시에 효과적이고 신뢰할 수 있는 사법 시스템의 필요성은 발전 공동체 내부에서 가장 굳건하게 확립된 합의를 바탕으로 한 거버넌스의 한 측면이다".[1] 카로더스(Thomas Carothers)가 지적한 바와 같이,[2] 최근에 사법개혁에 대한 투자가 증가하고 있는 것은 매우 극적이다.* 사법개혁은 (예를 들어 1999년에 6억 달러를 지출한 USAID 같은 기관을 통한) 미국의 전 세계적인 민주주의 지원의 핵심 주제가 됐다.[3] 세계은행과 미주개발은행(Inter-American Development Bank), 아시아개발은행(Asian Development Bank) 등 다른 다자적인 협의 기관들도 사법개혁을 가장 중요한 것으로 설정했다.

테크노폴과의 접속과 세계은행 내 제도적 초점을 향한 더딘 이동은

---

* 1983년으로 거슬러 올라가는 첫번째 프로젝트는 엘살바도르를 겨냥했으며, 처음에는 미 국무성에 의해 수행됐다. 이렇게 해서 "라틴아메리카 민주주의를 위한 두 가지 주요 지원 분야(선거와 사법 시스템)가 급속하게 발전했다"(Carothers, 1999 : 35).

1990년 베네수엘라에 대한 세계은행의 첫번째 진출에서 분명하게 나타났다. 당시 베네수엘라는 상당한 내부 저항을 불러일으킨 거시경제개혁에 초점을 맞춘 구조조정 차관을 통해 세계은행과 깊이 관련되어 있다. '인권을 위한 변호사위원회'가 이 프로젝트에 대해 수행한 연구에 따르면, "세계은행이 칠레에서의 사법개혁을 후원한 사실을 알고 있던 모이세스 나임(당시 베네수엘라에 파견된 세계은행 대표로서 세계은행의 초점을 제도개혁과 거버넌스로 옮기는 데 기여한 인물)은 베네수엘라 정부의 경제계획 기관인 CORDIPLAN(Oficina Central de Coordinación y Planificación)에게 사법개혁을 위한 지원을 받기 위해 세계은행에 접근하는 가능성을 제시했다".[4] 세계은행은 논쟁을 거친 후 이 분야에 개입하기로 결정했다. 이 은행의 총고문 이브라힘 시하타(Ibrahim Shihata)를 비롯한 세계은행의 변호사들도 세계은행 법률활동의 전형이었던 보다 기술적인 역할을 넘어 그들의 전문성을 확장시킬 기회를 활용했다. 이 같은 후원과 제도에 대한 관심과 더불어 이 프로그램은 상당한 규모를 갖추게 됐다. 이 변호사위원회에 따르면, 1995년 1월에 세계은행은 아르헨티나, 볼리비아, 에콰도르, 페루 등 라틴아메리카의 수많은 국가들과 이 지역 밖의 수많은 나라들의 사법개혁을 후원했다.[5] 이처럼 보다 많은 자원들이 최근 몇 년 동안 사법개혁에 투입되고 있다.[6] 그러나 이 프로그램을 평가한 거의 모든 사람들은 이 노력들이 그다지 성공하지 못했다는 결론을 내린다. 카로더스는 "이 프로젝트들은 전혀 목적을 달성하지 못했다"고 지적한다.[7][*]

---

* 후안 멘데스(Juan Méndez)는 이런 결론을 확인해준다. "사법부와 사법부를 지휘하는 사람들은 모든 변화에 대해서 특히 적대적이었다."(Méndez, 1999 : 23)

사법개혁 전문가들은 이런 한결같은 실패에 대해 해당 국가들 내부의 정치적 의지의 결여, 개별 이익들을 옹호하려는 힘, 만성화된 부패 등을 이유로 제시했다.[8] 다른 사람들은 NGO의 보다 적극적인 참여의 필요성을 제안했다.[9] 이런 비판과 제안은 노력에 참여했던 세계은행 내부의 많은 인사들에 의해 지지되고 있다.[10] 그러나 대부분의 설명들은 법원을 개혁하려는 노력들이 불가피하게 직면할 수밖에 없는 구조적인 문제점에 대해 탐구를 회피한다.

우리는 이 장에서 사법제도들을 생산한 정치적인 요소들과 국가권력의 장에서 그들의 지위에 대해 탐구함으로써 이런 개혁의 어려움을 가져오는 구조적인 이유를 조명하고자 한다.** 이런 설명은 다소 복잡해질 수 있다. 우리는 어떻게 해서 한 가지 상황이 다른 상황(즉 사법개혁의 실패)으로 이어지게 되는지 설명하기 위해 한 사례에 대한 진단을 제공할 것이다. 우리의 설명은 세 시기 중에서 첫번째 시기 동안 전통적인 엘리트(법조계 저명인사) 간의 관계들을 재성찰함으로써 시작한다. 법원은 전통적으로 국가권력의 장을 지배하는 다양한 지위를 점유한 엘리트에 의해 부수적인 지위로 정의된다. 우리는 법률의 자율성을 위해 이 지위에 도전한 그룹들의 활동을 탐구함으로써 이 부수적인 지위를 검토한다. 군부가 권력을 장악한 후인 두번째 시기 동안, 법원은 비록 공식적으로나마 어느 정도 자율성을 획득했지만 권력으로부터 멀어지는 것을 경험했다. 세번째 시기 동안, 법원은 민주정권의 도래가 그들에게 중재와 결정의 역할을 가능하게 해줬음에도 불구하고 지위가 훨씬 더 약화되고

** 오도넬이 보여준 바와 같이, "이 분석은 대부분 법률이 (그것이 한 부분을 이루는 국가처럼) 그 내용이나 적용에 있어서 권력관계들의 응집이고 질서와 사회관계들을 합리화할 수 있게 해주는 단순한 기법만은 아니라는 사실을 고려해야 한다"(O'Donell, 1999 : 323).

다른 세력들에게 그들의 역할이 침해당하는 것을 경험하게 된다. 이것은 새로운 상황에 법원이 적응하지 못하는 이유와 그들이 비판과 개혁주의적 압력을 강화시키는 이 새로운 역할을 뒷받침하는 데 실패한 이유를 밝혀준다. 이런 개혁의 어려움은 매우 중요한 것으로 남아 있다.

두 개의 층위를 가진 법률구조 안에서 열세에 처한 사법권력

우리가 지적한 바와 같이, 브라질에서 어떤 사람이 '단지' 교수나 변호사 혹은 판사로만 간주된다면, 그것은 그들이 법학이나 다른 자격증을 가진 사람들 사이에서 가장 높은 지위나 성공에 도달하지 못한 사람임을 의미하는 것이다. 이 전문가들은 대부분 2등급 엘리트 멤버들이 된다. 이런 두 개의 층위를 가진 지위는 또한 많은 모순과 갈등을 만들낼 가능성이 있다. 브라질(그리고 유럽 대륙)에서는 이런 갈등 가운데 많은 것들이 검사(procurador)나 검찰청(ministerios publicos)의 활동을 통해서 표면화된다. 사법부에 들어가는 사람들에게 검사 사무실에서의 경력은 전통적으로 가장 야심 많은 사람들을 위한 도약의 발판이었다. 그들만의 역할을 만들기 위해서 검사들은 이 기관의 자율성을 구축하는 데 투자하곤 했다. 브라질에서 이런 투자의 노력은 매우 오래됐는데, 그 중에서도 1988년 브라질 헌법을 둘러싼 논쟁에서 가장 두드러지게 나타난다.

보다 자율적인 역할을 확보하려는 오랜 노력과 젊은 운동가 그룹의 이상과 이익에 의존하면서 검사들은 형사사건에서 보다 독립적인 역할과 민사사건에서 보다 큰 역할을 부여받았다. 이 활동에 가까운 한 인물은 이것을 다음과 같이 설명한다. "그들은 선거라는 의미에서는 정치인들이 아니었지만" 법률의 준수라는 의미에서는 "정치인들이었다". 그들은 '명문 가문'에 대한 강한 사회적 연결이나 유대관계가 부족했으므로 엘리트로서의 지위를 점유할 수 없었다. 그러나 그들은 "실체를 알고 있었고", 검찰청이 독립기관이 되어야 한다는 것을 보여주고 어떻게 이런 독립성에 도달할 것인가 보여주기 위해 연구를 동원했다. "독립적"이라는 말을 통해서 그들은 이 부서가 법률보다 상위의, 그리고 법률을 둘러싼 다양한 지위들을 점유한 정치인들에 의해 지배될 수 없다는 것과 검찰 기관이 법률 자체에 대해 그다지 관심이 없는 엘리트 멤버들에 의해 정치로 나아가기 위한 발판으로 사용되어서는 안 된다고 주장했다. 군부정권의 몰락에 뒤이은 법률의 복원으로 힘을 얻게 된 검사들은 제헌의회에 그들의 견해를 반영하는 데 성공했다. 오랫동안 검사들의 독립을 주장해온 한 인물은 20년 이상 지속된 그들의 투쟁을 "검찰청의 자유와 자율성"을 위한 투쟁으로 설명했다.

이와 똑같은 유형의 활동들이 사법부의 다른 부분들에서도 발견된다. 또 다른 사례로서, 칠레에서는 현재 법원을 현대화하고 보다 능력주의 기관으로 만들며 법대 졸업생들에게 보다 매력적인 기구로 만들려고 노력하는 사법부 내의 그룹이 있다. 이 그룹은 10여 년 동안 치안판사협회(Association of Magistrates)를 통제했다. 피노체트 시대에 법원의 소극성에서 비롯된 사법기관의 낮은 위신 문제를 인식한 몇몇 판사들은 1985년경 변화에 대해 논의하기 시작했다. 대부분 파트타임제 법대 교수인 그들은 법학부에서 생산된 지식이, 예들 들어 그들이 경제학계로부터 온 것으로 간주한 것들과는 달리 사회적인 영향력을 거의 갖지 못하고 있다는 것을 인식했다. "법학"은 법률에 있어서 변화를 가져올 수 없었다. 다른 말로, 사회의 다른 분야들에서 일어나는 "혁신"들로부터 배제되어 있었다. 오로지 "보수적인 역할"만이 법원에게 맡겨진 것이었다. 이 그룹 지도자 중 한 명에 따르면, 법대 교수들은 "시스템 안에서 살았고" "법정 공방"에 몰두하고 있었다. 그들은 어떠한 현실적인 개혁이나 기술적인 법 지식에도 투자하지 않았다. 그는 파트타임 교수들이 의미 있는 방식으로 다른 학계의 권위체나 법원에 개입하는 데 소극적이었다고 지적했다. 브라질의 검사들처럼, 법조계 내부에서 열세에 처한 그룹("두번째 계층")은 이런 노력을 통해 법률과 그 이상에 대한 투자를 촉진함으로써 자신들의 지위를 향상시키려 하는 것으로 보여질 수 있다. 이렇게 그들은 "단순한 변호사"나 "교수" 같은 지위에 머무르는 것을 피함으로써 권력을 획득한 엘리트들과 대조되는 그들의 지위가 인정받게 되기를 희망한다.

이런 개혁주의적인 노력은 지배적인 법률구조 내부에서 강력한 반대에 직면한다. 우리는 개혁에 반대하는 두 가지 기본적인 방법이 있음을 발견했다. 첫번째 것은 전통적인 법률 생산과 법률의 운영 방식이다. 예를 들어 19세기 프랑스에서는, "훌륭한 가문의 이름보다 더 나은 정의의 보장은 있을 수 없다"는 말이 빈번하게 나돌았다. 이런 가문의 이상에 따라서, 판사들과 변호사들은 법률에 대한 지식보다는 가족적인 배경과 인맥 덕분에 채용됐다. 별다른 소득의 원천이 없는 가난한 사촌들은 검사 같은 사법부나 사법부에 관련된 지위에 있으면서 가문의 영향력을 넓히거나 유지할 수 있었다. 1960년대의 칠레로 돌아가 보면, 예를 들어 한 판사는 사법부에 진출하기 위해서는 기존의 사법부 직원들과 판사들과 연결된 네트워크가 매우 중요했다고 지적했다. 사실 이것은 사법부가 "개방되어" 있었지만 그것을 지배하던 "가문의 가치들"을 동요시키지 않는 한도 내에서 개방되어 있었음을 의미한다.

법률-정치 세계는 과거의 과두제까지 소급될 수 있는 확장된 가문들에 토대를 뒀다. 이런 가문의 차원은 법률의 정통성이 그 자체로서 법률의 배후에 있는 가문들에 얽매여 있었음을 의미하는 것이었고, 이것은 또한 이런 정통성이 전문화된 지식에는 크게 의존하지 않고 있었음을 의미하는 것이다.* 지적인 신뢰성은 물론 법률 경력을 쌓는 데 중요했지만, 법률의 정통성은 대중을 대상으로 한 의식들(rituals)과 가문 혹은 준가문적인 접촉의 조합에 크게 의존했다.

이와 같은 가족 지향적인 법률 시스템에는 장점들이 있었다. 예를 들면, 인맥과 호의의 교환 등을 통해 갈등을 내부적으로 해결할 수 있게 해줬다. 그러나 그것은 법원과 사법부가 가족관계로부터 구축된 현실적인 제도들을 넘어서야 할 경우 많은 어려움에 직면했음을 의미한다. 역사적으로, 중요한 사례들을 고려한 법원들은 분쟁들을 "해결하고" 법을 안정시켰지만, 법원의 권력과 지위는 법률적 여론들에 관련된 담론과는 상관없이 법률의 자율성보다는 법률과 법 제도들을 둘러싸고 확장된 가족관계에 훨씬 더 의지하고 있었다. 호르헤 코레아 수틸(Jorge Correa Sutil)이 주장한 바와 같이, 정치 과정은 "20세기의 가장 중요한 사회적 변화들에서 판사들을 소외시켰다".[11]

칠레는 확장된 가족 네트워크의 한 부분으로서 사법부의 가장 좋은 모델을 제공해준다. 그리고 브라질은 칠레보다는 다소 개방되어 있고 경쟁적이지만 역시 이런 역사적인 모델에 맞는 상대적으로 성공적인 검사들의 활동을 보여준다. 멕시코 사법 시스템의 사례에서 알 수 있는 두

---

* 한 법률가는 우리에게 다음과 같은 일화를 들려줬다. 해외여행을 떠난 칠레의 교수들이 한 프랑스 교수와 대화를 나누었다. 귀국하자마자 그들은 그들의 여행 경험담을 토대로 한 책을 저술하기 위해 서둘렀다.

번째 전통적인 모델은 가족적인 생산 방식을 연고주의로 새롭게 만들어 낸다.

멕시코에서는 PRI의 후견 시스템 때문에 법원의 자율성을 위한 노력이 부족할 것으로 예상된다. 우선, 일반적으로 법정변호인단과 사법부의 지위가 낮았고, 이런 상황은 1950년대에 일반 학생들에게 UNAM의 공립 로스쿨을 개방함으로써 더욱 악화됐다.* 1940년대 사법부 경력에 대해 설명한 한 유명한 원로 변호사는 자신이 판사로서의 경력을 깊이 생각해보지도 않았다고 했다. 그리고 심지어 현재까지도 미국과 깊은 관련을 맺고 있는 한 변호사는 미국에서와는 달리 멕시코에서는 심지어 대법원까지 포함해 사법부에 들어가려고 희망하는 사람을 발견할 수 없었다고 이야기했다.** 물론 예외는 있지만 가장 야심 있고 가장 좋은 사회적 자본을 보유한 법대 졸업생은 사법부에 진출하기를 선호하지 않는다.

판사들은 다른 판사들의 '비서'로서 연방 사법부에서의 경력을 시작한다. 판사가 되기 위해서는 아주 최근까지도 '대법관'(ministers)이라고 불리는 대법원 멤버들 가운데 한 명에 의한 추천이 필요했다. 사법부에 들어가는 사람 중 몇몇은 사법부 외부에서 유지한 정치적인 접촉을 통해 그들의 지위를 획득했지만, 대부분은 내부에서 승진 절차를 거쳤다. 총 21명의 대법관이 있었으며, 그들은 멕시코를 21개의 '비공식적인 지역들'로 분할해 각 대법관이 각 지역 출신자들의 판사 임명을 담당했다. 사법부의 '카마리야스'는 그들을 임명하는 대법관들에게 빚을

---

* 충원과 실업에 대해서는 Cleaves, 1987 : 47~53을 참고할 것.
** 몬테레이의 한 법률가는 판사가 되는 것이 "아무런 사회적인 이익"도 가져다주지 않는다고 주장했는데, 이것은 "돈을 벌 기회가 적다는 것"으로 이해될 수 있다.

짊어지게 됐다. 어떤 논평자들은 심지어 이 판사들이 중요한 선고가 있기 전에 자신의 '대법관'에게 전화를 걸 만큼 주의를 기울였다고 빗대어 말하기도 했다. 사법부 내에는 이와 같은 후견의 정치가 존재했다.

따라서 오늘날 개혁자들의 시각에서 볼 때, 정치적 후견에서 유래한 "무능과 부주의"가 진정한 "부패"가 된다. 한 민간 변호사가 지적한 바와 같이, 진정한 "사법 경력"은 없었고 "사법 정치인들"이 있었다. 중요한 문제는 하급 법원의 판사들이 직접적으로 외부 정치에 연결되어 있었던 것이 아니라 '내부 연고주의'가 있었다는 것이다. 그로 인한 한 가지 이해할 만한 결과는 연방 법원과 주 법원 모두 기술적인 관점에서 취약할 수밖에 없었다는 것이다. 사업 법률을 수행하고 있는 많은 관찰자들이 주장하는 바에 따르면, 연방 법원은 "개방된 경제에서 일할 수 있는 처지가 못 됐다".

주 법원들은 특히나 낮은 평판을 받고 있었고, 판사들은 지역적인 후견 시스템의 일부로서 임명되었다. 한 판사에 따르면, 대통령이 교체되면 "주지사가 교체되고, 치안판사가 교체되며, 심지어 비서들까지도 교체된다". 사법부의 질과 독립성이 여러 가지 어려움들을 낳게 되는 것은, 따라서 여러 가지 이유 때문이다. 정치적 후견의 네트워크에 생존이 달려 있다면, 기술적인 전문성에 크게 투자해야 할 이유가 없게 된다. 재계가 법원을 활용하는 데 주저하는 이유를 설명하면서, 한 변호사는 "끔찍한 일이 법원에서 벌어지고 있다"고 간단하게 이야기했다.*** 몬테레이에서 다양한 업무를 맡고 있는 어떤 변호사는 "법원에 가시오. 하지만

*** 한 변호사는 이렇게 해서 변호사들이 판사들에게 영향을 미치기 위해 그들의 고객에게 돈을 요구하는 것은 일반적인 현상이었다고 주장했다. 그러나 우리는 이런 "널리 퍼져 있는 정당화"가 누구(판사 혹은 변호사)를 가장 이롭게 하는지 분명하게 확인할 수 없었다.

그들에게 의지하지 마시오"라고 이야기했다. 그에 따르면, "가장 좋은 변호사는 그 환경에서 어떻게 정치적으로 움직이는지 알고 있다".[12]*

위장된 자율성

앞에서 설명한 바와 같이, 법원의 주요한 구조적 취약성은 법원의 의존성이다. 칠레와 브라질에서 법원들은 전통적으로 확장된 가문들에 연결되어 있었고, 멕시코에서는 오랫동안 집권한 정당에 연결되어 있었다. 이런 의존성은 비판을 불러일으켰지만 뚜렷한 해결책으로 이어지지는 않았다. 여러 가지 이유로 엘리트가 사법부에 대한 투자를 중단하기로 결정하자 상황은 더욱 나빠졌다. 이런 역설적인 결과가 나타나게 된 이유는 이런 의존성이 새로운 아이디어와 법원 내부의 새로운 문제들을 걸러낼 수 있게 해준 공생관계를 반영하기도 하기 때문이다. 특히 가족관계는 법원이 법률 엘리트의 통제 하에 있는 동안 법원이 분쟁을 가라앉힐 수 있게 해줬다. 법률 엘리트에 대한 관계가 끊어지자 법원들은 고립됐고, 그 결과 훨씬 더 반동적인 입장에 놓이게 되었다.

칠레 법원의 역사는 이런 문제들의 좋은 본보기를 제공해준다. 우리가 지적한 바와 같이, 법원들은 오랫동안 확장된 가문의 전통적인 과두제에 밀접하게 연결되어 있었다. 사실, 역사적으로 사법부 멤버들은 과두적인 구조의 한 부분이었다. 그러나 법률이 증가하고 국가가 보다

---

* 클리브스(Peter Cleaves)는 "판사가 되는 사람들은 평범한 학생들이다. 그리고 법원에서 노련한 법률가와 정치인을 대면하게 될 때 판사는 정치인을 유리하게 하는 경향이 있는데, 그것은 판사가 문제의 법률가를 평가하기에 충분한 법률적 지식이 없기 때문이다"라고 주장한 한 변호사의 말을 인용한다(Cleaves, 1987 : 52).

전문화되자 판사·토지소유자·교수·투자가 등과 같은 역할을 조합하는 것이 더욱 어려워졌다. 아마 사법적인 역할이 상대적으로 중요하지 않았기 때문에, 사법부는 전통적인 가문 외부에서 온 새로운 진입자에게 보다 개방적이었다. 사법부는 이스태블리시먼트의 가치들을 보존하기 위해서 이스태블리시먼트 외부로부터 온 사람들을 고용했다는 의미에서 보다 '대리적인' 기관이 됐다. 1960년대 말경에 사법부에 남은 과두적인 가문의 멤버들은 소수에 불과했다. 사법부에 대해 잘 알고 있는 한 학자에 따르면 법원들은 상대적으로 폐쇄된 기관이었지만, 엘리트 "클럽의 한 부분은 아니었다".

그러나 이런 변화는 당시에는 그다지 분명하지 않았다. 세대간 차이로 인한 결과 때문에, 사법부의 리더십은 비록 그 멤버들이 새로운 중간계급들 사이에서 충원되거나 옛 가문들의 상대적으로 야심이 없거나 재능이 없는 사람들 가운데서 충원됐을지라도 여전히 낡은 방식으로 형성됐다.** 그 밖에서 발견되는 것과 같이, 신참자들은 경력을 시작할 때 여전히 사법부에 있던 몇몇 엘리트 판사의 행실과 귀족적인 품행을 모방했다. 게다가 그들은 기존의 법률 가문으로부터 새로운 판사들을 충원함으로써 가족적인 법률 생산 방식을 모방했다. 그러나 이런 모방은 이 새로운 판사들이 권력 서클에서 완전히 배제되고 진행 중에 있던 변화들을 전혀 인식하지 못했다는 점에서 형식적인 패러디를 넘어설 수 없었다. 한 판사는 이렇게 해서 1965년경의 사법부는 "시대에 뒤떨어

** 1990년대까지 판사들의 충원은 대부분(한 판사의 추정에 따르면 약 40%) 사법부에서 근무하는 사람들의 가문에서 이루어졌다. 사법부는 이렇게 해서 "중산계급"에 소속된 사람들과 사회적 신분 상승을 추구하는 사람들로 구성되어 있었다. 사법부는 자신들의 가치와 그다지 맞지 않은 사람들과 법대를 졸업하지 않은 사람들에게도 자리를 보장하여 가족적이면서도 개방적인 성격을 갖고 있었다. 이에 판사들은 "그들 자신과 유사한" 인물들을 선발했다.

진" 시스템이었다고 지적했다. 당시 법률 업무를 담당했던 한 유명 변호사는 그들의 가치가 기독민주주의자의 사회적인 기독교보다는 '오푸스 데이'(Opus Dei)의 사이비적인 가톨릭 조직이 촉진한 전통에 훨씬 더 가까웠다고 주장했다. 따라서 판사들은 사회적 자본, 전문성, 혹은 그 어떤 현실적인 권력도 부족한 상태였다. 요약하면, 그들은 자신들만의 정당성과 권위를 갖고 있지 못했다. 따라서 그들은 1960~70년대에 일어난 갈등들을 중재할 만한 그 어떤 현실적인 가능성도 갖지 못했다.

사법부는 당연히 자신들이 모방하고 있던 토지소유자들을 옹호했고, 사회적으로 자신들과 매우 유사한 군부와 공통된 토대를 유지했다. 이런 사법부가 생산한 법 체계에 중요성을 부여하는 것은 그들의 현실적인 정치적·사회적 역할을 잘못 평가하는 것이 될 것이다. 그들의 판결문은 격렬한 정치·경제·사회적 갈등에 의해 가려진 몇 가지 전술적 무기들을 제공한 것을 제외하고는 별다른 중요성을 갖지 못했다. 개인의 소유권 보호에 대한 전술적 담론은 당시를 특징짓는 사회적인 관심·논쟁과 관련이 없지 않았다. 그러나 당시의 이런 전술적인 주장의 힘은 외부에 있는 그들 후견자들(특히 칠레 내부나 해외에서 아옌데 정권을 몰락시키고 이 정권을 자신들의 공모자로 교체하기 위해 온갖 수단을 동원하기를 주저하지 않았던 그룹)의 권력과 정당성에 크게 의존하고 있었다.

따라서 사법부가 피노체트를 권력에 올려놓은 군사 쿠데타에 매우 고분고분했던 것은 당연한 일이었다. 사법부는 군사 쿠데타를 환영했을 뿐만 아니라 판사들이 자신들의 노하우와 가치들을 주장할 수 있었던 황금시대로 돌아가게 되기를 희망했다. 매우 유명한 변호사들을 비롯한 몇몇 대법원 판사들은 이제 대부분의 사법적 지위들을 점유한 사람들과 사회적 출신 배경을 공유한 군부를 노골적으로 지지했다. 한 대법원 판사는 "사법부의 결정을 존중하고 힘을 실어주겠다는 군사정권의 맹세에 큰 만족감을 표시했다".[13] 대부분의 평범한 사법부 멤버들은 이런 정치 투쟁에서 의미를 가질 수 있는 말을 전혀 할 수 없었다.* 핵심 지도자들을 포함한 많은 사람들은 또다른 대법원 판사가 1978년에 진술한 바와 같이, "현 정부가 단 한 번도 사법부를 모독한 적이 없었다"는 사실에 만족스러워했다.[14] 사법부가 낡은 귀족주의의 가치를 유지하는 데 큰 관심을 기울이고 있다는 사실을 영리하게 간파한 피노체트는 "사법부의 존엄성과 위신에 각별한 경의를 표시했다".[15]**

사법 포럼의 실패

민주정권의 도래, 군부의 몰락, 국제적으로 인정받는 기준의 촉진은 법률의 지배와 법원의 보다 강력한 역할이 새로운 국가구조의 한 부분이어야 할 것을 요청했다. 이런 생각은 칠레의 아일윈과 아르헨티나의 알폰신 등 민주화 이행을 주도한 사람들에게 광범위하게 공유됐다.*** 이 생각은 효율적인 시장의 작동을 촉진할 것으로 생각되는 제도에 대해 새로운 관심이 일어난 결과로서 중요성을 획득했다. 당시까지 법원들은

---

* 한 원로 판사가 회고한 바와 같이, 많은 판사들이 인권문제를 인식하고 제2차 세계대전 후 유럽에 설립된 새로운 기관들에 대해 알고 있었지만, 그들은 또한 자신들을 1930년대의 유럽인들처럼 파시즘에 대항할 수 없는 약한 자들이라고 생각하기도 했다.

** 17인의 대법관은 관용차와 운전수를 제공받았다(Constable and Valenzuela, 1991 : 117).

*** 브라질에서 사법부의 역할을 둘러싼 갈등은 발라드(Megan Ballard)의 저작에 설명되어 있다(Ballard, 1999). 현재 일부 정치적인 지형에서 카르도주와 그의 행정부의 공격을 받고 있는 사법부의 활동을 평가하기란 어렵다. 판사들은 일반적으로 브라질의 신자유주의적 개혁을 수행하는 데 어려움을 겪지만, 그들이 검사들처럼 순전히 법률에만 투자한 것으로 보이지는 않는다. 사법부로부터 개혁의 제안은 거의 드물다고 할 수 있는데, 사법부는 많은 지방에서 여전히 가족의 지배를 받고 있다.

강력하고 독립적인 사법부가 민주화로 이행하기 위해 인권을 옹호하는 것 등과 같이 그들에게 요청된 역할을 수행할 수 없었다. 우리는 새로운 역할을 받아들일 수 없었던 이런 무능이 특히 두드러지게 나타난 칠레의 사례에서부터 시작한다. 부분적으로 이 문제는 법원들이 이데올로기적·사회적으로 군부와 연합하고 있었기 때문에 불신받게 됐다는 사실로 설명될 수 있다. 그러나 보다 큰 문제는 정치 엘리트가 정치권력의 변동을 촉진한 정치적 타협을 유지하기 위해 법원을 이용한 것이었다.

칠레의 법원들은 피노체트와 타협한 가장 분명한 세력이었다.[*] 게다가 사법부 개혁의 어려움 때문에, 아일윈 정부는 사법 전반을 개혁하는 데 있어서 멀리 나아갈 수 없었다. 위에서 설명한 치안판사협회의 노력에도 불구하고 판사들 자신은 동요를 원치 않았다.[**] 이렇게 해서 칠레에서의 변동은 법률 세계의 이원화를 촉진하게 됐다. 인권을 옹호하는 법률가들과 사업 법률가들이 국제적으로 받아들여지는 규범들과 실무들을 지향했다면, 법원들은 피노체트 정권과 맺은 국지적인 정치적 타협에 얽매여 있었다. 그들은 국제적으로 인정되는 규범들이 그들에게 맡긴 역할을 수행할 수 없었다.

이런 이원화의 중요한 사례는 법원의 외부에서 생긴 '진실과 화해위원회'(Truth and Reconciliation Commission : TRC)에서 발견된다.[***] 이 위원회는 "가능한 조치들을 통해 모든 진실을 밝혀내고 정의를 수립함"을 목적으로 하고 있었다. 이 위원회는 인간의 기본적인 권리

---

[*] 사면을 포함한 타협 중 하나는 피노체트와 동일시되는 대법원 법관의 수에 관련된다. 피노체트는 자신에게 동조한 사람들을 임명하기 위해 몇몇 판사들의 은퇴를 앞당겼다. 그리고 그가 임명한 사람들은 상당기간 동안 권력을 누렸다.
[**] 판사들은 급료 인상과 인력 확충을 요구하면서 개혁에 대해 조합주의 단체처럼 반응했다.

에 대한 현대적인 기준들을 강조하고 군사정부가 이 기준들을 침해한 사실을 밝히는 데 중요한 역할을 수행했다. 이 위원회는 군사정권의 지지자였던 사람들과 반대자였던 사람들로 구분되는 여덟 명의 위원을 선임함으로써 정치적인 균형을 이루려고 했다. 피노체트를 반대한 사람 중에는 하이메 카스티요와 호세 살라케트가 포함되어 있었는데, 이 두 사람은 현재 유명한 국제 인권운동가로 알려져 있다. '진실과 화해 위원회'는 호르헤 코레아에 의해 지휘됐는데, 한 참가자에 따르면 그는 이미 "훌륭한 스타"로 알려진 인물이었다. 코레아는 예일대학 로스쿨을 졸업했고, 디에고포르탈레스대학의 총장을 지냈다. 그는 옛 가문 출신이었지만 군사정권과 거리를 뒀다. 출정영장 기록을 비롯한 조사에서 출발해 작업을 진행한 이 위원회는 이와 유사한 위원회들의 모델이 됐다. 이 위원회는 칠레에서 국제 인권운동의 정당성을 견고하게 해줬다.

그럼에도 이 위원회의 작업은 여전히 법원의 외부에 머물러 있었다. 몇 가지 사례를 제외하면, 법원들은 다른 여러 방법을 통해서 조종되는 정치활동의 주변부에 놓여 있었다.**** 새 정부에서 매우 두드러진 역할을 하는 경제 전문가와 사회과학자뿐만 아니라 전통적인 법률교육을 받은 사람들을 포함한 정치 엘리트들은 국가 내부에서 법원의 지위를 상당히 변화시킬 모든 개혁에 대해 상대적으로 관심이 적었다.*****

우리는 이제 보다 상세한 두 가지 사건으로 넘어가기로 한다. 이 사건들은 사례 연구로서 소개될 것이다. 이 사례 연구의 목적은 법률의 권

*** 피노체트의 사면법은 계류 중의 대부분 재판을 중지시켰는데, 하나의 유명한 예외는 그가 미국의 요청을 들어주기 위해 사면된 레텔리에르 살인자를 재판에 회부한 일이다.
**** 또한 중재는 법원이 중요한 무역분쟁을 다루는 것 이상까지 활용된 것으로도 보인다. 중재는 법률회사와 옛 엘리트의 확장된 가문에 연결된 주도적 변호사들에 의해 수행된다.
***** 형사재판에서의 검찰 역할에 대해서는 주요한 개혁이 있었다.

위에 투자함으로써 법원을 개편하려는 노력들의 발자취를 자세하게 추적하는 것이다. 우리는 (칠레와 같은) 구체제와 신체제 간의 이원화가 발견되는 멕시코의 사례로부터 시작한다. 멕시코에서의 개혁은 멕시코 내부의 또 다른 복합 기관인 옴부즈맨(ombudsperson)을 통해 수행됐다. 이 기관은 한편으로는 연고주의에 대항해 싸웠고, 다른 한편으로는 국가권력을 강화시켰다. 인권운동과 국제적인 접촉에 의존해 법률의 자율성을 확보하려 한 이 운동에 관한 이야기는 법률조사연구소(IIJ)와 밀접하게 관련되어 있다. UNAM의 한 기관인 이 연구소에는 법률의 자율성 구축을 모색한 법대 교수들 가운데 중심 인물들이 모여 있었다. 칠레에서처럼 법률의 자율성에 대한 새로운 투자는 충격을 가져왔지만, 이 충격은 역시 지배적인 권력구조에 흡수된다. 우리는 두번째로 제시할 아르헨티나 사례에서도 똑같은 유형의 결과를 발견한다. 법원개혁과 법률의 자율성을 위한 노력으로 출현한 것들은 결국 대안적인 분쟁 해결 기관의 수립으로 끝나게 된다. 그리고 유사한 절차들과 기관들에 대한 투자는 사법 조직을 변하지 않은 상태로 유지시키고 국가와 그들의 고객들 간의 중개자로서 사업 법률회사의 지위를 강화하게 된다.

멕시코 : 인권운동에서 국가 내부의 인권기관으로

호르헤 카르피소(Jorge Carpizo)는 인권과 국제적인 신뢰성이라는 이름 하에 법원개혁을 촉진한 그룹과 카마리야스의 중심 인물이다. 한 변호사는 그를 "예외적인 경우"인 "학계와 정치계 사이"의 인물로 설명한다. 그의 경력은 그를 IIJ의 "스타"들 가운데 하나로 만들어줬다. 그는 캄페체 출신의 사업가 아들로서 1960년대 UNAM의 "매우 뛰어난" 학생이었다. 그는 IIJ로부터 장학금을 받았고, 유학을 떠나 런던대학에서 법학 석사학위를 받았으며, 그 후 연구에 헌신했다. 그는 무엇보다『멕시코 대통령제』(*El Presidentialismo Mexicano*)라는 매우 유명한 책의 저자 였다. 그는 이런 연구 활동에 머무르고 싶어했지만, 이런 의사에도 불구 하고 점차 UNAM과 IIJ에 동시에 관여한 이중적인 경력에 흡수됐다. 정 치활동은 그로 하여금 순수한 학자로서의 역할을 벗어나게 했다.

그는 IIJ 설립에 주도적인 역할을 한 엑토르 픽스 사문디오(Hector Fix Zamundio)의 뒤를 이어 1987년에서 94년까지 IIJ의 연구소장으로 재직했다. 이에 앞서 그는 UNAM에서 인권을 담당한 학장이었고 이 대 학 법무 부서의 책임자였다. 또한 1985~88년에는 이 대학 총장으로서 봉사했다. 이 기간 동안 그는 무엇보다 대학 옴부즈맨을 설립하기 위해 인권 사상에 의존했다. 그는 1990년에 잠시 대법원 판사를 지낸 뒤 멕시 코 제일의 옴부즈맨 역할을 수행한 새 기관인 국가인권위원회(CNDH) 의 초대 위원장이 되었다. 그는 검찰총장이 된 1993년 초반까지 이 위원 회의 장으로 있었다. 공정선거에 보다 초점을 맞추었던 치아파스 사건 (사파티스타가 이끄는 토착 그룹들의 봉기) 이후에 그는 내무부 장관에 임 명됐고, 1994년에 사임한 후 전임교수로서 IIJ에 복귀했다. 그러나 세디 요 정부에서 그는 다시 공적인 임무로 돌아가 주프랑스 대사가 됐다.*

---

* 부패를 공격한 한 유명한 책은 카르피소의 흥미로운 프로필을 제공한다(Zepeda, 1994). 이 책은 그를 "면책"에 대항해 합법성을 촉진한 핵심 인물로 묘사해 그의 이름과 경력에 있는 정당성을 잘 설명해준다. (특히 치아파스 사건 후) 1994년 선거를 공정한 것으로 정당화할 인 물을 찾고 있던 살리나스는 카르피소를 내무부 장관에 임명했다. 카르피소의 인맥들이 언제 나 살리나스와 매우 가까웠으며, 이것은 그가 파리에 갔을 때도 지속됐다고 주장하는 멕시코 인들이 있다. 이 책의 묘사는 카르피소가 법률에 투자한 방법을 가늠할 수 있게 해준다. 그는 "논쟁을 좋아하고 전투적이며 이해하기 어려우며 공무원이 두려워하고 …… 마약밀수자들 이 증오하지만, 여론의 인정과 존경을 받고 국민에게 찬양받는" 인물로 묘사된다(234).

카르피소와 그의 카마리야스의 중심적인 지위(그리고 법률민족주의 혹은 전통주의에 대한 반대)는 CNDH의 설립 과정을 통해 관찰할 수 있다. 그들의 입장은 또한 법원개혁에 관한 문제들과도 관련이 있다. 앞서 언급한 바와 같이, 카르피소는 CNDH의 초대 의장이 되기 위해 불과 일 년 만에 대법원을 떠났다. 몇 가지 설명에 따르면, 이 위원회는 부분적으로 국제 인권운동의 지원을 받고 재정을 받은 멕시코 인권운동 단체들이 강화시킨 압력에 부응하기 위해 설립됐다. 그러나 여러 증언에 따르면, 이 기관은 그들 자신이 마약밀수에 관련되어 있었음에도 마약 밀수를 통제한다는 구실 하에 국가기관원들이 저지른 인권침해를 공격하는 것을 주요 목표로 삼았다.[16]* 게다가 살리나스 대통령은 매우 논란이 된 선거에서 박빙의 차이로 당선됐음에도 인권과 공정 선거에 대한 국제적 관심은 매우 강력했다. 게다가 앰네스티와 휴먼라이트워치가 발표한 매우 비판적인 멕시코 인권 보고서들이 임박한 NAFTA 협상에 맞추어 발표됐고, 살리나스로 하여금 반응하도록 만들었다. 그는 NAFTA 협상 시작에 즈음해 조지 H. 부시 대통령을 만나기 위해 워싱턴으로 향하는 비행기에 오르면서 CNDH를 설립하기로 결정했음을 밝혔다.[17] 그는 자신이 직접 카르피소를 이 위원회의 초대 위원장으로 선택했다.

멕시코에서 인권위원회라는 것이 새로운 발상임을 잘 알고 있던 카르피소는 국제적인 관계들과 미디어와의 접촉을 통해 법률혁신의 정당성을 강화시켰다. 그는 유명한 잡지 『엑셀시오르』에 아홉 편의 논문[18]을 발표했다. 또한 IIJ의 후원 하에 사문디오와 함께 멕시코에서 옴부즈맨

---

* 특히 1990년 5월 경찰 폭력에 대항한 운동가 노르마 코로나(Norma Corona)가 살해된 사건은 상당한 주목을 받았다.

개념을 정당화하려는 생각에서 1991년 비교 법학에 관한 큰 학술대회를 조직했다. 이것을 위해 그는 자신의 인맥과 명성, 그리고 국제 법학 공동체의 전문가들을 동원했다. 그러나 이처럼 새롭고 그 성격상 외국에서 수입된 기관이 즉시 정당성을 획득하기란 쉽지 않았다. 이 기관에 대한 공격은 법률민족주의자들과 새로 출현하던 멕시코 '인권 공동체' 양측에서 왔다. 유명한 원로 법률가이며 UNAM 법학부 원로 세대의 대표자이기도 한 이그나시오 부르고아 오리우엘라(Ignacio Burgoa Orihuela)로 대표되는 민족주의적인 반대 그룹은 '외국의 제도들'이 암파로의 헌법적 호소를 통한 법원의 형식적인 우월성과 역시 형식적인 권력분립이라는 독특한 '멕시코적 현실'에 맞지 않는다고 비판했다. 적대감은 또한 의심할 나위 없이 사법 시스템에 자원들이 지출된다면 이 자원들이 법원을 지원하게 될 것이라는 불평에서 나오기도 했다.

카르피소는 몇몇 반대들을 무력하게 할 만한 좋은 지위에 있었다. 그는 물론 부르고아를 비롯한 UNAM의 주도적 헌법 법률가들을 알고 있었고, 헌법학자들과 상대적으로 강력하고 정부에서 영향력 있는 인물들을 이용해 이런 비판에 대해 토의할 수 있었다. 또한 그의 정치권력과 최근까지 대법원에서 누린 지위는 대법원에 대한 모든 비판을 예측하고 방어할 수 있게 해줬다. 마찬가지로, CNDH는 연방 법원에 대한 조사를 자제함으로써 형식적인 권력분립을 준수할 것으로 생각하게 했다.**

** 예를 들어, 어떤 판사가 체포와 고문을 명령했다는 주장에 대해 이 위원회가 반응한 후 갈등이 분출됐다. 멕시코 검찰총장은 위원회의 조사 결과 이 판사가 사임해야 한다고 주장한 카르피소의 권고에 반발했다. 이 사건은 사법부에 대한 이 위원회의 권력을 시험한 것이었으며, 결국 위원회가 우위를 차지했다. 살리나스는 카르피소를 지지하면서 개입했고 검찰총장이 사임하도록 압박했다. 미디어와 살리나스 정부의 인맥을 활용한 카르피소는 전통적이고 여전히 상대적으로 취약했던 법률 이스태블리시먼트를 극복할 수 있었다.

카르피소와 그의 뒤를 이은 호르헤 마드라소(Jorge Madrazo)의 지휘 하에 CNDH는 세계에서 가장 많은 재정 지원을 받는 옴부즈맨이 됐다.* 이 위원회는 수많은 인권 공동체와 다수의 대중들로부터의 명성과 존중을 향한 먼 길을 떠났다. 예를 들어, 카를로스 푸엔테스(Carlos Fuentes)는 이 위원회의 통치이사회에 머무르고 있다. 이 위원회는 여러 가지 면에서 대안적인 법률 체제이다. 약 200명의 변호사들이 이곳에서 전임으로 근무하고 있고, 대부분 정치학 교육을 받은 50여 명의 인사가 해외 인권 단체들과 접촉하고 있다. 또한 이 위원회는 수많은 책들을 출판하고 있다.

이 위원회는 1993~94년 기간 동안 8,800여 건의 새로운 탄원서들을 접수했다. 탄원서가 도착하면 위원회 직원들은 72시간 이내에 이 탄원이 정말로 중요한 것인가를 결정한다(이 단계에서 45% 정도의 탄원들이 채택된다). 이 탄원이 위원회에서 처리될 일이 아니라고 결정되더라도, 위원회의 법률가들은 법률적 소견서를 발송한다. 70%의 탄원서가 가난한 사람들로부터 오고 단지 5%만이 이사회에 의해 작성되기 때문에, 위원회는 사실상 매우 활발한 법률 상담기관이라고 할 수 있다. 탄원서가 받아들여지면 우선 문건의 교환·증언·교차 조사가 벌어지고, 이후 전문가들이 참여하는 청문회가 열린다. 상급 조사관 가운데 한 명이 준비하는 초안은 최종 결정을 발표할 위원장에게 전달된다(32명의 지역 옴부즈맨들의 결정이 연방위원회 위원장에게 전달될 수도 있다). 각각의 결정은 최후 처분에 대한 설명을 담은 연례 보고서에서 공개적으로 밝

---

* CNDH는 8천 3백만 페소의 연간 예산을 활용했다고 한다. 특히 2천 5백 명의 인원이 33개 옴부즈맨 사무실에 근무하고 있다.

혀진다. 처음 5년 동안 대략 2,000여 건의 탄원이 이 위원회의 권고에 의해 인정됐다. 그리고 몇몇 성공은 고문 사건에 대한 탄원이 이 위원회의 리스트에서 제1순위부터 28위까지 올라 있었던 사실에 의해 설명될 수 있을 것이다.

PRI의 외곽에 머물기를 선호하면서 이 정부기관을 신뢰하지 않는 사람들이 있지만,** CNDH는 대부분의 인권 공동체와 공동 작업관계를 발전시켜온 것으로 보인다. 이 위원회는 인권기관들과 함께 작업하고 그들로부터 인원을 충원하며 반대로 인력을 제공해주기도 한다. 게다가 기존 시스템의 범위 내에서 법률적인 전략에 기여하려고 노력하는 야심적인 사람들은 이 위원회에 가담하는 것 외에는 별다른 선택의 여지가 없다. 이 위원회는 더 많은 급료를 지불하고, 더 많은 자원들을 제공하며, 정치와 권력에 대해 보다 든든한 관계를 가지고 있다. 사실 이것은 우리가 뒤에서 자세하게 설명할 것처럼 개혁에 관한 문제의 일각을 이루고 있다. 여러 가지 면에서 CNDH는 전통적인 PRI 기구를 복제하고 있다(혹은 현대식으로 재현하고 있다).

CNDH는 특히 노동, 토지개혁, 선거, 게다가 연방 사법 시스템에 관련된 문제들을 미리 배제한다. 토지개혁에 대해서 살리나스 대통령은

** 말썽 많은 선거 이후 1988년에 인권아카데미(Academia Mexicana de Derechos Humanos)에 관련된 한 사건은 이런 분할을 보여준다. 살리나스는 아카데미의 지도자 루돌프 스타벤하겐(Rudolf Stavenhagen)을 통해 인권아카데미에서 질의를 받고 답변하도록 허용됐다. 스타벤하겐은 이 사건이 인권문제에 대한 살리나스의 관심을 불러일으킬 기회라고 생각했다. 마리-클레르 아코스타(Marie-Claire Acosta)가 이끄는 보다 운동가적인(그리고 보다 좌익적인) 멤버들은 스타벤하겐이 정치적 영향력을 추구하고 아카데미를 분열시키려 한다고 비난했다. 비판자들은 대부분 CNDH가 설립됐을 때 매우 비판적이던 사람들이었다. 아코스타는 1990년 멕시코 인권옹호촉진위원회(Comisión Mexicana para la Defensa y Promoción de los Derechos Humanos)를 설립했다. 그녀는 1995년에 국회의원에 당선됐고, 여전히 CNDH에 대해 매우 비판적이다.

1992년에 '농업 검사'들이 참여하는 '농업 법원'을 설립했다.* 그러나 새롭고 보다 법률적인 이 기관의 설립은 토지개혁의 공식적인 종식과 동시에 일어났다. 이와 유사하게 전문 노동 법률가인 '노동 검사'도 있었는데, 이들은 노동자들이 '전문화된 입법'(juntos)에 대한 사례를 준비하는 것을 돕기 위해 잠시 동안 존재했다. 그리고 야심적이고 정치 지향적인 법률가들은 자신들의 경력을 향상시키고 노동 분쟁을 법적으로 다루기 위해서 그들의 법률적 기술을 활용할 수 있다.

CNDH와 기타 유사한 기관들은 자율적인 법률과 국가의 가부장주의 간의 복합물을 구축하는 데 기여한다. 그들은 본질적으로 법원의 외부에 있고 법원과 평행을 이루는 일종의 '연고주의적 사법부'를 형성한다. 한편으로, 그들은 스스로 변해가고 있는 PRI의 지배를 정당화하고 (국제적으로 받아들여지는 의미에서) "현대화"하는 것을 돕기 위해 최신 인권 기법들을 활용한다. 예를 들어, 고문에 대한 전쟁은 지방의 후견 시스템을 겨냥하고 있다. CNDH의 지도자 가운데 한 명에 따르면, 이 위원회는 지방 권력과 밀착된 검찰총장이나 검사들과 다소 불편한 관계에 놓여 있다. 위원회는 일반적으로 "저항과 장애물들"에 직면하고 있고 이 상황은 각 주에서 더욱 강하게 나타난다. 문제는 지방 검사들이 지방의 경찰, 정당, 그리고 지방 정치권력의 "집안 사람들"이라는 것이다. 지방의 검사는 "내가 곧 법이다"라고 생각하는 경향이 있는데, 이것은 법률의 자율성에 대한 PRI의 전통적인 태도와 정확하게 일치한다. 따라서 지방 수준에서의 개혁 노력은 CNDH를 통해 국가에 진출한 새롭고 기술적인 법률가들이 이 정당의 연고주의적 전통에 뿌리박고 있는 지방 법

---

* 과거의 법정은 대통령에 대해 권고만 할 수 있었다.

률가들의 발판을 제거하는 것을 도우려는 노력으로 나타날 수 있다.**

　이와 동시에, 이런 '연고주의적 사법부'에는 몇 가지 한계점들이 있다. 한 인권운동 변호사가 들려준 사례는 이런 한계들을 보여준다. 그에 따르면, 정련소를 폐쇄하기로 한 살리나스 대통령의 결정 후, 직원 중 한 명 이 권리를 인정받지 못한 페멕스(Pemex : 국영석유회사) 노동자들을 조직하려고 시도했다. 이 노동자는 PRI에 깊게 관련된 노동조합 지도자들의 명령을 따르지 않았기 때문에, 부패한 판사들이 동기를 짜맞추어 체포됐고 정신을 잃을 때까지 구타당한 후 수감됐다. 이 인권 변호사는 '긴급항소' 이후에 이 피해자의 사진을 찍고 사건을 문서화했지만, (더 많은 문건을 요구한) CNDH의 행동을 이끌어내는 데 많은 어려움을 겪었다. 일단 고문 사례가 분명해지자 인권위원회는 이 노동자가 경찰 간부로서 새로운 직업을 얻은 후 이 사건을 조용히 묻어버렸다. 이 사례가 보여주는 바와 같이 국가구조는 동요되지 않았다.

　앞의 사례는 CNDH와 기타 유사 기관에 대한 적대감이 여전히 남아 있음을 보여주지만, 이런 경쟁이 또한 상호 보완적으로 진행되고 있다는 것에 주목하는 것은 흥미롭다. 위에서 언급한 인권 단체는 이 사건의 시정을 위해 법원에 대해 조치를 취하기보다는 CNDH의 절차들을 밟았다. 마찬가지로, 우리는 이 위원회를 개혁할 필요성을 주장하는 '좌파 법률'의 지도자를 알고 있다.*** 특히, 이 위원회의 위원장이 멕시코

** 모든 판결에 대한 정부의 광범위한 재량권의 핵심 요소들을 제한하고, 지방 검사들의 재량권을 용의자들을 구금하는 것으로 제한하려 한 CNDH의 판결개혁과 감옥개혁 시도는 정부 내에서 진행된 법률정책과 일치했다.
*** '좌파 법률'(legal left)에서 '좌파'라는 말은 멕시코의 소외된 사람들에 대한 이 그룹의 관계를 보여주려는 것이다. 그러나 우리가 설명한 사람 중 많은 이들이 PAN과 커넥션을 가지고 있으며, 특히 법률적 가치와 가톨릭의 사회 인식에 대한 관심 때문에 PAN에 이끌린 인물들과 관계를 맺고 있다.

대통령에 의해 지명되고 대통령에게 보고해야만 하는 만큼 더 큰 독립성을 요구한다. 그들은 또한 인권위원회의 아젠다에서 선거, 노동권, 그리고 토지개혁 등이 제외된 것에 대해서도 끈질기게 비판하고 있다. 게다가 지방 옴부즈맨들에 대한 회의와 지방 후견 시스템 외부에서 지방의 탄원을 이끌어낼 수 없는 무능력에 대한 회의가 남아 있다.*

CNDH는 자신에게 맡겨진 임무들을 통해 논쟁과 토론을 자극함으로써 자신을 정당화하고 양분을 제공받는 일종의 대안적인 법률의 장이 출현하는 장소가 됐다. 법원의 외부에서 이 대안적인 법률 체계는 일정한 자율성을 주장하고, PRI로부터의 거리(특히 PRI의 다른 그룹들과 동맹을 맺은 PRI의 한 그룹과)를 유지한다. 이것은 PRI에서 세력 균형을 변화시키고 수입된 전문성에 보다 의지하는 사람들을 유리하게 하기 위해 사용되는 국제적인 전략이다. PRI 내부에서 특정 그룹들을 정당화하고, 자율성을 위해 투자하는 것은 (특히 빈센테 폭스[Vincente Fox]의 2000년 선거에서의 당선이 그 사례가 되는) PRI에 대항한 세력이 선거에서 승리할 수 있도록 만드는 과정들을 열어준다.

그 사이에, 법원개혁에 대한 투자가 가져온 약간의 파급 효과가 있었다. 실무에서 제한된 역할만 담당하고 형식상으로만 존재한 법원들은 PRI의 권력 기반인 후견 네트워크와 가부장주의의 파괴로부터 이익을 보았다. 법원들은 일종의 배출구를 제공했고, 예를 들어 국가가 지도하는 은밀한 노사관계 합의가 있을 때 보다 덜 공식적인 기관들은 보다 공식적인 주장을 전개한 법률적 옹호에 의해 지지받을 수 있었다. 최근에

---

* 예를 들어, 멕시코에 대한 한 미국인 전문가는 이 위원회가 "조크에 불과하고 덜 신용되는 지방 옴부즈맨들의 청원 체계를 배제하고 있기 때문에 상황이 더욱 악화된다"고 말했다.

암파로의 복잡성 증가는 부분적으로는 법원과 법원 지향적인 학자들이 노동사건과 그 밖의 다른 사건들의 유입에 대처한(그러나 실무적으로 부적절하게 대처한) 결과이다. 그리고 이런 증가한 복잡성은 암파로의 판사 겸 법률 전문가들이 공식적인 자율성과 법률적 전문성의 영역을 개척할 수 있는 기회를 제공한다.

특히 전임 대통령이었던 세디요에 의해 시도된 몇 가지 개혁을 수행하려는 노력들이 있었다. 그리고 이 노력들은 주목해볼 만한 가치가 있다. 우리는 또한 법원개혁을 향한 이동의 중심에서 카르피소와 연합한 네트워트를 발견하게 된다. 1993년 후반에, 세디요 행정부는 1988년에 시작된 몇 가지 개혁에 의거해 대법원의 구성과 역할을 크게 바꾸었다. 또한 CNDH가 설립됐을 때처럼, 이 개혁은 IIJ의 선언적인 작업에서 많은 것을 빌려왔다.

개혁 과정에 참여한 한 인물에 따르면, 대법원 멤버였던 카르피소는 전통적인 연고주의 시스템에 대해 대항하는 태도를 취했다. 처음에 그는 대법원의 21명 대법관 가운데 동지가 별로 없었다. 그러나 그의 제자이자 CNDH에 소속된 지방 출신의 IIJ 연구원이었던 호세 라몬 코시오 디아스(José Ramón Cossio Díaz)는 그의 법원 비서가 됐고, 후에 대법원장 비서가 됐으며, 결국에는 개혁 입법의 장본인이 된 것으로 알려졌다. 이 입법 과정에서 상원에서 핵심적인 역할을 수행한 사람은 그 또한 IIJ에 관계를 맺고 있던 아마도르 로드리게스 로사노(Amador Rodriguez Lozano) 상원의원이었다.

이 개혁은 대법원 판사를 11명으로 줄이는 것을 목표로 했고, 당시까지 활동 중인 판사 중 두 명 만이 직위를 유지할 수 있었다. 개혁은 또한 대법원을 최후 심급기관이라기보다는 헌법 법원으로 만드는 방향으로 대법원의 권한을 재정의했다. 개혁은 또한 연방 판사의 충원을 보다 선별적이고 능력주의적으로 만든다는 목표에 초점을 맞추고 사법 행정을 관장할 사법위원회를 구성했다. 낡은 대법원을 개혁하는 것과 일치하는 이 계획은 후견 시스템을 영속시키기보다는 "법률 경력"을 촉진하게 될 것이었다. 한 개혁적 판사에 따르면, 이 생각은 한편으로 "자율성"을 제고시키게 될 "게임의 규칙을 투명하게 만들려는 것"이었다.

새로운 대법원을 이끈 사람은 후견 시스템의 피해자였던 빈센테 아긴코(Vincente Aguinco)였다. 그는 과거에 어떤 사건에서 대법원의 압력에 저항했다는 이유로 하급법원 판사 지위를 물러나야만 했다. 그는 유명한 헌법 법률가가 됐고, 은행들의 국유화에 반대하는 사람들의 이익을 대표했다. 대법원의 새로운 멤버 중에는 이 개혁을 지지한 두 명의 중요한 인물이 있었는데, 이들은 동료 판사들 사이에서 평판이 좋았을 뿐만 아니라 선거법정에서 명성을 쌓은 보다 정치적인 멤버들로부터도 존경을 받았다.

이 개혁도 역시 비판에 직면했고 연방 사법부의 많은 인물들은 여전히 연고주의 시스템을 파괴할 수 있는 그 어떤 변화에도 반대하고 있었다. 한 내부 인물에 따르면, 대법원은 이런 개혁에 대해 노골적으로 반대할 수는 없었지만 그 구성원들은 명백하게 반대의 입장을 취했다. 사법부 내부에는 물론 몇몇 개혁에 대한 지지자들이 있었지만, 대부분은 동조하지 않았다. 지금도 여전히 법원 내부에 갈등이 남아 있으며, 개혁 세대이자 카르피소의 전직 비서였던 한 인물은 개혁 지향적인 판사들을 조직하려는 예비적인 노력에 관여하고 있는 것으로 알려지고 있다. 이런 조직적인 노력들은 CNDH의 설립에 반대했던 법률가들을 비롯해 법률민족주의자들의 옛 지도자들의 저항에 부딪히고 있다. 그럼에도 불구하고, 법원이 여전히 멕시코 국가와 경제에서 매우 약한 기관으로 남아 있으면서, 유사한 기관들을 설립하고 법률적 정당성을 가지고 이 기관들을 강화시킨 압력들로부터 완전히 자유롭지 못했다는 점이 중요하다. 그 누구도 최근의 변화들이 지금까지 큰 충격을 가져왔다고 주장할 수는 없지만 개혁을 도모하는 활동이 있다. 그러나 개혁의 에너지는 CNDH로 가장 잘 대표되는 국가 내부의 대안적인 기관들을 설립하는 데에서 훨씬 더 큰 성공을 거뒀다.

아르헨티나의 유산된 법원개혁

말비나스(포클랜드) 전쟁에서 패배한 후, 아르헨티나 법원들은 민주화를 향한 이행에서 핵심적인 행위자는 아니었지만 인권침해 문제의 처리를 위한 포럼으로 기여하면서 많은 역할을 수행했다. 알폰신 대통령은 처음에 군부가 스스로 자신의 인권침해를 처리할 수 있는 방법을 찾으려고 했다. 그는 군부에게 내부의 행위들을 조사하고, 단순히 군사정권의 명령에 복종하기만 했을 뿐인 사람들을 처벌하지 않도록 지시했다.[19] 그러나 군부는 자체 조사를 통해 과거의 과오들을 밝혀내는 것을 거부했다. 그 후 알폰신은 전통적인 법원에 호소하지 않는 형사 처벌을 향해 이동했다. 이전의 정부 교체 사례에서처럼, 법원들은 알폰신이 교체하기를 원하는 것들과 너무나 똑같은 것들을 바꾸기 원했다. 따라서 그는 선별된 판사와 검사 그룹으로 구성된 법원에 조사 작업을 맡겼다.* 이와

---

* 이 판사들 중 두 명은 과거에 군사정권의 자율사면법(self-amnesty law)이 헌법에 위배된다고 선언했다고 한다. 그 중 한 명인 카를로스 아르슬라니안(Carlos Arslanian)은 매우 존경받는 페론주의 판사였고 메넴 정권 초기에 법무장관이 되기도 했다.

동시에, 알폰신은 실종자들에 대해 조사하는 임무를 맡은 국가실종자위원회를 설립했다.* 그 뒤를 이어 일어난 큰 재판들은 아르헨티나 사법부에 대해 새로운 관심을 불러일으켰고, 법률과 사법부의 개혁에 유리한 분위기를 만들어내는 것처럼 보였다. 우리의 관심은 여기에서 다시 한번 아르헨티나 사례를 통해 국제적인 영향력의 흐름이 현지의 맥락에서 어떻게 나타나는지를 보여주려는 것이다.

우리는 알폰신의 당선과 함께 학계에서 공적인 영역으로 이동한 법학자들과 판사들의 그룹을 추적함으로써 사법부에 대한 관심이 증가하고 있음을 부분적으로 확인할 수 있다. 비록 우리가 행정부의 지속적인 변화와 숙청에 따른 법학계와 사법부의 자율성 부족을 강조했지만, 국제적인 법률교육에 막대하게 투자한 몇몇 장소들이 있었고 대법원에 봉사했거나 검찰총장으로 활동한 많은 학자들은 이런 학문적 전통에서 온 사람들이었다. 게다가 아르헨티나 상황에서 법률(혹은 다른 수입된 전문성)에 투자한 이 학자들은 빈번하게 해외를 방문했다. 그들은 모국에서 높은 신분으로 해석되는 국제적인 명성을 구축했고 정부가 교체될 때 사용할 수 있었던 관계들을 구축했다. 이 인물들은 판사나 학자로서 국내 정치 변동을 대담하게 주도하지 못하는 경향이 있었다. 우리가 사업 법률회사에서 발견한 것과 매우 유사한 방법을 통해서 그들은 법률과 공공 법률기관들에 대해 투자하기보다는 정부 외부에서 중개자로서 활동하는 경향이 있었다.

카를로스 산티아고 니노(Carlos Santiago Nino)는 급진당과 알폰신

---

*국가실종자위원회(Comisión Nacional de Desaparecidos : CONADEP)의 보고서인 '눈카마스'(Nunca Más, 1984)는 큰 주목을 받았다.

을 법률을 중시하고 군부 책임자들을 공개 재판에 회부하기 위한 프로 그램에 연결시킨 핵심적인 인물이다. 1960년대 말 부에노스아이레스대학을 졸업한 니노는 옥스퍼드대학의 앤서니 오노레(Anthony Honoré)의 지도 하에 철학을 공부했다. 그는 귀국해서 법학부의 가장 학문적인 부분인 법철학을 담당한 교수가 됐다. 군사독재 동안 정치운동과는 전혀 거리가 멀었던 그는 대부분의 시간을 영국, 독일, 멕시코, 미국, 그리고 베네수엘라에서 보냈다.**

니노의 한 친구에 따르면, 1982년까지 그와 부에노스아이레스대학의 법철학자 그룹은 정치적으로 중립적이라는 의미에서뿐만 아니라 국가기관의 외부에 있다는 의미에서 자신들을 "비정치적"이라고 생각했다. 그들 중 몇몇은 출정영장 탄원서에 기꺼이 서명했고, 그들 중에서도 헤나로 카리오(Genaro Carrió)는 (군부가 저지른 정치적 박해의 가장 유명한 사건 중 하나인) 하코보 티메르만(Jacobo Timmerman)을 위한 변호사였다. 카리오, 니노, 에두아르도 라보시(Eduardo Rabossi), 에우헤니오 불리힌(Eugenio Bulygin), 그리고 마르틴 파렐(Martín Farrell)을 비롯한 그들 내부의 한 그룹은 1982년 말비나스(포클랜드) 전쟁에서 패배하기 직전에 차기 정부를 위한 준비 작업을 하기로 결정했다. 여기에 관여한 한 인물은 다음과 같이 진술했다.

"우리는 곧 정치적 순결성을 포기하고 정당에 가담해야 하며, 가능하다면 중요한 정치적 인물의 자문가가 되어야만 한다는 데 합의했다. 어느 정당에 들어갈 것인가에 대한 선택은 분명했다. 급진당은 전통적

** 피스에 따르면, "그는 언젠가는 군부가 그에게 영원히 아르헨티나를 떠나도록 강요힐 것을 두려워했고, 망명지 중 한 곳을 '집으로' 삼아야 하지 않을까" 우려했다(Fiss, 1994 : 14).

으로 민주적인 가치들을 확고하게 옹호한 것으로 인식된 유일한 정당이었다. 이런 정치 세력의 선택은 단순하지는 않았다. 결국, 우리는 계속해서 선거에서 패배한 소수 급진 그룹의 리더인 라울 알폰신에게 접근하기로 했다. 알폰신은 진보적인 정치 행보와 인권침해에 대한 비판적인 시각들을 지지했다. 우리에게는 이것이 더욱 만족스러웠다."[20]

특히, 알폰신은 "실종자들과 인권침해 문제에 대해 명확하게 답한 유일한 정치 지도자"로 간주됐다. 이 문제들에 대한 그의 답은 "이 문제를 사법부의 손에 맡기자"였다.[21] 알폰신은 그가 "철학자들"이라고 부른 이 그룹에 의지했고, 그들은 공개 재판 정책을 수립한 인물이 됐다.

알폰신의 프로그램에 있어서 매우 중요했던 이 법철학자 그룹은 정부의 지위에 임명되기도 했다. 그들의 지위는 인권에 대한 그들의 전문성에 의존하는 경향이 있었다. 알폰신의 고문이자 '민주주의 공고화위원회'(Commission for the Consolidation of Democracy)의 기획자로서 국무차관이 된 하이메 말라무드-고티(Jaime Malamud-Goti)는 자문위원으로 봉사했으며, 훗날 아르헨티나 검찰총장에 임명됐다. 라보시는 인권 담당 차관이 됐고, 카리오와 호르헤 안토니오 박케(Jorge Antonio Bacqué)를 비롯한 다른 사람들은 대법원에서 봉사했다. 알폰신의 법치 확립에 대한 지지에 맞추어 사법부는 행정부로부터 상당한 존중을 받게 됐다.*

아르헨티나의 법철학자들은 또한 미국, 특히 예일대학 로스쿨과 굳은 관계를 구축했다. 예를 들어, 군부의 재판이 한창이던 때 니노는 정부

---

* 예를 들어, 대법원은 군부가 활용할 수 있는 "의무적인" 변호에 대해 알폰신이 원하는 방법으로 법률을 해석하지 않았다.

의 후원으로 미국과 영국의 주도적인 법철학자 다섯 명을 부에노스아이레스에 초청하는 프로그램을 준비했다. 그들 가운데는 예일대학 로스쿨의 오웬 피스가 포함되어 있었다.** 외국인 방문자 중 그 누구도 아르헨티나에 대해 알지 못했지만, 그들 모두는 국제적으로 알려진 학자들이었다. 피스는 니노와 알폰신이 정치·경제 사상에 대해 토론하고 그것을 아르헨티나에서 그들의 업무에 적용하는 신중함에 감명을 받았다.[22]

이 모임과 그 뒤에 이어진 모임들의 결과로 니노는 예일대학의 정기적인 초빙교수가 되어 1987년부터 마흔 아홉의 이른 나이로 사망한 1993년까지 예일대학 겨울학기의 강의를 맡았다.*** 알폰신도 역시 예일대학에 연결된 그룹의 한 부분이 됐다. 그는 처브(Chubb) 특별회원으로서 두 차례 예일대학을 방문했다. 그동안 피스는 1985년부터 현재까지 매년 적어도 일주일간 아르헨티나를 방문하면서 아르헨티나와 밀접한 관계를 구축했다. 양측 간의 교류는 계속 증가했다. 예일대학의 다른 멤버들이 아르헨티나를 방문했고 '니노-보이스'(Nino-boys)들은 법학석사와 박사학위를 획득하러 예일대학에 갔다. 이 국제적인 그룹은 아르헨티나에서 명망을 얻었다. 니노는 또한 당시까지 분석철학과 실증주의에 기반한 아르헨티나의 법철학을 "인권, 민주화의 정당화, 법률과 국가의 정당화, 그리고 이것들의 근본적인 도덕적 토대 등과 같은 주제들을 담은" 미국식 접근 방법으로 정향시킨 핵심 인물로 간주된다.[23]****

** 또 다른 사람들은 로널드 드워킨(Ronald Dworkin), 토머스 네이글(Thomas Nagel), 토머스 스캔론(Thomas Scanlon), 버나드 윌리엄스(Bernard Williams)였다(Fiss, 1994:10).

*** 니노는 볼리비아에서 정부의 개헌에 대해 자문을 하던 중 심장마비로 사망했다.

**** 불리힌은 아르헨티나 법철학자들이 크게 변하지 않았다고 주장한다. "어떤 철학자의 영향력이 그의 사상을 다루는 저작의 수에 의해 측정될 수 있다면, 나는 니노의 영향력은 현재까지 그다지 크지 않다고 말할 것이다."(Bulygin, 1994:7).

이런 재정향은 새로운 법률투자라는 면에서 아직도 계속해서 영향을 미치고 있다.

상당수가 과거에 판사를 지냈거나 당시에 판사였던 이 법철학자들은 급진당과 알폰신이 사법부와 법률에 대한 투자를 강화시키는 데 기여했다. 그러나 정부의 법치 확립에 대한 가장 강력한 의지의 천명이었던 군부에 대한 공개 재판조차도 결국에는 실망스럽게 끝나고 말았다. 한 급진당 지도자가 진술한 바와 같이, 군부에 대한 재판은 "훌륭한 변호사들"을 개입하게 했지만 "그다지 효과적이지 않았다". 아주 극소수를 제외하고 "감옥에 간 사람은 거의 없었다". 검사들과 판사들은 "더 많은 팀플레이"가 필요했다.

알폰신 행정부의 초반기를 지배했던 사법개혁에 대한 희망은 실현될 수 없었다. 한 관찰자가 주장한 바와 같이, 사람들은 민주화를 향한 짧은 이행기 동안 어떤 점에서 "(당시) 상황이 매우 특수했는지" 이해하지 못했고, 군부에 대한 재판에 대해 낙관주의가 지배하고 있었다. 같은 아르헨티나의 관찰자에 따르면, 사법 구조는 "매우 낙후된 상태"로 남아 있었고, 판사들은 미디어의 "요구에 반응하지 못했다". 다른 말로, 아르헨티나는 "그곳에 (국내에) 있지 않은 권력을 발견한 것"이었다. 판사들은 미디어를 사용하는 법을 알았고 미디어는 판사들을 활용하는 법을 알았다. 판사들은 "정치권력의 마구잡이식 행사"라고 불릴 수 있는 것을 포함한 "몇 가지 논쟁 많은 사건들을 다룸"으로써 "대중적인 인물들"이 될 수 있었다. 그러나 적어도 제2차 세계대전 이후의 전 시기에 걸쳐서 우리가 살펴본 것과 같이, 사법부는 상대적으로 자율적인 국가기관으로서의 강력한 지위를 누릴 수 없었다.

급진당원들이 권좌에 머무른 시기는 간략하게 말해서 법률에 토대를 둔 매우 국제적인 전략들의 시기였지만, 법률기관들은 그 어떤 괄목할 만한 변화도 겪지 않았다. 사실상 가장 두드러진 법률의 활용은 군사정권의 재판과 함께 정상적인 법원의 외부에서 일어났다. 달리 표현하면, 알폰신 정부의 목표가 무엇이었든 간에, 결과는 정부가 급진당과 관계를 맺고 있던 일군의 사람들을 사법부와 학계에 진출시켰다는 것이었다. 아르헨티나와 다른 국가들의 학자들은 '민주화', '인권', 그리고 '법의 지배'라는 국제적인 범주에 따라서 알폰신 정부를 평가했다. 사실, 아르헨티나인들은 이런 문제들이 토의되는 아르헨티나 외부의 기관(예를 들어, 예일대학 로스쿨)들에 글을 발표하고 교육을 담당하면서 크게 기여했다. 말라무드-고티는 미국의 로스쿨들에서 교편을 잡았고, 최근에 인권 재판에 관련된 책을 출판했다.[24] 그리고 다른 아르헨티나인들은 애리조나대학과 컬럼비아대학 등의 법학부에 머물렀다. 그러나 사실 국내 상황은 아르헨티나의 법 역사에서 너무나 빈번하게 관찰되는 방식으로 끝나게 됐다.

국제적으로 인정받은 아르헨티나 학자들과 행위자들은 국내의 민간영역에 머무르면서 그들의 국제적인 커넥션을 강조했다. 1980년대 후반 니노의 예일대학 경력은 아르헨티나 보수당의 핵심 인물로서 1970년대에 서던메소디스트대학 교수였던 훌리오 쿠에토 루아(Julio Cueto Rua)의 경력과도 유사하다. 이 두 사람은 정당과 밀접한 관계를 맺고 아르헨티나 국가 외곽의 민간영역에서 크게 두각을 나타낸 사람들이었다. 이들 각각은 이 영역을 미국에 접속시켰고, 보다 광범위한 국제적인 영역에 접속시켰다. 특히 이들은 대부분의 시간을 외국에서 교육하는 데 할애하면서 아르헨티나의 정치에 영향을 미칠 수 있었다.

이런 방식은 메넴의 페론주의 정부에서 더욱더 두드러졌다. 메넴은

법원을 페론주의적인(혹은 메넴주의적인) 방향으로 이끌기 위해 보다 공
격적인 자세를 취했다. 1989년에 권좌를 장악했을 때, 그는 대법원 판사
의 수를 다섯 명에서 아홉 명으로 증가시켰다.* 법원이 확대되던 순간에
박케 판사가 사임함으로써 메넴은 "자동적으로 다수"를 획득할 수 있도
록 다섯 명의 대법관을 임명할 수 있었다.[25] 메넴 행정부는 또한 검찰청
장에게 사임하도록 강요했고, 자신의 정치적 동지들이 형사사건을 담당
하도록 상급법원의 멤버들을 교체했다.[26]**

　　마치 루스벨트가 1930년대에 시도한 것과 똑같이 메넴이 극적인 경
제적 이니셔티브들을 통해 법원을 묶어두었다고도 주장할 수 있다. 아
마도 수많은 메넴 진영의 인물들이 주장하는 바와 같이, 이것은 확대된
경제정책과 법률적이고 보수적인 사법부 간의 충돌일 수 있었다. 보수
적인 대법원은 메넴의 새로운 이니셔티브들을 가로막고 개혁을 방해할
수 있었다. 그러나 오라시오 베르비츠키(Horacio Verbitsky)가 보여준
바와 같이, 이런 설명의 난점은 법원이 메넴의 정책들을 가로막지 않았
다는 것을 강력하게 뒷받침하는 증거가 있다는 것이다.*** 대법원은 알
폰신이 임명한 사람들의 투표에서 나타나는 바와 같이, 변화들을 가로

---

* 상급 법원은 '알폰신 지지자'(Alfonsinista)로 불릴 수 있다(Garro, 1992 : 74). 알레한드로
　가로(Alejandro Garro)는 이 법원이 프론디시(Arturo Frondizi)에 의해 다섯 명에서 일곱
　명으로 확대됐다고 지적했고, 일리아(Arturo Ilia)는 이 숫자를 아홉 명으로 늘리려고 했다.
　판사의 숫자는 옹가니아 집권기에 다시 다섯 명으로 줄었는데, 알폰신은 다시 일곱 명 이
　상으로 늘리려고 했다(Garro, 1992 : 74).
** 알폰신 재임기에 검찰청장실에 가까웠던 한 인물에 따르면, 이 부서에는 "정말 좋은 팀"이
　있었는데 그들 모두가 교체됐다. 메넴의 누이를 돈세탁 혐의로 기소했던 한 인물은 반대로
　사소한 절도 혐의로 기소됐다.
*** 메넴의 개인 네트워크보다는 경제 측에 가까웠던 정부의 한 변호사는 정부의 몇몇 법률가
　들이 법원의 자기사람 심기에 반대했다고 말했다. 경제개혁을 추진한 법률가들은 이미 법
　원에 있던 사람들과 함께 작업하는 데 어려움이 없었다.

막을 힘도 의지도 부족했다. 메넴은 법원들이 후견 제도와 권력에 대한 그의 접근을 방해하지 않도록 보장받으려고 했을 것이다.[27] 사실 밝혀진 바와 같이, 법원들은 메넴이 추구하는 그 어떤 것에 대해서도 저항하지 않았다.

적어도 50년 동안 아르헨티나 법원은 행정부에 대해 어떠한 저항도 하지 않았고, 이런 사실이 메넴 정부에서 달라졌으리라고 상상하는 것은 어렵다. 이런 이유들과 그 밖의 이유들 때문에 수많은 사람들은 사법부의 자율성이 "결코 악화되지 않았고" 더 많은 부패들이 있다고 주장했다.**** 비판적인 한 판사의 말에 따르면, 행정부를 구속할 수 있는 "어떠한 제한도 없다". 따라서 사법부 내부에는 국가정책과 행정부로부터 개인적으로 이득을 얻는 사람들을 보호하는 정부의 공격으로부터 "안전한 사람은 없다".

한 급진당 지도자에 따르면, 문제는 "돈에 의한 부패"라기보다는 판사들이 무엇보다 정당 정치인이고 "그들의 정당에 전화로 화답하는 것"이다.***** 메넴 정부가 사법부와 검찰에 중요한 영향을 미친 것은 분명하지만 급진당으로부터 페론주의자로의 변화를 과장해서는 안 될 것이

**** 한 법률가는 법원 주위에 모여든 '비공식적인 간섭자들'이 특정한 파일에 대해 선처를 부탁하거나 파일의 분실을 막아달라고 요청하기 위해 기소자를 방문할 정도로 부패의 수위가 높아졌다고 말했다. 그는 이런 유형의 부패는 부에노스아이레스에서는 "매우 새로운" 현상이라고 했다. 한 주도적인 페론주의 법률가는 "이렇게 부패가 많았던 적은 없었다"는 데 동의한다. 또 다른 은퇴한 대법원 원로판사는 사법부를 제대로 임무를 수행하는 "매우 훌륭한 판사들"과 "무능력하거나 부패한" 보직 판사들을 가지고 있는 조직으로 설명했다.
***** 정치가 중요한 요소가 아니었을 때도, 잘 알려진 변호사들은 '한쪽으로 치우친' 접촉을 위해 모든 수준에 있는 판사들에게 접근할 수 있었다. 유명한 검사들에 따르면, 변호사들이 판사들을 방문해 "사건에 대해 이야기를 나누는" 일이 "매일 벌어졌다". 대법원의 재고를 위해 변호사는 서류들을 정리하고 판사에게 전화해 사건을 재검토해달라고 요청하며, 판사가 사건을 맡도록 움직이게 할 만큼 충분한 "비공식적인 이익"을 제시한다.

다.* 은행에 소속된 한 변호사에 따르면, "법률 직업에 대해 이야기하는 것은" 어렵다. 또한 정치에 관여하는 다른 아르헨티나 변호사에 따르면, 판사들은 "판사이기 전에 급진당원이나 페론주의자들이다".** 보다 일반적으로 "모든 것이 대립적"이라는 것이 여전히 규칙으로 남아 있다── "만약에 당신이 다른 정당을 공격한다면 당신의 정당이 돕게 될 것이다".*** 간략히 말해서, 법원들은 작은 자율성만을 가지고 있을 뿐이지만, 그럼에도 수많은 정치투쟁들이 (국내적인 미디어와 국제적인 미디어들을 따라서) 법정에서 일어난다.****

지속되는 자율성의 부족에도 불구하고, 국가 내부에서 법률을 뒷받침하려는 전략들이 있었다. 메넴은 (적어도 처음에는) 사법부의 자율성과 법률의 지위를 구축하려고 노력한 유명한 몇몇 법률가들을 유인할 수 있었다. 여기에는 군부 재판을 통해서 유명해진 레온 아르슬라니안 (Leon Arslanian) 같은 사람이 포함되어 있었다.***** 임기 초에 판사들

---

* 군부의 재판에서 젊은 검사로서 명성을 쌓았고 알폰신 행정부에서 형사검사로 급속하게 승진한 루이스 모레노 오캄포(Luis Moreno Ocampo)가 법원 시스템의 외부로 이동하기로 결심한 것은 사법부와 검찰청의 지위를 잘 말해준다. 사법부에 가까운 한 인물에 따르면, 메넴 정부는 "반부패"를 담당한 사람들을 조사를 할 수 없는 자리로 승진시켰고, 공격적인 검사들은 부서를 옮기든지 권한을 박탈당했다.

** 현재 대법원에 있는 한 법률가에 따르면, "판사들은 정당의 마크를 가지고 있었다". 디에고 마라도나(Diego Maradona)의 매니저인 길레르모 코폴라(Guillermo Coppola)가 연루된 유명한 사건에 대한 『라나시온』(La Nación)지의 최근 기사는 청원법원을 그들의 정당과 관련해 설명했다(Nación, 1996 : 19).

*** 다른 말로, 판사들과 다른 행위자들은 "사회적 신뢰성에 신경쓰지 않는다". 그들의 "기본적인 관심은 정당이다".

**** 사실, 법원과 미디어 활동의 조합 속에서 진행되는 수많은 명예훼손과 다른 활동들이 있다. 한 사례로, 메넴이 알프레도 야브론(Alfredo Yabron)과 부패한 관계에 연루됐다는 카바요의 고소에서 비롯된 카바요와 메넴 간의 분쟁이 법원의 업무 수행에서 다시 일어나고 있다.

***** 아르슬라니안은, 그와 가까운 사람에 따르면 페론주의자였지만 급진당 변호사들의 "가장 가까운 친구"였다. 그는 "뛰어난 기술을 갖추고 독립적인 사람들"을 승진시키려고 했지만, 이 기준은 메넴과의 우정과 충성심 때문에 거부됐다.

의 월급 인상 같은 몇 가지 성공을 거둔 후, 아르슬라니안은 법무장관직을 사임했다.****** 사법부와의 관계에 대한 관리는, 따라서 아르슬라니안과 매우 다른 경력을 가진 메넴의 이너서클에 소속된 두 명의 인물에게 넘겨졌다. 그들은 페론 정당에서 국제적인 전략을 통해 유명해진 것이라기보다는 전통적인 국내의 연고주의와 후견 제도를 통해 성장한 사람들이었다.[28] 많은 문제를 일으킨 메넴의 건설부 장관 로베르토 드로미(Roberto Dromi)는 이런 유형의 법률 경력을 말해주는 한 사례이다. 멘도사와 부에노스아이레스에서 중요한 고객을 위해 일한 교수이자 행정법 전문가인 그는 메넴의 다른 측근들에 따르면, "국가를 상대로 수억 달러가 걸린 기소를 하는 데 있어서 뛰어난 기술을 보유한 거장"으로 묘사된다.[29]******* 이제는 폐지된 퍼센트로 계산되는 수임료 체계는 사실상 이 변호사이자 브로커가 그를 후원한 관료들과 수임료를 나눠 갖는 부패를 부추겼다. 이런 매우 수지 맞는 변호업은 국내의 후견 제도와 상호 호혜의 전통에 잘 들어맞는다. 드로미와 유사한 몇몇 변호사들은 의심할 나위 없이 국내 고객뿐만 아니라 외국인 고객도 대표했지만 그들의 경력은 기본적으로 국내적인 것으로 보인다. 이 변호사들은 국가에

****** 초급심 판사들의 월급은 1,800달러에서 5,000달러로, 대법원 판사들의 월급은 11,000 달러로 인상됐지만, 여전히 민간부문의 법률활동보다 낮은 수준이었다. 민간의 유명한 변호사들은 대법원 판사보다 열 배 많은 급료를 받는다고 한다.

******* 메넴과 가까운 다른 사람들 중에는 오푸스 데이와도 가까운 학자로서 건설부 장관으로 재직하다 대법관이 된 로돌프 카를로스 바라(Rodolf Carlos Barra)가 있다. 베르비츠키는 바라가 행정법에 관한 다섯 권의 책을 저술했고, 국가를 상대로 한 타코니테와 페레스 콤팡크(Taconite and Perez Companc)의 활동을 담당한 변호사였다고 설명한다(Verbitsky, 1991 : 43). 그는 또한 국가를 다루는 사람들이 낮은 계약을 체결한 후 국영기업을 고발하는 시스템에 대해 설명한다. 낮은 수임료로 "수천 건의 사건"을 맡는 국영기업 측 변호사들은 부패에 노출되어 있거나 '최고의 스튜디오', 즉 "계약을 작성하고 교의를 마련하는 변호사들에게 압도된다".

진출할 때 연고주의에 대항한 국제적인 법률전략에 이끌리지 않는다.

　법원들은 이제 과거보다는 대중적이고 국제적인 사안을 중시한다. 정부에게 법원들을 보다 독립적이고 자율적인 기관으로 만들 것을 주문하는 압력들이 있다. 예를 들어, 메넴을 재선에 출마하도록 한 급진당원들과 페론주의자들이 협상한 1994년의 개헌은 사법부의 인사와 감독 구조를 혁신하려는 목적을 담고 있었다. 그러나 이런 변화들은 결실을 맺지 못했다.* 이와 유사하게 형사소송 절차에서도 몇 가지 변화가 있었다. 형사소송 절차는 민법의 전통적인 절차를 본받아 대부분 서면을 통해서 진행되어왔지만, 1992년부터는 대부분 구두로 진행되고 있다.[50]

　게다가 1992년부터 지금까지 세계은행은 연구를 위촉하고 자원을 출자하면서 아르헨티나 법원개혁의 실행 가능성에 대해 투자해왔다. 아르헨티나 전문가들의 국제적인 정향을 고려할 때, 세계은행의 첫번째 프로젝트 중 하나가 아르헨티나에 관련되었던 것은 놀라운 일이 아니다. 그러나 이 프로젝트는 어떠한 뚜렷한 결과도 얻지 못했다. 메넴 정부는 사법부에 대한 통제를 위협하는 모든 시도들을 경계했다. 메넴 정부 내에서 이 프로젝트를 둘러싼 초기의 충돌은 완벽한 법률 경력을 가진 인물인 라파엘 비엘사로부터 시작됐다.** 그는 카를로스 로센크란츠와 카를로스 니노의 인물들로 알려진 몇몇 다른 사람들과 동맹을 형성했

---

* 행정위원회의 설립과 이 기관과 상원의 탄핵과의 관계에도 초점이 맞추어졌다. 최근에 '치안판사의 권고'(Consejo de la Magistratura)는 다양한 구성요소들로부터 선발된 23명의 멤버를 보유하고 있으며, 판사들의 임명과 전반적인 사법 행정을 감독한다. 이 기관은 판사들을 탄핵할 수 있지만, 해임은 배심원단에 의해 비준되어야 한다. 행정위원회 멤버의 임명은 여전히 여당의 통제 하에 있다.
** 비엘사(Rafael Bielsa)는 명문가 출신이다. 그의 조부는 아르헨티나 법조계에서 중요한 인물이었고, 부친은 유명한 법률가이자 교수였지만 페론의 임기 중 해임됐다. 군사정부의 "실종" 정책의 희생자들을 대표한 활동 때문에, 비엘사 자신도 "실종" 정책의 희생자가 됐다.

다. 그러나 비엘사는 국제적인 법률자본을 메넴 정부에 투자한 다른 사람들의 운명처럼 권력을 상실하고 물러났다. 그리고 메넴의 측근이었던 법무장관 엘리아스 하산(Elias Jassan)은 사법개혁에 대한 경험이 별로 없는 그의 한 친구를 이 계획의 장이 될 수 있게 했다.*** 그러나 밝혀진 바와 같이, 이런 국제적인 전략을 지지한 전문가들은 메넴 정부에 반대한 급진당원이었다. 이 계획은 결국 그다지 멀리 나아갈 수 없었다.

법원, 국제적인 전략, 그리고 전통적인 정치 간의 복잡한 관계는 유능한 권력 브로커인 웬세슬라오 붕헤(Wenceslao Bunge)의 입장에서 분명하게 나타난다. 공증인이었던 붕헤는 대그룹인 붕헤 이 보른(Bunge y Born)과 뚜렷하게 밝혀지지 않은 가족관계를 맺고 있다. 그는 하버드 대학 로스쿨을 졸업한 것으로 알려져 있으며, 미국의 법률회사 특히 아놀드앤포터(Arnold and Porter)와 오랫동안 매우 가까운 관계를 맺고 있다. 라틴아메리카와 오랜 유대를 갖고 있는 이 회사의 윌리엄 로저스(William Rogers : 키신저앤어소시에이츠[Kissinger and Associates] 자문 회사의 주요 인물) 특히 붕헤와 가까운 인물이었다. 한 급진당 변호사는 붕헤를 "아르헨티나와 미국 사이의 가장 뛰어난 로비스트"라고 표현했고 그는 한때 주미 대사직의 가장 강력한 후보이기도 했다.

붕헤는 메넴의 측근이자 아르헨티나의 독점적인 민간 우편 서비스 회사인 오카사(Ocasa)의 소유자이기도 한 알프레도 야브론의 대변인이 됐다. 야브론은 또한 메넴 정권이 물러난 후 도밍고 카바요가 메넴의 후원을 받는 마피아라고 부른 인물이기도 했다. 붕헤의 업무는 야브론이

*** 「뉴욕타임스」의 갤빈 심스(Calvin Sims)에 따르면, 하산은 "한 취재 기자 살인사건 때문에 조사를 받은 한 재벌과 친밀한 관계를 맺은 것으로 보여진 후" 사임했다(Sims, 1997).

두려워한 미국의 대기업 UPS, 페더럴 익스프레스(Federal Express)와의 경쟁에서 야브론을 보호하기 위해 워싱턴의 권력 네트워크를 동원하는 것이었다. 붕혜는 카바요의 비난에 답하기 위해 아르헨티나 언론에 자주 개입했다. 그의 변론은 부분적으로는 메넴 정권 하에 사법부의 독립성을 옹호하기 위해 끌어들인 아놀드앤포터와 특히 윌리엄 로저스가 제시한 주장들에 의존했다.*

로저스는 아르헨티나 사법부가 메넴 재임 기간 동안 행정부에 대해 진정한 독립성을 누렸다고 주장한 책을 출판했다. 미국에 깊게 관련된 유명한 법대 교수 훌리오 쿠에토 루아에 의해 소개된 이 책은 스페인어와 영어로 출판됐다.[31] 이런 주장은 부에노스아이레스에 있는 대부분의 국제 지향적인 법률가들의 주장과는 완전히 상반된 것이었다. 로저스의 분석이 얼마나 타당하든지 간에, 붕혜가 보다 덜 전통적인 아르헨티나의 전략을 수행했다고 언급한 것에 주목해보는 것은 흥미롭다. 외국과의 관계, 특히 미국과의 관계에 권력의 기반을 두고 있는 강력한 브로커로서, 그는 국가권력을 보유한 사람들에게 정당성을 부여하기 위해 작업했다. 법원의 옹호는 법원들이 국가 정당성에 대한 논쟁에서 보다 중요하게 됐다는 사실을 반영한다. 국내의 사법기관들의 신뢰성에 투자하려는 의지는 법률가들이 현지에서 국가기관의 그늘에 계속 머물러 있으면서, 명성을 얻기 위해 국제적인 인정을 사용하는 직업 성공의 전통적인 모델이 지속되는 한에서만 구체화될 수 있다. 붕혜의 사례는 이 점에서 전형적인 예라고 할 수 있을 것이다.

---

* 미국에서 이런 아르헨티나 문제를 둘러싼 갈등의 중요성은 야브론을 옹호한 한 미국 회사가 1995년에 영어로 작성한 백서에서 명확하게 드러난다(Core Strategy Group, 1995).

대안적 분쟁 해결 모델의 수입

법원개혁에 있어서 최근 국제적인 전략의 주요 성공 사례 중 하나로서 미국으로부터 대안적 분쟁 해결(Alternative Dispute Resolution : ADR) 방식을 수입한 것은 흥미롭다. 이 방식은 1996년에 발효된 주요 법률안의 제정으로부터 나타났다. 처음으로 대안적 분쟁 해결에 선풍을 불러일으킨 사람들은 엘레나 하이톤(Elena Inés Highton)과 글라디스 알바레스(Gladys Stella Álvarez)로서 두 사람은 모두 항소법원의 판사이다. 엘레나 하이톤은 1970년대 후반에 사법부에 임명됐다. 그녀는 또한 법대 교수였고 전직 변호사이기도 했다. 그녀의 모국어 중 하나는 영어였는데, 그것은 그녀의 조부모 중 적어도 한 명이 영어를 사용하는 아르헨티나 이민자였기 때문이다. 1989년에 그녀는 강의하던 대학에서 네바다 주 리노 법대의 세미나에 관련된 팸플릿을 우편으로 전달받았다. 그녀는 즉시 자신의 동료이자 친구인 글라디스 알바레스 판사와 함께 참가할 수 있는지 문의했다. 알바레스는 이전 18년 동안 민간 변호사와 법대 교수로 활동하다가 1974년에 사법부에 임명됐고, 알폰신은 1984년에 그녀를 항소법원에 승진 임명했다.

　남성이 지배하는 사법 이스태블리시먼트의 외부에 있던 이 두 사람은 사비를 들여 리노에 가기로 결심했다. 그곳에서 그들은 대안적 분쟁 해결이라는 주제를 알게 됐고, 이후 알바레스는 마이애미에서 바캉스를 보내면서 중재 과정을 관찰했다. 당시 알바레스는 법무부 장관인 아르슬라니안을 알고 있었고, 그도 역시 이 문제에 관심을 보였다. 그들은 미국 정보 서비스(US Information Service)의 재정 지원을 얻어 미국의 연사들을 초청하기 시작했고, 나아가 몇몇 훈련 프로그램들을 만들기 시작했다.* 여러 가지 접근 방법 중에서도 그들은 변화, 특히 외부로부터의 변화 압력에 소극적이던 사법부로부터 지지를 얻으려고 노력했다.

그들은 민간적이고 국제적인 전략을 추구했다. 선전 활동의 한 방편으로 그들은 리브라재단(Fundación Libra)을 설립했고 이 재단의 업무를 지원하기 위해 중요한 인물들로 자문단을 구성했다. 이 두 판사는 각각 재단의 회장과 부회장이 됐다. 이 재단의 명예이사회는 알폰신이 대법원에 임명한 법철학자 가운데 한 명인 헤나로 카리오와 미국에서 오랫동안 교편을 잡았던 보수주의자 훌리오 쿠에토 루아, 전직 캘리포니아주 법원 행정관이자 (특히 칠레 등에) USAID 자문관으로서 자주 관여하기도 했던 윌리엄 데이비스(William Davis), 그리고 전직 법대 교수이자 현재 샌프란시스코 연방 항소법원 판사인 도로시 넬슨(Dorothy Nelson) 등 정성을 들여 선별한 멤버들로 구성됐다. 이사회장은 사업 법률가인 호세 마리아 시에르(José Maria Cier)였다.

또한 미국의 중재 공동체 출신의 수많은 자문가들이 이 재단에 관여하고 있는데, 그들 중 상당수는 아르헨티나의 훈련 프로그램을 이끌기도 했다. 그들은 공증인들과 다른 그룹들과도 동맹을 형성했다. 항소법원장의 감독 하에 있는 공증인들은 중재와 조정의 가능성에 관심이 있었다. 이 활동에 관여한 사람에 따르면, 이들은 좋은 평판과 중립적인 이미지 덕분에 중재자로 봉사할 준비가 되어 있었다. 의심할 나위 없이 그들은 이 계획에서 법원 외부에서 전개되는 절차에 직접 참여할 수 있는 활동 공간을 발견했다. 특히 리브라 그룹은 1994년 뉴욕에서 사업 분야 대안적 분쟁 해결 활동의 주도적인 스폰서인 공공자원센터(Center

---

* 그들은 1993년 후반에 USAID의 지원으로 국가 법원 센터와 회의를 개최했다.

for Public Resources : CPR)가 수여한 특별상을 수상함으로써 미국에서 충분한 명성을 얻을 수 있었다. 이 아르헨티나 그룹은 또한 중재의 이론과 실무에 관한 수많은 학술 논문과 책을 출판하기도 했다.[52]

앞에서 설명한 법원개혁가들과는 대조적으로 이 중재의 촉진자들은 법무장관의 관심을 얻을 수 있었다. 이 관심의 이유는 설명하기 다소 어렵다. 장관이었던 하산은 메넴의 측근으로서 그의 정치적 인맥으로 잘 알려졌다. 한 내부 인물에 따르면, 그가 이런 중재 계획을 지지한 것은 단지 그에게 정치적인 비중을 제공하는 전술적인 이익 때문이었다. 이 과정을 주목한 사람들에게는 "그토록 많은 일들이 그처럼 빨리 일어난 것은 기적과도 같았다". 이 계획은 공익변호사협회의 반대에 직면했지만, 정치권력은 이 반대를 돌파할 만큼 충분히 강했다. 전통적인 판사들도 여기에 호의적이지 않았지만 곧 지배적인 흐름을 따라가야 했다. 이 계획은 두말할 나위 없이 시금석이 되는 계획이었지만, 행정부는 그 다음 단계로 나아가기 위한 결과들을 기다리지 않았다.

1996년 4월에 발효된 위임 중재 체제는 범죄와 도산에 관련된 사건을 제외한 연방 차원의 모든 사건들이 중재를 거치도록 규정했다. 현재 1,400명의 중재 법률가들이 있는데, 그들 가운데 대략 100명 정도만이 리브라재단의 전문가에 의해 양성됐다. 1995년에 리브라가 중재에 대한 교육을 실시한 유일한 기관이었다면, 현재는 70여 개의 기관이 중재자가 되는 데 필요한 훈련을 제공하는 것으로 알려져 있다.[**] 이 새로운 법

** 소송 당사자는 소송 양식을 제출할 때 15페소를 지불하는데, 이 돈은 기금에서 충당된다. 중재가 실패했을 때, 중재자는 15페소를 지불하며 남은 수임료는 패소한 측에서 지불한다. 만약 6개월 안에 소송이 제기되지 않으면, 중재자는 중재를 요청한 측으로부터 수임료를 받는다. 수임료는 3,000페소 이하의 사건일 경우 150페소이며 그 이상은 300페소가 된다.

률은 사실상 법원으로 가게 될 수많은 사건들을 크게 줄였다.[*]

그러나 특히 흥미로운 것은 이런 국제적인 전문성이 결국에는(주로 NGO들과 민간 활동의 매개를 통해서뿐만 아니라 가끔씩 사법적인 형태의 업무들을 통해서도) 민간영역의 발전에 기여하게 된다는 것이다. 공공 법원들 지척에서 목격되는 중재의 성공이 법원들의 작동에 영향을 미칠 수 있을 것이라고 생각할 수도 있다. 그러나 이런 경우는 흔하지 않고 특히 판사들의 경력과 충원에서는 더욱 찾아보기 어렵다. 아르헨티나에서는 오늘날 대안적 분쟁 해결의 중요한 장소로 인정받고 있고 이 재단의 운동원들이 국제적인 영역에 깊이 관여하고 있다. 한편으로 우리는 이것이 법원 내부의 문제에 대한 관심을 돌리기 위한 방법이라고 생각할 수 있지만, 다른 한편으로 아르헨티나에서는 국제적인 법률 전문성을 공적인 영역보다 사적인 영역에 투자하는 것이 보다 수월하다는 증거이기도 하다.[**]

미국 사업체들과 사업법을 지향하는 19개 법률회사 그룹은 특수한 중재와 조정 서비스를 제공하기 위해 새로운 법률을 사용해왔다. 그들이 발전시킨 상이한 정체성에 토대를 두고 그들은 사실상 중재조정센터

---

[*] 법원이 제공한 통계에 따르면, 중재의 31퍼센트 가량은 공식적인 합의로 끝났고 각 중재자는 6일마다 한 사건의 평균 액수를 수령했다. 당사자들이 중재자를 선택하거나 법원에게 중재자를 지명하도록 위임할 수 있는 것으로 보인다.

[**] 국제적인 중재 전략은 주로 국제 비즈니스에 종사하는 변호사 그룹을 보완하는 데 훌륭하게 작동했다. 예를 들어, 훌리오 쿠에토 루아는 분쟁해결 서비스를 마련했고, 현재 그림자 내각의 법무장관인 리카르도 힐 라베드라(Ricardo Gil Lavedra)는 그의 법률회사와 함께 작업하는 중재자 팀을 보유하고 있다. 중재에 대해 적극적으로 찬성하는 한 기업 변호사는 이것을 "갈등이 해결되는 방법의 토대를 변화시키기 위한" 기회로 간주한다. 어떤 박식한 관찰자는 최근에 라틴아메리카에서 강력한 지위를 확보한 외국 기업들의 관점에서 이런 변동이 법률적인 제도를 통해 "보장받기를 원하는" 외국 기업들을 만족시켜줄 수 있을 것이라고 주장했다. 민간 분쟁 해결의 제도화는 (다시 한번 국가기관 외부에서 그러나 국가기관과 가까운 곳에서) 이런 보증을 제공하는 데 기여할 수 있다.

(Centro Empresarial de Mediación y Arbitraje)라고 불리는 자신들의 민간 사법 시스템을 구축하려 하고 있다. 은행에 소속된 어느 변호사가 주장한 바와 같이, "사법부 사람들은 사업의 세계를 이해할 수 없다"는 느낌이 계속해서 남아 있다. 그리고 비록 중재를 가져온 개혁의 기원이 법원에서 발견될지라도 법원들 스스로가 중대한 개혁을 수행하려는 의지는 여전히 보이지 않는다.***

앞의 설명들이 보여준 바와 같이, 국제적인 고객들을 위해 봉사하는 전통적인 법률회사들은 국가와 다른 법률 직업들과 명확하게 구분되는 자신들만의 '단체정신'(esprit de corps)을 가지고 있다. 그들은 대부분 "주요 법률회사들로부터 온" "사업 변호사들"로 구성된 변호사학교 (Colegio de Abogados)를 지배한다. 900명 가량의 멤버를 거느린 이 학교는 국가 법률가들이 의무적으로 가입해야 하고 4만여 명의 멤버를 가진 공립학교(Colegio Publico)와 비교해보면 상대적으로 작은 기관이다.**** 이 법률회사들은 그들만이 참여할 수 있는 대안적 분쟁 해결 센터의 설립자가 됐다.

이 법률가들과 법률회사의 특징들은 이와 같은 민간 분쟁 해결 시스템의 지지자 중 한 명의 태도에서 관찰될 수 있다. 그는 "아르헨티나에서는 어느 특정한 수준에서" 분쟁들이 "동등한 사회적 지위를 가진" 법률가들의 자문을 받는 정당들의 협상에 의해 해결될 수 있다고 주장했다. 이것은 어떤 대기업이 다른 대기업을 법정으로 끌고 가는 경우가

*** 한 경제 전문가가 관찰한 바와 같이, 아르헨티나의 다른 직업 세계와는 달리, 법원에는 새로운 전문성에 입각해 업무를 담당하고 개혁하는 "그 어떤 젊은 그룹도 없다".
**** 기업이 아니라 자기 자신의 명성에서 품위를 누리는 유명한 형사사건 변호사들이 있지만, 이들과 대부분의 유명한 검사들(이들도 역시 내학교수이다)은 여선히 지배적인 국제 법률회사와 거리를 두고 있다.

드물다는 것을 의미하는 것이다. 사실 국제적인 법률가들과 "현지의" 법률가들 간에는 "뚜렷한 경계선"이 존재한다. 이런 분할에 주의를 기울이지 않는 회사들은 "국지적이고 국내적이며 한 가지 언어만 구사하는" 법률가들과 마주치게 될 것이다.

아르헨티나 사례는 현지에서의 기회와 국제적인 투자의 복잡한 혼합이 어떻게 해서 법원의 핵심을 건드리지 않는 개혁들로 나타나게 되는지 보여준다. 법원들은 여전히 고도로 정치화되어 있고 주요한 개혁이라고 할 만한 것은 북미의 대안적 분쟁 해결 시스템을 전통적인 법원들을 배제하면서 민간부문을 동원하는 프로그램으로 바꿔놓은 것이다. 민간 법률회사들은 다시 한번 이 프로그램으로부터 이득을 얻고 있다.

14_불완전한 이식의 논리

법률회사와 사법개혁을 다룬 앞의 두 장은 극복하기 어려운 패러독스를 제기한다. 즉 대부분의 법률 이식은 완전히 실패했거나 크게 성공을 거두지 못했음에도 지난 수세기 동안 다양한 이식이 계속해서 급속하게 진행되고 있다는 것이다. 이 장에서 우리는 이 패러독스를 설명할 것이다. 그러나 우리는 먼저 "실패"라는 말이 현상을 설명하는 데 있어 지나치게 강한 표현이라는 것을 인정해야만 한다. 1960년대와 70년대의 '법과 발전' 운동에서 나타났듯이, 그 결과들은 낙관론자들에 의해 "절반의 성공"으로 불렀다. 성공은 예를 들어 좋은 훈련을 받은 사업 법률가가 되는 것처럼, 전문성을 통해 현지의 좋은 지위들을 획득한 사람들의 눈으로 볼 때 가장 분명하다. 또한 인권운동, 환경보호, 그리고 공익법 등에서 성공담을 발견하는 것도 가능하다. 다른 곳에 복제될 수 있는 "최선의 실천"을 찾는 데 동력을 제공하는 것은 바로 이런 몇 가지 상대적인 성공들이다.

그럼에도 불구하고 이런 노력들이 법률교육과 지식의 개혁이나 법원의 독립성 보장 및 위상의 확립과 같은 의도한 목표들을 달성하는 데 큰 성과가 없었다는 것이 인정된다. 심지어 제도적인 면에서의 상대적인 성공들(예를 들어, 공익 법률회사가 될 것으로 기대했던 기관들의 생존) 조차도 이식이 왜곡됐고, 처음에 그것을 후원한 사람들이 예측하지 못한 방식으로 진행됐음을 보여준다.

이런 명백한 역설에 접근하기 위한 한 방법은 실정상의 개혁, 그것을 강화하기 위한 메커니즘, 혹은 법률 분쟁 해결에 있어서 보다 일반적인 법원의 역할 등 당연시되는 성공 기준들의 배후를 살피는 것이다. 이런 설명 중 하나는 라틴아메리카와 그 밖의 지역에서 법률과 법률기관이 예우 때문에 국제적인 서클에 대해 언급할 수 없는 활동을 비호한다는 것이다.[1] 법률의 고고한 원칙들은 사회적인 안정을 보장하고 다양한 이익 간의 균형을 보장하기 위해 이루어지는 타협과 흥정을 은폐하는 데 기여한다. 법률과 법률기관들은 유사한 방식으로 위계질서와 헤게모니 관계들을 정당화하는 데 기여한다. 특정한 상황에 의존하고 있는 법률과 법률기관들의 정치·경제권력으로부터의 상대적인 자율성은 이런 위계질서들의 정당성을 보장하는 것을 돕는다.[2] 계속해서 진행되고 있는 법률과 기타 전문성의 수출입에 대한 투자를 이해하기 위해서는, 따라서 법률개혁과 보다 복잡한 권력문제 사이의 관계에 대해 성찰하는 것이 유익할 것이다.

우리는 앞에서 발견한 몇 가지 것들을 간략하게 재검토함으로써 불완전한 이식의 구조적인 논리를 이해할 수 있게 된다. 상이한 국가구조의 역할과 주도적인 행위자들의 전략이 북미와 남미에서 수렴되고 분기하는 방식에 주목한 이 책의 제1부에서 우리는 달러화 과정(국가 전문성의 미국화)이 매우 비대칭적인 형태로 진행됐다는 것을 지적했다. 특수한 역사적 순간에, 구조적인 유사성의 존재나 부족은 북미에서 생산된 것이 남미에 정착할 가능성과 방식들(궁정전투의 산물)을 조건짓는다.

이렇게 해서 우리는 미국, 특히 위싱턴에서의 갈등이 어떻게 민주주의·거버넌스·법률의 지배에 대한 관심을 생산해냈는지 관찰할 수 있으며, 북미와 남미에서의 전략이 어떻게 특정한 순간에 수렴됐는지 알 수 있다. 이런 수렴은 칠레에서 시카고 보이스와 인권운동을 생산했다. 보다 일반적으로는, 어떤 유형의 전략이 자유민주주의적인 위싱턴 컨센서스를 생산했는지 밝히기 위해서 우리는 구세대의 법률 저명인사들과 오늘날의 테크노폴 간의 보다 넓은 세대적인 차이점들을 활용했다.

그러나 이런 세대 간의 차이점은 많은 것을 알려주지만, 그것이 또한 북미의 세계화 촉진자들(혹은 이와 반대로 '초국가적 자본가계급'의 비판자들)의 전략에 밀접하게 연결되어 있기도 하기 때문에 지나치게 단순한 설명으로 보인다. 앞에서 지적한 바와 같이, 미국의 경제적 처방과 미국식 선거 민주주의로 개종한 테크노폴이 지지하는 달러화는 매우 불평등한 과정을 은폐한다. 보다 세밀하게 관찰해보면, 남미에서 한 경제 전문가의 가치가 미국에서 상응하는 가치에 정확하게 의존하고 있다는 점에서 경제학은 보다 더 달러화된 반면에, 법률기관들의 달러화는 훨씬 더 복잡하다. 달러화라는 점에서, 사업 법률은 공익법보다 훨씬 더 성공적이었지만 경제학만큼 성공적이지는 못했다. 1970년대와 80년대의 독재에 대항해 북미와 남미의 인권운동기관이 새로운 법률적 권리와 제도를 동원하는 데 거둔 큰 성공에도 불구하고, 이 기구들은 (내부에서 활동한 많은 사람들과는 대조적으로) 일단 국가들이 변화한 뒤에는 중요한 행위자가 되는 데 성공하지 못했다. 반대로, 사업 법률회사들은 새로운 경제적·정치적 환경에 뿌리를 내리고 번성하기 시작했다.

위계질서를 유지하는 데 있어서 법률과 법률기관의 형식적인 역할에 대한 세밀한 관찰은 한 걸음 더 나아간 분석을 가능하게 한다. 이런 관점에서 볼 때, 상대적으로 성공적인 사업 법률의 발전과 달러화를 일으키는 요소들도 부분적인 실패에 대해 설명할 수 있게 해준다. 브라질의 피네이루 네투 법률회사의 매우 특수한 사례를 제외하고, 국제적인 법률회사들은 그들의 미국 혹은 영국의 파트너들보다 훨씬 더 가족 기업 형태를 간직하고 있다. 우리가 살펴본 바와 같이, 가족 전략은 이 법률회사들이 국제적인 개방으로부터 이득을 얻고 국내에서 새로운 활동 분야를 발전시킬 수 있게 해줬다. 그러나 이와 동시에, 가족구조는 (여기에서도 브라질의 예외적인 사례가 발견되지만) 보다 앞으로 나아가는 것을 극도로 어렵게 만들었다. 그 결과, 남미의 민간 법률회사들은 엘리트 사업 법률회사들의 세계에 동화되고 성장할 수 있는 능력의 제약을 받게 된다. 비록 법률 세계에서는 경제학자들의 세계에서만큼 크지는 않지만, 이 문제는 두뇌 유출에 의해 더욱 복잡해진다. 남미 출신 법률 전문가들에게 북미에서의 기회는 여전히 경제학이나 사업의 영역에 비해 제한되어 있다. 그러나 중요한 문제는 가족 법률회사들이 자신들의 제도적인 자율성을 보장해줄 수 있을 만큼 지속적인 제도적 발전을 달성할 수 없다는 것이다. 가족의 논리는 여전히 너무나 강하게 남아 있다.

똑같은 현상이 법원개혁에서도 나타난다. 최신의 사법개혁 기술이 수입되었음에도, 이런 투자는 수입하는 국가의 옛 구조에 밀접하게 관련된다. 게다가 미국에서 만들어진 전문성의 지배와 정당성을 수용하는 경향이 있는 사업 법률회사들과는 달리 법원들은 보다 분열되어 있고 국제적인 담론과 단절되어 있다. 이런 현상은 우리의 분석이 이제 특수한 전문성들의 형성과 전파로부터 국가들의 구조로 한 걸음 더 나아가야 할 방향을 제시한다.

이 책에서 우리가 여러 차례 지적한 바와 같이 법률의 장은 언제나 이원적인 구조를 보여준다. 이런 이원적인 구조의 모호성은 국제적인 엘리트의 재생산 전략을 가능하게 하고 촉진한다. 그러나 국제적인 엘리트는 보다 국지적인 프로필을 가지고 있는 저명인사들과 함께 작업해야만 하고, 이런 상호 교환은 이중적인 게임과 매판가들에 대한 봉사를 요구한다. 처음부터 라틴아메리카의 법대 졸업생들은 남미에서는 북미를 대변하고 북미에서는 남미를 대변했는데, 이 점이 그들이 탈식민화된 국가의 형식적인 자율성 구축을 주도할 수 있게 해줬다. 그러나 이런 수입된 국가는 이원적인 구조 때문에 모호해지고 파편화됐다.

결국 국가의 운영은 계속해서 정치·경제적인 권력의 행사에 필요한 일상 업무를 담당하고 있는 소수 저명인사들과 관료들, 국제적인 엘리트들 간의 은밀한 동맹에 의존한다. 이 모델은 물론 수많은 현지의 변이들에 따라서 수정됐다. 국제적인 엘리트와 현지의 소수 저명인사들 간의 대비는 국가권력이 강력한 사회 그룹의 이익과 관련되어 있는 연고주의나 포퓰리스트 이데올로기에 의지할 때 더욱 두드러진다. 그러나 상층 구조가 촉진하고, 현지의 실무들이 국제적으로 상위에 있는 범주들의 설명을 따라가지 못하는 그 시대의 국제적 기술을 모방하기 위해 구성되는 법률이 공통된 구조적 양상으로 나타난다.

하나는 거대한 원칙에 의해 특징지어지고 다른 하나는 연고주의에 의해 특징지어지는 이런 두 개의 구조 간의 모순은 국제적인 영역과 국내적인 영역으로부터 동시에 제기되는 비판들을 길러낸다. 법률의 지배같이 국제적인 엘리트가 선호하는 대원칙들은 현지의 권력 상황에서는 완전히 적용될 수 없다. 그러나 후견 제도와 지역 연고주의와 같은 큰 원칙들은 국제적이거나 국내적인 그들의 상징자본의 배분에 따라 업무들을 분담하는 전문 저명인사들의 아비투스에 강하게 자리잡고 있는 만큼 상호 보완적이다. 게다가 이 두 그룹 간의 경계는 유동적일뿐만 아니라 불투명하다. 국내의 수많은 저명인사들은 보다 덜 성공한 "가난한 사촌들"이거나 다소 급이 낮은 관계의 네트워크에 소속된 계급의 친구들이다. 반대로, 매판가들은 자원과 명성이 점진적으로 상승한 국제적인 엘리트 서클에 진출하고 그것을 이용할 줄 알았다. 수입된 국가 성격(인위적이지만 상대적으로 안정된)은 국내적인 것에 비해 국제적인 것을 중시하는 이런 사회적 서열화에 포함된 복잡한 관계들의 산물이었다.

똑같은 논리가 오늘날에도 존재하고 있고 수입 국가의 인위적인 성격을 끊임없이 재생산하고 있다. 대부분 전 세대 수입자들의 자손인 새로운 수입자들은 계속해서 국제적인 것에 의해 정당화되는 전문성에 헤게모니의 토대를 두고 있다. 비록 그들이 특히 미국에서 형성된 최신 전문성에 의해 힘을 얻은 과거와 다른 언어들을 말하고 있을지라도, 그들은 앞선 세대의 선행자들이 점유했던 것과 마찬가지의 지위들을 점유하고 있다. 이 점에서 그들은 수입된 처방을 사용하는 위로부터의 사회개혁을 지지하는 자들이다. 특수한 역사적 상황에 의존하는 그들은 국내적으로 투자할 수 있는 장소를 발견한다. 우리가 살펴본 바와 같이 이 투자들은 장기적인 결과와 단기적인 결과를 가져올 수 있지만, 그 효과는 국제적인 수입자들·개혁가들과 그들의 국내 동지들의 모호한 지위에 의해 이런 투자가 변형되고 방해받는 만큼 제한적일 수밖에 없다.

국제적인 수입자들은 국제적으로 받아들여지는 새롭고 정당한 국가를 건설하기 위해 작업하지만, 모든 사회적인 수준에 깊게 뿌리박고 있는 실천과 이런 실천들을 유지하는 사람들과 대립한다. 그러나 이런 대립은 궁극적으로는 국제적인 엘리트를 이롭게 한다. 브라질의 사례를 보면, 국제적인 수입자들은 비바히우 같은 새로운 조직을 구축함으로써 국제적인 갈채를 얻고 한동안 강력한 국내 지지를 끌어낼 수 있었지만, 국내의 빈민 세계와 지속적인 관계를 구축하기 위해 작업한 국제적인 엘리트는 거의 없었다. 그들은 당연히 높은 지위에 있고 현지의 연고주의를 강화시키는 타협적인 접근을 요구하는 현지의 권력 브로커들을 필요로 한다. 이런 논리는 비바히우 같은 특수한 기관을 넘어 일반화될 수 있다. 국제적인 촉진자들의 눈에 성공한 것으로 보여지기 위해, 모든 이식 작업은 반드시 현지에 정착된 시스템이나 권력구조와의 동맹을 필요로 한다. 이런 동맹 결성을 거부하는 것은 개혁의 수행을 더욱 어렵게 만든다. 최선의 계획들은 현지의 구조들과 그것이 구속하는 권력관계들을 무시할 수 없다.

국제적인 엘리트의 새로운 야심인 '법의 지배'도 이런 관점에서 기껏해야 제한된 성공만을 거둘 수 있을 뿐이다. 게다가 법치를 확립하려는 야심은 심지어 국제적인 엘리트의 핵심부에서조차 명확하지 않고 모호성을 떨쳐내지 못한다. 라틴아메리카에서(그리고 그 외의 국가들에서) 후견 시스템과 연고주의를 벗어나지 못하는 국내의 사법부와 국가들에 대한 폄하와 각도도 이원적인 시스템의 최상층부에 있는 사람들에게 정당성과 위신을 제공한다. 그들은 부분적으로는 자신들에 대한 비판의 복잡성 때문에 인정을 받는다. 다른 말로 그들의 국제적인 관계 자본은 이런 현지의 실천과 거리를 유지하고, 그럼으로써 새롭고 정교한 치료약을 국가와 경제에 처방하는 데 몰두하는 책임 있는 엘리트의 대변자로 보일 수 있게 해준다.

그러나 우리가 살펴본 바와 같이 수입자들이 기울이는 노력에도 불구하고, 이런 이식은 기껏해야 구조적으로 절반의 성공일 수밖에 없었다. 개혁이 제도적으로 정착하는 데 성공한다 할지라도 그것은 수출 국가와는 매우 다른 방식으로 이루어질 것이다. 이 개혁은 수출 국가의 기준에 따르면 불완전한 것이 될 것이다. 그러나 실패에 대한 자각은 새로운 세대에게 또 다른 기회를 제공한다. 권력에 도달한 각각의 새로운 세대는 앞선 세대가 완수하지 못한 작업을 완성하기 위해 투자한다. 이 과정은 이어지는 세대에서 새롭게 갱신된 이상주의적 '법과 발전' 운동을 자극하면서 끝없이 계속될 수 있다. 그러므로 이런 과정의 반복은 설명하기 어렵지 않다. 그러나 이 책을 통해서 우리가 주장한 바와 같이, 국가를 수입하는 이 전 과정의 결과들은 (북미와 남미에서 생산된) 다양한 국제적인 전략이 국내의 궁정전투와 상호작용하는 복잡하고 구조적으로 형성된 방식에 의존하게 될 것이다.

후주

1_서론

1) Thomas Carothers, *Assessing Democracy Assistance:The Case of Romania*, Washington D.C.:Carnegie Endowment for International Peace, 1996; "The Rule of Law Revival", *Foreign Affairs* 77, no.2., 1998; *Aiding Democracy Abroad:The Learning Curve*, Washington D.C.:Carnegie Endowment for International Peace, 1999; Mary McClymont and Stephen Golub, *Many Roads to Justice:The Law Related Work of Ford Foundation Grantees around the World*, New York:Ford Foundation, 2000; Barry Metzger, "Law and Development:An Essential Dimension of Governance", *Governance:Promoting Sound Development Management:A Record of the Proceeding of a Seminar in Fukuoka, Japan on 10 May 1997 during the 30th Annual Meeting of the Board of Governors*, edited by Naved Hamid, Hamid Sharif, and Eric McGaw, Manila:Asian Development Bank, 1997; Katharina Pistor and Philip A. Wellons, *The Role of Law and Legal Institutions in Asian Economic Development*, Hong Kong:Oxford University Press, 1998; Kevin Quigley, *For Democracy's Sake:Foundations and Democracy Assistance in Central Europe*, Washington D.C.: Woodrow Wilson Center Press, 1997; Carol V. Rose, "The 'New' Law and Development Movement in the Post-Cold War Era:A Vietnam Case Study", *Law and Society Review*, 32, 1998; Jannifer A. Widner, *Building the Rule of Law:Francis Nyali and the Road to Judicial Independence in Africa*, New York:W. W. Norton, 2001.
2) James Gardner, *Legal Imperialism:American Lawyers and Foreign Aid in Latin America*, Madison:University of Wisconsin Press, 1980; David Trubek and Marc Galanter, "Scholars in Self-estrangement:Some Reflections on the Crisis in Law and Development Studies in the United States", *Wisconsin Law Review*, 1974.
3) Bryant Garth and Joyce Sterling, "From Legal Realism to Law and Society:Reshaping Law for the Last Stages of the Social Activist State", *Law and Society Review* 32, 1998; William Twining, *Law in Context:Enlarging a Discipline*, Oxford:Oxford University Press, 1997.
4) Carothers, "The Rule of Law Revival"; Linn Hammergren, *The Politics of Justice and Justice Reform in Latin America:The Peruvian Case in Comparative Perspective*, Boulder, Colo.: Westview Press, 1998; Lawyers Committee for Human Rights, *Halfway to Reform:the World Bank and the Venezuelan Justice System*, New York:Lawyers Committee for Human Rights, 1996.

5) Margaret Keck and Kathryn Sikkink, *Activists Beyond Borders: Advocacy Networks in International Politics*, Ithaca, N.Y.: Cornell University Press, 1998; McClymont and Golub *Many Roads to Justice: The Law Related Work of Ford Foundation Grantees around the World*; Boaventura de Sousa Santos, *Toward a New Common Sense: Law, Science and Politics in the Paradigmatic Transition*, New York: Routledge, 1995; Austin Sarat and Stuart Scheingold, *Cause Lawyering: Political Commitments and Professional Responsibilities*, New York: Oxford University Press, 1998.

6) Tony Smith, *America's Mission: The United States and the Worldwide Struggle for Democracy in the Twentieth Century*, Princeton, N.J.: Princeton University Press, 1994.

7) Walt Whitman Rostow, *The Stages of Economic Growth: An Anti-communist Manifesto*, Cambridge: Cambridge University Press, 1960.

8) Peter H. Smith, *Talons of the Eagle: Dynamics of U.S.-Latin American Relations*, New York: Oxford University Press, 1996.

9) Noam Chomsky, *The Cold War and the University: Toward an Intellectual History of the Postwar Years*, New York: New Press, 1997.

10) Yves Dezalay and Bryant G. Garth, *Dealing in Virtue: International Commercial Arbitration and the Construction of a Transnational Legal Order*, Chicago: University of Chicago Press, 1996.

11) Pierre Bourdieu, "Esprits d'État: Genèse et structure du champ bureaucratique", *Actes de la recherche en sciences sociales* 96~97, 1993; *The State Nobility: Elite Schools in the Field of Power*, Stanford, calif.: Stanford University Press, 1996.

12) Dezalay and Garth, *Dealing in Virtue*.

13) Roderic Ai Camp, *Mexico's Leader, Their Education and Recruitment*, Tucson: University of Arizona Press, 1980; *Entrepreneurs and Politics in Twentieth-century Mexico*, Oxford: Oxford University Press, 1989.

14) Dezalay and Garth, *Dealing in Virtue*.

15) Matindale-Hubbell, *Martindale-Hubbell Law Directory*, New Providence, N.J.: Martindale-Hubbell, 2000.

16) Paul Krugman, *Peddling Prosperity: Economic Sense and Nonsense in an Age of Diminished Expectations*, New York: W. W. Norton, 1994, pp. 221~44.

17) Lawrence Harrison and Samuel P. Huntington, *Culture Matters: How Values Shape Human Progress*, New York: Basic Books, 2000.

18) Anne-Marie Slaughter, "Governing the Global Economy through Government Networks", *The Role of Law in International Politics: Essays in International Relations and International Law*, edited by Michael Byers, London: Oxford University Press, 2000.

19) Keck and Sikkink, *Activists Beyond Borders*.

20) Saskia Sassen, *Losing Control: Sovereignty in an Age of Globalization*, New York: Columbia University Press, 1996.

21) Leslie Sklair, *The Transnational Capitalist Class*, Oxford: Blackwell, 2001.

22) Immanuel Wallerstein, *The Essential Wallerstein*, New York: The New Press, 2000.

23) Gary Gereffi, "Global Production Systems and Third World Development", *Global Change, Regional Response: The New International Context of Development*, edited by Barbara Stallings, Cambridge University Press, 1995; Sylvia Maxfield, *Gatekeepers of Growth: The International Political Economy of Central Banking in Developing Countries*, Princeton, N.J.: Princeton University Press, 1997.

24) Dezalay and Garth "Building the Law and Putting the State into Play: International Strategies among Mexico's Divided Elite", *ABF Working Paper* no.9509, Chicago:

American Bar Foundation, 1996; "Law, Lawyers and Social Capital: 'Rule of Law' Census Relational Capitalism", *Social and Legal Studies 6*, 1997; "Chile: Law and the Legitimation of Transitions—from the Patrimonial State to the International Neo-liberal state", *ABF Working Paper* no. 9709, Chicago: American Bar Foundation, 1998; "From Notables of the Foreign Policy Establishment to the International Market of Professionals of Philanthropy and Human Rights: Strategies for Power and the Social Construction of a New Field of State Expertise", *ABF Working Paper* no. 9818, Chicago: American Bar Foundation, 1999.

2_국가 재편을 위한 국가 엘리트의 재구성

1) Anthony Kronman, *The Los Lawyer: Failing Ideals of the Legal Profession*, Cambridge, Mass.: Harvard University Press, Belknap Press, 1993.
2) Joaquim Falcão, "Lawyers in Brazil", *Civil Law Jurisdictions*, vol. 2 of *Lawyers and Society*, edited by R. Abel and P. Lewis, Berkeley: University of California Press, 1988, p. 412.
3) Robert Levine, *Pernambuco and the Brazilian Federation, 1889-1937*, Stanford, Calif.: Stanford University Press, 1978, p. 106.
4) Joseph Love et Bert J. Barickman, "Regional Elite", *Modern Brazil: Elites and Masses in Historical Perspective*, edited by Michael Connif and Frank McCann, Lincoln: University of Nebraska Press, 1989, p. 9; Bertrand Badie, *L'État importe*, Paris: Fayard, 1993.
5) Sergio Miceli, *Les intellectuals et le pouvoir au Brésil*, Paris: A. M. Métaillé, 1983, pp. 35~37.
6) John W. F. Dulles, *The São Paulo Law School and the Anti-Vargas Resistance, 1938-1945*, Austin: University of Texas Press, 1986; Joseph Love, *São Paulo in the Brazilian Federation, 1889-1937*, Stanford, Calif.: Stanford University Press, 1980, p. 154.
7) Peter McDonough, *Power and Ideology in Brazil*, Princeton, N.J.: Princeton University Press, 1981, pp. 71, 96.
8) Daniel Pécaut, *Entre le peuple et la nation: Les intellectuels et la politique au Brésil*, Paris: Éditions dela Maison des Sciences de l'homme, 1989, p. 15.
9) Arnold Bauer, *Chilean Rural Society from the Spanish Conquest to 1930*, Cambridge: Cambridge University Press, 1975; Raul Urzua, "La profession de abogado y el desarrollo: Antecedents para un estudio", *Derecho y sociedad*, edited by Gonzalo Figueroa, Santiago: CPI, 1978.
10) Harold Blakemore, "From the War of the Pacific to 1930", *Chile since Independence*, edited by Leslie Bethell, Cambridge: Cambridge University Press, 1993, p. 70.
11) Patricia Aranciba Clavel, Alvaro Gongora Escobedo, and Gonzalo Vial Correa, *Jorge Alessandri, 1896-1986: Una biografia*, Santiago: Zig-Zag, 1996, pp. 20~21.
12) Blakemore, "From the War of the Pacific to 1930", p. 70.
13) Urzua, "La profession de abogado y el desarrollo", p. 183.
14) Eduardo Silva, *The State and Capital in Chile: Business Elites, Technocrats, and Market Economics*, Boulder, Colo.: Westview Press, 1996, p. 47.
15) Peter H. Smith, *Argentina and the Failure of Democracy: Conflict among Political Elites, 1905-1955*, Madison: University of Wisconsin Press, 1974, pp. 1~2.
16) John Lynch, "From Independence to National Organization", *Argentina Since Independence*, edited by Leslie Bethell, Cambridge: Cambridge University Press, 1993, p. 1.
17) Smith, *Argentina and the Failure of Democracy*, pp. 16~17; Richard Walter, *The Province of Buenos Aires and Argentine Politics, 1912-1943*, Cambridge: Cambridge University

Press, 1985, pp. 18~22.

18) Diana Balmori, Stuart Voss, Miles Wortman, *Notable Family Networks in Latin America*, Chicago: University of Chicago Press, 1984, pp. 146~147.

19) Balomi, Voss, Wortman, *Notable Family Networks in Latin America*, p. 140.

20) Balomi, Voss, Wortman, *Notable Family Networks in Latin America*, p. 148.

21) Smith, *Argentina and the Failure of Democracy*, pp. 3, 9.

22) Kathryn Sikkink, *KathrynIdeas and Institutions: Developmentalism in Brazil and Argentina*, Ithaca, N.Y.: Cornell University Press, 1991.

23) Sikkink, *Ideas and Institutions*, pp. 75~76; Joseph Love, *Crafting the Third World: Theorizing Underdevelopment in Rumania and Brazil*, Stanford, Calif.: Stanford University Press, 1996, pp. 122~125.

24) José Maria Dagnino Pastore, "Argentina", *The Role of the Economist in Government: An International Perspective*, edited by Joseph A. Pechman, New York: New York University Press, 1989, p. 209.

25) Love, *Crafting the Third World*, pp. 124~125.

26) Roderic Ai Camp, *Entrepreneurs and Politics in Twentieth-century Mexico*, Oxford: Oxford University Press, 1989; Larissa Adler Lomnitz and Marisol Perez-Lizaur, *A Mexican Elite Family, 1820-1980: Kinship, Class and Culture*, Princeton, N.J.: Princeton University Press, 1987; Sylvia Maxfield, *Introduction to Government and Private Sector in Contemporary Mexico*, edited by Sylvia Maxfield and Ricardo Anzaldúa Montoya, La Jolla, Calif.: Center for U.S.-Mexican Studies, University of California, Sandiego, 1987, p. 2; Mark Wasserman, *Persistent Oligarchs: Elites and Politics in Chihuahua, Mexico, 1910-1940*, Durham, N.C.: Duke University Press, 1993.

27) Lomnitz and Perez-Lizaur, *A Mexican Elite Family, 1820-1980*.

28) Lomnitz and Perez-Lizaur, *A Mexican Elite Family, 1820-1980*.

29) Alan Knight, "Mexico's Elite Settlement: Conjuncture and Consequences", *Elites and Democratic Consolidation in Latin America and Southern Europe*, edited by John Higley and Richard Gunther, Cambridge: Cambridge University Press, 1992.

30) Miguel Centeno, *Democracy within Reason: Technocratic Revolt in Mexico*, Philadelphia: Pennsylvania State University Press, 1994.

31) Alex M. Saragoza, *The Monterrey Elite and the Mexican State, 1880-1940*, Austin: University of Texas Press, 1988.

32) Peter H. Smith, *Labyrinths of Power: Political Recruitment in Twentieth-century Mexico*, Princeton, N.J.: Princeton University Press, 1979, p. 118; Larissa Adler Lomnitz and Rodrigo Salazar, "Cultural Elements in the Practice of Law in Mexico: Informal Networks in a Formal System", *Global Prescriptions: The Production, Exportation, and Importation of a New Legal Orthodoxy*, edited by Yves Dezalay and Bryant Garth, Ann Arbor: University of Michigan Press, 2002.

33) Smith, *Labyrinths of Power*, p. 121.

34) Smith, *Labyrinths of Power*, p. 150.

35) Alan Riding, *Distinct Neighbor: A Portrait of the Mexicans*, New York: Vintage, 1989, pp. 113~133.

36) Miguel Centeno and Patricio Silva, *The Politics of Expertise in Latin America*, New York: St. Martin's Press, 1997; Jorge Domiguez, *Technopols: Freeing Politics and Markets in Latin America in the 1990s*, University Park: Pennsylvania State University Press, 1997.

37) Dominguez, *Technopols*, p. 16.

38) Stephanie Golub, "Making Possible What Is Necessary: Pedro Aspe, the Salinas Team and

the Next Mexican Miracle", *Technopols: Freeing Politics and Markets in Latin America in the 1990s*, edited by Jorge Dominguez, University Park: Pennsylvania State University Press, 1997.

39) Golub, "Making Possible What Is Necessary", p. 103.

40) Camp, *Entrepreneurs and Politics in Twentieth-century Mexico*, p. 16.

41) Golub, "Making Possible What Is Necessary", p. 131.

42) cf. Maria Rita Loureiro, "The Professional and Political Impacts of the Internationalization of Economics in Brazil", *The Post-1945 Internationalization of Economics*, edited by A. W. Coasts. Durham, N. C.: Duke University Press, 1998.

3_궁정전투의 국제화

1) Dietrich Rueschmeyer et Theda Skocpol, *States, Social Knowledge, and the Origins of Modern Social Policies*, Princeton, N.J.: Princeton University Press, 1996.

2) e.g. Jeffrey Puryear, *Thinking Politics: Intellectuals and Democracy in Chile, 1973-1988*, Baltimore: Johns Hopkins University Press, 1994.

3) Puryear, *Thinking Politics*.

4) Andrew Abbott, *The System of Professions: An Essay on the Division of Expert Labor*, Chicago: University of Chicago Press, 1988.

5) Pierre Bourdieu, "Esprits d'État: Genèse et structure du champ bureaucratique", *Actes de la recherche en sciences sociales* 96~97, 1993; Yves Dezalay and Bryant G. Garth, *Dealing in Virtue: International Commercial Arbitration and the Construction of a Transnational Legal Order*, Chicago: University of Chicago Press, 1996.

6) Juan Gabriel Valdés, *Pinochet's Economists: The Chicago School in Chile*, Cambridge: Cambridge University Press, 1995.

4_새로운 보편성의 고고학

1) David Korey, *The Promises We Keep: Human Rights, the Helsinki Process, and American Foreign Policy*, New York: St. Martin's Press, 1998; Howard Tolley Jr., *The International Commision of Jurists: Global Advocates for Human Rights*, Philadelphia: University of Pennsylvania Press, 1994.

2) Kai Bird, *The Chairman: John J. NcCloy, the Making of the American Establishment*, New York: Simon & Schuster, 1992.

3) Tolley, *The International Commision of Jurists*, p. 29.

4) Tolley, *The International Commision of Jurists*, p. 34.

5) Tolley, *The International Commision of Jurists*, p. 51.

6) Tolley, *The International Commision of Jurists*, p. 36.

7) Tolley, *The International Commision of Jurists*, p. 55.

8) Laurence H. Shoup and William Minter, *Imperial Brain Trust, The Council on Foreign Relations and United States Foreign Policy*, New York: Monthly Review Press, 1977.

9) Frances S. Saunders, *The Cultural Cold War*, New York: The Free Press, 1999, pp. 1~2.

10) Edward H. Berman, *The Influence of the Carnegie, Ford and Rockefeller Foundations on*

American Foreign Policy: The Ideology of Philanthropy, Albany: State University of New York Press, 1983, p.61.

11) Robert H. Bremner, *American Philanthropy* 2d ed, Chicago: University of Chicago Press, 1988; Barbara Howe, "The Emergence of Scientific Philanthropy, 1919-1920: Origins, Issues and Outcome", *Philanthropy and Cultural Imperialism: The Foundations at Home and Abroad*, edited by Robert F. Arnove, Bloomington: Indiana University Press, 1982; Leonard Silk and Mark Silk, *The American Establishment*, New York: Basic Books, 1980.

12) Peter H. Smith, *Talons of the Eagle: Dynamics of U.S.-Latin American Relations*, New York: Oxford University Press, 1996, pp.144~146.

13) Lester Tanzer, *The Kennedy Circle*, Washington D.C.: Luce, 1961.

14) Kai Bird, *The Color of Truth: McGeorge Bundy and Williams Bundy, Brothers in Arms*, New York: Simon & Schuster, 1998.

15) Richard Barnet, *Roots of War: The Men and Institutions behind U.S. Foreign Policy*, Baltimore: Penguin, 1972; James A. Bill, *George Ball: Behind the Scenes in U.S. Foreign Policy*, New Haven, Conn.: Yale University Press, 1997; Kai Bird, *The Chairman: John J. NcCloy, the Making of the American Establishment*, New York: Simon & Schuster, 1992; *The Color of Truth*; Richard Bissell, *Reflections of a Cold Warrior: From Yalta to the Bay of Pigs*, New Haven, Conn.: Yale University Press, 1996; Peter Grose, *Gentleman Spy, the Life of Allen Dulles*, Amherst: University of Massachusetts Press, 1994; Walter Isaacson and Evan Thomas, *The Wise Men: Six Friends and the World They Made*, New York: Simon & Schuster, 1986.

16) Walt Whitman Rostow, *The Stages of Economic Growth: An Anti-communist Manifesto*, Cambridge: Cambridge University Press, 1960.

17) Smith, *Talons of the Eagle*, p.153.

18) Waldamar Nielsen, *The Golden Donors, a New Anatomy of the Great Foundation*, New York: E. P. Dutton, 1985, p.26.

19) Richard Freeland, *Academia's Golden Age: Universities in Massachusetts, 1945-1970*, New York: Oxford University Press, 1992.

20) Christopher Jencks and David Riesman, *The Academic Revolution*, Garden City, N.Y.: Doubleday, 1968.

21) James A. Smith, *The Idea Brokers: Think Tanks and the Rise of the New Policy Elite*, New York: The Free Press, 1991, pp.149~150.

22) Nielsen, *The Golden Donors, a New Anatomy of the Great Foundation*, pp.29~36.

23) Nielsen, *The Golden Donors, a New Anatomy of the Great Foundation*, p.32.

24) Bird, *The Color of Truth*, pp.376~395.

25) Korey, *The Promises We Keep*, pp.159~180.

26) Korey, *The Promises We Keep*, p.179.

27) Egon Larson, *A Flame in Barbed Wire: the Story of Amnesty International*, New York: W. W. Norton, 1979.

5_아웃사이더로서의 '시카고 보이스'

1) Arjo Klamer et David Colander, *The Making of an Economist*, Boulders, Colo.: Westview Press, 1990.

2) Theodore Porter, *Trust in Number: The Pursuit of Objectivity in Science and Public Life*,

Princeton, N.J.: Princeton University Press, 1995.

3) Klamer and Colander, *The Making of an Economist*.

4) William M. O'Barr and John M. Conley, *Fortune and Folly: The Wealth and Power of Institutional Investing*, Homewood, Ill.: Business One Irwin, 1992.

5) Peter Bernstein, *Capital Ideas: The Improbable Origins of Modern Wall Street*, New York: Free Press, 1992.

6) Bernstein, *Capital Ideas*.

7) Milton Friedman and Rose Friedman, *Two Lucky People*, Chicago: University of Chicago Press, 1998, pp.91~104; Robert Sobel, *The Worldly Economists*, New York: Free Press, 1980, p.153.

8) Bernstein, *Capital Ideas*, p.243.

9) Bernstein, *Capital Ideas*, pp.238~240.

10) Bernstein, *Capital Ideas*, pp.245.

11) Michael Moran, *The Politics of the Financial Services Revolution: The U.S.A., U.K. and Japan*, London: Macmillan Press, 1991.

12) Leonard Silk and Mark Silk, *The American Establishment*, New York: Basic Books, 1980.

13) Diane Stone, *Capturing the Political Imagination, Think Tanks and the Policy Process*, London: Frank Cass, 1996, p.156.

14) David Warsh, *Economic Principals: Masters and Mavericks of Modern Economics*, New York: The Free Press, 1993, p.96.

15) James A. Smith, *The Idea Brokers: Think Tanks and the Rise of the New Policy Elite*, New York: The Free Press, 1991, p.206.

16) Smith, *The Idea Brokers*, p.201.

17) Alfred L. Malabre, *Lost Prophets: An Insider's History of the Modern Economists*, Boston: Harvard Business School Press, 1994, p.69.

18) Friedman and Friedman, *Two Lucky People*, p.409.

19) Eric Helleiner, *States and the Reemergence of Global Finance. From Bretton Woods to the 1990s*, Ithaca, N.Y.: Cornell University Press, 1994

20) Phillip Zweig, *Wriston: Walter Wriston, Citibank and the Rise and Fall of American Financial Supremacy*, New York: Crown, 1995, p.449; Friedman and Friedman, *Two Lucky People*, pp.390~395.

21) Malabre, *Lost Prophets*, p.161.

22) Malabre, *Lost Prophets*, p.184.

23) Malabre, *Lost Prophets*, p.193.

24) Juan Gabriel Valdés, *Pinochet's Economists: The Chicago School in Chile*, Cambridge: Cambridge University Press, 1995.

25) David Warsh, "Full Circle", *Boston Globe* 12, January, 1997.

26) Warsh, "Full Circle".

27) Friedman and Friedman, *Two Lucky People*, pp.397~408.

28) Eric Helleiner, *States and the Reemergence of Global Finance, From Bretton Woods to the 1990s*; Louis Pauly, *Who Elected the Bankers? Surveillance and Control in the World Economy*, Ithaca, N.Y.: Cornell University Press, 1997.

29) Devesh Kapur, John Lewis, and Richard Webb, *The World Bank: Its First Half Century*, 2 vols, Washington D.C.: Brookings Institution, 1997, pp.139~329.

30) Paul Drake, *Money Doctors, Foreign Debts and Economic Reforms in Latin America from the 1890s to the Present*, Wilmington, Del.: Jaguar Books, 1994.

31) Kapur, Lewis, and Webb, *The World Bank*, 2 vols, pp.331~378.

32) Catherine Caufield, *Masters of Illusion: The World Bank and the Poverty of Nations*, New York: Henry Holt, 1996.

33) William Barber, "The Spread of Ideas Between Academia and Government: A Two-way Street", *The Spread of Economic Ideas*, edited by A. W. Coats. Durham, N.C.: Duke University Press, 1989; David Colander and Harry Landreth, *The Coming of Keynesianism to America: Conversations with the Founders of Keynesian Economics*, Cheltenham: Edward Elgar, 1996; Peter Hall, *The Political Power of Economic Ideas: Keynesianism Across Nations*, Princeton, N.J.: Princeton University Press, 1989.

34) Helleiner, *States and the Reemergence of Global Finance, From Bretton Woods to the 1990s*, p. 4.

35) Helleiner, *States and the Reemergence of Global Finance, From Bretton Woods to the 1990s*.

36) Helleiner, *States and the Reemergence of Global Finance, From Bretton Woods to the 1990s*, pp. 31, 39, 57.

37) Helleiner, *States and the Reemergence of Global Finance, From Bretton Woods to the 1990s*, p. 40

38) Jacques Polak, *World Bank and the IMF*, Washington D.C.: Brookings Institution, 1997, p. 215.

39) Polak, *World Bank and the IMF*, p. 216.

40) Polak, *World Bank and the IMF*.

41) Jochen Kraske, *Bankers with a Mission, the Legal President of the World Bank, 1946-1991*, Oxford: Oxford University Press, 1996.

42) A. W. Coats, *Economists in International Agencies*, New York: Praeger, 1986; Joseph Love, *Crafting the Third World: Theorizing Underdevelopment in Rumania and Brazil*, Stanford, Calif.: Stanford University Press, 1996; "Economic Ideas and Ideologies in Latin America since 1930", *Ideas and Ideologies in Twentieth Century Latin America*, edited by Leslie Bethell, Cambridge: Cambridge University Press, 1996; Joseph A. Pechman, *The Role of the Economist in Government: An International Perspective*, New York: New York University Press, 1989.

43) Kapur, Lewis, and Webb, *The World Bank*, 2 vols, pp. 212~214.

44) Caufield, *Masters of Illusion*; Robert W. Oliver, *George Woods and the World Bank*, Boulder, Colo.: Lynne Rienner Publisher, 1995.

45) Caufield, *Masters of Illusion*; Wilfred David, *The IMF Policy Paradigm: The Macro-economics of Stabilization, Structural Adjustment, and Economic Development*, New York: Praeger, 1985.

46) Helleiner, *States and the Reemergence of Global Finance, From Bretton Woods to the 1990s*.

47) Helleiner, *States and the Reemergence of Global Finance, From Bretton Woods to the 1990s*, p. 114.

48) Pauly, *Who Elected the Bankers? Surveillance and Control in the World Economy*.

49) Jacques Polak, *World Bank and the IMF*, Washington D.C.: Brookings Institution, 1994.

50) Caufield, *Masters of Illusion*.

51) Hollis Chenery, *Redistribution with Growth: Policies to Improve Income Distribution in Developing Countries in the Context Economic Growth — a Joint Study by the World Bank's Development Research Center and the Institute of Development Studies, University of Sussex*, edited by Ian Bowen and Brian J. Svikhart, London: Oxford University Press for the World Bank and the Institute of Development Studies, University of Sussex, 1974.

52) John F. J. Toye, *Dilemmas of Development: Reflections on the Counter-revolution in Development Theory and Policy*, Oxford: Basil Blackwell, 1987.

54) James Gardner, *Legal Imperialism: American Lawyers and Foreign Aid in Latin America*, Madison: University of Wisconsin Press, 1980.

55) Bruce Rich, *Mortgaging the Earth: The World Bank, Environmental Impoverishment, and the Crisis of Development*, Boston: Beacon Press, 1994.

56) Caufield, *Masters of Illusion*.

57) Susan George and Fabrizio Sabelli, *Faith and Credit: The World Bank's Secular Empire*, Boulder, Colo.: Westview Press, 1994.

58) Caufield, *Masters of Illusion*.

59) Miguel Centeno, *Democracy within Reason: Technocratic Revolt in Mexico*, Philadelphia: Pennsylvania State University Press, 1994; Catherine Conaghan and James Malloy, *Unsettling Statecraft: Democracy and Neoliberalism in the Central Andes*, Pittsburgh: University of Pittsburgh Press, 1994; Maria Rita Loureiro, "The Professional and Political Impacts of the Internationalization of Economics in Brazil", *The Post-1945 Internationalization of Economics*, edited by A. W. Coasts, Durham, N. C.: Duke University Press, 1997; Veronica Montecinos, "Economists in Political and Policy Elites in Latin America", *The Post-1945 Internationalization of Economics*, edited by A. W. Coats, Durham. N.C.: Duke University Press, 1997; Juan Gabriel Valdés, *Pinochet's Economists: The Chicago School in Chile*, Cambridge: Cambridge University Press, 1995.

60) Warsh, *Economic Principals*.

61) Steven Solomon, *The Confidence Game: How Unelected Central Bankers Are Governing the Changed World Economy*, New York: Simon & Schuster, 1995; Zweig, *Wriston*.

62) Zweig, *Wriston*.

63) Zweig, *Wriston*, p. 33.

64) Zweig, *Wriston*, pp. 218, 410.

65) Zweig, *Wriston*, p. 197.

66) Zweig, *Wriston*, p. 355.

67) Zweig, *Wriston*, p. 165.

68) Zweig, *Wriston*, p. 411.

69) Richard J. Barnet and John Cavanagh, *Global Dreams: Imperial Corporations and the New World Order*, New York: Simon & Schuster, 1994.

6_다원주의와 개혁의 전파

1) Maria Rita Loureiro, "The Professional and Political Impacts of the Internationalization of Economics in Brazil", *The Post-1945 Internationalization of Economics*, edited by A. W. Coasts, Durham, N.C.: Duke University Press, 1997; "L'internationalisation des milieux dirigeants au Brésil", *Actes de la recherche en sciences sociales* 121~122, March, 1998; Marly Silva de Motta, "Economistas, intelectuals, burocratas, e 'magicos'", *Engenheiros e economistas: Novas elites burocraticos*, edited by Angela de Casto Gomes, Rio de Janeiro: Fundação Getulio Vargas, 1994.

2) Roberto Campos, *A lanterna na Pope: Memorias*, Rio de Janeiro: Topbooks, 1994, p. 53.

3) Campos, *A lanterna na Pope: Memorias*, pp. 159~167; Kathryn Sikkink, *Ideas and Institutions: Developmentalism in Brazil and Argentina*, Ithaca, N.Y.: Cornell University

Press, 1991, pp. 64~65.

4) Sikkink, *Ideas and Institutions*.

5) Afrânio Garcia, "La Construction Interrompue: Celso Furtado, la Guerre Froide et le Développement du Nordeste", *Actes de la Recherche en Sciences Sociales* 121~122(March) 1998; Sikkink, *Ideas and Institutions*, pp. 57~59.

6) Silva de Motta, "Economistas, Intelectuals, Burocratas, e 'Magicos'", pp. 94~103.

7) Silva de Motta, "Economistas, Intelectuals, Burocratas, e 'Magicos'", p. 97.

8) Juan Gabriel Valdés, *Pinochet's Economists: The Chicago School in Chile*. Cambridge: Cambridge University Press, 1995, p. 102.

9) Loureiro, "L'internationalisation des Milieux Dirigeants au Brésil".

10) Silva de Motta, "Economistas, Intelectuals, Burocratas, e 'Magicos'", pp. 123~127.

11) Garcia, "La construction interrompue".

12) Loureiro, "L'internationalisation des Milieux Dirigeants au Brésil", p. 50.

13) Loureiro, "L'internationalisation des Milieux Dirigeants au Brésil", p. 48.

14) Loureiro, "L'internationalisation des Milieux Dirigeants au Brésil", p. 50.

15) Victoria Griffin, "New Debt Chief Named by Brazil", *Financial Times* 15, June, sec. I, 1991, p. 13.

16) Loureiro, "L'internationalisation des milieux dirigeants au Brésil".

17) Robert Packenham, *Liberal America and the Third World: Political Development Ideas in Foreign Aid and Social Science*, Princeton, N.J.: Princeton University Press, 1973.

18) Sergio Miceli, *A fundacao Ford no Brazil*, São Paulo: Editora Sumaré, 1993, p. 269; Thomas E. Skidmore, *The Politics of Military Rule in Brazil, 1964~85*, New York: Oxford University Press, 1988, p. 83.

19) Dole Anderson, *Management Education in Developing Countries: The Brazilian Experience*, Boulder, Colo.: Westview Press, 1987, p. 51.

20) Anderson, *Management Education in Developing Countries*, p. 66.

21) James Gardner, *Legal Imperialism: American Lawyers and Foreign Aid in Latin America*, Madison: University of Wisconsin Press, 1980.

22) Gardner, *Legal Imperialism*.

23) Gardner, *Legal Imperialism*, p. 61.

7_상징적 제국주의의 역설

1) Oscar Muñoz, *Políticas públicas: Historias personales*, Santiago: Los Andes, 1993.

2) Muñoz, *Políticas públicas: Historias personales*, pp. 42~43.

3) Jeffrey Puryear, *Thinking Politics: Intellectuals and Democracy in Chile, 1973~1988*, Baltimore: Johns Hopkins University Press, 1994; Javier Santiso, "Elites et démocratisation chilienne: Les centres académiques privés", *Communautes, entreprises et individus: Lien social et systeme international*, edited by Ariel Colonomos, Paris: L'Harmattan, 1995; Patricio Silva, "Technocrats and Politics in Chile: From the Chicago Boys to the CIEPLAN Monks", *Journal of Latin American Studies*, 23, 1991; Juan Gabriel Valdés, Pinochet's Economists: The Chicago School in Chile, Cambridge: Cambridge University Press, 1995.

4) Valdés, *Pinochet's Economists*, p. 186.

5) Valdés, *Pinochet's Economists*, p. 186.

6) Puryear, *Thinking Politics*, p. 15; Santiso, "Elites et démocratisation chilienne", 1995.

7) José J. Brunner, "El modo de hacer sociologia en Chile", *La sociologia en Chile : Institu-ciones y practicantes*, edited by Alicia Barros and J. Brunner. Santiago : FLASCO, 1988.

8) Brunner, "El modo de hacer sociologia en Chile", p. 225.

9) Brunner, "El modo de hacer sociologia en Chile", p. 226.

10) Brunner, "El modo de hacer sociologia en Chile", p. 227.

11) Brunner, "El modo de hacer sociologia en Chile", p. 229.

12) Brunner, "El modo de hacer sociologia en Chile", p. 231.

13) Brunner, "El modo de hacer sociologia en Chile", p. 232.

14) Brunner, "El modo de hacer sociologia en Chile", p. 234.

15) Brunner, "El modo de hacer sociologia en Chile", p. 237.

16) James Gardner, *Legal Imperialism : American Lawyers and Foreign Aid in Latin America*, Madison : University of Wisconsin Press, 1980.

17) Gardner, *Legal Imperialism*, p. 147.

18) Andres Thompson, *Think tanks en la Argentina concimieto, instituciones y politicas*, Buenos Aires : CEDES, 1994, p. 28.

19) Thompson, *Think tanks en la Argentina concimieto, instituciones y politicas*, p. 28.

20) Enrique N'Haux, *Menem Cavallo : El poder Mediterraneo*, Buenos Aires : Corregidor, 1993, pp. 100~101.

21) N'Haux, *Menem Cavallo*, p. 102.

22) N'Haux, *Menem Cavallo*, p. 95.

23) N'Haux, *Menem Cavallo*, p. 86.

24) N'Haux, *Menem Cavallo*, p. 86.

25) N'Haux, *Menem Cavallo*, p. 89.

26) Stephanie Golub, "Making Possible What Is Necessary : Pedro Aspe, the Salinas Team and the Next Mexican Miracle", *Technopols : Freeing Politics and Markets in Latin America in the 1990s*, edited by Jorge Dominguez, University Park : Pennsylvania State University Press, 1997, p. 112.

27) Golub, "Making Possible What Is Necessary".

28) N'Haux, *Menem Cavallo*, p. 143.

29) Javier Corrales, "Why Argentines Followed Cavallo : A Technopol Between Democracy and Economic Reform", *Technopols : Freeing Politics and Markets in Latin America in the 1990s*, University Park : Pennsylvania State University Press, 1997, p. 54.

30) Valdés, *Pinochet's Economists*.

31) John Heinz, Edward Laumann, Robert Nelson, Robert Salisbury, *The Hollow Core : Private Interests in National Policy Makings*, Cambridge, Mass. : Harvard University Press, 1993.

32) Liz A. Reisberg, *Argentina : A Study of the Educational System of Argentina and a Guide to the Academic Placement of Students in Educational Institutions in the United States*, Washington D.C. : American Association College Registrars, 1993, pp. 92~94.

8_권력 외부의 개혁적 이스태블리시먼트

1) Susan Strange, *Casino Capitalism*, Oxford : Blackwell, 1986.

2) John Ehrman, *The Rise of Neoconservatism : Intellectuals and Foreign Affairs, 1945~1994*, New Haven, Conn. : Yale University Press, 1995; James A. Smith, *The Idea Brokers : Think Tanks and the Rise of the New Policy Elite*, New York : The Free Press, 1991, p. 170.

3) US House Committee on Foreign Affairs, *Human Rights in the World Community: A Call for U.S. Leadership*, 93d Cong., 2d sess, 1974.

4) *Foreign Assistance Act*, Public Law 93-189, 93d Cong., 1st sess, 1973.

5) David Korey, *NGOs and the Universal Declaration of Human Rights: "A Curious Grapevine"*, New York: St. Martin's Press, 1998, pp. 29~50.

6) Richard Lillich and Frank Newman, *International Human Rights: Problems of Law and Policy*, Boston: Little, Brown, 1979.

7) Holly Sklar, *Trilateralism, the Trilateral Commission and Elite Planning for World Management*, Boston: South End Press, 1980, p. 29.

8) David Korey, *The Promises We Keep: Human Rights, the Helsinki Process, and American Foreign Policy*, New York: St. Martin's Press, 1993; *NGOs and the Universal Declaration of Human Rights*, pp. 229~247.

9) Dusko Doder, "Helsinki Watch Unit Set to Monitor U.S. on Rights", *Washington Post*, 18. March, 1979.

10) Pierre Bourdieu, *Sur la télévision suivi de l'emprise du journalisme*, Paris: Liber Éditions. 1996.

11) Korey, *NGOs and the Universal Declaration of Human Rights*, pp. 344~345.

12) Smith, *The Idea Brokers*, p. 178; Ehrman, *The Rise of Neoconservatism*; Godfrey Hodgson *The world turned right side up: A history of the conservative ascendancy in America*, Boston: Houghton Mifflin Company, 1996; Jean Stefancic and Richard Delgado, *No Mercy: How Conservative Think Tanks and Foundations Changed American's Social Agenda*, Philadelphia: Temple University Press, 1996.

13) Tamer Jacoby, "The Reagan Turnaround on Human Rights", *Foreign Affairs* 64, 1986.

14) Smith, *The Idea Brokers*, pp. 224~226.

15) Smith, *The Idea Brokers*, p. 215.

16) Waldamar Nielsen, *The Golden Donors, a New Anatomy of the Great Foundation*, New York: E. P. Dutton, 1985, p. 65.

17) Leonard Silk and Mark Silk, *The American Establishment*, New York: Basic Books, 1980, p. 144.

18) Phillip Zweig, *Wriston: Walter Wriston, Citibank and the Rise and Fall of American Financial Supremacy*, New York: Crown, 1995, p. 310.

19) Smith, *The Idea Brokers*.

20) David Samuels, "Philanthropical Correctness: The Failure of American Foundations", *New Republic* 25, September, 1995.

21) Franklin Thomas, "Philanthropic Memories"(Transcript of interview of Franklin Thomas by Charlayne Hunter-Gault), *Online Newshour* 24, April, 1996.

22) Christine Letts, William Ryan, and Allen Grossman, "Virtuous Capital: What Foundations Can Learn from Venture Capitalists", *Harvard Business Review*, March-April, 36, 1997.

23) Samuels, "Philanthropical Correctness".

24) Samuels, "Philanthropical Correctness".

9_대립에서 협력으로

1) Jeffrey Puryear, *Thinking Politics: Intellectuals and Democracy in Chile, 1973-1988*, Baltimore : Johns Hopkins University Press, 1994.

2) Juan Gabriel Valdés, *Pinochet's Economists: The Chicago School in Chile*, Cambridge: Cambridge University Press, 1995, p.225.

3) Eduardo Silva, *The State and Capital in Chile: Business Elites, Technocrats, and Market Economics*, Boulder, Colo.: Westview Press, 1996, p.74.

4) Silva, *The State and Capital in Chile*; Valdés, *Pinochet's Economists*.

5) Silva, *The State and Capital in Chile*, p.107.

6) Silva, *The State and Capital in Chile*, p.101; Milton Friedman and Rose Friedman, *Two Lucky People*, Chicago: University of Chicago Press, 1998.

7) Patricio Silva, "Technocrats and Politics in Chile: From the Chicago Boys to the CIEPLAN Monks", *Journal of Latin American Studies*, 23, 1991, p.395.

8) Pamela Constable and Arturo Valenzuela, *A Nation of Enemies: Chile under Pinochet*, New York: W. W. Norton, 1991, p.117.

9) Constable and Valenzuela, *A Nation of Enemies*.

10) Constable and Valenzuela, *A Nation of Enemies*.

11) Margaret Keck and Kathryn Sikkink, *Activists Beyond Borders: Advocacy Networks in International Politics*, Ithaca, N.Y.: Cornell University Press, 1998, pp.88~92.

12) Margaret Snyder, *Transforming Development: Women, Poverty and Politics*, London: Intermediate Technology Publications, 1995.

13) Keck and Sikkink, *Activists Beyond Borders*.

14) Puryear, *Thinking Politics*; Javier Santiso, "Elites et démocratisation chilienne: Les centres académiques privés", *Communautes, entreprises et individus: Lien social et systeme international*, edited by Ariel Colonomos, Paris: L'Harmattan, 1995.

15) Puryear, *Thinking Politics*, p.45.

16) Puryear, *Thinking Politics*, pp.43, 51.

17) Puryear, *Thinking Politics*, p.45.

18) Puryear, *Thinking Politics*, p.57.

19) Puryear, *Thinking Politics*.

20) Puryear, *Thinking Politics*, p.58.

21) José Brunner, in Pueryear, *Thinking Politics*, p.59.

22) Brunner, in Pueryear, *Thinking Politics*, p.52.

23) Puryear, *Thinking Politics*, p.53.

24) Puryear, *Thinking Politics*, pp.52, 53.

25) Puryear, *Thinking Politics*, p.76.

26) Puryear, *Thinking Politics*, p.69.

27) Santiso, "Elites et démocratisation chilienne", pp.266, 269.

28) Puryear, *Thinking Politics*, p.91.

29) Santiso, "Elites et démocratisation chilienne", p.267.

30) Puryear, *Thinking Politics*, pp.92~95; Santiso, "Elites et démocratisation chilienne", p.270.

31) Puryear, *Thinking Politics*, pp.150~159.

32) Thomas Carothers, *In the Name of Democracy: U.S. Policy toward Latin America in the Reagan Years*, Berkeley: University of California Press, 1991.

33) Edgardo Boeninger, *Democracia en Chile: Lecciones para la gobernabilidad*, Santiago: Editorial Andres Bello, 1996, p.8.

34) Ascanio Cavallo Castro, *Los hombres de la transición*, Santiago: Editorial Andres Bello, 1992, pp.56~68; Rafael Otano, *Cronica de la transición*, Santiago: Planeta, 1995, p.73.

35) Victor Osorio and Ivan Cabezas, *Los hijos de Pinochet*, Santiago: Planeta, 1995, p.143.

36) Osorio and Cabezas, *Los hijos de Pinochet*, p.148.

37) Santiso, "Elites et démocratisation chilienne", p. 265.
38) John Markoff and Veronica Montencino, "The Ubiquitous Rise of Economists", *International Public Policy* 13, 1993, p. 38.
39) Ralph Della Cava, "The 'People's Church,' the Vatican and Abertura", *Democratizing Brazil: Problems of Transition and Consolidation*, edited by Alfred C. Stepan. Oxford: Oxford University Press, 1989, pp. 146~147.
40) Scott Mainwaring, *The Catholic Church and Politics in Brazil, 1916-85*, Stanford, Calif.: Stanford University Press, 1986, p. 106.
41) Thomas E. Skidmore, *The Politics of Military Rule in Brazil, 1964-85*, New York: Oxford University Press, 1998, p. 186; Alberto Venâncio Filho, *Notícia histórica da order dos advocados do Brasil(1930-1980)*, Rio de Janeiro: OAB, 1983, pp. 155~158.
42) Alberto Venâncio Filho, *Das arcadas ao bacharelismo*, São Paulo: Editora Perspectiva, 1982, pp. 169~175.
43) Joaquim Falcão, "Lawyers in Brazil", *Civil Law Jurisdictions*, vol. 2 of Lawyers and Society, edited by R. Abel and P. Lewis. Berkeley: University of California Press, 1988, p. 426.
44) Falcão, "Lawyers in Brazil", p. 426.
45) Skidmore, *The Politics of Military Rule in Brazil, 1964-85*, p. 200.
46) Skidmore, *The Politics of Military Rule in Brazil, 1964-85*, pp. 196, 374.
47) Sergio Miceli, *A fundacao Ford no Brazil*, São Paulo: Editora Sumaré, 1993, p. 296.
48) Iain Guest, *Behind the Disappearances: Argentina's Dirty War Against Human Rights and the United Nations*, Philadelphia: University of Pennsylvania Press, 1990.

10_파편화된 거버넌스

1) Boaventura de Sousa Santos, *Toward a New Common Sense: Law, Science and Politics in the Paradigmatic Transition*, New York: Routledge, 1995.
2) David Warsh, "Social Capital: Powerful Lesson Passing Fad", *Boston Globe* 25, September, 1994.
3) David Warsh, "Growing Inequality and the Economics of Fragmentation", *Boston Globe* 21, August, 1994.
4) David Warsh, "A Harvard Economist Asks, What's Wrong with Keynes?", *Boston Globe* 5, June, 1994.
5) David Warsh, "The Revolution Is Captured in a Dishpan", *Boston Globe* 14, August, 1994.
6) Janine Wedel, *Collision and Collusion: The Strange Case of Western Aid to Eastern Europe*, New York: St. Martin's Press, 1998, p. 127.
7) David Warsh, "Close But No Cigar", *Boston Globe* 10, July, 1994.
8) Yves Dezalay, *Marchands de droit*, Paris: Fayard, 1992.
9) Neil Duxbury, *Patterns of American Jurisprudence*, Oxford: Oxford University Press, 1995.
10) Bryant Garth and Joyce Sterling, "From Legal Realism to Law and Society: Reshaping Law for the Last Stages of the Social Activist State", *Law and Society Review* 32, 1998.
11) World Bank, *World Development Report, 1996: From Plan to Market*, Washington D.C.: Oxford University Press, 1996, p. 85.
12) World Bank, *World Development Report, 1996*, pp. 88~93.
13) World Bank, *World Development Report, 1996*, pp. 93~94.
14) World Bank, *World Development Report, 1997: The State in a Changing World*, Wash-

ington D.C.: Oxford University Press, 1997.

15) World Bank, *Beyond the Washington Consensus: Institutions Matter*, Washington D.C.: World Bank, 1998, p.3.

16) Thomas Carothers, *Assessing Democracy Assistance: The Case of Romania*, Washington D.C.: Carnegie Endowment for International Peace, 1996; Joan Nelson with Stephanie Eggleton, *Encouraging Democracy: What Role for Conditioned Aid?*, Washington D.C.: Overseas Development Council, 1992.

17) Stephan Haggard, "The Politics of Adjustment: Lessons from IMF's Extended Fund Faculty", *The Politics of International Debt*, edited by Miles Kahler, Ithaca, N.Y.: Cornell University Press, 1986, p.185.

18) Haggard, "The Politics of Adjustment", p.186.

19) Stephan Haggard and Robert R. Kaufman, *The Politics of Economic Adjustment. International Constraints, Distributive Conflicts and State*, Princeton, N.J.: Princeton University Press, 1992, pp.319~320.

20) Haggard and Kaufman, *The Politics of Economic Adjustment. International Constraints, Distributive Conflicts and State*, p.320.

21) Jeremy Adelman and Miguel Centeno, "Between Liberalism and Neo-liberalism: Law's Dilemma in Latin America", *Global Prescriptions: The Production, Exportation, and Importation of a New Legal Orthodoxy*, edited by Yves Dezalay and Bryant Garth, Ann Arbor: University of Michigan Press, 2002.

22) Barbara Stallings, "International Influence on Economic Policy: Debt, Stabilization and Structural Reform", *the Politics of Economic Adjustment*, edited by S. Haggard and R. R. Kaufman, Princeton, N.J.: Princeton University Press, 1992. p.25.

23) Stallings, "International Influence on Economic Policy: Debt, Stabilization and Structural Reform", p.23.

24) Stallings, "International Influence on Economic Policy: Debt, Stabilization and Structural Reform", p.335.

25) Joan Nelson, "Poverty, Equity, and the Politics of Adjustment", *The Politics of Economic Adjustment*, edited by Stephen Haggard and Robert Kaufman, Princeton, N.J.: Princeton University Press, 1992.

26) Guillermo A. O'Donell, *Modernization and Bureaucratic-authoritarianism: Studies in South American Politics*, Berkeley: Institute of International Studies, University of California, 1979.

27) Haggard and Kaufman, *The Politics of Economic Adjustment. International Constraints, Distributive Conflicts and State*, p.20.

28) Haggard and Kaufman, *The Politics of Economic Adjustment. International Constraints, Distributive Conflicts and State*, p.21.

29) Veronica Montecino, "Economists in Political and Policy Elites in Latin America", *The Post-1945 Internationalization of Economics*, edited by A. W. Coats. Durham, N.C.: Duke University Press, 1997.

30) Jorge Dominguez, *Technopols: Freeing Politics and Markets in Latin America in the 1990s*, University Park: Pennsylvania State University Press, 1997, p.28.

31) Dominguez, *Technopols*, p.31.

32) Dominguez, *Technopols*, p.47.

33) Dominguez, *Technopols*, p.47.

34) Nelson, "Poverty, Equity, and the Politics of Adjustment".

35) John Williamson, "What Washington Means by Policy Reform", *Latin American Adjust-*

ment: *How Much Has Happened?*, edited by J. Williamson, Washington D.C.: Institute for International Economics, 1990.

36) Latin Finance, "Moisés Naím, foreign policy", *Latin Finance*, July, 100, 1998, p.108.

37) Moisés Naím, *Latin America's Journey to the Market: From Macroeconomic Shocks to Institutional Therapy*, San Francisco: ICS Press, 1995, p.viii.

38) Naím, *Latin America's Journey to the Market*.

39) Carol Graham and Moisés Naím, "The Political Economy of Institutional Reform in Latin America", *Beyond Trade-offs: Market Reforms and Equitable Growth in Latin America*, edited by Nancy Birdsall, Carol Graham, and Richard Sabst, Washington D.C.: Inter-American Development Bank, 1998.

40) Carnegie Endowment for International Peace, *The Political Challenges of Advancing Economic Reforms in Latin America: A Report on the First Meeting of the Carnegie Economic Reform Network*, Prepared by Daniel Monow, Washington D.C.: Carnegie Endowment for International Peace, 1998, p.7.

41) Santos, *Toward a New Common Sense*.

42) Pierre Bourdieu and Loïc J. D. Wacquant, *An Invitation to Reflexive Sociology*, Chicago: University of Chicago Press, 1992; Yves Dezalay and Bryant G. Garth, *Dealing in Virtue: International Commercial Arbitration and the Construction of a Transnational Legal Order*, Chicago: University of Chicago Press, 1996.

11_하향식의 참여적 발전

1) Susan George and Fabrizio Sabelli, *Faith and Credit: The World Bank's Secular Empire*, Boulder, Colo.: Westview Press, 1994, p.142.

2) George and Sabelli, *Faith and Credit*, p.154.

3) Jane G. Covey, "Critical Cooperation? Influencing the World Bank through Policy Dialogue and Operational Cooperation", *The Struggle for Accountability: The World Bank, NGOs and Grassroots Movements*, edited by Jonathan Fox and David Brown, Cambridge, Mass.: MIT Press, 1998, p.83.

4) Devesh Kapur, John Lewis, and Richard Webb, *The World Bank: Its First Half Century*, 2 vols, Washington D.C.: Brookings Institution, 1997, pp.513~593.

5) Kevin Danaher, *50 Years Is Enough: The Case Against the World Bank and the International Monetary Fund*, Boston: South End Press, 1994.

6) Margaret Keck and Kathryn Sikkink, *Activists Beyond Borders: Advocacy Networks in International Politics*, Ithaca, N.Y.: Cornell University Press, 1998, p.187; Bruce Rich, *Mortgaging the Earth: The World Bank, Environmental Impoverishment, and the Crisis of Development*, Boston: Beacon Press, 1994.

7) Robert Wade, "Greening the Bank: The Struggle over the Environment, 1970-1995", *Perspectives, Vol.2 of the World Bank: Its First Half Century*, edited by Devesh Kapur, John Lewisand Richard Webb, Washington D.C.: Brookings Institution, 1997, p.657.

8) David Wirth, "Partnership Advocacy in World Bank Environmental Reform", *The Struggle for Accountability: The World Bank, NGOs, and Grassroots Movements*, edited by Jonathan Fox and David Brown, Cambridge, Mass.: MIT Press, 1998, p.66.

9) Wade, "Greening the Bank", p.672; Rich, *Mortgaging the Earth*, p.145.

10) Covey, "Critical Cooperation? Influencing the World Bank through Policy Dialogue and

Operational Cooperation", pp. 95~103.

11) Wade, "Greening the Bank", p.696.
12) World Bank, *World Bank Participation Handbook*, 1996.
13) World Bank G-7 Backgrounder, *Aid Effectiveness: Good Governance and Participation*, 1996.
14) Kevin Danaher, *50 Years Is Enough*.
15) James Paul, *The World Bank and NGOs*, 1996.
16) Terje Tvedt, *Angels of Mercy on Development Diplomats? NGOs and Foreign Aid*, London: Red Sea Press, 1998.
17) IUCN-World Conservation Group/World Bank, *Large Dams: Learning from the Past, Looking Toward the Future*, Washington D.C.: World Bank Group, 1997, p.10.
18) World Commission on Dams, *Dams and Development: A New Framework for Decision making*, London: Earthscan, 2000, p.200.
19) Annelise Riles, *The Network Inside Out*, Ann Arbor: University of Michigan Press, 1999.
20) Economist, "Time to Roll out a New Model", *Economist* 31, March, 1997.
21) Thomas E. Skidmore, *The Politics of Military Rule in Brazil, 1964-85*, New York: Oxford University Press, 1988, pp. 200~201.
22) Paul Chevigny, *Edga of the Knife: Police Violence in the Americas*, New York: New Press, 1995.

12_기회주의적인 제도의 건설자, 매판 법률가들

1) José Luis de Imaz, *Los que mandan*, Translated by Carlos A. Astiz, Albany: State University of New York Press, 1970, p.145.
2) de Imaz, *Los que mandan*, p.154.
3) Universidad Torcuato di Tella. [http://www.utdt.edu]
4) Kenneth J. Lipartito and Joseph A. Pratt, *Baker and Botts in the Development of Modern Houston*, Austin: University of Texas Press, 1991, p.197.
5) Alexander Hoagland, *Company Formation in Mexico*, 1st ed., London: Lloyds Bank International, 1980, B-2.
6) Roderic Ai Camp, *Entrepreneurs and Politics in Twentieth-century Mexico*, Oxford: Oxford University Press, 1989, p.215.
7) Camp, *Entrepreneurs and Politics in Twentieth-century Mexico*, p.215.
8) Camp, *Entrepreneurs and Politics in Twentieth-century Mexico*, p.216.
9) Rob Walker, "Justicia en Mexico", *American Lawyer*, April, 1995.

13_법원을 둘러싼 개혁주의 전략들

1) Lawyers Committee for Human Rights, *The World Bank: Governance and Human Rights*, New York: Lawyers Committee for Human Rights, 1993, p.53.
2) Thomas Carothers, *Aiding Democracy Abroad: The Learning Curve*, Washington D.C.: Carnegie Endowment for International Peace, 1999.
3) Carothers, *Aiding Democracy Abroad*, p.49.

4) Lawyer Committee for Human Rights, *Halfway to Reform: the World Bank and the Venezuelan Justice System*, New York: Lawyers Committee for Human Rights, 1996, pp. 82~83.

5) Lawyers Committee for Human Rights, *Halfway to Reform*, pp. 34~36.

6) Linn Hammergren, *The Politics of Justice and Justice Reform in Latin America: The Peruvian Case in Comparative Perspective*, Boulder, Colo.: Westview Press, 1998.

7) Carothers, *Aiding Democracy Abroad*, p. 170.

8) Carothers, *Aiding Democracy Abroad*, pp. 165~177; Hammergren, *The Politics of Justice and Justice Reform in Latin America*, pp. 270~280.

9) Lawyers Committee for Human Rights, *Halfway to Reform*.

10) World Bank Seminar, Seminar on Judicial Reform: Lessons od Experience, May 12, World Bank, Washington D.C., 1998.

11) Jorge Correa Sutil, "The Judiciary and the Political System in Chile", *Transition to Democracy in Latin America: The Role of the Judiciary*, edited by Irwin Stotzky, Boulder, Colo.: Westview Press, 1993, p. 94.

12) Alan Riding, *Distinct Neighbor: A Portrait of the Mexicans*, New York: Vintage, 1989, pp. 119~120.

13) Pamela Constable and Arturo Valenzuela, *A Nation of Enemies: Chile under Pinochet*, New York: W. W. Norton, 1991, p. 117.

14) Constable and Valenzuela, *A Nation of Enemies*, p. 117.

15) Constable and Valenzuela, *A Nation of Enemies*, p. 117.

16) Jorge Carpizo, Jorge Madrazo, and Marcus Kaplan, *Narcotrafico Latin americo y los derechos humanos*, Mexico City: Comisión Nacional de Derechos Humanos, 1993.

17) Mariclaire Acosta Urquidi, "Under the Volcano: Human Rights, Official Torture, and the Future of Mexican Democracy", *Humanist* 54. November, 1994.

18) Jorge Carpizo, *Derechos Humanos y Ombudsman*, Comisión Nacional de Derechos Humanos/Instituto des Investigaciones Jurídicas, 1993.

19) Iain Guest, *Behind the Disappearances: Argentina's Dirty War Against Human Rights and the United Nations*, Philadelphia: University of Pennsylvania Press, 1990, p. 344.

20) Eduardo Rabossi, "Remarks of Eduardo Rabossi", *Carlos Santiago Nino, 1943-1993*, edited by Yale Law School, New Haven, Conn.: Yale University Press, 1994, p. 33.

21) Rabossi, "Remarks of Eduardo Rabossi", p. 33.

22) Owen Fiss, "Remarks of Owen Fiss", *Carlos Santiago Nino, 1943-1993*, edited by Yale Law School, New Haven, Conn.: Yale University Press, 1994.

23) Eugenio Bulygin, "Remarks of Eugenio Bulygin", *Carlos Santiago Nino, 1943-1993*, edited by Yale Law School, New Haven, Conn.: Yale Law School, 1994, p. 8.

24) Jaime E. Malamud-Goti, *Game without End: State Terror and the Politics of Justice*, Norman: University of Oklahoma Press, 1996.

25) Alejandro Garro, "Nine Years of Transition to Democracy in Argentina: Partial Failure or Qualified Success?", *Columbia Journal of Transnational Law* 9, 1992, p. 75.

26) Garro, "Nine Years of Transition to Democracy in Argentina", p. 80.

27) Gabriela Cerruti, *El Jefe: Vida y obra de Carlos Saul Menem*, Buenos Aires: Planeta Bolsillo, 1993.

28) Horacio Verbitsky, *Robo para la Corona: Los Frutos Prohibidos del Arbol de la Corrupcion*, Buenos Aires: Planeta, 1991; *Hacer la Corte: La Construccion de un Poder Absoluto sin Justicia ni Control*, Buenos Aires: Planeta, 1993; Cerruti, *El Jefe*.

29) Verbitsky, *Robo para la Corona*, 1991, p. 43.

30) Garro, "Nine Years of Transition to Democracy in Argentina", p. 43.

31) William P. Rogers and Paulo Wright-Carozza, *La Corte Suprema de Justicia y la Seguridad Jurídica*, Buenos Aires: Editorial Ábaco, 1995; Jonathan Miller, "Franco Modigliani", *Lives of the Laureates: Thirteen Nobel Economists*, edited by William Breit and Roger Spencer, 3d ed., Cambridge, Mass.: MIT Press, 1995.

32) Elena Highton and Gladys Álvarez, *Mediación para resolver conflictos*, Buenos Aires: Ad Hoc, 1995.

14_불완전한 이식의 논리

1) Yves Dezalay and Bryant G. Garth, *Dealing in Virtue: International Commercial Arbitration and the Construction of a Transnational Legal Order*, Chicago: University of Chicago Press, 1996.

2) Dezalay and Garth, *Dealing in Virtue*.

참고문헌

Abbott, Andrew. 1988. *The System of Professions: An Essay on the Division of Expert Labor*. Chicago: University of Chicago Press.

Acosta Urquidi, Mariclaire. 1994. "Under the Volcano: Human Rights, Official Torture, and the Future of Mexican Democracy", *Humanist* 54. November. p. 26.

Adelman, Jeremy, and Miguel Centeno. 2002. "Between Liberalism and Neo-liberalism: Law's Dilemma in Latin America", *Global Prescriptions: The Production, Exportation, and Importation of a New Legal Orthodoxy*. edited by Yves Dezalay and Bryant Garth. Ann Arbor: University of Michigan Press.

Ajani, Gianmaria. 1995. "By Chance and Prestige: Legal Transplants in Russia and Eastern Europe", *American Journal of Comparative Law* 43. pp. 93~117.

Anderson, Dole. 1987. *Management Education in Developing Countries: The Brazilian Experience*. Boulder, Colo.: Westview Press.

Arancibia Clavel, Patricia, Alvaro Gongora Escobedo, and Gonzalo Vial Correa. 1996. *Jorge Alessandri, 1896-1986: Una biografia*. Santiago: Zig-Zag.

Badie, Bertrand. 1993. *L'État importe*. Paris: Fayard.

Ballard, Megan. 1999. "The Clash Between Local Courts and Global Economics: The Politics of Judicial Reform in Brazil", *Berkeley Journal of*

International Law 17. pp.230~276.

Balmori, Diana, Stuart Voss, and Miles Wortman. 1984. *Notable Family Networks in Latin America.* Chicago: University of Chicago Press.

Barber, William. 1989. "The Spread of Ideas Between Academia and Government: A Two-way Street", *The Spread of Economic Ideas.* edited by A. W. Coats. Durham, N.C.: Duke University Press.

_____. 1997. "Postwar Changes in American Graduate Education in Economics", *The Post-1945 Internationalization of Economics.* edited by A. W. Coats. Durham, N.C.: Duke University Press.

Barman, Roderick, and Jean Barman. 1976. "The Role of the Graduate in the Political Elite of Imperial Brazil", *Journal of Interamerican Studies and World Affairs* 18. pp.423~450.

Barnet, Richard. 1972. *Roots of War: The Men and Institutions behind U.S. Foreign Policy.* Baltimore: Penguin.

Barnet, Richard J., and John Cavanagh. 1994. *Global Dreams: Imperial Corporations and the New World Order.* New York: Simon & Schuster.

Bauer, Arnold. 1975. *Chilean Rural Society from the Spanish Conquest to 1930.* Cambridge: Cambridge University Press.

Bebbington, Denise, and Anthony Bebbington. 1997. *Evaluating the Impact of Chilean NGOs: Evaluation and the Dilemmas of Democracy.* Boulder, Colo.: Institute of Behavioral Science.

Berman, Edward H. 1983. *The Influence of the Carnegie, Ford and Rockefeller Foundations on American Foreign Policy: The Ideology of Philanthropy.* Albany: State University of New York Press.

Bernstein, Peter. 1992. *Capital Ideas: The Improbable Origins of Modern Wall Street.* New York: Free Press.

Bill, James A. 1997. *George Ball: Behind the Scenes in U.S. Foreign Policy.* New Haven, Conn.: Yale University Press.

Bird, Kai. 1992. *The Chairman: John J. NcCloy, the Making of the American Establishment.* New York: Simon & Schuster.

_____. 1998. *The Color of Truth: McGeorge Bundy and Williams Bundy,*

Brothers in Arms. New York:Simon & Schuster.

Bissell, Richard, with Jonathan Lewis and Frances Pudlo. 1996. *Reflections of a Cold Warrior:From Yalta to the Bay of Pigs.* New Haven, Conn.:Yale University Press.

Blakemore, Harold. 1993. "From the War of the Pacific to 1930", *Chile since Independence.* edited by Leslie Bethell. Cambridge:Cambridge University Press.

Boeninger, Edgardo. 1996. *Democracia en Chile:Lecciones para la Gobernabilidad.* Santiago:Editorial Andres Bello.

Bohmer, Martín. 1994. "Remarks of Martín Bohmer", *Carlos Santiago Nino, 1943-1993.* edited by Yale Law School. New Haven, Conn.:Yale University Press.

Bourdieu, Pierre. 1980. *Questions de sociologie.* Paris:Éd. de Minuit.

_____. 1993. "Esprits d'État:Genèse et structure du champ bureaucratique", *Actes de la recherche en sciences sociales* 96~97. pp.49~52.

_____. 1996a. *The State Nobility:Elite Schools in the Field of Power.* Stanford, calif.:Stanford University Press.

_____. 1996b. *Sur la télévision suivi de l'emprise du journalisme.* Paris: Liber Éditions.

Bourdieu, Pierre, and Loïc J. D. Wacquant. 1992. *An Invitation to Reflexive Sociology.* Chicago:University of Chicago Press.

Brandenburg, Frank. 1914. *The Making of Modern Mexico.* Englewood Cliffs, N.J.:Prentice-Hall.

Breit, Williams, and Roger Spencer, eds. 1997. *Lives of the Laureates: Thirteen Nobel Economists.* 3d ed. Cambridge, Mass.:MIT Press.

Bremner, Robert H. 1988. *American Philanthropy.* 2d ed. Chicago:University of Chicago Press.

Brunner, José Joaquím. 1988. "El Modo de Hacer Sociologia en Chile", *La Sociologia en Chile:Instituciones y Practicantes.* edited by Alicia Barros and J. Brunner. Santiago:FLASCO.

Bruno, M. 1995. "In Memoriam:A Tribute to Hollis Chenery", *World Bank*

Research Observer. Annual Conference Supplement, 23～24.

Brysk, Alison. 1994. *The Politics of Human Rights in Argentina: Protest, Change, and Democratization.* Stanford, calif.: Stanford University Press.

Buchanan, James, 1995. "James Buchanan", *Lives of the Laureates: Thirteen Nobel Economists.* edited by William Breit and Roger Spencer. 3d ed. Cambridge, Mass.: MIT Press.

Bulygin, Eugenio. 1994. "Remarks of Eugenio Bulygin", *Carlos Santiago Nino, 1943-1993.* edited by Yale Law School. New Haven, Conn.: Yale Law School.

Burns, E. Bradford. 1993. *A history of Brazil.* 3d ed. New York: Columbia University Press.

Burton, Douglas. 1995. "To Win the Battle of Ideas, Send in the Conservative Think Tanks", *Insight on the News.* March 6.

Camp, Roderic Ai. 1980. *Mexico's Leader, Their Education and Recruitment.* Tucson: University of Arizona Press.

———. 1989. *Entrepreneurs and Politics in Twentieth-century Mexico.* Oxford: Oxford University Press.

———. 1993. *Who's Who in Mexico Today.* 2d ed. Boulder, Colo.: Westview Press.

———. 1995. *Political Recruitment across Two Centuries: Mexico, 1884-1991.* Austin: University of Texas Press.

Campos, Roberto. 1994. *A lanterna na Pope: Memorias.* Rio de Janeiro: Topbooks.

Carnegie Endowment for International Peace. 1998. *The Political Challenges of Advancing Economic Reforms in Latin America: A Report on the First Meeting of the Carnegie Economic Reform Network.* Prepared by Daniel Monow. Washington D.C.: Carnegie Endowment for International Peace.

Carothers, Thomas. 1991. *In the Name of Democracy: U.S. Policy toward Latin America in the Reagan Years.* Berkeley: University of California Press.

———. 1996. *Assessing Democracy Assistance: The Case of Romania.* Washington, D.C.: Carnegie Endowment for International Peace.

_____. 1998. "The Rule of Law Revival", *Foreign Affairs* 77. no. 2. pp. 95~ 106.

_____. 1999. *Aiding Democracy Abroad: The Learning Curve.* Washington D.C.: Carnegie Endowment for International Peace.

Carpizo, Jorge. 1993. *Derechos Humanos y Ombudsman.* Comisión Nacional de Derechos Humanos/Instituto des Investigaciones Jurídicas.

Carpizo, Jorge, Jorge Madrazo, and Marcus Kaplan. 1993. *Narcotrafico Latin americo y los Derechos Humanos.* Mexico City: Comisión Nacional de Derechos Humanos.

Caufield, Catherine. 1996. *Masters of Illusion: The World Bank and the Poverty of Nations.* New York: Henry Holt.

Cavallo Castro, Ascanio. 1992. *Los Hombres de la Transición.* Santiago: Editorial Andres Bello.

Centeno, Miguel. 1994. *Democracy within Reason: Technocratic Revolt in Mexico.* Philadelphia: Pennsylvania State University Press.

Centeno, Miguel, and Patricio Silva, eds. 1997. *The Politics of Expertise in Latin America.* New York: St. Martin's Press.

Cerruti, Gabriela. 1993. *El Jefe: Vida y Obra de Carlos Saul Menem.* Buenos Aires: Planeta Bolsillo.

Chenery, Hollis. 1974. *Redistribution with Growth: Policies to Improve Income Distribution in Developing Countries in the Context Economic Growth—a Joint Study by the World Bank's Development Research Center and the Institute of Development Studies, University of Sussex.* edited by Ian Bowen and Brian J. Svikhart. London: Oxford University Press for the World Bank and the Institute of Development Studies, University of Sussex.

Chevigny, Paul. 1995. *Edga of the Knife: Police Violence in the Americas.* New York: New Press.

Chomsky, Noam. 1997. *The Cold War and the University: Toward an Intellectual History of the Postwar Years.* New York: New Press.

Cleaves, Peter S. 1987. *Professions and the State: The Mexican Case.* Tucsan:

University of Arizona.

Coats, A. W. 1986. *Economists in International Agencies.* New York: Praeger.

Colander, David, and Harry Landreth, eds. 1996. *The Coming of Keynesianism to America: Conversations with the Founders of Keynesian Economics.* Cheltenham: Edward Elgar.

Collier, Simon, and William F. Sater. 1996. *A History of Chile, 1808-1994.* Cambridge: Cambridge University Press.

Comisión Nacional de Desaparecidos(CONADEP). 1984. *Nunca más.* Buenos Aires: Editorial Universitaria de Buenos Aires.

Conaghan, Catherine, and James Malloy. 1994. *Unsettling Statecraft: Democracy and Neoliberalism in the Central Andes.* Pittsburgh: University of Pittsburgh Press.

Conaway, James. 1981. "Jeane Kirkpatrick: The Ambassador from *Commentary Magazine*", *Washington Post Magazine* I November. II.

Conniff, Michael. 1989. "The National Elite", *Modern Brazil: Elites and Masses in Historical Perspective.* edited by Michael Conniff and Frank McCann. Lincoln: University of Nebraska Press.

Constable, Pamela, and Arturo Valenzuela. 1991. *A Nation of Enemies: Chile under Pinochet.* New York: W. W. Norton.

Core Strategy Group. 1995. *Alfredo Yabran and Ocasa: A White Paper.* Atlanta: Core Strategy Group.

Corrales, Javier. 1997. "Why Argentines Followed Cavallo: A Technopol Between Democracy and Economic Reform", *Technopols: Freeing Politics and Markets in Latin America in the 1990s.* edited by Jorge Dominguez. University Park: Pennsylvania State University Press.

Correa Sutil, Jorge. 1993. "The Judiciary and the Political System in Chile", *Transition to Democracy in Latin America: The Role of the Judiciary.* edited by Irwin Stotzky. Boulder, Colo.: Westview Press.

Cotterrell, Roger. 1998. "Is There a Logic of Legal Transplants?", paper presented to the workshop "Adaptation of Legal Culture". 25~27 June. Oñati, Spain.

Council for Public Interest Law. 1976. *Balancing the Scale of Justice: Financing Public Interest Law in America*. Washington D.C.:Council for Public Interest Law.

Covey, Jane G. 1998. "Critical Cooperation? Influencing the World Bank through Policy Dialogue and Operational Cooperation", *The Struggle for Accountability:The World Bank, NGOs and Grassroots Movements*. edited by Jonathan Fox and David Brown. Cambridge, Mass.:MIT Press.

Danaher, Kevin, ed. 1994. *50 Years Is Enough:The Case Against the World Bank and the International Monetary Fund*. Boston:South End Press.

David, Wilfred. 1985. *The IMF Policy Paradigm:The Macroeconomics of Stabilization, Structural Adjustment, and Economic Development*. New York:Praeger.

de Imaz, José Luis. 1970. *Los que mandan*. Translated by Carlos A. Astiz. Albany:State University of New York Press.

Della Cava, Ralph. 1989. "The 'People's Church', the Vatican and Abertura", *Democratizing Brazil:Problems of Transition and Consolidation*. edited by Alfred C. Stepan. Oxford:Oxford University Press.

Desmond, Losmas. 1983. *Preservation East and West:Human Rights, Political Prisoners and Amnesty*. Harmondsworth:Penguin.

Dezalay, Yves. 1992. *Marchands de droit*. Paris:Fayard.

Dezalay, Yves, and Bryant G. Garth. 1996a. "Building the Law and Putting the State into Play:International Strategies among Mexico's Divided Elite", *ABF Working Paper* no.9509. Chicago:American Bar Foundation.

_____. 1996b. *Dealing in Virtue:International Commercial Arbitration and the Construction of a Transnational Legal Order*. Chicago:University of Chicago Press.

_____. 1997a. "Law, Lawyers and Social Capital:'Rule of Law' Cersus Relational Capitalism", *Social and Legal Studies 6*. pp.109~141.

_____. 1997b. "Political Crises as Professional Battlegrounds:Technocratic and Philanthropic Challenges to the Dominance of the Cosmopolitan Lawyer-statesman in Brazil", *ABF Working Paper* no.9612. Chicago:

American Bar Foundation.

_____. 1998a. "Argentina : Law at the Periphery and Law in Dependencies —
Political and Economic Crisis and the Instrumentalization and Fragmenta-
tion of Law", *ABF Working Paper* no.9708. Chicago : American Bar
Foundation.

_____. 1998b. "Chile : Law and the Legitimation of Transitions — from the
Patrimonial State to the International Neo-liberal state", *ABF Working
Paper* no.9709. Chicago : American Bar Foundation.

_____. 1999. "From Notables of the Foreign Policy Establishment to the
International Market of Professionals of Philanthropy and Human Rights :
Strategies for Power and the Social Construction of a New Field of State
Expertise", *ABF Working Paper* no.9818. Chicago : American Bar
Foundation.

_____. 2001. "La construction juridique d'une politique de notable. Le dou-
ble jeu des praticiens du barreau indien sur le marché de la vertu
civique", *Genèses* n.45, décembre. pp.69~90.

_____. 2002. *Global Prescriptions : The Production, Exportation, and Impor-
tation of a New Legal Orthodoxy.* Ann Arbor : University of Michigan Press.

_____. 2004. "Les courtiers de l'international : héritiers cos, opolites, mer-
cenaires de l'impérialisme et missionaires de l'universel", *Actes de la
Recherche en Sciences Sociales*, mars. pp.151~152.

_____. 2006. "Les usages nationaux d'une science 'globale' : La diffusion de
nouveaux paradigmes économiques comme stratégie hégémonique et
enjeu domestique dans les champs nationaux de reproduction des élites
d'État", *Sociologie du Travail* 48, no.3.

di Tella, Guido, and Carlos Rodríguez Braun, eds. 1990. *Argentina, 1946-
83 : The Economic Ministers Speak.* Basingstoke : Macmillan, in association
with St Antony's College, Oxford.

Doder, Dusko. 1979. "Helsinki Watch Unit Set to Monitor U.S. on Rights",
Washington Post 18. March, A20.

Dominguez, Jorge, ed. 1997. *Technopols : Freeing Politics and Markets in*

Latin America in the 1990s. University Park : Pennsylvania State University Press.

Drake, Paul. 1993. "Chile, 1930-1958", *Chile since Independence*. edited by Leslie Bethell. Cambridge : Cambridge University Press.

_____, ed. 1994. *Money Doctors, Foreign Debts and Economic Reforms in Latin America from the 1890s to the Present*. Wilmington, Del. : Jaguar Books.

Dreifuss, René. 1964. *A conquista di estado*. São Paulo : Petrópolis.

Dulles, John W. F. 1986. *The São Paulo Law School and the Anti-Vargas Resistance, 1938-1945*. Austin : University of Texas Press.

Duxbury, Neil. 1995. *Patterns of American Jurisprudence*. Oxford : Oxford University Press.

Economist. 1997. "Time to Roll out a New Model", *Economist* 31, March.

Ehrman, John. 1995. *The Rise of Neoconservatism : Intellectuals and Foreign Affairs, 1945-1994*. New Haven, Conn. : Yale University Press.

Ewald, William. 1995. "The Logic of Legal Transplants", *American Journal of Comparative Law* 43. pp. 489~510.

Falcão, Joaquim. 1988. "Lawyers in Brazil", *Civil Law Jurisdictions*. vol. 2 of Lawyers and Society. edited by R. Abel and P. Lewis. Berkeley : University of California Press.

Faoro, Raymundo. 1957. *Os donos do poder : Formação do patronato políticao Brasileiro*. São Paulo : Editora Globo S.A.

Faria, José, ed. 1989. *Direito e justiça*. São Paulo : Editora Ática.

_____, ed. 1994. *Direitos humanos, direitos dociais e justica*. São Paulo : Malheiros Editures.

Financial Times. 1991. "Review of *Democratizing Development*", by John Clark. *Financial Times*, 21 June.

Finn, Chester E. Jr. 1998. "Giving It Away : An Open Letter to Bill Gates", *Commentary*, January, 19.

Fiss, Owen. 1994. "Remarks of Owen Fiss", *Carlos Santiago Nino, 1943-1993*. edited by Yale Law School. New Haven : Yale University Press.

Fox, Jonathan. 1997. "The World Bank and Social Capital:Contesting the Concept", *Journal of International Development*, November~December.

Fox, Jonathan A., and L. David Brown, eds. 1997. *The Struggle for Account-ability:The World Bank, NGOs, and Grassroots Movements. Cambridge,* Mass.:MIT Press.

Freeland, Richard. 1992. *Academia's Golden Age:Universities in Massachu-setts, 1945-1970.* New York:Oxford University Press.

Friedman, Milton. 1995. "Milton Friedman", *Lives of the Laureates:Thirteen Nobel Economists.* edited by William Breit and Roger Spencer. 3d ed. Cambridge, Mass.:MIT Press.

Friedman, Milton, and Rose Friedman. 1998. *Two Lucky People.* Chicago: University of Chicago Press.

Gaddis, John Lewis. 1997. *We Now Know:Rethinking Cold War History.* New York:Oxford University Press.

Galanter, Marc, and Thomas Palay. 1991. *Tournament of Lawyers.* Chicago: University of Chicago Press.

Garcia, Afrânio. 1998. "La construction interrompue:Celso Furtado, la guerre froide et le développement du Nordeste", *Actes de la recherche en sciences sociales,* 121~122(March). pp.52~61.

Gardner, James. 1980. *Legal Imperialism:American Lawyers and Foreign Aid in Latin America.* Madison:University of Wisconsin Press.

Garey, Diane. 1998. *Defending Everybody:A History of the American Civil Liberties Union.* New York:TV Books.

Garro, Alejandro. 1992. "Nine Years of Transition to Democracy in Argenti-na:Partial Failure or Qualified Success?", *Columbia Journal of Transna-tional Law* 9. pp.1~101.

Garth, Bryant, and Joyce Sterling. 1998. "From Legal Realism to Law and Society:Reshaping Law for the Last Stages of the Social Activist State", *Law and Society Review* 32. pp.409~472.

Gaspar Pereira, Hilda Maria. 1995. *The Viva Rio Movement:The Struggle for Peace.* London:Institute for Latin American Studies.

George, Susan, and Sabelli, Fabrizio. 1994. *Faith and Credit: The World Bank's Secular Empire*. Boulder, Colo.: Westview Press.

Gereffi, Gary. 1995. "Global Production Systems and Third World Development", *Global Change, Regional Response: The New International Context of Development*. edited by Barbara Stallings. Cambridge University Press.

Golub, Stephanie. 1997. "Making Possible What Is Necessary: Pedro Aspe, the Salinas Team and the Next Mexican Miracle", *Technopols: Freeing Politics and Markets in Latin America in the 1990s*. edited by Jorge Dominguez. University Park: Pennsylvania State University Press.

Graham, Carol, and Moisés Naím. 1998. "The Political Economy of Institutional Reform in Latin America", *Beyond Trade-offs: Market Reforms and Equitable Growth in Latin America*. edited by Nancy Birdsall, Carol Graham, and Richard Sabst. Washington D.C.: Inter-American Development ment Bank.

Griffin, Victoria. 1991. "New Debt Chief Named by Brazil", *Financial Times* 15, June, sec.I. p.3.

Grose, Peter. 1994. *Gentleman Spy, the Life of Allen Dulles*. Amherst: University of Massachusetts Press.

Guest, Iain. 1990. *Behind the Disappearances: Argentina's Dirty War Against Human Rights and the United Nations*. Philadelphia: University of Pennsylvania Press.

Haggard, Stephan. 1986. "The Politics of Adjustment:Lessons from IMF's Extended Fund Faculty", *The Politics of International Debt*. edited by Miles Kahler. Ithaca, N.Y.: Cornell University Press.

Haggard, Stephan, and Robert R. Kaufman, eds. 1992. *The Politics of Economic Adjustment. International Constraints, Distributive Conflicts and State*. Princeton, N.J.: Princeton University Press.

Hall, Peter, ed. 1989. *The Political Power of Economic Ideas: Keynesianism Across Nations*. Princeton, N.J.: Princeton University Press.

Hammergren, Linn. 1998. *The Politics of Justice and Justice Reform in Latin America: The Peruvian Case in Comparative Perspective*. Boulder, Colo.:

Westview Press.

Hansen, Roger. 1971. *The Politics of Mexican Development.* Baltimore:Johns Hopkins University Press.

Harrison, Lawrence, and Samuel P. Huntington, eds. 2000. *Culture Matters: How Values Shape Human Progress.* New York:Basic Books.

Hasting, Laura. 1983. "Regulatory Revenge:The Politics of Free-market Financial Reforms in Chile", *Politics of Finance in Developing Countries.* edited by Stephan Haggard, Chung H. Lee, and Sylvia Maxfield. Ithaca, N.Y.:Cornell University Press.

Healy, Juan Ruiz. 1997. "Air Force One's and Salinas's counterattack", *Novedades editores* 12, October.

Heinz, John, Edward Laumann, Robert Nelson, and Robert Salisbury. 1993. *The Hollow Core:Private Interests in National Policy Makings.* Cambridge, Mass.:Harvard University Press.

Helleiner, Eric. 1994. *States and the Reemergence of Global Finance. From Bretton Woods to the 1990s.* Ithaca, N.Y.:Cornell University Press.

Heritage Foundation. 1996. *Annual Report.* Washington D.C.:Heritage Foundation.

Highton, Elena, and Gladys Álvarez. 1995. *Mediación para Resolver Conflictos.* Buenos Aires:Ad Hoc.

Hoagland, Alexander. 1972. *Company Formation in Mexico.* 1st ed. London: Lloyds Bank International.

_____. 1980. *Company Formation in Mexico.* 2d ed. London:Lloyds Bank International.

Hodgson, Godfrey. 1996. *The world turned right side up:A history of the conservative ascendancy in America.* Boston:Houghton Mifflin Company.

Howe, Barbara. 1982. "The Emergence of Scientific Philanthropy, 1919-1920: Origins, Issues and Outcome", *Philanthropy and Cultural Imperialism: The Foundations at Home and Abroad.* edited by Robert F. Arnove. Bloomington:Indiana University Press.

Hulme, David, and Michael Edwards, eds. 1997. *NGOs, States, and Donors:*

Too Close for Comfort. London : Macmillan.

Isaacson, Walter, and Evan Thomas. 1986. *The Wise Men : Six Friends and the World They Made.* New York : Simon & Schuster.

IUCN-World Conservation Group/World Bank. 1997. *Large Dams : Learning from the Past, Looking Toward the Future.* Washington D.C. : World Bank Group.

Jacoby, Tamer. 1986. "The Reagan Turnaround on Human Rights", *Foreign Affairs* 64. pp. 1071 ~ 1072.

Jelin, Elizabeth. 1995. "La Política de la Memoria : El Movimiento de Derechos Humanos y la Construcción Democrática en la Argentina", *Juicio, Castigio y Memorias : Derechos Humanos y Justicia en la Política Argentina.* edited by Carlos Acuña, et al. Buenos Aires : Ediciones Nueva Vision.

Jencks, Christopher, and David Riesman. 1968. *The Academic Revolution. Garden City.* N.Y. : Doubleday.

Kapur, Devesh, John Lewis, and Richard Webb, eds. 1997. *The World Bank : Its First Half Century,* 2 vols. Washington D.C. : Brookings Institution.

Keck, Margaret. 1998. "Planaforo in Rondônia : The Limits of Leverage", *The Struggle for Accountability : The World Bank, NGOs and Grassroots Movements.* edited by Jonathan Fox and David Brown. Cambridge, Mass. : MIT Press.

Keck, Margaret, and Kathryn Sikkink. 1998. *Activists Beyond Borders : Advocacy Networks in International Politics.* Ithaca, N.Y. : Cornell University Press.

Klamer, Arjo, and David Colander. 1990. *The Making of an Economist.* Boulders, Colo. : Westview Press.

Knight, Alan. 1992. "Mexico's Elite Settlement : Conjuncture and Consequences", *Elites and Democratic Consolidation in Latin America and Southern Europe.* edited by John Higley and Richard Gunther. Cambridge : Cambridge University Press.

Kondracke, Morton. 1988. "Broken Watch : Human Rights or Politics?", *New Republic* 22, August.

Korey, David. 1993. *The Promises We Keep: Human Rights, the Helsinki Process, and American Foreign Policy.* New York: St. Martin's Press.

_____. 1998. *NGOs and the Universal Declaration of Human Rights: "A Curious Grapevine".* New York: St. Martin's Press.

Kothari, Smitu. 1997. "Building Alliances Among India's Popular Movements", Interview with Smitu Kothari by David C. Korten, *PCD Forum Paradigm Warrior Profile*, no. 6. Release date May 20, 1997.

Kraske, Jochen. 1996. *Bankers with a Mission, the Legal President of the World Bank, 1946-1991.* Oxford: Oxford University Press.

Kronman, Anthony. 1993. *The Los Lawyer: Failing Ideals of the Legal Profession.* Cambridge, Mass.: Harvard University Press, Belknap Press.

Krueger, Anne, Constantine Michalopoulos, and Vernon Ruttan with Keith Jay. 1989. *Aid and Development.* Baltimore: Johns Hopkins University Press.

Krugman, Paul. 1994. *Peddling Prosperity: Economic Sense and Nonsense in an Age of Diminished Expectations.* New York: W. W. Norton.

Larsen, Egon. 1979. *A Flame in Barbed Wire: the Story of Amnesty International.* New York: W. W. Norton.

Latin Finance. 1998. "Moisés Naím, foreign policy", *Latin Finance*, July, 100.

Lawyers Committee for Human Rights. 1993. *The World Bank: Governance and Human Rights.* New York: Lawyers Committee for Human Rights

Lawyers Committee for Human Rights/Venezuela Program for Human Rights Education and Action. 1996. *Halfway to Reform: the World Bank and the Venezuelan Justice System.* New York: Lawyers Committee for Human Rights.

Leeds, Anthony. 1964. "Brazilian Careers and Social Structure", *Contemporary Cultures and Societies of Latin America.* edited by Dwight Heath and Richard Adams. New York: Random House.

Legrand, Pierre. 1998. *The Impossibility of "Legal Transplants".* Paper presented to the workshop "Adaptation of Legal Culture", 25~27 June. Oñati, Spain.

Letts, Christine, William Ryan, and Allen Grossman. 1997. "Virtuous Capital:

What Foundations Can Learn from Venture Capitalists", *Harvard Business Review*, March-April, 36.

Levine, Robert. 1978. *Pernambuco and the Brazilian Federation, 1889-1937.* Stanford, Calif.:Stanford University Press.

Lewis, Arthur W. 1995. "Arthur W. Lewis", *Lives of the Laureates: Thirteen Nobel Economists.* edited by William Breit and Roger Spencer. 3d ed. Cambridge, mass.:MIT Press.

Lillich, Richard, and Frank C. Newman, eds. 1979. *International Human Rights: Problems of Law and Policy.* Boston:Little, Brown.

Lipartito, Kenneth J., and Joseph A. Pratt. 1991. *Baker and Botts in the Development of Modern Houston.* Austin:University of Texas Press.

Lomnitz, Larissa Adler, and Marisol Perez-Lizaur. 1987. *A Mexican Elite Family, 1820-1980:Kinship, Class and Culture.* Princeton, N.J.:Princeton University Press.

Lomnitz, Larissa Adler, and Rodrigo Salazar. 2002. "Cultural Elements in the Practice of Law in Mexico:Informal Networks in a Formal System", *Global Prescriptions: The Production, Exportation, and Importation of a New Legal Orthodoxy.* edited by Yves Dezalay and Bryant Garth. Ann Arbor: University of Michigan Press.

Loureiro, Maria Rita. 1997. "The Professional and Political Impacts of the Internationalization of Economics in Brazil", *The Post-1945 Internationalization of Economics.* edited by A. W. Coasts. Durham, N. C.:Duke University Press.

_____. 1998. "L'internationalisation des milieux dirigeants au Brésil", *Actes de la recherche en sciences sociales* 121~122, March. pp. 42~51.

Love, Joseph. 1980. *São Paulo in the Brazilian Federation, 1889-1937.* Stanford, Calif.:Stanford University Press.

_____. 1996a. *Crafting the Third World: Theorizing Underdevelopment in Rumania and Brazil.* Stanford, Calif.:Stanford University Press.

_____. 1996b. "Economic Ideas and Ideologies in Latin America since 1930", *Ideas and Ideologies in Twentieth Century Latin America.* edted by

Leslie Bethell. Cambridge: Cambridge University Press.

Love, Joseph, and Bert J. Barickman. 1989. "Regional Elite", *Modern Brazil: Elites and Masses in Historical Perspective.* edited by Michael Connif and Frank McCann. Lincoln: University of Nebraska Press.

Love, Joseph LeRoy. 1971. *Rio Grande do Sul and Brazilian regionalism, 1882-1930.* Stanford, Calif.: Stanford University Press.

Lowenstein, Steven. 1970. *Lawyer, Legal Education, and Development.* New York: International Legal Center.

Lowry, Rich. 1995. "How the Right Rose", *National Review* 11, December.

Lynch, John. 1993. "From Independence to National Organization", *Argentina Since Independence.* edited by Leslie Bethell. Cambridge: Cambridge University Press.

Mainwaring, Scott. 1986. *The Catholic Church and Politics in Brazil, 1916-85.* Stanford, Calif.: Stanford University Press.

Malabre, Alfred L. 1994. *Lost Prophets: An Insider's History of the Modern Economists.* Boston: Harvard Business School Press.

Malamud-Goti, Jaime E. 1996. *Game without End: State Terror and the Politics of Justice.* Norman: University of Oklahoma Press.

Manger, William, ed. 1963. *The Alliance for Progress: A Critical Appraisal.* Washington D.C.: Public Affair Press.

Markoff, John, and Veronica Montecinos. 1993. "The Ubiquitous Rise of Economists", *International Public Policy* 13. pp. 37~68.

Marques, Carlos José, and Octavio Costa. 1995. "O ultimo guerreiro", *Isote* I, March.

Martindale-Hubbell. 2000. *Martindale-Hubbell Law Directory.* New Providence, N.J.: Martindale-Hubbell.

Maxfield, Sylvia. 1987. *Introduction to Government and Private Sector in Contemporary Mexico.* edited by Sylvia Maxfield and Ricardo Anzaldúa Montoya. La Jolla, Calif.: Center for U.S.-Mexican Studies, University of California, Sandiego.

_____. 1997. *Gatekeepers of Growth: The International Political Economy of*

Central Banking in Developing Countries. Princeton, N.J.:Princeton University Press.

Maynes, Charles W. 1997. "A Closing Word", *Foreign Policy,* Spring 8.

McClymont, Mary, and Stephen Golub, eds. 2000. *Many Roads to Justice:The Law Related Work of Ford Foundation Grantees around the World.* New York:Ford Foundation.

McDonough, Peter. 1981. *Power and Ideology in Brazil.* Princeton, N.J.: Princeton University Press.

Méndez, Juan. 1999. "Institutional Reform, Including Access to Justice", *The (un)Rule of Law and the Underprivileged in Latin America.* edited by Juan E. Méndez, Guillermo O'Donnell, and Paulo Sérgio Pinheiro. Notre Dame, Ind.:University of Notre Dame Press.

Metzger Barry. 1997. "Law and Development:An Essential Dimension of Governance", *Governance:Promoting Sound Development Management:A Record of the Proceeding of a Seminar in Fukuoka, Japan on 10 May 1997 during the 30th Annual Meeting of the Board of Governors.* ed. by Naved Hamid, Hamid Sharif, and Eric McGaw. Manila:Asian Development Bank.

Miceli, Sergio. 1983. *Les intellectuals et le pouvoir au Brésil.* Paris:A. M. Métaillé.

_____, ed. 1993. *A fundacao Ford no Brazil.* São Paulo:Editora Sumaré.

Miller, Jonathan. 1995. "Franco Modigliani", *Lives of the Laureates:Thirteen Nobel Economists.* edited by William Breit and Roger Spencer. 3d ed. Cambridge, Mass.:MIT Press.

Montecinos, Veronica. 1997. "Economists in Political and Policy Elites in Latin America", *The Post-1945 Internationalization of Economics.* edited by A. W. Coats. Durham. N.C.:Duke University Press.

Moran, Michael. 1991. *The Politics of the Financial Services Revolution:The U.S.A., U.K. and Japan.* London:Macmillan Press.

Muñoz, Oscar, ed. 1993. *Políticas públicas:Historias personales.* Santiago:Los Andes.

Nación. 1996. "Las inclinaciones políticas de las tres jueces", *La Nación* 5,

December, 19.

Naím, Moisés. 1995. *Latin America's Journey to the Market: From Macroeconomic Shocks to Institutional Therapy.* San Francisco: ICS Press.

National Commision on Civic Renewal. 2001. *Members.*

Nelkin, David. 1995. "Legal Culture, Diversity, and Globalization", *Social and Legal Studies* 4. p. 435.

_____. 1997. *Comparing Legal Culture.* Aldershot: Darmouth.

Nelson, Joan. 1992. "Poverty, Equity, and the Politics of Adjustment", *The Politics of Economic Adjustment.* edited by Stephen Haggard and Robert Kaufman. Princeton, N.J.: Princeton University Press.

Nelson, Joan, and Stephanie Eggleton. 1992. *Encouraging Democracy: What Role for Conditioned Aid?.* Washington D.C.: Overseas Development Council.

Newsweek. 1997. "The Land of the Handout", *Newsweek* 29, September. p. 34.

N'Haux, Enrique. 1993. *Menem Cavallo: El poder Mediterraneo.* Buenos Aires: Corregidor.

Nielsen, Waldamar. 1985. *The Golden Donors, a New Anatomy of the Great Foundation.* New York: E. P. Dutton.

OAB/RJ. 1995. *Perspectiva sociologica do direito: 10 anos de pesquisa.* Rio de Janéiro: OAB.

O'Barr, William M. and John M. Conley. 1992. *Fortune and Folly: The Wealth and Power of Institutional Investing.* Homewood, Ill.: Business One Irwin.

O'Brien, Philip J., and Jacqueline Roddick. 1983. *Chile, the Pinochet Decade: The Rise and Fall of the Chicago Boys.* London: Latin America Bureau.

O'Connor, Alice. 1996. "Urban Reform, Community Action and the War against Poverty: The Ford Foundation's Grey Areas Program", *Journal of Urban History* 22. pp. 586~625.

O'Donnell, Guillermo A. 1979. *Modernization and Bureaucratic-authoritarianism: Studies in South American Politics.* Berkeley: Institute of International Studies, University of California.

_____. 1999. "Polyarchies and the (Un)Rule of Law", *The (un)Rule of Law and the underprivileged in Latin America.* edited by Juan E. Méndez, Guillermo O'Donnell, and Paulo Sérgio Pinheiro. Notre Dame, Ind.: University of Notre Dame Press.

Oliver, Robert W. 1995. *George Woods and the World Bank.* Boulder, Colo.: Lynne Rienner Publisher.

Osorio, Victor, and Ivan Gabezas. 1995. *Los Hijos de Pinochet.* Santiago: Planeta.

Otano, Rafael. 1995. *Cronica de la transición.* Santiago:Planeta.

Packenham, Robert. 1973. *Liberal America and the Third World:Political Development Ideas in Foreign Aid and Social Science.* Princeton, N.J.: Princeton University Press.

_____. 1992. *The Dependency Movement:Scholarship and Politics in Development Studies.* Cambridge, Mass.:MIT Press.

Page, Nigel. 1992. "Workers for Freedom", *Legal Business Magazine*, June. pp.28~31.

Pastore, José Maria Dagnino. 1989. "Argentina", *The Role of the Economist in Government:An International Perspective.* edited by Joseph A. Pechman. New York:New York University Press.

Paul, James. 1996. *The World Bank and NGOs.*

Pauly, Louis. 1997. *Who Elected the Bankers? Surveillance and Control in the World Economy.* Ithaca, N.Y.:Cornell University Press.

Pécaut, Daniel. 1989. *Entre le Peuple et la Nation:Les Intellectuels et la Politique au Brésil.* Paris:Éditions de la Maison des Sciences de l'homme.

Pechman, Joseph A. 1989. *The Role of the Economist in Government:An International Perspective.* New York:New York University Press.

People for the American Way. 1996. *Buying a Movement.* Washington D.C.: People for the American Way.

Picciotto, Robert. 1995. *Putting Institutional Economics to Work:From Participation to Governance.* Washington D.C.:World Bank.

Picciotto, Robert, and Eduardo Wisner. 1998. *Evaluation and Development:*

The Institutional Dimension. New Brunswick:Transaction.

Pistor, Katharina, and Philip A. Wellons. 1999. *The Role of Law and Legal Institutions in Asian Economic Development.* Hong Kong:Oxford University Press.

Polak, Jacques. 1994. *World Bank and the IMF.* Washington D.C.:Brookings Institution.

_____. 1997. "The Contribution of the International Monetary Fund", *The Post-1945 Internationalization of Economics.* edited by A. W. Coats. Durham. N.C.:Duke University Press.

Porter, Theodore. 1995. *Trust in Number:The Pursuit of Objectivity in Science and Public Life.* Princeton, N.J.:Princeton University Press.

Posner, Richard A. 1998. *Economic Analysis of Law.* 5th ed. Washington D.C.: Aspen Publishers.

Puryear, Jeffrey. 1994. *Thinking Politics:Intellectuals and Democracy in Chile, 1973-1988.* Baltimore:Johns Hopkins University Press.

Quigley, Kevin. 1997. *For Democracy's Sake:Foundations and Democracy Assistance in Central Europe.* Washington D.C.:Woodrow Wilson Center Press.

Rabossi, Eduardo. 1994. "Remarks of Eduardo Rabossi", *Carlos Santiago Nino, 1943-1993.* edited by Yale Law School. New Haven, Conn.:Yale University Press.

Reisberg, Liz A. 1993. *Argentina:A Study of the Educational System of Argentina and a Guide to the Academic Placement of Students in Educational Institutions in the United States.* Washington D.C.:American Association College Registrars.

Remmer, Karen L. 1984. *Party Competition in Argentina and Chile:Political Recruitment and Public Policy, 1890-1930.* Lincoln:University of Nebraska.

Ricci, David M. 1993. *The Transformation of American Politics:The New Washington and the Rise of the Think Tank.* New Haven, Conn.:Yale University Press.

Rich, Bruce. 1994. *Mortgaging the Earth: The World Bank, Environmental Impoverishment, and the Crisis of Development.* Boston: Beacon Press.

Riding, Alan. 1989. *Distinct Neighbor: A Portrait of the Mexicans.* New York: Vintage.

Riles, Annelise. 1999. *The Network Inside Out.* Ann Arbor: University of Michigan Press.

Rogers, William P., and Paulo Wright-Carozza. 1995. *La Corte Suprema de Justicia y la Seguridad Juridica.* Buenos Aires: Editorial Ábaco.

Rose, Carol V. 1998. "The 'New' Law and Development Movement in the Post-Cold War Era: A Vietnam Case Study", *Law and Society Review* 32. pp.93~140.

Rostow, Walt Whitman. 1960. *The Stages of Economic Growth: An Anti-communist Manifesto.* Cambridge: Cambridge University Press.

_____. 1984. "Development: The Political Economy of Marshallian Long Period", *Pioneers in Development.* edited by Gerald Meier and Dudley Sears. Oxford: Oxford University Press.

Rostow, Walt Whitman, and Max Millikan. 1957. *A Proposal: Key to an Effective Foreign Policy.* New York: Harper Collins.

Rubio, Luis. 1994. *The Mexican Democratic Quandary.* New York: Salomon Brothers.

Rueschmeyer, Dietrich, and Theda Skocpol, eds. 1996. *States, Social Knowledge, and the Origins of Modern Social Policies.* Princeton, N.J.: Princeton University Press.

Samuels, David. 1995. "Philanthropical Correctness: The Failure of American Foundations", *New Republic* 25, September.

Samuelson, Paul. 1995. "Paul Samuelson", *Lives of the Laureates: Thirteen Nobel Economists.* edited by William Breit and Roger Spencer. 3d ed. Cambridge, Mass.: MIT Press.

Santiso, Javier. 1995. "Elites et démocratisation chilienne: Les centres académiques privés", *Communautes, entreprises et individus: Lien social et systeme international.* edited by Ariel Colonomos. Paris: L'Harmattan.

Santos, Boaventura de Sousa. 1995. *Toward a New Common Sense: Law, Science and Politics in the Paradigmatic Transition.* New York: Routledge.

Saragoza, Alex M. 1988. *The Monterrey Elite and the Mexican State, 1880-1940.* Austin: University of Texas Press.

Sarat, Austin, and Stuart Scheingold, eds. 1998. *Cause Lawyering: Political Commitments and Professional Responsibilities.* New York: Oxford University Press.

Sassen, Saskia. 1996. *Losing Control: Sovereignty in an Age of Globalization.* New York: Columbia University Press.

Saunders, Frances Stonor. 1999. *The Cultural Cold War.* New York: The Free Press.

Schuettinger, Robert. 1977. "The New Foreign Policy Network", *The Heritage Foundation Policy Review.* Summer.

Serageldin, Ismael. 1996. "A Philosophy of Development: Interview with World Bank Vice President", *UNESCO Courier,* June. p. 40.

Sharpe, William. 1995. "William Sharpe", *Lives of the Laureates: Thirteen Nobel Economists.* edited by William Breit and Roger Spencer. 3d ed. Cambridge, Mass.: MIT Press.

Shoup L., and W. Minter. 1977. *Imperial Brain Trust, The Council on Foreign Relations and United States Foreign Policy.* New York: Monthly Review Press.

Sikkink, Kathryn. 1991. *Ideas and Institutions: Developmentalism in Brazil and Argentina.* Ithaca, N.Y.: Cornell University Press.

Silk, Leonard, and Mark Silk. 1980. *The American Establishment.* New York: Basic Books.

Silva, Eduardo. 1996. *The State and Capital in Chile: Business Elites, Technocrats, and Market Economics.* Boulder, Colo.: Westview Press.

Silva, Patricio. 1991. "Technocrats and Politics in Chile: From the Chicago Boys to the CIEPLAN Monks", *Journal of Latin American Studies* 23. pp. 385~410.

Silva de Motta, Marly. 1994. "Economistas, intelectuals, burocratas, e 'magicos'", *Engenheiros e economistas: Novas elites burocraticos*. edited by Angela de Casto Gomes. Rio de Janeiro: Fundaçào Getulio Vargas.

Singer, Amy. 1987. "Human Rights Defender Michael Posner", *American Lawyer*, September. p. 97.

Slim, Calvin. 1997. "To Argentina, Judges Are Often Biggest Lawbreakers", *New York Times* 19, August.

Skidmore, Thomas E. 1988. *The Politics of Military Rule in Brazil, 1964-85*. New York: Oxford University Press.

Sklair, Leslie. 2001. *The Transnational Capitalist Class*. Oxford: Blackwell.

Sklar, Holly, ed. 1980. *Trilateralism, the Trilateral Commission and Elite Planning for World Management*. Boston: South End Press.

Slaughter, Anne-Marie. 2000. "Governing the Global Economy through Government Networks", *The Role of Law in International Politics: Essays in International Relations and International Law*. edited by Michael Byers. London: Oxford University Press.

Smith, James A. 1991. *The Idea Brokers: Think Tanks and the Rise of the New Policy Elite*. New York: The Free Press.

Smith, Peter H. 1974. *Argentina and the Failure of Democracy: Conflict among Political Elites, 1905-1955*. Madison: University of Wisconsin Press.

_____. 1979. *Labyrinths of Power: Political Recruitment in Twentieth-century Mexico*. Princeton, N.J.: Princeton University Press.

_____. 1996. *Talons of the Eagle: Dynamics of U.S.-Latin American Relations*. New York: Oxford University Press.

Smith, Tony. 1994. *America's Mission: The United States and the Worldwide Struggle for Democracy in the Twentieth Century*. Princeton, N.J.: Princeton University Press.

Snyder, Margaret. 1995. *Transforming Development: Women, Poverty and Politics*. London: Intermediate Technology Publications.

Sobel, Robert. 1980. *The Worldly Economists*. New York: Free Press.

Sohn, Louis, and Thomas Buergenthal. 1973. *International Protection of Human Rights*. Indianapolis: Bobbs-Merrill.

Solomon, Steven. 1995. *The Confidence Game: How Unelected Central Bankers Are Governing the Changed World Economy.* New York: Simon & Schuster.

Solow, Robert. 1995. "Robert Solow", *Lives of the laureates: Thirteen Nobel economists.* edited by William Breit and Roger Spencer. 3d ed. Cambridge, Mass.: MIT Press.

Spar, Debora. 1998. "The Spotlight and the Bottom Line", *Foreign Affairs* 77, no. 2. pp. 7~12.

Spiro, Peter J. 1995. "New Global Communities: Non-governmental Organizations in International Decision Making Institutions", *Washington Quarterly*, Winter. p. 45.

Stallings, Barbara. 1992. "International Influence on Economic Policy: Debt, Stabilization and Structural Reform", *the Politics of Economic Adjustment.* edited by S. Haggard and R. R. Kaufman. Princeton, N.J.: Princeton University Press.

Stefancic, Jean, and Delgado, Richard. 1996. *No Mercy: How Conservative Think Tanks and Foundations Changed American's Social Agenda.* Philadelphia: Temple University Press.

Stone, Diane. 1996. *Capturing the Political Imagination, Think Tanks and the Policy Process.* London: Frank Cass.

Strange, Susan. 1986. *Casino Capitalism.* Oxford: Blackwell.

Szekeley, Alberto. 1999. "Democracy, Judicial Reform, the Rule of Law, and Environmental Justice", *Houston Journal of International Law* 21. pp. 385~425.

Tanzer, Lester. 1961. *The Kennedy Circle.* Washington D.C.: Luce.

Tavares de Almeida, Maria Hermínia. 1992. *Tomando Partido, Formando Opiniao: Cientistas Sociais, Imprensa e Politica.* São Paulo: Editora Sumaré.

Thomas, Franklin. 1996. "Philanthropic Memories"(Transcript of interview of Franklin Thomas by Charlayne Hunter-Gault), *Online Newshour* 24, April. [www.pbs.org/newshour/bb/business/april96/thomas4-24.html]

Thompson, Andres. 1994. *Think tanks en la Argentina concimieto, instituciones y politicas.* Buenos Aires:CEDES.

Tobin, James. 1995. "James Tobin", *Lives of the laureates:Thirteen Nobel economists.* edited by William Breit and Roger Spencer. 3d ed. Cambridge, Mass.:MIT Press.

Tolley, Howard, Jr. 1994. *The International Commision of Jurists:Global Advocates for Human Rights.* Philadelphia:University of Pennsylvania Press.

Torre, Juan Carlos, and Liliana de Riz. 1993. "Argentina Since 1946", *Argentina Since Independence.* edited by Leslie Bethell. Cambridge: Cambridge University Press.

Toye, John F. J. 1987. *Dilemmas of Development:Reflections on the Counter-revolution in Development Theory and Policy.* Oxford:Basil Blackwell.

Trubek, David, and Marc Galanter. 1974. "Scholars in Self-estrangement: Some Reflections on the Crisis in Law and Development Studies in the United States", *Wisconsin Law Review.* pp.1062~1102.

Tvedt, Terje. 1998. *Angels of Mercy on Development Diplomats? NGOs and Foreign Aid.* London:Red Sea Press.

Twining, William. 1997. *Law in Context:Enlarging a Discipline.* Oxford: Oxford University Press.

Udall, Lori. 1998. "The World Bank and Public Accountability:Has Anything Changed?", *The Struggle for Accountability:The World Bank, NGOs and Grassroots Movements.* edited Jonathan Fox and David Brown. Cambridge, Mass.:MIT Press.

United Nations. 1995. *The Universal Declaration of Human Rights.* New York:United Nations, Office of Public Information.

Urzua, Raul. 1978. "La Profession de Abogado y el Desarrollo:Antecedents para un Estudio", *Derecho y Sociedad.* edited by Gonzalo Figueroa. Santiago:CPI.

U.S. House Committee on Foreign Affairs. 1974. *Human Rights in the World Community:A Call for U.S. Leadership.* 93d Cong., 2d sess.

Valdés, Juan Gabriel. 1995. *Pinochet's Economists:The Chicago School in Chile.* Cambridge:Cambridge University Press.

Venâncio Filho, Alberto. 1982. *Das Arcadas ao Bacharelismo.* São Paulo: Editora Perspectiva.

_____. 1983. *Notícia Histórica da Order dos Advocados do Brasil(1930-80).* Rio de Janeiro: OAB.

Verbitsky, Horacio. 1991. *Robo para la Corona: Los Frutos Prohibidos del Arbol de la Corrupcion.* Buenos Aires: Planeta.

_____. 1993. *Hacer la Corte: La Construccion de un Poder Absoluto sin Justicia ni Control.* Buenos Aires: Planeta.

Wade, G. 1995. "Cancer doctor: Lawyers queue for amnesty", *Guardian* 10, June.

Wade, Robert. 1997. "Greening the Bank: The Struggle over the Environment, 1970-1995", *Perspectives. Vol. 2 of the World Bank: Its First Half Century*, edited by Devesh Kapur, John Lewisand Richard Webb. Washington D.C.: Brookings Institution.

Walker, Martin. 1993. *The Cold War: A History.* New York: Henry Holt.

Walker, Rob. 1995. "Justicia en Mexico", *American Lawyer*, April. p.80.

Wallerstein, Immanuel. 2000. *The Essential Wallerstein.* New York: The New Press.

Walter, Richard. 1985. *The Province of Buenos Aires and Argentine Politics, 1912-1943.* Cambridge: Cambridge University Press.

Walton, Kimm Alayne. 1999. *America's Greatest Places to Work with a Law Degree.* Orlando, Fla.: Harcourt Brace.

Warsh, David. 1993. *Economic Principals: Masters and Mavericks of Modern Economics.* New York: The Free Press.

_____. 1994a. "A Harvard Economist Asks, What's Wrong with Keynes?", *Boston Globe* 5, June.

_____. 1994b. "A Wunderkind opts out ... and in", *Boston Globe* 22, June.

_____. 1994c. "Close But No Cigar", *Boston Globe* 10, July.

_____. 1994d. "The Revolution Is Captured in a Dishpan", *Boston Globe* 14, August.

_____. 1994e. "Growing Inequality and the Economics of Fragmentation",

Boston Globe 21, August.

_____. 1994f. "Social Capital:Powerful Lesson Passing Fad", *Boston Globe* 25, September.

_____. 1994g. "So Where Does Growth Theory Stand Now?", *Boston Globe* 2, October.

_____. 1997. "Full Circle", *Boston Globe* 12, January.

Wasserman, Mark. 1993. *Persistent Oligarchs:Elites and Politics in Chihuahua, Mexico, 1910-1940.* Durham, N.C.:Duke University Press.

Watson, Alan. 1996. "Aspects of Reception of Law", *American Journal of Comparative Law* 44. pp.335~351.

Wedel, Janine. 1998. *Collision and Collusion:The Strange Case of Western Aid to Eastern Europe.* New York:St. Martin's Press.

Widner, Jannifer A. 2001. *Building the Rule of Law:Francis Nyali and the Road to Judicial Independence in Africa.* New York:W. W. Norton.

Williamson, John. 1990. "What Washington Means by Policy Reform", *Latin American Adjustment:How Much Has Happened?* edited by J. Williamson. Washington D.C.:Institute for International Economics.

Willoughby, Jack. 1997. "Saving the World with Paul Tudor Jones", *Institutional Investor,* July. p.4.

Wirth, David. 1998. "Partnership Advocacy in World Bank Environmental Reform", *The Struggle for Accountability:The World Bank, NGOs, and Grassroots Movements.* edited by Jonathan Fox and David Brown. Cambridge, Mass.:MIT Press.

Wiseberg, Laurie, and Harry Scoble. 1977. "The International League for Human Rights:The Strategy of a Human Rights NGO", *Georgia Journal of International and Comparative Law* 7. p.289.

World Bank. 1991. *World Development Report, 1991.* Washington D.C.: World Bank.

_____. 1996a. *World Development Report, 1996:From Plan to Market.* Washington D.C.:Oxford University Press.

_____. 1996b. World Bank Participation Handbook. [www.worldbank.org/

wbi/sourcebook/sbooo2.html]

_____. 1997. *World Development Report, 1997: The State in a Changing World.* Washington D.C.: Oxford University Press.

_____. 1998. *Beyond the Washington Consensus: Institutions Matter.* Washington D.C.: World Bank.

World Bank G-7 Backgrounder. 1996. "Aid Effectiveness: Good Governance and Participation".

World Bank Seminar. 1998. Seminar on Judicial Reform: Lessons od Experience. May 12. Washington D.C.: World Bank.

World Commission on Dams. 2000. *Dams and Development: A New Framework for Decision making.* London: Earthscan.

Yale Law School, ed. 1994. *Carlos Santiago Nino, 1943-1993.* New Haven: Yale Law School.

Yergin, Daniel, and Joseph Stanislaw. 1998. *The Commanding Height: The Battle between Government and the Marketplace that is Remarking the Modern World.* New York: Simon & Schuster.

Zepeda, Felipe Victoria. 1994. *El imperio de la impunidad.* Mexico City: Selector.

Zweig, Phillip. 1995. *Wriston: Walter Wriston, Citibank and the Rise and Fall of American Financial Supremacy.* New York: Crown.

주요 국가 연보

이 책의 저자인 드잘레이와 가스는 미국·멕시코·브라질·아르헨티나·칠레의 최근 역사와 기관들, 이들이 분석한 문제들과 관련한 주요 사건 리스트를 제공하였다. 다만 이 연보는 저자들이 연구한 국가의 역사를 요약한 것이 아니며, 역사가들이 중요하게 여기는 것을 강조하지도 않았다. 이 연보는 이 책을 이해하는 데 필요한 기본적인 역사를 다루고 있다.

미국

1952	국제법률가협회(ICJ)설립.
1961	존 F. 케네디(John F. Kennedy) 대통령 '진보를 위한 동맹'(Alliance for Progress) 발표.
1963	케네디 대통령 암살.
1965~66	남미에서 '법과 발전' 프로그램 시작.
1968	베트남전쟁으로 민주당 분열. 리처드 닉슨(Richard Nixon) 대통령 당선.
1973	헤리티지재단(Heritage Foundation) 설립.
1973	민주당을 동요시킨 워터게이트 사건.
1977	부분적으로 인권 옹호 프로그램의 힘을 입은 지미 카터(Jimmy Carter) 대통령 당선.
1977	국제사면위원회(Amnesty International) 노벨평화상 수상.
1978	뉴욕에서 '인권을 위한 변호사위원회'(Lawyers Committee for Human Rights) 설립.
1982	뉴욕에서 휴먼라이트위치(Human Right Watch) 설립.
1982	워싱턴에서 미주협의체(Inter-American Dialogue) 설립.
1982	남미의 외채위기가 시티은행(Citi Bank)을 비롯한 미국 은행들을 위협.
1983	로널드 레이건(Ronald Reagan) 대통령 당선. 레이건 행정부의 국제연합 대사진 커크패트릭(Jeanne Kirkpatrick)이 '전체주의 국가'(totalitarian states)와 대립되는 것으로서 '권위주의 국가'(authoritarian states)에 대한 지원을 정당화함.

멕시코

1910~20	포르피리오 디아스(Profirio Díaz) 정권의 몰락을 가져온 멕시코혁명.
1917	멕시코 헌법 제정.
1928	모든 멕시코혁명 가담자들을 연합한 유일정당인 국가혁명당(PNR) 설립. 이 정당은 1938년에 멕시코혁명당(PRM)으로, 1946년에 제도혁명당(PRI)으로 개칭함. PRI는 2000년 국민행동당(PAN)의 빈센테 폭스(Vincente Fox)가 당선될 때까지 정권을 잡고 있었음.
1982	외채위기 시작.
1988	카를로스 살리나스(Carlos Salinas)가 논란이 된 대통령 선거에서 당선.
1990~93	북미자유무역협정(NAFTA) 협상.
1994	에르네스토 세디요(Ernesto Zedillo Ponce de León) 대통령 당선.
2000	PAN의 빈센테 폭스 대통령 당선.

브라질

1964	쿠데타로 후앙 골라르트(João Gulart) 정부 전복.
1966	리우데자네이루에서 법률교육연구개발센터(CEPED)의 설립과 더불어 법과 발전(Law and Development) 운동이 시작.
1968~74	안토니우 델핑 네투(Antônio Delfim Netto)가 재무부 장관에 임명. 1979~1984년에는 경제계획부 장관으로 재임.
1968~69	1968년 12월부터 군부 '강경파'들이 야당에 대한 억압을 강화, 국제사면위원회가 고문에 대해 경고.
1969	포드재단의 재정 지원을 받아 페르난두 엔히크 카르도주(Fernando Henrique Cardoso)와 그의 협력자들이 상파울루에서 브라질분석계획센터(CEBRAP)를 설립.
1985	탕크레두 네베스(Tancredo Neves)의 당선으로 민간정부 복원, 조제 사르네이(José Sarney)가 네베스의 병사로 대통령이 됨.
1988	신브라질 헌법 제정.
1992	페르난두 콜로르 지 멜루(Fernando Collor de Mello) 대통령 부패 혐의로 탄핵.
1995	카르도주가 대통령에 당선.

아르헨티나

1946	후안 도밍고 페론(Juan Domingo Perón)이 군사 쿠데타로 정권을 장악한 후 대통령에 선출됨.

1946   후안 도밍고 페론(Juan Domingo Perón)이 군사 쿠데타로 정권을 장악한 후 대통령에 선출됨.

1955   쿠데타로 인해 페론 정부 전복.

1958~62   아르투로 프론디시(Arturo Frondizi)가 대통령에 선출.

1966   후안 카를로스 옹가니아(Juan Carlos Onganía)가 군사 쿠데타로 정권 장악.

1973   후안 페론이 대통령에 선출되나 아르헨티나에 귀국 후 사망. 그의 아내 이사벨 페론(Isabel Perón)이 정권 인수.

1975   군사 쿠데타로 장성들이 정권 장악. 호세 마르티네스 데 오스(José Martínez de Hoz)가 경제부 장관으로 1981년까지 재임.

1976~79   군사정권의 '더러운 전쟁'(Guerra Sucia).

1982   외채위기 시작.

1982   포클랜드(말비나스) 전쟁에서 아르헨티나 패배. 군부통치 종식.

1983~89   라울 알폰신(Raúl Alfonsín)이 민주적인 선거를 통해 당선.

1983~84   국가실종자조사위원회(CONADEP)가 인권침해에 대한 증언을 청취하고 눈카 마스(Nunca Más)에 보고서 발표.

1985   장군들에 대한 재판.

1989~99   페론 정당 출신의 카를로스 메넴(Carlos Menem)이 대통령 재임.

1991~96   도밍고 카바요(Domingo Cavallo)가 경제부 장관으로 재임.

1999   페르난도 델라 루아(Fernando de la Rúa) 대통령 당선.

칠레

1957~70   칠레 프로젝트: 약 100여 명의 칠레 경제학도들이 시카고대학에서 교육을 받고 이른바 '시카고 보이스'(Chicago Boys) 형성.

1965~66   포드재단의 칠레 법률 프로젝트가 칠레법학대학의 이니셔티브로 시작.

1970   살바도르 아옌데(Salvador Allende) 대통령 당선.

1973   아우구스토 피노체트(Augusto Pinochet)가 군사 쿠데타로 정권을 장악함. 시카고 보이스가 인플레이션을 억제하기 위해 '충격 처방'을 실시. 야당에 대한 강압 조치 시행.

1975	평화위원회(Comité Pro Paz)가 최초로 피노체트 정권을 피해 칠레교회 등에 머물고 있는 인사들에 대한 보호에 착수.
1980	새로운 '자유헌법'이 피노체트의 통치를 승인.
1982	외채위기.
1988	국민투표에서 피노체트 통치의 연장이 거부되고 대통령 선거로 이어짐.
1990	파트리시오 아일윈(Patricio Aylwin)이 대통령에 당선되고 시민통치를 복원.
1990~91	'진실과 화해 위원회'(TRC)가 인권침해에 대해 조사하고 보고서를 발표.
2000	피노체트가 인권침해 혐의로 런던에 수감.

옮긴이 후기

여러모로 미흡한 번역본을 세상에 내놓는 입장에서 꼭꼭 숨어 있어야 함에도 불구하고 이렇게 후기를 쓰는 이유는 이 책의 저자 중 한 명인 이브 드잘레이와 출판을 도와준 그린비 출판사, 그리고 변변한 교재도 없이 "국제관계에서 지식의 순환"에 대한 강의를 열심히 들어준 학생들에게 다시 한번 감사의 마음을 전하기 위해서이다.

1.

이야기는 학부를 졸업하던 1995년으로 거슬러 올라간다. 미국 유학이 거의 결정된 상태에서 굳이 낯설기만 한 프랑스에서 학업을 계속하기로 결심한 것은 나의 내면에 늘 잠재해 있던 일종의 치기가 발동한 것도 있겠지만 막연한, 너무나 막연한 유럽 사회과학에 대한 동경 때문이었을 것이다. 당시 필자는 반복되는 일상과 한국 사회의 현실을 이해하는 데 명확한 답을 주지 않는 강단 사회과학에 대해 마치 어린아이와 같은 투정을 부리고 있었다. 이때 우연히 정수복 선생님이 번역하신 피에르 앙사르(Pierre Ansart)의 『현대 프랑스 사회학』이라는 책을 접하게 되었고, 이를 통해 처음으로 피에르 부르디외의 사회학에 관심을 갖게 되었다.

당시 한국의 진보 사회과학계는 사회주의가 붕괴된 후 '포스트'라는 접두사를 단 여러 가지 이론들을 수입해 논쟁을 벌이고 있었고, 부르디외는 종종 포스트모더니스트로 분류되기도 했다. 하지만 구조의 해체, 탈중심성, 상호 주관성 등 신비로운 개념들이 난무하는 90년대 초반의 상황에서 부르디외의 사회학은 80년대 학번들이 오랫동안 고민한 사회구성체 혹은 사회구조 분석의 틀을 유지하면서도 언어나 취향을 통해 사회 속에 존재하는 개인의 행위와 삶을 설명해줄 수 있을 것 같았다. 프랑스 사회학에는 "무엇인가 있을 것 같다"는 생각에 책을 찾았지만, 워낙에 프랑스 사회학은 한국과 거리가 멀었는지 번역된 책이 없었다. 이미 커질 대로 커져버린 호기심은 결국 필자로 하여금 프랑스 유학이라는 일종의 모험을 강행하게 만들었다. 결과적으로, 필자는 남들이 뭐라고 하건 이 모험이 성공적이었다고 생각한다. 그것은 특히 이브 드잘레이와 함께 한 모험이었기에 더욱 그러했을 것이다.

이야기를 계속 이어가보자. 막상 프랑스에 도착해 국제관계학을 공부했지만, 처음에는 한국에서 배운 것과 크게 다른 점을 발견할 수 없었다. 미국의 주류는 한국의 주류였으며 프랑스의 주류이기도 했다. 물론 프랑스인들은 유럽공동체나 자국의 특수한 상황에 맞추어 다양한 연구를 수행하고 있었지만 그들이 사용하는 분석틀은 대부분 미국 사회과학의 방법이었다. 특히 알 수 없는 것은 프랑스 철학과 사회학이 이루어놓은 결과물들이 대서양을 건너가 미국에서 섹시한 담론으로 가공되어 전 세계에 전파되고 있건만, 프랑스에는 그러한 유행의 바람이 존재하지 않았고, 나아가 사회학 이론과 국제정치학의 만남을 거의 발견할 수 없다는 것이었다. 한국의 국제정치학에서는 포스트모더니즘이니 구성주의니 하는 용어가 도입되고 있었지만, 프랑스 국제관계 연구에서는 이러한 용어를 찾아보기 매우 힘들었다.

　도대체 왜 그런 것일까? 결국에는 나도 한국에서 배운 개념들을 가지고 적당히 유럽적인 냄새가 나는 연구주제를 골라 논문을 쓰고 귀국하는 것은 아닐까? 그렇다면 뭐하러 프랑스까지 와서 공부를 하고 있는가? 이런저런 생각에 답답하기만 했다. 그런데 이러한 고민에 대한 해답도, 아니 내가 왜 이런 고민에 빠져 있는가에 대한 대답도 결국에는 부르디외의 사회학을 통해 알게 되었다. 부르디외는 그의 저작들을 통해 나에게 "당신은 남들이 잘 알지 못하는 이론을 배워 무엇을 하려고 합니까? 결국에는 당신이 남과 다르다는 것을 과시하려는 것은 아닌가요?"라고 질문하고 있었다. 이것이 필자가 관념적으로만 알고 있던 구분짓기의 폭력, 즉 여러 가지 취향이나 지식을 통해 타인과 자신을 구분하고 그들과의 경쟁에서 우위를 점하기 위한 전략의 본질이었던 것이다.

　특히나 젊은이들은 새로운 개념과 이론을 통해 기성세대와 자신들을 구분하고 가치를 주장하곤 한다. 이러한 욕심에서 수행하는 연구가 사회적 현실을 제대로 반영할 수 없음은 너무나 자명하다. 그렇다면 연구자들은 자신이 활용하는 '과학적인' 이론이나 모델, 개념이 정말로 순수하게 사회적 현실에 대한 고민에서 출발한 것인지, 아니면 거기에는 무엇인가 다른 속셈이 있는 것은 아닌지 의심부터 해봐야 할 것이다. 이러한 속셈은 연구자 자신이 품고 있는 것일 수도 있고, 나아가 그 이론과 모델을 만든 사람들이 품고 있는 것일 수도 있다. 이러한 고려가 없이 기성의 학계가 인정하는 이론이나 여기에 도전하는 새로운 이론들을 무비판적으로 수용해 그 안경을 통해 사회를 분석하는 연구자는 결국 편견에 사로잡히거나 특수한 목적을 가진 그룹을 자신도 모르게 정당화하게 될 것이었다.

그렇다면 이러한 편견에서 벗어나기 위한 방법은 무엇일까? 그것은 어떤 이론의 창세기로 돌아가 그것이 누구에 의해, 어떠한 의도로, 또 어떠한 경로를 통해 구성되는지 살펴보는 것이다. 특히 그 이론을 만든 사람들에 대한 이야기가 중요함에도 불구하고 이러한 성찰을 반영한 연구는 사실상 찾아보기 어렵다. 우리는 어떤 사회현상을 분석한 이론의 창시자들 자신이 그 사회현상에 직접 개입하는 행위자일 수 있다는 점을 오랫동안 잊고 있었던 것은 아닐까?

부르디외의 성찰사회학의 기본 이념에 대해 조금이나마 알게 되자, 아니 내가 프랑스에 유학을 온 이유에 대해 스스로 질문하기 시작하자 공부가 훨씬 더 어려워졌다. 그의 사회학의 기본정신에 충분히 공감한다고 하더라도 그러한 문제의식을 '한국고속철도를 둘러싼 경제외교'를 다루는 내 박사논문에 어떻게 반영할 수 있을까? 당시까지는 여전히 나는 '국제정치 연구자' 부르디외는 '사회학자'라는 구분에서 벗어나지 못하고 있었다. 조금이나마 마음에 위안을 얻은 것이라면, 내가 프랑스에서 공부한다고 해서 한국에 돌아가 '프랑스적인 것'을 굳이 주장하지 않아도 되겠구나라는 얄팍한 계산이었을 것이다.

그런데 학위논문을 준비하다 보니 아주 중요한 문제가 발견되었다. 내 논문은 프랑스, 일본, 독일에서 고속철도가 어떠한 과정을 거쳐 발명되어 한국에 수출되는가를 다루는 것이었는데, 공부를 하다보니 철도를 둘러싼 다양한 이야기들이 발견된 것이다. 여러 나라에서 오랫동안 국가의 관리 하에 있던 철도는 도로, 항공 등 주로 민간부문이 주도하는 다른 교통수단과의 경쟁에 직면해, 계속해서 운송시장을 상실하고 경영위기에 직면하게 되었다. 그런데 이 위기의 원인과 그것을 탈출하는 방법을 제시하는 여러 가지 담론들이 프랑스, 독일, 일본, 그리고 한국에 이르기까지 천편일률적으로 똑같았다. 위기의 원인은 늘 공기업의 방만한 재정운영, 고용구조에서 유연성의 부족, 국가의 무조건적인 지원, 공무원의 무사안일주의였다. 해결책은 민간의 경영논리 도입, 국가의 탈개입, 나아가 민영화, 공공 이익보다는 시장 논리에 따른 마케팅 전술의 개발과 거기에 맞는 기술혁신이었다. 프랑스, 독일, 한국, 일본의 철도가 처한 상황이 모두 다를 것인데도, 정부의 정책 보고서나 연구자료들은 마치 서로 베낀 것처럼 똑같은 줄거리와 결론을 가지고 있었다. 그 원인까지도 학위 논문에서 설명해야 할 것인가? 이미 300페이지라는 적지 않은 양인데……. 그러나 적당히 넘어가기에는 궁금증이 너무 컸다. 결국 논문의 상당 부분을 할애하여 심사위원들로부터 사족이라는 지적을 당할 각오를 하고 이들 국가에서 신자유주의 담론을 생산하는 사람들, 기관들, 그리고 이 담론이 철도부문에 침투하는 과정과 그 결과로 철도부문의 개혁 논리가 만들어지는 복잡한 과정들을 논문에서 다루게 되었다. 그러다 보니 나의 연구는 저절로 '신자유주의'라는 지식이 어떻게 국제적으로 순환하여 여러 나라의 정책모델이 되었는가에 대한 질문을 향하게 되었다.

　이러한 의문은 특히 1997년 겨울의 금융위기로 인해 한국 경제가 IMF의 관리 체제로 돌입한 후 더욱더 증폭되었다. 금융위기는 오랫동안 국가 관리 하에 있던 한국 경제 구조를 한순간에 민간 중심 구조로 바꾸어 놓았으며, 이제부터 한국 사회는 만인에 대한 만인의 투쟁, 무한 경쟁의 시대로 돌입하고, 국민의 삶은 항구적인 불확실성 속에 던져지게 되었다. 나 역시 금융위기의 피해자가 되어 금전적 압박을 견디지 못하고 휴학을 선택, 1년간 한국에서 머물다가 다시 파리로 돌아갔다. 그런데, 박사과정부터 새로 옮긴 파리정치연구소에서 자비에르 잔티조(Xavier

Jantiso)라는 젊은 강사가 남미에 금융위기가 도래한 과정과 그 후의 경제개혁에 대해 강의를 하고 있었다. 놀랍게도 그 과정이 내가 지난 일 년 동안 한국에서 경험한 것과 너무나 유사했다. 바로 그때, 필자는 이브 드 잘레이라는 이름을 처음으로 알게 되었다.

부르디외와 뜻을 같이하는 학자들이 만드는 『사회과학연보』에 실린 드잘레이의 1998년 논문은 미국에서 시카고대학 경제학과를 주축으로 한 통화주의 경제학이 기존의 케인스주의를 대신해 헤게모니를 장악하고, 그 후에 다시 제도주의 경제학을 수용하는 과정을 다양한 사회계급 간의 전문성을 둘러싼 경쟁으로 분석하고 있었다(이 논문은 이 책의 5장의 내용을 요약한 것이었다). 나아가 드잘레이는 중심부의 '궁정전투'가 주변부 국가에 수입되는 과정을 분석함으로써 '지식의 국제적인 순환'이라는 나의 질문에 중요한 답을 던져주고 있었다. 이러한 순환 과정은 헤게모니 국가의 강압에 의한 것만이 아니라 주변부 국가의 엘리트들이 국가권력을 획득하기 위한 전략이기도 하다는 분석과 전문성의 순환은 지배계급 간에만 이루어지는 것이 아니라 그것을 비판하는 사람들 사이에서도 이루어진다는 사실은 매우 중요한 지적이었다. 나의 허접한 논문을 들추어 보니, 프랑스와 한국에서 국가의 시장에 대한 탈개입을 주도한 주요 인물들은 드잘레이의 분석처럼 대부분 학계와 관료의 세계 사이에서 중요한 가교 역할을 수행하는 인물들이었고, 나아가 다양한 경로를 통해 통화주의 경제학의 온상인 미국이나 IMF, 세계은행과 관련을 맺고 있었다. 나아가 이들의 경력은 구세대와 신세대의 대립을 설명해줄 만한 요소들을 담고 있었다.

당시 나는 드잘레이의 연구에 한참 흥분했지만, 그가 어디에 소속된 인물인지, 어떠한 연구들을 수행하고 있는지는 솔직히 관심 밖이었다. 당시 나에게는 이제 완성을 향해 가는 논문을 빨리 쓰고 귀국해 하루 빨리 자리를 잡는 것이 중요했기 때문이다. 그런데 아마도 그와는 뗄 수 없는 인연이 있었던 것 같다. 너무나 우연하게 나는 그와 맺어지게 되었다. 나의 서툰 불어에 늘 불만이었지만 논문에 대해서는 인정해 주었던 파리정치연구소의 지도교수님과 불화가 생겼다. 프랑스 사회의 보수화가 강해지던 그 당시에 파리정치연구소는 갑자기 언론에 의해 부르주아를 편애하는 학교로 지탄받았고, 필자가 오랫동안 공부했던 낭테르대학 (파리 10대학) 정치학과의 알랭 가리구(Alain Garrigou) 교수는 『공화국에 반대하는 엘리트 : 파리정치연구소와 국립행정학교』라는 책을 통해 점차 상업화하는 이 국가 엘리트학교를 공격했다. 설명하기 어려운 문제로 여러 가지 갈등을 겪다 필자는 결국 이 학교를 나오게 되었다.

감당하기 어려운 좌절감 때문에 공부를 포기하고 귀국하는 쪽으로 점차 마음이 굳어질 무렵, 부르디외에게 글을 보여보라는 아내의 권고에 따라, 반신반의하며 그동안 공부한 것들을 정성스럽게 봉투에 넣어 보냈다. 여전히 "국제정치학 논문을 사회학자가 읽어주겠나" 하는 심정이었다. 부르디외가 그토록 비판한 '구분의 폭력'에서 나는 여전히 해방되지 못하고 있었던 것이다. 그러나 일주일도 안 되어 부르디외로부터 편지를 받았다. 그는 내 글을 흥미롭게 읽었으며, 비슷한 문제의식을 가지고 연구하는 자신의 제자가 있으니 꼭 만나 보라고 권해주었다. 그리고 자신의 세미나에 참석하라는 초청장……. 그때의 기분을 어찌 말로 표현할 수 있을까. 끝이 보이지 않는 암흑 속에서 환한 빛을 발견한 기분이었다.

부르디외의 추천을 받고 드잘레이를 찾아가 처음 만난 날, 우리는 그의 연구와 나의 연구에 대해 그리고 나의 진로에 대해 세 시간이 넘도록 이야기했다. 그 자리에서 나는 그의 제자가 되었으며, 파리정치연구소에서 준비하던 논문을 단 한 줄도 바꾸지 않은 채 파리사회과학고등연구소 사회학과로 옮겨 계속 연구를 수행할 수 있게 되었다. 그와 처음 만난 날, 그가 곧 출판할 책이라며 나에게 제본된 책 한 권을 건넸다. 워드프로세서로 작성한 텍스트를 그냥 프린터로 뽑아 제본한 그 책의 제목은 '궁정전투의 세계화'(The Globalization of Palace War)였고, 바로 여러분이 읽은 이 책의 초고였다.* 그날부터 나는 이 책에 정신없이 빠져들었다. 내가 막연하게 품고 있던 많은 질문들에 대한 대답이 이 책에 담겨 있었다.

2.

부르디외의 지도 하에 박사학위를 마친 드잘레이는 국제정치학과 법사회학의 영역이 만나는 지점에서 매우 특이한 연구를 수행하고 있다. 즉, 법률이나 경제적인 전문성을 보유한 엘리트들이 국내에서 권력을 쟁취하기 위해 활용한 이데올로기를 어떻게 세계무대에 보편적인 것으로 확산시키는가를 지난 수십 년에 걸친 연구 주제의 핵심으로 삼고 있다. 이러한 연구의 목표는 글로벌 스탠더드 혹은 보편적인 규범으로서 모든 나라의 정책결정자들과 학계의 전문가들이 수용하고 있는 것들이 사실

---

* '궁정전투의 세계화(Globalization)'에서 '궁정전투의 국제화(Internationalization)'로 책 제목을 수정한 것은 역자가 보기에 적절한 선택이었던 것 같다. 일반적으로 세계화라는 용어는 국가권력의 개입이 배제된 사회관계의 국경을 초월한 상호작용을 지칭한다. 반면에 국제화라는 용어는 여전히 국가의 개입이 이루어지는 초국경적 관계들을 의미한다. 부르디외가 이 책의 서평에서 지적한 바와 같이 세계화(Globalization, mondialisation)라는 개념을 통해 설명되고 있는 여러 현상들 가운데 상당 부분은 국가권력의 개입을 도외시하거나 은폐하고 있으며, 이 책의 내용도 국제적인 지식 시장을 장악한 중심부 국가의 헤게모니가 주변부에 수용되는 과정을 다루고 있으므로 국제화라는 표현이 보다 적절할 것이다.

상 특정 그룹과 정치 세력의 이해관계와 권력투쟁의 결과로 구성되는 것이며, 중심부 국가에서 이러한 과정을 통해 형성된 여러 규범들은 제3세계의 정치·행정 엘리트들과 학계 전문가들의 중개를 통해 수출되고 있음을 매우 구체적이고 경험적인 연구로써 밝혀내는 것이다.

전문적인 학자의 길에 들어서기 전에 드잘레이는 프랑스 법무부에 소속된 연구원으로서 처음에는 이혼문제에 대한 통계를 다루었고, 후에는 소비나 노동을 둘러싼 갈등에 대한 계량적인 데이터들을 정리하였다. 1960년대 후반부터 약 10년간 사법개혁을 둘러싼 법률가들의 전략에 대한 실무 영역에서 연구하던 그는 점차 법률사회학의 인식론적인 질문을 향해, 즉 법률 전문성을 통한 권력 경쟁의 문제를 향해 관심을 이동한다.[*] 그는 1984년부터 국립과학연구소(CNRS)로 자리를 옮겨 법률과 경제의 경계에서 보다 사회학적인 연구들을 수행하였다.

이 시기 그의 관심은 두 가지 주제에 집중되었는데, 그 중 하나는 법률적인 지식과 교육, 실무에 관한 것이었고 다른 하나는 기업 내부에 있는 법률 전문가들이 주로 노사관계와 관련하여 수행하는 역할에 관한 것이었다.[**] 이 두 가지 연구 테마를 통해 그의 연구는 점차 법률 전문성이 구성되는 과정과 이 전문성을 보유한 인물들의 실무를 향해 이동하였다. 대부분의 사회학적 연구가 그러하듯, 주로 프랑스 국내의 현상을 다루었던 그는 경제관계의 국제화와 더불어 법률적인 실무 영역이 국제

---

[*] Yves Dezalay, "La sociologie juridique comme enjeu social et professionnel", R.E.I.J., n° 12, 1984.

[**] Yves Dezalay, "From Mediation to Pure Law: Practice and Scholarly Representation Within the Legal Sphere", *International Journal of Sociology of Law*, 14, 1986; "Le conseil de discipline: une juridiction à la charnièrede l'ordre domestique et de l'ordre juridique", *Sociologie du Travail*, n° 3, 1986.

적으로 확대됨에 따라 점차 국제적 지형에서 수행되는 법률가들의 역할에 관심을 기울이게 된다. 이 연구의 첫번째 결정판이 그의 박사학위 논문을 정리한 『법률 상인 : 다국적 법률회사에 의한 국제 법률질서의 재구조화』***였다. 이 책에서 그는 국내적인 탈규제와 국제적인 인수합병으로 인한 산업 및 금융의 재구조화가 국제적인 지형에서 법률회사들의 팽창을 가져오는 과정을 설명한다. 이러한 변화는 단순히 법률회사들의 조직에만 영향을 미치는 것이 아니라 사업 법률가들의 역할과 업무를 처리하는 방식에도 영향을 미치고, 나아가 법률교육에까지 중대한 변화를 가져옴으로써 법률의 장 전체를 재구성한다. 이러한 변화는 결국 공적인 가치를 주장하던 법률 생산의 메커니즘에 상업적인 논리가 도입되는 결과를 낳게 된다.

이처럼 국제적인 지형에까지 확장된 그의 연구는 미국인 동료 브라이언트 가스와의 만남을 통해 더욱더 넓어지고 풍부해질 수 있었다. 브라이언트 가스는 인디애나대학 로스쿨 학장 출신으로 1990년부터 시카고에 있는 미국변호사재단(ABF)의 이사를 역임하고 있다. 그와의 만남은 법률의 장의 국제화를 주도하는 미국의 법조계에 접근할 수 있는 기회를 제공했을 뿐만 아니라 주변부 국가에서 벌어지고 있는 유럽식 법률과 미국식 법률의 경쟁에까지 연구를 넓힐 수 있게 해주었다. 공동 연구의 첫번째 산물인 『미덕의 판매 : 국제무역 중재와 초국가적 법률질서의 구성』****에서 저자들은 초국가적인 법률 엘리트 그룹이 국제시장에

*** Yves Dezalay, *Marchands de droit: La restructuration de l'ordre juridique international par les multinationales du droit*, Paris: Fayard, 1992.
**** Yves Dezalay and Bryant Garth, *Dealing in Virtue: International Commercial Arbitration and The Construction of a Transnational Legal Order*, Chicago: University of Chicago Press, 1996.

서 그들에게 강력한 권위를 부여해주는 특수한 법률 영역인 국제무역 중재 시장을 구축하는 역사적 과정을 설명하고, 각 지역별·국가별 사례를 비교하였다. 저자들에 따르면, 이 새로운 법률적 실무의 장은 초창기부터 저명한 법률가들의 국제적인 네트워크로부터 발전했으며, 이들의 비공식적 관계들은 국제무역분쟁이 심화되면서 중재 재판이라는 제도를 통해 공식화된다. 국가 간, 기업 간, 혹은 국가와 기업 간의 경제적 이익을 둘러싼 갈등이 심화됨에 따라 이 법률의 장은 국제적인 명성을 높이기 위한 법률가들의 경쟁에 의해 역동성을 갖게 된다. 나아가 이 새로운 전문성 시장의 발달과 더불어 유럽경제공동체(EEC), 북미자유무역협정(NAFTA), 세계무역기구(WTO) 같은 공적인 성격을 가진 무역기구의 설립도 국제적인 영역에서 법률가들의 경쟁을 촉진하는 원동력이 되고 있음을 저자들은 매우 구체적이고 다양한 사례를 통해 설명한다.『궁정전투의 국제화』의 모태가 된 이 연구를 통해 저자들은 법률가들의 국제적 실천 영역이 처음에 의도한 연구범위를 벗어나 인권운동, 시민운동 등 다양한 분야로 확장되어왔으며, 이러한 모델이 중심부 국가의 법률교육을 통해 주변부 국가로 확산된 것을 발견하였다.『궁정전투의 국제화』는 이러한 문제의식을 담고 있을 뿐만 아니라 법률 전문성과 경쟁하거나 상호 보완적인 관계에 있는 다른 전문성들, 즉 경제학과 사회과학에서의 변화들까지 포함함으로써 연구의 지평을 크게 확장시킨 야심적인 저작이다.

　　이 두 권의 책을 통해 드잘레이는 국제적으로 조금씩 알려지기 시작했으며, 이때부터 그의 지도 하에 박사학위 논문을 준비하는 학생들이 하나둘 생겨나기 시작했다. 전 세계를 누비며 현장 연구를 수행하는 그로서는 학교에서 강의를 할 수도, 제자를 길러낼 수도 없는 처지였다.

이 점은 지금도 달라지지 않았지만, 어쨌든 이 두 권의 책을 국제학계에 발표함으로써 그를 찾는 제자들이 생겨난 것은 분명한 것 같다. 아직까지 소수에 불과하지만, 직·간접적으로 드잘레이의 지도를 받는 연구자들은 매우 다양한 주제를 통해 세계화의 교리를 전파하는 논리들을 규명하고 있다. 국제 반부패지수의 구성, 유럽 환경 NGO와 다국적 기업의 조합주의적 관계, 최근에 선풍적인 인기를 얻고 있는 거버넌스를 둘러싼 담론들, 그리고 민주화 이행론을 만들고 전파하는 전문가들의 국제적 네트워크 분석에 이르기까지 이들의 연구는 각양각색이지만, 그럼에도 한 가지 문제의식을 공유하고 있다. 그것은 바로 특수한 지식과 전문성이 국제적으로 보편성과 정당성을 획득하고 세계 각지로 전파되는 메커니즘을 규명하는 것이다.

그렇다면 왜 하필이면 지식과 전문성에 대한 연구가 이들의 주제가 되었는가? 저자들은 사회과학이 오랫동안 간과해왔던 상징적 투쟁의 공간으로서 국가의 특성에 주목한다. 부르디외가 이미 지적한 바와 같이 국가는 단순히 '지배계급'이나 제도 혹은 기관들로만 간주될 수 없으며 '지배를 위한 지배적인 원칙들'과 '정당화를 위한 정당한 원칙들'을 둘러싸고 투쟁이 벌어지는 일종의 경기장과 같다. 이러한 투쟁의 목표는 사회적이고 심리적인 구조 속에서 제도화되며 특수한 가치를 당연한 것 혹은 보편적인 것으로 간주하도록 인식과 사고의 범주 및 심리 구조를 구성하고 강요하는 권력, 즉 상징권력을 획득하는 것이다. 이러한 이론적 토대에서 드잘레이와 가스는 국가의 가장 중요한 상징권력의 요소 중 하나인 법률, 그리고 그것을 생산하는 사람들의 밀접한 관계를 분석하기 위해 법률 전문성의 구성에 관심을 기울인다. 법률과 법학은 특히 근대 국민국가의 형성에서부터 현재에 이르기까지 국가 운영을 위한 가장 중요한 지식이 되어왔다. 근대 국민국가는 제도적으로 경찰, 사법 체계, 재무부와 조세 기관 등 소수 핵심 기관을 중심으로 발전했다. 이와 더불어 국가지식(Science d'Etat)이 대학에서 발전했고 훈련받은 전문가들이 국가기관에서 근무하게 되었다. 이러한 제도화 및 정당화 과정에는 근대 법의 발달과 점차 사회로부터 자율성을 획득한 행정부의 핵심 행위자로서 법률가 그룹의 출현이 중요한 영향을 미쳤다. 또한 법대는 국가 엘리트의 훈련과 재생산 역할을 담당함으로써 국가권력과 밀접한 관계를 맺어왔으며 학문적인 표준화를 통해 자신을 필수 불가결하게 만드는 강력한 수단을 계속해서 발전시켰다.

현재까지 발표된 이들의 공동저작 중 가장 역작이라고 할 수 있는 『궁정전투의 국제화』는 바로 이러한 여러 과정들이 중심부 국가와 주변부 국가 간의 관계에 어떻게 반영되고 있는지를 다루고 있다. 이 책에서 그들의 연구는 법사회학적인 연구 대상을 그대로 유지하면서 국제관계에까지 연구 영역을 크게 확장한다. 또한 국가를 경영하는 전문성의 변화에 대한 그들의 성찰은 법률적인 전문성에서 경제적인 전문성으로의 이행에 자연스럽게 주목함으로써 새롭게 지배자의 학문으로 등장한 경제학 내부의 권력투쟁으로 연구 영역이 확장된다.

이 연구는 약 400회의 인터뷰와 방대한 기존 문헌들에 대한 검토를 통해 수행되었다. 저자들은 우선 몇 가지 연구 주제를 제시한다. 먼저 전통적인 국가 전문성에 대한 성찰로부터 출발해 브라질·칠레·멕시코·아르헨티나 등 남미 4개국의 전통적인 지배 엘리트들의 전문성을 사회학적으로 분석한다. 특히 이 나라들의 지배 엘리트들은 국가 운영을 위한 전문성의 토대를 주로 법학에 두고 있었는데, 저자들은 각 국가별로 역사적·사회적·정치적 배경으로 인해 어떠한 차이점 있었는지 설명하고 있다. 이러한 주변부 국가의 전문성은 이 엘리트들이 모델로 삼았던 중심부 국가들 내부에서의 역학관계와 국제적 세력관계의 변동에 따라 변화를 거듭하게 된다. 즉 중심부 국가로부터 주변부 국가로의 전문성의 수출은 단순히 지식의 수출로만 한정되지 않으며, 이 지식을 중심으로 경쟁하는 다양한 사회 그룹의 전략의 수출이기도 하다. 바로 이 점에서 중심부 국가와 주변부 국가에서 새로운 전문성과 낡은 전문성 간의 대립과 권력을 둘러싼 경쟁의 유사성이 발견된다. 그러나 이러한 외형적 유사성은 전문성을 수입하는 국가의 특수한 상황과 권력구조에 의해 변이를 겪게 된다. 이 책에서 비교의 대상이 된 남미 4개국의 고유한 국내 구조는 중심부 국가의 전문성을 적극적으로 수용하거나 상대적으로 억제하게 된다.

한편, 지식의 국내적·국제적 순환 과정에서 중요하게 고려해야 할 것은 이 과정의 합리성이다. 즉 이 과정을 주도하는 행위자들이 자신들의 목표와 수단을 정확하게 인식한 상태에서 행위하는 것인지 질문할 수 있을 것이다. 이 책에서 다룬 다양한 엘리트 그룹은 과연 모두가 권력자원의 획득이라는 뚜렷한 목표와 자신이 처한 상황에 대한 명확한 이해를 바탕으로 행위하는가? 물론 그렇지는 않다. 지식의 순환 과정에서 이러한 합리성을 바탕으로 행위하는 인물들은 극소수에 불과하다. 아마도 대다수의 지식중개인들은 자신들이 처한 다양한 상황에서 그들이 바람직하다고 생각하는 전문성을 추구할 것이며, 학문을 둘러싼 권력관계에 대한 성찰이 없이 '새로운 이론', '국제적으로 인정받는 모델'을 추구하며 이 이론에서 저 이론으로 표류할 것이다. 우리는 지금 이 순간에도 '국제적인 추세'라는 애매한 논리로 정당화될 수 없는 것을 정당화하려고 하는 담론의 홍수 속에 살고 있지 않은가? 혹은 자신들의 신념의 바탕이 되었던 것들을 하루아침에 팽개치고 새로운 이론을 향해 계속해서 이동하는 사람들의 모습도 쉽게 발견할 수 있지 않은가? 또한 이런저런 논리에 매몰되어 특수한 지식과 가치를 교조적으로 수용하는 맹신자(true believer)들도 지식의 순환 과정에서 중요한 행위자일 것이다.

이처럼 다양한 동기와 특수한 배경을 가진 행위자들이 구성하는 지식과 전문성의 시장은 고급 상품이 거래되는 시장이다. 왜냐하면 이 시장에서 교환되는 지식이 지배계급을 정당화하는 것이든 사회적 약자를 옹호하는 것이든 이 상품을 생산하고 소비할 수 있는 사람들은 충분한 교육적 배경과 그것을 가능하게 해주는 물질적 수단을 보유한 사람들이기 때문이다. 바로 이점에서 지식을 둘러싼 경쟁은 지배자 그룹 내의 우위를 점한 자(dominant)들과 상대적으로 열세에 놓인 자(dominé)들 간의 경쟁, 즉 '궁정전투'가 된다. 그들은 자신들이 원했든 원치 않았든 학계·재계·정계·관계·사회운동·언론 등 각 분야에서 오피니언 리더의 지위에 놓이게 된다. 따라서 지식 시장을 장악하고 그것을 통해 자신의 가치를 정당화하고 보편적인 것으로 주장하는 과정에 대한 연구는 매우 중요하다고 할 수 있다. 특히 국제적인 지식 시장을 장악한 중심부 국가들은 이 시장을 중심으로 이루어진 관계들을 통해 자국의 헤게모니 전략뿐만 아니라 국내적인 갈등도 동시에 수출하게 된다. 반대로 주변부의 지식 수입자들은 마치 일반 상품의 소비자들이 국제적인 브랜드를 선호하듯 국제적으로 인정된 지식을 수입해 자신의 논리, 자신이 소속된 사회 그룹의 논리로 활용하며, 국제시장의 변동에 맞추어 자신의 입장을 지속적으로 조정하곤 한다. 저자들은 이러한 과정을 미국 달러의 변동에 맞추어 자국의 환율을 자동으로 연동시키는 남미 국가들의 환율 정책에 빗대어 '달러화'(dollarization)라는 용어로 설명한다.

이러한 성찰을 바탕으로 저자들은 남미 국가들에게서 지배적이었던 유럽 대륙의 법 규범이 점차 미국식 규범으로 바뀌는 원인과 과정을 설명한다. 특히 새로운 엘리트들과 미국 대학, 행정부, 거대 재단들의 관계를 분석하고, 이 새로운 엘리트들이 앞선 세대의 전문가들과 국가권력을 중심으로 경쟁하는 과정을 분석한다. 전문가들의 경쟁은 특히 오랫동안 국가 지식의 바탕이 되었던 법학과 이 지식을 보유한 사람들에 대한 다양한 도전을 통해 관찰된다.

법률의 장의 국내적 변동과 국제화를 추적하는 이들의 연구는 법률의 장을 구성하는 요소들, 즉 장 내부의 구조화된 위계서열로서 여러 가지 지위들(positions), 특수한 지식을 향해 행위를 정향시키는 실무자들(practitioners), 구체적인 상황에서 지식 규범들에 대한 권위적인 해석을 내리는 법률 지식의 적용자들(law appliers), 새롭게 장에 진입하는 사람들을 사회화하고 아비투스를 생산하며 장의 구조적인 구속 요인들을 코드화하는 교육자들(educators)이 특수한 법 규범을 정당화하는 과정을 분석하면서 법률의 장이 다른 장과의 상호작용을 통해 계속 확장되어감을 발견했다. 이러한 법률의 장의 팽창은 법률의 장 내부에서 특수한 지위들을 점유한 행위자들이 동시에 여러 가지 장의 지위들을 점유하고 있기 때문에 가능해진다.

특히 국가와 시민사회, 그리고 경제부문 간의 구분이 명확한 유럽과는 달리, 미국에서 법률과 국가 간의 제도적 경계는 훨씬 덜 명확하다. 유럽과 비교되는 미국 법률의 장의 특징은 법률 행위자들이 정치인, 사업가, 혹은 시민운동의 옹호자로서 활동하는 점이다. 유럽 법률의 장이 언제나 국가적인 사건에 초점을 맞추었다면, 근대 미국 법률의 장은 월스트리트 법률회사들과 아이비리그 법대 간의 제도적인 동맹으로 특징지어진다. 이 동맹은 법률 위계질서의 최상층부를 효과적으로 통제하고, 행위자들이 경제적·사회적·학문적 자본을 혼합할 수 있게 해주었다. 이처럼 미국 모델의 중요한 특징은 보다 유동적이고 개방된 위계질서에서 물질화되고(matarialized) 보다 유연한 노동 분업으로 나타났으며, 이것은 가문의 후광에 의존하는 전통적인 상속자들(héritiers)의 후원을 받거나, 능력주의를 주장하면서 그들과 경쟁관계에 놓이게 되는 수많은 교양 있는 '후배들'(cadets)이 법률의 장으로 진입할 수 있도록 해주었다. 미국 법률의 장은 특히 민간부문에서 강력한 전문적 가치들을 발전시켜왔다. 즉 법률가들은 엘리트 법률회사와 대기업들과의 밀접한 관계뿐만 아니라 시민운동과 소외된 민중을 위한 무료 법률 상담 같은(즉 공익법에서의) 활동을 중요한 가치로 삼고 이 분야에 대한 의식적 투자에서 자신의 정당성을 발견해왔다.

이처럼 법률의 장 내부에 존재하는 다양한 지위들과 행위자들의 사회적 네트워크에 대한 탐구는, 저자들로 하여금 국가 경영 지식을 둘러싼 법률가들과 경제 전문가들 간의 경쟁, 대학과 각종 연구소 및 정책 싱크탱크 등을 통해 나타나는 신세대 전문 엘리트와 주류 엘리트 간의 경쟁 등이 어떠한 관계들을 맺고 있는지 분석하도록 이끈다. 특히 제2차 세계대전 직후 미국에 이민 온 비엔나학파 출신의 유태계 경제학자들이 법률적인 지식과 가문에 의존한 아이비리그 대학의 케인스주의자들과 경쟁하면서 발전시킨 수리경제학과 미디어 전략 등의 분석은 새로운 보편성으로 자리잡은 통화주의 패러다임이 사회적으로 구성되는 과정을 경험적으로 보여준다. 이러한 고찰을 바탕으로 저자들은 냉전시대에 각종 국가 전문성을 주도한 법률 저명인사들과 동부 아이비리그 대학의 케인스 경제학, 1980년대 공화당 보수주의자들과 시카고대학의 통화주의자, 그리고 월스트리트의 다국적 기업과 은행들의 연합이 주도한 보수적인 반혁명, 1990년대 이 두 진영 간의 일정한 타협으로 계속해서 이행하는 과정을 설명한다. 나아가 이러한 변화들이 세계 경제를 주도하기 위해 설립된 세계은행과 국제통화기금(IMF)에 직접적으로 반영되고 있음을 보여준다.

다른 한편으로, 이러한 대립의 구도는 인권 분야로 확장되어 소수 법률 엘리트 중심의 폐쇄적인 공동체의 딜레탕트적인 인권운동이 능력주의적이고 개방적인 사회운동 그룹과 동맹을 맺은 신세대 법률가들의 도전에 직면하는 과정을 분석한다. 이스태블리시먼트와는 달리 가문의 배경과 인맥 등 사회적 자본이 부족한 신세대 엘리트 그룹은 사회적 지위의 확보에 있어서 좌절을 경험하게 되며 국내적인 장보다 국제적인 장에 보다 많은 투자를 하게 된다. 이처럼 미국 내부에서 소외된 세력들은 국가 내부에 진입하기 전에 주로 국가의 외곽에 있는 정책 연구소나 자문 그룹, 법률회사, 시민단체 등을 통해 밀접한 네트워크를 맺을 뿐만 아니라 국내보다는 국제적인 영역에 관심을 기울인다. 통화주의의 온상이 되었던 시카고학파는 국내의 우수한 학생들을 아이비리그 대학에게 빼앗기고, 시각을 해외로 돌려 남미의 우수한 학생들을 유치함으로써 이른바 시카고 보이스를 형성하였다. 또한 명문 대학을 졸업했지만 선배들과 같은 사회적 자본이 부족하거나 진로의 포화로 인해 경력을 쌓지 못한 신세대 법률가 및 경제 전문가 그룹은 해외 업무에 주력하면서 국제적인 네트워크를 형성하게 되었다.

이상의 변화와 함께 최근에 국제관계에서 새롭게 각광받고 있는 '인권'을 둘러싼 여러 운동을 분석한다. 냉전시대에 국제 인권운동이 이데올로기적인 법률 저명인사들에 의해 주도되었다면, 현재의 인권운동은 신사회운동이나 시민운동을 통해 표현된다. 이 새로운 운동이 비록 기존 인권운동가들과의 단절을 선언하고 새로운 이슈들을 제기하고 있지만, 이들은 여전히 거대 박애주의 재단과의 관계에서 자유롭지 못하고 기존의 저명인사들의 그늘에서 성장한 엘리트주의 운동의 한계를 벗어나지 못하고 있음을 저자들은 지적하고 있다. 나아가 매스미디어를 활용한 전문성 시장에서의 경쟁은 이전 세대와 또 다른 신세대 운동의 특징을 이루고 있다.

저자들은 다시 관심을 돌려 이러한 운동이 남미에서 어떻게 수용되고 있는지를 밝혀낸다. 미국과는 다른 고유한 역사적 배경과 사회구조를 가진 남미 국가들에서 중심부 국가의 전문성의 수입은 또 다른 균열과 대립을 낳게 된다. 특히 새로운 전문성의 수입은 군사독재정권의 붕괴와 금융위기 등 격변을 겪으면서 주변부 국가 내부에서 전통적 엘리트와 새로운 엘리트 간의 대립을 낳을 뿐만 아니라 제도적 민주주의와 시장경제를 향한 급격한 개혁으로 인해 발생하는 더욱 복잡한 갈등을 낳게 된다.

이러한 연구들은 특수한 장에 소속된 개인의 사회적 여정과 거시적인 역사의 변동이 만나는 지점에서 구체적인 행위의 목표가 어떻게 수립되고, 그것을 달성하기 위한 전략이 어떻게 구성되는지 주목하게 한다. 특히 각각의 장에서 구조적으로 유사한 지위들을 점유한 행위자들이 지배적인 규범과 경쟁하기 위해 동맹을 형성하는 과정과 이들이 만나는 장소가 중요하게 다루어진다. 이러한 이야기들은 많은 사회과학 연구들이 고려하지 않았던 지식 생산자들의 개인적인 성장 과정과 경력, 그들이 특수한 조직에 관여하는 과정, 그 조직에 각인된 특수한 가치·규범(그리고 이에 입각한 엘리트의 선별 과정) 등에 대한 접근을 필요로 한다. 드잘레이와 가스가 택한 연구 전략은 광범위한 인터뷰를 통해 집합적인 전기(collective biography)를 구성하는 것이다. 즉 저자들은 여러 인물들과의 인터뷰를 통해 개인의 사회적 여정을 보여주기보다는 각 인물들의 여정에 나타난 공통점과 그들 간의 관계가 구성되는 지점에 주목함으로써 한 사회 그룹이 구성되는 역사를 미세하게 설명한다. 그럼으로써 그들의 연구는 주로 거시적이고 일반적인 변동에 대한 서술과 미래에 대한 추상적인 전망으로 일관하는 대부분의 세계화 관련 논쟁들과는 달리 과도한 일반화를 벗어나고 있다.

물론 라틴아메리카의 특수한 상황을 다룬 이 책은 한국에 사는 우리들에게 별 의미 없이 읽혀질 수도 있을 것이다. 그럼에도 불구하고 여러분은 역자와 마찬가지로 놀라운 사실들을 접하게 되었을 것이다. 한국과 지리적으로나 문화적으로 거리가 먼 칠레·브라질·아르헨티나·멕시코 등에서 한국 사회가 바로 지금 달성하고자 하는 것과 똑같은 것들이 불완전한 형태로 이미 이루어졌거나 현재도 진행 중에 있다는 사실이다. 이것은 군부 권위주의 정권이 몰락한 후 과거사 청산운동, 법률개혁, 시민사회론의 등장과 NGO들의 정치무대 등장, 시장제일주의에 입각한 경제개혁 등으로 나타나고 있으며, 이러한 과정은 금융위기를 계기로 점차 교조적인 지배 이데올로기가 되어가고 있다는 점이다. 따라서 이 책은 냉전시대의 반공·발전·근대화 등의 도그마들과 나란히, 현대의 인권·민주주의·시민사회·개혁 등에 대한 도그마가 있을 수 있다는 점을 보여주고 있다. 또한 이 책은 현재 한국 사회에서도 여러 가지 갈등을 생산하고 있는 개혁 모델을 둘러싼 논쟁과 설득, 정당화를 위해 동원되는 전문성의 근원이 어디에 있는지 다시 한번 성찰하도록 이끌 것이다.

3.

학위 논문을 준비하면서 틈틈이 이 책의 초고를 한국어로 옮기기 시작했지만, 저자들이 서문에서 밝힌 바와 같이 초고는 다른 연구자들과의 토의를 거쳐 대폭 수정되었다. 분량이 크게 줄었고, 장절의 편성에 있어서 보다 비교적인 분석을 지향했다. 그 후 이 책은 먼저 시카고대학출판부에서 발행되었으며, 얼마 후 불어본이 발행되었다. 초고의 수정이 있었기에 불어본을 사용해 다시 번역에 들어갔으나 한참 시간이 흐른 후 영어본을 접하고 차이점들을 발견했다. 큰 차이는 없었지만 표현이라든가 부수적인 설명에서 달라진 곳이 있었던 것이다. 어느 책을 사용해 번역할까 고심하다가 결국 한국인들이 보다 익숙하고 시기적으로도 다소 먼저 출판된 영어본을 바탕으로 번역을 했다. 작업에 들어가면서, 번역이란 것이 정말 어렵구나라는 생각을 여러 번 했다. 외국어가 주는 부담감도 그렇지만 한국어로 저자의 문장을 그대로 옮기는 것이 정말 힘든 일이었다. 그 결과 또 한 권의 어색한 번역본을 세상에 내놓게 된다는 부담감이 있지만, 글로벌 스탠더드라는 용어의 포로가 되어가는 한국 사회에 하루빨리 이 책을 소개하는 것이 필요하다고 생각해 번역을 서두르게 되었다. 또한 드잘레이의 책을 꼭 내 손으로 번역해보고 싶은 욕심이 있었음도 부인하지 않겠다.

그와 함께 공부하면서 지식의 폭을 넓힐 수 있었을 뿐만 아니라 진정한 스승의 모습을 볼 수 있었다. 그와는 모든 고민에 대한 토론이 가능했고, 사제지간이라기보다는 비슷한 문제의식을 공유하는 동료처럼 지낼 수 있었다. 그와 제자들 간의 대화는 늘 그의 아파트에서 이루어졌다. 토론을 하다가 제자들에게 권하고 싶은 책을 찾아 한보따리씩 안겨주던 그의 모습과 내 아파트에서 그가 손수 담아온 포도주를 마시며 이야기를 나누던 시절이 너무도 그립다. 그는 또한 철저한 현장 연구를 수행함으로써 제자들을 부끄럽게 만들곤 했다. 예순이 넘은 나이에 전 세계를 누비고 다니는 스승에 비해, 우리 제자들은 너무나 편하게 공부하는 것은 아닌가 하는 생각이 늘 우리를 부끄럽게 했다. 그는 일 년에 절반 정도를 외국에서 현장 인터뷰하는 데 보낸다. 여러분이 이 책을 통해 만난 미국과 남미의 엘리트들은 그가 직접 만나 인터뷰를 마친 사람들이다.

학위 논문을 발표하던 날 논문을 심사해주신 분들께 고마움의 말씀을 전했지만 드잘레이에게는 그럴 수 없었다. 목이 메어 말이 나오지 않았던 것이다. 그와 맺어준 부르디외에게도 고맙다는 말을 전하고 싶었지만 그는 이미 세상을 떠나고 없었다. 귀국한 지 2년이 지난 지금도 가끔씩 잠자리에서 눈을 뜰 때 내가 파리의 아파트에서 깨어난 것인지 한국의 집에서 깨어난 것인지 애매할 때가 있다. 이슬비가 오는 날이나 화창한 봄의 유혹을 받을 때면 가끔씩 파리가 그리워지곤 한다. 그러나 그 풍경에는 늘 이브 드잘레이의 자상한 모습이 들어 있다.

귀국해 다시 만난 한국 사회는 금융위기 전과 비교해 너무나 급속한 변화가 있었다. 무엇보다도 시민들의 삶의 기반이 불안정해졌다는 느낌이었다. 모두가 당당하게 경쟁하는 사회를 이야기하지만 경쟁의 목표와 규칙, 그리고 이 경쟁에 돌입하기 위한 수단을 정의하는 사람들에 대한 관심이 여전히 부족한 것 같다. 우리들은 마치 푸코가 분석한 원형 감옥 같은 사회에 살고 있는 것은 아닐까? 모두가 준수해야 하는 규칙을 마련하는 익명적인 권력, 그 규칙을 달성하느냐 못 하느냐에 따라 주어지는 보상과 처벌 그리고 여기에 대한 지식과 정보, 이 보상과 처벌을 둘러싼 개인들 간의 경쟁이 가져오는 자율적인 감시와 통제의 사회……. 지난 2년간 여러 대학을 돌아다니며 이러한 주제로 강의를 했다. 요즘 학생들은 예전과는 다르다는 말을 많이 들었지만, 선배 세대들이나 우리 세대에게서 느꼈던 현실을 설명해주는 사회이론에 대한 갈증은 여전히 사그라지지 않고 있다는 생각이 들곤 했다. 변변한 강의 교재 없이 사이트에 간헐적으로 올리는 글만 소화하면서 열심히 수업에 참석해준 여러 대학의 학생들에게 감사의 말을 전하고 싶다. 학생들의 관심과 열의가 없었으면 이 책의 번역은 더욱 늦어질 수도 있었기 때문이다. 그리고 이 책이 한국어로 번역되어 나올 수 있게 도와주신 그린비 출판사, 특히 이재원 편집장님과 주승일 님께 깊은 감사를 드리고 싶다. 그린비의 양해와 이해가 없었다면, 그리고 편집장님의 관심이 없었다면 이 책의 번역을 중단했을지도 모르기 때문이다.

끝으로 이 책의 저자들은 오래전부터 궁정전투의 아시아적 버전에 대해 관심을 가지고 연구를 축적하고 있으며, 연구 대상에 한국이 들어와 있음을 알리고 싶다. 이미 유럽인들의 지배를 받았던 인도와 인도네시아에 대한 연구는 상당히 진척된 상태지만, 한국에 대한 연구는 아직까지 깊게 수행되지 못하고 있다. 『궁정전투의 국제화』의 출판이 국내에서 지식과 전문성의 국제적 구성과 한국적인 수용에 대한 관심을 자극하고, 이들과의 공동 연구를 촉진하는 계기가 되었으면 하는 것이 역자의 희망이다.

찾아보기